U0739294

灵湖村志

《灵湖村志》编纂委员会　编

苏州新闻出版集团
古吴轩出版社

图书在版编目（CIP）数据

灵湖村志 / 《灵湖村志》编纂委员会编. -- 苏州 : 古吴轩出版社, 2023.12
ISBN 978-7-5546-2235-3

Ⅰ. ①灵… Ⅱ. ①灵… Ⅲ. ①村史－苏州 Ⅳ. ① K295.35

中国国家版本馆 CIP 数据核字 (2023) 第 225504 号

责任编辑：李爱华
责任校对：周　娇
责任照排：吴　静

书　　名：灵湖村志
编　　者：《灵湖村志》编纂委员会
出版发行：苏州新闻出版集团
古吴轩出版社
地址：苏州市八达街118号苏州新闻大厦30F
电话：0512-65233679　　邮编：215123
出 版 人：王乐飞
印　　刷：苏州市越洋印刷有限公司
开　　本：787mm×1092mm　1/16
印　　张：46　　插页：40
字　　数：1005千字
版　　次：2023年12月第1版
印　　次：2023年12月第1次印刷
书　　号：ISBN 978-7-5546-2235-3
定　　价：180.00元

《灵湖村志》编纂委员会
2020年4月

主　　任：沈卫东

副 主 任：沈祥明　　龚颖涛　　吴海亮

委　　员：欧阳振婷　金玉芳　　张　艳　　沈小伟

《灵湖村志》编纂办公室

主　　任：欧阳振婷　高晓红

主　　编：金　波

资料汇编：陆建新　　孙平安　　陆维鸣　　陆自强

封面题签：夏　回

封面绘画：姚永强

审　　稿：翁建明　　陈　萍　　翁丽春

编　　务：陆建新　　孙平安

《灵湖村志》审定单位

吴中区地方志编纂委员会办公室

中共临湖镇委员会

临湖镇人民政府

中共临湖镇灵湖村委员会

临湖镇灵湖村村民委员会

灵湖村地图

审图号：图苏E审（2023）080号

苏州吴文化地名研究所 江苏图博地理信息科技有限公司 编制

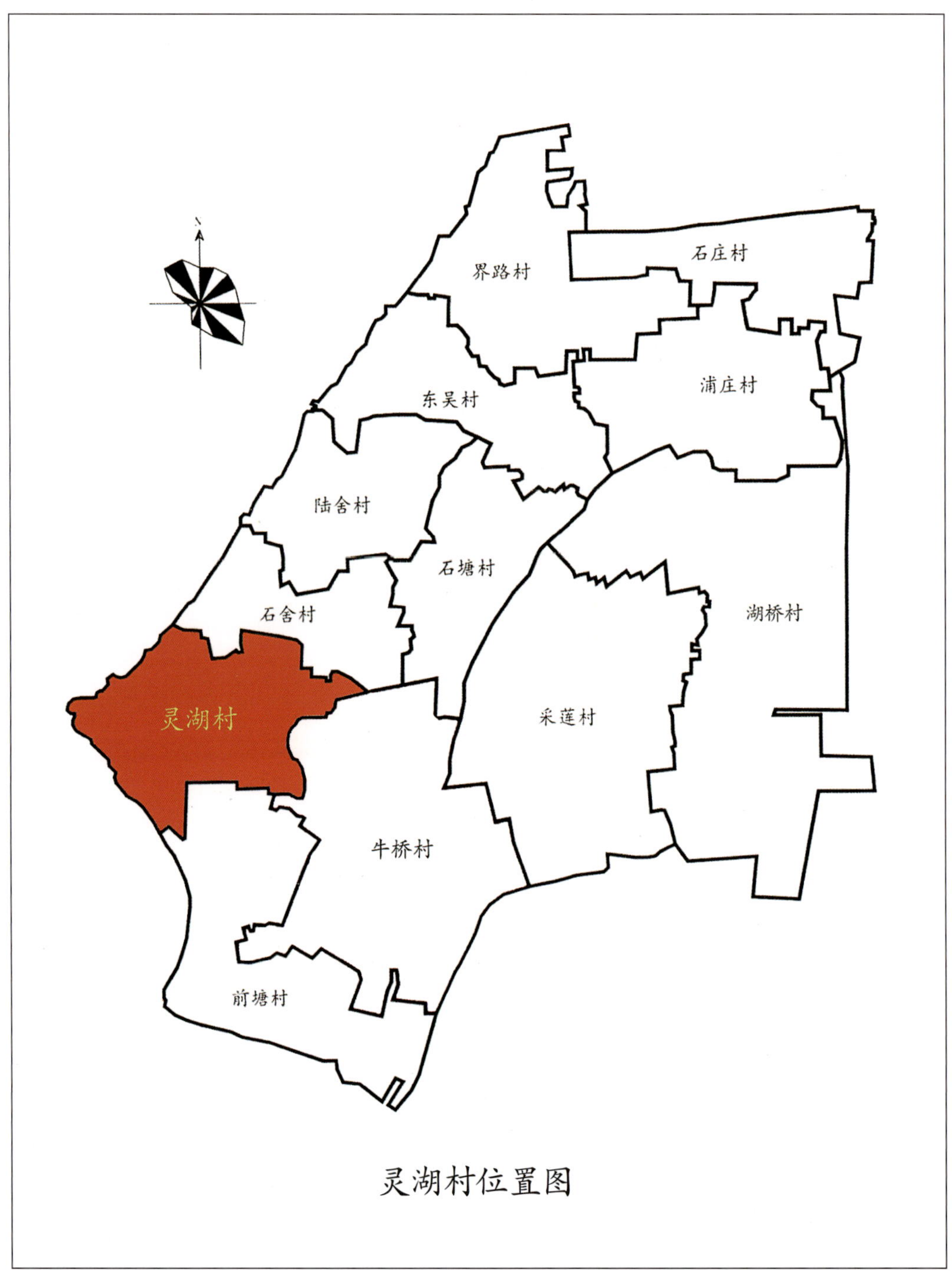

灵湖村位置图

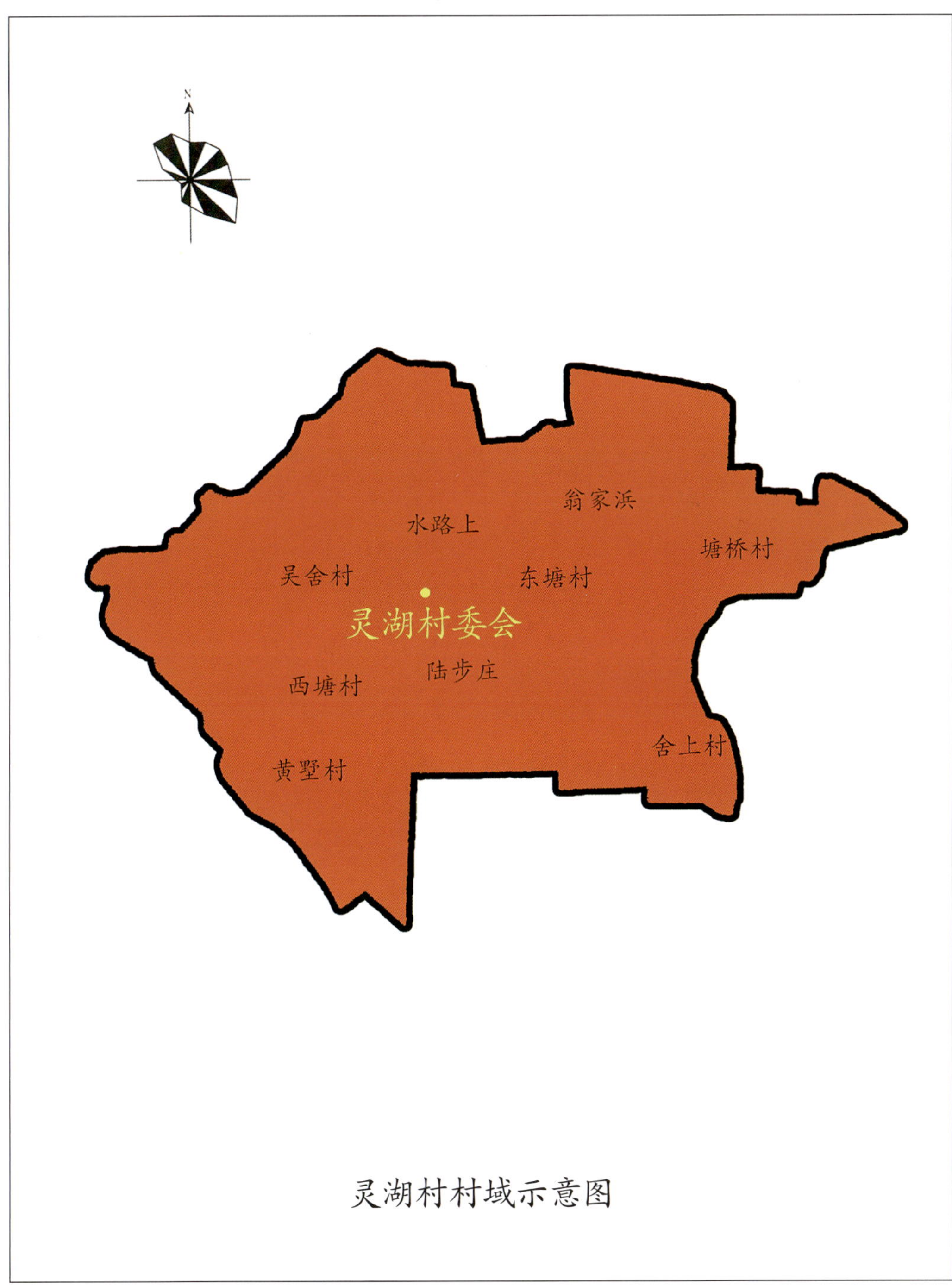

灵湖村村域示意图

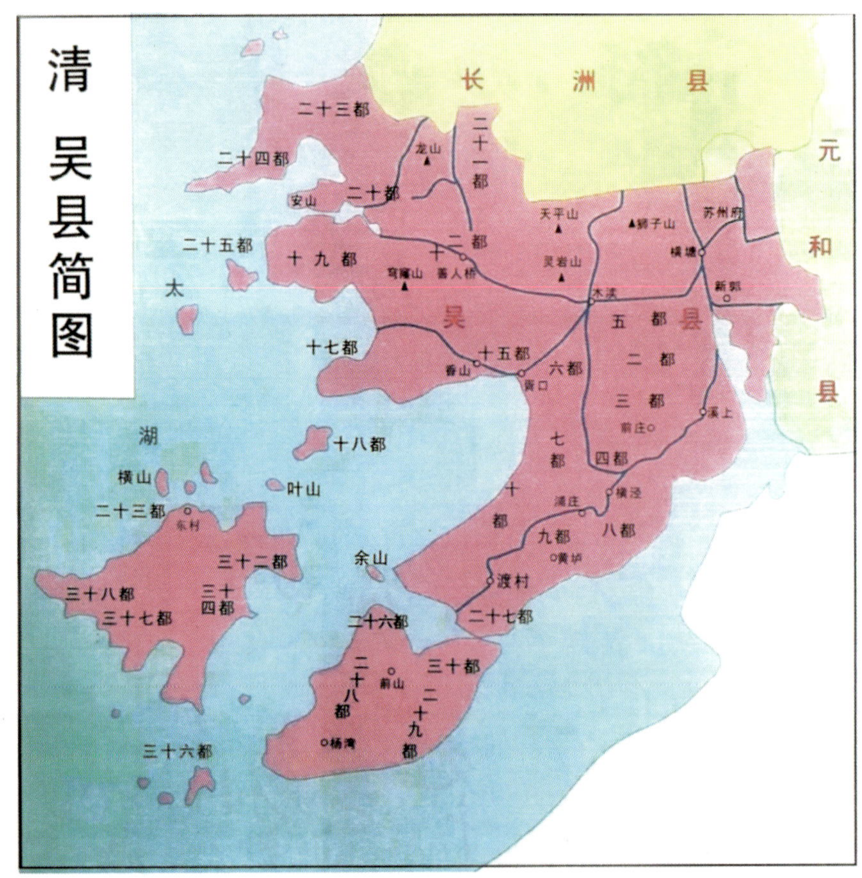

清吴县简图

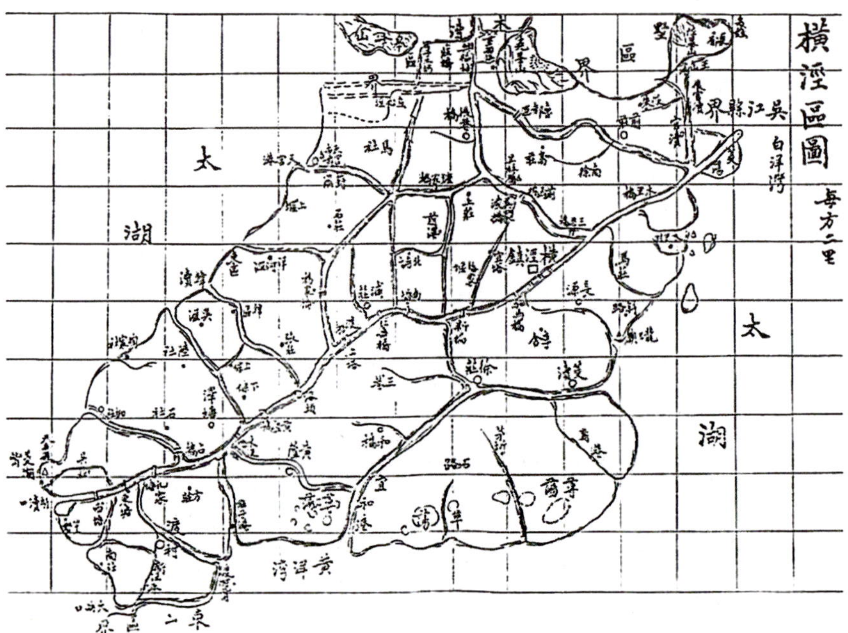

民国横泾区图

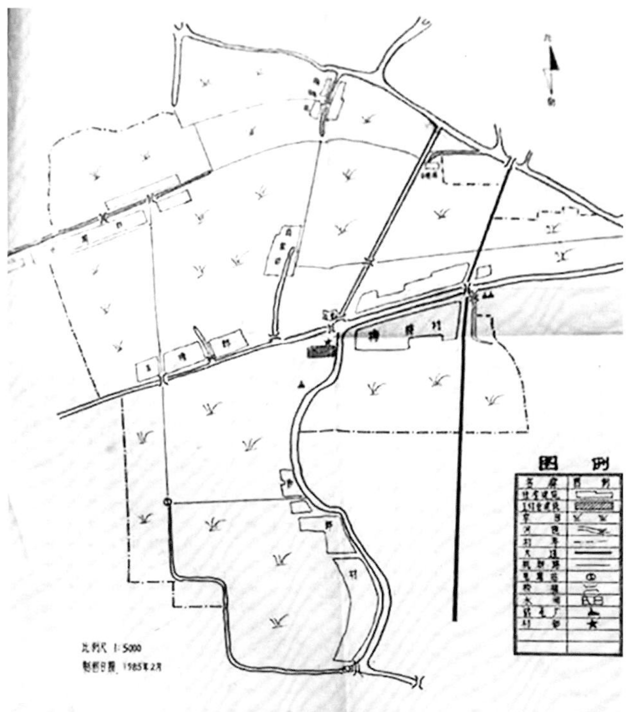

1985年2月塘桥村图

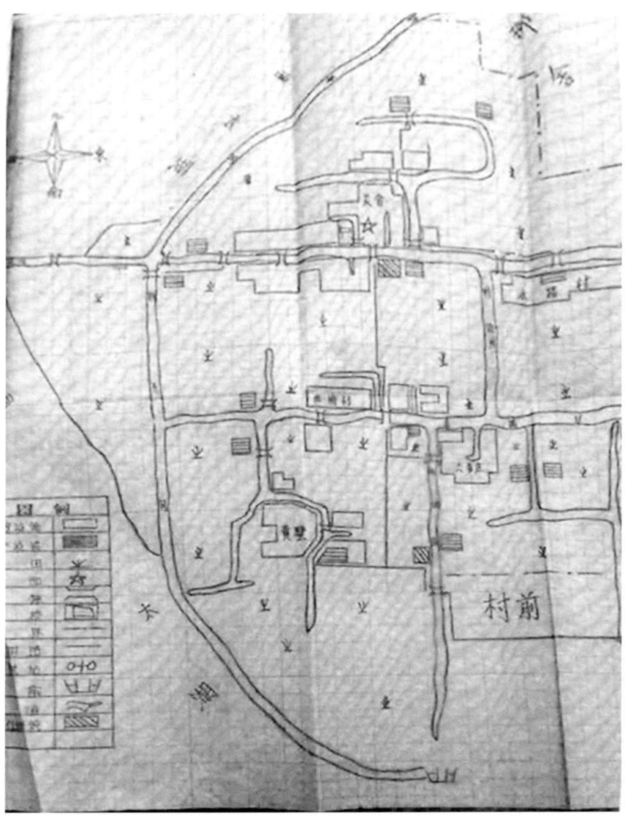

1985年2月吴舍村图

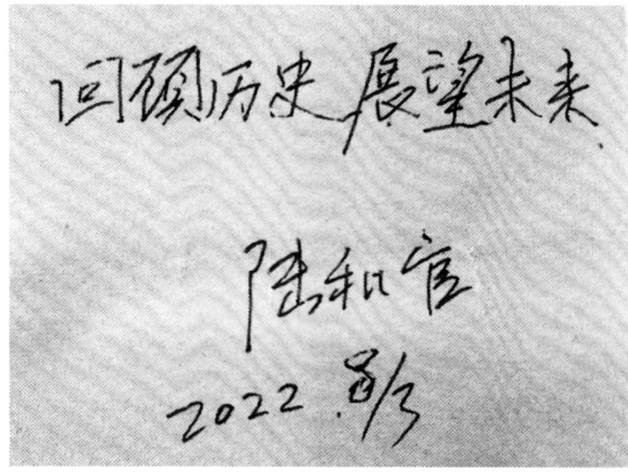

陆和官（原渡村镇党委委员）题词

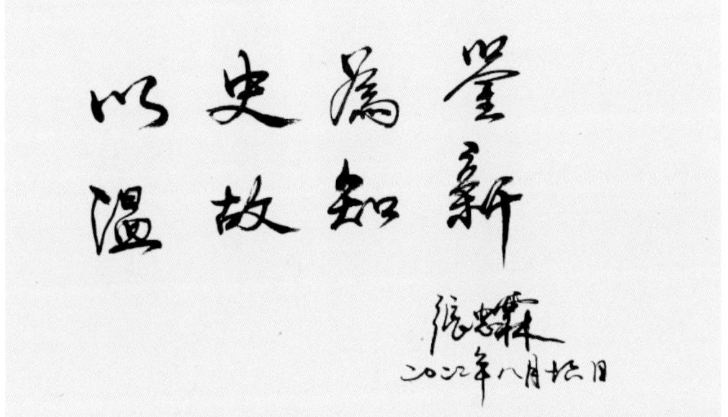

张忠林（临湖镇原党委委员）题词

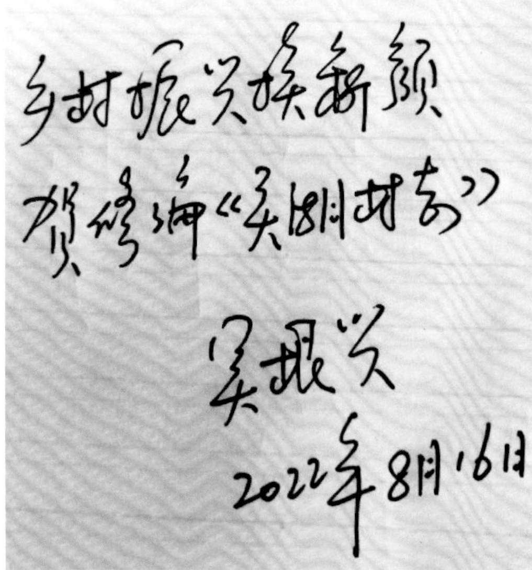

吴根兴（临湖镇原党委副书记、人大主席）题词

灵湖村村委会驻地

2019年11月20日，灵湖村干部交流工作情况

2020年4月25日，灵湖村村委会工作会议

2007年6月29日，灵湖村党员在嘉兴南湖留影

2018年6月28日，灵湖村党员参观苏州革命博物馆

2021年6月30日，灵湖村向23位党员颁发“光荣在党50年”纪念章

2020年4月2日，苏州市地方志编纂委员会办公室主任陈兴南（中）、副主任陈其弟（右），吴中区档案馆馆长陆卫平（左）在灵湖村调研《灵湖村志》编纂情况

灵湖村党委书记沈卫东汇报《灵湖村志》编纂工作情况

吴中区档案馆馆长董天翼、副馆长翁建明听取《灵湖村志》编纂汇报情况

2021年5月25日，编纂人员在吴中区档案馆查阅档案资料

2022年7月7日，《灵湖村志》首次审稿征求意见座谈会召开

2022年12月16日，《灵湖村志》终审会议召开

2022年12月16日，参加《灵湖村志》终审全体人员留影（左起：陆维鸣、陆建新、金波、沈卫东、翁建明、莫君、吴海亮、翁丽春、孙平安）

水路上

西塘村

海丝浜（已拆迁）

东塘村

陆步庄

塘桥村

舍上村

翁家浜

黄墅村

吴舍村

塘桥（又称善桥）

黄墅善人桥

清同治年间里当桥

位于黄墅当字圩的里当桥（俗称里尺桥）

园博园

2018年度
全国综合减灾示范社区
国家减灾委员会 应急管理部
中国气象局 中国地震局
中国林业产业联合会
2018年10月
中国美丽休闲乡村
中华人民共和国农业农村部
江苏省吴中区灵湖村
中国最美生态休闲旅游目的地
江苏省吴中区灵湖村
中国建设最美乡村旅游示范地
江苏省特色田园乡村
江苏省特色田园乡村建设工作联席会议
江苏省住房和城乡建设厅
二〇一九年十一月
江苏省四星级乡村旅游区
江苏省吴中区灵湖村
江苏省传统村落
江苏省住房和城乡建设厅
江苏省文化和旅游厅
江苏省财政厅
江苏省自然资源厅
江苏省农业农村厅
2020年2月
江苏省吴中区灵湖村
江苏省乡村旅游重点村
苏州市精神文明建设指导委员会

灵湖村荣誉（一）

江苏省四星级乡村旅游区
JIANGSU PROVINCE FOUR-STAR RURAL TOURISM AREA
江苏省星级乡村旅游区评定委员会
JIANGSU PROVINCE STAR RURAL TOURISM AREA EVALUATION COMMITTEE

吴中区临湖镇灵湖村（吴舍）
三星级康居乡村
2014年度
苏州市美丽村庄建设办公室
二〇一六年九月

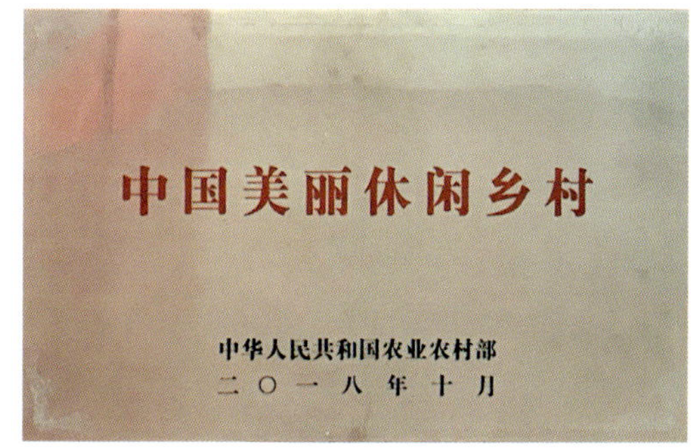
中国美丽休闲乡村
中华人民共和国农业农村部
二〇一八年十月

全国森林康养基地试点建设单位
中国林业产业联合会
2018年10月

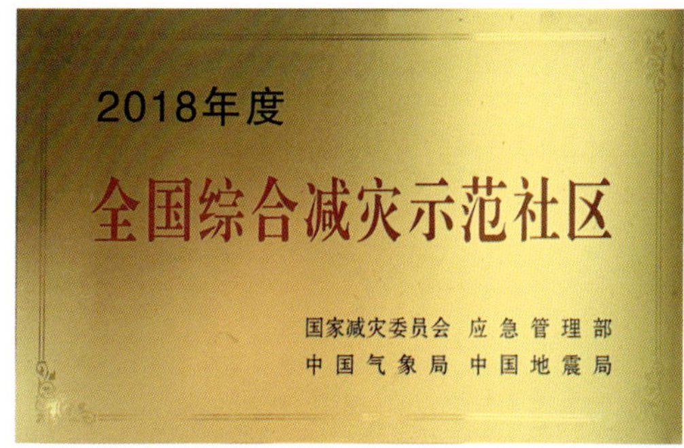
2018年度
全国综合减灾示范社区
国家减灾委员会 应急管理部
中国气象局 中国地震局

江苏省特色田园乡村
江苏省特色田园乡村建设工作联席会议
江苏省住房和城乡建设厅
二〇一九年十一月

2020-2022年度
吴中区文明村
苏州市吴中区精神文明建设指导委员会
二〇二二年十二月

灵湖村荣誉（二）

1976年3月，吴县妇女青年积极分子代表大会渡村代表［胜利大队金康云（后排左一）、孔繁芳（前排左一）、黄阿小（前排左三），东风大队王丽珍（中排左四）、施文英（前排左二）］

2005年12月，灵湖村干部欢送新兵沈洁入伍

2020年7月，插队知识青年孔繁芳（左一）、叶剑芳（左二）、姚康尔（右一）重返灵湖

2016年，村民赵福荣家庭获评临湖镇“最美家庭”

陆志刚抗美援朝纪念章

奖状

张巧玲 同志在社会主义建设中，成绩显著，特授予三八红旗手称号。

江苏省妇女联合会

一九七九年十月

1979年10月，张巧玲获江苏省“三八”红旗手称号

石福寿参战纪念章

荣誉证书

屠正祥 同志被评为全军优秀参谋，特发此证。

总参谋部 总政治部 总后勤部 总装备部

二〇〇六年十月三十一日

2006年10月，屠正祥获评“全军优秀参谋”

沈根林参战纪念章

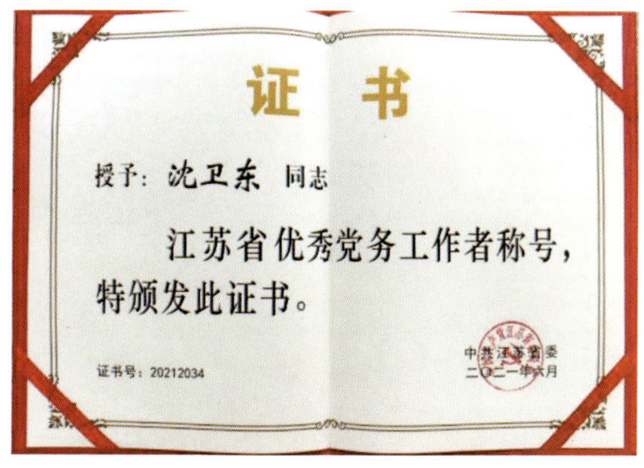

证 书

授予：沈卫东 同志

江苏省优秀党务工作者称号，特颁发此证书。

证书号：20212034

中共江苏省委

二〇二一年六月

2021年6月，沈卫东获“江苏省优秀党务工作者”称号

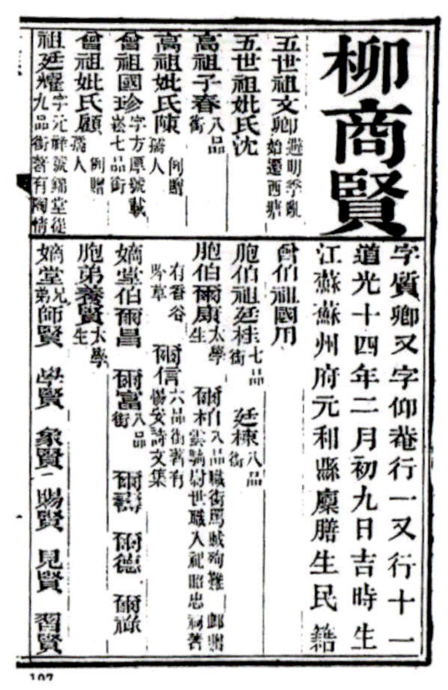

柳商賢

字賓卿又字仰菴行一又行十一

道光十四年二月初九日吉時生

江蘇蘇州府元和縣廩膳生民籍

五世祖文卿 避明季亂始遷西塘

五世祖妣氏沈

高祖子春 八品銜

高祖妣氏陳 孺人 例贈

曾祖國珍 字方原號馘嵩 七品銜

曾祖妣氏顧 孺人 例贈

祖廷耀 字元辭號絅堂從九品銜著有閑情

曾伯祖國用

胞伯祖廷梓 七品銜　廷棟 八品銜

胞伯爾賡 太學生　爾柏 八品職銜遇賊殉難卹贈雲騎尉世職入祀昭忠祠

嫡堂伯爾昌 著有香谷吟草　爾信 六品銜著有惕安詩文集　爾富 八品銜　爾穀　爾德　爾祿

胞弟養賢 太學生

嫡堂兄弟師賢　學賢　象賢　賜賢　見賢　習賢

107

柳商贤简介(选自《柳商贤家谱》)

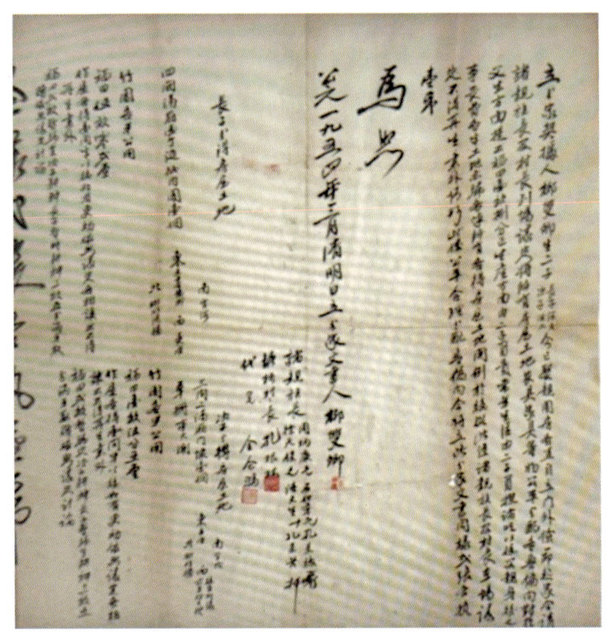

1954年农户分家书

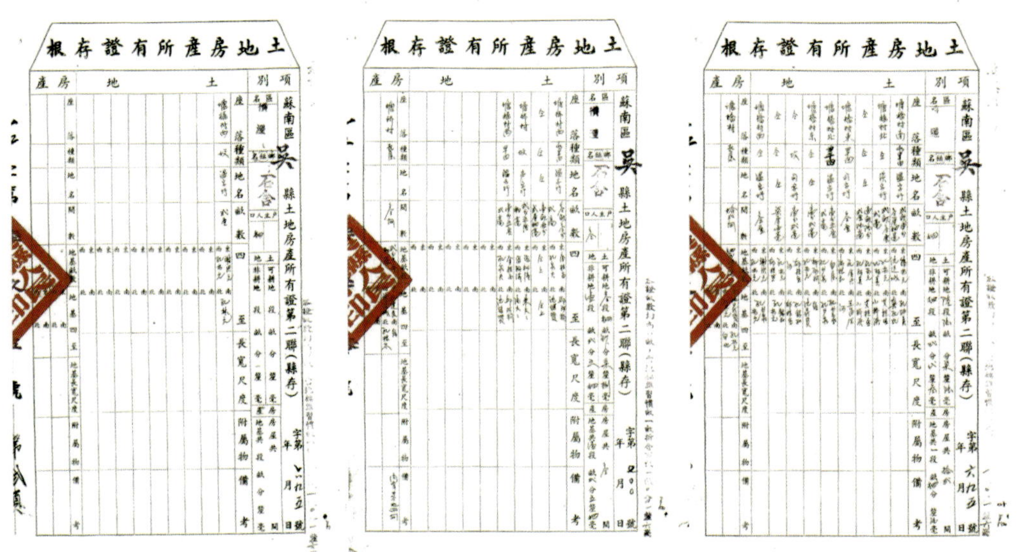

土地房產所有證存根

蘇南區吳縣土地房產所有證第二聯(縣存)

土地房产所有证

现代水稻种植收割

清同治年间柳商贤率领民工修筑西太湖石塘（雕塑）

沈仪文菱湖嘴沉田告康熙皇帝（雕塑）

20世纪90年代的高家荡

20世纪80年代整修水利

羊毛衫手工活

老年村民健身

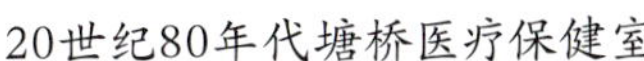

20世纪80年代塘桥医疗保健室

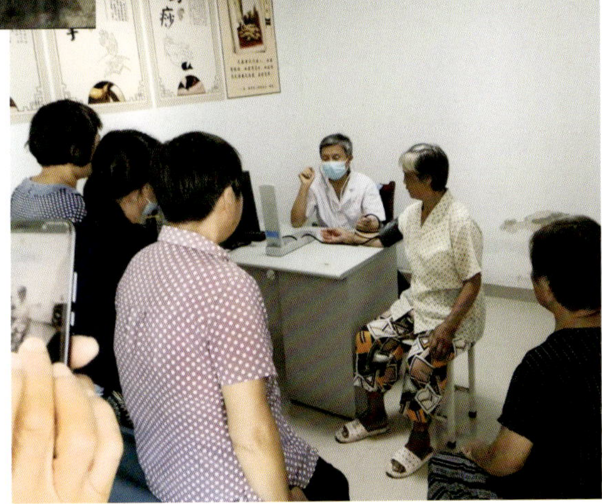

村民在灵湖社区卫生服务站体检

吴井酒厂

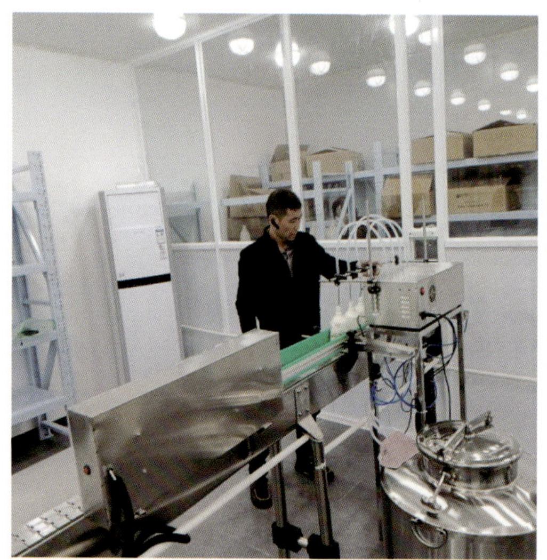

酿酒生产操作

婚俗

腌腊年货

脚炉　　烫婆子

鞋桶　　茶壶桶

弧形斗　　烧香篮

竹箋、山笆

汽油灯

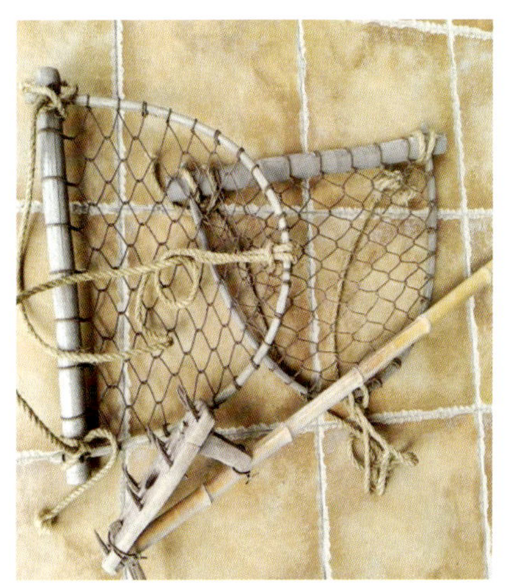

土挞、小稻耥

风车

大稻耥

蓑衣、箬帽、鱼叉

黄墅全景

黄墅村

黄墅游园内景（一）

黄墅游园内景（二）

里尺源书画苑

位于村域内的苏州乡村振兴学堂

苏州乡村振兴学堂广场

水泽堂

民宿——右见光荫里

民宿——去阿毛的家

民宿——林墅泊隐

沐春园(一)

沐春园（二）

菱湖嘴天后宫

菱湖嘴

序

《灵湖村志》即将付梓，乃是临湖镇灵湖村首部村志面世，留存后世，功德无量。

2003年11月，吴舍村、塘桥村合并，组建灵湖村。经过20年发展的灵湖村，已成为吴中区实施乡村振兴战略的示范村，2017年8月，村域内黄墅（自然村）被列入江苏省首批特色田园乡村建设试点名单。2020年4月，灵湖村村民委员会组建村志编纂委员会，着手编修《灵湖村志》。原有的两个行政村虽然已成为历史，但本志有关自然、经济、人文、生态等方面都不乏记载。

《灵湖村志》本着实事求是的原则，全面地、真实地记述村域内自然、社会的历史和现状，用较多的篇幅记述中华人民共和国成立以来，村民从组织起来走农业合作化道路到人民公社，尤其是改革开放以来日新月异的发展变化。喜和忧，兴与衰，前进与停滞，成功与失败，优劣同记，得失共见，有助于“存史、资政、教化”。此外，志书的文体多样，有记有述，图表结合，另附访谈录等，富于可读性。另外，村志设有“村民家庭记载”章，对每户村民家庭的现状和历史片断略做介绍，使户户入志，人人被记载。

在此，我谨向埋首案头的编纂人员、悉心指导的专家学者，以及参与和帮助编修的各界人士、父老乡亲表示诚挚的感谢。

我是灵湖村普通的基层干部，在党的领导下，这方水土哺育我成长，恰逢任期内组织编修《灵湖村志》，并为其作序，倍感荣幸。我矢志不改为民造福的初心，牢记使命，和村民一道凝心聚力，把灵湖村建设成为一个富民强村的新典型。

中共灵湖村委员会书记
灵湖村村民委员会主任　沈卫东

2022年10月

凡　例

一、本志以马克思列宁主义、毛泽东思想、邓小平理论、“三个代表”重要思想、科学发展观、习近平新时代中国特色社会主义思想为指导，坚持辩证唯物主义和历史唯物主义观点，实事求是地全面反映苏州市吴中区临湖镇灵湖村自然、经济、政治、文化和社会的历史和现状。

二、本志系灵湖村首部村志，上限尽可能追溯，下限截至2020年12月31日。大事记延至2021年12月31日，第十二章村民家庭记载和志书图表适当延伸。

三、本志地域记述为2020年12月底的村域范围。

四、本志编纂采用章、节、目结构，横分门类，纵记史实，辅以图表、照片。

五、本志文体，序、概述以“述”为主，做适当归纳、评论；大事记以编年体为主，辅以纪事本末体；其他用记叙文，以资料为主，不做主观评价。

六、本志纪年方法，民国以前用朝代年号，括注公元纪年；民国及之后用公元纪年。

七、本志记述地名和机构，均按当时名称；频繁使用的名称，首次出现用全称，其后用简称。

八、本志计量单位采用国务院颁布的法定计量单位。历史上使用的计量单位按当时记载。

九、本志数字书写，按照《出版物上数字用法》，表示数量的用阿拉伯数字，习惯用语、成语、专用名称、表述性语言中的数字用汉字，百分比均用阿拉伯数字。

十、本志所载人物遵循“生不立传”原则，立传人物以本籍为主，在世人物以简述和简表录之。

十一、本志所采用的资料，主要以经过核实的历史文献、档案和年鉴为主，一般不注明出处，另加经过核实的其他有关内容。

目　录

概　述

位于临湖镇西部的灵湖村，西临太湖，东接牛桥村，北依石舍村，南与前塘村接壤，所辖村域面积4.3平方千米。2003年11月，由吴舍村与塘桥村合并而成，设25个村民小组（吴舍片14个、塘桥片11个）。2020年，有村民903户3602人，其中男性1754人、女性1848人；沈姓为第一大姓，有353人；陆姓为第二大姓，有259人；孔姓为第三大姓，有239人。

清雍正年间（1723~1735），村域范围属渡村，即遵礼乡（守义里）二十七都四图、五图、六图、八图。1912年，即民国元年，仍沿用清代的都、图制。1929年，属吴县第五区（横泾）渡村镇。1934年，属吴县第五区（横泾）徐墅乡。1947年，属吴县第十二区（东）渡村镇。1948年，属吴县东山区庄莲镇。1950年4月，属苏南行政公署太湖区行政办事处横泾区石舍、渡村乡。1958年10月，属渡村人民公社。1983年7月，属吴县渡村乡。1993年6月，属吴县渡村镇。2006年9月，属苏州市吴中区临湖镇。

灵湖村以农业生产为主，民国时期传统副业项目有酿制土烧酒、养猪、养蚕等。中华人民共和国成立前，村民除种田外还搞副业，长期处于自给自足的小农经济状态。1950年土地改革，农民生产热情高涨。1951~1956年，大多数农民参加互助组、初级社、高级社，实现农业合作化，从粮食增产中看到农业发展的希望。1958年10月，实现人民公社化。1962年，胜利、东风大队实行三级所有，队为基础的经济核算方法，克服平均主义，纠正"共产风"、高指标等错误，社员生活相应得到改善。"文化大革命"时期，社会生产受到一定程度冲击，社员生活水平无明显提高，基本解决温饱问题。1983年，塘桥村、吴舍村全面实行家庭联产承包责任制，分田到户，村民心情舒畅了，干劲起来了，粮油年年增产，户户增收，农村呈现一派欣欣向荣的景象。跨入21世纪，灵湖村耕地被吴中区人民政府征（使）用，村民均纳入被征地农民社会保障体系，医疗和养老得到保障。

乡贤文化积淀深厚　明天启四年（1624），孔彦仁（孔子第五十九世孙）绝意仕途，隐居于孔家塘桥（今塘桥）。其力行善事，捐资重建东庄桥（俗名孔家塘桥）。清康熙三十八年（1699）四月，吴舍耆士沈仪文率里人于附近余山湖面，向康熙皇帝呈上《菱湖嘴坍埂，湖水浸田，稻麦欠收赔粮》之文，康熙皇帝收纸交苏州府，给予减免赋税30年。乡里同人赞颂沈仪文"大言大德"，其去世后，入乡贤祠。同治九年

(1870),西塘柳商贤参加乡试考中举人。光绪八年(1882),其与地方人士因菱湖嘴一带部分地段无石塘护岸,陈乞当局建新塘,长1608.6丈。其写有反映当时社会现实"尽室一饱难,愁肠蕴百结"的《拟元次山春陵行》一诗,表达了怜悯百姓之情。

新农村建设步伐加快 20世纪60~70年代,胜利、东风大队经济基础薄弱,各自然村的基础设施没有变化。改革开放初期,村级经济实力有所提升,投资道路、河道、桥梁建设,村容村貌有所改变。如投资修建塘桥至西浜和吴舍经西塘折向龙田岸至南城头的村级主干道。2002~2006年,塘桥村第1村民小组与舍上自然村首先改造成水泥路面,至2016年,其余自然村全面铺设水泥路面,并在村域内主要道路沿线装上路灯175盏。如黄墅铺设水泥路面7000平方米,铺设沥青路面5500平方米,安装路灯299盏。另外,在新建的相关道路上建10余座桥梁。21世纪初,村民住进楼房、别墅,并装有整套新颖厨卫设施,亦有少数村民在镇域内或木渎、苏州市区购买商品房居住。2009~2020年,村域内建成莲湖小区、庄子别墅区、和岸花园等6个集中居住区。

生态环境日益改善 灵湖村水清土沃,自然生态环境良好。20世纪90年代以来,村委会有计划地做好河道清淤、石驳岸修筑、村庄整治、全面改厕、湖岸线保护、绿化等环境治理项目,尤其是黄墅创建特色田园乡村及第九届江苏省园艺博览会博览园选址在村域内,灵湖村依托紧邻园博园、沐春园地理优势和利用保护区内森林资源,推进美丽乡村建设,全面提升村民居住环境。1997年冬至1999年春,塘桥、吴舍村分别对村域内河道(段)进行疏浚和清淤。2002年,吴舍村启动第二轮河道疏浚清淤工程,清淤总长1.3千米。2008年,灵湖村投资28万元,清淤永兴河、吴舍河、走塘河等共计5.2千米。2012年,黄墅自然村除对流经村内的河道清淤外,还筑成数百米长的石驳岸。2014~2016年,灵湖村对域内10余条河道一条不漏,全部清淤一遍。2017年,灵湖村委会选择西塘自然村为试点,进行村庄环境整治,大致从河道疏浚、污水治理、道路刚性化和黑色化、卫生保洁等方面入手,惠及村民。2019年上半年,西塘全线铺设污水管道(污水、雨水分开),接通各户。同时,流经村上的射渎塘(段)两岸筑成石驳岸,并设置护栏,沿河安装路灯。2018~2019年,黄墅完成72户房屋院落改造,装饰面积14400平方米,并完成各户生活污水全部接管。2008年,灵湖村被命名为江苏省卫生村。2009年,灵湖村被江苏省环保厅授予江苏省生态乡镇(村)称号。

社会保障制度逐步完善 灵湖村自2003年10月实施农村老年人基本养老金制度,按标准每月领取120元。后养老金逐年增加。农村基本养老金由政府、集体、个人三者负担。2012年12月灵湖村土地被吴中区人民政府征(使)用以后,村民成为失地农民,纳入和确定为失地补偿对象的共2902人参加农村养老保险,按规定享受相关补偿政策。2016年,有1425人置换成城镇职工养老保险。2020年,参加城镇职工养老保险村民1925人,领取到龄养老金。此外,2004年1月,灵湖村参加吴中区以大病统筹为主的农村医疗保险制度和农村特困人群医疗救助制度。是年,参保人数2310人，参保率76%。2010年参保人数2921人，参保率89%。2020年，参保人数3458人，参保率96%。2017年大病报销7户，补助金额10.11万元。2020年大病报销8户，补助金额12.64万元。

灵湖村依傍太湖水，紧邻园博园，水、林、田、园相互融合，家门口变成风景点。黄墅成功创建江苏省特色田园乡村，西塘跻身临湖镇村庄整治前列，村民用行动展示改革开放结硕果，乡村振兴换新颜。放眼未来，灵湖村广大干部群众将再接再厉，踏上新征程，扛起新使命，谱写新篇章。

大事记

明

嘉靖三十三年（1554）

农历六月中旬，倭寇窜入太湖抢劫沿岸村庄，乡民协助官兵抗击倭寇，吴舍、柳舍两村村民利用湖边乱石击退倭寇。由此，每年村民为纪念这一壮举和悼念抗倭中遇难义士，都要在清明日在清明场（位于吴舍村北）打石仗。

嘉靖三十四年（1555）

农历八月二十七日夜，14个被官兵追击的倭寇逃窜至黄墅沙（今黄墅附近），妄图抢夺船只入太湖，被官兵的巡逻船阻挡；后逃遁至杨家桥（浦庄自然村）民宅中，终遭官兵剿灭。

天启四年（1624）

自吴江迁到塘桥的孔彦仁（孔子第五十九世孙）捐资重建东庄桥（塘桥，又称孔家塘桥）。

清

康熙三十八年（1699）

四月，吴舍耆士沈仪文率民众于余山附近湖中向康熙皇帝呈上《菱湖嘴坍埂，湖水浸田，稻麦欠收赔粮》之文。康熙皇帝遂收纸交江苏巡抚苏州抚军宋荦办理，给予减免赋税30年。

雍正十一年（1733）

孔氏后人兴礼（塘桥人）、兴烝专程去曲阜会见当时的衍圣公孔广棨，说明家族源流，得到衍圣公认同，衍圣公认定渡村孔氏是圣裔。

雍正年间（1723~1735）

今村域内9个自然村分别属于遵礼乡二十七都四图、五图、六图、八图。

同治九年（1870）

西塘人柳商贤参加乡试考中举人。光绪二十一至二十三年（1895~1897）任浙江宁海县知县。

光绪八年（1882）

举人柳商贤等地方人士因菱湖嘴一带部分地段无石塘护岸保田，陈乞当局建新塘。光绪九年（1883），择要垒建新塘（用石护岸），长1608.6丈。

中华民国

1912年

1月，废清制，中华民国建立，吴县划分为7市21乡，时境域属横泾市第27都。

3月，位于水路上的公兴桥（跨水路浜，花岗石平桥）竣工，现保存完好。

1930年

位于菱湖嘴西端的天后宫（俗称娘娘庙），有房屋6间，住持为僧种明。20世纪50年代被拆毁，2004年4月重建于菱湖嘴公园内。

1934年

6月26日，最高气温38.6℃。入梅以来滴雨未降，村域内农田大部分龟裂，河道干涸无水。

1938年

1月27日下午4时，日军60余人开往东山途中，夜宿塘桥村，抢掠村民预备过春节吃的年糕、鸡鸭鱼肉等食之，晚上烤火又烧掉村民家中酿酒用的榨床、缸盖、水桶等木器，以及门窗。

农历三月初十，吴舍夏双福和舍上张荣生、张才康（张阿毛）、陆木土随西浜村民共11人，摇船前往青浦、朱家角做糟坊（替人酿酒），途经吴江屯村日军检问所（水面巡逻、设关守卡、搜索船只），被日军误以为当地便衣队而全部抓走，翌日，均被日军用刺刀挑死。

1940年

春，东塘邬、沈、何、顾、李等姓氏家属自常熟一带迁徙至自然村内，替人种客田，或垦殖荒地度日。

1943年

4月，塘桥村村民周关宝替人摇船赴沪售酒，船经上海罗店日军检问所，周被日军击倒于船上。

1945年

农历十一月，塘桥村村民孔仪堂家中遭一伙太湖盗匪抢劫，匪徒将其吊起用火烧身，最后将他作为人质杀害于异地。

1949年

4月27日，庄莲镇解放，村民迎接人民解放军接管当地。

7月24日，村域内遭6号台风袭击，加之梅雨以来连续下雨，太湖水位暴涨4.3米，农田全部受淹，房屋倒塌无数，成为30年来少有的灾害。

是年，因遭受洪涝灾害，人民政府对村民实行免缴公粮。

中华人民共和国

1949年

10月1日，当地村民参加集会游行，欢庆中华人民共和国成立。

1950年

3月，废除保甲制，村域内建立行政村，分为塘桥、舍上、吴舍、石南（部分）、西塘村。

5月，吴县税务局到石舍乡稽查“私酒”（偷漏税收），对村域内酿户办理税务登记。

10月，石舍乡塘桥、舍上、吴舍、石南（部分）、西塘村开展土地改革运动，至1950年12月结束。

1951年

3月，吴县人民政府给石舍乡塘桥、舍上、石南（部分）、吴舍、西塘村民分别颁发158张、89张、49张、157张、158张土地房产所有证，共计611张。

1952年

春，贯彻《中共中央关于农业生产互助合作的决议（草案）》后，塘桥村翁家浜成立2个互助组，河东有9户加入（组长徐相全）、河西有8户加入（组长黄宝秋），均为常年性互助组。

12月，村域内兴办冬学和民校，村民掀起扫除文盲热潮。

1953年

4月，石舍乡开展《婚姻法》宣传运动，村域内组织文艺宣传，《梁山伯与祝英台》等戏曲在村民中传唱。

5月，久旱无雨，太湖水位降至2.4米。

是月，原属石南村1组的邬海林、李根宝等7户及翁家浜海丝浜归属塘桥村。

7月1日零时，第一次全国人口普查标准时点。西塘村158户615人，舍上村89户367人，石南村49户190人，塘桥村158户647人，吴舍村157户643人。

8月，河港、沟渠干涸，村域内晚稻田缺水灌溉，遭受旱灾。

1954年

6月下旬至7月上旬，出现梅雨型特大洪灾；7月7日，太湖水位突破4.39米，村域内1500亩农田遭受涝灾。舍上村民组织起来在闸河日夜车水排涝。

12月，风雪交加，太湖湖面及河港口全部封冻，冰层厚10厘米以上，菱湖嘴外可行走百余米不裂冰。

1955年

2月，木（渎）东（山）公路渡村段动工修建，村民出动参加路基建设。1956年初夏路基完成，7月6日试行通车，11月6日正式通车。村域内陆金根、陈义刚、石福兴、郁桂生为渡村段养路队职工。

是年，塘桥、舍上、吴舍、西塘村组织成立9个初级农业生产合作社（简称“初级社”），均取名“胜利”或“东风”，意为农民奔走在合作化路上，一定能取得胜利。

1956年

2月，塘桥、舍上、石南村（部分）组织的初级社合并建立高级农业生产合作社（简称“高级社”），取名“建中第四高级社”，社长陆德福，副社长孔根林。吴舍、西塘村组织的初级社合并建立高级社，取名“建中第五高级社”，社长石阿林，副社长柳仲康。

5月，建中第四、第五高级社试行种植双季稻，分别种植61.6亩、127亩。1972~1976年，胜利、东风大队基本实现100%双季早稻、晚稻、麦三熟制，至1985年恢复一年两熟耕作制度。

6月，建中第四、第五高级社贯彻积极防治血吸虫病方针，开展群众性查螺灭螺工作，同时开展社员粪便检查化验工作。

1957年

8月，建中第四、第五高级社开展以粮食问题为中心的社会主义教育运动，发动社员群众开展“大鸣大放”。经过教育，入社的社员消除闹分社、退社的种种行为。

9月，中共建中第四高级社支部委员会（书记陆德福）、中共建中第五高级社支部委员会（书记石阿林）成立，均属中共渡村乡委员会领导。

1958年

7月13日，建中第四、第五高级社50余名代表出席震泽县高举共产主义红旗夺取全国高额丰产冠军誓师大会（万人大会，地点在震泽县中学操场）。

10月4日，渡村人民公社成立大会召开，建中第四、第五高级社生产队队长以上干部80余人出席大会。

10月，中共建中第四高级社支部委员会改称中共第11大队支部委员会，孔根林任支部委员会书记；中共建中第五高级社支部委员会改称中共第12大队支部委员会，石阿林任支部委员会书记。

12月，第11大队倪金土、第12大队夏才荣分别带领各自大队民工共50余人开赴洞庭东山大嘴山，参加东太湖穿湖大堤（又称东太湖控制线）修筑工程。至1959年4月春汛前完成首期任务。

1959年

2月，第11大队改称胜利大队，第12大队改称东风大队。

3月，胜利大队邱光裕与虞福奎（渡村公社党委书记）等6人赴南京参加江苏省六级干部代表大会。

5月22日至6月21日，渡村公社召开算账大会，由公社党委抽人负责，苏州地委工作组协助进行。胜利、东风大队主要清查5本账（“大炼钢铁”账、庄子桥畜牧场平调账、苏东河水利工地账、公社酿酒厂平调账、木渎闸工程账）。在清查庄子桥畜牧场平调账中，发现胜利大队第8生产队朱伯大（1958年任大队团支书）曾于1958年11月拆除家中3间2厢房屋，把木料全部贡献给集体。

9月中旬至10月上旬，天大旱，连续63天无雨，河道干涸，村域内中晚稻遭受旱灾、病虫害，粮食产量减半。

1960年

3月，胜利、东风大队公共食堂用粮执行以人定粮（定量）规定，直至1961年下半年解散公共食堂，社员各自回家用餐。

5月，舍上前村（1959年7月并入建设大队）回归胜利大队第8生产队。孔厚德任胜利大队党支部书记。

是月，胜利、东风大队男女青年（或家庭），包括陆福寿（中共党员）、夏阿四等20余人响应政府号召，支援边疆农场建设（农七师部队编制）。

7月，胜利大队第3生产队析出第9生产队。

1961年

春，胜利、东风大队贯彻中央《关于农村人民公社当前政策问题的紧急指示信》（“十二条”），退赔一平（在公社范围内贫富拉平的平均分配）二调（县社两级无偿调走生产队及社员个人财物）款，整顿思想和作风。

8月，东风大队第2生产队析出第9生产队，第5生产队析出第11生产队。

10月，上海市、苏州市、吴县及渡村公社等地（单位）精简下放的职工、居民约60余人返回原籍地。

是年，粮食减产，社员口粮相应减少，只得以瓜菜、红花草、糠麸代粮，导致营养不良，年老体弱者十有八九患浮肿病、消瘦病，妇女患妇女病。

1962年

9月，做好战时兵员动员准备，胜利、东风大队民兵中多名复员、退伍军人进行预备役登记工作。

11月，渡村公社桥梁普查，胜利大队有大小桥梁12座，东风大队有大小桥梁22座。

是年，胜利、东风大队各生产队均以生产队为基本核算单位，实行土地、劳动力、耕畜、农具“四固定”和执行“三定一奖”（定产量、劳动日、成本，超产及节约生产费用给予奖励）制度。

1963年

3月，胜利大队第8生产队析出第10生产队。

6月，东风大队第7生产队析出第12生产队、第13生产队。

12月下旬，胜利、东风大队继建设大队先行试点后，开展面上社会主义教育，先向社员群众宣传和讲解《农业六十条》和《前十条》，后在各生产队开展“四清”（清政治、经济、思想、组织）工作。

1964年

6月，沈金根任胜利大队大队长。

7月1日零时，第二次全国人口普查标准时点。胜利大队279户1138人（男579人、女559人），东风大队355户1444人（男723人、女721人）。

7月，东风大队组织各生产队于西太湖岸附近（自黄墅港口至菱湖嘴）栽植芦苇，约30亩。

7月，解放军某团到西太湖训练游泳，部队战士驻扎在黄墅一带。有次战士举行游泳比赛，自黄墅游至数里外的余山湖面。

1965年

3月20日，村域内大雪纷飞，据吴县气象站报告，为中华人民共和国成立后最迟下雪日。

3月，胜利大队第10生产队顾阿狗、东风大队第7生产队朱根林出席吴县农业先进单位代表会议。

4月，胜利大队孔阿美、东风大队赵金荣出席吴县第一次贫下中农代表会议。

10月，胜利、东风大队团支部组织团员青年60余人，参加公社党委于红星大队举办的"抗大"式活学活用毛主席著作积极分子训练班，为期一周。

是年，东风大队第6生产队利用废屋基地，搬石移土、填沟造地，开辟30亩荒地种植桑树，发展蚕桑生产。

1966年

2月，胜利大队第5生产队被渡村公社确定为本公社样板生产队。

4月，胜利大队陆明甫、孔阿美，东风大队施胜根出席吴县农业先进单位代表会议。

11月，东风大队筹建粮食饲料加工厂（机房），地址在西塘村东，有厂房8间及简易房2间，495柴油机、轧糠机、钢磨等设备。

1967年

3月，胜利、东风大队抓革命，促生产，听从公社人民武装部指挥，由它替代党政机构职能。

春耕时节，解放军某部战士参加胜利大队新建灌溉渠（翁家浜段）水利工程。

是年，东风大队组织各生产队在村域内开挖灌溉渠道，其中，南北向2条共长2500米，东西向2条共长3500米，灌溉受益面积1621.5亩。

1968年

8月，村民陆阿四（女）、施文英（女）、顾寿福出席吴县首届活学活用毛泽东思想积极分子代表大会。

8月，渡村公社10户渔民分别落户胜利、东风大队。10户渔民落户后，实行交鱼记工分，凭工分领取口粮。

9月6日，胜利大队第5生产队接纳东山镇知识青年姚康尔、叶剑芳、孔繁芳插队落户，3人分别于1974年、1975年、1978年调离。

10月，胜利、东风大队实行合作医疗制度，设立合作医疗室，配备经培训的卫生员，俗称“赤脚医生”。

1969年

4月，胜利、东风大队管理委员会分别改称胜利、东风大队革命委员会，至1979年3月撤销。陈荣生任东风大队革委会主任。

5月，经渡村公社教育革命委员会决定，东风小学附设1个初中班（俗称“戴帽子初中”），于1984年停止办班。

9月，陈荣生任中共东风大队支部委员会书记。

10月，村民金康云出席吴县第二届活学活用毛泽东思想积极分子代表大会。

1970年

春，胜利大队第5生产队添置全社第一台手扶拖拉机。

3月12日晚上，打雷下雪，地面积雪厚17厘米，电线杆和广播线杆倒伏或被压断，村域内麦苗、油菜严重受损。

7月，徐士刚任中共胜利大队支部委员会书记。

9月，胜利大队陆金仙、马寿根（公社广播站代表）、东风大队张巧玲出席中共吴县第四次代表大会。

是年，胜利大队第1生产队有46户182人，年终分配时有24户超（透）支共7429元，占集体积累8396元的88.5%。

是年，胜利大队金康云出席江苏省合作医疗赤脚医生代表大会并被列入表扬名单。

1971年

春，胜利、东风大队推行大寨式评工记分。

3月，胜利、东风大队2名民兵参加南京军区8312国防工程（光福机场）施工，历时1年余。

5月，胜利大队第3、第5生产队率先在渡村公社种植100%双季稻，三熟制。

11月，胜利、东风大队做好“一打三反”经济案件退赔工作。胜利大队涉及19人，落实款额11298.68元；东风大队涉及27人，落实款额7634.64元。

1972年

8月，创办于1960年的塘桥粮库（仓容量50万千克）弃用，改用渡村粮管所总库。

11月，胜利大队民兵35人、东风大队民兵42人参加拓浚常熟白茆塘工程。

是年，胜利砖瓦厂归属渡村公社工业公司，坯源仍以胜利大队供应为主。3年后，胜利大队于将台上（第6生产队地域）新建砖窑。1990年停办。

1973年

7月，胜利大队第4生产队陆金仙出席江苏省第四次妇女联合会代表大会。

1974年

1月，胜利大队叶宝玉、施巧福，东风大队施文英、柳金生参加吴县第二次贫下中农代表会议。

4月22日，溧阳上沛东发生5.5级地震，村域内有震感。

6月，胜利大队施巧福当选渡村公社贫下中农协会第二届委员会副主任。

1975年

7月5日下午3时许，东风大队第6生产队2条水泥船载着社员去东山割草，返程时其中一条船在黄墅港附近、离太湖岸200余米处倾翻，船上19人落水，淹死14人（1男13女）。公社组织力量一面对14位死者的家属慰问和抚恤，一面帮助双季稻抢收抢种。

12月，胜利、东风大队各生产队开展以平田整地挑坟墩为重点的农田基本建设，为高标准建设稳产高产农田打下基础。

1976年

3月，胜利大队金康云、孔繁芳、黄阿小，东风大队施文英、王丽珍出席吴县妇女青年积极分子代表大会。

8月，坊间传言有地震可能，胜利、东风大队社员群众于室外搭建防震棚，夜宿其中，以免遭受地震危害。

9月9日，毛主席逝世，胜利、东风大队干部群众沉痛哀悼。

12月，胜利大队第5生产队孔繁芳、东风大队第5生产队王丽珍出席吴县革委会召开的上山下乡知识青年先进代表大会。

1977年

1月，天气寒冷，连降大雪，河道、池塘、沟渠冰冻10余厘米。

春，渡村公社革委会进行党的基本路线教育，有针对性地对胜利、东风大队干部和社员开展“两打”（打击贪污盗窃、打击投机倒把）运动。

4月，胜利大队第5生产队队长朱林元、第8生产队饲养员黄阿小，胜利大队党支部书记徐士刚和东风大队第9生产队会计盛阿大、东风大队党支部书记陈荣生出席吴县农业学大寨先进集体（个人）代表大会。

9月11日下午3时，8号强台风过境，下大暴雨，太湖水位陡涨，村域内菱湖嘴荡田遭受涝灾。

11月，渡村公社开挖定向河（水利工程），穿越胜利大队800米。翌年在定向河上新建1号桥、2号桥。

1978年

1月10~31日，胜利、东风大队抽调80余名劳动力，投入修筑东太湖复堤工程。

5月，东风大队朱兴良组织农民建筑工程队开赴苏州市区承包工程，后发展创办为苏州金螳螂建筑装饰股份有限公司。

是年，中共吴县委员会颁发“胜利大队三麦亩产超历史，增一百”奖状。

1979年

2月，胜利大队徐士刚、顾新民、邱光裕、陆伯生、孔来福、顾金元、黄阿小、金康云、陆和官、邱水泉（集体代表）、陆金元（集体代表）和东风大队夏才荣、柳仲康、张巧玲、孙平安、孔伯福（集体代表）出席吴县1978年度群英会。

3月，撤销胜利、东风大队革命委员会，恢复大队管理委员会。中共渡村公社委员会任命何福林为胜利大队大队长、柳南生为东风大队大队长。

4月，胜利、东风大队对“文化大革命”以来受审查、冲击的干部群众落实政策，开展复查纠错工作。

4月，胜利大队民兵副营长陆建新出席苏州地区民兵代表大会。

7月，吴县妇女联合会授予胜利大队黄阿小“三八”红旗手称号。

是年，胜利大队第6生产队有耕地157.8亩，有手扶拖拉机1辆、水泵1个、电动机4台等农机具，全年农机修理费平均每亩3元，为渡村公社最低生产队，被评为吴县农机管理先进生产队。

1980年

3月15日，胜利大队徐明扬、东风大队张巧玲出席吴县先进单位代表、劳动模范授奖大会。徐明扬、张巧玲被吴县人民政府授予“劳动模范”称号。

7月，华东煤田勘探二队到渡村公社勘探煤层，在胜利、东风大队出动数台钻机。2个大队地下煤矿丰富，煤层较为复杂。

11月，胜利、东风大队一度分别改称塘桥、吴舍大队。

1981年

3月，塘桥大队第2生产队析出第11生产队，吴舍大队第6生产队析出第14生产队。

4月，渡村公社开展第二次土壤普查，塘桥大队1882.3亩耕地为黏质黄泥土，其中高家荡120亩耕地属草渣土和青泥土，占总数的6.38%。吴舍大队2137.5亩耕地为黏质黄泥土，其中沿西太湖岸、漾河港田234亩田及松坟头27亩耕地为沙质黄泥土，占总数的12.21%。

10月，陈荣生当选渡村公社管理委员会委员。

12月15日，东太湖复堤加固工程渡村段动工，吴舍、塘桥大队社员40余人参加加固工程。

1982年

7月1日零时，第三次全国人口普查标准时点。塘桥大队379户1365人（男678人、女687人），吴舍大队487户1803人（男900人、女903人）。

8月，陈荣生出席吴县第七届人民代表大会第二次会议。

10月，张惠泉任吴舍大队大队长。

是年，吴舍、塘桥大队社员开挖水井，时社员每打井1口补贴5元，集体每打井1口补贴10元。吴舍大队有43户打井，塘桥大队有14户打井。

1983年

春，吴舍、塘桥大队全面推行家庭联产承包责任制，采取划分三田（口粮田、责任田、饲料田）的方式，分田到户。

4月，张惠泉任中共吴舍大队支部委员会书记。

6月6日10时许，吴舍大队配电房因电工擅离工作岗位，致使用电超负荷，配电房失火，造成不小损失。

7月，渡村公社政社分设，恢复乡、村建置，改大队为村，改生产队为村民小组。塘桥大队改称塘桥村，设立村民委员会，选举何福林为村民委员会主任。吴舍大队改称吴舍村，设立村民委员会，选举施胜根为村民委员会主任。

是年，塘桥、吴舍村分田到户后，各村设立村级农业服务站，为农户做好农田服务工作，除搞好农机、水、电服务外，还帮助农户引进稻、麦良种，开展农业咨询，购销农药化肥等。

1984年

1月17日8时降雪至19日，持续降雪45小时，积雪厚18厘米。

6月中旬，梅雨来势猛，太湖水位陡增，西太湖沿岸遭受特大暴雨袭击，菱湖嘴荡田稻苗全部受淹。村民紧急行动，投入抗洪救灾。

10月，吴舍村金雪珍、沈卫平，塘桥村宋金凤、孔福官在江苏省卫生厅组织的对乡村保健员的考核中成绩合格，获得“乡村保健医生”称号。

是年，中共塘桥村支部委员会根据村域内胜利小学用房破旧的实际情况，决定投资3万元，易地新建，5月征地，8月底建成。1985年定名“吴县塘桥小学”。

是年，于塘桥东侧新建一座双曲拱桥，俗称“新塘桥”。2005年10月拆除改建为钢筋水泥平桥。

1985年

春，塘桥村高家荡60余亩耕地开挖鱼池，归属渡村乡渔场，至此塘桥村不再存在荡田。

6月，渡村乡落实党的政策，分别对“文化大革命”中胜利、东风大队所有被查抄对象的查抄物资给予清退，有的退还原物，有的原物收回变价予以经济补偿。

是年，胜利丝织厂（1981年由吴县丝织厂与胜利大队合办）更名为渡村丝织厂，有职工50人，为村办骨干企业。1990年10月由金祥峰承包，1993年关闭。

1986年

1月，宋根水任中共塘桥村支部委员会书记，金康云任塘桥村村民委员会主任。

2月，塘桥、吴舍村的村标、村民门牌编号订制工作全面启动。

10月，选举宋留官为吴舍村村民委员会主任。

1987年

4月，吴县户粮办公室渡村乡办理塘桥、吴舍村1961年1月1日至1965年6月30日下放农村的城镇户口居民及20世纪60年代下放职工就地农转非，约40余人。

11月，渡村乡政府投资新建菱湖嘴路（东自塘桥东，西至吴舍西），亦称观光大道，长约2300米，总土方3.2万立方米。

1988年

10月，渡村乡实行乡办企业职工退休保养统筹制度，涉及塘桥、吴舍村60余人。

12月，颁发居民身份证。塘桥、吴舍村16周岁以上公民领取居民身份证1437张。

1989年

5月10日晚9时，村域内突遭龙卷风夹带暴雨，塘桥、吴舍村三麦（占40%）、油菜（占45%）成片倒伏田间。

10月，塘桥、吴舍村在相对集中的自然村设立护村哨，监护村道路、河口等出入口。各村有护村人员2~3人。

1990年

7月1日零时，第四次全国人口普查标准时点。塘桥村377户1438人（男707人、女731人），吴舍村535户1851人（男931人、女920人）。

11月，选举何福林为塘桥村村民委员会主任。

12月，徐文斌任中共塘桥村支部委员会书记。

1991年

4月，吴舍村徐德明被评为1990年度吴县劳动模范。

6月，吴县科学技术委员会授予孙平安（时任吴县中联纺织装饰材料厂会计）吴县“1990年百名先进专业技术人员”称号。

7月16日，遭受大风袭击，太湖水位升至4.79米。加上梅雨来得早，持续时间长，降雨量为正常年份的3.8倍，村域内千余亩农田遭受特大涝灾，房屋倒塌数十间。村民紧急行动，抗洪抢险。

11月，渡村乡政府投资新建腾飞路（村域内东自塘桥村舍上自然村，西至菱湖嘴南），长约1800米。

1992年

7月29日，村域内气温高达39.2℃，创中华人民共和国成立以来最高纪录。

11月，位于村域内西太湖沿岸的菱湖嘴码头设施项目，由渡村乡政府投资启动。

12月，塘桥、吴舍村为建造太湖大桥筹集建桥资金，2个村各筹资1700元。

1993年

6月26日，塘桥、吴舍村开通光缆程控自动电话，农村电话结束靠人工交换接续的历史。

9月，村域内顺堤河内侧石驳岸工程启动。

12月28日，西太湖路堤工程在渡村乡举行开工典礼，渡村段工程涉及吴舍、塘桥村，翌日动工。

1994年

是年，渡村镇政府投资在村域内新建塘桥路，南起腾飞路，北至石舍村村口，长约1500米。

1995年

春，吴舍村组织劳动力对菱湖嘴（圩）内旱地、废河复垦，复垦面积51亩，土方1.5万立方米。

3月，塘桥、吴舍村推行农村大病风险统筹医疗制度，首批1440人参加，每人交5元。

10月，村域内西太湖沿岸石砌挡墙工程启动，涉及2500米。

是年，塘桥、吴舍村推行用电标准设施建设，改善村民日常生活、生产用电条件，至次年3月完成。

1996年

3月，孔福官任中共塘桥村支部书记。

5月，选举陆伯生为塘桥村村民委员会主任。

9月，塘桥、吴舍村实行口粮田、责任田分离。

1997年

4月，在渡村镇清理坟墓占地中，吴舍村深埋95个、搬迁2个，塘桥村深埋128个。

7月，为稳定和完善农村土地承包关系，明确土地承包期自1998年始延长30年。塘桥、吴舍村分别向村民发放土地承包经营证书386张、502张。

11月22日，吴舍村殷金男订阅1998年度报刊25种，合计报刊费1450元。

是年，塘桥、吴舍村推行大病风险统筹医疗制度，村民参保率分别为62%、48%。

1998年

3月20~21日，受寒潮袭击，村域内普降大雪，出现近年罕见“菜花黄，雷声响，雪花飘”奇观。三麦、油菜受冻害严重。

12月，牛桥村孔凤泉投资60万元，租赁塘桥村农田134.6亩种植银杏树（其中第2村民小组14.27亩、第3村民小组56.5亩、第9村民小组19.96亩、第11村民小组

43.87亩)，租赁时间为1999年1月至2028年12月。后因故于2015年停止租赁。

1999年

7月，自1日至15日连续降雨，太湖水位超历史最高，达5.08米，村域内遭受特大洪涝灾害，农田受淹。村民紧急行动，抗洪抢险。

11月，塘桥、吴舍村实施电网改造工程，完成95%的农户装表更换、线路设置和变压器增容工程。

2000年

春，吴舍村组织劳动力加高加固菱湖嘴挡墙，长约2000米，并在此建成一座排涝机房。

8月，陆步庄朱凤珍(女，成年后离乡，后居上海、香港)捐资6万余元，于陆步庄修建成700余米长的水泥道路，取名"圣堂路""东庄路"。

11月1日零时，第五次全国人口普查标准时点。塘桥村380户1290人(男634人、女656人)，吴舍村508户1773人(男886人、女887人)。

2001年

3月，渡村镇投资350万元于菱湖嘴筹建自来水厂，取太湖水源，一期工程日产5000吨自来水。2003年，接通吴县自来水公司(2009年渡村自来水厂弃用)，做到村村通水，塘桥、吴舍村随之。

8月，吴舍村第1村民小组庄阿荣被吴中区人武部评为优秀伤残军人。

9月，选举徐根良为塘桥村村民委员会主任。

是年，菱湖嘴由吴中区城管局租赁，用机械于湖中取土填高地面，于次年建成菱湖嘴公园。

2002年

11月，吴舍村启动第二轮河道疏浚清淤工程，村域内主要河道全部过堂。

2003年

8月，灵湖村实施吴县人民政府有关规定：沿西太湖环湖路一线1千米范围为绿化生态区。

11月29日，塘桥村与吴舍村合并为灵湖村，村民委员会驻地为吴舍村村民委员会所在地。选举徐根良为灵湖村村民委员会主任。

11月，中共灵湖村总支部委员会成立，徐根良任党总支副书记，主持全面工作，张惠泉为顾问。下设3个党支部。

2004年

1月，吴中区建立以大病统筹为主的农村合作医疗保险制度和农村特困人群医疗救助制度。至12月，灵湖村参保人数2310人，参保率76%。

2005年

3月27日，吴中区洞庭（山）碧螺春茶文化旅游节于村域内菱湖嘴开幕，灵湖村团员随渡村镇团委青年志愿者参与活动现场服务。

3月，灵湖小学撤销，全校学生并入渡村中心小学上课。

10月，徐根良任中共灵湖村总支部委员会书记。

11月，灵湖村年满18周岁公民领取第二代居民身份证。

2006年

秋，苏州联爱金属制品有限公司（前身为吴舍五金厂）迁至黄垆工业小区。2018年再迁至石塘村柳湖路。负责人屠联华。

是年，村域内苏东河延伸段（黄墅港口至东塘新开河段）开挖竣工，全长1600米，顶宽45米，底宽30米，总土方25万立方米，占地300亩，投资250余万元。

2007年

11月，选举沈卫东为灵湖村村民委员会主任。

12月26日，吴中公交628路开通试车（吴中汽车站至菱湖嘴），村域内设6个车站，方便群众，至2019年5月19日停止运营。

2008年

5月12日，四川汶川县发生8级强烈地震灾害，灵湖村全体党员积极交纳特殊党费，援助灾民。

是年，灵湖村被命名为“江苏省卫生村”。

2009年

7月，黄墅利当桥（俗称“里尺桥”）由苏州市人民政府公布为苏州市第六批文物保护单位。10月，村域内塘桥在第三次全国文物普查中，被吴中区列为新发现文物点。

是年，灵湖村被江苏省环保厅授予“江苏省生态乡镇（村）”称号。

2010年

8月，沈卫东任中共灵湖村总支部委员会书记。

11月1日零时，第六次全国人口普查标准时点。灵湖村833户3263人（男1628人、女1635人）。

12月29日，灵湖村被苏州市依法治市领导小组办公室、苏州市司法局、苏州市民政局表彰为第四批苏州市“民主法治村”“民主法治社区”。

12月，选举沈祥明为灵湖村村民委员会主任。

2011年

春，灵湖村第3、第4、第12、第18、第24村民小组大部分农户耕地被吴中区人民政府征（使）用。翌年，第9、第13、第23、第24村民小组全部耕地被征（使）用，成为无耕地村，村民不再从事农业生产，成为无地农户。

5月，灵湖社区股份合作社成立。11月，灵湖村将数年积累的集体资产899万元量化给全体村民，折成3494股，其中集体股280股、个人股3214股，每股2573元。

2012年

2月21日，苏州市人民政府发布苏府复〔2012〕12号《市政府关于同意撤销吴中区临湖镇灵湖村塘桥第1村民小组的批复》。撤销范围内的集体非农建设用地，全部转为国有，其余集体土地由苏州市人民政府收归国有，并按城镇规划要求统一安排使用。

春，穿越西塘、东西长约250米的射渎塘两岸块石混凝土驳岸启动，翌年竣工。

是年，海丝浜与水路浜之间开挖连通，长256米，并新建农桥1座。

2013年

2月，村党总支书记沈卫东带领村委会干部慰问8名困难老党员，向他们送去慰问金和慰问品。

7月15日至8月1日18天，8月3~17日15天，村域内持续高温，在37℃以上。

2014年

4月，灵湖村第6村民小组金芳被吴中区人民政府评为2011—2013年度吴中区“劳动模范”。

12月，为举办第九届江苏省园艺博览会，由苏州市人民政府向灵湖、石舍村征用土地，其中灵湖村被征（使）用1600余亩。

2015年

3月12日，苏州市领导在吴中区临湖嘴公园举行义务植树，石泰峰、陈振一、高雪坤等领导参加。

3月，陈维新任中共灵湖村总支部委员会第一书记（由镇党委下派）。

7月，灵湖村群益物业专业合作社成立，参加农户67户，另有外村56人，股金总额500万元。合作社成员除本村村民外，另有采莲、前塘村村民。

是年，由苏州市、吴中区主管部门投资85万元，于村委会驻地西南300米处建成灵湖村有机垃圾处理站，面积80平方米，由苏州韩博公司支持设备和技术，对村域内的生活垃圾及时处理。

2016年

1月，灵湖村舍上老年活动室竣工，地址在舍上前村，建筑面积140平方米。

4月18日，第九届江苏省园艺博览会对外开园。江苏省人大常委会副主任蒋宏坤、江苏省副省长张雷，苏州市领导周乃翔、曲福田、陈振一、俞杏楠，吴中区四套班子领导，以及江苏省各省辖市政府分管副市长、省风景园林行业有关专家学者等出席开幕式。灵湖村村民委员会分批次组织村民游园。

4月，灵湖村成立民房合作社。村委会对村民闲置房屋评估后，以资金的形式入股合作社，再通过招商平台将房屋出租给有关公司和艺术家，打造精品民宿和艺术家工作室，为村民创收增收。

8月，灵湖村西塘老年活动室（占地面积121平方米，建筑面积242平方米）和塘桥老年活动室（亦称灵湖村日间照料中心，占地面积201平方米，建筑面积403平方米）竣工。

9月，苏州市美丽村庄建设办公室命名灵湖村（吴舍）为2014年度“三星康居乡村”。

2017年

4月，中共灵湖村委员会成立，沈卫东任党委书记，沈祥明、龚颖涛任党委副书记。

5月，苏州市公安局吴中分局水上派出所、水上警察大队于原灵湖村村民委员会（腾飞路）驻地挂牌成立。占地面积14.5亩，建筑面积1800平方米。

6月，中共灵湖村委员会被中共吴中区委组织部评为“基层党建示范点”。

8月，灵湖村黄墅（自然村）成功入选江苏省首批特色田园乡村建设试点名单。

9月17~19日，临湖镇文体中心协助灵湖村陆建新、孙平安、金波赴浙江省宁海县档案馆查阅《宁海县志》，核实清同治九年（1870）举人柳商贤（西塘人）任宁海县知县年限为清光绪二十一年至二十三年（1895~1897）。

2018年

3月16日，江苏省委常委、苏州市委书记周乃翔，市委副书记朱民到灵湖村了解农村基层党建工作，强调要以党建引领乡村振兴，真正把基层党组织建设成为带领群众脱贫致富的坚强战斗堡垒。

4月17日，苏州乡村振兴学堂（在村域内腾飞路旁）挂牌成立，为江苏省首家乡村振兴综合实践教育培训基地。学堂占地面积104亩，征（使）用塘桥村第5、第7村民小组土地。

6月，中共灵湖村委员会书记沈卫东被中共苏州市委授予“苏州市乡村振兴带头人”荣誉称号。

9月，灵湖村被苏州市精神文明建设指导委员会评为2015—2017年度文明村。

是年，灵湖村被农业农村部列入“2018年中国美丽休闲乡村”。

2019年

3月，灵湖村村民委员会成立农村人居环境整治工作领导小组，于4月15日向全体村民发出“人居环境整治倡议书”。

5月24日，吴中区“新时代、新青年、新作为”科级干部能力素养提升班、第12期中青年干部培训班在苏州乡村振兴学堂举行开班仪式。至7月5日结业。

8月，灵湖村村民委员会启动惠民活动，试行对80周岁以上老人送餐入户，时有132人享受服务。至2020年12月底，有147人享受服务。

在“新时代·新接力”乡村振兴后备人才学习成长营中，龚颖涛表现优异，被中共吴中区委组织部评为优秀学员。

2020年

2月，新冠肺炎疫情暴发以来，灵湖村采取严防疫情有效措施，坚持群防群控，要求村民严守在家，外出戴口罩，并在各自然村主要路口设置防安点，轮班值守，封闭其他路口。有志愿者458人，累计服务时间1800小时。有67人次捐赠防控物资价值10余万元，3人捐赠现金2.2万元。

4月，《灵湖村志》编纂工作启动，灵湖村村民委员会组建编纂委员会，设立村志编纂办公室。

8月8日，于村域内乡贤路两侧举办“森‘灵’集市”，设80个集市摊位，打造以夜游、夜娱、夜食、夜购为主的活动。该活动由临湖镇工会主办，灵湖村村民委员会等协办。

10月17日，中共灵湖村委员会组织76名党员赴昆山市参观江苏省金华文明村、顾炎武故居，加强爱国主义教育。

11月1日零时，第七次全国人口普查标准时点，灵湖村903户3602人（男1754人、女1848人）。

是年，灵湖村被江苏省档案局授予“江苏省档案工作”三星奖牌。

2021年

3月22日，由苏州市吴中区水务局主办，苏州吴中供水公司、苏州吴中水务发展集团有限公司和光大（苏州）有限公司承办的“贯彻水条例，保护母亲湖——惜水爱水我们在行动”世界水日主题活动在村域内沐春园（菱湖嘴）举办。当日放养花白鲢鱼苗1500千克（22300余尾）。

4月22日，中共灵湖村委员会组织党员和群众代表90余人，前往张家港开展主题党日活动。参观沙洲县抗日民主政府纪念馆、双山渡江战役胜利公园，重温抗日浴血奋战的光辉岁月，瞻仰革命烈士纪念碑和烈士墙。

4月，灵湖村18~59岁新冠病毒感染高风险人群首批30余人赴临湖镇卫生院接种疫苗。

5月，第25村民小组张彩英（儿子屠联华、媳妇查爱珍）家庭被吴中区妇联评为2021年度最美家庭。

6月30日，中共灵湖村委员会为张巧玲、翁水根、孔祥官、陆要新、沈新根、顾伏根、柳金生、石虎元、金永泉、沈叔明、张火根、石凤明、马寿根、夏水才、沈根大、徐士刚、陆金仙、丁兴元、宋根水、邬水根、金正寿、石阿大、朱世荣等23名老党员颁发“光荣在党50年”纪念章。

7月，中共灵湖村委员会书记沈卫东被中共江苏省委员会评为“江苏省优秀党务工作者”。

是月，灵湖村第20村民小组陈战功（女）被中共吴中区委员会评为吴中区优秀共产党员。

10月21日，灵湖村召开首届邻长部署会。会议现场由中共苏州市委组织部拍摄专题片。

12月13~15日，灵湖村党委、村民委员会班子成员于苏州乡村振兴学堂参加关于习近平总书记“三农”工作重要论述的主题轮训，为期3天。

第一章　建　置

2003年11月，吴舍村与塘桥村合并，取"灵湖"为村名，因村域西侧濒临太湖的菱湖水域，乡音"菱"和"灵"同音，故名。村域历来属吴县（市）渡村管辖。2006年9月，属苏州市吴中区临湖镇管辖。

灵湖村所辖村域范围，主要包括吴舍、西塘、陆步庄、黄墅、塘桥、舍上、东塘、水路上、翁家浜和海丝浜9个自然村。另有自然村周围以及沿西太湖、高家荡的大片耕地。

1950年4月，村域内有吴舍、西塘、塘桥、舍上、石南村（部分）共5个行政村，属苏南行政公署太湖区行政办事处横泾区石舍、渡村乡（至1953年4月）。1956年3月，属震泽县渡村乡。

1958年10月，实行政社合一，为渡村人民公社第11、12大队。

1959年2月，为渡村人民公社胜利、东风大队。

1980年11月，胜利大队改称塘桥大队，东风大队改称吴舍大队。

1983年7月，政社分设，恢复乡、村建置，吴舍大队改称吴舍村，塘桥大队改称塘桥村。

2003年11月，吴舍村与塘桥村合并为灵湖村，所辖村域范围未变。

2020年，灵湖村下辖9个自然村25个村民小组（吴舍片14个、塘桥片11个）。

第一节　建置沿革

自宋代始，太湖东岸淤积成陆，其陆位于尧峰山之南，俗称"九庄十八舍"，谓之水东，亦称横泾平原。清《太湖备考》载："水东，吴县所属，以其在太湖之东，故谓之水东。"渡村（又名徐墅，亦曰姚墅，俗号大村）在水东的东滩南端，与大缺口相对之地。

明、清时期，县以下设乡，乡以下为都、图、村。村域内属吴县遵礼乡二十七都，统9个图。一至三图均属渡村（略），七图、九图略。

四图（离城56里）有舍上、东塘、水路、水路浜、闸村、南城、闸口、吴舍自然村。

五图（离城56里）有吴舍北、吴舍南、庙桥、泰来桥、庙泾港、余山、天后庙、小石桥、余山讯、湖口港、凌河港、后巷、凌河汛、横泾桥、大王庙自然村。

六图（离城56里）有绿芜庄、庄桥、小闸口、塘桥、篁墅港、宴桥、西塘闸、西塘南、夏样港自然村。

八图（离城54里）有方庄、新泽港、庄林桥、西浜村、西塘、吴舍南、太平桥、孔家塘桥、射渎塘、九曲头、西市港、西浜、木板桥自然村。

清雍正年间（1723~1735），今灵湖村村域内自然村属遵礼乡二十七都四图、五图、六图、八图，其中，舍上、东塘、水路上、翁家浜和海丝浜自然村属四图，吴舍自然村属五图，陆步庄、西塘、黄墅自然村属六图，塘桥自然村属八图。

1912年，村域内仍沿用清代的都、图制。

1929年，村域内属吴县第五区（横泾）渡村乡。

1934年，村域内属吴县第五区（横泾）徐墅乡。

1947年，村域内属吴县第十二区（东山）渡村乡。

1948年，村域内属吴县东山区庄莲镇。

1950年4月，村域内属苏南行政公署太湖区行政办事处横泾区石舍、渡村乡，分设5个行政村，其中，吴舍自然村属吴舍村，西塘、陆步庄、黄墅自然村属西塘村，舍上自然村属舍上村，塘桥、东塘、水路上自然村属塘桥村，翁家浜、海丝浜自然村以及小桥浜自然村7户属石南村（部分）。1956年3月，属震泽县渡村乡。

1958年10月，渡村人民公社成立，实行政社合一体制。吴舍、西塘村组建的建中第五高级社改称第12大队，设管理委员会，驻地设在吴舍石姓祠堂。塘桥、舍上、石南村（部分）组建的建中第四高级社改称第11大队，设管理委员会，驻地在原塘桥粮管所内。

人民公社成立后，大致按自然村设置生产队，第12大队设7个生产队，第11大队亦设7个生产队（时舍上前村部分社员划入建设大队）。一度改为营、连建制。

1980年11月，东风、胜利大队一度分别改称吴舍、塘桥大队。

1983年7月，政社分设，恢复乡、村建制，改大队为村，改生产队为村民小组。吴舍大队改称吴舍村，设立村民委员会，驻地在吴舍港南岸平房内，下设14个村民小组。塘桥大队改称塘桥村，设立村民委员会，驻地在东塘河口将台上，下设11个村民小组。

1993年6月，吴舍、塘桥村属吴县渡村镇。

2003年11月，吴舍村与塘桥村合并为灵湖村，驻地为吴舍村委会所在地。

2006年9月，撤销渡村、浦庄镇建制，合并为临湖镇，灵湖村属临湖镇。

2020年末，灵湖村有25个村民小组（吴舍片14个、塘桥片11个）。

表1-1　灵湖村建置沿革情况

时间	都图、自然村、大队、村	隶属
清雍正年间（1723~1735）	二十七都 四图：舍上、东塘、水路、水路浜、闸村、南城、闸口、吴舍 五图：吴舍北、吴舍南、庙桥、泰来桥、庙泾港、余山、天后庙、小石桥、余山汛、湖口港、凌河港、后巷、凌河汛、横泾桥、大王庙 六图：绿芜庄、庄桥、小闸口、塘桥、篁墅港、宴桥、西塘闸、西塘南、夏样港 八图：方庄、新泽港、庄林桥、西浜村、西塘、吴舍南、太平桥、孔家塘桥、射渎塘、九曲头、西市港、西浜、木板桥	吴县遵礼乡
1929~1948年	塘桥、东塘、水路上、翁家浜和海丝浜、舍上、吴舍、西塘	吴县渡村镇、徐墅乡、渡村乡庄莲镇
1950年4月	塘桥、东塘、水路上、翁家浜和海丝浜、舍上、吴舍、西塘、陆步庄、黄墅	苏南行政公署太湖区行政办事处横泾区石舍、渡村乡
1956年3月	塘桥、东塘、水路上、翁家浜和海丝浜、舍上、吴舍、西塘、陆步庄、黄墅	震泽县渡村乡
1958年10月	第12大队、第11大队	震泽县渡村人民公社
1959年2月	东风大队、胜利大队	震泽县渡村人民公社
1980年11月	吴舍大队、塘桥大队	震泽县渡村人民公社
1983年7月	吴舍村、塘桥村	吴县渡村乡
2003年11月	灵湖村	吴县渡村镇
2006年9月	灵湖村	吴中区临湖镇

第二节　自然环境

灵湖村位于临湖镇西部，自然村聚落形态为猪蹄状，距临湖镇政府驻地约4.5千米。西临太湖（河岸线长3400米），东接牛桥村，北依石舍村，南与前塘村接壤。东西最大距离3.5千米，南北最大距离3.4千米。地理坐标为北纬31°07'49.02"，东经120°26'26.62"。

2020年末，灵湖村村域面积4.3平方千米。

灵湖村属滨河水网平原，地面成陆千余年，地面高程3.1~4.1米（吴淞标高）。沿西太湖及村内高平田以黏质黄泥土为主，适宜栽种水稻、三麦、油菜等作物。而于东太湖围垦而成的圩田，地面组成为湖积相物质，因常年受湖水涨落影响，土壤在沼泽化过程中，植物残体（芦苇、茭草）发育成草渣土，仅适宜栽种水稻。地面高程2.4~2.9米（吴淞标高）。村域内地面较为平坦，自北向南微微倾斜。

灵湖村地处北亚热带南缘，为亚热带季风气候，并受太湖水体的调节作用，具有四季分明、温暖湿润、光照充足、降水丰沛和无霜期较长的气候特征。

气温：年平均温度15.9℃，月平均气温以7、8月份最高，为27.5℃~30℃，其中日最高气温40.8℃。1月份最低，月平均气温2℃~3℃，其中最低气温-8℃。年平均日照时数2189.5小时，日照率49%，年平均无霜期245天。

2002~2015年吴中区夏季高温天气数据显示：2002年高温日7个，2003年28个，2004年21个，2005年23个，2006年26个，2007年23个，2008年18个，2009年21个，2010年26个，2012年22个，2013年52个，2015年50个。

2003年最高气温38℃，2004年38.1℃，2005年38.1℃，2006年37.7℃，2007年39.3℃，2008年38.2℃，2009年39.2℃，2010年39.7℃，2013年41℃，2015年40℃。

降水：平均年降水量为1200毫米，年平均降水日为142天左右，降水量年际变化较大，最大降水量为1850毫米（1999年），最小降水量为750毫米（1978年）。年内分配不均，汛期5~9月受暖湿东南季风影响，降水多而集中，占全年降水量的68%。

风向、风速：冬季盛行东北风和西北风，春夏两季为东南风，多年平均风速3.9米/秒，年最大平均风速4.9米/秒（1970年），年最小平均风速2.2米/秒（1952年）。台风过境平均每年3~4次，最多可达6次。一般出现在7~9月份，最大风力等级为8~10级。历年汛期最大风速平均值为11.5米/秒。

受"太湖小气候"影响，夏天沿太湖受台风的外围影响频率较高，但是受台风中心的破坏概率较低。因为"太湖小气候"的基本原理是大面积的水体与空气的热能交换，由此而导致正负2℃左右的温差，自然形成覆盖面广达5000平方米左右的弱气压柱。一旦强大的台风气流袭来，台风往往抵不过弱气压柱而不得不改道（行至浙江省湖州）转头往西部而去。

流经灵湖村的大小河道分为自然河和人工河两种。自然河中东西流向的河道大多数由西向东流，尤其在春夏季水量充足，河水流速畅快，集中流入东太湖，起着引调蓄纳、灌溉吞吐和水陆交通作用，南北流向的河道大多数由北向南流。

当地称通向太湖、城镇的水道为港，称只进不出的水道为河浜，称不进不出的水域为池（塘）。

流经村域内的主要河道有射渎塘（段），亦称东塘河、西塘河，东西流向，约1800米。万箩河，亦称吴舍河，东西流向，约800米。九曲塘，自塘桥至舍上闸桥，南北流向，约1100米。苏东河延伸段，自黄墅港闸至东塘村口，南北流向，约1600米。顺堤河，沿环太湖大道，自黄墅港闸至吴舍、柳舍之间老虎口河，南北流向，约3400米。另有黄墅港、水路港、西城泾、灵湖小学河、翁家浜及定向河。

村域内其他河道如庙金港、轴浜头、北堰消河、海丝浜等，由于历年农田水利工程建设和改建道路，现已被填平。

村域内陆路交通便捷，道路纵横交错，通往村民小组的道路均实现刚性化和黑色化，村民和村民住宅间道路铺设水泥路面。主要道路（段）有腾飞路（总长3.09千米，村域内1.9千米）、菱湖渚路（总长2.5千米）、临湖路（总长10.85千米，村域内自黄墅闸至绿地·博墅2千米）、吴舍（迎宾）路（总长0.58千米）、舍南路（总长1千米）等。

民国年间至20世纪50年代，村民自塘桥、吴舍往渡村集镇地分别由两条道路通行，其中一条自孔家塘桥朝南，走大田岸绕盘蛇漾至西浜，过五房弄跨高公桥至集镇地。另一条自吴舍朝南经西塘回春桥继向南走大田岸，跨利当桥（俗称“里尺桥”），折向东走龙田岸至南城头（亦称南剩头），跨对方桥至集镇地。或自吴舍朝南经西塘回春桥折向东，沿射渎塘岸近30米转向南跨陆步庄桥穿陆步庄村往南过扁竖岸达龙田岸再同上。

村民至浦庄、横泾，一般经石塘或张庄或黄垆到达目的地。

1958年10月渡村人民公社成立时，第12大队实有耕地2322亩，第11大队实有耕地1983.6亩。

1962年，各生产队实行“四固定”（固定耕地、劳动力、耕牛、农机具）时，东风大队有耕地2137.5亩，胜利大队有耕地1882.3亩。

1983年实行家庭联产承包责任制后，吴舍村有耕地2296.5亩，塘桥村有耕地2007.9亩。

2003年11月，吴舍村与塘桥村合并为灵湖村，村域内有耕地2880.51亩（塘桥1346.57亩、吴舍1533.94亩）。至2008年12月，灵湖村的耕地均被吴中区征用，成为无耕地村，村民纳入农村养老保险体制，2009年1月纳入失地补偿对象2902人（每月可领取补偿金）。同时置换城镇职工养老保险体制，参加城镇职工养老保险的有1925人。

第三节　自然村

村域内有9个自然村25个村民小组。

塘桥含第1、第2、第11村民小组。舍上含第6、第7、第8、第10村民小组。东塘即第5村民小组。水路上含第4、第12村民小组。翁家浜即第3村民小组。海丝浜即第9村民小组（自然村名因于2013年5月第九届江苏省园艺博览会选址而消失）。吴舍含第13、第14、第15、第19、第20、第21村民小组。西塘含第16、第22村民小组。陆步庄含第18、第23、第24村民小组。黄墅含第17、第25村民小组。

自然村名与水结缘居多，如翁家浜、海丝浜、塘桥、水路上、东塘、西塘；也有以村舍命名的，如黄墅、吴舍、陆步庄。自然村村巷狭窄，互相连通，或东西或南北走向，河岸平行，房屋连片，鳞次栉比，故自然村界定四至难分。有的建筑物拆迁，村民移居，自然村自行消失。

一、塘桥

位于村域偏东，渡村集镇地西北侧1000余米。

自然村名出于同名塘桥，村以桥命名。1983年7月，塘桥大队改为塘桥村亦据此得名。明葛一龙有诗《风夜宿塘桥》，可见自然村历史悠久。

清雍正年间（1723~1735），塘桥属吴县遵礼乡二十七都六图。

1929年，属吴县第五区（横泾）渡村镇。

1934年，属吴县第五区（横泾）徐墅乡。

1947年，属吴县第十二区（东山）渡村乡。

1948年，属吴县东山区庄莲镇。

1950年4月，属苏南行政公署太湖区行政办事处横泾区石舍、渡村乡塘桥村（至1953年4月）。1956年3月，属震泽县渡村乡。

1958年10月，渡村人民公社成立，属震泽县渡村人民公社第11大队。

1959年2月，属震泽县渡村人民公社胜利大队。

1980年11月，属震泽县渡村人民公社塘桥大队。

1983年7月，属吴县渡村乡塘桥村。

2003年11月，属苏州市吴中区渡村镇灵湖村。

2006年9月，属苏州市吴中区临湖镇灵湖村。

塘桥由孔姓首居于此，自孔彦仁（孔子第五十九世孙）始居，已有数百年，故当地称塘桥为孔家塘桥。清《横金志》载，孔彦仁先祖第五十八世孙孔庸，孔庸祖父孔克信长子希安，希安长子孔友谅，孔友谅长子即孔庸。另有周、陆、邱、沈等姓氏家族聚居于此。

主要桥梁有塘桥，又称东庄桥，跨大塘河（苏东河），是一座花岗石单孔石拱桥。明王铨筑东庄别墅且适园于溪南并重修此桥（年代不详）。天启四年（1624）孔彦仁捐资重建东庄桥。清乾隆四十年（1775），其后裔孔以方重修，现存。新塘桥，位于塘桥东侧，跨大塘河，与塘桥相距50米，1988年建造，钢筋混凝土水泥平桥。定向河1号桥，位于自然村西侧，跨定向河，2007年10月重建，水泥梁桥。韩家桥，位于自然村东北，跨北塘河，石梁拱桥，乃石舍至渡村集镇地必经处。2008年12月重建为钢筋混凝土水泥平桥。

主要古树有孔兆章宅前1株榉树，胸径0.6米，高约8米，1938年日军进村“倒军树”砍去。孔根泉廊棚后门2株榉树，亦于1938年被日军“倒军树”砍去。韩阿三宅前1株皂角树，胸径1米，高约10米，树上曾挂有铁钟（作为警钟），日军进村时用以警报。1946年由主人自伐。

轮船码头，位于塘桥北堍，置有瓦顶廊棚。1930年，东山至苏州班“大陆”“飞虎”两班轮船被湖匪抢劫后，轮船航经渡村改由采莲折向占家塘、九曲，入新泾港往东山。其间于塘桥北堍设上、下午两个班次，上午班为10:40，当地俗称“烧饭班”。直至

1963年6月停航，轮船码头废弃。

宝华阁，位于塘桥南堍，俗名观音堂，置有六间两厢，共三进，旁有黄石水井，桥南堍西角处竖旗杆石，每年农历七月三十至八月十五晚上，杆顶燃3盏棚灯，下分7层燃49盏明灯，照亮里许，村民聚集于灯下祈求平安。宝华阁看管人初为张大，后为柳王氏。“文化大革命”中拆毁。

1938年1月27日下午4时许，日军60余人开往东山途中，夜宿塘桥、石塘两村，抢掠村民准备过春节食用的年糕、鸡鸭鱼肉等，晚上烤火又烧掉村民家中酿酒用的榨床、缸盖、水桶等木器。村民孔繁华被一日军头目抓去值守夜班，不准睡觉。该头目睡至半夜，强逼孔去找“婆娘”（年轻女子），并用纸写下两字。孔推说村上婆娘闻知太君到此，早已逃之夭夭。日军头目心有不甘，将孔痛打一顿。另有日军住在孔根林、孔金兴、孔根泉家，竟将其家中门窗拆除用来烤火。

1943年4月，塘桥村（河南岸）孔阿三丈夫周关宝替人摇船去上海卖酒。行经上海罗店日军检问所时未被日军发现。船过200米，日军发现了他，便用枪射击，摇船的周关宝被击中倒在船上，当场死亡。

1945年11月某日晚，一伙太湖盗匪带着长短枪支，在眼线帮助下，抢劫富户孔仪堂，将其吊起用火烧身。因抢不到更多钱财，便把他作为人质（俗称“拔财神”）。3天后，见无人送来财物，便把他杀死，用一薄皮棺殓后抬至石塘东占祠堂前。后被村人发现，带讯给孔仪堂家人，才把其棺运回。

1953年5月，属石舍乡石南村1组的邬海林、邬阿妹、李根宝、邬培庆、邬阿四、邬荣培、周三男7户，归属石舍乡塘桥村。

1961年4月，胜利大队第2生产队社员陆美英在宅前煎熬中药。煎药时陆离开火炉旁，不慎失火，烧毁4户13间草房，损失2300余元。

1984年4月，电视剧《徐悲鸿》剧组于村内拍摄外景，韩林源宅被布置成“徐宅”，塘桥在剧中改名为“屺亭桥”。时剧组邀塘桥小学男女学生6人作为群众小演员。第2村民小组孔亚芳（时年19岁）扮演剧中夫人的丫环，在河埠头用木桶打水。

2011年，小桥浜自然村周三男、邬根官等4户房屋因土地被征用而向南迁移200米，该地名消失。

二、东塘

位于村域中部，东与塘桥、西与西塘成直线，位于射渎塘（当地称东塘河、西塘河）北岸。

自然村名因为地处射渎塘（段）东首而得名。清雍正年间（1723~1735），东塘属吴县遵礼乡二十七都四图。

1929年，属吴县第五区（横泾）渡村镇。

1934年，属吴县第五区（横泾）徐墅乡。

1947年，属吴县第十二区（东山）渡村乡。

1948年，属吴县东山区庄莲镇。

1950年4月，属苏南行政公署太湖区行政办事处横泾区石舍乡塘桥村（至1953年4月）。1956年3月，属震泽县渡村乡。

1958年10月，渡村人民公社成立，属震泽县渡村人民公社第11大队。

1959年2月，属震泽县渡村人民公社胜利大队。

1980年11月，属震泽县渡村人民公社塘桥大队。

1983年7月，属吴县渡村乡塘桥村。

2003年11月，属苏州市吴中区渡村镇灵湖村。

2006年9月，属苏州市吴中区临湖镇灵湖村。

东塘素以吴、朱、柳、沈、何、顾、郜、徐、李、倪等姓氏家族聚居为主。其中顾、郜、何、李姓来自常熟一带。

主要桥梁有东塘桥，跨射渎塘，石梁平桥，为自然村通往渡村集镇地必经处。1998年改建为水泥梁平桥，现桥受阻不通。东塘大桥，位于自然村之东，跨苏东河延伸段，建于2006年，钢筋混凝土水泥平桥。

主要古树有吴俊祥宅前1株榉树，胸径1米，高约10米，1958年由集体砍伐。

20世纪20年代，顾、郜、何、李等姓氏家族自常熟一带迁徙至自然村内，替人种田（俗称“种客田”），或垦殖荒地度日。

1966年2月，渡村人民公社管理委员会确定胜利大队第5生产队（东塘自然村）为全社农业生产样板生产队。公社干部陆永才、金晴川、吴阿大等先后到队蹲点劳动，帮助工作。

1970年春，胜利大队第5生产队添置全社第一台手扶拖拉机。

三、水路上

位于村域偏北，原名水绿村。西与吴舍成直线，位于万箩河（今称吴舍河）沿岸。以公兴桥为界，饭箩河东首当地称水路浜。

自然村名以贯穿村内的水路浜而命名。

清雍正年间（1723~1735），水路上属吴县遵礼乡二十七都四图。

1929年，属吴县第五区（横泾）渡村镇。

1934年，属吴县第五区（横泾）徐墅乡。

1947年，属吴县第十二区（东山）渡村乡。

1948年，属吴县东山区庄莲镇。

1950年4月，属苏南行政公署太湖区行政办事处横泾区石舍乡塘桥村（至1953

年4月）。1956年3月，属震泽县渡村乡。

1958年10月，渡村人民公社成立，属震泽县渡村人民公社第11大队。

1959年2月，属震泽县渡村人民公社胜利大队。

1980年11月，属震泽县渡村人民公社塘桥大队。

1983年7月，属吴县渡村乡塘桥村。

2003年11月，属苏州市吴中区渡村镇灵湖村。

2006年9月，属苏州市吴中区临湖镇灵湖村。

水路上素以宋、邱、沈、陆、孙、张、姚、顾、石等姓氏家族聚居为主。其中徐、周、黄姓来自江阴一带。

主要桥梁有公兴桥，跨水路浜，石梁平桥，1913年3月建造，现存。陆家桥，2013年11月建造，跨水路浜，钢筋混凝土平桥。陆家2号桥，2009年12月建造，跨水路浜，钢筋混凝土平桥。东升桥，2006年7月建造，跨水路浜，钢筋混凝土平桥。

猛将堂，位于自然村东首，有房屋1间。1969年拆毁。

自1956年始，自然村内分段设建中第四、第五高级社，至1958年分设第11、第12大队。1961年1月，东风大队第1生产队12户社员要求划入胜利大队第4生产队，未果。

1977年3月7日，第1生产队社员庄林宝在东风大队粮饲加工厂操作饲料粉碎机时，发生事故意外身亡，时年47岁。

2013年，灵湖村修筑自然村南长约700米、宽6~8米的水泥道路，连通各户门前。

四、翁家浜　海丝浜

位于村域东北部，两地南北相连。

翁家浜，历史上称禾家浜，东与塘桥自然村接壤，南临菱湖渚路，西和水路上分界，北连海丝浜。自然村名出于同名翁家浜。

海丝浜，位于翁家浜北侧，东与塘桥定向河接壤，南和翁家浜相邻，西依石花浜，北枕北塘河。自然村名出于同名海丝浜。第九届江苏省园艺博览会筹备期间，海丝浜17户65人于2013年均迁至外地（顾新华、孔小英迁居塘桥自然村，龚阿五、顾德元、周钰泉、陆银凤、龚亚明、顾金泉、周文华迁居石舍自然村，顾志平、顾根元、周根元、岳文武迁居西塘自然村，龚北京迁居吴舍自然村，龚培根迁居牛桥村田度，顾晓东迁居渡村社区，龚云清迁居浦庄湖桥小区），自然村归为园址，海丝浜被填平，自然村名现为保留地名。

1929年，属吴县第五区（横泾）渡村镇。

1934年，属吴县第五区（横泾）徐墅乡。

1947年，属吴县第十二区（东山）渡村乡。

1948年，属吴县东山区庄莲镇。

1950年4月，属苏南行政公署太湖区行政办事处横泾区石舍乡石南村（至1953

年4月)。1956年3月,属震泽县渡村乡。

1953年5月,属石舍乡石南村的翁家浜27户、海丝浜15户归属吴县石舍乡塘桥村。

1958年,渡村人民公社成立,属震泽县渡村人民公社第11大队。

1959年2月,属震泽县渡村人民公社胜利大队。

1980年11月,属震泽县渡村人民公社塘桥大队。

1983年7月,属吴县渡村乡塘桥村。

2003年11月,属苏州市吴中区渡村镇灵湖村。

2006年9月,属苏州市吴中区临湖镇灵湖村。

翁家浜素以翁、陆、马、徐、黄、倪等姓氏家族聚居为主。其中翁氏、陆氏为自然村大族,迁居年久。马氏祖先来自常熟,徐氏、黄氏祖先来自江阴。马氏有1户原住海丝浜,后购翁氏房产后落户当地。倪氏1户于1975年由东塘迁入。陆福生、陆阿三1964年12月由水路上迁入。1952年翁阿康迁至舍上。1970年10月黄阿荣随妻迁至浙江湖州。翁巧福女儿、翁阿全女儿出嫁后,2户翁氏不再立户。1960年5月,徐阿六、翁阿妹、翁天兴一家迁离,支援新疆农场建设。1988年12月颁发居民身份证时,自然村内数户"黄"姓误写成"王",至今未能更正,致使一家"黄""王"共姓。

海丝浜素以来自常熟的顾、周、龚、陆等姓氏家族聚居为主。其中顾、周姓居河东,龚、陆姓居河西。另有马姓住西北塘河口,后落户翁家浜。沈永林住东北塘河口,今无户主,组成一个"丁"字形。蒋阿金女儿出嫁后今无户主。黄雀宝住翁家浜,于1970年迁回江阴老家。1960年渔民张刊洋落户村内,1990年岳姓女嫁入,后全家迁来,增添张、岳两姓。

翁家浜,南北向,长约320米,村民拱围浜两岸而居,呈"U"形。2014年筹备园博园工程期间,于村西新开河道,南北向至菱湖渚路折向东,长380米。20世纪50年代前,浜底置有船棚2间,用于歇船。2014年灵湖村进行村庄整治时,填埋浜底20米,建船棚立的石柱埋入河底。

海丝浜,南北向,长约380米,浜底为灌溉取水口,岸路出入必经南连的翁家浜。

主要桥梁有勉成桥,跨翁家浜,建成年代不详。相传翁氏自东山迁徙于此,种田养蚕,事业有成,盖房造屋,修桥铺路。后来,先辈为勉励后人成家立业,将修建的一座桥取名勉成桥,勒石为铭。另有翁家桥,跨翁家浜,2014年11月建造,钢筋混凝土平桥。翁家2号桥,南北向,跨新开浜,2017年重建,钢筋混凝土平桥。

1945年12月,某日黄昏,一伙太湖盗匪闯入村民翁相鸿宅抢劫,翁相鸿奋力与一匪徒厮打,将其击入河中,自己脱身逃去。

五、舍上

位于村域东南部,在渡村集镇地西侧800米。

自然村名出于当地"横山之南,九庄十八舍"之说。舍上东枕九曲河,西临界岸河,北连塘桥，南与闸河交界。舍上分为前村（自闸河至羊眼圈小河之间）、中村（自羊眼圈小河至金喜顺宅前）、后村（自金宅前至坟堂间）。

清雍正年间（1723~1735），舍上属吴县遵礼乡二十七都四图。

1929年，属吴县第五区（横泾）渡村镇。

1934年，属吴县第五区（横泾）徐墅乡。

1947年，属吴县第十二区（东山）渡村乡。

1948年，属吴县东山区庄莲镇。

1950年4月，属苏南行政公署太湖区行政办事处横泾区石舍乡塘桥村（至1953年4月）。1956年3月，属震泽县渡村乡。

1958年10月，渡村人民公社成立，属震泽县渡村人民公社第11大队。

1959年2月，属震泽县渡村人民公社胜利大队。

1980年11月，属震泽县渡村人民公社塘桥大队。

1983年7月，属吴县渡村乡塘桥村。

2003年11月，属苏州市吴中区渡村镇灵湖村。

2006年9月，属苏州市吴中区临湖镇灵湖村。

舍上素以顾、陆、金、石、沈、张、周、曹、朱等姓氏家族聚居为主。

主要河道有九曲塘，位于自然村东部，南北向，自渡村新泾港至东塘河口长约1517.5米（新泾港至福庆桥东约80米，桥西至原渡村粮管所转角处约70米，转角处至对方桥约230米，对方桥至石巨角浜口对岸约125米，浜口对岸至东塘河口1012.5米）。

主要桥梁有闸桥，跨闸河（通九曲塘），其东侧另有石梁平桥，历来合称双桥。舍上西部地势低洼，每年6~7月梅雨季，闸河上的闸桥封闭，便于排涝。2000年，闸河上重建防洪闸，为启闭移动式，受益面积共550亩（包括村前村）。2002年，东侧的石梁平桥重建为钢筋混凝土水泥平桥。

观音堂，位于自然村入口处，有房屋1间，“文化大革命”中毁坏，2000年后修缮房屋。

1938年农历三月初十，舍上中村张荣生、张才康（张阿毛）、陆木土（陆末拖）3人随西浜等地8人赴青浦、朱家角一带做糟坊，乘船途经吴江屯村时被日军检问所抓捕，翌日早上，日军将3人杀害。

1941年冬，一伙太湖匪徒先后7次窜到后村抢劫，有回抢劫村民金伯卿宅，逼主人交出钱财，将其夫妇打得头破血流。

六、吴舍

位于村域西北，地跨吴舍河两岸。吴舍河又称万箩河，原直通太湖，于1993年被填平数十米而阻塞。

追溯吴舍名称出典，当地有一种说法："横山之南，九庄十八舍。"明洪武年间（1368~1398），大批兵卒屯垦太湖东岸水东之地，扎营成舍，取其首领姓氏命名驻地，首领姓吴，遂名吴舍，成为永久性地名。按常理，吴舍该是吴姓家族聚居地，事实上吴舍却没有吴姓人氏。吴舍是灵湖村最大的自然村，1983年7月，吴舍大队改为行政村，亦据此得名。

吴舍小地名有东桥头（又称砖场上）、浜场、后巷头、石桥头、荷花浜（石桥头相对河南之地）、大树头、西家场、沙桥头等。

菱湖嘴，即菱湖渚，旧与太湖中余山（又称移山，亦名徐候山）连接，清康熙年间（1662~1722）遭太湖水浸淹而冲坍，不再相连，现菱湖嘴与余山相距3.5千米。其北侧至老虎口（原为一小河，10余米宽）与柳舍分界。清明场打石仗以老虎口为吴舍、柳舍之界限。2013年始，菱湖嘴纳入园博园范围，为园内苏州园址。2016年6月，苏州园址改称沐春园，占地面积308亩。

清明场，位于菱湖嘴北侧顾家坟头，10余亩范围，为吴舍、柳舍村民打石仗所在地。相传明嘉靖三十三年（1554）六月中旬，倭寇窜入太湖抢劫沿岸村庄，乡民协助官兵抗击倭寇，吴舍、柳舍两地村民利用湖边石块击退登岸来犯倭寇。由此，每年村民为纪念这一壮举和悼念抗倭中遇难义士，都要在清明场打石仗。

吴舍北属二十七都四图，亦称东宅田和西宅田，其地状如龟，东西向而卧，首对西北方的太湖箬帽山，尾朝东即轴浜头，浜口有龟（雄性）卵子墩，四足呈四座桥，分别是南堰消河上的前泥土桥、永兴桥，北堰消河上的后泥土桥、潘家桥。

清雍正年间（1723~1735），吴舍属吴县遵礼乡二十七都五图。

1929年，属吴县第五区（横泾）渡村镇。

1934年，属吴县第五区（横泾）徐墅乡。

1947年，属吴县第十二区（东山）渡村乡。

1948年，属吴县东山区庄莲镇。

1950年4月，属苏南行政公署太湖区行政办事处横泾区石舍乡吴舍村（至1953年4月）。1956年3月，属震泽县渡村乡。

1958年10月，渡村人民公社成立，属震泽县渡村人民公社第12大队。

1959年2月，属震泽县渡村人民公社东风大队。

1980年11月，属震泽县渡村人民公社吴舍大队。

1983年7月，属吴县渡村乡吴舍村。

2003年11月，属苏州市吴中区渡村镇灵湖村。

2006年9月，属苏州市吴中区临湖镇灵湖村。

吴舍素以石、张、金、朱、沈、屠、周、邹、夏、顾、柳、陆、孔、赵等姓氏家族聚居为主。

主要桥梁有五湖桥，跨顺堤河，该桥东、西桥堍连接菱湖嘴路与环太湖大道。2015年重建，为钢筋混凝土平桥。另有人亡桥，跨万箩河（吴舍河），为吴舍朝西通往菱湖嘴的首座石梁平桥。因旧时村民亡故后要至大王庙"领魂"而得名，20世纪90年代拆毁。

跨万箩河现存桥梁分别有东升桥（2005年8月重建，水泥平桥）、东来桥（石梁桥）、东风桥（2008年10月建造，水泥平桥）。

跨永兴河现存桥梁分别有青石桥（篦栉桥）、永兴桥（2012年建造）、永兴2号桥（2015年2月建造）等。

跨走塘河现存桥梁分别有走塘桥（2016年3月建造，钢筋混凝土平桥）、走塘河2号桥（水泥平桥）。

主要古树有菱湖嘴天后宫前4株榆树，北侧另有几株榉树。20世纪50年代，均由集体砍伐。

天后宫，俗称"娘娘庙"，位于菱湖嘴西端。始建无确考，推算在清康熙年间。供奉天后娘娘，又称"天妃"（南方称"马祖"），相传其能保佑行船出入太平，帮助渔民消灾解难。据1930年吴县社会调查局资料，天后宫有房屋6间，住持为僧种明。20世纪50年代拆毁，2004年4月重建。

大王庙，位于天后宫东侧，旧时村民亡故后，由亲人入庙"领魂"，20世纪50年代拆毁。

石家宗祠，位于吴舍河（万箩河）北岸，聚鼎桥（青石板桥）之东侧。清末民初由吴舍石氏建成，每年清明节石氏本族都聚集祠堂祭祖拜谒。20世纪50年代用于农民协会会场，后改建为队办企业工场。

1938年农历三月初十，吴舍夏双福随西浜等地8人赴青浦、朱家角一带做糟坊，乘船经吴江屯村时被日军检问所抓捕，翌日早上日军将其杀害。

20世纪80年代中期，朱兴良（1959年生于吴舍）赴苏州创办建筑装饰公司。

七、西塘

位于村域偏西，吴舍南面，地跨射渎塘两岸。

清雍正年间（1723~1735），西塘属吴县遵礼乡二十七都六图。

1929年，属吴县第五区（横泾）渡村镇。

1934年，属吴县第五区（横泾）徐墅乡。

1947年，属吴县第十二区（东山）渡村乡。

1948年，属吴县东山区庄莲镇。

1950年4月，属苏南行政公署太湖区行政办事处横泾区石舍乡西塘村（至1953年4月）。1956年3月，属震泽县渡村乡。

1958年10月，渡村人民公社成立，属震泽县渡村人民公社第12大队。

1959年2月，属震泽县渡村人民公社东风大队。

1980年11月，属震泽县渡村人民公社吴舍大队。

1983年7月，属吴县渡村乡吴舍村。

2003年11月，属苏州市吴中区渡村镇灵湖村。

2006年9月，属苏州市吴中区临湖镇灵湖村。

西塘素以孙、徐、施、黄、柳、张、朱、石、孔、席、周、邹等姓氏家族聚居为主。

西浜，自然村内小浜，自回春桥北堍往北绕村后转向西至坟堂里止。据传挖河浜时，原打算通过坟堂里达庄老泾，将半个西塘圈入包围中，挖至坟堂里发现有大鸟（传说是凤凰）飞出，由此停工，其实是因资金不足而已。

主要桥梁有回春桥，亦称万象回春桥，俗名石桥，由里人施回春捐资修建。用3块花岗石梁合成（约2米宽）。位于西塘东侧，跨射渎塘河，1987年拆除，重建为钢筋混凝土平桥。塘东桥，位于回春桥东，跨射渎塘。2013年11月建造，为钢筋混凝土平桥。塘庄桥，位于塘东桥北侧，跨射渎塘。2005年建造，为钢筋混凝土平桥。

主要古树有吴家场1株榉树，胸径1.5米，高约11米，1943年日军“倒军树”时砍伐。另有柳宅前1株榉树和3株朴树，胸径1米，均高约10米，20世纪50年代由主人出售。

半亩庄，系清同治九年（1870）西塘举人柳商贤故居。占地面积15亩，建筑面积7亩余。宅院坐北朝南，呈东西对称式，并排3栋轿厅、3栋花厅、3栋园堂、3栋住房和伙房，共4进。厅前有1口水井（淡水），堂后有1口水井（咸水）。宅院巷门内侧左右两旁有“人淡如菊，屋小似舟”条幅，显示出半亩庄主人谦和、低调性情。

1943年冬，有3个日军闯入西塘村，要查找驻新四军太湖游击队队员，在柳金根宅内守候2天，抢夺村民家的鸡吃。

1997年9月某日晚，西塘沈阿二于西太湖捕鱼时捉到一只乌龟，重13.8斤，长42厘米、宽22厘米、高20厘米，一星期后放生于太湖中。

八、陆步庄

位于村域中部，西塘东侧。历史上称绿芜庄、六埠庄，又称庄上。东自界岸河，西至西城泾，北临射渎塘，南连龙田岸南侧火烧浜。

清雍正年间（1723~1735），陆步庄属吴县遵礼乡二十七都六图。

1929年，属吴县第五区（横泾）渡村镇。

1934年，属吴县第五区（横泾）徐墅乡。

1947年，属吴县第十二区（东山）渡村乡。

1948年，属吴县东山区庄莲镇。

1950年4月，属苏南行政公署太湖区行政办事处横泾区石舍乡西塘村（至1953年4月）。1956年3月，属震泽县渡村乡。

1958年10月，渡村人民公社成立，属震泽县渡村人民公社第12大队。

1959年2月，属震泽县渡村人民公社东风大队。

1980年11月，属震泽县渡村人民公社吴舍大队。

1983年7月，属吴县渡村乡吴舍村。

2003年11月，属苏州市吴中区渡村镇灵湖村。

2006年9月，属苏州市吴中区临湖镇灵湖村。

陆步庄素以凌、柏、朱、孙、沈、陆、施、柳、张、高、杨等姓氏家族聚居为主，凌姓自无锡迁移至此。

陆步庄小地名有凌家弄、孙家弄、柏家弄、朱家弄、踏坨角、李家场、漾角上、西南头、圣堂弯。民国年间，为确保一方平安，陆步庄村民清一色为本地人，不准外来户迁入。

主要桥梁有陆步庄桥，跨西城泾。2005年建造，为钢筋混凝土平桥。闸桥，跨沙桥河，2014年建造，为水泥平桥。

圣堂，位于自然村东北，水路浜对岸，后迁至村中间，有3间堂屋，供猛将神。农忙季节遇天旱无雨，村民抬猛将神巡游求雨。每年正月、入秋，村民抬猛将神“出会”，各地都会把猛将神抬至陆步庄圣堂“聚会”。相传当地乃猛将神外婆家。时男女均进圣堂点烛焚香敬拜，以求神保佑。

1981年8月1日下午4时，第7生产队女社员忙着插秧，忽遭雷雨，赶去躲雨，庄金仙走在田埂上时被雷电击中，倒地身亡，时年40余岁。

九、黄墅

位于村域西南，西塘南侧。历史上称篁墅，因其地多竹，幽篁修竹，故名。其“墅”为广阔田野中建立的村落，如今叫“村”或“庄”，“黄墅”就是“黄村”或“黄庄”。竹园栽植竹之品种有柄竹、石竹、野生竹，所产的笋有燕来笋、孵鸡笋，另有制作扁尖之笋。

清雍正年间（1723~1735），黄墅属吴县遵礼乡二十七都六图。

1929年，属吴县第五区（横泾）渡村镇。

1934年，属吴县第五区（横泾）徐墅乡。

1947年，属吴县第十二区（东山）渡村乡。

1948年，属吴县东山区庄莲镇。

1950年4月，属苏南行政公署太湖区行政办事处横泾区石舍乡西塘村（至1953年4月）。1956年3月，属震泽县渡村乡。

1958年10月，渡村人民公社成立，属震泽县渡村人民公社第12大队。

1959年2月，属震泽县渡村人民公社东风大队。

1980年11月，属震泽县渡村人民公社吴舍大队。

1983年7月，属吴县渡村乡吴舍村。

2003年11月，属苏州市吴中区渡村镇灵湖村。

2006年9月，属苏州市吴中区临湖镇灵湖村。

黄墅素以沈、陈、柳、朱、殷、陆、吴、孔、钟、范等姓氏聚居为主。

自然村分为东黄墅、西黄墅两地，以两地住宅间断处为界。西黄墅临近太湖，村民大多经黄墅港出入太湖。民国年间，黄墅港常有渔船停泊，渔民登岸或售鱼虾，或入茶馆饮早茶。据耆老回忆，后西黄墅因太湖湖匪抢劫和血吸虫病患较多，村民迁移外地，村落颓败，田地荒芜。

主要桥梁有黄墅港闸桥，建在沿湖大道上，2000年建成，为钢筋混凝土平桥。灵湖大桥，跨顺堤河，1992年10月建造，2013年扩建，为钢筋混凝土平桥。黄墅桥，建在腾飞路上（水泽堂西侧），2006年建造，为钢筋混凝土平桥。里当桥，位于黄墅当字圩，即黄墅东侧，跨西城泾，俗称里尺桥，桥的孔径5米，桥面宽2.1米，桥离水平面（桥高）3.7米，桥东坡长5.8米，桥西坡长5米。推算建于明弘治年间（1488~1505），距今500余年。据马阿招（2020年102周岁）回忆，里当桥东原建有一座亭子（民国年间拆除）。往南350米处有一石桥（石梁平桥），俗称“矮墩桥”。据传建此桥时为防盗匪乘船入村抢劫，故意不将桥墩砌高。

主要古树有殷仁高宅前2株榉树，胸径各1.2米，高约11米，1954年由主人砍伐出售给横泾船厂。另有1株皂角树，胸径0.8米，高约10米，1965年由主人自伐。殷仁高祖坟地有1株榉树、1株椿树，约有一抱人粗，均高10米，1966年由主人自伐。

黄墅庵，位于西黄墅，坐北朝南，有5间庵屋，另有朝西8间横屋。庵内供奉席文贤二太太（农历三月十二日生日）。庵前有3株大榉树，胸径均为0.6米；庵西有1株柏树，胸径0.5米。1958年榉树、柏树均被集体砍伐。翌年，庵屋被拆毁。

猛将堂，位于吴阿兴宅前，有2间房，供奉猛将神，遇天旱时抬猛将求雨，将其抬至里当桥附近，由村民跪拜祭祀。1965年，由所在生产队拆除建造蚕室。

明嘉靖三十四年（1555）八月二十七日，14个倭寇窜至黄墅，妄图抢船只窜入太湖，遭官兵和村民阻击，溃散北逃至杨家桥方向。

1964年7月，解放军某团到西太湖训练游泳，部队战士驻扎黄墅一带。有次战士游泳比赛自黄墅出发，由菱湖嘴游至太湖中的余山湖面，共7000余米。

1975年7月5日下午3时，第6生产队1条载着社员赴东山割草返程的水泥船忽遇大风，该船在黄墅港附近离太湖岸200余米处倾翻，船上19人全部落水，淹死14人（1男13女）。后公社及时组织力量对14位死者的家属予以安抚，并帮助组织双季稻抢收抢种。

2017年7月，根据江苏省委、省政府《江苏省特色田园乡村建设行动计划》，黄墅自然村在临湖镇人民政府支持下开展特色田园乡村建设申报工作。10月，入选江苏省首批试点村庄，并进行立项工作。

附：各自然村平面示意图（简略）

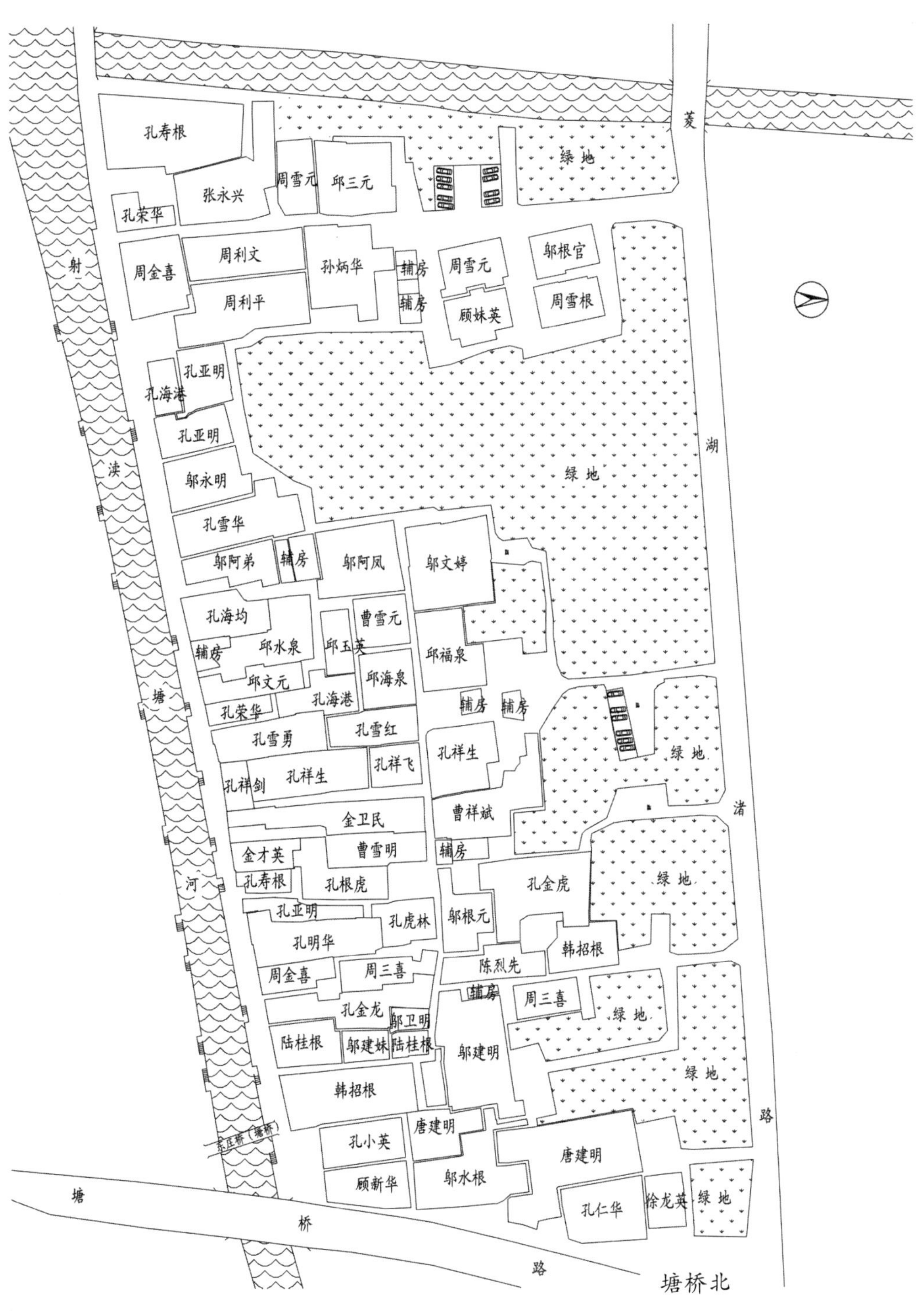
孔寿根
张永兴
周雪元
邱三元
绿地
菱
孔荣华
周利文
周金喜
孙炳华
辅房
周雪元
邬根官
射
周利平
辅房
顾妹英
周雪根
孔亚明
孔海港
孔亚明
湖
渎
邬永明
绿地
孔雪华
邬阿弟
辅房
邬阿凤
邬文婷
孔海均
曹雪元
辅房
邱水泉
邱玉英
邱福泉
邱文元
邱海泉
塘
孔海港
辅房
辅房
孔荣华
孔雪勇
孔雪红
绿地
孔祥生
孔祥剑
孔祥生
孔祥飞
渚
金卫民
曹祥斌
曹雪明
金才英
辅房
孔寿根
孔根虎
孔金虎
绿地
河
孔亚明
邬根元
孔虎林
孔明华
韩招根
周金喜
周三喜
陈烈先
辅房
周三喜
绿地
孔金龙
邬卫明
陆桂根
邬建妹
陆桂根
邬建明
绿地
韩招根
路
唐建明
孔小英
唐建明
顾新华
邬水根
绿地
塘
孔仁华
徐龙英
桥
路
塘桥北

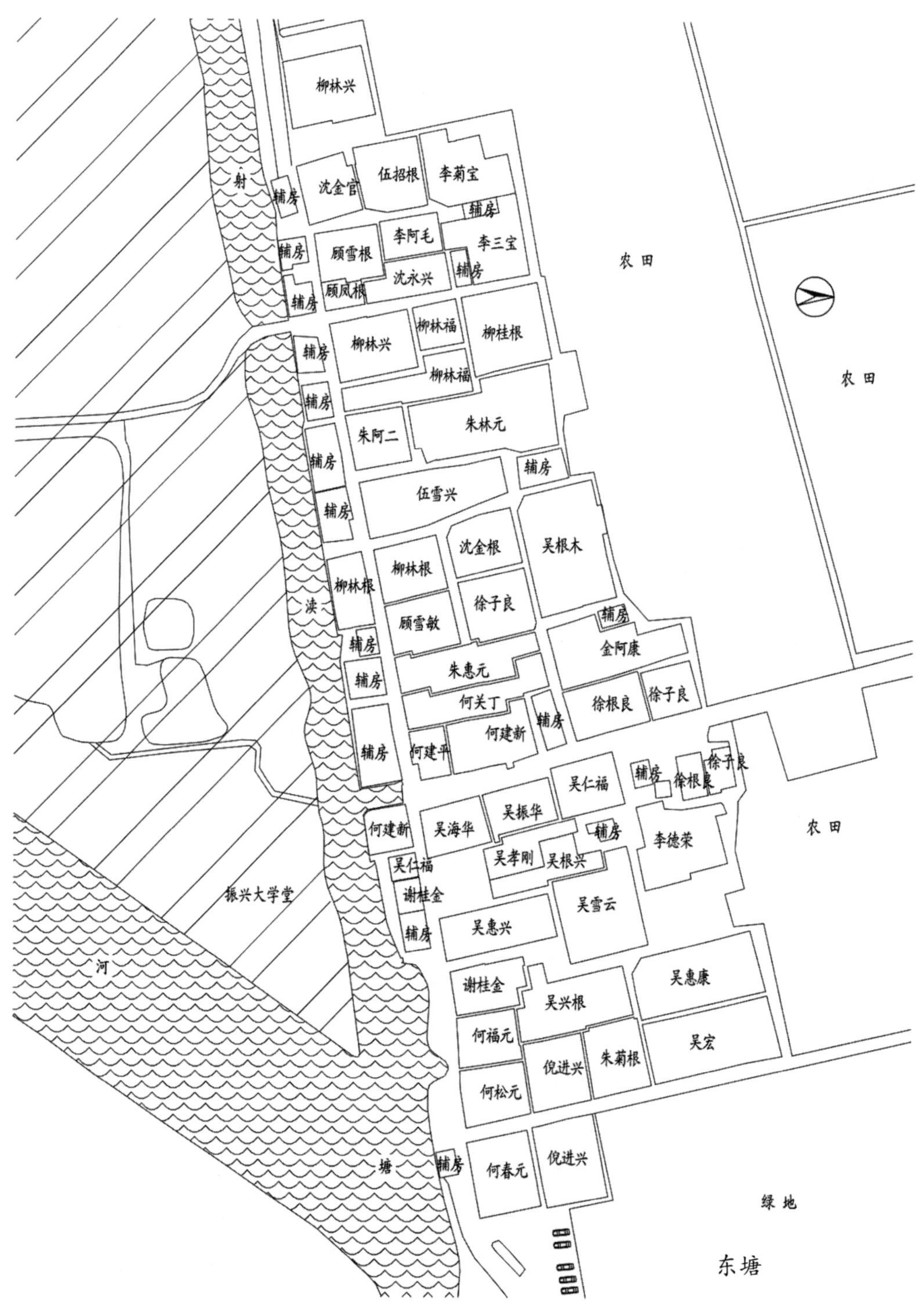
柳林兴
沈金官
伍招根
李菊宝
射
辅房
辅房
李阿毛
李三宝
顾雪根
沈永兴
辅房
辅房
顾凤根
农田
柳林兴
柳林福
柳桂根
辅房
柳林福
农田
辅房
朱阿二
朱林元
辅房
辅房
伍雪兴
辅房
沈金根
吴根木
柳林根
柳林根
渎
徐子良
顾雪敏
辅房
辅房
金阿康
朱惠元
辅房
何关丁
徐根良
徐子良
何建新
辅房
辅房
何建平
徐子良
吴仁福
辅房
徐根良
何建新
吴海华
吴振华
辅房
李德荣
农田
吴仁福
吴孝刚
吴根兴
谢桂金
振兴大学堂
吴雪云
辅房
吴惠兴
河
谢桂金
吴惠康
吴兴根
何福元
吴宏
倪进兴
朱菊根
何松元
塘
辅房
何春元
倪进兴
绿地
东塘

孔小林
农田
庄永林
宋金文
庄坤林
绿地
徐金宝
金阿苟
徐东兴
沈宝军
徐冬兰
徐德宝
徐永宝
柳凤鸣
金阿苟
邱林
邱林
华元良
孙关林
金阿四
徐康林
徐永根
宋金荣
吴根林
陆伟东
陆伟江
孙国忠
孙国良
徐文奎
陆关根
徐文斌
绿地
停车场
徐文祥
宋金水
宋金华
宋根水
宋金水
石文官
宋金炳
周林根
周林根
周伟根
周伟根
金阿金
金阿银
沈龙华
水路上东

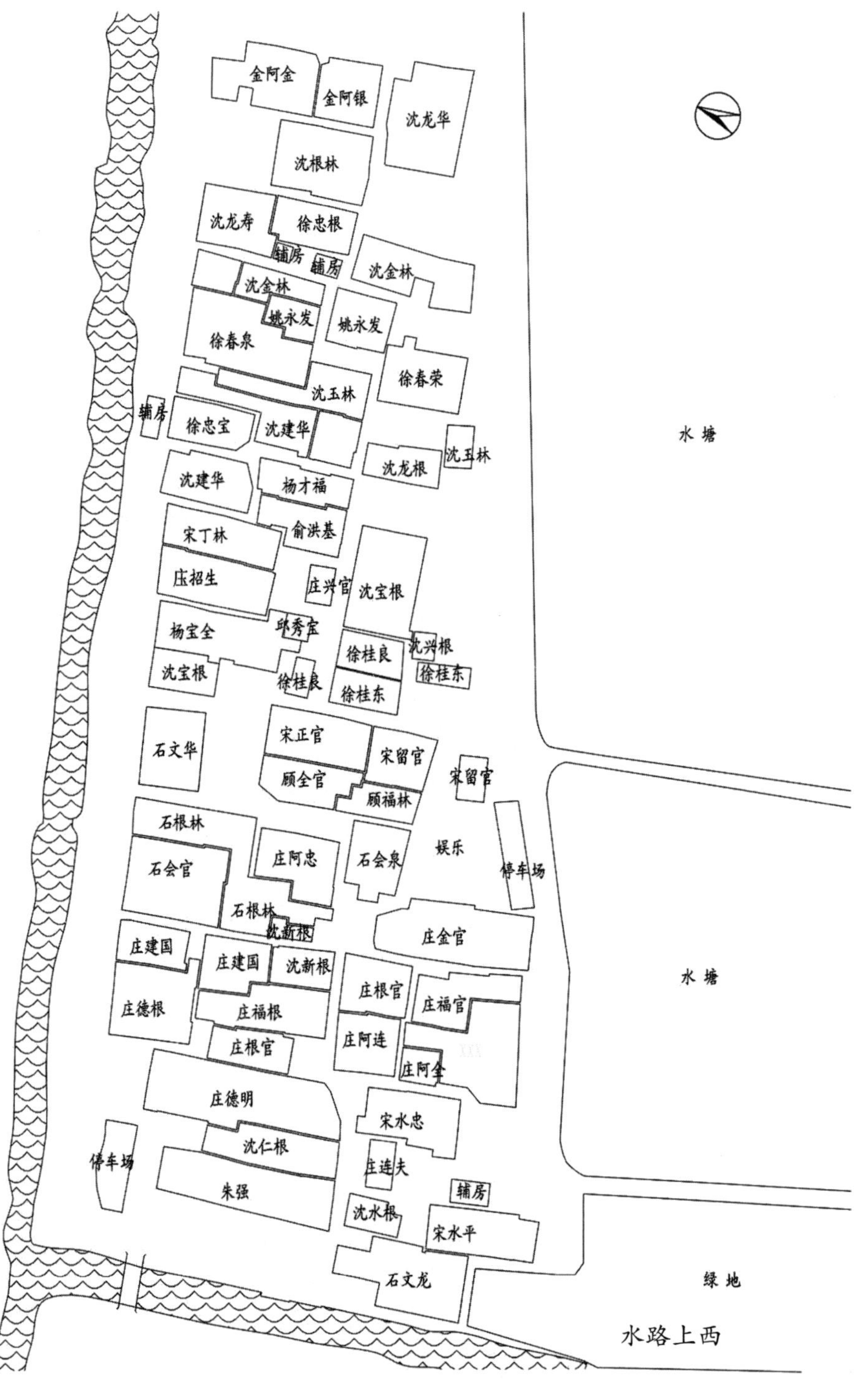

金阿金
金阿银
沈龙华
沈根林
沈龙寿
徐忠根
辅房
辅房
沈金林
沈金林
姚永发
姚永发
徐春泉
徐春荣
沈玉林
辅房
徐忠宝
沈建华
沈玉林
沈龙根
水塘
沈建华
杨才福
宋丁林
俞洪基
庄招生
庄兴官
沈宝根
杨宝全
邱秀宝
徐桂良
沈兴根
沈宝根
徐桂良
徐桂东
徐桂东
石文华
宋正官
宋留官
宋留官
顾全官
顾福林
石根林
庄阿忠
石会泉
娱乐
停车场
石会官
石根林
沈新根
庄金官
庄建国
庄建国
沈新根
庄根官
庄福官
水塘
庄德根
庄福根
庄根官
庄阿连
庄阿全
庄德明
宋水忠
沈仁根
停车场
庄连夫
朱强
辅房
沈水根
宋水平
石文龙
绿地
水路上西

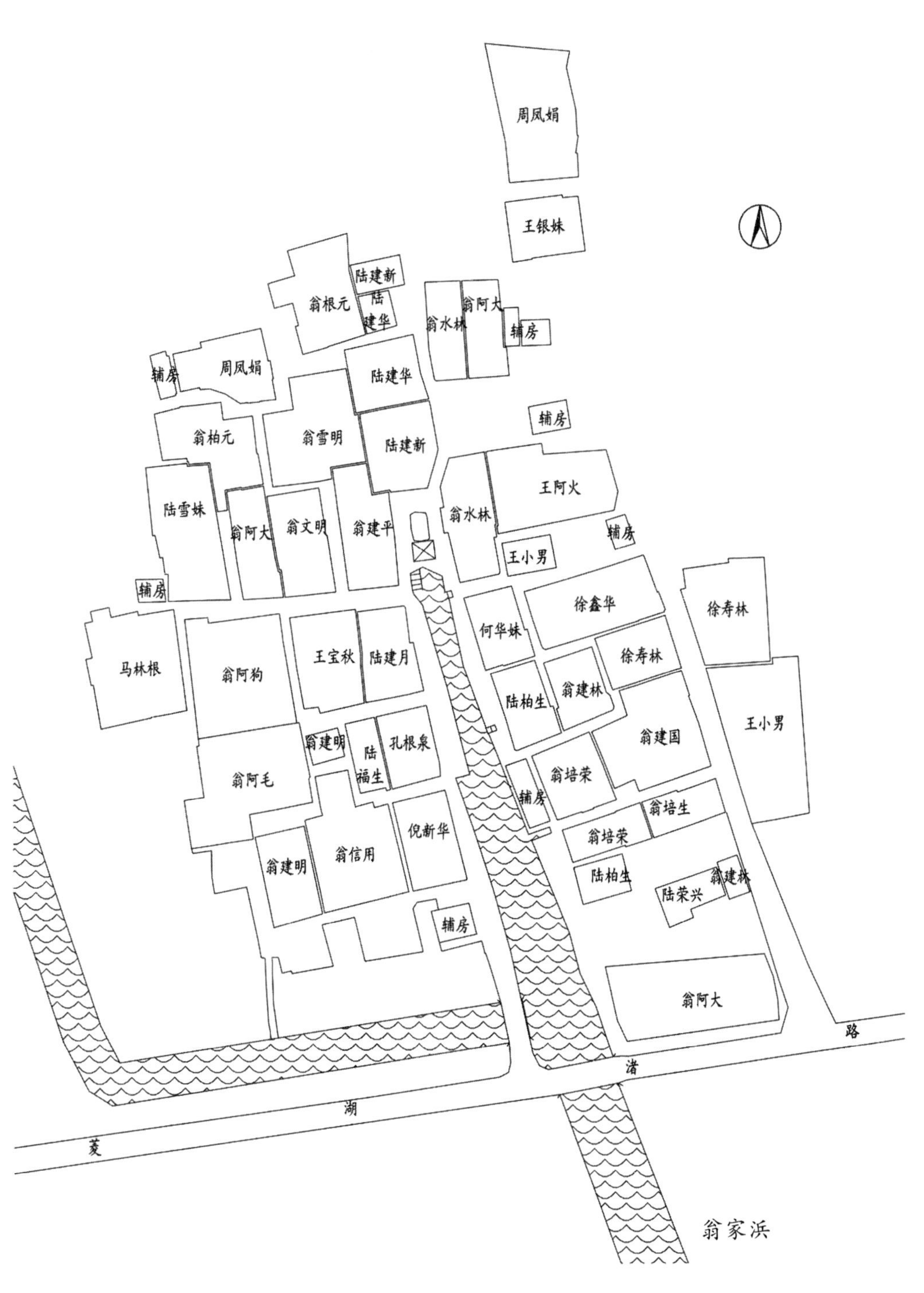
周凤娟
王银妹
陆建新
翁根元
陆建华
翁水林
翁阿大
辅房
辅房
周凤娟
陆建华
翁柏元
翁雪明
陆建新
辅房
王阿火
陆雪妹
翁阿大
翁文明
翁建平
翁水林
辅房
王小男
辅房
徐鑫华
徐寿林
何华妹
马林根
翁阿狗
王宝秋
陆建月
徐寿林
陆柏生
翁建林
王小男
翁建国
翁建明
陆福生
孔根泉
翁阿毛
翁培荣
辅房
翁培生
翁培荣
倪新华
翁建明
翁信用
陆柏生
翁建林
陆荣兴
辅房
翁阿大
菱湖渚路
翁家浜

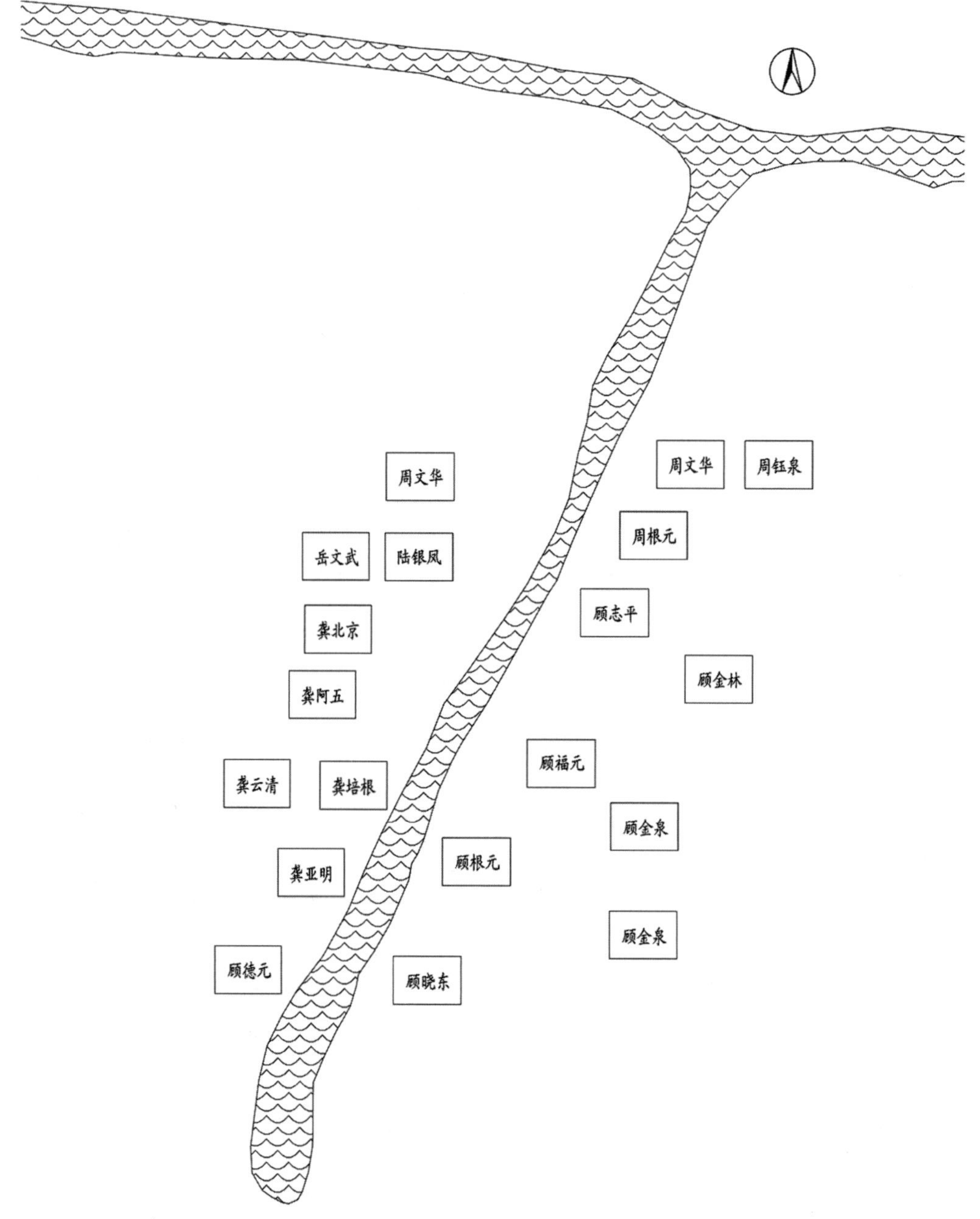
周文华
周文华
周钰泉
岳文武
陆银凤
周根元
顾志平
龚北京
顾金林
龚阿五
顾福元
龚云清
龚培根
顾金泉
龚亚明
顾根元
顾金泉
顾德元
顾晓东
海丝浜

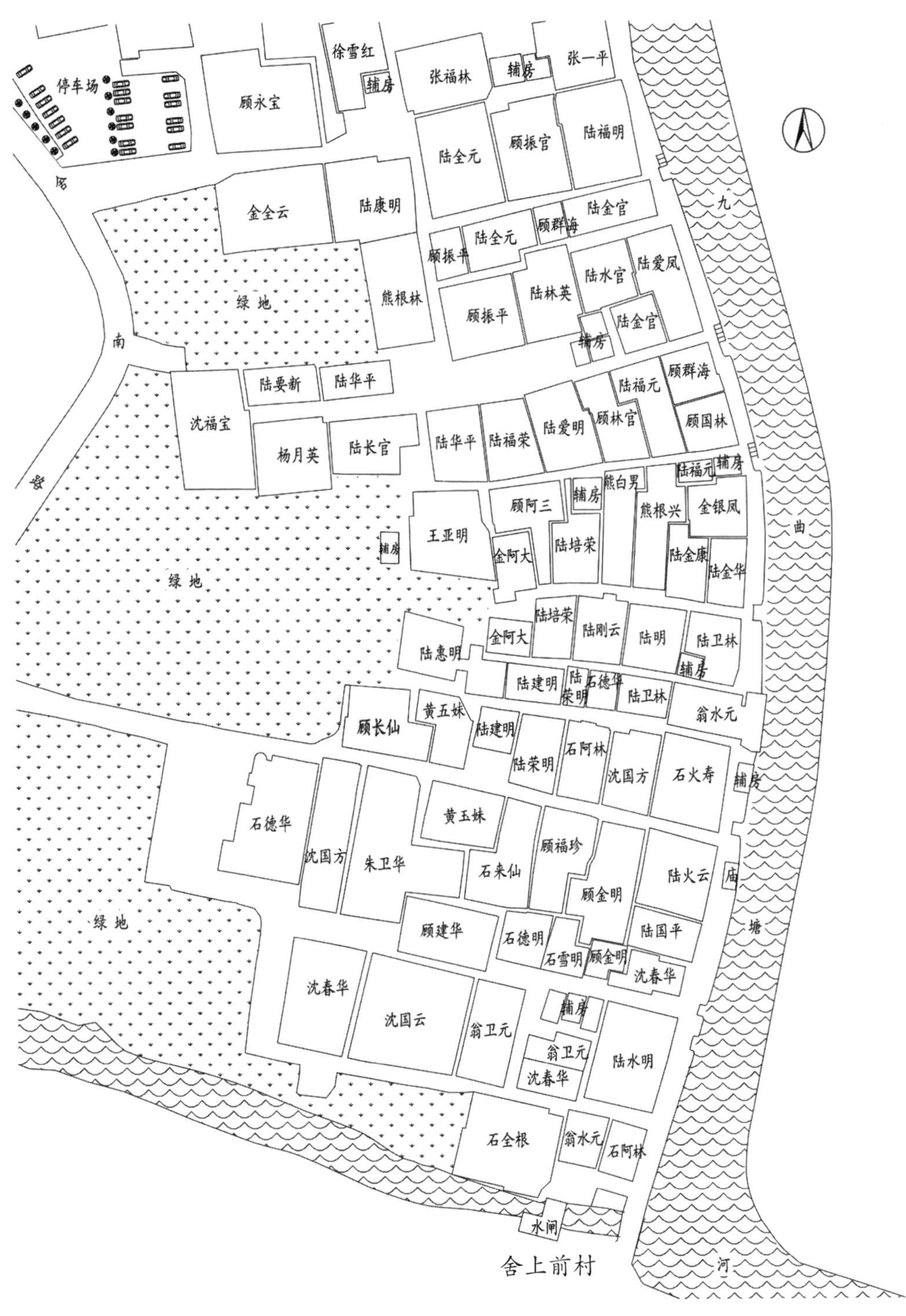
停车场
舍
南
路
绿地
绿地
绿地
九
曲
塘
河
庙
水闸
徐雪红
张福林
张一平
顾永宝
陆全元
顾振官
陆福明
金全云
陆康明
陆金官
熊根林
顾振平
陆林英
陆水官
陆爱凤
陆要新
陆华平
沈福宝
杨月英
陆长官
陆福荣
陆爱明
顾林官
顾国林
陆福元
顾群海
王亚明
顾阿三
熊白男
熊根兴
金银凤
金阿大
陆培荣
陆金康
陆金华
陆惠明
陆刚云
陆明
陆卫林
陆建明
石德华
翁水元
黄五妹
顾长仙
陆荣明
石阿林
沈国方
石火寿
黄玉妹
朱卫华
顾福珍
石来仙
顾金明
陆火云
顾建华
石德明
石雪明
陆国平
沈春华
沈国云
翁卫元
陆水明
石全根
辅房
舍上前村

陆永泉
陆和根
金传兴
金明达
九
曲
金增福
金正寿
辅房
张忠林
张杨林
周建荣
周建明
沈洪法
辅房
辅房
曹高荣
曹继荣
曹根林
沈卫元
曹高荣
石阿三
曹一明
曹佰根
张玉仙
辅房
曹培荣
沈文明
沈根法
张会明
张平
张龙官
塘
沈永根
纪金根
徐巧仙
沈维明
沈维荣
张五宝
绿地
沈凤元
周根娣
沈全龙
曹继荣
沈根法
张雪明
张云龙
沈叔明
徐巧仙
辅房
辅房
沈凤龙
张坤贤
金金娣
张培贤
河
绿地
张云华
张国强
张继宗
沈文明
张云华
顾金珠
老年活动室
陆福元
孔建明
徐雪红
张一平
停车场
辅房
张福林
辅房
辅房
舍
顾永宝
陆福明
陆全元
顾振官
水泥路
南
金全英
陆康明
陆金官
辅房
陆全元
顾振平
绿地
熊根林
路
舍上中村

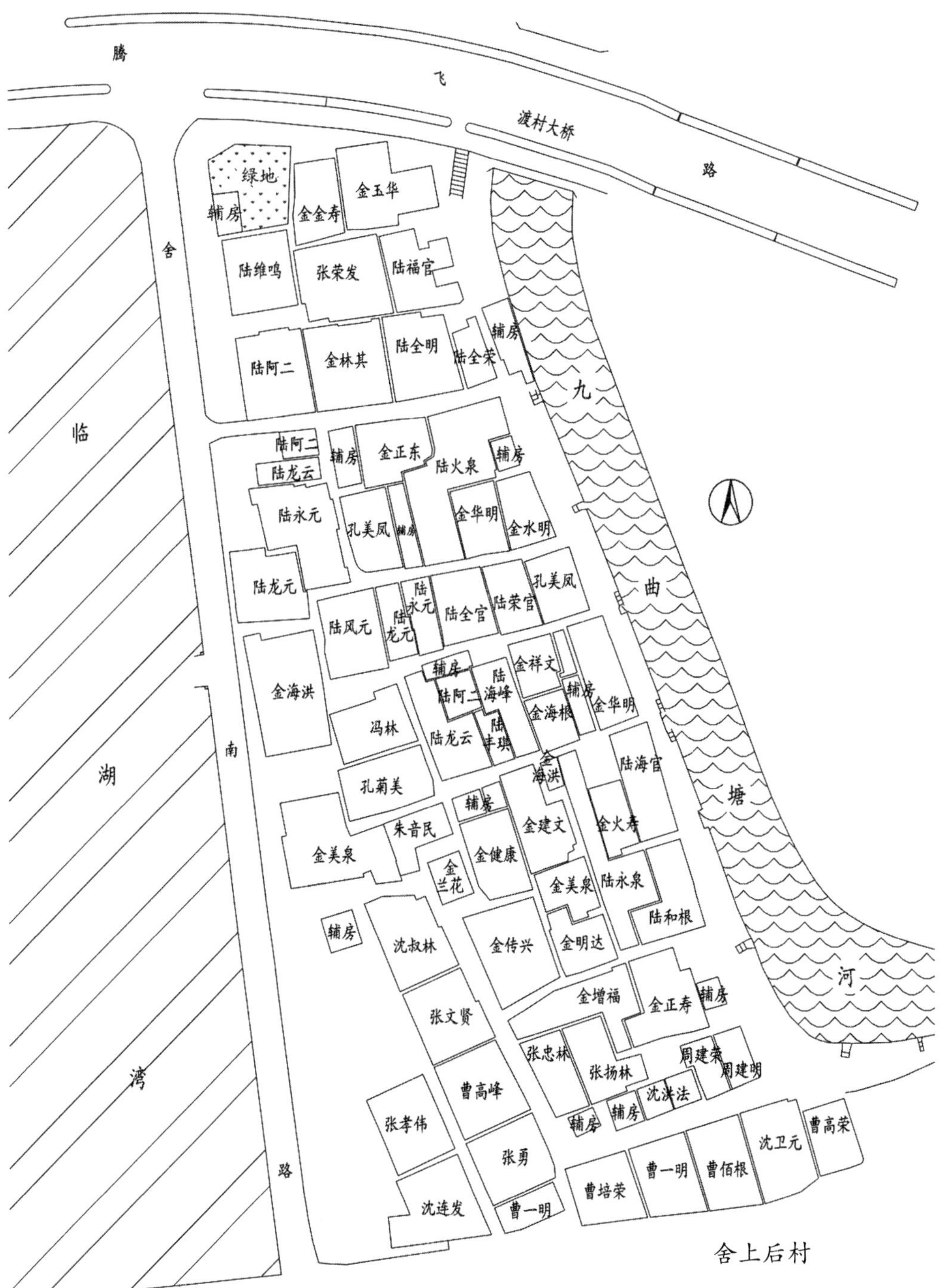

腾
飞
渡村大桥
路
绿地
辅房
金金寿
金玉华
舍
陆维鸣
张荣发
陆福官
辅房
陆阿二
金林其
陆全明
陆全荣
九
临
陆阿二
辅房
金正东
辅房
陆龙云
陆火泉
陆永元
孔美凤
金华明
金水明
陆龙元
陆永元
陆全官
陆荣官
孔美凤
曲
陆凤元
陆龙元
辅房
金祥文
金海洪
陆阿二
陆海峰
辅房
金华明
冯林
陆龙云
金海根
南
湖
陆丰瑛
金海洪
陆海官
孔菊美
辅房
塘
金建文
金火寿
朱音民
金美泉
金健康
金兰花
金美泉
陆永泉
陆和根
辅房
沈叔林
金传兴
金明达
河
金增福
金正寿
辅房
张文贤
张忠林
周建荣
张扬林
周建明
湾
曹高峰
沈洪法
张孝伟
辅房
辅房
曹高荣
张勇
沈卫元
曹一明
曹佰根
路
沈连发
曹培荣
曹一明

舍上后村

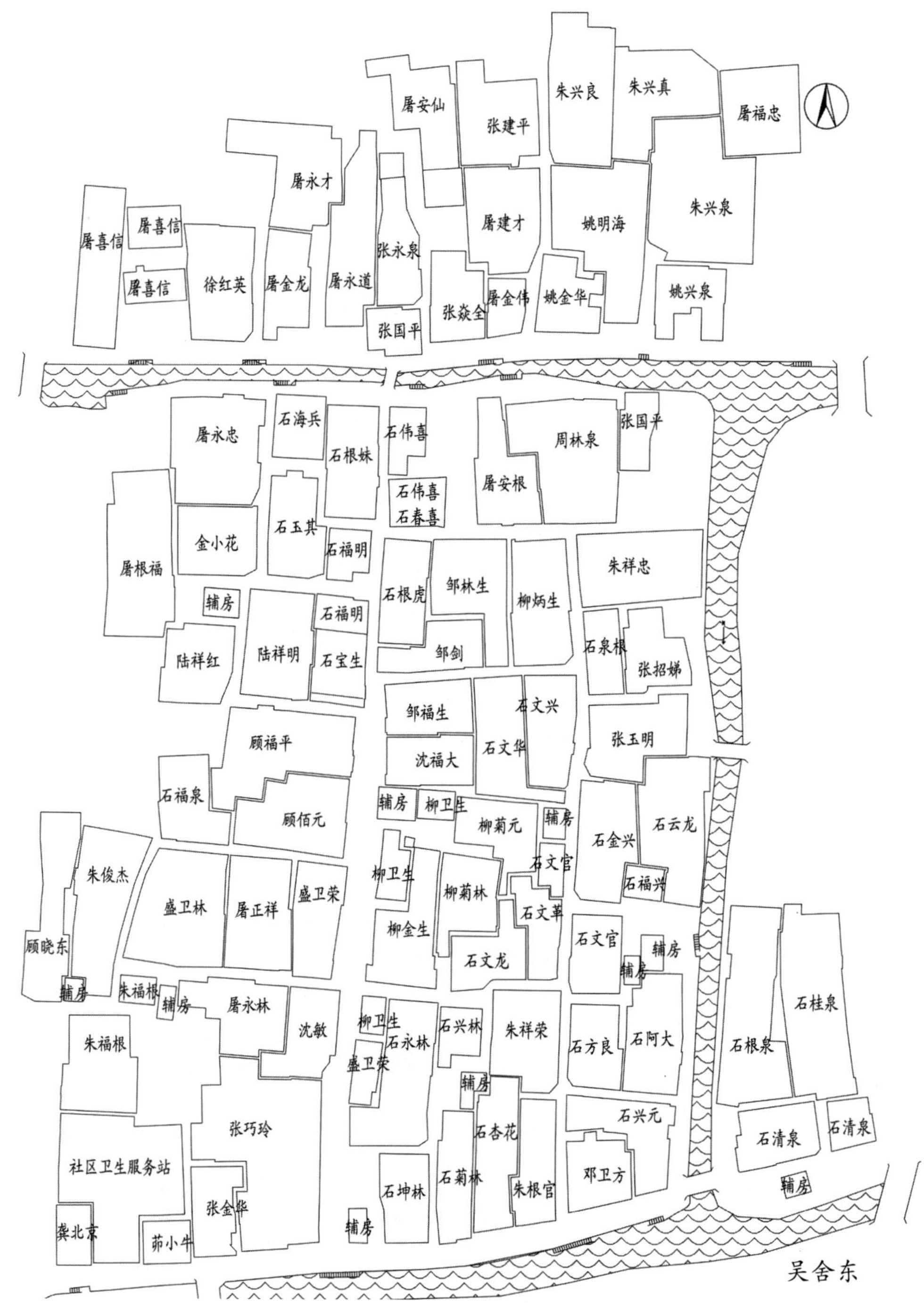

屠安仙
张建平
朱兴良
朱兴真
屠福忠
屠永才
屠喜信
屠喜信
屠喜信
徐红英
屠金龙
屠永道
张永泉
屠建才
姚明海
朱兴泉
张国平
张焱全
屠金伟
姚金华
姚兴泉
屠永忠
石海兵
石根妹
石伟喜
周林泉
张国平
屠安根
石伟喜
石春喜
屠根福
金小花
石玉其
石福明
朱祥忠
石根虎
邹林生
柳炳生
辅房
石福明
陆祥红
陆祥明
石宝生
邹剑
石泉根
张招娣
邹福生
石文兴
石文华
张玉明
顾福平
沈福大
石福泉
顾佰元
辅房
柳卫生
柳菊元
辅房
石金兴
石云龙
朱俊杰
柳卫生
石文官
盛卫林
屠正祥
盛卫荣
柳菊林
石福兴
石文革
柳金生
石文官
顾晓东
石文龙
辅房
辅房
辅房
石福根
辅房
屠永林
石桂泉
柳卫生
石兴林
朱祥荣
沈敏
石永林
朱福根
石方良
石阿大
石根泉
盛卫荣
辅房
石兴元
石清泉
石清泉
张巧玲
石杏花
社区卫生服务站
石菊林
邓卫方
石坤林
朱根官
辅房
张金华
龚北京
辅房
茆小牛
吴舍东

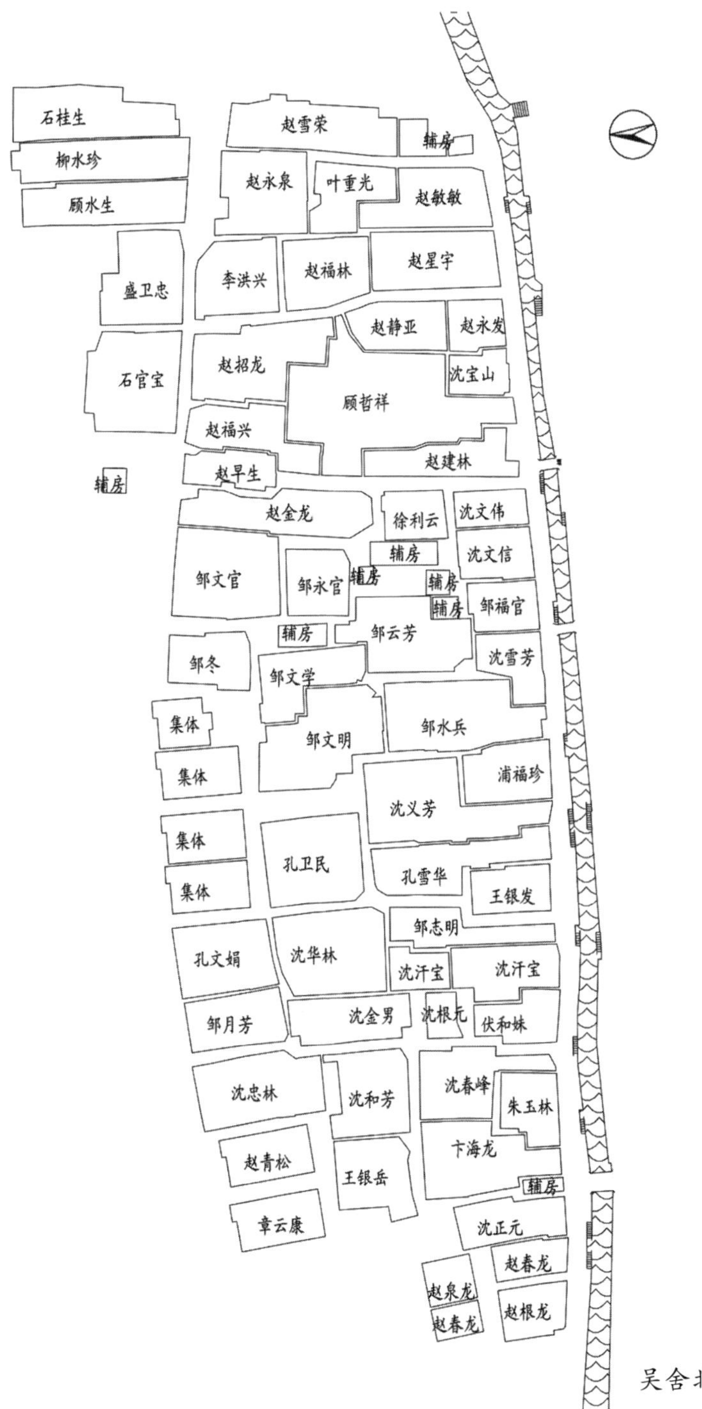
石桂生
柳水珍
顾水生
赵雪荣
辅房
赵永泉
叶重光
赵敏敏
盛卫忠
李洪兴
赵福林
赵星宇
赵静亚
赵永发
石官宝
赵招龙
沈宝山
顾哲祥
赵福兴
赵建林
赵早生
辅房
赵金龙
徐利云
沈文伟
辅房
沈文信
邹文官
邹永官
辅房
辅房
辅房
邹福官
辅房
邹云芳
邹冬
沈雪芳
邹文学
集体
邹文明
邹水兵
集体
浦福珍
沈义芳
集体
孔卫民
集体
孔雪华
王银发
邹志明
孔文娟
沈华林
沈汗宝
沈汗宝
邹月芳
沈金男
沈根元
伏和妹
沈忠林
沈和芳
沈春峰
朱玉林
卞海龙
赵青松
王银岳
辅房
章云康
沈正元
赵春龙
赵泉龙
赵根龙
赵春龙
吴舍北

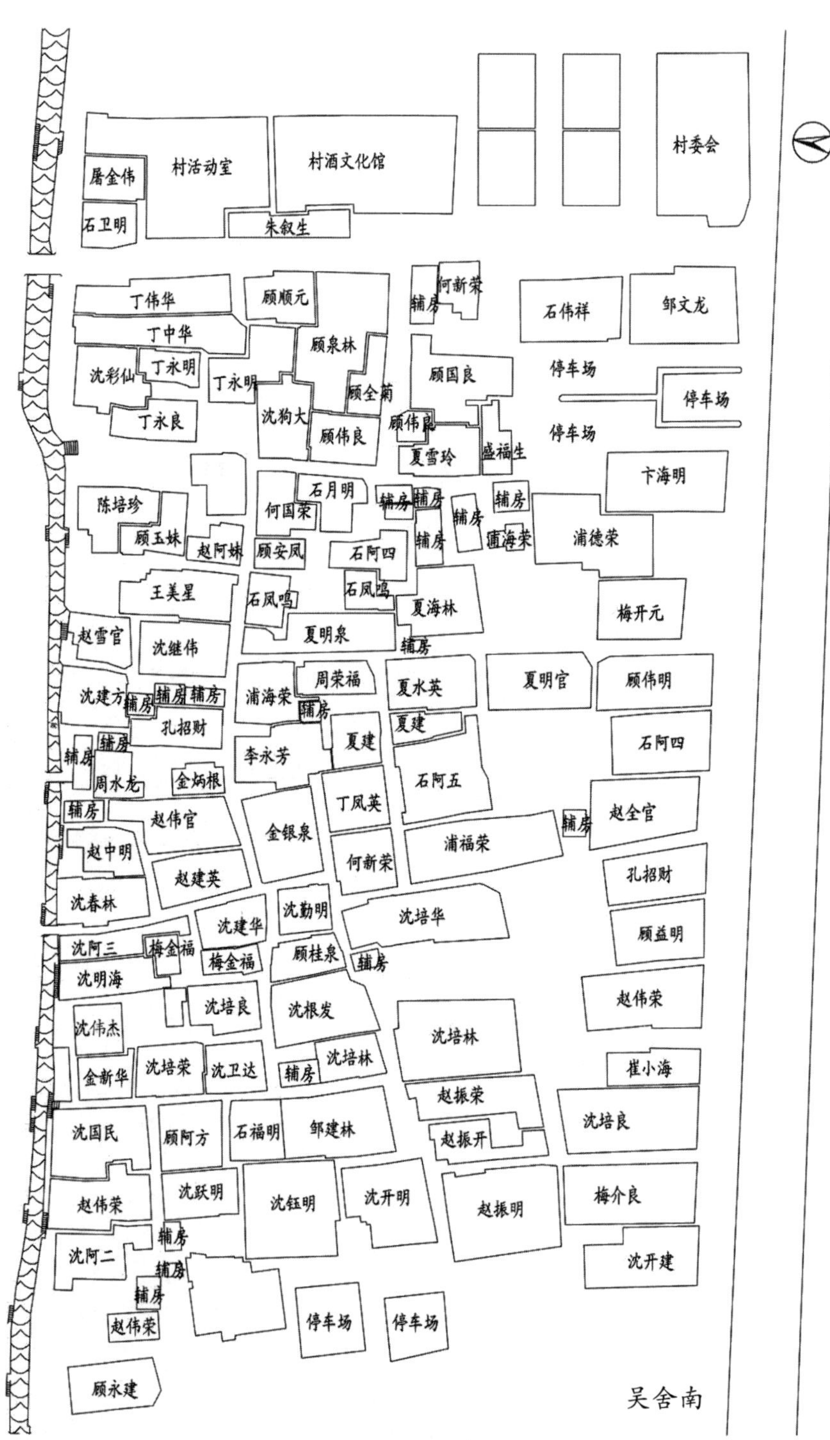
屠金伟
村活动室
村酒文化馆
村委会
石卫明
朱叙生
何新荣
辅房
丁伟华
顾顺元
石伟祥
邬文龙
丁中华
顾泉林
顾国良
停车场
沈彩仙
丁永明
丁永明
顾全菊
停车场
沈狗大
丁永良
顾伟良
顾伟良
停车场
夏雪玲
盛福生
卞海明
石月明
辅房
辅房
辅房
陈培珍
何国荣
辅房
浦海荣
浦德荣
顾玉妹
赵阿妹
顾安凤
石阿四
辅房
王美星
石凤鸣
石凤鸣
夏海林
梅开元
赵雪官
沈继伟
夏明泉
辅房
周荣福
夏水英
夏明官
顾伟明
沈建方
辅房
辅房
辅房
浦海荣
辅房
孔招财
夏建
夏建
石阿四
辅房
李永芳
辅房
石阿五
周水龙
金炳根
丁凤英
辅房
赵伟官
金银泉
浦福荣
辅房
赵全官
赵中明
何新荣
孔招财
赵建英
沈春林
沈勤明
沈建华
沈培华
顾益明
沈阿三
梅金福
梅金福
顾桂泉
辅房
沈明海
赵伟荣
沈培良
沈伟杰
沈根发
沈培林
沈培荣
沈卫达
沈培林
辅房
崔小海
金新华
赵振荣
沈国民
顾阿方
石福明
邬建林
沈培良
赵振开
沈跃明
沈钰明
沈开明
赵振明
梅介良
赵伟荣
辅房
沈阿二
沈开建
辅房
辅房
赵伟荣
停车场
停车场
顾永建
吴舍南

辅房
辅房
孙平安
孙菊生
朱红林
朱金福
张水元
岳文武
顾志平
顾根元
周根元
辅房
凌季明
徐德明
辅房
孙平安
孙献明
席火林
沈小雪
朱云福
黄培根
朱红林
孙白男
凌仁海
孔叔衡
绿地
朱早大
朱洪明
孙建农
孙福林
徐龙官
孙建农
张亚明
孔文海
徐兴官
徐跃刚
张亚利
孔祖官
孙小明
孙献明
孙福林
张亚明
孔祖兴
孙晓华
辅房
孙建农
辅房
孔文元
石永其
沈建林
朱祖根
孙寿林
施卫利
辅房
沈雪红
施洪根
孔文海
施卫东
孙海荣
张亚明
绿地
施才根
徐阿元
徐三元
活动室
周月明
柳卫明
沈阿大
周根生
柳承训
柳介民
辅房
张亚利
施胜根
周月明
沈德明
沈冬华
周根生
王玲妹
柳益民
柳承训
柳卫民
柳雪兴
孔文荣
绿地
停车场
尤菊妹
周月英
柳雪明
钟建妹
陈卫华
沈卫忠
荣三元
杨培根
龚美珍
杨培元
辅房
邹荣坤
钟建妹
辅房
沈德明
邹文官
杨柳芳
柳承信
石金林
钟爱华
张荣根
沈卫华
石继荣
沈建良
柳雪荣
邹文龙
停车场
西塘

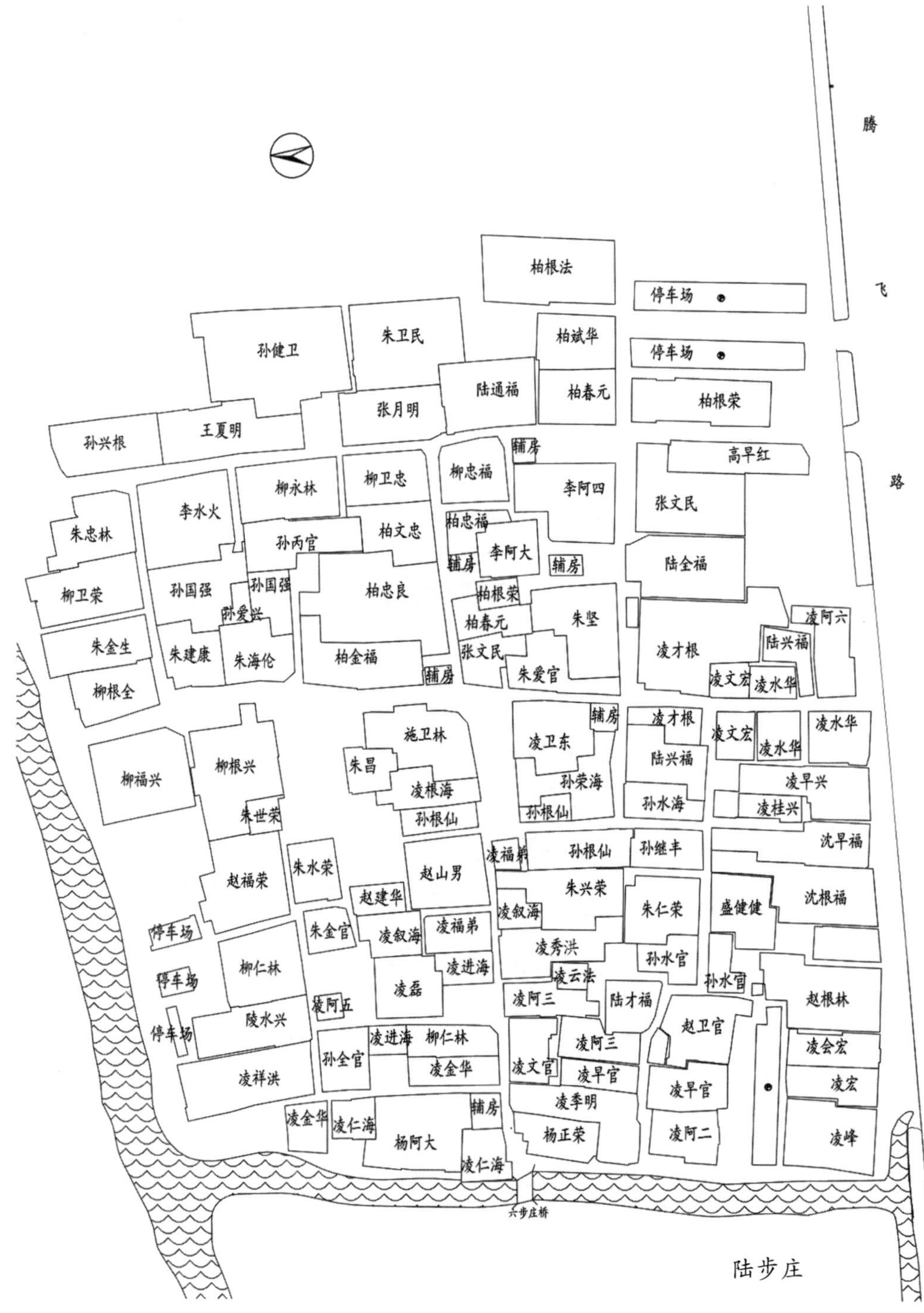
腾飞路
柏根法
停车场
孙健卫
朱卫民
柏斌华
停车场
陆通福
柏春元
柏根荣
张月明
王夏明
孙兴根
辅房
高早红
柳忠福
李阿四
柳永林
柳卫忠
李水火
朱忠林
张文民
柏忠福
孙丙官
柏文忠
李阿大
辅房
辅房
陆全福
柳卫荣
孙国强
孙国强
柏忠良
柏根荣
孙爱兴
朱坚
柏春元
凌阿六
朱金生
朱建康
朱海伦
柏金福
张文民
凌才根
陆兴福
辅房
朱爱官
凌文宏
凌水华
柳根全
施卫林
辅房
凌才根
凌文宏
凌水华
凌水华
凌卫东
柳福兴
柳根兴
朱昌
陆兴福
凌根海
孙荣海
凌早兴
朱世荣
孙根仙
孙根仙
孙水海
凌桂兴
凌福弟
孙根仙
孙继丰
沈早福
朱水荣
赵山男
赵福荣
朱兴荣
赵建华
朱仁荣
盛健健
沈根福
凌叙海
停车场
朱金官
凌叙海
凌福弟
凌秀洪
柳仁林
凌进海
孙水官
停车场
凌磊
凌云法
孙水官
凌阿三
陆才福
赵根林
凌阿五
陵水兴
赵卫官
停车场
凌进海
柳仁林
凌阿三
凌会宏
孙全官
凌金华
凌文官
凌早官
凌早官
凌宏
凌祥洪
凌季明
凌金华
凌仁海
辅房
杨阿大
杨正荣
凌阿二
凌峰
凌仁海
六步庄桥
陆步庄

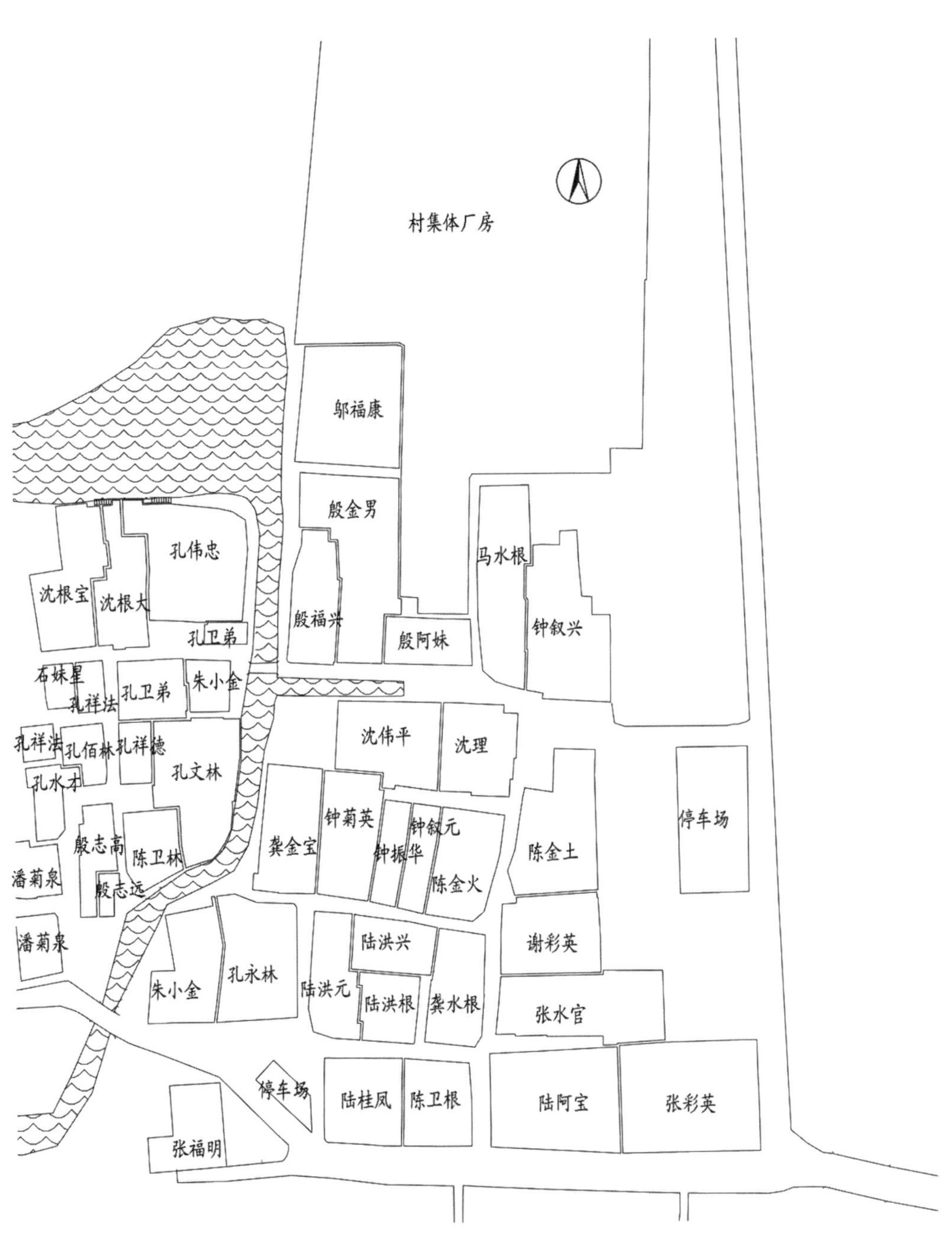
村集体厂房
邬福康
殷金男
孔伟忠
沈根宝
沈根大
殷福兴
殷阿妹
马水根
钟叙兴
孔卫弟
石妹星
孔祥法
孔卫弟
朱小金
孔祥法
孔佰林
孔祥德
孔文林
孔水木
沈伟平
沈理
龚金宝
钟菊英
钟叙元
钟振华
陈金火
陈金土
停车场
殷志高
陈卫林
潘菊泉
殷志远
潘菊泉
朱小金
孔永林
陆洪元
陆洪兴
陆洪根
龚水根
谢彩英
张水官
停车场
陆桂凤
陈卫根
陆阿宝
张彩英
张福明

黄墅东

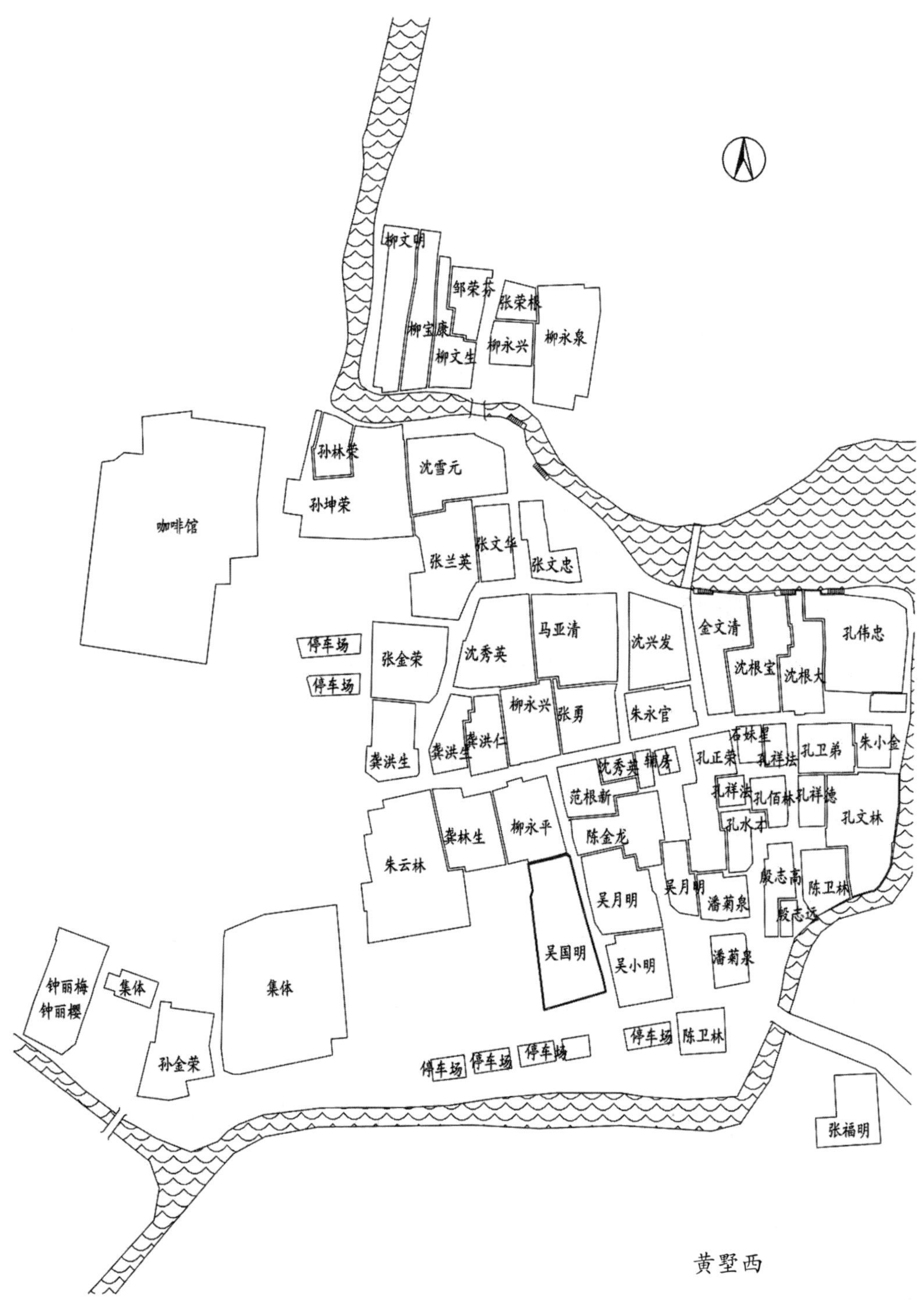
柳文明
邹荣芬
张荣根
柳宝康
柳文生
柳永兴
柳永泉
孙林荣
沈雪元
孙坤荣
咖啡馆
张兰英
张文华
张文忠
停车场
停车场
张金荣
沈秀英
马亚清
沈兴发
金文清
沈根宝
沈根大
孔伟忠
柳永兴
张勇
朱永官
龚洪生
龚洪生
龚洪仁
孔正荣
孔祥法
孔卫弟
朱小金
沈秀英
范根新
孔祥法
孔佰林
孔祥德
孔水才
孔文林
朱云林
龚林生
柳永平
陈金龙
吴月明
吴月明
潘菊泉
殷志高
陈卫林
殷志远
吴国明
吴小明
潘菊泉
钟丽梅
钟丽樱
集体
集体
孙金荣
停车场
停车场
停车场
停车场
陈卫林
张福明
黄墅西

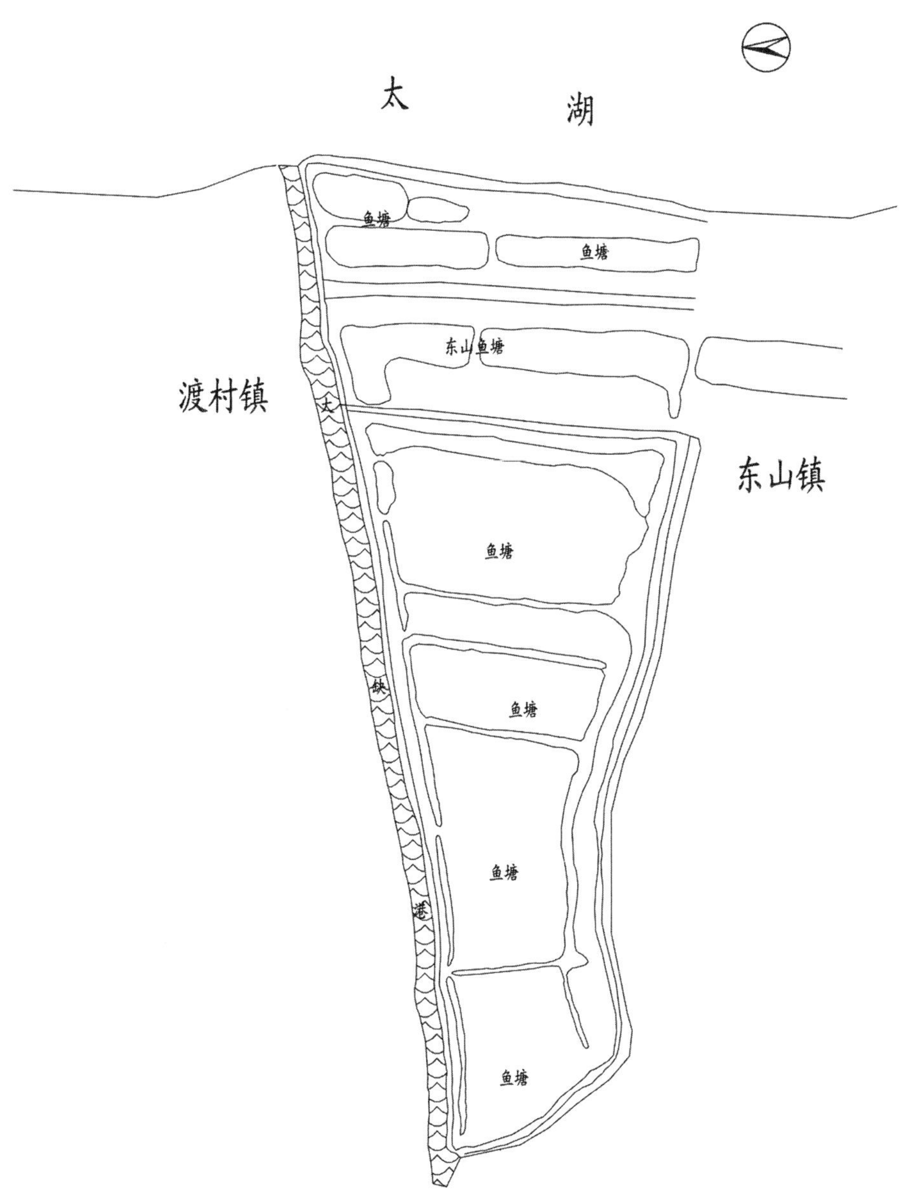
太 湖
鱼塘
鱼塘
东山鱼塘
渡村镇
太
东山镇
鱼塘
缺
鱼塘
鱼塘
港
鱼塘
高家荡

第四节　园博园

选址　第九届江苏省园艺博览会（2016年4月18日开幕，至5月18日闭幕），其博览园建设选址在临湖镇灵湖村与石舍村。整个博览园占地面积236万平方米（核心展区110万平方米），其中属灵湖村的占46.61%以上，约110万平方米。灵湖村从拆迁整个海丝浜自然村17户65人，征用土地，以及周边房屋立面改造和全村环境综合整治等方面，全方位做好配合工作，为展会成功举办做出贡献。

规划　博览园以“一核、两脉、四片区”为主框架，突出“郊野博览公园、太湖山水田园、乡村生活家园”三大特色。运用低影响开发技术理念，以现代造园材料和工艺，体现地域文化与特色，注重生态、节约和创新相结合，探索实践“海绵城市”技术，打造成为苏州首个“海绵公园”。博览园共规划了苏州园、城市园、友城园等各具特色的22个主题展园，打造主展馆、非遗馆等12个主题展馆，设置各项园艺与生活互动活动。本届园博会依托吴文化底蕴和太湖山水资源，秉承“交流、示范、探索、创新”的宗旨，努力绘就以太湖山水、苏式园林、江南村庄和古吴底蕴为主要元素的一园江南梦境图。

第九届江苏省园艺博览会由江苏省人民政府主办，江苏省住建厅、江苏省农委、苏州市人民政府共同承办，其他12个省辖市（南通、宿迁、无锡、连云港、淮安、徐州、盐城、扬州、泰州、镇江、常州、南京）协办。核心展区形成印象江南、写意园林、诗画田园、情归太湖四大片区。

建设　2012年12月20日，经吴中区委、区政府批准，由区国资局出资成立苏州太湖园博实业发展有限公司，并抽调200余名干部组建园博工作局，负责此项具体工作。该公司注册资本为人民币8亿元，下属3家子公司，分别为苏州园博创业投资有限公司、苏州园博园艺发展有限公司、苏州园博旅游开发有限公司。2016年9月30日，苏州太湖园博实业发展有限公司合并进入苏州太湖旅游发展集团有限公司，成为太旅集团一级子公司。

公司主要任务是筹建在临湖镇举办的第九届江苏省园艺博览会，至开园前，完成1个主展馆、2个功能建筑、1个保留村庄及若干主题展园建设。建设工程包括园内12万米管线工程、桥梁及高架栈桥工程，7万平方米场馆和内装建设、柳舍村环境综合整治等园内市政工程，同步完成智能化，东、南、北入口停车场，水利改造等工程。建成园内10千米、4.2万平方米景观园路，3800米长的栈桥，完成14.6万平方米停车场的景观广场铺装及近百个景观小品和节点建设，种植3.5万株各类乔灌木、3万平方米水生植物、12万平方米草坪、45万平方米花卉色块，新增景观绿化约85万平方米，管理抚育生态林30万平方米。

坚持绿色园博的建设理念，依托紧邻太湖的地缘优势，打造22万平方米的湖畔景观公园和10万平方米的滨湖景观带。展园设计突破传统模式，将人口景观、大地景观、乡村景观和湿地景观串联。园内建成第一家集中展示苏州非物质文化遗产的主题馆。保留柳舍村纳入园区整体考虑，通过村庄整治，结合美丽乡村建设、全省村庄整治和乡村庭院园艺展，营造出独特的乡村田园景观。新材料、新工艺、新技术等绿色科技在园博建筑中被广泛运用。文化体验中心主体结构大量使用清水混土技术，飞翔影院加入互动性、体验性元素，海绵公园建设体现“海绵城市”技术的应用，园内生态排水沟建设达到技术与景观的统一。

开园 第九届江苏省园艺博览会于2016年4月18日开幕，5月18日闭幕，入园宾客136.22万人次，其中团队23.76万人次。游客高峰日为5月1日，当天入园总人数突破10万人次（100548人次）。展会期间，吴中区成立专门机构保障运转，科学设置5条园博交通专线和11个停车场，累计运送游客36.61万人次。园内设置19家餐饮店、42个商品零售点，保障宾客的用餐、购物等消费需求。每天投入90辆观光电瓶车，共运送游客22.87万人次。志愿者上岗累计16834人次，安保力量日均投入1100人次，人员走失、医疗救助、接处警等问题均得到及时有效处置。各类活动纷呈，除开幕、闭幕式等重大活动外，儿童剧场、“一园江南梦”精品演出、非遗演出及水乡婚礼秀等文化类主题活动累计举办120场次。

园博会闭幕不久，园博公司调整组织架构，整理各城市展园（6月，园博园内的苏州园改称沐春园，占地308亩）。同时，引进“黄天源”等一系列商业业态，于9月28日国庆节前正式开放，国庆期间接待游客约22.5万人次。至2016年底，共接待游客170万人次。

第九届江苏省园艺博览会闭幕后，此园改称“苏州太湖园博园”。

第二章　人　口

灵湖村地处太湖东岸水东之地，宋代始有零星村落，明清时水东发生多次人口迁移，遂有“九庄十八舍”雏形，吴舍自然列入其内。后村域内沈、陆、孔、石、张、朱、金、顾、柳、凌姓家族落籍于此，繁衍至今。

20世纪60年代至70年代初，东风、胜利大队人口出生率高，20世纪70年代中后期至90年代末实行计划生育以来，人口增长进入有效控制平缓阶段。进入21世纪，灵湖村从“只生一个好”到“单独二孩”，再到“全面二孩”，人口出生率逐年回升。

2020年末，灵湖村有村民903户3602人，其中男性1754人、女性1848人，女性略多于男性。

第一节　人口总量

1953年，吴舍村208户780人（其中男384人、女396人），西塘村146户537人（其中男253人、女284人），塘桥村144户524人（其中男257人、女267人），舍上村88户332人（其中男152人、女180人），石南村49户190人（其中男93人、女97人）。

1957年，建中四社309户1127人（其中男553人、女574人），建中五社336户1272人（其中男623人、女649人）。

1958年，第12大队348户1272人（其中男615人、女657人），第11大队302户1140人（其中男528人、女612人）。

1962年，东风大队370户1341人（其中男676人、女665人），胜利大队306户1082人（其中男526人、女556人）。

1966年，东风大队378户1511人（其中男756人、女755人），胜利大队299户1220.5人（其中男608人、女612.5人）。

1970年，东风大队409户1678人（其中男830人、女848人），胜利大队291户1307人（其中男650人、女657人）。

1976年，东风大队438户1778人（其中男883人、女895人），胜利大队284户1319人（其中男654人、女665人）。

1983年，塘桥村373户1389人（其中男680人、女709人），吴舍村509户1818人（其中男913人、女905人）。

1989年，塘桥村396户1428人（其中男697人、女731人），吴舍村533户1841人（其中男924人、女917人）。

1994年，塘桥村399户1405人（其中男681人、女724人），吴舍村535户1849人（其中男914人、女935人）。

1999年，塘桥村384户1337人（其中男653人、女684人），吴舍村511户1799人（其中男900人、女899人）。

2002年，塘桥村377户1268人（其中男626人、女642人），吴舍村503户1734人（其中男859人、女875人）。

2003年，灵湖村890户3039人（其中男1503人、女1536人）。

2007年，灵湖村894户3230人（其中男1610人、女1620人）。

2012年，灵湖村899户3367人（其中男1638人、女1729人）。

2018年，灵湖村903户3574人（其中男1748人、女1826人）。

2020年，灵湖村903户3602人（其中男1754人、女1848人）。

表2-1　1953~2020年村域内人口统计（选年）

年份	村（大队）	户数（户）	人口（人）	男（人）	女（人）	年份	村（大队）	户数（户）	人口（人）	男（人）	女（人）
1953	舍上村	88	332	152	180	1962	东风大队	370	1341	676	665
	塘桥村	144	524	257	267	1963	胜利大队	304	1131.5	509	622.5
	石南村	49	190	93	97		东风大队	363	1405.5	644	761.5
	西塘村	146	537	253	284	1964	胜利大队	279	1151	588	563
	吴舍村	208	780	384	396		东风大队	355	1474	735	739
1956	建中四社	298	1178	—	—	1965	胜利大队	298	1184	—	—
	建中五社	316	1165	—	—		东风大队	376	1477	—	—
1957	建中四社	309	1127	553	574	1966	胜利大队	299	1220.5	608	612.5
	建中五社	336	1272	623	649		东风大队	378	1511	756	755
1958	第11大队	302	1140	528	612	1967	胜利大队	306	1248	640	608
	第12大队	348	1272	615	657		东风大队	381	1573	769	804
1959	胜利大队	282	1074	531	543	1968	胜利大队	—	1263	649	614
	东风大队	348	1328	641	687		东风大队	—	1570	784	786
1960	胜利大队	282	1072	529	543	1969	胜利大队	287	1307	656	651
	东风大队	362	1324	636	688		东风大队	407	1663	807	856
1961	胜利大队	310	1054	—	—	1970	胜利大队	291	1307	650	657
	东风大队	369	1318	—	—		东风大队	409	1678	830	848
1962	胜利大队	306	1082	526	556	1971	胜利大队	—	1272	—	—

续表

年份	村（大队）	户数（户）	人口（人）	男（人）	女（人）
1971	东风大队	—	1692	—	—
1972	胜利大队	314	1283	—	—
	东风大队	405	1714	—	—
1973	胜利大队	—	1295	—	—
	东风大队	—	1739	—	—
1974	胜利大队	—	1296	—	—
	东风大队	—	1752	—	—
1975	胜利大队	—	1308	—	—
	东风大队	—	1778	—	—
1976	胜利大队	284	1319	654	665
	东风大队	438	1778	883	895
1977	胜利大队	—	1328	—	—
	东风大队	—	1777	—	—
1978	胜利大队	—	1343	—	—
	东风大队	—	1823	—	—
1979	胜利大队	285	1341	678	663
	东风大队	466	1817	898	919
1980	塘桥大队	285	1343	675	668
	吴舍大队	479	1813	894	919
1981	塘桥大队	368	1373	681	692
	吴舍大队	487	1827	904	923
1982	塘桥大队	373	1382	680	702
	吴舍大队	507	1830	914	916
1983	塘桥村	373	1389	680	709
	吴舍村	509	1818	913	905
1984	塘桥村	373	1379	673	706
	吴舍村	510	1803	906	897
1985	塘桥村	374	1382	680	702
	吴舍村	499	1803	907	896
1986	塘桥村	382	1393	691	702
	吴舍村	512	1813	912	901
1987	塘桥村	383	1397	697	700
	吴舍村	516	1814	914	900
1988	塘桥村	386	1407	699	708
	吴舍村	526	1821	916	905
1989	塘桥村	396	1428	697	731
	吴舍村	533	1841	924	917
1990	塘桥村	377	1438	707	731
	吴舍村	535	1851	931	920
1991	塘桥村	381	1443	708	735
	吴舍村	537	1862	934	928
1992	塘桥村	397	1432	704	728
	吴舍村	538	1843	922	921
1993	塘桥村	—	1417	—	—
	吴舍村	—	1861	—	—
1994	塘桥村	399	1405	681	724
	吴舍村	535	1849	914	935
1995	塘桥村	399	1412	684	728
	吴舍村	535	1832	906	926
1996	塘桥村	—	1402	—	—
	吴舍村	—	1832	—	—
1997	塘桥村	384	1368	674	694
	吴舍村	512	1843	912	931
1998	塘桥村	385	1352	662	690
	吴舍村	511	1827	906	921
1999	塘桥村	384	1337	653	684
	吴舍村	511	1799	900	899
2000	塘桥村	380	1290	634	656
	吴舍村	508	1773	886	887
2001	塘桥村	379	1276	629	647
	吴舍村	506	1742	868	874
2002	塘桥村	377	1268	626	642
	吴舍村	503	1734	859	875
2003	灵湖村	890	3039	1503	1536
2004	灵湖村	890	3039	1503	1536
2005	灵湖村	—	3213	—	—
2006	灵湖村	—	3312	—	—
2007	灵湖村	894	3230	1610	1620
2008	灵湖村	898	3228	1578	1650
2009	灵湖村	893	3237	1579	1658
2010	灵湖村	885	3282	1579	1703
2011	灵湖村	895	3331	1625	1706
2012	灵湖村	899	3367	1638	1729
2013	灵湖村	895	3412	1669	1743

续表

年份	村（大队）	户数（户）	人口（人）	男（人）	女（人）	年份	村（大队）	户数（户）	人口（人）	男（人）	女（人）
2014	灵湖村	893	3457	1693	1764	2018	灵湖村	903	3574	1748	1826
2015	灵湖村	891	3496	1711	1785	2019	灵湖村	905	3592	1758	1834
2016	灵湖村	895	3542	1736	1806	2020	灵湖村	903	3602	1754	1848
2017	灵湖村	898	3575	1746	1829						

表2-2 灵湖村七次全国人口普查情况

普查年份	普查单位	总户数（户）	总人数（人）	男性	占比	女性	占比	说明
1953年（第一次普查）	西塘村	158	615	—	—	—	—	
	舍上村	89	367	—	—	—	—	
	石南村	49	190	—	—	—	—	
	塘桥村	158	647	—	—	—	—	
	吴舍村	157	643	—	—	—	—	
1964年（第二次普查）	胜利大队	279	1138	579	50.9%	559	49.1%	
	东风大队	355	1444	723	50.1%	721	49.9%	
1982年（第三次普查）	塘桥大队	379	1365	678	49.7%	687	50.3%	
	吴舍大队	487	1803	900	49.9%	903	50.1%	
1990年（第四次普查）	塘桥村	377	1438	707	49.2%	731	50.8%	白族2人
	吴舍村	535	1851	931	50.3%	920	49.7%	
2000年（第五次普查）	塘桥村	380	1290	634	49.1%	656	50.9%	
	吴舍村	508	1773	886	50%	887	50%	
2010年（第六次普查）	灵湖村	833	3293	1628	49.4%	1665	50.7%	
2020年（第七次普查）	灵湖村	903	3602	1754	48.7%	1848	51.3%	少数民族12人

表2-3 1966~1980年胜利大队各生产队人口统计

单位：人

队别	1966年	1967年	1968年	1969年	1970年	1971年	1972年	1973年	1974年	1975年	1976年	1977年	1978年	1979年	1980年
1	178	184	191	191	195	179	184	189	190	189	191	192	188	192	187
2	157	158	163	169	174	166	167	165	163	166	164	165	167	166	163
3	101	104	100	107	108	103	103	104	103	104	107	107	111	115	119
4	123	127	129	132	135	134	131	131	129	131	130	133	135	131	131
5	133	142	143	149	149	152	154	155	153	156	159	157	158	155	157
6	107	107	111	110	110	107	108	111	113	116	121	125	134	131	137

续表

队别	1966年	1967年	1968年	1969年	1970年	1971年	1972年	1973年	1974年	1975年	1976年	1977年	1978年	1979年	1980年
7	143	146	146	146	149	152	158	161	168	166	164	166	165	161	158
8	96	99	104	103	104	104	101	104	103	104	110	113	116	116	115
9	74.5	75	71	70	74	65	65	64	63	64	65	65	66	66	65
10	108	106	105	107	109	110	112	111	111	112	108	105	103	108	111
合计	1220.5	1248	1263	1284	1307	1272	1283	1295	1296	1308	1319	1328	1343	1341	1343

第二节　人口变动

一、自然增长

民国时期，村民受封建传统生育观影响，早婚、早育、多子女现象普遍，尽管受家庭经济条件制约，生育5~6胎的夫妇依然较多。时结婚年龄一般男虚岁18岁、女虚岁16岁左右。

中华人民共和国成立初，社会安定，村域内人口呈现出生率高、死亡率低的状况。20世纪50年代中期农业合作化高潮中，建中第四、第五高级社为体现农业合作化优越性，对多胎生育的高龄妇女以产假等奖励，一度出现生育高峰期。1958年公社化后，第11、第12大队继续出现生育高峰期。至三年困难时期，生育率一度下降。

1965年6月统计，东风大队有12户各生有6个孩子，有2户各生有7个孩子，有1户生有11个孩子（夭折2个）。胜利大队有2户各生有6个孩子，有2户各生有7个孩子。

1976年统计，胜利大队284户，其中，86户为1~3人，占总户数的30.3%；161户为4~5人，占总户数的56.7%；37户为6人以上，占总户数的13%。东风大队438户，其中，138户为1~3人，占总户数的31.5%；218户为4~5人，占总户数的49.8%；82户为6人以上，占总户数的18.7%。

1984年统计，塘桥村373户，其中，119户为1~3人，占总户数的31.9%；202户为4~5人，占总户数的54.2%；52户为6人以上，占总户数的13.9%。

20世纪70年代初，胜利、东风大队开展计划生育工作，通过宣传，大力推广节育措施，贯彻“结婚晚一点（结婚年龄男性25周岁以上，女性23周岁以上），生育少一点（要求每对夫妇生2个，间隔生育时间为4周年），抚养好一点”的原则。1979年10月，大力提倡“一对夫妇只生一个孩子”，对愿意终身生一胎并落实节育措施的夫妇，发放独生子女证。1981年6月，塘桥、吴舍大队成立计划生育领导小组，出台本大队计划生育奖罚措施，大队计划生育领导小组由大队党支书和妇女主任组成。

20世纪80~90年代，村域内人口出生率逐年下降。

2010年，灵湖村3263人，出生25人，出生率为7.7‰，死亡17人，死亡率为5.2‰。

2015年，灵湖村3412人，出生25人，出生率为7.3‰，死亡31人，死亡率为9‰，自然增长率出现负数（为-1.7‰）。

2020年，灵湖村3602人，出生25人，死亡21人。

灵湖村计划生育工作经历了从“只生一个好”到“单独二孩”，再到“全面二孩”。2016~2020年，灵湖村共有41对夫妇生育二胎41人（男22人、女19人），其中2016年有12对夫妇、2017年有4对夫妇、2018年有12对夫妇、2019年有6对夫妇、2020年有7对夫妇。

二、人口迁移

中华人民共和国成立后，人口迁移主要是青年应征入伍、军人复员退伍、中学生升学迁出、知识青年插队落户及上调返回，其他多为婚嫁迁移。1958~1959年，震泽县、苏州市国营和集体工矿企业、渡村公社社办企业招工迁出，至1961~1963年精简离职职工迁入村域内的，有陆金寿、黄发生、翁阿水、顾福元、韩霞仙、邬双泉、陆洪根、石春生、沈火生、孔繁华、孔爱林、陆长官、姚生发、金祥明、沈阿大、艾建华、伍双全、张忆贤、黄阿根等（以上属胜利大队）和徐宝根、赵金林、孔林元、凌俊凯、何根寿、龚俊夫、殷来法、金友良、宋盘法、邱福妹、杨小妹、庄巧根、沈洪圭、石阿林、石小高、赵万荣、柏招大、孙福林、徐忠炳、张福林、吴根寿、俞振兴、顾德生、赵根林等（以上属东风大队）。

1960年，支援新疆、青海农场迁出，后自行返回的有吴永林、宋世忠、宋桂仙、庄林根、陆秀珍、潘水妹、黄小弟、宋彩玲、纪金根、金阿大、张福官、曹银坤、沈阿大、徐阿六、翁阿妹、翁天兴全家3人、陆福寿、金宝妹。

1964~1968年，渡村公社及外地知识青年插队落户迁入，1978年后返回迁出的有马超珍、朱玉林、金敬义、孔祥敏、朱巧珍、姚天才、马菊萍、王丽珍、王丽琴、金效英、高玉林、钮贤德、朱安文、吴德康、王凤珍、金敬伍、赵利娟、伏和妹、卞月娣（以上属东风大队）和屠秀英、沈建新、陆鸣鸣、郑效忠、叶宝玉、席时茂、毛建蓉、毛阿四、毛阿五、毛建萍、曹静华、王景贤、孔繁芳、叶剑芳、姚康尔、朱永庆、朱巧云、朱佩娟、朱雯娴、严湘英、席于生、张秀英（以上属胜利大队）。

1968年8月，渡村公社10户渔民分别落户胜利、东风大队。金狗大（户主）3人、金老虎（户主）5人、徐发云（户主）2人、徐根生（户主）6人、金齐高（户主）3人落户胜利大队第2生产队，张仁高（户主）8人落户第3生产队，金小宝（户主）3人落户第4生产队，张刊祥（户主）3人落户第9生产队；金发林等2户11人落户东风大队第2生产队。上述渔民落户后，实行交鱼记工分，凭工分领取口粮。1970年渡村公社设立渔业队，上述渔民均归属渔业大队。

1987年始，1961年1月1日至1965年6月9日下放至村域内的城镇居民（名单略）"农转非"迁入城镇。20世纪90年代初，有少量交钱买户口的村民"农转非"（名单略）迁入城镇。

20世纪90年代至2020年，塘桥村、吴舍村及灵湖村人口迁移不再做详细统计。

表2-4 1959~2020年灵湖村、胜利大队（塘桥大队、塘桥村）、东风大队（吴舍大队、吴舍村）人口变动选年统计

单位：人

年份	大队（村）	出生	死亡	迁入	迁出	移入	移出	说明
1959	胜利大队	25	19	3	75	—	—	
	东风大队	21	22	64	7	—	—	
1963	胜利大队	25	5	—	—	—	—	
	东风大队	26	4	—	—	—	—	
1966	胜利大队	41	8	3	2	—	—	
	东风大队	35	9	9	3	—	—	
1967	胜利大队	35	8	1	1	—	—	
	东风大队	19	6	9	5	—	—	
1968	胜利大队	66	20	12	5	—	—	
	东风大队	58	9	4	—	—	—	
1969	胜利大队	30	8	23	20	—	—	
	东风大队	46	9	12	11	—	—	
1980	塘桥大队	18	12	—	—	—	—	
	吴舍大队	19	12	—	—	—	—	
1981	塘桥大队	34	12	4	13	12	10	
	吴舍大队	37	8	—	14	17	24	
1985	塘桥村	21	8	2	10	10	17	
	吴舍村	19	8	6	17	19	20	
1987	塘桥村	24	10	1	3	12	20	
	吴舍村	31	14	2	20	21	19	
1989	塘桥村	40	12	3	5	—	—	
	吴舍村	34	14	8	12	—	—	
1990	塘桥村	19	12	6	6	9	7	白族"四普"2人
	吴舍村	32	9	12	12	19	25	
1991	塘桥村	21	12	—	3	7	8	
	吴舍村	19	12	6	3	12	5	

续表

年份	大队(村)	出生	死亡	迁入	迁出	移入	移出	说明
1992	塘桥村	11	11	8	1	7	11	
	吴舍村	12	15	18	5	13	16	
1993	塘桥村	16	12	—	12	6	10	
	吴舍村	13	16	—	7	4	9	
1994	塘桥村	16	12	12		6	10	
	吴舍村	13	16	3	7	4	9	
1995	塘桥村	10	5	3	7	9	3	
	吴舍村	20	14	—	21	6	8	
1996	塘桥村	9	9	—	—	—	—	
	吴舍村	17	18	—	—	—	—	
1997	塘桥村	8	19	2	16	6	15	批准二孩1人
	吴舍村	9	5	14	14	4	7	
1998	塘桥村	7	17	—	8	5	5	
	吴舍村	6	11	2	10	7	10	
1999	塘桥村	8	11	3	10	—	—	
	吴舍村	10	12	3	27	—	—	
2000	塘桥村	3	13	1	13	—	—	
	吴舍村	13	17	3	16	—	—	
2001	塘桥村	4	10	—	9	—	—	
	吴舍村	7	16	3	16	—	—	
2002	塘桥村	9	14	2	10	—	—	
	吴舍村	14	13	8	17	—	—	
2004	灵湖村	23	18	迁(移)入8		迁(移)出12		
2010	灵湖村	25	17	迁(移)入10		迁(移)出10		
2016	灵湖村	37	22	迁(移)入7		迁(移)出13		
2020	灵湖村	25	21	迁(移)入8		迁(移)出9		

第三节　人口构成

一、民族

村域内第一、第二、第三次全国人口普查统计时,居住人口均为汉族。第四次全国人口普查时出现白族人口。2020年末,灵湖村有苗族、瑶族、白族、土家族人口和穿青人共12人。

表2-5　2020年灵湖村少数民族人口一览

姓名	民族	曾用名	配偶姓名	性别	居住地址
项留美	苗	—	孙晓华	女	灵湖村吴舍（11）西塘42-1
盆付涛	瑶	—	陆　琴	男	灵湖村塘桥（8）舍上村125号
盆贵轩	瑶	—	—	男	灵湖村塘桥（8）舍上村125号
陆墨辕	瑶	—	—	男	灵湖村塘桥（8）舍上村125号
吴繁荣	苗	吴凡荣	邬亮亮	女	灵湖村塘桥（11）塘桥77号
邬筱雅	苗	—	—	女	灵湖村塘桥（11）塘桥77号
段秋涛	白	—	沈　洁	女	灵湖村吴舍（5）西塘65号
祝　艳	白	—	朱　惠	女	灵湖村吴舍（12）陆步庄25号
彭中先		—	石伟喜	女	灵湖村吴舍（2）吴舍117号
廖文静	土家	—	宋志强	女	灵湖村吴舍（1）水路上9号
凌以利亚	白	—	—	男	灵湖村吴舍（12）陆步庄9号
清　云	白	—	—	女	灵湖村塘桥（4）水路上46号

注：彭中先系穿青人。

二、姓氏

2020年，灵湖村常住户籍姓氏统计，村域内共有姓氏146个，其中沈、陆、孔、石、张、朱、金、顾、柳、凌为十大姓氏。

100人以上姓氏有12个，依次为沈姓353人、陆姓259人、孔姓239人、石姓185人、张姓170人、朱姓150人、金姓142人、顾姓133人、柳姓120人、凌姓117人、徐姓117人、赵姓104人。

50人以上100人以下姓氏有9个，依次为周姓92人、孙姓84人、吴姓77人、李姓75人、邹姓67人、王姓62人、陈姓60人、翁姓57人、庄姓57人。

50人以下姓氏有125个，其中只有1人的姓氏有43个。

沈姓，集中居住在吴舍、塘桥、东塘、水路上、舍上、黄墅等自然村。2020年有353人，列灵湖村诸姓人数之首。

陆姓，集中居住在塘桥、翁家浜、舍上、吴舍、陆步庄、黄墅等自然村。2020年有259人，列灵湖村诸姓人数第二位。

孔姓，集中居住在塘桥、水路上、翁家浜、舍上、吴舍等自然村。2020年有239人，列灵湖村诸姓人数第三位。据清同治年间柳商贤纂《横金志》载，孔姓首居塘桥已有数百年，自孔彦仁（孔子第五十九世孙）始居，故塘桥亦称孔家塘桥。

石姓，集中居住在吴舍、舍上、西塘等自然村。2020年有185人，列灵湖村诸姓人数第四位。

张姓，集中居住在吴舍、水路上、舍上、西塘、陆步庄等自然村。2020年有170人，列灵湖村诸姓人数第五位。

朱姓，集中居住在东塘、吴舍、西塘、陆步庄、黄墅、舍上等自然村。2020年有150人，列灵湖村诸姓人数第六位。

金姓，集中居住在舍上、吴舍等自然村。2020年有142人，列灵湖村诸姓人数第七位。

顾姓，集中居住在东塘、水路上、舍上、吴舍等自然村。2020年有133人，列灵湖村诸姓人数第八位。

柳姓，集中居住在西塘、陆步庄、黄墅、吴舍等自然村。2020年有120人，列灵湖村诸姓人数第九位。

凌姓，集中居住在陆步庄等自然村。2020年有117人，列灵湖村诸姓人数第十位。

表2-6　2020年灵湖村人口姓氏人数统计

单位：人

序号	姓氏	人数	序号	姓氏	人数	序号	姓氏	人数	序号	姓氏	人数
1	沈	353	25	龚	41	49	潘	9	73	葛	3
2	陆	259	26	曹	40	50	卞	7	74	郭	3
3	孔	239	27	邬	39	51	查	7	75	纪	3
4	石	185	28	邱	35	52	高	7	76	蒋	3
5	张	170	29	何	31	53	钱	7	77	罗	3
6	朱	150	30	柏	28	54	谢	7	78	秦	3
7	金	142	31	黄	27	55	许	7	79	邵	3
8	顾	133	32	施	27	56	袁	7	80	史	3
9	柳	120	33	钟	23	57	崔	6	81	席	3
10	凌	117	34	丁	22	58	彭	6	82	尤	3
11	徐	117	35	夏	21	59	姜	5	83	余	3
12	赵	104	36	马	18	60	陶	5	84	郁	3
13	周	92	37	刘	15	61	伍	5	85	常	2
14	孙	84	38	盛	15	62	岳	5	86	代	2
15	吴	77	39	姚	14	63	艾	4	87	邓	2
16	李	75	40	胡	13	64	蔡	4	88	耿	2
17	邹	67	41	浦	12	65	戴	4	89	贺	2
18	王	62	42	熊	12	66	冯	4	90	华	2
19	陈	60	43	俞	12	67	侯	4	91	季	2
20	翁	57	44	韩	11	68	林	4	92	江	2
21	庄	57	45	倪	11	69	梅	4	93	毛	2
22	宋	48	46	唐	10	70	汪	4	94	縻	2
23	屠	48	47	殷	10	71	叶	4	95	庞	2
24	杨	43	48	范	9	72	付	3	96	盆	2

续表

序号	姓氏	人数	序号	姓氏	人数	序号	姓氏	人数	序号	姓氏	人数
97	冉	2	110	董	1	123	雷	1	136	苏	1
98	荣	2	111	杜	1	124	黎	1	137	武	1
99	魏	2	112	段	1	125	廖	1	138	项	1
100	向	2	113	方	1	126	芦	1	139	宣	1
101	严	2	114	房	1	127	骆	1	140	薛	1
102	于	2	115	费	1	128	吕	1	141	言	1
103	郑	2	116	傅	1	129	聂	1	142	阳	1
104	辛	1	117	辜	1	130	裴	1	143	尹	1
105	白	1	118	管	1	131	清	1	144	翟	1
106	曾	1	119	洪	1	132	任	1	145	詹	1
107	成	1	120	焦	1	133	阮	1	146	祝	1
108	程	1	121	康	1	134	芮	1			
109	仇	1	122	兰	1	135	司	1			

三、年龄结构

灵湖村女性寿命普遍长于男性，老龄化趋势明显。

1964年，胜利大队共1138人，其中0~1周岁45人（男24人、女21人），1~10周岁302人（男172人、女130人），11~20周岁264人（男136人、女128人），21~30周岁119人（男59人、女60人），31~40周岁163人（男78人、女85人），41~50周岁121人（男60人、女61人），51~60周岁76人（男32人、女44人），61~70周岁41人（男17人、女24人），71~80周岁6人（男1人、女5人），81~90周岁1人（为女性）。

东风大队共1444人，其中0~1周岁69人（男35人、女34人），1~10周岁346人（男177人、女169人），11~20周岁352人（男191人、女161人），21~30周岁175人（男95人、女80人），31~40周岁182人（男90人、女92人），41~50周岁170人（男76人、女94人），51~60周岁81人（男36人、女45人），61~70周岁58人（男22人、女36人），71~80周岁9人（男1人、女8人），81~90周岁2人（为女性）。

2020年，灵湖村共3602人，其中0~9周岁297人（男170人、女127人），10~19周岁209人（男104人、女105人），20~29周岁288人（男131人、女157人），30~39周岁559人（男263人、女296人），40~49周岁476人（男231人、女245人），50~59周岁670人（男312人、女358人），60~69周岁554人（男279人、女275人），70~79周岁385人（男200人、女185人），80~89周岁137人（男63人、女74人），90~99周岁26人（男5人、女21人），100周岁以上1人（为女性）。

表2-7 1964年胜利大队人口年龄构成

年龄	人数（人）			年龄	人数（人）		
	小计	男	女		小计	男	女
0	45	24	21	36	24	13	11
1	49	27	22	37	12	8	4
2	9	5	4	38	8	3	5
3	19	9	10	39	13	8	5
4	25	17	8	40	20	10	10
5	27	17	10	41	16	9	7
6	35	19	16	42	18	10	8
7	30	17	13	43	16	7	9
8	23	12	11	44	13	6	7
9	43	25	18	45	12	5	7
10	42	24	18	46	11	7	4
11	31	14	17	47	7	4	3
12	33	18	15	48	9	3	6
13	24	11	13	49	9	3	6
14	38	21	17	50	10	6	4
15	29	17	12	51	11	5	6
16	25	15	10	52	9	2	7
17	30	10	20	53	8	4	4
18	18	13	5	54	4	3	1
19	17	6	11	55	9	3	6
20	19	11	8	56	6	2	4
21	12	6	6	57	7	5	2
22	11	4	7	58	8	3	5
23	15	7	8	59	8	3	5
24	5	4	1	60	6	2	4
25	13	8	5	61	4	1	3
26	14	5	9	62	4	1	3
27	10	4	6	63	9	5	4
28	13	3	10	64	7	2	5
29	13	9	4	65	4	3	1
30	13	9	4	66	3	1	2
31	18	6	12	67	3	2	1
32	15	7	8	68	3	2	1
33	16	9	7	69	0	0	0
34	17	7	10	70	4	0	4
35	20	7	13	71	3	1	2

续表

年龄	人数（人）			年龄	人数（人）		
	小计	男	女		小计	男	女
72	1	0	1	87	0	0	0
73	0	0	0	88	0	0	0
74	1	0	1	89	0	0	0
75	0	0	0	90	0	0	0
76	0	0	0	91	0	0	0
77	0	0	0	92	0	0	0
78	1	0	1	93	0	0	0
79	0	0	0	94	0	0	0
80	0	0	0	95	0	0	0
81	0	0	0	96	0	0	0
82	1	0	1	97	0	0	0
83	0	0	0	98	0	0	0
84	0	0	0	99	0	0	0
85	0	0	0	100	0	0	0
86	0	0	0	合计	1138	579	559

表2-8　1964年东风大队人口年龄构成

年龄	人数（人）			年龄	人数（人）		
	小计	男	女		小计	男	女
0	69	35	34	16	40	22	18
1	53	30	23	17	34	19	15
2	12	6	6	18	40	22	18
3	24	12	12	19	32	18	14
4	23	14	9	20	27	14	13
5	28	16	12	21	18	12	6
6	55	27	28	22	22	9	13
7	37	16	21	23	20	10	10
8	23	9	14	24	17	9	8
9	43	21	22	25	21	12	9
10	48	26	22	26	17	9	8
11	43	22	21	27	22	15	7
12	41	18	23	28	17	9	8
13	24	15	9	29	14	6	8
14	35	24	11	30	7	4	3
15	36	17	19	31	23	14	9

续表

年龄	人数（人）			年龄	人数（人）		
	小计	男	女		小计	男	女
32	16	8	8	67	1	1	0
33	16	7	9	68	8	3	5
34	16	9	7	69	4	1	3
35	23	7	16	70	4	1	3
36	19	9	10	71	4	1	3
37	12	7	5	72	0	0	0
38	20	8	12	73	2	0	2
39	16	9	7	74	0	0	0
40	21	12	9	75	1	0	1
41	27	13	14	76	0	0	0
42	15	5	10	77	1	0	1
43	19	8	11	78	0	0	0
44	27	12	15	79	0	0	0
45	18	7	11	80	1	0	1
46	16	8	8	81	0	0	0
47	20	8	12	82	0	0	0
48	12	5	7	83	0	0	0
49	9	6	3	84	0	0	0
50	7	4	3	85	1	0	1
51	6	5	1	86	0	0	0
52	7	3	4	87	1	0	1
53	16	6	10	88	0	0	0
54	11	4	7	89	0	0	0
55	7	2	5	90	0	0	0
56	6	1	5	91	0	0	0
57	5	3	2	92	0	0	0
58	12	5	7	93	0	0	0
59	3	3	0	94	0	0	0
60	8	4	4	95	0	0	0
61	7	1	6	96	0	0	0
62	8	5	3	97	0	0	0
63	6	2	4	98	0	0	0
64	6	3	3	99	0	0	0
65	8	2	6	100	0	0	0
66	6	3	3	合计	1444	723	721

四、文化程度

民国时期，村域内塘桥、东塘、水路上、翁家浜和海丝浜、舍上、吴舍、西塘、陆步庄、黄墅等自然村儿童入学率低，主要是当地富户子弟聘请塾师开设学馆，入学就读识字，贫困子弟无钱就读。成年人尤其是女性百分之九十不识字，文盲极为普遍。

中华人民共和国成立初，成年人上冬学和民校，参加扫除文盲活动，经过努力，当地的文盲和半文盲人数逐渐减少。同时学龄儿童基本入学，具有初小及高小以上文化程度的人不断增加。

1964年，胜利大队1138人，其中12周岁以下不在校儿童317人，不识字381人，初识字101人，初小学历221人，高小学历77人，初中学历46人，高中学历7人，大学学历1人。东风大队1444人，其中12周岁以下不在校儿童388人，不识字459人，初识字125人，初小学历282人，高小学历139人，初中学历69人，高中学历11人，大学学历1人。

1982年，塘桥大队1382人，其中12周岁以下不在校儿童276人，不识字334人，小学学历463人，初中学历252人，高中学历56人，大学学历1人。吴舍大队1830人，其中12周岁以下不在校儿童234人，不识字444人，小学学历683人，初中学历381人，高中学历88人。

1990年，塘桥村1438人，其中0~5周岁147人，不识字235人，小学学历641人，初中学历355人，高中学历59人，大学学历1人。吴舍村1851人，其中0~5周岁159人，不识字432人，小学学历648人，初中学历528人，高中学历83人，大学学历1人。

2003年，灵湖村3039人，其中学龄前儿童190人，占6.25%；小学学历1039人，占34.19%；初中学历876人，占28.82%；高中学历244人，占8.03%；大专学历44人，占1.45%；大学学历6人，占0.2%；60周岁以上不识字或初识字640人，占21.06%。另有研究生以上学历4人。

2020年，灵湖村3602人，其中学龄前儿童252人，占7%；小学学历1267人，占35.17%；初中学历982人，占27.26%；高中学历284人，占7.88%；大专学历54人，占1.5%；大学学历17人，占0.47%；60周岁以上不识字或初识字746人，占20.71%。另有研究生以上学历17人。

五、劳动人口

民国时期及中华人民共和国成立初，村域内男女劳动力主要集中从事农业生产和家庭酿制烧酒，亦有村民栽桑养蚕，很少涉及其他职业。20世纪70年代始，渡村公社社办企业及胜利、东风大队的队办企业兴起和发展，劳动力构成发生变化。

1964年，胜利大队1151人，劳动力587个；东风大队1474人，劳动力868个。两个大队男女劳动力均从事集体生产（农业、副业项目）。

1977年，胜利大队1328人，劳动力648个，从事农副业生产561人，县属企业务工8人，社办企业务工18人，队办企业务工47人，“五匠”（泥瓦工、木匠、漆匠等）14人。东风大队1777人，劳动力894个，从事农副业生产676人，县属企业务工26人，社办企业务工66人，队办企业务工84人，“五匠”42人。

1984年，塘桥村1379人，劳动力875个，从事农业生产465人，县属企业务工9人，乡办企业务工84人，村办企业务工168人，从事建筑42人，从事运输16人，“五匠”48人，其他项目43人。吴舍村1803人，劳动力1161个，从事农副业生产917人，县属企业务工20人，乡办企业务工81人，村办企业务工64人，从事运输1人，“五匠”78人。

1988年，塘桥村1407人，劳动力877个，从事农林业生产485人，乡村办企业务工94人，从事运输、商业、服务业76人，其他222人。吴舍村1821人，劳动力1233个，从事农林业生产785人，乡办企业务工138人，村办企业务工86人，从事运输、商业、服务业92人，其他132人。

1991年，塘桥村1443人，劳动力860个，从事农副业生产570人，乡办企业务工181人，村办企业务工109人。吴舍村1862人，劳动力1186个，从事农副业生产933人，乡办企业务工135人，村办企业务工51人，县办企业务工15人，县外谋生52人。

2003年，灵湖村3039人，劳动力1598个，从事农林业生产848人，私营企业务工446人，从事建筑130人，从事批发零售44人，从事村级管理24人，其他44人，无业人员62人。

2018年，灵湖村3574人，劳动力1468个，其中，有固定职业者1104人，占总劳动力的75.2%；无固定职业者364人，占总劳动力的24.8%。

2020年，灵湖村3602人，劳动力1472个，其中，有固定职业者1136人，占总劳动力的77.2%；无固定职业者336人，占总劳动力的22.8%。

六、高龄人口

1964年，胜利大队80周岁以上1人，为女性；东风大队80周岁以上2人，为女性。

2020年，灵湖村80周岁以上90周岁以下139人，其中男64人、女75人；90周岁及以上100周岁以下27人，其中男5人、女22人；100周岁以上1人，为女性。

表2-9　2020年灵湖村80周岁以上老年人名单

序号	姓名	性别	民族	出生日期	年龄（周岁）
1	曹秀英	女	汉	1940-12-28	80
2	孔淑衡	男	汉	1940-12-16	80

续表

序号	姓名	性别	民族	出生日期	年龄（周岁）
3	邬妹英	女	汉	1940-11-30	80
4	沈俊元	男	汉	1940-11-23	80
5	孔根寿	男	汉	1940-11-22	80
6	陆丰琪	男	汉	1940-11-04	80
7	翁根兴	男	汉	1940-10-25	80
8	沈云珠	女	汉	1940-10-24	80
9	金小花	女	汉	1940-10-21	80
10	徐小凤	女	汉	1940-10-12	80
11	韩霞仙	女	汉	1940-10-10	80
12	沈巧仙	女	汉	1940-09-22	80
13	艾菊仙	女	汉	1940-09-13	80
14	朱福根	男	汉	1940-08-21	80
15	周巧珍	女	汉	1940-07-16	80
16	龚月珍	女	汉	1940-06-30	80
17	赵才仙	女	汉	1940-06-11	80
18	沈汗宝	男	汉	1940-06-01	80
19	石巧珍	女	汉	1940-05-25	80
20	周水龙	男	汉	1940-05-05	80
21	石阿林	男	汉	1940-04-21	80
22	顾福林	男	汉	1940-02-12	80
23	熊白男	男	汉	1940-01-10	80
24	凌　海	男	汉	1940-01-08	80
25	翁文明	男	汉	1940-01-02	80
26	柏林荣	男	汉	1939-12-26	81
27	陆福生	男	汉	1939-12-21	81
28	石根英	女	汉	1939-09-25	81
29	孔妹珍	女	汉	1939-09-06	81
30	石彩英	女	汉	1939-08-24	81
31	陆方珍	女	汉	1939-08-12	81
32	凌叶才	女	汉	1939-06-19	81
33	柏忠良	男	汉	1939-06-17	81
34	周凤妹	女	汉	1939-06-13	81
35	宋仁金	女	汉	1939-05-26	81
36	邬水根	男	汉	1939-05-25	81
37	沈阿大	男	汉	1939-02-27	81
38	孔春根	男	汉	1939-01-01	81
39	吴阿妹	女	汉	1938-12-17	82

续表

序号	姓名	性别	民族	出生日期	年龄（周岁）
40	丁培泉	男	汉	1938-12-02	82
41	柳承信	男	汉	1938-10-12	82
42	陈云仙	女	汉	1938-09-19	82
43	沈仁根	男	汉	1938-08-24	82
44	陆秀英	女	汉	1938-07-21	82
45	邱顺达	男	汉	1938-07-15	82
46	张根仙	女	汉	1938-07-15	82
47	张兰英	女	汉	1938-06-09	82
48	孙阿金	女	汉	1938-05-07	82
49	庄金妹	女	汉	1938-04-22	82
50	宋招娣	女	汉	1938-03-23	82
51	徐富泉	男	汉	1938-03-19	82
52	顾阿大	男	汉	1938-03-03	82
53	李阿妹	女	汉	1938-02-25	82
54	陶俊华	女	汉	1938-01-08	82
55	何关丁	男	汉	1937-12-23	83
56	赵三男	男	汉	1937-11-24	83
57	陆长官	男	汉	1937-10-23	83
58	顾长仙	女	汉	1937-10-10	83
59	徐阿毛	女	汉	1937-09-18	83
60	孔根泉	男	汉	1937-09-17	83
61	李菊英	女	汉	1937-09-01	83
62	李阿大	男	汉	1937-08-08	83
63	张彩英	女	汉	1937-07-15	83
64	张巧玲	女	汉	1937-07-12	83
65	李凤仙	女	汉	1937-05-26	83
66	孔永宝	男	汉	1937-05-08	83
67	邵桂林	女	汉	1937-04-24	83
68	殷小妹	女	汉	1937-04-20	83
69	陆福仙	女	汉	1937-04-10	83
70	朱金生	男	汉	1937-03-08	83
71	孔祥官	男	汉	1937-02-17	83
72	盛如娟	女	汉	1937-02-07	83
73	杨才福	男	汉	1937-02-01	83
74	金福根	男	汉	1936-12-27	84
75	孙关林	男	汉	1936-12-24	84
76	凌俊凯	男	汉	1936-12-17	84

续表

序号	姓名	性别	民族	出生日期	年龄(周岁)
77	顾妹英	女	汉	1936-12-10	84
78	孔才林	男	汉	1936-12-05	84
79	张永兴	男	汉	1936-11-08	84
80	石林妹	女	汉	1936-10-27	84
81	沈传生	男	汉	1936-10-11	84
82	屠根仙	女	汉	1936-09-02	84
83	周学良	男	汉	1936-07-20	84
84	陈　柏	男	汉	1936-06-21	84
85	吴根才	男	汉	1936-05-04	84
86	梅金福	男	汉	1936-04-11	84
87	赵阿妹	女	汉	1936-03-26	84
88	赵根林	男	汉	1936-02-15	84
89	徐大花	女	汉	1936-02-09	84
90	黄小弟	男	汉	1936-02-02	84
91	屠好妹	女	汉	1936-01-30	84
92	屠全根	男	汉	1936-01-29	84
93	曹会珍	女	汉	1936-01-23	84
94	朱阿金	男	汉	1936-01-08	84
95	孔金彩	女	汉	1935-12-19	85
96	纪金根	男	汉	1935-11-05	85
97	陈培珍	女	汉	1935-10-20	85
98	金才英	女	汉	1935-10-08	85
99	沈金英	女	汉	1935-05-17	85
100	金阿大	男	汉	1935-05-15	85
101	徐明和	男	汉	1935-03-04	85
102	石官宝	男	汉	1935-01-27	85
103	谢彩英	女	汉	1935-01-01	85
104	施春英	女	汉	1934-12-18	86
105	张阿妹	女	汉	1934-11-22	86
106	陆金凤	女	汉	1934-11-11	86
107	邱秀宝	女	汉	1934-10-25	86
108	凌春仙	女	汉	1934-10-12	86
109	翁水根	男	汉	1934-09-08	86
110	葛桂英	女	汉	1934-08-18	86
111	石阿妹	女	汉	1934-07-04	86
112	邬根林	男	汉	1934-06-24	86
113	赵阿妹	女	汉	1934-05-30	86

续表

序号	姓名	性别	民族	出生日期	年龄（周岁）
114	金祥文	男	汉	1934-04-04	86
115	金玉仙	女	汉	1934-03-05	86
116	曹根和	男	汉	1934-02-17	86
117	周荣福	男	汉	1934-01-07	86
118	沈官仙	女	汉	1933-12-04	87
119	陆海泉	男	汉	1933-11-06	87
120	徐总根	男	汉	1933-08-24	87
121	陆福元	男	汉	1933-05-20	87
122	沈根仙	女	汉	1933-02-15	87
123	吴宝妹	女	汉	1933-02-14	87
124	陆寿仙	女	汉	1932-11-14	88
125	张全妹	女	汉	1932-08-08	88
126	杨秀珍	女	汉	1932-06-27	88
127	徐美宝	女	汉	1932-06-03	88
128	顾桂英	女	汉	1932-03-08	88
129	徐春妹	女	汉	1932-02-13	88
130	邬小妹	女	汉	1932-02-08	88
131	石阿四	女	汉	1932-02-08	88
132	陆要新	男	汉	1932-01-12	88
133	陈香宝	女	汉	1931-12-20	89
134	顾荣根	男	汉	1931-12-09	89
135	周水仙	女	汉	1931-09-10	89
136	孔海林	男	汉	1931-09-07	89
137	沈玉英	女	汉	1931-06-06	89
138	沈火泉	男	汉	1931-01-22	89
139	卞早山	女	汉	1931-01-07	89
140	沈福宝	女	汉	1930-12-30	90
141	顾阿三	男	汉	1930-12-27	90
142	袁阿五	女	汉	1930-11-14	90
143	殷阿妹	女	汉	1930-10-02	90
144	陆爱珍	女	汉	1930-09-21	90
145	顾阿荀	男	汉	1930-05-29	90
146	金福仙	女	汉	1930-05-17	90
147	张美星	女	汉	1929-12-02	91
148	曹水林	男	汉	1929-06-07	91
149	朱金凤	女	汉	1929-01-22	91
150	沈阿四	女	汉	1928-12-28	92

续表

序号	姓名	性别	民族	出生日期	年龄（周岁）
151	陆爱宝	女	汉	1928-11-11	92
152	石阿妹	女	汉	1928-10-07	92
153	张五宝	女	汉	1928-07-17	92
154	朱根娣	女	汉	1928-07-11	92
155	张官宝	男	汉	1928-05-09	92
156	庄小鹅	女	汉	1928-02-01	92
157	唐招宝	女	汉	1927-07-21	93
158	孔美新	女	汉	1927-05-23	93
159	石云宝	女	汉	1927-01-03	93
160	孔根泉	男	汉	1926-11-11	94
161	沈小毛	女	汉	1926-11-01	94
162	沈小妹	女	汉	1925-12-25	95
163	陆明宝	女	汉	1925-12-04	95
164	陆根宝	女	汉	1925-04-18	95
165	赵根芝	女	汉	1923-12-25	97
166	石阿四	女	汉	1921-12-17	99
167	马阿招	女	汉	1918-04-20	102

第三章　农村经济体制变革

民国时期，灵湖村域内富农占有较多土地，贫苦农民除少量耕地外，大多数依靠租种土地和出卖劳动力维持生计，苦度光阴。

1950年10月，经过土地改革，雇农、贫农有了自己的土地。1953~1956年，农民们组织起来，建立农业生产互助组、初级农业生产合作社和高级农业生产合作社。1958年10月，渡村人民公社成立，实行政社合一的统一管理体制，生产资料为集体所有。

1983年初，全面推行家庭联产承包责任制。1998年，稳定和完善农村土地承包关系，发放土地承包经营权证书。2011年5月，灵湖社区股份合作社成立。2015年7月，群益物业专业合作社成立。至2020年，两个合作社运行正常。

第一节　土地改革

一、封建土地所有制

中华人民共和国成立前，吴舍、西塘、陆步庄、黄墅、塘桥、舍上、东塘、水路上、翁家浜和海丝浜等自然村共有耕地4484.543亩、非耕地422.2267亩，其中56%的土地被当地的地主、富农占有，大多数贫苦村民无地耕种，翁家浜、海丝浜、东塘、水路上有80%的村民靠租地耕种，塘桥、舍上的村民向木渎灵岩山寺院租种其庙产（土地），时渡村境内有60%以上的可耕地属于灵岩山寺院。村民租田耕种，必须向业主缴纳地租，缴纳地租后，所剩无几，一年四季吃不饱肚皮，只得男做长工女帮佣，苦度光阴。

每年立冬前后，佃户始缴地租，限期半个月，佃户需在半个月内缴清租额。半个月期限过后未缴租额，催子登门催缴，逼迫佃户设法借贷，借贷不成，以物抵租，甚至通过当地乡公所警察将佃户抓捕关押，甚者关县牢狱（俗称“吃租米官司”），至来年小满时节才被放回家中，如此可免除租额。黄墅龚仕良、陈根林和东塘朱阿贵因无法缴清租额，曾被抓去“吃租米官司”。

秋收前，正是青黄不接时期，地主利用贫苦村民缺粮放“青米”，要他们秋收后还粮，还的粮村民叫“粒半头”。所谓“粒半头”，是地主的剥削手段之一，在限期内借1

石（每石150斤）还1石半，也有“两粒头”，在限期内借1石还2石。1942年，黄墅27户中有21户借“粒半头”，其中20户共借85石，秋后共还125石。1944年，舍上、海丝浜93户中有30户吃“青米”，秋后要还100多石。有一年，东塘李秀珍父种租田，向业主借贷“粒半头”，30石还45石。

民国时期，村民除逐年加重的田赋外，还负担10多项捐税。1933年，吴县第五区（横泾）的捐税有壮丁费、慰劳费、自卫自治费、乡镇经常费、临时军草费、保丁和保安附饷费、难民费、船捐、公路费等。日伪时期，村民要捐军米，一般每年每亩要捐3~4斗糙粳（折合稻谷40~55斤）。

二、土地改革

1950年10月，石舍乡先行在吴县境内开展土地改革运动。石舍乡的吴舍、西塘、舍上、石南（部分）村土地改革大致经过宣传政策、登记土地、划分阶级成分、征收没收和分配土地财产、改选政权等步骤，至1950年12月结束。

在进行登记土地时，塘桥村包括塘桥、东塘、水路上等自然村，有158户647人，耕地1213.547亩，非耕地28.588亩，房屋1059间（瓦房995.5间、草房90间），宅基地44.533亩。

舍上村包括舍上等自然村，有89户367人，耕地657.604亩，非耕地19.257亩，房屋498间（瓦房497间、草房1间），宅基地20.175亩。

石南村（部分）包括翁家浜等自然村，有49户190人耕地399.434亩，非耕地9.784亩，房屋182.5间（瓦房107.5间、草房75间），宅基地10.846亩。

吴舍村包括吴舍等自然村，有157户643人，耕地1080.754亩，非耕地35.837亩，房屋954间（瓦房954间），宅基地36.174亩。

西塘村包括黄墅、陆步庄、西塘等自然村，有158户615人，耕地1133.204亩，非耕地328.7607亩，房屋909.5间（瓦房869.5间，草房40间），宅基地40.8796亩。

塘桥、舍上、吴舍、西塘、石南（部分）村合计611户2462人，有耕地4484.543亩，非耕地422.2267亩，房屋3629.5间（瓦房3423.5间、草房206间），宅基地152.6076亩。

在划分阶级成分过程中，发动群众，自报公议，经农民协会（简称“农会”）小组、村农会大组和乡农会三级审议核定，报横泾区政府审定批准后正式公布，塘桥村有地主1户、富农2户，吴舍村有富农4户；塘桥、舍上、吴舍、西塘村绝大多数是贫农、中农（包括上中农、下中农）。

划分阶级成分后，为扫除土改中的障碍，掀起对恶霸和不法地主斗争的高潮，彻底摧毁封建势力，确保土改运动顺利进行，石舍乡组织召开斗争地主打击封建势力的群众大会，塘桥等5个行政村有380人次参加大会。

土改中，依次没收地主土地及财产，农民称“四大财产”，即土地、耕畜农具、房屋家具、多余粮食。

1951年3月，为保障农民土地和房屋所有权，人民政府给分得土地、房屋的农民颁发土地证，并进行土改复查验收。

是年，吴县人民政府给石舍乡塘桥、舍上、石南（部分）、吴舍、西塘村分别颁发158张、89张、49张、157张、158张土地房产所有证。

表3-1 塘桥、舍上、石南（部分）、吴舍、西塘村土地房产所有证汇总

自然村	户主（个）	人口（人）	土地（亩）		房产		
			耕地	非耕地	房屋（间）		地基（亩）
					瓦房	草房	
塘桥村	158	647	1213.547	28.588	995.5	90	44.533
舍上村	89	367	657.604	19.257	497	1	20.175
石南村	49	190	399.434	9.784	107.5	75	10.846
吴舍村	157	643	1080.754	35.837	954	0	36.174
西塘村	158	615	1133.204	328.7607	869.5	40	40.8796
合计	611	2462	4484.543	422.2267	3423.5	206	152.6076

表3-2 1951年塘桥村土地房产所有证情况

编号	自然村	户主	人口（人）	土地（亩）		房产			说明（字圩名）
				耕地	非耕地	房屋（间）		地基（亩）	
						瓦房	草房		
1	塘桥河南	孔银和	8	13.359	0.203	8		0.386	温
2	塘桥河南	孔柏泉	4	6.079	0.223	12		0.406	温、谈
3	塘桥河南	孔建良	2	3.048	0.152	3		0.102	履、斯
4	塘桥河南	孔阿定	2	3.302		3.5		0.122	温
5	塘桥河南	孔泉夫	7	13.716		8		0.274	温
6	塘桥河南	龚孔氏	2	2.134					温
7	塘桥河南	孔星舟	3	4.978	0.234	3		0.254	温
8	塘桥河南	孔柏林	3	3.963	0.448	5		0.213	温、腾、谈
9	塘桥河南	孔少泉	6	11.024	0.559	19		0.762	温、兰、斯、露
10	塘桥河南	孔阿美	6	11.177		6		0.396	温、腾、兰、谈
11	塘桥河南	沈鼎贤	5	7.722		7		1.016	斯、温
12	塘桥河南	孔林源	4	5.892		11		0.66	谈
13	塘桥河南	孔全元	3	4.42		5		0.173	温、兰
14	塘桥河南	孔小弟	4	6.401		3		0.132	深、温、斯
15	塘桥河南	孔厚德	7	11.746		6		0.183	斯、兰、结
16	塘桥河南	孔阿美	1	2.286					兰
17	塘桥河北	孔莱兴	5	8.688	0.051	6.5		0.325	善、温、谈
18	塘桥河北	陆永夫	3	5.477	0.203	4.5	2	0.254	似、谈、温、斯、履

续表

编号	自然村	户主	人口（人）	土地（亩）		房产			说明（字圩名）
				耕地	非耕地	房屋（间）		地基（亩）	
						瓦房	草房		
19	塘桥河北	陆三保	1	2.54		1		0.041	不详
20	塘桥河北	韩林生	2		0.102	4		0.132	不详
21	塘桥河北	柳阿狗	3	5.791		4		0.132	兰、腾、温
22	塘桥河北	韩林镕	4	10.14	0.416	20		0.681	温、兰、履、藏、斯
23	塘桥河南	孔耀庭	2	3.759		1		0.055	温、当
24	塘桥河南	孔少莲	7	10.029	0.376	13		0.406	温、兰、斯、露
25	塘桥河南	孔根全	4	5.487	0.203	22.5楼4屋		1.046	不详
26	塘桥河北	韩林元	3	6.959	0.409	35		1.188	虞、冈、温、谈、腾、传
27	塘桥河南	沈仁贤	5	8.748		24.5		1.524	温、斯
28	塘桥河南	陈伯年	3	5.74	0.102	3		0.102	温、兰
29	塘桥河南	石沈氏	1	3.556					履
30	塘桥河南	朱朱氏	1	3.15					露、斯
31	塘桥河南	孔久康	3	4.877	0.254	5		0.203	温、谈、履
32	塘桥河南	孔召章	2	3.352	0.355	6		0.152	温
33	塘桥河南	石水林	2			1		0.03	不详
34	塘桥河南	孔来保	3	5.791		12		0.366	温
35	塘桥河南	沈继贤	4	6.706	0.016	30.5		0.874	腾、温、谈
36	塘桥河南	施阿泉	6	9.753		4		0.102	深、位
37	塘桥河南	郁桂生	3	6.086	0.051	5		0.152	非、斯
38	塘桥河南	石春生	4	5.791	0.203	11		0.406	深、温
39	塘桥河南	孔子芳	2	2.845	0.356	10.5		0.132	温、腾
40	塘桥河南	艾桂生	4	5.892					温、谈
41	塘桥河南	孔寿生	3	5.283	0.203	10.5		0.132	温、履
42	塘桥河南	薛二保	4	6.401		4		0.152	温、兰
43	塘桥河南	朱鼎康	4	6.807	0.305	3		0.152	温、深、斯
44	塘桥河南	孔陆氏	1	2.661	0.203	6		0.203	温
45	塘桥河南	徐金大	5	10.415	0.407	4		0.132	温、腾、虞、深、声
46	塘桥河南	陆砚初	3	12.851		19		0.695	兰、履、清、似
47	塘桥河南	沈连城	8	13.513	1.201	15.5		0.47	谈、温
48	塘桥河南	沈仲贤	5	9.349	0.406	9		0.376	腾、温、斯
49	塘桥河南	孔松舟	4	6.707	0.508	7		0.254	温
50	塘桥河南	孔繁华	3	4.623	0.203	12		0.356	温
51	塘桥河北	周年华	6	16.418		6	6	0.457	谈
52	塘桥河北	邱光禄	4	8.39	0.071	1	4	0.224	谈、露、传、斯、深
53	塘桥河北	邱光裕	4	6.309	0.132	3	2	0.163	谈、露、虞、斯

续表

编号	自然村	户主	人口（人）	土地（亩）		房产			说明（字圩名）
				耕地	非耕地	房屋（间）		地基（亩）	
						瓦房	草房		
54	塘桥河北	孔炳泉	9	7.346		17		1.067	腾、谈、传、斯
55	塘桥河北	孔陆氏	3	5.893	0.051	9		0.559	腾
56	塘桥河北	孔福明	6	10.161	0.102	7.5	1	0.254	腾、光、薄、水、谈
57	塘桥河北	孔老太	1	3.76	0.254	1.5		0.051	腾、谈、露
58	塘桥河北	孔三宝	4	5.203		12		0.61	腾、谈
59	塘桥河北	孔金兴	5	8.433	0.03	3.5		0.152	薄、腾、斯、谈
60	塘桥河北	孔申夫	3	5.333		1.5	2	0.112	传、谈、深
61	塘桥河北	曹水林	5	7.569	0.406	16		0.864	深、谈
62	塘桥河北	孔来福	6	8.524	0.203	8		0.305	谈、善、虞
63	塘桥河北	孔星夫	3	5.639		1	2	0.102	谈
64	塘桥河北	孔根林	5	7.894	0.152	11		0.284	腾、履、谈
65	东塘	金根保	3	5.863	0.449	3.5		0.254	传、声、履
66	东塘	柳根大	3	6.096	0.609	2		0.071	履、声
67	东塘	何仁昌	4	7.343	0.204	2		0.132	履、传
68	东塘	吴淦如	4	7.012	0.153	5.5		0.254	传、履
69	东塘	吴龙生	4	6.757		7.5		0.356	深、履
70	东塘	何福昌	6	10.618	0.041	6		0.203	履
71	东塘	吴阿二	6	9.805	0.204	14		0.457	深、履
72	东塘	叶长生	4	2.769					履
73	东塘	徐天保	4	6.634	0.162	13		0.437	履、深
74	东塘	曹金宝	2	4.267	0.102	8		0.244	履、深
75	东塘	何来福	1	2.54			2	0.061	履
76	东塘	金财源	2	3.454					履
77	东塘	朱雪保	2	3.454		2		0.061	深、声、履
78	东塘	张阿根	3	6.909		2		0.061	声
79	东塘	吴小东	2	3.658		1		0.034	履
80	东塘	朱小章	3		0.153	3		0.102	履、声
81	东塘	何传宝	6	9.347	0.02	2		0.112	玄、地、结
82	东塘	徐天保	4					0.03	声
83	东塘	吴俊祥	4	7.065	0.559	10		0.376	声
84	东塘	吴进言	4	7.265	0.812	13		0.558	声、履
85	东塘	柳小寿	1	1.219	1.321	2		0.051	生
86	东塘	朱世金	4	10.618	0.408	18		0.61	深、履、夙、声
87	东塘	沈阿根	5	10.262	0.051		5	0.406	履
88	东塘	邬根土	5	15.849			4	0.132	连、夙
89	东塘	沈阿弟	5	9.754			6	0.203	履

续表

编号	自然村	户主	人口（人）	土地（亩）		房产			说明（字圩名）
				耕地	非耕地	房屋（间）		地基（亩）	
						瓦房	草房		
90	东塘	沈阿云	3	6.858					不详
91	东塘	王土根	5	9.855	0.102		5	0.406	履
92	东塘	李小弟	6	12.243	0.173		4	0.132	履、深
93	东塘	赵家熙	2	4.877	0.406				履、深
94	东塘	邬小狗	2	3.581			3	0.102	履、深
95	东塘	顾金元	5	20.219			6	0.203	深
96	东塘	邬阿宝	5	23.652	0.102	6		0.203	履、深
97	东塘	朱阿桂	4	8.433			6	0.203	履、薄
98	东塘	沈根寿	4	9.754	0.061		3	0.102	履、深
99	东塘	柳水元	2	34.55	0.102	3.5		0.122	履、深
100	东塘	柳双庆	6	8.432	0.122	5	5（草瓦）	0.610	履、深
101	东塘	柳阿寿	5	9.753	0.204	2		0.081	履、深、兰
102	东塘	邱陆氏	7	13.564	0.356	14		0.366	深
103	水路上	徐茂兴	6	24.943			4	1.016	虚、斯
104	水路上	张松桃	4	9.856			5（草瓦）	0.406	声、虚
105	水路上	宋巧生	2	4.165	0.152	4		0.142	声、虚
106	水路上	陆徐氏	4	7.681	0.152	6	3	0.304	声、虚
107	水路上	孙小弟	3	5.537	0.355	4		0.153	深
108	水路上	孙锦和	1	3.098	0.051	4.5		0.152	深
109	水路上	吴玉明	3	4.125					不详
110	水路上	陆老太	1	3.759					深
111	水路上	陆明如	6	10.252		8		0.213	深、虚、虞
112	水路上	宋天兴	7	11.735	0.559	8		0.254	深、虚
113	水路上	黄永福	7	14.202			4	0.61	虚
114	水路上	陆祥甫	3	5.029	0.213	4		0.112	不详
115	水路上	吴全元	6	9.348	0.224	5		0.112	不详
116	水路上	徐树俊	6	21.895	0.102		6	1.016	深
117	水路上	徐钰生	4	6.502	0.407	6		0.203	深、虚
118	水路上	宋金荣	2	4.247		5		0.173	深
119	水路上	宋永林	2	3.597		4		0.132	深
120	水路上	陆德福	6			13		0.406	不详
121	水路上	姚剑秋	6	10.323		5		0.163	不详
122	水路上	石杏生	5	8.737	0.203				不详
123	水路上	宋姚民	1	5.294	0.449	9		0.305	深、虚

续表

编号	自然村	户主	人口（人）	土地（亩）		房产			说明（字圩名）
				耕地	非耕地	房屋（间）		地基（亩）	
						瓦房	草房		
124	水路上	石洪源	4	6.554		6		0.406	虞、唐、深
125	水路上	周汉英	7	14.58					虚
126	水路上	金陈氏	1	2.54		1.5		0.041	深、虚
127	水路上	宋阿二	4	7.366		12		0.356	深、虚、尽、薄
128	水路上	石年峰	4	7.162	0.61	14		0.579	虚、深、斯、虞
129	水路上	沈福春	6	11.125	0.561	12		0.305	不详
130	水路上	金传根	3	4.928	0.051	2.5		0.061	不详
131	水路上	宋伯官	5	9.957	0.412	7		0.203	深、云
132	水路上	徐金根	6	12.578	0.986	9		0.305	虚、唐、深
133	水路上	徐泉生	6	9.672	0.325	7.5		0.264	虚、深
134	水路上	宋阿美	3	4.776		3		0.102	深
135	水路上	邱岳卿	4	6.655	0.102	2		0.102	虚、深
136	水路上	石阿三	6	11.075	0.113	9		0.498	虚、深
137	水路上	杨才林	4	9.195	0.274	5		0.325	虚、深
138	水路上	陆彩宝	5	4.724	0.356	5		0.254	虚、习、深
139	水路上	宋春生	2	5.72	0.051	3		0.204	虚
140	水路上	庄泉生	4	7.467	0.762	12		0.406	深、虚
141	水路上	沈寿云	6	10.668	0.204	5.5		0.203	虚、唐、深
142	水路上	沈金荣	4	6.838	0.081	5.5		0.182	虚、深
143	水路上	沈根泉	5	10.8	0.315	3		0.091	深、虚
144	水路上	石阿根	4	7.69	0.437	20		0.711	深
145	水路上	庄才根	6	9.824	0.06	6		0.204	深
146	水路上	顾根寿	9	9.579	0.386	9.5		0.406	深
147	水路上	庄巧根	6	9.987	0.081	8.5		0.294	深、虚、履
148	水路上	顾阿大	1	2.743		1.5		0.051	履
149	水路上	庄连元	3	5.233		5		0.203	深、虚
150	水路上	陆渭清	7	7.722	0.163	12		0.406	深、虚
151	水路上	庄年夫	4	5.842	0.153	8		0.254	深
152	水路上	沈永康	8	14.884	0.406	3		0.183	虚、深
153	水路上	庄毛二	14	24.287	1.353	20		0.762	深、虚、同
154	水路上	石阿根	1	1.88		1.5		0.051	深、虚
155	水路上	庄根元	5	8.686	0.102	17.5		0.569	深
156	水路上	石阿弟	2	3.353	0.102	1.5		0.051	深
157	水路上	马文新	2	3.129	0.407	5		0.183	深、虚、国
158	水路上	庄阿大	6	7.788	0.239	6		0.203	深、虚
合计		158户	647	1213.547	28.588	995.5	90	44.533	

表3-3　1951年舍上村土地房产所有证情况

编号	自然村	户主	人口（人）	土地（亩）		房产			说明（字圩名）
				耕地	非耕地	房屋（间）		地基（亩）	
						瓦房	草房		
1	舍上前村	陆阿东	4	6.3	0.254	7.5		0.254	不详
2	舍上前村	石芝才	5	9.957	0.254	9.5		0.305	履
3	舍上前村	顾阿三	3	6.604	0.356	5.5		0.356	不详
4	舍上前村	陆全福	2	5.004	0.274	7		0.254	不详
5	舍上前村	顾寿福	5	9.81	0.091	9		0.203	不详
6	舍上前村	沈金根	3	5.461	0.254	7		0.257	不详
7	舍上前村	沈长才	4	6.351	0.325	4		0.132	履、夙
8	舍上前村	顾阿福	6	10.241	0.102	6.5		0.355	履
9	舍上前村	石礼康	5	8.057		楼瓦屋3		0.152	履
10	舍上前村	太平庵（观音堂）			0.071	1		0.03	不详
11	舍上前村	陆石氏	1		0.508				不详
12	舍上前村	石惠康	3	4.522		14.5		0.508	履、夙
13	舍上前村	石陈氏	3	5.285		9.5		0.305	履
14	舍上前村	陆明泉	6	10.424	0.102	2		0.061	履
15	舍上前村	熊福官	6	9.704	0.325	6		0.305	薄、兴、竭、深
16	舍上前村	金鼎仁	6	10.618		6		0.153	不详
17	舍上前村	朱仲康	3	5.74	0.051	6		0.173	不详
18	舍上前村	金晋生	3	5.638	0.407	3		0.071	履
19	舍上前村	陆德福	4	7.031	0.182	2.5		0.081	履
20	舍上前村	顾阿弟	1	2.337	0.041	0		0	兴、履
21	舍上前村	顾金氏	1	5.101	0.03	4		0.132	不详
22	舍上前村	王振康	5	7.376		9		0.305	不详
23	舍上前村	顾阿美	1	0.994	0.203	1.5		0.051	履
24	舍上前村	陆海山	4	7.112	0.203	3		0.102	孝、宜、笃
25	舍上前村	熊洪福	3	5.689	0.325	楼瓦屋4		0.254	履、兰
26	舍上前村	张宝寿	2	3.048		3		0.102	履
27	舍上前村	陆天生	5	8.483	0.406	5	1	0.223	履
28	舍上前村	顾根寿	2	3.302	0.152	5		0.173	履、蓝
29	舍上前村	陆官生	3	5.08	0.427	1		0.03	不详
30	舍上前村	陆金荣	3	5.385	0.305	2		0.102	兰
31	舍上前村	陆金才	3	4.419		2		0.051	履
32	舍上前村	陆礼祥	5	11.583	0.945	16		0.538	履
33	舍上前村	朱传大	6	10.668	0.284	3.5		0.122	谈
34	舍上前村	顾根大	4	6.707	0.051	5		0.173	履、兰
35	舍上前村	陆明福	7	11.482	0.127	8.5		0.417	履、兰

续表

编号	自然村	户主	人口（人）	土地（亩）		房产			说明（字圩名）
				耕地	非耕地	房屋（间）		地基（亩）	
						瓦房	草房		
36	舍上前村	顾阿荀	3	5.435		4		0.132	不详
37	舍上前村	陈老太	1	3.453		3		0.112	履
38	舍上前村	陆金元	2	6.3		10		0.407	履
39	舍上前村	陆仙福	4	6.249	0.076	8.5		0.417	不详
40	舍上前村	顾阿毛	2	3.507	0.233	4		0.132	不详
41	舍上前村	陆云康	10	18.197	0.396	8		0.305	不详
42	舍上中村	张春生	4	8.128	0.386	5		0.122	不详
43	舍上中村	张阿管	4	6.452	0.305	3.5		0.153	不详
44	舍上中村	沈来根	7	11.401		6		0.203	不详
45	舍上中村	沈礼康	4	6.397	0.152	3		1.02	不详
46	舍上中村	张银奎	7	14.123	0.376	16		0.508	如
47	舍上中村	徐永康	6	7.823		0		0	履
48	舍上中村	沈水林	3	6.4	0.051	4		0.163	履
49	舍上中村	张英禄	5	9.816	0.508	9		0.508	不详
50	舍上中村	沈阿大	4	7.62	0.457	16		0.528	不详
51	舍上中村	沈世根	4	5.283	0.051	4.5		0.152	不详
52	舍上中村	张贵生	5	3.048		2.5		0.051	不详
53	舍上中村	张忆贤	10	18.004	0.203	17.5		0.559	温
54	舍上中村	张才生	4	7.417	0.015	4		0.122	不详
55	舍上中村	沈福宝	1	1.35		6.5		0.224	不详
56	舍上中村	沈志贤	5	7.894	0.274	6		0.203	不详
57	舍上中村	张巧林	4	8.738		楼4+瓦4.5		0.305	不详
58	舍上中村	曹伯寿	5	7.621	0.742	6.5		0.152	履
59	舍上中村	曹阿狗	4	6.503		4		0.132	履、薄
60	舍上中村	曹阿松	1	2.134	0.203	1.5		0.051	履
61	舍上中村	张云龙	4	7.976	0.457	6		0.203	履、薄、深
62	舍上中村	曹福宝	4	6.554	0.406	4		0.102	不详
63	舍上中村	曹宪章	4	6.452	0.213	3.5		0.111	履、善
64	舍上中村	陆金宝	5	8.026	0.305	8		0.254	不详
65	舍上中村	曹洪元	2	2.846	0.254	3.5		0.18	不详
66	舍上中村	陆雪保	3	5.132	0.304	0		0	履、夙
67	舍上中村	张陆氏	3	6.726	0.305	楼房5		0.152	善、声、薄、临
68	舍上后村	金永生	5	7.57		4.5		0.151	不详
69	舍上三家村	陆根泉	4	6.402	0.56	9		0.305	履
70	舍上三家村	周文柄	3	7.081	0.152	3		0.102	温

续表

编号	自然村	户主	人口（人）	土地（亩）		房产			说明（字圩名）
				耕地	非耕地	房屋（间）		地基（亩）	
						瓦房	草房		
71	舍上三家村	曹松元	4	7.012	0.102	8		0.356	命、深、温
72	舍上中村	沈金根	4	6.807	0.152	1.5		0.051	清
73	舍上后村	金子华	4	8.179	0.589	6		0.173	不详
74	舍上后村	金喜顺	4	7.468		7		0.406	不详
75	舍上中村	沈金土	4	6.808	0.152	1.5		0.051	清
76	舍上后村	金铭康	6	10.221	0.265	4		0.102	不详
77	舍上后村	陆传生	4	6.625	0.458	5		0.152	薄、孝、流
78	舍上后村	金玉如	4	7.568		9.5		0.305	不详
79	舍上后村	陆金根	3	5.944		4		0.152	不详
80	舍上后村	金来兴	4	7.976		4		0.182	履
81	舍上后村	金俊康	5	11.812	0.711	13		0.417	不详
82	舍上后村	陆伯大	6	11.379	0.255	7		0.417	不详
83	舍上后村	陆秀祥	11	16.612	0.457	19		0.711	不详
84	舍上后村	金学如	7	15.036	0.234	12.5		0.427	不详
85	舍上后村	金祥文	2	8.382	0.762	9		0.457	不详
86	舍上后村	金沈氏	3	6.096	0.275	3		0.102	不详
87	舍上后村	金礼华	5	8.434		5		0.356	不详
88	舍上后村	金祥华	6	9.824	0.203	楼房1+瓦房5.5		0.152	声
89	舍上后村	陆阿金	8	15.85	0.203	8.5		0.255	不详
合计		89户	367	657.604	19.257	497	1	20.175	

表3-4　1951年吴舍村土地房产所有证情况

编号	自然村	户主	人口（人）	土地（亩）		房产			说明（字圩名）
				耕地	非耕地	房屋（间）		地基（亩）	
						瓦房	草房		
1	吴舍东	石金根	7	10.996		1		0.049	不详
2	吴舍东	顾阿大	2	3.43	0.392	6		0.392	不详
3	吴舍东	屠佑卿	1	2.215					不详
4	吴舍东	石如方	7	6.664	0.392	6		0.294	严
5	吴舍东	石阿林	3	6.223	0.392	7		0.245	不详
6	吴舍东	朱金林	5	6.468	0.588	12		0.627	不详
7	吴舍东	石全廷	6	11.525	0.147	7		0.245	不详
8	吴舍东	石兴伯	3	6.707	0.686	7		0.392	不详
9	吴舍东	石小毛	4	6.664	0.255	6		0.196	不详
10	吴舍东	朱阿菊	2	2.94	0.47	3		0.147	不详
11	吴舍东	石毛头	4	6.811	0.294	7		0.245	不详

续表

编号	自然村	户主	人口（人）	土地（亩）		房产			说明（字圩名）
				耕地	非耕地	房屋（间）		地基（亩）	
						瓦房	草房		
12	吴舍东	石南头	6	9.8	0.147	3		0.098	不详
13	吴舍东	石阿张	1	2.45	0.098				芥
14	吴舍东	沈会康	5	8.085	0.088	2.5		0.089	昆
15	吴舍东	石九毛	2	3.058	0.265				不详
16	吴舍东	金凤如	4	7.644	0.196				习、谈
17	吴舍东	石阿奎	5	10.524		10		0.2	不详
18	吴舍东	屠永根	3	5.243	0.52	3		0.098	不详
19	吴舍东	朱寿福	1	2.45					芥
20	吴舍东	石阿海	2	3.626	0.049	4		0.127	不详
21	吴舍东	屠柏林	5	9.261	0.196	9		0.294	不详
22	吴舍东	周阿毛	3	4.8		7		0.196	不详
23	吴舍东	张杏林	6	9.359	0.049	3		0.098	习
24	吴舍东	张明卿	4	7.693	0.098	4		0.131	不详
25	吴舍东	徐三虎	4	7.84	0.245	6		0.196	不详
26	吴舍东	屠福宝	9	17.453	0.294	11		0.588	不详
27	吴舍东	石鸿根	4	6.615	0.049	3		0.098	不详
28	吴舍东	姚阿美	3	4.047	0.49	7		0.196	不详
29	吴舍东	姚法根	5	9.8	0.294	10		0.304	习、临
30	吴舍东	朱根和	2	8.477	0.245	12		0.392	不详
31	吴舍东	屠云珠	6	10.241	0.196	8		0.294	不详
32	吴舍东	张桂林	7	9.369	0.049	7		0.225	习
33	吴舍东	陆根宝	4	6.477	0.539	7		0.441	不详
34	吴舍东	石阿元	5	11.221	0.47	10		0.392	不详
35	吴舍东	邹荣甫	6	10.437	0.196	8		0.461	不详
36	吴舍东	朱文元	6	1.715	0.784	6		0.392	不详
37	吴舍东	沈金大	3	6.762	1	7		0.216	不详
38	吴舍东	杨阿毛	3	4.851	0.098				不详
39	吴舍东	石阿毛	5	7.938	0.196	6		0.196	不详
40	吴舍东	屠仁林	7	11.221	0.029	11		0.285	不详
41	吴舍东	石根生	3	6.331	0.108	4		0.127	不详
42	吴舍东	石炳卿	2	3.807	0.098	5		0.147	不详
43	吴舍东	李阿三	2	2.94					不详
44	吴舍东	沈阿毛	2	0.196	0.49	5		0.216	不详
45	吴舍东	柳杏根	5	8.369	0.265	7.5		0.245	听
46	吴舍东	柳杏林	6	9.791	0.098	6		0.196	芥
47	吴舍东	顾银生	8	14.347	0.53	9		0.294	严
48	吴舍东	屠雪卿	7	11.799	0.098	5		0.108	不详

续表

编号	自然村	户主	人口（人）	土地（亩）		房产			说明（字圩名）
				耕地	非耕地	房屋（间）		地基（亩）	
						瓦房	草房		
49	吴舍东	盛杏泉	6	11.084	0.392	11		0.294	不详
50	吴舍东	石浩生	6	1.96	1.127	23		0.686	不详
51	吴舍东	孔振康	4	5.88					不详
52	吴舍东	石洪生	3	4.116	0.529	10.5		0.323	昆
53	吴舍东	沈子元	2	3.353					不详
54	吴舍东	张席氏	1	2.156	0.294	4		0.137	不详
55	吴舍东	钱季亮	7	2.793	0.392	5		0.167	不详
56	吴舍东	石万林	2	2.734	0.098	10		0.363	不详
57	吴舍东	石阿三	2	3.234					芥
58	吴舍东	屠阿龙	3	5.37					听
59	吴舍东	朱阿二	6	9.623	0.059	8.5		0.314	昆
60	吴舍东	沈连元	5	5.537	0.255				不详
61	吴舍东	石金虎	3	5.635	0.098	3		0.127	恶、尺
62	吴舍东	顾永生	6	9.702	0.539	6		0.196	不详
63	吴舍东	张水根	6	12.887	0.255	17		0.656	堂
64	吴舍东	李岳云	5	9.181	0.392				定
65	吴舍东	沈仲文	9	7.058	0.686	13		0.715	不详
66	吴舍东	倪金才	5	29.021	0.245				不详
67	吴舍东	沈金寿	5	8.33	0.049	3		0.098	不详
68	吴舍中	赵张氏	1	2.588	0.196				不详
69	吴舍中	赵永康	9	13.632	0.588	6		0.196	不详
70	吴舍中	卞李民	4	7.84					不详
71	吴舍中	沈锦生	3	2.342		3		0.196	不详
72	吴舍中	赵坤农	2	2.401	0.294	5.5		0.172	不详
73	吴舍中	沈阿四	4	7.488					不详
74	吴舍中	赵菊生	4	6.635		4		0.196	不详
75	吴舍中	赵才荣	1	1.666	0.235	5		0.294	不详
76	吴舍中	赵石氏	1	2.793	0.098	8		0.265	不详
77	吴舍中	张徐氏	1	2.940					不详
78	吴舍中	赵阿大	9	17.375	1.029	26		0.863	不详
79	吴舍中	赵林生	5	7.889	0.225	6		0.196	不详
80	吴舍中	赵阿狗	5	8.006	0.313	10.5		0.245	唐
81	吴舍中	赵坤荣	2	3.822	0.147				不详
82	吴舍中	顾荣根	6	9.898	0.749	13		0.588	不详
83	吴舍中	沈进才	5	8.036	0.294	6		0.353	不详
84	吴舍中	沈全水	5	5.390	0.176	5		0.196	不详
85	吴舍中	屠根林	3	3.185	0.294	11		0.401	命、忠、孝

续表

编号	自然村	户主	人口（人）	土地（亩）		房产			说明（字圩名）
				耕地	非耕地	房屋（间）		地基（亩）	
						瓦房	草房		
86	吴舍中	孔鼎康	5	7.731					昆、学
87	吴舍中	黄王氏	3	3.038	0.147	4		0.147	不详
88	吴舍中	周阿二	4	7.056	0.686	2		0.098	不详
89	吴舍中	周金根	4	5.851		3		0.098	不详
90	吴舍中	邹金氏	2	5.096	0.039	5		0.196	不详
91	吴舍中	邹根兴	5	7.252	0.941	11		0.343	不详
92	吴舍中	金福寿	3	3.136		9		0.294	不详
93	吴舍西	沈陆氏	1	4.830		5		0.147	不详
94	吴舍西	沈虎林	4	8.133	0.098	5		0.147	不详
95	吴舍西	梅王氏	4	5.684		2		0.147	不详
96	吴舍西	沈阿五	3	4.557		7		0.294	不详
97	吴舍西	邹土根	5	7.399	0.137	6.5		0.294	不详
98	吴舍西	石沈氏	2	3.234					不详
99	吴舍西	孔云广	3	2.705	0.343	6		0.196	不详
100	吴舍西	赵忠心	3	6.664					定
101	吴舍西	邹金土	3	4.753					不详
102	吴舍西	沈其林	5	8.330	0.49	5		0.147	不详
103	吴舍西	邹来兴	4	5.684	0.372	11		0.343	不详
104	吴舍西	沈琴鹤	4	7.458	0.686	6		0.118	不详
105	吴舍西	邹根兴	4	6.321		2.5		0.529	不详
106	吴舍西	沈顾氏	2	6.086	0.026	11		0.363	不详
107	吴舍西	沈姜氏	2	2.744	1.147	12.5		0.392	不详
108	吴舍西	周林根	1	0.392	0.392	3		0.127	不详
109	吴舍西	沈士兴	2	3.871					不详
110	吴舍西	邹爱生	5	7.252	0.166	12		0.392	不详
111	吴舍西	沈阿五	6	10.339	0.251	5.5		0.174	曰
112	吴舍西	沈水根	6	10.947	0.294	10		0.333	不详
113	吴舍西	沈虎根	3	4.332	0.176	8.5		0.274	不详
114	吴舍西	赵福泉	1		0.314	6		0.196	不详
115	吴舍西	沈根宝	7	11.779	0.116	9		0.216	不详
116	吴舍西	沈秀章	1		0.215	7		0.225	不详
117	吴舍西	沈福根	4	7.889	0.539	6		0.196	不详
118	吴舍西	赵伯生	6	11.025	0.225	6		0.196	不详
119	吴舍西	沈兰卿	2	3.048	0.098			0.364	不详
120	吴舍西	沈根林	4	8.575	0.294	9		0.294	不详
121	吴舍西	沈早弟	4	6.870		6		0.196	不详
122	吴舍西	沈寿林	4	7.007	0.622	7		0.294	不详

续表

编号	自然村	户主	人口（人）	土地（亩）		房产			说明（字圩名）
				耕地	非耕地	房屋（间）		地基（亩）	
						瓦房	草房		
123	吴舍西	顾德生	3	6.730	0.392	5		0.167	不详
124	吴舍西	沈根才	9	10.966	0.245	8		0.265	不详
125	吴舍西	孔友夫	5	11.760					不详
126	吴舍南	丁阿毛	8	12.299	0.098	11		0.363	不详
127	吴舍南	沈雪君	6	6.694	0.392	8		0.254	不详
128	吴舍南	赵永泉	7	10.837	0.539	13		0.421	不详
129	吴舍南	王美星	1	3.293					不详
130	吴舍南	夏德元	2	3.195		1.5		0.049	不详
131	吴舍南	顾来根	1	2.450					不详
132	吴舍南	周阿丁	1	2.352		5		0.167	不详
133	吴舍南	顾龙海	2	3.205	0.167	8		0.274	严
134	吴舍南	梅生宝	1	4.557	0.087	7		0.52	不详
135	吴舍南	顾宝根	2	3.645	0.283	7		0.225	不详
136	吴舍南	顾杏根	4	7.673	0.137	7		0.225	不详
137	吴舍南	沈尤生	2	3.488					不详
138	吴舍南	丁金狂	6	11.780	0.147	8		0.412	不详
139	吴舍南	丁荣生	5	7.640	0.167	10.5		0.343	不详
140	吴舍南	沈礼康	8	10.584	0.294	38		1.227	不详
141	吴舍南	夏桂荣	3	4.934		4		0.984	不详
142	吴舍南	顾洪民	6	11.074	0.509	11.5		0.470	不详
143	吴舍南	金瑞炳	5	7.252		9		0.294	不详
144	吴舍南	石福兴	7	10.290	0.157	8		0.255	不详
145	吴舍南	李宝生	6	9.653		8		0.255	不详
146	吴舍南	徐华氏	1	2.743					昆
147	吴舍南	浦仁诚	9	30.250		7		0.245	不详
148	吴舍南	周和尚	5	6.958	0.343	18		0.627	不详
149	吴舍南	夏阿双	5	9.457		9		0.363	不详
150	吴舍南	石仁兴	4	7.958		7		0.245	不详
151	吴舍南	华瑞兴	5	8.562		5		0.176	不详
152	吴舍南	华爱兴	5	8.321		3.5		0.118	不详
153	吴舍南	石会春	5	2.12	0.541	6		0.216	不详
154	吴舍南	夏下三	1	4.83					不详
155	吴舍南	李沈氏	2	3.43		3.5		0.196	不详
156	吴舍南	顾发祥	4	4.704	0.196	12		0.443	不详
157	吴舍南	石洪兴	5	7.742	0.098	6		0.196	不详
合计		157户	643	1080.754	35.837	954	0	36.174	

表3-5 1951年石南村土地房产所有证情况

编号	自然村	户主	人口（人）	土地（亩）		房产			说明（字圩名）
				耕地	非耕地	房屋（间）		地基（亩）	
						瓦房	草房		
1	翁家浜	陆根木	6	9.984	0.305	11		0.457	善、声
2	翁家浜	倪金土	4	6.502	0.884	0		0	善
3	翁家浜	马顾氏	1	2.743		0		0	声
4	翁家浜	翁阿四	1	3.484	0.396	4		0.132	深
5	翁家浜	翁老太	1	3.089	0.608	6		0.203	善、声、虞、堂
6	翁家浜	陈水根	2	4.064		0		0	善
7	翁家浜	翁阿康	3	5.969	0.122	4		0.132	不详
8	翁家浜	翁水虎	3	7.416	0.203	4.5		0.152	深
9	翁家浜	沈永林	5	8.329		0		0	声、虞
10	翁家浜	翁桂生	1	3.932		0		0	不详
11	翁家浜	翁阿东	5	9.246	1.116	14		0.457	声、露、善
12	翁家浜	翁阿炳	5	8.027	0.915	11		0.305	深、虚、善
13	翁家浜	翁进芝	3	10.255	0.304	5		0.122	声、虞
14	翁家浜	翁阿二	6	7.467	0.508	4.5		0.152	深、善
15	翁家浜	翁阿泉	3	5.994	0.203	3.5		0.102	善、声
16	翁家浜	翁巧福	3	5.385	0.305	6		0.203	传、声
17	翁家浜	翁根宝	1	2.285	0.153	0		0	声
18	翁家浜	戴大未	2	6.096		0		0	不详
19	翁家浜	翁相红	4	7.417	0.712	7.5		0.264	深、善
20	翁家浜	徐相卿	3	5.487		0		0	善、虚
21	小桥浜	邬海林	4	7.783			3	0.406	善
22	小桥浜	邬阿梅	6	15.322			5	0.305	传、露
23	翁家浜	黄宝秋	4	7.316	0.152		2	0.102	不详
24	翁家浜	黄保根	3	5.333			2.5	0.102	盖
25	小桥浜	李根宝	5	10.262			3	0.203	露
26	小桥浜	邬培庆	5	11.857			6	0.508	传、露
27	小桥浜	邬阿水	3	6.909			3	0.203	不详
28	翁家浜	黄阿才	8	13.258			0	0	善、声
29	翁家浜	陆阿大	8	10.799	0.507	7		0.234	善
30	翁家浜	黄阿荣	1	4.369		0	0	0	不详
31	小桥浜	邬荣培	7	13.96			4	0.508	善、露
32	小桥浜	周云男	4	8.433			5	0.102	谈
33	翁家浜	徐相全	3	6.299		0		0	不详
34	翁家浜	徐子章	3	5.487			4	0.305	虚
35	翁家浜	沈阿弟	5	11.989	0.509		3	0.305	传、堂
36	海丝浜	顾国祥	3	11.962		4.5		0.813	虚

续表

编号	自然村	户主	人口（人）	土地（亩）		房产			说明（字圩名）
				耕地	非耕地	房屋（间）		地基（亩）	
						瓦房	草房		
37	翁家浜	黄爵保	6	15.849	0.102		5	0.51	堂、龙
38	小桥浜	马荣生	5	9.958	0.46		5	0.406	虞
39	小桥浜	顾炳生	6	10.163		4.5		0.813	堂、露
40	小桥浜	顾金生	5	12.702	0.406	5		0.305	堂
41	小桥浜	龚小毛	3	6.502	0.406		3	0.102	不详
42	小桥浜	龚阿福	4	7.721			6	0.51	堂
43	小桥浜	周阿水	3	8.636			6	0.508	不详
44	小桥浜	蒋阿金	3	6.858			3.5	0.203	不详
45	小桥浜	陆虎根	6	12.042			2	0.102	虞
46	小桥浜	周阿四	5	12.395	0.102	5.5	2	0.508	创
47	小桥浜	龚根生	2	8.688	0.406		2	0.102	虞、虚
48	小桥浜	陆阿四	5	8.128		0		0	不详
49	小桥浜	周海妹	3	5.283		0		0	不详
合计		49户	190	399.434	9.784	107.5	75	10.846	

表3-6　1951年西塘村土地房产所有证情况

编号	自然村	户主	人口（人）	土地（亩）		房产			说明（字圩名）
				耕地	非耕地	房屋（间）		地基（亩）	
						瓦房	草房		
1	黄墅	潘官生	4	7.824	0	11	0	0.508	尽、忠、则、当
2	黄墅	陈来宝	4	8.231		14		0.406	忠、尽、则、命、当
3	黄墅	吴才郎	3	6.4		0			忠、则、命、当、竭
4	黄墅	吴再林	3	7.131		5.5	1	0.234	命、当、忠
5	黄墅	吴官林	3	6.858		5		0.284	命、孝、当
6	黄墅	张孔氏	1	3.455	0.51	4.5		0.152	则、当、尽
7	黄墅	吴梅春	5	10.852		3		0.102	忠、则、命、孝、竭
8	黄墅	陈孔氏	1	2.743		3		0.102	尽
9	黄墅	陈阿泉	5	11.749		7		0.234	忠、尽
10	黄墅	朱水生	5	8.535		10		0.335	忠、尽、则、竭
11	黄墅	王张氏	1	2.54		2		0.06	孝
12	黄墅	张朱氏	1	2.54		0		0	忠
13	黄墅	施金妹	1	2.337		3.5		0.132	当、尽
14	黄墅	张沈氏	1	3.607		3		0.102	忠、尽、当
15	黄墅	陈根林	4	7.924		8		0.213	忠、尽、则、竭
16	黄墅	陈阿二	4	6.676		5		0.132	忠、尽、则、竭
17	黄墅	张阿美	4	8.909		7.5		0.21	当、孝、竭

编号	自然村	户主	人口（人）	土地（亩）		房产			说明（字圩名）
				耕地	非耕地	房屋（间）		地基（亩）	
						瓦房	草房		
18	黄墅	柳周氏	1	3.951	0.833	5.5		0.214	当、严、清、竭
19	黄墅	殷义祥	1	3.109		1.5		0.51	孝、当、竭
20	黄墅	张阿二	7	13.441	0.59	17.5		1.006	当、竭、尽
21	黄墅	王水林	4	5.569		0		0	忠、当、命、尽
22	黄墅	杨永祥	4	3.556	0.446	0		0	不祥
23	黄墅	周阿元	1	3.557	0.102	0		0	竭、则、尽
24	黄墅	周阿泉	4	7.621	0.102	0		0	竭、当、忠
25	黄墅	孔水泉	5	8.331	0.284	11		0.366	孝、当、命
26	黄墅	吴张氏	1	2.702		0		0	孝
27	黄墅	马永朝	4	7.162	0.509	3	3	0.204	孝、当、命、竭
28	黄墅	孔金元	4	6.198	0.0102	6		0.234	当、孝、临
29	黄墅	范金林	3	6.045		0		0	当、孝、命
30	黄墅	沈天生	5	13.665		9		0.305	临、孝、当、竭
31	黄墅	孔水林	5	7.722	0.447	11		0.356	尽、孝、命、当
32	黄墅	孔福元	4	7.926	0.173	9		0.366	当、命、临
33	黄墅	张根寿	2	3.352	1.016	3		0.204	当、孝、忠
34	黄墅	龚士良	3	6.198			3	0.204	孝、尽
35	黄墅	陆子明	4	6.757		3		0.285	当、孝
36	黄墅	龚阿三	4	9.043			3	0.508	孝、当
37	黄墅	殷阿玉	4	7.978	0.102	10		0.345	当
38	黄墅	马来兴	4	7.773	0.102		3	0.305	孝、竭
39	黄墅	赵虎生	2	3.658		0		0	孝
40	黄墅	张阿其	3	6.502	0.204		1	0.03	孝、当、竭
41	黄墅	钟根林	8	17.17		0		0	孝
42	黄墅	沈考山	4	6.604	0.305	6.5		1.31	孝、当
43	黄墅	殷仁高	5	15.261		12		0.548	孝、临、力、竭、尽
44	黄墅	龚炳良	4	7.213		0		0	孝、临、忠
45	黄墅	殷阿菊	4	10.963	0.132	15		0.468	当、孝、
46	黄墅	陆寿林	3	4.98	0.153	5		0.61	孝、尽、当、
47	黄墅	沈福山	7	11.807	1.321	23		1.341	孝、当、忠
48	黄墅	张阿金	5	9.195		0		0	命、当、孝、竭、尽
49	西塘村	邹忠宝	6	11.735		2		0.101	力
50	西塘村	周水根	7	17.476			7	1.016	忠
51	西塘村	黄阿兴	5	10.058		2		0.102	薄、曰、事
52	西塘村	石水生	4	6.706		3		0.264	忠、深
53	西塘村	柳景恒	5	5.486		4.5		0.141	孝

续表

编号	自然村	户主	人口（人）	土地（亩）		房产			说明（字圩名）
				耕地	非耕地	房屋（间）		地基（亩）	
						瓦房	草房		
54	西塘村	钟福林	5	9.144			3	1.0106	事
55	西塘村	柳景良	7	6.299		4.5		0.153	力、孝、严
56	西塘村	宋根寿	4	7.468		0		0	忠
57	西塘村	俞三男	1	5.284			3	0.813	忠
58	西塘村	沈甫庆	8	17.678			4	0.132	力
59	西塘村	柳兆宏	5	8.23	0.608	13		0.681	堂
60	西塘村	黄和尚	2	6.554		2		0.061	曰、资
61	西塘村	沈阿二	3	6.147			4	0.762	事
62	西塘村	王金寿	2	3.302	0.306	1		0.03	资、力、曰、温
63	西塘村	柳阿鲁	1	0		3.5		0.477	不祥
64	西塘村	黄方其	3	8.234		1		0.03	曰、事、薄
65	西塘村	周洪文	2	4.165		0		0	孝
66	西塘村	孔方候	3	3.556	305	0		0	不祥
67	西塘村	钱火根	4	6.707	0.569	6		0.204	孝、当、临
68	西塘村	钱火林	4	0	0.306				孝
69	西塘村	沈子庆	2	5.792	0.102	2		0.173	不祥
70	西塘村	张小宝	6	10.11		0		0	堂、孝、当
71	西塘村	石金海	2	2.744	0.051	2.5		0.142	事、孝
72	西塘村	徐阿狗	2	2.744	0.304	1		0.03	薄、当
73	西塘村	龚俊甫	4	7.467	0.203	0		0	曰
74	西塘村	施来宝	3	7.681		10		0.335	孝
75	西塘村	孙云泉	4	6.313	0.305	7.5		0.274	严、忠
76	西塘村	孔甫康	6	12.97	0.468	7		0.203	北孝
77	西塘村	邹宝太	5	10.567		4.5		0.122	力、当、曰
78	西塘村	石金林	5	10.312		2.5		0.142	事、力、孝
79	西塘村	龚根兴	4	7.722	0.407	0		0	曰
80	西塘村	陈彩凤	1	3.536		0		0	严
81	西塘村	柳申之	3	3.048	0.254	2.5		0.204	竭、堂、孝
82	西塘村	柳永祥	6	11.227	0.356	14	4	0.62	忠、曰、中孝
83	西塘村	朱狗大	2	4.267		4		0.137	力、曰
84	西塘村	施菊初	4	7.111	0.407	7		0.254	孝、当、学、力
85	西塘村	施云初	5	4.706	0.213	4		0.203	忠、孝、曰
86	西塘村	施金生	4	4.166	0.255	3		0.152	严、学、力
87	西塘村	沈桂林	2	6.146		0		0	事
88	西塘村	孙根生	5	8.757		10		0.305	曰
89	西塘村	沈阿四	4	6.908	0.203	4.5		0.142	孝、位、曰

编号	自然村	户主	人口（人）	土地（亩）		房产			说明（字圩名）
				耕地	非耕地	房屋（间）		地基（亩）	
						瓦房	草房		
90	西塘村	徐阿美	3	5.791	0.203	7		0.279	孝
91	西塘村	张阿二	5	9.651	0.102	10		0.442	严、孝、曰、资
92	西塘村	施星伯	4	6.066	0.813	11		0.325	北孝、力、薄、曰
93	西塘村	朱根荣	5	9.043	0.406	3		0.081	学、孝、严
94	西塘村	孙根宝	7	12.02		9		0.295	严、曰、则
95	西塘村	孙福元	2	3.404		8		0.264	严、曰
96	西塘村	徐星斋	8	13.816		8		0.345	孝、力、忠、严、曰
97	西塘村	朱竹根	5	9.495	0.234	8		0.239	严
98	西塘村	沈子庚	6	9.55	0.473	4.5		0.153	敬、孝、曰
99	西塘村	朱传兴	5	8.231	0.437	10		0.305	严、事、临、曰、孝
100	西塘村	孙云元	5	8.331	0.102	8.5		0.265	严、忠、曰
101	西塘村	徐德明	3	6.878		5		0.173	堂、孝、严
102	西塘村	朱金生	3	6.503	0.203	9		0.305	严、力
103	西塘村	席官根	2	4.267		5		0.173	严、曰
104	西塘村	孙虎生	5	8.23		4.5		0.152	严、事
105	西塘村	孙伯林	4	4.724		4.5		0.152	严、事
106	西塘村	徐福宝	3	3.454	0.102	2.5		0.102	孝、当
107	西塘村	汪邱氏	1	2.54		0		0	孝、事
108	陆步庄	凌福林	4	10.06	0.224	3	1	0.091	不祥
109	陆步庄	凌叙根	5	8.078		7		0.203	薄
110	陆步庄	赵久高	7	10.236	0.29	8		0.242	薄、孝、严、深
111	陆步庄	杨杏生	6	12.089	0.611	15		0.498	薄
112	陆步庄	凌阿金	2	3.759	0.203	4		0.204	薄
113	陆步庄	凌金康	3	1.829		2		0.102	不祥
114	陆步庄	凌龙宝	7	9.449		13.5		0.589	不祥
115	陆步庄	凌金林	3	5.995	0.051	3		0.213	不祥
116	陆步庄	凌义康	8	16.459		23		0.762	薄、孝、力
117	陆步庄	施伯福	4	7.316	0.914	17		0.559	不祥
118	陆步庄	凌根元	4	7.157	0.203	9		0.376	薄
119	陆步庄	朱孝丰	7	13.436	0.508	11		0.427	薄
120	陆步庄	施永康	2	3.556	0.203	6		0.233	不祥
121	陆步庄	凌荣福	5	9.957		5		0.254	薄、深
122	陆步庄	凌水宝	7	11.785	0.152	12		0.578	薄、命
123	陆步庄	沈伯福	4	0.122		4		0.152	不祥
124	陆步庄	李福元	6	10.261		6		0.173	薄、孝
125	陆步庄	沈阿才	6	1.872	0.57	10		0.539	薄、严

续表

编号	自然村	户主	人口（人）	土地（亩）		房产			说明（字圩名）
				耕地	非耕地	房屋（间）		地基（亩）	
						瓦房	草房		
126	陆步庄	柏雪云	4	6.585		8		0.264	薄
127	陆步庄	张长生	1	3.15	0.102	2		0.122	孝
128	陆步庄	柏松祥	5	10.546	0.102	16		0.508	薄、履
129	陆步庄	孙锦祥	4	7.833		8		0.244	不祥
130	陆步庄	柏大官	1	4.775	0.203	10		0.437	不祥
131	陆步庄	张阿六	2	3.18		2		0.07	薄
132	陆步庄	陆毛男	5	8.33		3		0.09	薄
133	陆步庄	孙永祥	4	7.722	0.275	7.5		0.224	薄
134	陆步庄	柳阿泉	5	7.519	0.436	7		0.233	薄
135	陆步庄	柳龙生	4	6.685	0.102	7		0.244	薄、忠、孝
136	陆步庄	柏留生	4	7.762		6		0.193	薄
137	陆步庄	朱翰英	6	11.278		20		0.753	薄
138	陆步庄	张宝宝	1	5.122		0		0	薄
139	陆步庄	李金土	1	3.608		4		0.204	薄、竭、敬、孝
140	陆步庄	凌丁元	5	8.91		13		0.436	力、薄
141	陆步庄	孙云祥	5	7.824	0.111	7		0.253	薄
142	陆步庄	朱金寿	4	8.077		7		0.234	孝、履、薄
143	陆步庄	朱鼎兴	4	7.569	0.234	7		0.244	薄、履
144	陆步庄	朱金生	3	7.97		6		0.204	不祥
145	陆步庄	柳才龙	6	9.508		11		0.762	当、薄
146	陆步庄	朱阿世	3	5.963	0.051	4		0.132	不祥
147	陆步庄	孙阿兴	5	9.173	0.385	9.5		0.305	薄
148	陆步庄	朱阿三	4	4.93		4.5		0.152	当
149	陆步庄	孙双全	2	4.369	0.204	11		0.352	薄
150	陆步庄	柏早根	2	4.166		3		0.254	不祥
151	陆步庄	柳泉宝	7	11.632	0.407	4		0.203	薄
152	陆步庄	柳巧龙	4	6.936	0.2555	2		0.071	薄
153	陆步庄	柳寿根	2	4.125		5		0.162	当
154	陆步庄	高泉元	3	6.584		3		0.102	力、薄
155	陆步庄	高根元	3	4.522		4		0.122	薄
156	陆步庄	朱阿二	3	4.876	0.061	4.5		0.192	不祥
157	陆步庄	朱祖官	4	8.413		8		0.254	履
158	陆步庄	孙晋元	4	6.309	1.17	8		0.274	薄
合计		158户	615	1133.204	328.7607	869.5	40	40.8796	

第二节　农业合作化

村域内经过土地改革，变封建土地私有制为农民所有制，贫雇农分得土地后，由于累年贫困家底薄，缺农本，缺劳力，缺农具，经不起生活波折，不少村民将分得的土地出卖，回归贫困现象。为防止贫富两极化，避免农民走回头路，塘桥、舍上等村民在党的领导下，组织起来，走农业合作化道路。

一、互助组

土地改革后，村域内农民分得土地，生产积极性提高，有的农户为解决农忙劳动力不足的困难，以相互伴工的方式，互相帮助，通过临时性伴工、季节性伴工，发展成临时互助组，或常年固定互助组。

互助组伴工形式有并做（各户土地、劳动力基本相当，耕牛和农具合用，不算账和计工）、“伴当做”（无论土地多少，耕地和农具互用，来用抵工，记工算账）、“包水做”（有耕牛和农具的户与缺牛和农具的户伴工，以人工抵牛工算账），其中“伴当做”在互助组中比较普遍。

1952年春，贯彻《中共中央关于农业生产互助合作的决议（草案）》后，塘桥、舍上、吴舍、西塘村均有农户参加临时或常年性互助组。塘桥村翁家浜自然村有2个互助组，河东有9户加入（组长徐相全）、河西有8户加入（组长黄宝秋），均为常年性互助组。

二、初级农业生产合作社

1952~1953年，村域内组织的互助组基本稳定，为发展初级农业生产合作社打下基础。1954年10月至1955年10月，塘桥、舍上、吴舍、西塘村分别组织成立初级社9个，均取名“胜利”，意为农民奔走在合作化路上，一定能取得胜利。胜利初级社，1954年10月成立，有42户163人，地处黄墅，有党员柳兆宏、钟根林、钟福林、陈荣生。胜利第一初级社，1955年8月成立，有25户98人，地处塘桥，有党员孔根林、沈宗林、孔来福、邱光裕。胜利第二初级社，1955年8月成立，有32户120人，地处舍上，有党员陆德福、沈金根、顾巧珍。胜利第三初级社，1955年9月成立，有27户116人，地处舍上，有党员陆明甫、金禧顺、沈阿大。胜利第四初级社，1955年9月成立，有29户119人，地处吴舍，有党员沈根林、赵传根、张巧玲。胜利第五初级社，1955年9月成立，有25户106人，地处吴舍，有党员柳炳良、石阿林、张水根。胜利第六初级社，1955年10月成立，有31户118人，地处西塘，有党员朱进福、席官根。胜利第七初级社，1955年10月成立，有31户118人，地处陆步庄，有党员柳仲康。胜利第八初级社，1955年10月成立，有27户92人，地处翁家浜和海丝浜，有党员倪金土、顾阿炳。

初级社保留社员生产资料所有权，实行土地入股，耕畜和大农具作价归合作社或由合作社租用。实行统一经营、统一核算，按土地40%、劳动力60%进行分配结算，社员有自留地。

三、高级农业生产合作社

1956年2月，塘桥、舍上村组织的初级社合并建立高级农业生产合作社，取名“建中第四高级社”，社长陆德福，副社长孔根林。吴舍、西塘村组织的初级社合并建立高级社，取名“建中第五高级社”，社长石阿林，副社长柳仲康。

1957年，建中第四高级社293户1134人（男562人、女572人），劳动力532个，耕地面积2016亩，设9个生产队（含2个青年生产队），有耕牛27头、农船21只、犁37张、“三车”（牛车、踏车、牵车）43部、牛车盘24个、脱粒机29台、风车12部、耙27张、喷雾器19台、喷粉器1台。是年，种植水稻面积（单季晚稻）1741.35亩，亩产595斤。是年，建中第四高级社实行“三包”（包产：粮食亩产612.4斤，比1956年每亩增产51.9斤；包工：水稻每亩用工282.9分；包农本：水稻每亩农本11.5元）。是年，建中第四高级社实用劳动日93324工（其中男55994工、女37330工）。用于农业生产80692工、副业生产8841工、其他3791工。另外，社队干部补贴1505工、优待和照顾224工、其他照顾2400工，总计97453工。

建中第五高级社336户1272人（男623人、女649人），劳动力574个，耕地面积2473亩，设11个生产队，有耕牛31头。是年，种植水稻面积（单季晚稻）2188.5亩，亩产581斤。是年，建中第五高级社实行“三包”（包产：粮食亩产592斤，比1956年每亩增产32斤；包工：水稻每亩用工281.5分；包农本：水稻每亩农本11.127元）。是年，建中第五高级社实用劳动日101302工（其中男60781工、女40521工）。用于农业生产93839工、副业生产802工、基本建设4501工、替国家做960工、其他1200工。另外，社队干部补贴4317工、优待和照顾830工，总计106449工。

高级社通过社员代表大会选举产生社务管理委员会和监察委员会，并建立党、团、民兵、妇女等基层组织。土地改为集体所有制，取消原来高级社的土地分红，大型农具如水车、农船折价归社，采取按劳分配方法、男女同工同酬。年终粮食分配按人口占70%、劳动力占30%，现金按社员全年劳动工分和投肥数分配，并从全年收入中提取10%作为公积金和1%作为公益金，用于扩大再生产和提高社员集体福利。

1957年，由于农业合作化操之过急，对社员思想工作做得不充分，发展过程中的一些遗留问题未能及时解决，以致高级社成立不久，出现闹分社、闹退社、闹分配现象。下半年，建中第四、第五高级社在中共震泽县委领导下开展以“社会主义宣传教育”为主题的整社运动，发动社员群众围绕粮食征购和合作化问题开展大鸣大放、大辩论。9月16日，钟根林在贯彻以粮为中心大辩论党员大会上说：“根据四十条纲要精神，国家要留足两年余粮，而社员也要留好两年余粮，遵照先公后私原则，应该先让国家留足后，再考虑社员自己。因而以丰补歉、多购少销方针是完全正确的。粮食掌握在国家手里，才能保证全国人民有饭吃。贯彻这个方针，必须贯彻先公后私，反对先私后公，过去对先公后私原则掌握很不够，要吸取教训。”经过教育，社内不再出现“三闹”事件，社务委员会贯彻自愿互利政策，合理处理许多遗留问题。

表3-7 1957年建中第四、第五高级社“三包”情况

三包	建中第四高级社	建中第五高级社
包产量	1956年水稻亩产560.5斤	1956年水稻亩产560斤
	1957年水稻亩产612.4斤，水稻种植面积1934.33亩	1957年水稻亩产592斤
	1957年增产指标640斤	1957年增产指标630斤
包工分	单季稻每亩用工224.5分	单季稻每亩用工263分
	双季前作稻每亩用工198.38分	双季前作稻每亩用工303.3分
	双季后作稻每亩用工156.4分	双季后作稻每亩用工226分
	合计水稻每亩用工282.9分	合计水稻每亩用工281.5分
包农本	单季稻每亩农本10.905元	单季稻每亩农本10.40元
	双季前作稻每亩农本11.65元	双季前作稻每亩农本11.90元
	双季后作稻每亩农本9.30元	双季后作稻每亩农本9.10元
	合计水稻每亩农本11.50元	合计水稻每亩农本11.127元

第三节 人民公社化

1958年10月，渡村人民公社成立（由建中社、建中一社、建中二社、胜利社即建中第四社、东风社即建中第五社、东进社、西湖社、新农社、穗丰社、黎明社、陈巷社、湖滨社、陆湾社、红星社14个高级社合并），基层政权和集体经济组织合为一体，政社合一，由党委一元化领导，实行工、农、商、学、兵“五位一体”，农、林、牧、副、渔“五业结合”，管理生产、生活、政权。

人民公社设公社、大队、生产队三级管理机构，实行“统一经营，分级领导”。1958年，建中第四高级社改称第11大队，1959年又改称胜利大队，源自胜利初级社之名；1958年，建中第五高级社改称第12大队，1959年又改称东风大队，取自毛主席发表的讲话“不是东风压倒西风，就是西风压倒东风”。胜利大队设7个生产队，东风大队设7个生产队，大致按自然村设置，一度改为营、连建制（至1959年上半年）。

公社成立后，胜利、东风大队设大队党支部和管理委员会，实行党支部领导下的分工负责制，在公社党委统一领导下管理本大队农、副、工业生产，社员政治、文化

生活及社会福利事业，调解民事纠纷。生产队为基本核算单位，各生产队由生产队队长、副队长、会计组成生产队管理委员会，组织全队的农副业生产，安排社员生活。

大办公共食堂 渡村公社成立不久，胜利、东风大队为便利社员群众，有利于生产，以生产队为单位开办食堂。胜利大队开办8个公共食堂，就餐282户1078人，有炊事人员35人，食堂蔬菜基地31.8亩。其中，5个食堂米麦搭配多样化吃，3个食堂麦粉分到户；2个食堂使用蒸汽烧饭，6个食堂使用铁锅烧饭。食堂养猪42头，养鱼1390尾。东风大队开办7个公共食堂，就餐353户1322人，有炊事人员51人，食堂蔬菜基地26.08亩。所有食堂米麦搭配多样化吃，使用铁锅烧饭。食堂养猪35头，养禽96只，养鱼4000尾。

胜利、东风大队初办食堂时，食堂用房和炊具、灶头，因陋就简，利用或借用社员空闲房屋作为食堂。向社员借桌、凳，碗和筷由社员自带。2个大队食堂均实行伙食供给制，“吃饭不要钱”是供给制的主要表现形式。渡村公社于1958年10月20日开始实行各大队食堂粮食供给制。

1960年3月始，胜利、东风大队公共食堂用粮，执行以人定粮（定量）规定，直至1961年下半年解散公共食堂，社员各自回家用餐。

生产队规模调整 公社成立初，水路上东大致为胜利大队第4生产队，水路上西大致为东风大队第1生产队。1959年7月，舍上的前村（原属建中第四高级社）并入建设大队（原称建中第一高级社），至1960年5月回归胜利大队第8生产队。

1960年7月，胜利大队第3生产队析出第9生产队。

1961年8月，东风大队第2生产队析出第9生产队，第5生产队析出第11生产队。

1963年3月，胜利大队第8生产队析出第10生产队。第8生产队26户81人，耕地98.61亩，农船1只，耕牛1头，生产队队长顾传福。第10生产队28户91人，耕地150.03亩，农船2只，耕牛2头，生产队队长沈金根（大队长兼任）。

1963年6月，东风大队第7生产队析出第12生产队、第13生产队。

1966年2月，胜利大队第5生产队被渡村公社管理委员会确定为渡村公社样板生产队，第4生产队被胜利大队确定为本大队样板生产队；东风大队第4生产队被确定为本大队样板生产队。

1968年8月，渡村公社革命委员会建立，胜利、东风大队管理委员会分别改称胜利、东风大队革命委员会（至1981年10月恢复），生产队管理委员会改称生产队革命领导小组（至1981年10月恢复）。散居公社内的10户渔民，其中8户落户胜利大队，2户落户东风大队。渔民落户后，实行交鱼记工分，凭工分领粮。1970年10户渔民并入新成立的公社渔业大队。

1981年3月，塘桥大队第2生产队（位于东）析出第11生产队（位于西），孔虎林、周三男分别为2个生产队队长；吴舍大队第6生产队析出第14生产队。

1983年7月，塘桥、吴舍大队分别改称塘桥村、吴舍村，大队管理委员会改称村民委员会，生产队改称村民小组，人民公社制不复存在。

附：塘桥大队（第11大队、胜利大队）、吴舍大队（第12大队、吴舍大队）历任队长、会计、妇女队长名录（1958年10月至1983年7月，统计不全）

表3-8 塘桥村（第11大队、胜利大队、塘桥大队）历任队长、会计、妇女队长名录

队别	职务	姓名
1	队长	孔伯泉、孔厚德、施巧福、艾建华、石阳生、孔全官、孔福寿、沈俊华
	会计	沈俊元、孔龙官
	妇女队长	孔阿林、孔大三
2	队长	邱光裕、孔来福、孔水根、邬荣培、孔虎林
	会计	孔火根、周泉喜、孔金林、叶宝玉、孔金林、韩招根
	妇女队长	邱凤金、金瑞英、金金凤、
3	队长	倪金土、顾阿炳、孔来福、翁水根、马林根、翁阿美、翁培生
	会计	罗彩珍、姚剑秋、翁水根、周泉喜、金根宝、翁培生、翁雪明
	妇女队长	陆桂英、陆爱宝、黄士珍、翁阿林、
4	队长	陆福寿、沈水林、朱水金、倪金土、金传根、姚生发、徐明扬、沈根林
	会计	徐大达、姚剑秋、黄炳龙、周学良
	妇女队长	黄阿宝、沈才英、
5	队长	朱水金、柳阿大、邬水根、何福林、朱林元
	会计	翁水根、顾福元、吴晓刚、金根宝、柳林根
	妇女队长	顾桂英、丁美英
6	队长	金祥文、沈阿大、邱光裕、金祥华、金金官
	会计	金晟铭、陆维鸣
	妇女队长	金杏琴、陆水妹
7	队长	沈阿大、倪金土、金祥华、曹阿狗、沈根法、沈全龙、曹根林
	会计	张正邦、张坤贤
	妇女队长	张五宝、张金宝
8	队长	沈阿大、顾传福、石火寿、陆金兴、顾金民
	会计	吴晓刚、金福英、石火寿、顾康林
	妇女队长	石文妹、陆美英
9	队长	顾阿炳、龚明坤、顾新民、龚培根、陆阿二
	会计	王英罗、孔友根、黄炳龙、孔小玲、沈建新、顾福元
	妇女队长	张妹妹、李阿藕
10	队长	沈金根（兼）、顾阿狗、王亚明
	会计	陆金元、金福云、陆泉元、王亚明、陆爱媛
	妇女队长	孔金珠、黄五妹

续表

队别	职务	姓名
11	队长	周三男
	会计	孔金林
	妇女队长	金瑞英

表3-9 吴舍村（第12大队、东风大队、吴舍大队）历任队长、会计、妇女队长名录

队别	职务	姓名
1	队长	庄福元、沈根林、沈仁根、宋阿美、徐炳忠、宋留官
	会计	邱林、庄根元、宋金荣、俞正兴、石文龙、宋留官、沈培华、俞洪基
	妇女队长	沈秋玲
2	队长	石兴康、朱根和、周阿毛、张惠泉
	会计	屠泉根、张惠泉、朱根和、柳阿三、石天兴
	妇女队长	石文娟
3	队长	沈叙兴、朱传根、赵钰生、沈龙根、李洪兴
	会计	邹文官、赵菊生、邹维新
	妇女队长	赵金仙
4	队长	夏金兴、沈叙兴、丁培泉
	会计	金友良、周水龙、柳卫生、柳仁元、沈狗大
	妇女队长	孔秀英
5	队长	席官根、沈根林、朱进福、孔祖兴、钟志远
	会计	石阿二、周根宝、柳承信
	妇女队长	邹凤娟、沈培珍
6	队长	张根寿、夏阿二、周阿泉、孔伯福、钟福林、吴再林
	会计	孔水泉、沈寿生、孔柏林、沈雪元、陈会林
	妇女队长	黄菊芬
7	队长	朱根林、席官根、柳南生、柳阿三、沈金火
	会计	柳南生、孙全海
	妇女队长	沈早仙
8	队长	周阿泉、沈根林、浦会山、沈根才
	会计	沈凤珍、沈菊明
	妇女队长	柳惠珍
9	队长	朱根林、朱传根、张巧玲、柳炳良、朱福根
	会计	宋月琴、柳金生、柳会生、盛生华
	妇女队长	李凤仙
10	队长	赵传根、邹阿美、沈金才、邹水炳
	会计	赵根龙、沈正元、邹泉兴
	妇女队长	张春娟

续表

队别	职务	姓名
11	队长	席官根、孙福林、席官
	会计	徐德明、孙菊生、黄阿大、黄文成、朱云福
	妇女队长	黄大荣
12	队长	凌金林、凌金海、凌叙海
	会计	凌金海、凌俊良
	妇女队长	凌彩仙
13	队长	柳宝根、高早红、柏早大
	会计	凌忠礼、柏忠良、凌才根
	妇女队长	张金妹
14	队长	柳永泉
	会计	沈寿生
	妇女队长	不详

第四节　家庭联产承包责任制

1983年,渡村公社实行“三业”(农、副、工)分开、专业承包、农业分组联产承包责任制,坚持统一组织领导、统一生产计划和作物布局、统一支配大中型农具和生产设备、统一调配劳动力、统一核算分配,逐步推行经济体制改革,实行家庭联产承包责任制,促进农业生产发展。

1997年7月,为稳定完善农村家庭联产承包责任制,向农户发放土地承包经营权证书,并建立土地承包流转机制。

一、全面推行

1982年下半年,塘桥大队第7生产队和吴舍大队第5、第11生产队实行联产到组责任制。

1983年春,塘桥、吴舍大队全面推行家庭联产承包责任制,各大队分田到户,采取划分“三田”(口粮田、责任田、饲料田)的方式,在生产队统一布局前提下,以茬口按户分田,并适当留有机动田,为今后生产队新增劳动力着想。

村民在“三不变”(集体所有制、按劳分配原则、基本核算单位)、“四统一”(种植、经营、管理、投资)的原则下,改为按人口分口粮田,按劳动力承包责任田,按猪只派购的任务定饲料田,三田包干到户。承包户按合同每年出售粮食(除去口粮)和上缴款额。分配方式是交足国家农业税、定购粮食,留足集体公积金、公益金、义务工,剩下的归农户收入。

至1983年底，塘桥村共11个村民小组，373户1389人（男680人、女709人），耕地面积2007.9亩，其中口粮田810.1亩、责任田972亩、饲料田100.2亩、村民自留地125.6亩。吴舍村共14个村民小组，509户1818人（男913人、女905人），耕地面积2296.5亩，加上已减少的水利用地81.5亩，实有2378亩，其中口粮田894亩、责任田1011亩、饲料田143亩、村民自留地240.5亩。

塘桥、吴舍村分田到户后，分别设立村级农业服务站，为农户做好农田服务工作，除搞好农机、水、电服务外，还帮助农户引进稻、麦良种，开展农业咨询，购销农药化肥等。各村劳动力向乡（村）办企业、副业生产方面转移，因工、副业收入增多，少数农户出现责任田转让、失管甚至抛弃耕地等现象。根据实际情况和态势的发展，渡村乡政府因势利导，要求各村因地制宜推行适度规模经营，鼓励和支持有农业生产技术和管理经验的农户承包一定数量的农田。1986年始，塘桥、吴舍村有村民及外来户承包耕地，承包期1~3年，一般承包70~80亩。1997~2000年，有安徽六合邱金明、安万坤等以及吴江杨金夫等承包户，承包大批耕地，适度规模经营。另有孔凤泉承包种植银杏，面积134.6亩。2003年、2006年、2009年、2010年分别有15户承包户租赁灵湖村土地398.7亩、有13户承包户租赁土地401.01亩、有6户承包户租赁土地160.05亩、有10户承包户租赁土地356.1亩。

二、稳定完善

1997年7月，为稳定完善农村土地承包关系，塘桥、吴舍村向村民发放土地承包经营权证书，土地承包期明确在第一轮土地承包到期后，再延长30年（1998~2028年）不变，并建立土地承包流转机制。

塘桥村发证农户386户1375人，共有耕地1356.58亩，承包发证面积1027.28亩，其中口粮田756.25亩。外来承包规模经营耕地590.32亩。

吴舍村发证农户502户1820人，共有耕地1533.942亩，承包发证面积1001亩（均为口粮田）。外来承包规模经营耕地532.492亩。

附：推行家庭联产承包责任制初步意见（座谈记录）

时间：1983年2月26日下午

地点：塘桥大队管委会办公室

主持人：徐士刚（塘桥大队党支书）

出席对象：大队党支部和管委会全体干部、各生产队队长10余人。

徐士刚：刚才通过学习上级有关文件精神，结合我大队实际，今年要推行家庭联产承包责任制，请在座各人谈谈各自的看法，如何做好承包责任制，各抒己见，共同讨论。

何福林（大队管委会主任）：生产责任制实行“统一经营，分业承包，联产到劳，包干分配”，仍以生产队为主体。实行“大包干”（分田到户）就不同了，土地承包后，人分口粮田，劳分责任田，猪分饲料田。大队意见如果人分口粮田，每人六分田。如果劳分责任田，原则上按务农劳动力承包，对劳动力多的可以多分责任田，对劳动力少的可以少分或不分责任田。猪只问题按饲养数量计算。

徐士刚：大家说说哪些对象可以承包责任田？一般都以务农劳动力来承包，对一些特殊情况，可以发表自己的看法。

孔来福（大队党支部委员）：我认为外出工（一般无单位）不承包责任田，但根据不同情况区别对待，原来生产责任制承包多少就不变；生产队田多同意他们可以增加承包数字；生产队田少而让他们尽量不包，即使承包按每月45元计算缴纳集体积累。

孔全官（第1生产队队长）：如果新生劳动力承包，可以预测到1985年，按1983年虚岁为标准，我设想16岁承包2成（按全大队人均承包责任田标准1亩余），17岁承包4成，18岁承包6成，19岁承包8成，20岁承包10成。

顾福元（第9生产队队长）：关于婚嫁人的承包，也可以参照孔全官提出的意见做，迁入的人1983年（结婚）承包8成，1984年（结婚）承包6成，1985年（结婚）承包4成，自愿而定。

石火寿（大队经济合作社副社长，主抓队办企业）：我谈谈在队办、社办企业的务工人员，因工业企业生产任务重，不应划分责任田。若分了田，利用早晚时间做田里生活，反而做不好，弄得两头不讨好。

陆金元（大队会计）：还有不应划责任田的民办教师（原大队6人）、赤脚医生（3人）、大队代销店人员（2人）、大队电工（2人）等。

徐士刚：按公社党委要求，我大队的定工干部（3人）、副职干部（4人）、财会人员（7人）可以不划责任田。

陆伯生（民兵营长、大队党支部委员）：现役军人家属要求承包责任田，可以优先划一份口粮田和责任田，但责任田的粮食产量要纳入上缴任务。

陆金元：关于猪只划分饲料田，我看还得坚持“两个不变”。一是原来的基数不变动，超养或应养猪数一律不划（指增减）。原来已划田而不养猪的，在账面上缴任务中收回，按亩分为120斤计算，动账不动田，作为责任田处理。二是原来饲料田所在地不再变动。

徐士刚：大家讨论一下，如何划田。总的要求，统一布局，连片种植。

何福林：为使承包户便于耕作，亲属户或自愿结合户的口粮田、责任田尽可能划在一起。原来实行联产到劳的生产队一般不再打乱重分，如有问题，可采取小动不大动的办法（动任务不动田、动稻不动麦）。

曹根林（第7生产队队长）：我队现在分组联产，原有3个组的划分比较合理，稻麦种植统一布局，用水、用电没问题，只要在原有分组的基础上，由组里按户划分口粮田、责任田和饲料田，不考虑打乱重分了。

徐明扬(第4生产队队长):我觉得不管如何划田,都要考虑到今后人口变动、劳动力变动问题,要采用几年预测的办法划田,可以适当留些机动田暂时寄放到户耕种,需要时再从寄种户调出来。

陆金元:粮食包干上缴,要按国家任务和集体必须提留一定数量。集体提留数量包括未承包口粮田户的口粮数字。上缴国家任务数量结算到每一户承包户。农业税按承包耕地面积分摊到户。

何福林:在生产资料处理和使用保管的问题上,请大家发表意见。总的要求是做到有利于生产,公平合理,绝不允许拆毁破坏、徇私舞弊、特权多占。

顾寿福(第8生产队队长、大队党支部委员):我认为各生产队的拖拉机由大队统一作价归到农户,农户可分期付款。脱粒机在生产队内按组使用,每个组1台(缺机自购),农户使用电按田亩分担。农药机械也可作价归户。

马林根(第3生产队队长):生产队原有仓库以小组分间,出租使用,按田亩负担。场地按田亩划分到户使用,互相调剂堆放。

朱林元(第5生产队队长):非机动农船可作价归户,分期付款。若借用需付租金,先满足本队社员使用需求。建议机动船产权归集体,由个人专业承包,固定上缴利润。或者作价归户,分期付款。

金金官(第6生产队队长):生产队所属树木作价归户,比较妥当。竹园也可作价归户,但归户后不得改变竹园面貌而种植其他作物。今后机耕路旁和沟渠四旁的集体土地上不准任何人种植树木及其他作物。

徐士刚:用电、管水、种子等农业服务项目上,我的意见是管水员仍由各生产队队长兼任,自灌自排,其报酬可按田亩决定。电工可由联队会计兼任,采用固定补贴,由联队负担。双季早稻育种要各生产队选好育秧员,采用固定补贴,由生产队负担。

陆金元:工业企业返队资金与企业的积累部分,主要用于粮油生产补贴,纳入包干分配。

何福林:各生产队财务管理有所改变,推行联队会计岗位责任制。联队会计可从现有会计或其他人员中选拔,负责2~3个生产队的财务管理工作,或兼电工。联队会计报酬一般由各生产队分担支付。

陆金元:我想,生产队的公积金、公益金、生产流动资金必须分开储存,专款专用。生产流动资金可作承包户的生产费用垫底,按口粮田、责任田、饲料田面积作一次性垫底。

石火寿:关于生产队的债务问题,我的看法是应逐笔清理,由集体归还。若集体无能力可以分摊到户。社员欠款,要在签订承包合同时明确归还期限。关于生产队所有账目要继续保存,不得擅自毁坏,尤其是财务人员。

陆金仙(大队妇女主任、大队党支部委员):“大包干”后,关于集体福利事业有许多人看法颇多。我发表点意见，继续办好大队合作医疗，还有农忙托儿所之类。要按上级要求搞好优、供、补。对现役军人要同在队务农人员一样划口粮田、责任田，仍按有关规定做好优待工作。五保户仍按有关规定实行“五保”。生产队困难户要帮助做好扶贫工作，帮助他们发展家庭副业等，并给予集体补贴和社会救济。

陆伯生：根据农业生产发展要求，现有的农田基本建设设施，“大包干”后不得破坏和拆毁，今后更要加强这方面的工作。资金来源主要依靠公社、大队、生产队三级积累，用工按劳动力分摊到户，劳动报酬处理均为付义务工工资，生产队积累多的由集体开支。

徐士刚：今后生产队可考虑配备一名生产队队长和妇女队长。会计即联队会计（2~3个生产队挑选一名），大队副职干部蹲点到大队队办厂。请大家谈谈“大包干”后如何当好生产队队长。

顾寿福：我的看法，当好队长，一定要贯彻执行党的方针政策，做好社员的思想政治工作。

徐明扬：还要做好落实国家征购计划，安排作物布局，指导和推广科学种田，督促农户完成承包合同任务。管好集体财产物资，协调农户之间的关系。

周三男（第11生产队队长）：生产队队长也要帮助做好计划生育、民兵训练、征兵、治安、统计等行政性工作。

顾阿狗（第10生产队队长）：当队长要做到“两带头”，带头执行承包合同，完成各项指标；带头科学种田，把自己的口粮田、责任田种成本队的示范田、高产田。

何福林：关于大队干部的报酬问题，我提条意见。按规定配备的定工干部3人，报酬仍按有关规定执行，即保证全年收入（包括承包收入在内）不低于本大队1个正劳动力的收入。奖金由公社制定办法，按工作成绩确定。大队副职干部蹲点到大队队办厂，报酬原则上采取队厂各负的办法，在农、副、工“三业”人员基本分配大体平衡的基础上给予合理确定。奖金通过工作考核民主评定，给予一定奖励。其他人员存在必不可少的误工，实行固定误工补贴，从本队提留上缴的管理费中开支。生产队队长通过年终工作成绩考核民主评定，给予一定奖励。

徐士刚：好！大家谈的很多，涉及方方面面，做到有一说一，实事求是。我们大队领导准备把大家的意见和看法整理出来，向广大社员群众征求意见，再作公布。

第五节 合作经营组织

一、经济合作社

1983年7月，恢复乡、村建制，塘桥、吴舍村均设立村民委员会，成立经济合作社。塘桥、吴舍村经济合作社为所在村的经济组织，设社长、副社长、会计等职务。村经济合作社承担全村农业、多种经营、村办企业的生产服务和协调工作，管理村内所有土地和资产。2003年11月，塘桥、吴舍村合并组建灵湖村，2个村的经济合作社也相应合并为灵湖村经济合作社。

塘桥村经济合作社历任社长：何福林、金康云、张坤贤、陆佰生、孔福官。

吴舍村经济合作社历任社长：施胜根、宋留官。

塘桥村（塘桥大队、胜利大队）历任财务会计：陆金元、陆永元、张坤贤、陆维鸣。

吴舍村（吴舍大队、东风大队）历任财务会计：张文基、朱根和、孙平安、盛生华、沈狗大。

灵湖村经济合作社历任社长：徐根良、沈卫东。

灵湖村历任财务会计：金玉芳、徐焕颖。

二、股份合作社

在农村家庭承包经营基础上，为使村民发展产业持续增收，由村民按照“自愿入股，投股分红；利益共享，风险共担；民主管理，民主监督；依法登记，依法经营”的原则，由灵湖村经济合作社和村民参加组建股份合作社。

灵湖社区股份合作社　2009年11月，灵湖村将数年积累的集体资产899万元量化给全体村民。经苏州市吴中工商行政管理局审核批准，2011年5月，灵湖社区股份合作社成立。将集体资产899万元折成3494股，其中集体股280股，个人股3214股，每股2573元。合作社入社社员893户，出资入股827万元，占总股本金的91.99%。

灵湖社区股份合作主要业务：资产的经营、管理、投资，社内房屋出租，物业管理，组织合作社全体成员对外提供与农业生产经营有关的其他服务，组织合作社全体成员对外提供劳务服务等。

2014年，红利分配金额30.38万元。2015年，红利分配金额30.45万元。

2016年，灵湖社区股份合作社实施“股权固化”改革。按照一定标准将股份额量化给集体经济组织成员，实行股权量化到人，固化到户，以户为单位，“增人不增股，减人不减股”，不因家庭减少户籍人口等变化而调整股权，让农民拥有长久稳定的集体资产收益。至6月30日，总股数4070股，其中集体股509股、个人股3561股，每股9454元。股本总额3848万元，其中，社员出资入股3521万元，占总股本金的91.5%；集体股327万元，占总股本金的8.5%。合作社入股社员894户。

2016年，共3561股，每股120元，红利分配金额42.73万元。

2017年，共3561股，每股150元，红利分配金额53.42万元。

2018年，共3561股，每股150元，红利分配金额53.42万元。

2019年，共3561股，每股180元，红利分配金额64.10万元。

2020年，共3561股，每股190元，红利分配金额67.66万元。

群益物业专业合作社 于2015年7月成立，参加农户67户，另有外村56人，股金总额500万元。合作社全体成员除来自灵湖村的外，另有来自采莲村、前塘村的。主要业务是对外提供劳务服务，输出劳动力。

2020年，3个村实行松散型管理，输出劳动力不再统一调动。股金总额维持原状。

表3-10 2004~2020年灵湖村经济合作社村级资产统计

单位：万元

年份	资产总额	流动资产	长期投资	固定资产	其他资产	负债总额	所有者权益
2004	369.24	21.51	150	197.73	—	204.77	164.47
2005	401.28	94.37	154.29	152.62	—	136.44	264.14
2006	390.12	57.35	150	161.75	21.02	160.98	229.14
2007	393.16	57.64	150	164.5	21.02	175.89	217.27
2008	871.86	38.31	171	641.53	21.02	437.82	434.04
2009	1181.44	304.56	171	684.86	21.02	715.68	465.76
2010	1495.07	540.24	—	933.81	21.02	1061.02	434.05
2011	1886.42	790.32	—	1075.09	21.02	1334.29	552.13
2012	2388.98	757.13	—	1610.83	21.02	1489.86	899.12
2013	3314.9	608.84	—	2680.04	26.02	1885.81	1429.09
2014	5987.07	2119.67	—	3842.4	25	4522.85	1464.22
2015	10344.14	3795.58	1970	4578.56	—	8279.34	2064.8
2016	10538.52	3540.01	2020	4978.51	—	7951.33	2587.19
2017	10759.79	2680.27	2070	6009.52	—	7003.81	3755.98
2018	12530.42	2639.49	2110	7780.93	—	8608.31	3922.11
2019	6805.59	-1933.81	2290	6449.4	—	1603.75	5201.84
2020	8323.63	-462.32	2290	4854.43	—	3464.91	4858.72

第四章　特色田园乡村

黄墅，位于灵湖村西南，北依第九届江苏省园艺博览会苏州园，西临太湖，属环西太湖沿线对外展示地带的自然村。村庄占地面积约117亩，分属2个村民小组，72户，常住人口283人。黄墅地处太湖生态保护区内，森林覆盖率高，呈现“林深村落多依水”的乡村景象，加之拥有杰出乡贤和优秀匠人，为创建特色田园乡村提供了良好的基础。

2017年7月，根据《江苏省特色田园乡村建设行动计划》意见，临湖镇人民政府选择黄墅启动试点村庄申报工作。10月，经过科学规划编制方案和省市两级专家评审，灵湖村黄墅自然村入围首批省级试点名单。

2017~2018年，开展黄墅特色田园乡村立项申请，通过田园、产业、文化、环境等联动塑造，培育特色田园乡村建设范例村庄，获取省给予的政策和资金支持。

2018~2020年，在试点示范取得阶段性成效的同时，完善特色田园乡村建设相关标准，按循序渐进要求，深入推进试点引领，形成面上推动经验。2020年5月，灵湖村西塘被纳入吴中区特色田园乡村规划实施自然村。

第一节　规　划

2017年8月，黄墅被列入江苏省首批特色田园乡村建设试点名单。2018年3月，灵湖村先后制定《黄墅特色田园乡村规划设计》（简称《规划》）、《灵湖村黄墅特色田园乡村建设工作方案》（简称《方案》）。

《规划》分规划总则、现状调查、现状分析、整体策划、村庄规划、村庄设计、建设计划共7项内容。规划定位“多元森林 · 匠心黄墅”，利用太湖生态防护林带特色生态资源，围绕森林要素，发展文旅事业，引入专业团队运营打造森林项目，同步开发林下种植业。挖掘本地匠人文化，改造匠心学社，传承文化的同时发展匠人产业。创新利用村民宅基地闲置资源，形成功能配套，完善村内公共服务，增加村民收入。盘活村级集体资产，利用村庄基地打造“苏心工坊”，村内400余亩稻田种植后，进行大米、果蔬深加工，拓展农产品深加工产品系列，做强做优农产品品牌。

《方案》分现状特征及问题研判、工作思路及重点工作任务、规划设计团队、实施步骤共4项内容。

第二节 建 设

2017年8月，黄墅成功入围首批省级试点村庄后，临湖镇成立特色田园乡村建设工作领导小组，全面协调各项工作，注册苏州临湖田园乡村建设开发有限公司（2017年9月13日注册成立），作为项目实施主体，并成立黄墅村民议事小组，通过召开全体村民代表大会，组织村民代表外出参观学习，举办特色田园乡村建设开工仪式等各种方式引导村民积极参与，实现村民共建。

在特色田园乡村规划引领下，黄墅优化资源要素，实施村庄产业（田园乡村的"根"）、村庄风貌（田园乡村的"形"）、历史文化（田园乡村的"魂"）"三线并举"的建设项目，遵守"先村内、后村外，先建筑、后配套，先地下、后地上，先河道、后道路，先硬装、后绿化"的原则按期建设。

村庄产业 绝大多数村民家庭以传统耕种及外出务工为主要经济来源。村庄以东、腾飞路以南以稻田和鱼塘为主，面积400余亩，种植水稻和养鱼，稻田东侧有一些生态林。村庄西部原是桑地（40余亩），今为生态林带。

《规划》制定前，黄墅有400余亩稻田（包括鱼塘），田块大片平整，田间布有简易砂石路和土沟渠，机耕路网不健全，灌排水系利用率低，与高标准农田建设标准有差距。

2018~2020年，黄墅结合特色田园乡村规划，对路、沟、渠等农田设施实施改建，投资400余万元，将400余亩稻田（包括鱼塘）建设成灌排设施配套（改建进、排水沟渠800米，改建水闸2个、泵房2个、机耕路1000米）、土地平整、田间道路畅通、农田林网健全、生产方式先进、产出效益较高、旱涝保收、高产稳产的高标准农田，同时满足人们观光、休闲需要，改善生态环境。

高标准农田建成后，被列为苏州市水稻功能示范区。从翻土、深耕，到插秧、喷药，再到收割、稻草还田，大型农机贯穿水稻播种到收获的全过程。在高标准农田种植过程中，将传统农业升级改造，使耕地质量综合提升，采用绿色防控和化肥农药减量使用种植方式，亩产650千克，年产大米140吨。其中60亩稻虾共养，水稻亩产500千克以上，龙虾亩产150千克。

以稻米为原料，进行农产品深加工，研发米系列和酒系列产品，营造"临湖大米"、"好物事"糙米和"水东五将"大米烧酒等主创产品品牌。

村庄风貌 黄墅整体建筑风貌以苏式风格为主，多数为2层楼房，约占总数的60%，局部为1层与3层，保存较为良好，但建筑外立面风格不统一。整个居住环境良好，但村内公共设施及基础设施贫乏，村落硬质铺地过多，公共空间乱堆乱放。另外，村庄绿化与菜园种植较为杂乱。

2018年10月，黄墅请来设计团队，为村落进行功能布局和景观设计，主要对村庄进行环境整治提升改造，包括房屋院落改造、室内外装饰、公共配套设施建设、管线管网整理改造和环村水系整理。当初，设计师们“难题”不断，村民中很多身怀传统技艺的匠人（木匠、泥瓦匠、漆匠等）看不到设计能给村民生活带来实在的好处，大家热情不高，使设计理念难以落实。设计团队解放思想，尊重村民的生活方式，2个月内，设计师们深入村民中了解他们的日常生活需求，和村民沟通商量，促进项目顺利进行。如铺设村内巷道，村内房屋紧凑，巷道平均宽度2米左右，若铺设青石板则成本高，若采用柏油路面又失乡村风格，设计团队听取村民意见，使用定制水泥板加青砖铺地，不失为匠心独运的传统营造手法，既节省成本，又增加美观效果。

是年，黄墅72户村民中有25户申请房屋翻建，设计团队对翻建农户进行指导，翻建的房屋既保持粉墙黛瓦的传统江南水乡风貌，又导入当代生活理念，如采用苏式透、漏、空的手法，用花窗、矮墙等形式将院落围墙打开，扩展视觉空间。

黄墅原有河道狭窄，多年未加开挖整治，且有几处断头浜，故水质较差。在村庄环境整治中，解决断头浜，沟通河道，环通村庄水系，共疏浚整治1500米，修复石驳岸3000米，新开挖河道1万立方米。

2018年至2019年末，黄墅完成72户房屋院落改造，装饰面积约14400平方米，外墙立面为粉白色，建筑下部为青灰色墙裙。村民拟定出租的20幢房屋完成测绘，由村群益物业专业合作社统一租赁管理。开挖管渠约5000米，72户生活污水全部接管，以及架空线整治入地。村内道路铺设7000平方米，铺设沥青路面5500平方米。安装路灯299盏。新辟村庄四周停车场4个2000余平方米，新增停车位100个。绿化景观以乔木为主，灌木为辅，在村内见缝插绿。村庄外围西侧14亩、北侧16亩2块菜地综合体建成竣工，集观赏、烹饪、销售等功能于一体。

历史文化 黄墅历史文化积淀深厚，村域内现存明代古桥，被列为苏州市文物保护单位；还有世居当地的乡贤、清代举人柳商贤，以及当今众多身怀传统技艺的匠人（木匠、泥匠、漆匠等）。

里当桥，因位于黄墅外围当字圩而名，俗称“里尺桥”，坐落于村东侧西城泾（又称“横泾港”）南段，约建于明弘治十一年（1498）八月，青石质单孔拱桥，东西走向。桥长12.8米，桥面宽2.1米，桥面下拱券由5条券石并列筑成。2009年7月，被列为苏州市文物保护单位。桥堍石牌刻有“为研究苏南桥梁建筑史提供了珍贵的实物资料”字样。（发掘过程：2000年1月，《渡村镇志》编纂办公室成员于黄墅踏勘，发现跨西城泾南段架有明代古桥，桥顶左右条石外侧镌刻“里当桥”字样。2009年，苏州市第六批文物普查，7月被公布为苏州市文物保护单位，并于桥堍勒石设碑。2018年，由灵湖村确定古桥负责保护人。）

柳商贤（1834—1900），吴县西塘人，字质卿，清同治九年（1870）举人，光绪八年（1882）陈乞当政为菱湖嘴一带修建护坡石塘。光绪二十一年至二十三年（1895~

1897）任浙江宁海县知县。参与编撰《苏州府志》。（有关资料搜集过程：2000年3月6日，《渡村镇志》编纂办公室于苏州市方志馆查阅《横金志》，于苏州图书馆古籍部查阅《苏州府志》。2017年9月18日，由临湖镇文体中心组织金波、陆建新、孙平安赴浙江省宁海县档案馆查阅有关宁海县县令资料。2018年10月，金波主编《灵岩村志》时查阅柳商贤居住在木渎遂初园的逸事。）

当今村内众多匠人积极参与多项建筑工程和房地产装修工程，活跃在当地和周边城镇第一线，是特色田园乡村建设的有生力量。[2020年12月，《灵湖村志》编纂办公室调查，黄墅（灵湖村第17、第25村民小组）匠人有殷金男、孙金荣等共22人]。

历史人文既反映了黄墅悠久的历史，又显现出黄墅及灵湖村宝贵的历史文化资源。黄墅发掘历史名人，保护文物古迹，延续耕读文明，保留乡村风貌，重塑乡村魅力；传承和利用传统手工技艺，弘扬匠心精神，实现发家致富，留住乡愁记忆。

第三节　文旅融合项目

黄墅特色田园乡村建设在"村庄产业""村庄风貌""历史文化"方面取得初步成效后，又依托紧邻园博园、沐春园的地理优势和利用保护区内森林资源，打造"多元森林·匠心黄墅"乡村旅游品牌。

一、旅游线路

据《规划》，黄墅于2018年在"苏城乡间"智慧平台开辟自黄墅出发的4条旅游线路：环太湖自驾两日游、欢乐亲子一日游、园博园游、田园乡村一日游。2016~2020年，黄墅实施20余个建设项目，有呼吸森林咖啡馆、半日闲茶餐厅、村边餐饮民宿、盈心阁民宿、右见光荫里精品民宿、十亩小院、童涵小酒店、黄墅1978时光咖啡、林墅泊隐、树与墅精品民宿、水泽堂、黄墅火车站、写意森林工作室、西菜田、北菜田、小游园、儿童之家、善人桥、匠心学社、里尺桥、里尺源、乡贤塑像纪念地。

2016年11月，灵湖村文旅项目推介小组参与临湖镇人民政府主办的"吴宋文化，翰墨传情"书画交流活动，与吴中区书法家协会、吴中区美术家协会、吴中区文体旅游局、河南省开封市书画院签订共建协议，让文化援助更加实在，并更有广度与深度。因地制宜，有意识地在旅游中加入文化内涵，探索乡贤文化、匠心精神在现代生活中的存在价值，提高历史文化在旅游消费中的比重，串联现存业态和建设中的业态，吸引越来越多的游客。

2019年，有来自周边乡镇及吴江、常熟、昆山、苏州市区的游客约3.5万人次。2020年，来自长三角一带城市及周边乡镇的游客超过7.5万人次。来过黄墅的游客都说："周末到这里看太湖风光、呼吸森林空气、喝咖啡、品横泾烧酒，去村里乘小火车兜一圈，满眼都是特色田园乡村美景。"

二、文旅项目简介

乡贤塑像纪念地 位于森林公园乡贤路南北两端，南端置乡贤柳商贤等6人的塑像，北端置乡贤沈仪文等4人的塑像。两处乡贤塑像均于2019年竣工落成。

南端塑像演绎清光绪九年（1883）农历十月，西塘举人柳商贤率村民兴建新塘情景。

北端塑像演绎清康熙三十八年（1699）农历四月初四，康熙皇帝至东山南巡，吴舍耆士沈仪文率乡民迎驾并向康熙皇帝呈上《菱湖嘴坍埂，湖水浸田，稻麦欠收陪粮》一文情景。

匠心学社 位于黄墅东北角，北临腾飞路，占地面积9600平方米，为灵湖村特色建筑实例。

2018年12月，设置匠心学社，旨在培育一批懂技术、善营造、会营销的青年匠人，并设立奖励资金，鼓励回乡创业；在金螳螂装饰集团股份有限公司帮助下，建立匠人劳务合作社，服务当地及周边乡村建设，并外拓服务至苏州市区及周边城市。

匠心学社在原有厂房（苏州市锦艺装饰有限公司）基础上改造，拆除部分框架建筑，保留原来实体建筑。设计理念除遵循江南水乡风格，利用传统建材砖、石、瓦外，适度改用钢架结构，替代梁柱，展示主题，又呈现乡村风貌。其分为两个区域，一个是展示工匠文化的匠人文化体验展示区，另一个是独木舟俱乐部，提供水上观光娱乐服务。此外，厂房区遍植不同主题绿化。匠心学社于2019年5月完成首期工程。

附：《灵湖村黄墅特色田园乡村建设工作方案》

黄墅自然村位于临湖镇西南，西邻太湖，北依第九届江苏省园博园，是环西太湖沿线对外展示地带的一个重要村落窗口，也是太湖原生乡村的典型代表。村庄地处太湖生态保护区内，森林覆盖率达60%，生态环境优美，空气自然清新。村庄掩映在湖畔树林中，呈现出"森林村落多依水"的世外桃源般乡村景象，创建特色田园乡村具有较好的基础。为有序有效有力开展特色田园乡村创建工作，确保创建工作成效，根据《江苏省特色田园乡村建设行动计划》《江苏省特色田园乡村建设试点方案》等文件精神，制定本工作方案。

现状特征 黄墅村占地320亩，农田面积480亩，周边林木环绕，树木丛生，百草丰茂。全村有2个村民小组，总户数72户，常住人口283人，其中，60周岁以上老人77人，占27.2%；17~59周岁163人，占57.6%；16周岁以下未成年人43人，占15.2%。2016年黄墅村行政归属的灵湖村村级稳定收入807万元，较2013年增长了近2倍，村集体纯收入600余万元，村民人均收入28310元。

黄墅村依托与园博园一墙之隔的地理优势，把握园博会举办机遇，借势促进村庄发展、村民稳定就业及经济增收。一是借助园博会的知名度和影响力，加强宣传，使外界知道太湖边存在一个原生态、浓乡土的黄墅村。二是借力园博园建设大幅度提升黄墅及周边环境和基础设施，为乡村农旅发展奠定硬件基础。三是凭借园博园品牌形象和旅游平台，黄墅村整合资源，发展如里尺源文化交流基地、十八舍民宿等村级投资文旅项目，进行农产品深加工并将其品牌化，销售临湖大米、“好物事”糙米等一系列深加工特色农产品，为村级经济注入强劲活力。同时也带动村民发展农家乐、民宿和茶室等项目，使其获得资产、就业双收益。四是凭借园博园工程建设、维护管理以及村级项目，解决黄墅村200多名“40后”“50后”“60后”村民的就业问题，维护村庄社会稳定。

依托后园博优势，围绕保护性开发原则利用绿色生态的森林资源，黄墅村打造林下旅游经济，丰富产业业态，促进村庄经济创收。当前，已建设森林的秘密主题度假村、呼吸森林咖啡馆和写意森林书画工作室三个项目，占地面积165亩（约占黄墅林地的三分之一），建筑面积7200平方米，总投资3600万元，年收益420万元（归行政村所有）。黄墅村行政归属的灵湖村投资所有建筑和硬装建设，按项目回报率10%~15%收取租金；所有固定资产为集体所有，预计2017年黄墅村将接待游客10万人次，三产收入超300万元。

黄墅村拥有不少杰出乡贤与优秀匠人，匠心精神与乡贤文化积淀深厚。20世纪50年代村民赴沪学艺，继而回村带徒授艺，当前村中匠人以木匠、泥瓦匠、漆匠为主，还有少数竹匠和铁匠。金螳螂建筑装饰股份有限公司就是由黄墅村的匠人创办，该公司获得79项鲁班奖，连续13年成为中国建筑装饰百强企业第一名。通过金螳螂公司带出了众多黄墅村工匠，他们以精湛的手艺和勤劳刻苦的精神都实现了发家致富。

村中乡贤有凛然向康熙皇帝进言的沈仪文、编撰《苏州府志》并写有反映当时社会“哀鸿遍地”的《拟元次山春陵行》一诗的柳商贤等，折射出慷慨正义的古黄墅村民精神，值得社会传承和发扬。

工作思路　在集体产权制度改革下，形成有效集体资产，并争取政策支持，将整理出来的存量用地，开发相关项目，在不违背森林生态功能前提下发展林下经济，形成森林产业与村庄生活的互动发展态势。林下经济包含林下农业经济、林下旅游经济和林下体育拓展经济。林下农业经济指环保的林下种植，如树下仿自然种植菌菇，树干种植铁皮石斛；林下旅游经济是利用树林生态环境做一些度假、休闲、养生的项目吸引城里人来体验和消费；林下体育拓展经济可以和农业、旅游相融合。挖掘森林体验的多样性，丰富游客参与度和神秘感。

针对现实需求，完善生产、生活设施配套，改善村庄风貌，全面提升村庄环境，培育宜业宜居特色田园乡村。生产设施方面，结合林下经济开发，重新规划建设黄墅村内外主次道路，优化道路交通系统；整修村庄年久失修的雨污管道、驳岸，清淤河道水系，确保河道整洁、雨污分流，保持生态良好。生活设施方面，适当增加森林中公厕等配套设施，并增设供老人活动交流的场所，如阅览、棋牌、康复、保健、照料等功能室，以及老人中餐配送和家政服务机构。村庄风貌方面，以苏州水乡风格进行黄墅村建筑外立面改造，并对一些历史建筑按修旧如旧方式进行保护；对村庄绿化与菜园进行空间规整，增加乡土树种栽植。

探索森林资源和乡贤文化、匠心精神在现代的存在价值，实现整合发展，从乡村自身建构村庄造血机制。挖掘传承乡贤文化，塑造时代“新乡贤”，如鼓励“新乡贤”回归黄墅村，建立乡土匠艺“黄墅派”，在非遗传承方面持续发力。通过传承命名、奖励经费等形式，调动新型匠人和传统手艺人自觉保护和开展传承活动的意识。

建构村庄造血机制，设置黄墅匠心学社，培育相关人才，培养一批懂技术、能经营、会营销的农村青年，并设立奖励资金，鼓励人口回乡创业。建立匠人劳务合作社，服务“团”内几个村的乡村建设，并外拓服务整个环太湖地区。通过上述措施并举，加之多元森林经济的发展，可在一定程度上缓解农民、农村、农业相对独立的问题，有利于激发乡村活力。

保障措施 深化农村集体产权制度改革，完善农村集体资产股权固化工作，保障农民长久收益。落实集体经济经营性资产权证，对村级投资项目资产进行核资等级发证，使资产收益合法化。如通过上位规划调整，将部分村庄原工业和集体存量资产（无权证）变更为建设经营用地，补办相关权证，进行不动产登记，方便报批建设，形成有效集体资产，并量化到村民，进行分红，为村民增利。推进政策创新，在保证不破坏森林生态的前提下由村委会主导适度进行开发建设，实现集体资产扩容增值。

一是提高村民的环境意识，引导村民树立正确的生态文明观念。二是大力倡导有利于保护和促进乡村生态环境的生产方式和生活习惯。三是引导农民积极参与村落生态环境的建设和保护。

与高校、重点部门、机构、企业合作，建立长效人才培养机制，强化村庄发展的各类技术支撑。一是培养多元森林经济的运作和管理人才。二是培养不同工匠，不局限于村内的师徒传承，也走进学校、走进企业，在更高层面上传承匠艺，加强对工匠的学习、培训和交流，全面提升工匠素养，发扬黄墅匠人文化。

2018年3月

第五章　村级经济

民国时期，村民除种田外，以酿制土烧酒、栽桑养蚕为主要家庭副业。20世纪60年代末，村民从事农业集体生产的同时，发展村（队）办企业，为发展集体经济和改善社员生活创造条件。另外村民业余制砖坯、缝合羊毛衫发展家庭副业，增加收入。20世纪90年代后期，村办企业转制为多家个体私营企业。

第一节　农　业

中华人民共和国成立前，村域内耕地历来种植水稻、三麦（元麦、大麦、小麦）和油菜等主要农作物，间以蚕豆、红花草（用作肥料）。受封建生产关系束缚，小农经济抵御自然灾害能力薄弱，农业生产水平不高，稻麦产量较低，正常年成亩产稻两石、麦五斗，村民种田勉强度日，温饱难求。中华人民共和国成立后，经过土地改革，村民组织起来，实行农业合作化、公社化，兴修水利，推广科学种田，提高农业机械化程度，使农业生产有较大发展。1996~1976年，百分之百改种粮食三熟（稻、稻、麦），致使农本增加，增产不增收，社员收益不多。

1983年，实行家庭联产承包责任制，恢复一年两熟耕作制度，粮食产量大幅度提高，村民收入增加。

至2012年，灵湖村的耕地均被吴中区人民政府征（使）用，村民不再从事农业生产，成为无地农户。

一、耕地和产量

（一）耕地分布

村域内耕地根据田面高程分为四种类型：湖荡田（2.5米以下）、漾河田（3.5米左右）、半高田（4米左右）、平原高田（4.5米）。

民国时期，村域内耕地分布的圩子别具特色，均取自《千字文》字句，按《千字文》句式字序命名。比如孝字圩、当字圩、竭字圩、力字圩、忠字圩、则字圩、尽字圩、命字圩，正合文中“孝当竭力，忠则尽命”句式，其他如温字圩、清字圩、夙字圩、薄字圩等，均可在文中找到相应的句式，故当时将圩子称为“字圩”。中华人民共和国成立初，村民在土地房产所有证登记时，都把耕地坐落的字圩填写清楚，至1958年公社化后，字圩的称谓逐渐消失。

1951年西塘、黄墅村村民的耕地大部分分布在孝字圩（北孝、中孝、南孝）、忠字圩、力字圩等，属半高田，土壤为黏质黄泥土。

塘桥、舍上村村民的耕地大部分分布在温字圩、清字圩、薄字圩、履字圩等。

吴舍村耕地分布在虚字圩、堂字圩、习字圩、听字圩等，属半高田，土壤为黏质黄泥土。

吴舍村菱湖嘴，今沐春园，公社化时称漾河港田，呈三角形（从南往北越来越宽），总面积234亩[其中东风3队51亩、4队28亩、5队16.5亩、8队37.5亩、10队98.7亩（包括外大港36亩）、11队2.3亩]。该田块位于今环湖路西侧（公社化时新塘岸与老塘岸之间），状似三角形伸向太湖，呈半岛状。地势较低，出水不畅，土质为沙质黄泥土，遭遇洪水时庄稼受涝，有“十年五不收”之说。

陆步庄有3个生产队，总面积331亩（其中东风7队115.1亩、12队123.5亩、13队92.4亩），分布在临字圩、深字圩、履字圩、薄字圩，土壤为黏质黄泥土。地势低洼，遭遇洪水年份需向外排出水。当时未实现机械化，全靠人工车水，开始前通过锣声召集群众。有民谣“庄上人堂堂堂（敲锣声），水路上人乘风凉（喻水路上地势高不易受涝）”。

舍上村有4个生产队，总面积700.4亩（其中胜利6队169.8亩、7队218.05亩、8队146.75亩、10队165.8亩），分布在夙字圩、兴字圩、温字圩、清字圩，土壤为黏质黄泥土。地势低洼，十年九涝，虽有闸门与外河隔开，但村西塘河边锅底洼田，遇涝时仍要家家参与排水，时有水车40多部排水，公社化后，扩建闸门，增添抽水机，遇洪水时关闸用机械抽水，确保大水年成夺丰收。

高家荡 地处东太湖边，共160亩，分属胜利1队（60亩）、8队（30亩）、10队（30亩）以及另开辟的外荡（约40亩）。高家荡土壤为草渣土。地势低洼，遇洪水易受涝害。

1950年4月，石舍乡塘桥行政村圩田均在高家荡。时高家荡由2个区4个乡共种，即东山区的渡桥乡、新潦乡和横泾区的渡村乡、石舍乡。

1957年5月汛前，整修高家荡1200米，土方3000立方米，动员民工200人，共做6天。1965年11月25日，高家荡耕作面积86亩。

1981年，塘桥大队在高家荡有耕作面积66亩。是年，高家荡有抽水机4台（配8寸水泵4台），灌排面积66亩（塘桥1队36亩、8队15亩、10队15亩）。

1985年春，高家荡开挖鱼池，归渡村乡渔场（1992年归属三塘村），至此，村域内不存在荡田。

附：渡村"字圩"的由来

行走在太湖岸边的临湖镇，望见镇域内渡村地界上成片成片的农田，农人一年四季春耕夏耘秋收冬藏。有意思的是，由古及今连片的农田所辖的一个个圩子。农家云：圩者围也，内以围田，外以围水。后圩子与历代蒙学读物《千字文》有了密切联系，取得名字，谓之"字圩"。

渡村的农田，阡陌纵横，沃野一方，沟渠形成棋盘格式，小则五六十亩，大则百十来亩，均由尺半高的田塍（埂岸）围成多种形状，称为圩子（除太湖东岸的低洼荡田）。笔者查阅1951年吴县渡村、石舍、采莲乡（后三乡合并成渡村乡）的土地房产证，发现每户登记的"耕地"栏目内，除了写有耕地坐落四址外，还有"×字圩"字样。尘封多年的字样重见天日，确实让人感到万分惊喜。原来圩子都有一个优美文雅的名字，于人有股说不出的亲切与温馨。这圩子名称来历如何？是谁给它取名的？

依据耆老口述，渡村人对于圩子取名来历至少有3种版本。其一，被公众认可的是灵岩山和尚说。历史上，渡村大部分农田都分布在今木东公路西侧与西太湖大堤之间。这数千亩农田所辖30多个圩子，均为灵岩山寺庙产，历来由居住在遵礼乡二十七都（今临湖镇渡村境内）的土著承租耕种。因为赋税缴纳而需将农田坐落等信息登记造册，聪明的和尚就想到了王羲之的七世孙智永和尚和他临摹的《千字文》，《千字文》中有"治本于农，务兹稼穑"句，遂成为他们手中庙产取名的参考书。他们选择诸如"言辞安定""笃初诚美"这样的句子，按顺序以其中一个字命名一个圩子，于是就有了言字圩、辞字圩、安字圩、定字圩等等，这几个字圩现在牛桥村域内。其二，教育子女说。相传遵礼乡有个名望颇高的金姓乡绅，田赅千亩，屋置百间，膝下三男三女，常以《千字文》"似兰斯馨，如松之盛""川流不息，渊澄取映"句，对子女进行德行教育，并以此命名家中千亩田产之圩子，如似字圩、兰字圩、斯字圩、馨字圩，今存于渡村集镇地附近。其三，孝子说。太湖西岸吴舍多孝贤，沈氏有一孝子，因其侍奉父母、效力国君的好德行，朝廷曾以《千字文》中"孝当竭力，忠则尽命"之句赐之。后人怀念于他，便以此来命名当地圩子，以示永久纪念。故至今临湖镇的灵湖村域内还存有相关的孝字圩、当字圩、竭字圩、力字圩。不论何种说法，渡村圩子的取名源于《千字文》是毋庸置疑的。

从此，渡村圩子因取名于《千字文》而被人们口传为"字圩"。当地有俗话："人讲字辈有礼，田称字圩有序。"至于字圩取名究竟始于何年，目前还不得而知。不过，笔者从清同治《横金志》条目中的"人物简述"，可以有一个推测，渡村字圩取名的年代应在1862年至1874年间，或更早些年代。《横金志》简述的人物系孔子的第59世孙孔彦仁，明万历年间迁居渡村塘桥，天启四年（1624）曾捐资重建东庄桥（俗称孔家塘桥）。卒后，其墓葬于二十七都二图澄字圩。

要知道这个澄字圩，取自《千字文》"渊澄取映"句，出现在《横金志》内，那可以肯定当地字圩的取名起码在清同治年间（1862~1874）。

自20世纪50年代始，历经土地改革、农业合作化、人民公社、分田到户的变迁，渡村人对“字圩”这个字眼已逐渐淡忘，但“字圩”的叫法，却是可以成为我们研究太湖农耕文明的珍贵资料。

（选自临湖镇档案资料　金波）

（二）耕地减少

耕地减少主要是被乡镇（公社）、县（区）征（使）用，以及水利、道路、学校、乡村办企业厂房、大队（村）和生产队（村民小组）（包括仓库、场地、猪棚、蚕室）建设，社员建房等。

2003年11月塘桥、吴舍并为灵湖村时耕地面积为2880.51亩（塘桥1346.57亩、吴舍1533.94亩）。

2002年绿化带征用地440.49亩（原绿化带共782.03亩，划出园博园后余440.49亩）。

2005年11月苏东河延伸段征用地350亩。

2006年房产公司建设东盛花园游泳池征地（犁尖嘴）42亩。同年区文教局筹建临湖一小和幼儿园征地64亩。

2006年8月征地76.144亩。

2007年环镇路征地120亩。

2008年建舍南路（长750米、宽10米）征地11.25亩。

2009年苏州市新盛房地产有限公司建设太湖临湖湾征地122亩。

2010年苏州东港房地产有限公司建设庄子别墅征地106亩。

2011年11月苏州人防基地灵湖村人口疏散篷宿区征地25亩（绿化12亩、搭建13亩）。

2015年苏州绿地苏兴房地产开发有限公司建设绿地·博墅征地135亩。

2016年第九届江苏省园艺博览会征地1600亩，其中沐春园占地360亩。

2018年建苏州乡村振兴学堂征地104亩。

2020年3月苏州恺融宸房地产开发有限公司建设和岸花园征地186.4亩。

2020年，村域内有水稻田面积282.26亩，其中水路上边角田2处（分别为36亩和34亩，承包人沈宝军）、陆步庄（腾飞路南）田块152.26亩（承包人张福军），另有60亩。

塘桥村耕地减少1356.49亩，其中灵湖第1村民小组减少155.56亩、灵湖2组减少86.16亩、灵湖3组减少135.6亩、灵湖4组减少160.5亩、灵湖5组减少160.57亩、灵湖6组减少111.41亩、灵湖7组减少150.28亩、灵湖8组减少91.82亩、灵湖9组减少105.41亩、灵湖10组减少101.58亩、灵湖11组减少97.6亩。

吴舍村耕地减少2137.5亩，其中灵湖12组减少205.5亩、灵湖13组减少164.9亩、灵湖14组减少151亩、灵湖15组减少170.8亩、灵湖16组减少160.1亩、灵湖17组减少139.9亩、灵湖18组减少115.1亩、灵湖19组减少180.3亩、灵湖20组减少188.8亩、灵湖21组减少148.3亩、灵湖22组减少154.8亩、灵湖23组减少123.5亩、灵湖24组减少92.4亩、灵湖25组减少142.1亩。

（三）耕地土壤

灵湖村濒临西太湖，耕地土壤因常年受湖水涨落影响，由黄土状母质（黏壤质或轻黏质）发育而成，故大部分高平田和平田为黏质黄泥土。

1981年4月《渡村公社第二次土壤普查资料》显示，塘桥、吴舍大队土壤分布以黏质黄泥土、夹沙黄泥土为主。

黏质黄泥土是一种理想的土种，适宜各种农作物生长，但却是个可变性土种。因施肥水平、耕作方式不同，可变为鳝血黄泥土、乌黄泥土（分布在近村沿河地带，土色发乌，又称乌土，土壤肥力比较高，土壤中水分含量多）、僵黄泥土（因灌溉排水条件差，耕作层浅，土质黏且硬，村民称它“敲敲一个洞，坌坌一条缝”，土壤肥力不高，种植稻麦易引起前期僵苗不发，后期贪青迟熟）。

1981年，塘桥大队有耕地1882.3亩，其中，荡田（高家荡）120亩，属草渣土和青泥土，占总面积的6.38%；大部分耕地为黏质黄泥土，少量耕地为沙质黄泥土。吴舍大队有耕地2137.5亩，其中，沿西太湖边的漾河港田234亩和松坟头27亩，为沙质黄泥土，占总面积的12.21%；大部分耕地（1876.5亩）为黏质黄泥土，占总面积的87.79%

表5-1　2018年灵湖村集体建设用地统计

序号	现状用途	建筑面积（平方米）	用地面积（平方米）	土地利用状况分类	土地利用规划分类	村委意愿
1	泵闸	园博园内，未测		水域	水域	保留
2	住宅	507.5	1090.89	村庄建设用地	村庄建设用地	待售
3	老年活动室、酒坊	1203.5	2460.86	村庄建设用地	村庄建设用地	保留
4	灵湖村委会	666.82	2485.15	村庄建设用地/一般农地	村庄建设用地/一般农地	保留
5	灵湖污水、垃圾处理站	95.6	342.71	耕地	一般农地	保留
6	苏心工坊	在建	2225.05	村庄建设用地	村庄建设用地	保留
7	黄墅停车场	在建	1388.26	耕地	一般农地	保留
8	厂房（已拆改建）	在建	3890.26	村庄建设用地	村庄建设用地	匠人工坊
9	呼吸森林咖啡馆	276.1	2376.79	耕地	一般农地	保留

续表

序号	现状用途	建筑面积（平方米）	用地面积（平方米）	土地利用状况分类	土地利用规划分类	村委意愿
10	十八民宿	414.4	754.41	村庄建设用地	村庄建设用地	保留
11	森林画家工作室	353.9	2446.29	园地	一般农地	保留
12	空地	无地面建筑	1401.85	耕地	一般农地	民宿
	原垃圾中转站（已拆）			村庄建设用地	村庄建设用地	
13	水泽堂农家乐	1373	5897.46	耕地	一般农地	保留
				城镇用地	城镇用地	
14	玖树森林的秘密	5492	5492	耕地	城镇用地	保留
15	原水厂（已拆）	在建	9890.26	城镇用地	城镇用地	酒店
16	原粮食加工厂	205.6	319.65	村庄建设用地	村庄建设用地	里尺源
17	耕地	6275.83	6275.83	耕地	新增城镇建设用地	乡贤馆
18	乡村振兴学堂	3821.13	68555.9	城镇用地	城镇建设用地	保留
19	红木加工厂	1679.7	5691.85	村庄建设用地	村庄建设用地	复垦、置换
20	原水泥厂（已拆）			耕地	一般农地	拆除
21	水上派出所	802.7	8598.83	村庄建设用地	村庄建设用地	保留
22	老年活动中心	119.9	1071.15	坑塘	一般农地	保留
23	泵站	63.3	124.68	水域	水域	保留
24	日间照料中心	202.3	498.58	村庄建设用地	村庄建设用地	保留
25	闲置房，原养猪棚	186.7	1237.83	村庄建设用地	村庄建设用地	复垦、置换
26	众村集团公司	924.7	1716.31	村庄建设用地	村庄建设用地	保留
27	群路公司仓库	218.94	218.94	田坎	一般农地	保留

（四）耕作制度

历史上村民以种植稻麦两熟为主：夏种秋粮以粳稻为主，籼稻次之；秋种夏粮以小麦、元麦为主，油菜次之，间以蚕豆和红花草（用作肥料）。

1956年，建中第四、第五高级社试种双季稻。建中第四高级社种植双季稻61.6亩，前季稻亩产374斤；建中第五高级社种植双季稻127亩，前季稻亩产389斤。

1957年，建中第四高级社种植水稻1947.9亩，其中双季稻126.8亩，前季稻亩产322.9斤；建中第五高级社种植水稻2344亩，其中双季稻156.6亩，前季稻亩产389斤。

1958年，建中第四高级社种植水稻1983.6亩，亩产646斤；建中第五高级社种植水稻2322亩，亩产615斤。

1959年，胜利大队种植水稻1940亩，亩产625斤。其中，种植双季稻542.9亩，前季稻亩产388斤；单季稻1327.5亩，亩产692斤。东风大队种植水稻2165亩，亩产626斤，前季稻亩产396.7斤。

1961年，胜利大队种植双季稻163.6亩，东风大队种植双季稻304.7亩。

1962年，东风大队种植水稻2137.5亩，亩产609.2斤。其中，前季稻57.28亩，亩产451.2斤；后季稻亩产253.4斤。

1963年，胜利大队种植水稻1882.3亩，亩产630.2斤。其中，早稻66亩，亩产707.3斤；中稻101.9亩，亩产613斤；晚稻1714.4亩，亩产628.3斤。东风大队种植水稻2137.5亩，亩产650斤。其中，中稻200.6亩，亩产612.6斤；晚稻1936.9亩，亩产656斤。

1965年，胜利大队种植水稻1882.3亩，亩产803.5斤；东风大队种植水稻2137.5亩，亩产859斤。

自1966始，每年稻麦两熟逐步向双季稻、三熟制（麦、稻、稻）过度。1967年，胜利大队耕地面积1882.3亩，种植双季稻198.5亩，占10.55%，前季稻亩产591.5斤。东风大队耕地2137.5亩，种植双季稻244.1亩，占11.42%，前季稻亩产668斤。

1969年胜利大队种植双季稻718.2亩，1975年1543亩，1981年900.2亩。1969年东风大队种植双季稻576.8亩，1975年1737.1亩，1981年1051.3亩。1975~1976年为历史上双季稻种植最多年份，扣除留作后季稻秧田外，基本上实现100%的双季稻，三熟制。

每年7月25日至8月12日，进入前季稻收割、后季稻移栽阶段，称为抢收抢种（“双抢”）季节，还需另外安排社员的口粮（因劳动强度大，一日数餐，饭量大增）。双抢期间每天天未明，社员听见公社“农忙广播”喇叭响，就出门下田。高温天，不顾太阳背上晒，脚下田水发烫，冒着酷热，大汗淋漓，中饭有时带到田头，一直忙到天黑才收工。有时移栽抢时间，晚上还要挑灯插秧。一般双抢季节要连续20多天干个不停，身处极度疲劳状态，尤其是后季稻移栽不可超过立秋，故时有“只有8月12日晚上，没有13日早晨（完成）”之说。1983年，实行家庭联产承包责任制，各户大包干，少数农户仍种植双季稻，直至1985年停止种植双季稻。

由于20世纪70年代中后期过多发展双季稻、三熟制，致使生产队劳力紧张，肥料供应不足，粮食增产了，农本也相应增长，增产不增收，社员收益不多。至1985年不再种植双季稻，恢复传统的一年稻麦两熟制。

表5-2　1966~1976年胜利大队各生产队双季稻前季选年亩产统计

单位：斤

队别	1966年	1970年	1971年	1972年	1973年	1974年	1975年	1976年
1	760	582.2	516.5	650.5	664	621	559.3	647.3
2	752.5	523	505	633.3	607	580	546.6	641.6
3	740	548.8	550	640.1	626	612.6	569.1	643

续表

队别	1966年	1970年	1971年	1972年	1973年	1974年	1975年	1976年
4	712	514.1	512.4	657	604	609	575.7	642.3
5	730	534.3	575	658.7	631	601.5	596.9	730
6	665	528.3	492.1	640	637	623.1	556.1	645
7	755	515.5	527.2	623	636	614	572	657
8	663	584.5	637.6	701.5	666.6	650.2	603.8	662
9	700	513	507.5	637.5	623.6	606	573.3	670.2
10	692.5	619	550.5	712.6	671.6	647.7	595.6	697
合计	729	544.8	530	652.4	635.2	613.5	573.3	663.6

（五）粮食产量

民国时期，村民靠天吃饭，种田依赖风调雨顺。一年稻麦两熟，又称稻为大熟，麦为小熟。大熟亩产一般2石（每石150斤糙米），最高2.5石，低则1.2石。小熟亩产5斗（约75斤糙米）。一年稻麦两熟2.5石，最高3.3石，低则1.5石，已属正常年成。若遇灾荒不同程度地减产，甚至连种子也收不上来。

1956年，建中第四高级社7个生产队种植水稻1968.65亩，亩产560.5斤；1957年种植水稻1947.9亩，亩产548斤。1956年，建中第五高级社7个生产队种植水稻2195.21亩，亩产548斤；1957年种植水稻2344亩，亩产581斤。

1956年，建中第四高级社种植前季稻61.6亩，亩产374斤；单季稻1768.65亩，亩产549斤；三麦978.4亩，亩产214斤；油菜201.35亩，亩产93.3斤。建中第五高级社种植前季稻127亩，亩产389斤；单季稻2195.21亩，亩产550斤；三麦1115.2亩，亩产209.5斤；油菜209.5亩，亩产99.5斤。

1956年，建中第五高级社单季稻高产队为7队，166.9亩，亩产629斤；三麦亩产206斤。小麦高产队为9队，165.5亩，亩产228斤。

1957年，建中第四高级社种植前季稻300亩，亩产450斤；后季稻380亩，亩产305斤；单季稻1620亩，亩产508斤；三麦1340亩，亩产97.6斤；油菜172亩，亩产84斤。建中第五高级社种植前季稻127亩，亩产390斤；后季稻132亩，亩产240斤；单季稻2206亩，亩产570.5斤；三麦1637.2亩，亩产106斤；油菜181亩，亩产101斤。

1958年，第11大队种植前季稻174亩，亩产651斤；后季稻174亩，亩产410斤；水稻平均亩产646斤，三麦亩产240斤。第12大队种植前季稻293.27亩，亩产595斤；后季稻290.5亩，亩产308斤；水稻平均亩产615斤，三麦亩产300斤。

1959年，胜利大队三麦亩产138斤，油菜亩产55斤，水稻亩产625斤，前季稻亩产379斤。东风大队三麦亩产167.5斤，油菜亩产99.2斤，水稻亩产626斤，前季稻亩产388斤。

1960年，胜利大队种植三麦969.95亩，亩产126斤；油菜280.8亩，亩产60.5斤；水稻1889.93亩，亩产559.4斤；前季稻265.9亩，亩产455斤。东风大队种植三麦1611亩，亩产163.5斤；油菜357亩，亩产78.2斤；水稻2137.5亩，亩产555.5斤；前季稻348.1亩，亩产435斤。

1961年，胜利大队种植三麦793.7亩，亩产121.4斤；油菜185.4亩，亩产39.1斤；前季稻163.6亩，亩产476斤。东风大队种植三麦936.8亩，亩产137.3斤；前季稻299.2亩，亩产490斤。

1962年，胜利大队种植水稻1882.3亩，亩产581.8斤；三麦990亩，亩产156.8斤；油菜亩产49.6斤。东风大队种植水稻2137.5亩，亩产609.2斤（其中前季稻57.28亩，亩产451.2斤；中稻130.8亩，亩产536.3斤；晚稻1876.23亩，亩产609.3斤；后季稻72.69亩，亩产253.4斤）；三麦1140亩，亩产178.4斤；油菜235.5亩，亩产67.3斤；蚕豆401亩，亩产146.1斤。

1974年，东风大队种植水稻2137.5亩，亩产997.8斤。其中，1队205.5亩，亩产1005.4斤；2队164.9亩，亩产1015.9斤；3队151亩，亩产932.1斤；4队170.8亩，亩产1063.5斤；5队160.1亩，亩产1051斤；6队282亩，亩产1111.3斤；7队115.1亩，亩产1026.5斤；8队180.3亩，亩产902.7斤；9队188.8亩，亩产956.2斤；10队148.3亩，亩产890.5斤；11队154.8亩，亩产933.7斤；12队123.5亩，亩产997.7斤；13队92.4亩，亩产1010.1斤。前季稻1740.7亩，亩产614.6斤；后季稻亩产497.3斤。

1974年，东风大队种植三麦1070亩，亩产331.3斤。其中，1队103亩，亩产379斤；2队82.5亩，亩产353.3斤；3队75.5亩，亩产265.6斤；4队85.4亩，亩产355.1斤；5队80.1亩，亩产364.1斤；6队141亩，亩产348.4斤；7队57.8亩，亩产386.4斤；8队90.2亩，亩产289.6斤；9队94.5亩，亩产320.8斤；10队74.3亩，亩产225.6斤；11队77.5亩，亩产312.2斤；12队62亩，亩产355.4斤；13队46.2亩，亩产342.5斤。

1981年，塘桥大队种植水稻1882.3亩，亩产560.9斤。其中，1队242.8亩，亩产548.1斤；2队125.5亩，亩产490.4斤；3队167.6亩，亩产549.7斤；4队203.3亩，亩产612斤；5队240.3亩，亩产577.5斤；6队157.8亩，亩产554.5斤；7队204.7亩，亩产629斤；8队135.2亩，亩产564.6斤；9队123亩，亩产476.4亩；10队152.6亩，亩产570.7斤；11队121.5亩，亩产522.1斤。前季稻900.2亩，亩产532斤；后季稻1882.3亩，亩产306.5斤。

1981年，塘桥大队种植三麦935亩，亩产351斤。其中，1队121亩，亩产335.6斤；2队63.5亩，亩产281.3斤；3队83亩，亩产311.7斤；4队101亩，亩产432.9斤；5队119.5亩，亩产347.6斤；6队78.5亩，亩产369.9斤；7队102亩，亩产354.4斤；8队67亩，亩产328.2斤；9队61亩，亩产352斤；10队75亩，亩产424斤；11队63.5亩，亩产285.9斤。

1982年，塘桥村种植前季稻640.6亩，亩产671.8斤；后季稻1882.3亩，亩产597.7斤；油菜202亩，亩产338.3斤。吴舍村种植前季稻921.1亩，亩产672.3斤；后季稻2137.5亩，亩产595.8斤；油菜229亩，亩产408.2斤。

1983年实行家庭联产承包责任制后，充分发挥农民种田的积极性，原塘桥、吴舍村粮食产量大幅度增长，水稻、三麦平均亩产都增加三成以上。

1985年，经有关部门抽样调查，踏田根据穗数、粒数、千粒重按亩测算，经核实后得出各户的粮食总产量，有些不一定准确。因涉及面广，工作量大，村、镇有关部门不再统一核算，有的村民不肯自报产量，故具体数据掌握不清楚。

表5-3　1956~1980年村域内稻、麦、油菜亩产量（选年）

单位：斤

年份	水稻		三麦		油菜	
	胜利（建中第四高级社、第11大队）	东风（建中第五高级社、第12大队）	胜利（建中第四高级社、第11大队）	东风（建中第五高级社、第12大队）	胜利（建中第四高级社、第11大队）	东风（建中第五高级社、第12大队）
1956	543.0	548.0	217.5	209.5	93.3	99.5
1957	595.7	581.0	95.0	102.0	85.6	100.5
1958	646.0	615.0	147.0	177.5	84.0	81.0
1959	625.0	626.0	160.0	190.0	87.0	99.0
1963	630.2	650.0	151.0	147.8	—	—
1965	803.5	859.0	184.5	189.9	—	—
1968	591.6	596.5	210.0	223.2	—	—
1969	877.6	880.5	131.0	145.7	—	—
1979	1009.1	956.2	549.1	355.3	—	—
1980	707.2	666.2	456.2	404.0	—	—

表5-4　1966~1980年胜利大队分组水稻、三麦产量（选年）

单位：斤

年份	农作物	1队	2队	3队	4队	5队	6队	7队	8队	9队	10队	合计
1966	水稻	917.7	880	851.2	865.9	874	942.3	921.8	975.7	853.1	974.4	900.8
	三麦	—	—	—	—	—	—	—	—	—	—	—
1970	水稻	900	866.2	986	811	1017	921	838	915.5	870	1001	—
	三麦	162	145.5	156.1	168	163	159	148.4	173.2	96	143.5	153.6
1971	水稻	827	847.4	934	865	1014	879	868.8	915.4	885	866.6	889.5
	三麦	268	239.5	262.5	253.9	365.4	292	124.7	332.3	286.5	2425	290.3
1972	水稻	1017	935.6	1009	902	1008	936.1	856.9	1004	885.8	1003	959.4
	三麦	300.4	267	301.1	323	364.6	295.5	265.5	333.4	267.1	300.3	300.6
1973	水稻	1030	966.4	993.8	962.7	1023	950.6	983.1	1045	913.6	1042	993.3
	三麦	219.7	171.4	172.6	171	205.9	181.9	200.5	186.1	179.4	174.4	188.2

续表

年份	农作物	1队	2队	3队	4队	5队	6队	7队	8队	9队	10队	合计
1974	水稻	1014	930	985.6	962.1	1027	979.9	992.4	1062	984.7	1064	996.5
	三麦	260	278.4	302.2	285	355.3	344.3	319	324.1	280.5	313.2	306
1975	水稻	861.7	805.6	884.8	872.5	996.3	805.7	812.9	931.3	875.1	857.6	856.7
	三麦	192.1	159.3	171.4	207.3	218.2	207.6	194.3	163.4	206.2	170.5	189.9
1976	水稻	1007	956.6	1006	1026	1149	1009	1026	1082	1003	1046	1030
	三麦	213.7	280.2	268.2	334.8	420	337.5	302.4	348.3	302.2	345.1	313.1
1977	水稻	767.7	788.5	810.7	869.1	900.4	960.2	778.3	959.5	821.5	977.2	846.6
	三麦	127.4	110	121.5	170.8	275.9	162.1	148.2	135	134.1	136.2	157.8
1978	水稻	838.8	897.1	1010	951.4	967.2	992.9	964.8	1074	834.4	1049	950.6
	三麦	410.6	385	387.6	401.6	445	505.6	459.1	422.3	405.3	453.8	425.7
1979	水稻	977.8	882.8	1026	1090	994.4	970.6	1051	1096	958.1	1110	1009
	三麦	486.5	522.9	575	556	600.3	571.9	577	516.5	530	558.1	549.1
1980	水稻	626.5	539.6	677	824	766	702.3	731.5	789.1	708.9	799.1	707.2
	三麦	379.2	412.2	359.3	510.6	474.6	543.5	526.5	476.8	356.4	535.6	456.2

(六)作物栽培

1.水稻

育秧一般在立夏前后浸种。旧时种田方法简单，耕作粗糙。一块大田经过耕翻、捣碎、灌水后，用门板压平做成秧板，踏脚印成沟，然后撒上草木灰即成。1953年开始，为培育壮秧及防治病虫害，用泥水及药剂浸种，秧田做成垄式秧板，做到平、光、滑、肥。20世纪60年代，改水秧田为半旱秧田，即通气秧田，先将秧田放样开沟成垄，浅削整平，灌水捣烂，并用门板将垄面推平，从而减少浸种时间，省工省力。秧田与大田比例为1∶8或1∶10。种植双季稻时，育秧采用药剂浸种，温水催芽，塑料薄膜育秧。一度推广两段育秧，对促早熟有良好作用。

一般在夏至前后移栽单季晚稻。早熟品种在5月底至6月初移栽，中、晚熟品种在6月下旬移栽结束。中华人民共和国成立前，移栽行距稀、株距大，每亩1.3万~1.5万穴，10万~12万株基本苗。1957年推广合理密植，一般株、行距为4.5寸×5寸。20世纪70年代，双季稻移栽密度较高，采用拉绳插秧（除竖里拉绳外，横里由田边插秧的两人每插完一行秧，即刻将绳向后移动），属高密度移栽，插下的秧苗横竖匀齐，株、行距为3寸×4.5寸，每亩2.6万穴，9万~10万株基本苗。插秧要求严格，以浅、直、匀为好，而浅插不倒为优。浅插优点是返青快，分蘖早。插秧要求做到不插隔夜秧、不插落坑秧、不插清水秧、不插扯篷秧、不插大水秧、不插灰堆秧、不插烟筒秧。移栽后，保持田间1~2寸水，促使成活，有“浅水插秧、深水活棵”之说，田间管理以水、肥、防治病虫害为主。移栽后灌深水防败苗，活棵后浅水勤灌，促进分蘖，分蘖末期脱水轻搁田，控制无效分蘖，促进根系生长；中期水浆以浅为主，大暑前后适当重搁田（把田间水放干，待土壤微白裂缝），扬花期保持浅水层（没脚背水）；后期浅水勤灌，干干湿湿，以湿为主，灌一次跑马水（即灌即放），增加谷粒千粒重（专用词，1000粒稻谷种子的质量）。20世纪50年代，移栽后半月分别用大耥、小耥（一种耥稻工具）在行、株间除草各1次。耥稻不仅能除去杂草，还能疏通土壤，增加土壤通透性能。还要2次耘稻，第一次全凭人跪在田间边爬行边用手除草，第二次连水带泥抹一遍，使草不能重生。20世纪80年代开始，除草使用药物，不用耥稻、耘稻。移栽三四天后施用除草醚，每亩1斤拌细土撒入田内，保持深水三四天，杂草嫩芽即清除，省工省力。20世纪90年代采用乙草净、稻草畏与化肥混合施用除草。一般耘耥前，施用追肥以农家猪羊灰为主，搁田后用人粪尿。20世纪50年代始，逐年增施化肥，品种有碳铵、过磷酸钙、钾肥（用作基肥为宜）、尿素、氯化铵、复合肥等。水稻主要病虫害有稻蓟马、纹枯病、稻瘟病、条纹叶枯病、螟虫、纵卷叶虫、稻飞虱等，一般用药剂、药粉防治，或担水泼浇，或兑水喷洒。主要选用稻瘟净、稻脚青（粉剂）、马拉松混合剂、乐胺磷乳剂等防病治虫。

附：双季稻

双季稻按季节分为两熟（前茬休闲田或红花草田）、早三熟（前茬元麦、蚕豆）、晚三熟（前茬小麦或油菜）。前季稻秧田面积为种植面积的18%。育秧方式先后有露地育秧，尼龙棚架、尼龙平盖及尼龙打洞育秧，地膜育秧，条寄育秧多种。分不同茬口、不同育秧方法在3月下旬和4月下旬落谷，每亩秧田播60~120千克（条寄育秧田播200千克），每亩大田用种17.5千克。通过稀播、足肥、精管培育，两熟制嫩壮秧，早、中三熟健壮秧，晚三熟老健秧。大田前茬腾出后干耕，整平田面抢早栽，采用基肥足、面肥速、追肥早的“一轰头”施肥方法。中、晚三熟茬口多用栽前施肥法在移栽前一次性施下田。留10%化肥在移栽后“捉黄塘”。后季稻按种植面积20%留足秧田，每亩大田用种12.5千克。播种期为晚稻6月10~18日，中稻6月20~27日，早灿稻早翻早7月8~13日。育秧方式以水育大苗为主，另有两段育秧，抽条留苗，秧田套种杂优稻的，培育绿中带黄、不披叶、不疯长的老健秧。移栽施足有机基肥，以每亩25千克碳铵为好，移栽后原则上不追肥。

2.三麦

三麦是指小麦、元麦、大麦（含壳）的统称，当地一般种植小麦较多，次为元麦，还种大麦。元麦作为酿酒之原料和养猪的饲料，小麦供食用。民国时期，当地农民对三麦生产不重视，称其为小熟，粗耕粗种，故产量较低。中华人民共和国成立后，注重精耕细作，改进栽培技术，实施宽垄深沟、薄片深翻、精捣细斩、确保全苗。田间管理强调早施苗肥，施足腊肥，补施拔节穗肥，同时注意沟系配套，防治渍害。1975年，部分田块采用暗沟，既可防地下水，又能扩大播种面积。1984年全面推行“免耕板田麦”法，减少耕翻环节，提早播种季节，充分利用表面熟土，打好三麦早发高产基础，一般小麦在芒种前收获。“稻要养，麦要抢”，小麦收获期不可耽误。

3.油菜

油菜的品种以白菜型本地种为主，有黄种、黑种、上菜、大黄叶等。1954年引入甘蓝型品种。1959年引进泰县油菜，本地油菜基本淘汰，后来主要种植胜利油菜。20世纪60代始，针对油菜属喜磷作物的特点，在秧苗培育期施用磷肥，做到培育壮秧，移栽田块改为阔垄深沟，劈横移栽，带肥移栽，合理密植。成活后施好追肥，冬季增施腊肥，抄沟壅土，防止冻害。清明前施好临花肥，形成冬壮春发，并防治病虫害。20世纪70年代后期，试行“免耕板田油菜”法，劈横移栽，提高土地利用率。

（七）农具农机

民国时期，农民种田使用农具大都为小型农具，以铁耙岔田，人力水车灌田，用木质稻床、稻桶脱粒，农船运输载物，许多农活都是靠人工完成。直至中华人民共和国成立，耕作、排灌、收获、加工运输农具都保持原有状态。1958年公社化后，耕作较多地使用牛力，排灌实现机械化替代人力。20世纪70年代中期，由小型拖拉机耕田，基本实现耕作机械化。20世纪80年代后，随着农业机械化的发展，收割脱粒、农副产品加工和农作物运输逐渐实现机械化。

耕作机具：犁、耙（百草耙、刀耙）、铁耙（以齿形分满锋、菱叶、尖齿、钉齿、板齿、凿子齿）、锄头、铁抄（圆抄）、手扶拖拉机、插秧机。

排灌工具：人力水车、牛力水车、风力水车、水泵。

收获工具：镰刀、稻床、稻桶、风车、竹匾、筛子、栲栳、山笆、斗、斛、脚踏轧稻机、稻麦两用脱粒机、联合收割机。

粮食加工机具：石臼（舂米用）、木砻、石磨（磨粉用）、砻谷机、碾米机、粉碎机、小钢磨。

运输机具：扁担、担绳、扛棒、农船（配有橹、篙、桅、篷）、板车、机动拖车、挂机船。

积肥、施肥工具：罱网、罱泥箩头、粪桶、粪勺。

1960年，胜利大队有犁38张、耙26张、插秧机18台、脱粒机57台、三车40部（其中牛车18部）、喷雾器19台、喷粉器15台、农船18只、柴油机1台。东风大队有犁48张、耙34张、脱粒机40台、三车62部（其中牛车15部）、喷雾器17台、喷粉器2台、船29只。

附：1962年生产情况总结

1962年，胜利大队第3生产队贯彻执行党的《农业六十条》政策，实施三级（人民公社、生产大队、生产队）所有，“队为基础”，确定生产队为集体所有制基本核算单位。对3队实行土地、劳动力、耕畜、农具“四固定”和执行“三定一奖”（定产量产值、定劳动日、定成本、超产和节约生产费用给予适当奖励）的制度。三麦和水稻获得了丰收。

一、概况

胜利3队现有高田167.6亩，其中有瘦田100亩，占总田亩的59.7%。全生产队共有农户27户，人口89人，其中，男正劳动力24个、男半劳动力4个、女正劳动力13个、女半劳动力9个；无劳动力的39人，占全队总人数的43.8%。另外有耕牛2头、三车3部（牛车、顺风车、拜堂车各1部）和农船2条。

二、成绩

胜利3队在公社党委和胜利大队支部委员会领导之下，认真贯彻党的方针、政策、决议和指示，高举总路线、“大跃进”、人民公社三面红旗，鼓足革命干劲，奋勇前进。因而于1962年度在农业生产战线上取得了较好的成绩。三麦、水稻均获得了丰收。

1.集体大田粮食增产：（1）1962年小麦单产达到184斤，与1961年单产148斤相比增产36斤，增长24.3%。（2）1962年水稻单产608斤，与1961年单产527.9斤相比，增产80.1斤，增长15.17%。（3）1962年全年单产为710斤，与1961年全年单产587.7斤相比，增产122.3斤，增长20.8%。（4）1962年全年总产量达120001斤，与1961年全年总产量99323斤相比增产20678斤，增长20.8%。

2.随着粮食的增产，1962年度在分配水平上亦有所增长。

（1）1962年每人平均口粮为557.5斤，与1961年每人平均口粮339斤相比增加218.5斤，增长64.5%。再从现金分配水平来看，亦同样有所提高。1962年每人平均为128.65元，与1961年99.10元相比增加29.55元，增长29.8%。

（2）家庭副业大大发展：粮食的丰收给家庭副业带来了有利条件。在饲养家禽家畜方面大大发展，仅以饲养猪只一类来看苗头很大，1962年饲养猪只102头（母猪12头、肉猪30头、苗猪60头），与1961年7头（母猪2头、肉猪1头、苗猪4头），相比增加95头，增长1357%。

三、体会

胜利3队自从去年丰收以来，在经济上翻了身，穷队变为富队，社员的生活大有改善，吃、穿、用不愁。并且，在政治面目上亦大起变化，认识到走集体化是共同富裕的道路。感谢共产党和毛主席。如：马荣生（贫农）家有5口，是个困难户，1961年分红时透支40余元，因此在生活上比较困难，但是由于1962年丰收，因此在分配时分到现金385元、粮食3185斤（劳动粮400斤），自留地上山芋收到2500斤、南瓜1500斤、三麦250斤，饲养母猪1头，出卖苗猪收入300余元。在农历过年时杀了1头大猪过年。又如：老农翁阿宝在社会主义教育运动中，感动地说：“今年吃到这么多的口粮，我们贫苦农民是心满意足了，做梦亦想不到吃这许多粮食，现在种田不要担啥心思，共产党、毛主席好。”能取得以上的成绩，主要有下列几点体会：

1.干群一条心、泥土变黄金。翁水根队长首先在思想上认识到，搞好集体生产就是加速建设社会主义，但是靠一个人的力量是有限的，必须依靠群众，因此他平时做到有事和大家商议，在工作上以身作则，处处带头，领导群众全心全意搞生产。因而群众和他的关系日益密切，亲如手足。比如：自从和9队分队后，在1961年9队是超产队，口粮吃到40斤，而3队恰恰相反，是个减产队，当时3队社员看到9队吃丰产酒，议论纷纷，思想异常混乱，不安心生产。甚至有少数社员公开说：“我后悔不曾参加9队，现在口粮只吃23斤，生活越来越苦！”还说：“麻雀千跳不如老母鸡一踱。”（意思是虽然翁世根一天到晚忙，但不及顾阿炳队长在田岸上踱方步——动脑筋。）当时翁世根队长发现这些情况后，感到苗头不对，就立即请示大队党支部，然后召开了社员大会，和大家商议。翁在大会上说：“种田不看一年，我们不要气，只要记，要吃饱肚皮，必须搞好生产，大家团结一条心，泥土亦会变黄金，穷队也能变富队。”经过他这样一讲，大家认为队长讲得对，要过好日子，必须千方百计动脑筋，来搞好生产。因此当场有些社员主动提出，自愿投资，到横泾挑黄粪、割青草、罱河泥等以积肥。结果发动群众割青草1500担、罱河泥67040担，克服了肥料不足的困难。

2.农业“八字宪法”是个宝，认真贯彻收成好。翁世根队长首先在思想上认识到农业“八字宪法”是个宝，认真贯彻收成好。因此凡是大队党支部召开会议，布置生产任务，他就领会到“八字宪法”的具化。会开好后，立即回到生产队贯彻。从以下几个例子可以看出他贯彻“八字宪法”的坚决性。

（1）去年大队布置除虫害任务，翁开会回去后，立即召开会议，从队干部到社员，做到层层发动、抓住季节除虫。在除螟方面，用药剂（“六六粉”）、点螟灯、采螟块三结合，白天由有除虫经验的老农将“六六粉”和细泥（用筛子筛的泥）混合后撒在稻田。并发动青少年采螟块。晚上发动社员点螟灯，做到块块除虫。自从采取了上述措施后效果良好。原来北塘河滩上有“八五三”品种晚稻20余亩，全部遭到螟害，经过除虫后，全部返青蛮好，结果单产达到650斤。

（2）严格执行密植播种法。在密植工作上，亦是始终如一，认真贯彻坚持“五方形”，首先量好尺寸，用绳子经好，然后按照“五五方形”插秧，在评工记分前，由验收小组人员先进行规格检查，如发现质量差的，立即返工。如：有一社员插秧，埭头较稀，被验收员在检查时发现，立即返工，此后，密植制度一直坚持到现在。从效果来看，密植产量较高。

（3）合理施肥，多产粮食。田稻丰收肥料是重要的一环，没有肥料挑下去，在收割时亦同样没有粮食挑起来，收成就不好。但是肥料过分垩得太多，稻麦就要滚倒，收成反而不好。我们体会到合理施肥亦是重要的一环。首先做好肥料摸底工作，做到心中有数，瘦田要多施肥料，水稻田一般要垩三次肥，头遍垫底，用柴塘河泥和猪羊灰。二遍在浪耥稻根上垩，三遍结耥。自从去年这样施肥以后，三麦、水稻的产量较高。一般均超过原定指标。

（4）除草工作亦重要。三麦、水稻田里有了草就会影响它的生长，最后使粮食减产。因此我们对除草工作一环同样看得很重要，一般水稻做到二耥二耘二拔草。在三麦田里亦同样除净草，效果好，产量高。

胜利大队第3生产队

1963年4月20日

二、生产经营管理

（一）核算单位

1954年，初级社时期，保留社员生产资料所有权，实行土地入股，耕畜和大农具作价归社或由合作社租用。实行合作社统一经营，统一核算，按土地、劳动力分配。

1956年建中第四、第五高级社时期，生产资料有偿转为集体所有，均由社内统一经营，统一核算，按劳分配。

1958年10月渡村人民公社成立后，高级社时期的生产资料无偿转入人民公社，形成“一大二公”体制，产生“五风”（“共产风”、瞎指挥风、浮夸风、命令风、特殊化风）。

1958年，第11大队7个生产队，人口1134人，有耕地1937.93亩，牛26头、牛车18部、牵车17部、风车9部、踏车6部、耙18张、双铧犁2张、喷粉器9台、喷雾器2台、脱粒机18台。第12大队7个生产队，人口1296人，有耕地2336.35亩，牛31头、牛车28部、牵车50部、踏车2部、耙30张、喷粉器2台、喷雾器15台、脱粒机42台。

1962年，胜利、东风大队贯彻中央《农村工作条例（草案）》，实行三级所有，队为基础的核算办法，确定生产队为集体所有制的基本核算单位。并对生产队实行土地、劳动力、耕畜、农具“四固定”和“三定一奖”制度。划分社员自留地。

1962年，胜利大队分为9个生产队，人口1082人（男526、女556），实行“四固定”后，有耕地1882.3亩（水旱田1816.3亩、荡田66亩），劳动力424个、耕牛27头、农船27只、犁56张、耙25张、稻床29只、脱粒机37台、三车36部（风车10部、牛车13部、踏车5部、人车8部）、喷雾器13台、喷粉器5台。社员共有自留地138.88亩。

是年，胜利大队平均水稻亩产581.8斤（其中前季稻亩产451斤、后季稻385斤），三麦亩产156.8斤，油菜亩产49.6斤。其中第5生产队120人，有耕地240.3亩，平均水稻亩产609斤，三麦亩产198.4斤，人均分配水平86.18元，人均口粮560斤（稻谷）。

东风大队分为13个生产队，人口1341人（男676、女665），实行“四固定”后，有耕地2137.5亩，劳动力540个、耕牛32头、农船23只、犁49张、耙18张、稻床28

只、脱粒机45台、三车67部（风车15部、牛车17部、踏车5部、人车30部）、喷雾器14部。社员共有自留地177.79亩。

是年，东风大队平均水稻亩产609.2斤（其中前季稻亩产451.2斤、后季稻253.4斤），三麦亩产178.4斤，油菜亩产67.3斤。其中第4生产队95人，有耕地170.8亩，平均水稻亩产659.7斤，三麦亩产189.2斤，人均分配85元，人均口粮691斤（稻谷）。

原塘桥村（塘桥大队、胜利大队）、吴舍村（吴舍大队、东风大队）耕牛、农船、农具及农业机械选年统计：

1959年，胜利大队有木犁22张、双铧犁7张、耕牛27头、农船33只、喷雾器44部、喷粉器6部、三车（水车、牛车、风车）70部。东风大队有木犁98张、双铧犁4张、耕牛70头、农船139只、机器型柴油机3部、木柴机2部、三车（水车、牛车、风车）67部。

1963年，胜利大队有木犁34张、耙21张、脱粒机38台、喷雾器6台、人力水车11部、风力水车7部、牛车18部、农船21只、渔船6只、运输船1只、耕牛32头。东风大队有木犁42张、耙18张、脱粒机50台（其中电动1台、打谷机49台）、喷雾器13台、人力水车26部、风力水车11部、牛车13部、农船25只、渔船2只、排灌用柴油机3台、耕牛35头。

1964年胜利大队有木犁38张、耙22张、喷雾器22台、喷粉器6台、脱粒机51台（其中电动机6台）、人力水车13部、风力水车4部、牛车15部、农船31只、渔船5只、运输船1只、水泥船7只、耕牛32头。东风大队有木犁46张、耙26张、喷雾器14台、脱粒机51台（其中电动机3台）、碾米机1台、磨面机1台、人力水车24部、风力水车5部、牛车11部、农船28只、渔船2只、水泥船4只、帆船1只（2吨位）。

1966年，胜利大队有木犁41张、耙24张、喷雾器16台、脱粒机43台（其中电动机10台）、农用马达2台、大队碾米机2台、人力水车10台、牛车16台、农船36只（其中水泥船11只）、渔船6只、运输船1只、耕牛35头。东风大队有木犁43张、耙27张、喷雾器14台、脱粒机44台（其中电动机10台）、碾米机2台、磨面机2台、人力水车24部、风力水车2部、牛车5部、农船29只、水泥船6只、渔船2只、耕牛35头。

1969年胜利大队有农船36只（其中木船20只、水泥船16只）、渔船7只、运输船1只、耕牛37头。东风大队有农船25只（其中木船17只、水泥船8只）、渔船3只、耕牛39头。

1975年胜利大队有柴油机3台（11.76千瓦、44.1千瓦、47.775千瓦各1台）、14寸排涝泵1台、6寸和8寸灌溉泵各1台、中型粉碎机1台、手扶拖拉机4辆、小板车10部、4吨水泥船10只、30千瓦发电机1台、低压电线13174米。东风大队有柴油机3台（8.82千瓦、33.075千瓦、47.775千瓦各1台）、灌溉泵3台（6寸、8寸、14寸各1台）、中型粉碎机1台、手扶拖拉机5辆、小板车13部、30千瓦发电机1台、低压电线17395米。

1983年塘桥村有手扶拖拉机10辆、挂机14台、脱粒机20台、农船21只、小老虎（脱粒用）10台、水泵14台（其中6寸1台、8寸10台、10寸2台、12寸1台）、柴油机5台（其中195型4台、4120型1台）、电动机10台。吴舍村有手扶拖拉机14辆、挂机13台、脱粒机27台、农船38只、小老虎（脱粒用）14台、水泵14台（其中6寸2台、8寸10台、10寸1台、14寸1台）、柴油机（195型）2台、电动机11台。

附：东风大队关于核算单位处理意见

东风大队党支部和中共渡村公社委员会工作组经过充分研究，初步作出核算单位下放中政策问题处理意见，今提交正副生产队队长和社员代表讨论、通过。

讨论中要求大家根据三个有利于原则出发，即有利于生产发展，有利于调动社员的生产积极性和增强团结，有利于巩固发展人民公社制度。以教育农民为主，既要公平合理，又不斤斤计较。

一、“四不动”

（一）大、小队规模不动，只有第1生产队12户社员要返回胜利大队。经研究，12户社员并入胜利大队，不能另立生产队，只能并入胜利大队第4生产队。否则，大队同意整个第1生产队并入胜利大队。

（二）田地、劳动力、耕牛、农具不动。大队青口“十边田”，仍由各生产队经营，荒田仍固定第4、第5生产队经营，按比例给大队上缴机动粮。新分生产队的竹园、农具、稻草，由新分生产队与原生产队双方研究，协商解决。大队桑地仍由第7生产队经营，上缴奖励品给大队，由大队均分给各生产队。大队旱地按原生产队所属耕种，除确是基数之外，剩余旱地给大队上缴机动粮。

（三）大队办企业不动。大队成立木工农具修配站，确定3个技工、3个徒工，着重培养新生力量。草织厂由大队经营。排灌机械仍归大队管理。各生产队需使用，按排灌面积缴纳水费。

（四）干部负责生产队不动。

二、“五上缴”

（一）为了照顾生产队耕地、农具、水利等具体条件，大队确定各生产队提留公积金有所不同，分为三等。第1、第7、第11生产队从总收入中提留5.5%公积金上缴。第2、第4、第5、第6、第8、第9生产队从总收入中提留5%公积金上缴。第3、第10生产队由大队与生产队根据需要分成，初步确定大队提留60%。

（二）大队确定各生产队从总收入中提留3%为公益金。

（三）大队确定各生产队从总收入中提留2%为管理费和干部贴工。

（四）基本建设和义务工分，按各生产队全年总工分（基本工分）的3%，不能超过。

（五）按各生产队征购任务数的3%，上缴大队作为机动粮，用于防止天灾人祸或大队企业工人用粮。

三、征购任务

大队确定各生产队征购任务按照1961年不变。新分队的征购任务,先确定队与队单产差别,算出总产,对比1961年的总产按比例升降。(下列生产队单产供参考:第2生产队水稻单产567斤、第9生产队水稻单产565斤、第3生产队水稻单产527斤、第10生产队水稻单产532斤、第6生产队水稻单产567斤、第8生产队水稻单产563斤、第5生产队水稻单产556斤、第11生产队水稻单产572斤。)

四、社员口粮分配

大队确定1962年各生产队每人口粮400斤(原粮)。坚持以基本口粮和劳动粮及肥料奖励粮相结合的分配方法。基本口粮占70%,劳动粮占20%,肥料奖励粮占10%。

五、农业税

采取分配到各生产队的具体方法,按照1961年"三包"定产农业总收入,按比例分配到生产队。

六、清理大队账目

用于生产成本的款额,由大队负责归还。用于社员的债务,原则上谁欠谁还。透支户算到生产队,个别困难户由大队社会救济款解决。

大队与社员的折价款和投资款,由大队归还给社员。

大队现有的生产费用,按田亩分配到生产队。

大队现有的公积金、公益金由大队使用。

大队库存物资,除留给大队企业使用外,其余分配到各生产队。

中共渡村公社委员会工作组

1961年1月13日

表5-5　1962年胜利、东风大队"四固定"统计

大队	生产队数	户数(户)	人口(人)			劳动力(个)	耕地(亩)		自留地(亩)	耕牛(头)
			男	女	合计		总面积	其中荡田		
胜利大队	9	306	526	556	1082	424	1882.3	66	138.88	27
东风大队	13	370	676	665	1341	540	2137.5	0	177.79	32

大队	农具							农机		说明
	农船(只)	犁(张)	耙(张)	脱粒机(台)	三车(部)	喷雾器(台)	喷粉器(台)	水泵(台)	农机(台)	
胜利大队	27	56	25	37	36	13	5	—	—	当时土地、劳动力、耕畜、农具为四固定
东风大队	23	49	18	45	67	14	—	—	—	

（二）劳动管理

1958年10月渡村人民公社成立初，由公社统一指挥和调动生产队劳动力。第11、第12大队劳动力安排采用军事编制，分别为营、连、班，采取大协作和“大兵团作战”方式搞农业生产。为适应其生产方式，办起公共食堂、托儿所和幼儿园。

1958年下半年至1960年5月，胜利（第11）、东风（第12）大队受县和公社平调劳动力，分赴太浦河工程、苏东河运河工程、木渎船闸工程等水利工地，用劳动日103451个。此外，还调用劳动力支援光福公社种植果树，用劳动日1112个。在渡村人民公社范围内调用劳动力“大炼钢铁”、兴办庄子桥畜牧场（俗称“万猪场”）、办酿酒厂等。

1962年，实行以生产队为单位核算，由生产队统一安排和调配劳动力，组织集体生产劳动。每天出工前由生产队队长安排当日农活，收工前由记工员或会计按农活定额检查验收，得出工分，加以记录。

是年，胜利、东风大队制定劳动管理制度，主要抓好三个方面。一是采用分组作业，集体劳动。生产队分组作业，农忙时正劳动力和非正劳动力合理搭配，混合编成作业组。农闲时按男女劳动力强弱（一说兵对兵、将对将），分开编成作业组。二是加强农活质量验收。除组织生产队干部检查验收外，还采用社员互相监督和作业组对口检查的方法。三是按定额记分，做到日清月结，及时登入社员劳动手册。

20世纪70年代，各生产队加强劳动管理，实施“分组生产、四定（任务、工种、质量、工分）到位、检查验收、民主评分”的方法。此外，对于所在生产队“五匠”按公社革委会规定交钱记工，领取做工贴金，并坚持农忙务农农闲做工、亦工亦农的原则。凡是生产队其他务工人员亦如此。

1971年，胜利、东风大队进行“突出政治，为革命种田”的大寨式评工记分，按公社革委会要求，各生产队确定标兵（思想觉悟高、农活质量好、出勤足的社员）的标兵工分，其他社员以标兵为榜样，自己互评应得工分。实行大寨式评工记分后，生产队普遍出现“出工一条龙，生产大呼隆，做做歇歇磨洋工”“出工不出力”“人在心不在”的现象。那年月劳动报酬低，1个劳动日只得2个鸡蛋钱，劳动力少的社员做到年头拿回粮草还超（透）支。至“文化大革命”结束，仍恢复原来按农活定额标准评工记分的方法。

20世纪80年代实行家庭联产承包责任制后，每户自行安排农活搞生产，结束公社化以来集体生产劳动怠工的弊端。

表5-6　1978年胜利5队夏收夏种劳动定额情况

农活名称	单位	标准工分（分）	质量要求
割麦（一类）	亩	14	割得短，麦秸不超过1寸长，堆得齐，放得轻

续表

农活名称	单位	标准工分(分)	质量要求
割麦(二类)	亩	12	割得短,麦秸不超过1寸长,堆得齐,放得轻
割麦(三类)	亩	10	割得短,麦秸不超过1寸长,堆得齐,放得轻
捆麦(一类)	亩	6	捆紧,捆齐,轻放,拾净麦穗
捆麦(二类)	亩	5	捆紧,捆齐,轻放,拾净麦穗
捆麦(三类)	亩	4	捆紧,捆齐,轻放,拾净麦穗
挑麦(一近田)	亩	4	扎得紧,不拖地,一次挑净(100米内)
挑麦(二近田)	亩	5	扎得紧,不拖地,一次挑净(200米内)
挑麦(三近田)	亩	6	扎得紧,不拖地,一次挑净(300米内)
麦脱粒	时	2	每小时脱3亩,脱净,场地结清,扫净
割油菜	亩	9	轻割、放齐
挑油菜	亩	15	不多扎,不拖地,上午挑完
捆油菜	亩	8	轻捆,轻放,捆得齐,不浪费
脱油菜	亩	20	脱净,收好场,扫得清,不浪费
选麦种	亩	5	去杂留优,选纯,不弄坏麦秆
割鲜花草	亩	10	割得短,割净
挑鲜花草	亩	12	收净,挑光
割枯花草	亩	12	割得净,放得轻
挑枯花草	亩	7	收净,挑光
脱花草籽	时	2	脱净,不留秸头(开夜工脱)
坌田	亩	30	深翻6寸,坌得出底
落别	亩	8	四角落平,不起潭
推田	亩	4	肥料积匀,无大块,摊得平
发水河泥担	亩	15	每亩80担,上下挑匀,潭底出清
挑猪羊灰	亩	12	每亩3500斤,上下挑匀(每开1只圈加1分工)
挑猪灰	亩	1	抛得匀,底要捞清
抛河泥	亩	2.5	抛得匀,底要捞清
没水河泥潭	只	5	埂基出清,耖细,落平,好种秧
没岸河泥潭	只	4	埂基出清,耖细,落平,好种秧
坌田角	只	1	坌得深,坌到边,耖细,摊平
铲秧(大田)	亩	4	带泥1厘米,边秧铲光
挑铲秧(大田)	亩	8	挑光,收净不浪费
拔秧(大田)	亩	20	挑净,扎齐带泥
挑拔秧(大田)	亩	4	挑净,秧要抛得匀
种铲秧	亩	35	栽拎直,撸平脚壳潭,无落坑,无烟筒头,无眠枝
种拔秧	亩	25	栽拎直,撸平脚壳潭,无落坑,无烟筒头,无眠枝
种尼龙秧	亩	45	拉线定点,撸平脚壳潭,无落坑,无烟筒头,无眠枝
没深沟	条	2	深翻耖细
没秧田边沟	条	1	深翻耖细

（三）分配管理

1956年初级社时期，收益分配按“劳动力报酬应稍高于土地报酬”的规定，实行土地、劳动力按比例分配，以土地占40%、劳动力占60%的比例进行分配。高级社时期取消土地报酬，实行按劳分配。一般夏季预分，秋季决算。分配中，先缴清农业税和出售余粮，后归还国家到期贷款，再提留3%~5%的公积金、公益金，并留足生产资料和管理费，然后进行社员的经济和粮食分配。

1958年10月第11、第12大队仍按原有的高级社（建中第四、第五高级社）进行经济、粮食分配。

建中第四高级社（第11大队、胜利大队）302户1140人，农业收入24.4304万元，副业收入0.9841万元，其他收入0.0851万元，总收入25.4996万元，纯收入9.1210万元，社员人均分配58.70元。经济分配中，有余款162户，占总户的53.6%（其中，6~10元26户，11~15元20户，16~20元14户，21~25元3户，26~30元10户，36~40元8户，41~45元6户，46~50元10户，51~55元21户，61~70元19户，71~80元10户，81~90元9户，91~100元6户）；有超（透）支户150户，占总户的49.7%（其中，5元以 下27户，6~10元20户，11~15元20户，16~20元30户，21~25元5户，26~30元4户，31~35元3户，36~40元4户，41~45元4户，46~50元3户，51~60元4户，61~70元5户，71~80元4户，81~90元2户，91~100元2户，101~130元1户，131~150元2户，151~170元2户，171~200元4户，201~250元3户，250元以上1户）；人均口粮490斤原粮（稻谷）。

建中第五高级社（第12大队、东风大队）348户1272人，农业收入24.4611万元，副业收入2308.84元，总收入24.6920万元，纯收入10.4813万元，社员人均分配59.45元。经济分配中，有余款133户，占总户的38.2%（其中，6~10元4户，11~15元7户，16~20元10户，21~25元10户，26~30元1户，31~35元29户，36~40元28户，41~45元8户，46~50元24户，51~55元7户，61~70元1户，81~90元3户，101~130元1户）；有超（透）支236户，占总户的67.8%（其中，5元以下1户，6~10元8户，11~15元13户，16~20元15户，21~25元14户，26~30元9户，31~35元16户，36~40元18户，41~45元24户，46~50元26户，51~60元22户，61~70元17户，71~80元11户，81~90元14户，91~100元8户，101~130元5户，131~150元4户，151~170元2户，171~200元3户，201~250元4户，250元以上2户）；人均口粮440斤原粮（稻谷）。

是年，实行供给制和工资制相结合的平均分配方式。“吃饭不要钱”是供给制的主要形式。社员分配中工资制和供给制比例为6.5∶3.5。

1959年胜利大队工资制为65%，每人40.9元，总金额43927元；供给制35%，每人20.9元，总金额22447元。东风大队工资制为65.3%，每人34.5元，总金额45816

元；供给制34.7%，每人19.65元，总金额26095元。

1960年，胜利大队工资制为70%，每人57.64元，总金额61790元；供给制30%，每人24.7元，总金额26478元。东风大队工资制为70.6%，每人54.39元，总金额71958元；供给制30%，每人23.3元，总金额30826元。

1961年下半年，公共食堂停办，废除供给制和工资制相结合的分配制度，恢复按劳动工分计酬办法。社员口粮按基本粮加劳动粮计算，采取按年龄定基本粮和按劳分配定劳动粮相结合的方法。基本粮占70%，劳动粮占30%。社员的基本定粮按年龄计算，1~2虚岁每月定原粮（稻谷）7斤，4~7岁15斤，8~10岁20斤，11~15岁25斤，16~60岁44斤，60岁以上30斤。

生产队社员口粮标准依据当年粮食产量，1957年，建中第四高级社1127人，人均口粮538斤；建中第五高级社1272人，人均口粮600.5斤。1958年，第11大队1140人，人均口粮483斤；第12大队1272人，人均口粮473.1斤。1959年，胜利大队1074人，人均口粮449斤；东风大队1328人，人均口粮435.5斤。1960年，胜利大队1072人，人均口粮370.5斤；东风大队1323人，人均口粮381.5斤。

表5-7　1960年9月胜利大队口粮标准统计

等级	人数（人）	原粮（折合粮斤）	每月平均（斤）
1~3岁	79	120（86.4）	7
4~6岁	105	220（156）	13
7~9岁	114	280（204）	17
10~12岁	91	330（240）	20
13~15岁	75	400（288）	24
16岁以上	73	400（288）	24
全大队平均	1073	351.3（240）	19.7
大忙一等劳动力	200	565（405）	33.75
大忙二等劳动力	156	530（380）	31.7
大忙三等劳动力	144	490（350）	29.1
大忙四等劳动力	42	400（290）	24
中忙一等劳动力	200	520（375）	31.1
中忙二等劳动力	156	500（360）	30
中忙三等劳动力	144	470（340）	28.2
中忙四等劳动力	42	400（290）	24
小忙一等劳动力	200	500（360）	30
小忙二等劳动力	156	470（340）	28.2
小忙三等劳动力	144	445（320）	26.4
小忙四等劳动力	42	400（290）	24

表5-8 1960年9月东风大队口粮标准统计

等级	人数（人）	原粮（折合粮斤）	每月平均（斤）
1~3岁	83	120(86.4)	7
4~6岁	115	220(156)	13
7~9岁	135	280(204)	17
10~12岁	101	330(240)	20
13~15岁	100	400(288)	24
16岁以上	91	400(288)	24
全大队平均	1325	383.4(276)	23
大忙一等劳动力	162	555(400)	33.25
大忙二等劳动力	234	530(380)	31.875
大忙三等劳动力	160	490(350)	29.1
大忙四等劳动力	144	400(290)	24
中忙一等劳动力	162	530(381)	31.75
中忙二等劳动力	234	500(360)	30
中忙三等劳动力	160	270(338.4)	28.2
中忙四等劳动力	144	400(288)	24
小忙一等劳动力	162	500(360)	30
小忙二等劳动力	234	475(340)	28.2
小忙三等劳动力	160	445(320)	26.4
小忙四等劳动力	144	400(288)	24

1961年8月，社员出工减少，田里出现草荒（胜利大队219.55亩，占总面积的11.5%；东风大队446.5亩，占总面积的20.7%），粮食减产，社员当年口粮相应减少。胜利大队1054人，人均口粮420斤；东风大队1318人，人均口粮420斤。社员吃不饱肚皮，只得以瓜菜、糠麸代粮，或用野草、树叶充饥，年老体弱者十有五六患浮肿病、消瘦病，饿死、病死不少。11月，胜利大队出现浮肿病10人，消瘦病1人；东风大队出现浮肿病23人，消瘦病4人。

时国家调整粮食征购任务，生产队完成国家征购任务均奖励工业品票证，如布票、鞋券、糖票、烟票。1963年胜利大队完成征购任务48.47万斤后，奖励棉布票8514.5尺、胶鞋243双、絮棉194.6斤、糖票729.9斤、纸烟券2917包。东风大队完成征购任务48.543万斤后，奖励棉布票8628.7尺、胶鞋247双、絮棉197.2斤、糖票739.6斤、纸烟券2958包。

1963年，胜利大队人均口粮666.5斤，全社最高，最低的胜利第9生产队人均口粮293.8斤；全大队分配水平106.2元，劳动单价0.72元。东风大队人均口粮598.4斤；全大队分配水平110元，劳动单价0.71元。

1964年，胜利大队人均口粮589.3斤，分配水平104.67元，劳动单价0.74元。东风大队人均口粮628.3斤，分配水平104元，劳动单价0.81元。是年，全社人均口粮531.9斤。

"文化大革命"期间，实行纯收入按劳动日计酬分配，纯收入一般按生产队总收入扣除总成本计算，社员按劳动所得工分计算全年报酬。其间，公社领导强调正确处理国家（农业税）、集体（公共积累）、社员（劳动报酬）三者之间关系。经济分配方案直接按公社一级审核批准，社员人均分配水平一直徘徊在100~120元，甚至100元以下，各生产队普遍出现超（透）支户。

1965年，胜利大队透支户42户，占总户数的14%，透支2953元。东风大队透支户64户，占总户数的17.3%，透支4894.08元。

1977年，胜利大队1328人，人均分配水平91.43元。东风大队1777人，人均分配水平119.60元。

1978年，胜利大队人均分配水平127.64元，东风大队人均分配水平117.65元。是年，渡村公社人均分配水平112元，卫星大队第6生产队38户124人，人均分配水平6.4元，一个劳动日仅0.025分，为全社最低的生产队。

1983年，实行家庭联产承包责任制，由生产队统一核算分配改为户、组等多种形式，具体做法是核算产量和收支，按"交够国家的税金，留足集体的公积金、公益金和管理费，余下的都是个人所得"原则进行分配。在结算中同时落实干部补贴、扶贫、军烈属优抚及计划生育等有关政策。

附：胜利大队1966~1985年分配水平情况

表5-9　1966~1985年胜利大队（塘桥大队、塘桥村）各生产队社员分配水平（选年）

年份	1队	2队	3队	4队	5队	6队	7队	8队	9队	10队	11队	大队平均
1966	95.2	118.75	123.95	116.57	134.03	114.69	101.2	120	109.82	120.14	—	114.41
1970	80.34	98.02	103.6	85	104.5	102.7	82.6	102	72.32	102.03	—	93.19
1971	88.97	102.88	115.4	88.79	111.91	112.4	108	108.37	111.45	106.23	—	104.2
1972	96.75	103.2	136.14	119.28	136.11	121.29	108	130.86	125.28	118.5	—	116.82
1973	93.75	107.04	119.93	102.89	122.4	102.29	92.78	114.04	119.23	113.85	—	107.31
1974	100.35	118	128.3	122.11	141.31	123.83	117.93	133.75	131.68	136.25	—	123.41
1975	85.61	95.32	111.58	109.13	119.46	99.32	89.48	119.54	103.12	98.32	—	101.57
1976	96.55	113.92	119.29	127.74	133.42	128.36	105.48	125.59	105.57	134.79	—	118.35
1977	80.86	82.05	93.14	108.52	110.48	114.27	68.3	107.94	61.95	121.31	—	91.43
1978	100.9	114.01	134.88	148.63	137.95	140.94	115.72	138.5	110.66	149.07	—	127.64
1979	124.8	143.96	156.75	202.15	191.59	167.9	157.63	156.13	163.88	183.7	—	163
1980	140.07	109.97	112.99	165.15	166.7	128.53	112.4	175.33	122.8	161.82	—	138.72

续表

年份	1队	2队	3队	4队	5队	6队	7队	8队	9队	10队	11队	大队平均
1981	130.13	107.71	134.51	149.81	162.75	111.79	131.39	131.72	120.93	153.47	114.46	135.73
1982	182.15	170.6	191.92	275.18	220.7	186.2	185.39	194.83	252.3	215.34	189.62	204.96
1983	265.3	269.6	321.8	295	324	272.5	249.1	270.2	348/.6	290.1	304	286.8
1984	477.26	466.03	460.8	468.5	525.2	415.4	462.21	528.5	610.3	505.41	510.58	486
1985	580.14	522.8	522.72	622.27	648.62	558.9	553.11	513.6	626.24	300.41	643.71	580.97

三、农田水利

（一）农田灌溉和排涝

民国时期至20世纪50年代，村域内农田灌溉主要依靠三车（人力、畜力、风力车）取水。取水口为农田周边的河道，因河道密布，取水灌溉较为方便。村域内半高田及高田的排涝都是由高向低直排。

自20世纪60年代起，先后采用机、电灌排。1967年，胜利大队在塘桥加工厂（位于塘桥西侧）设固定站，另设舍上闸里固定站，使用3台泵（12寸、14寸、17寸水泵），共计74.23千瓦。同时在塘河以北农田开挖灌水渠道3500米，负担灌溉面积1354.3亩。1974年胜利大队通电后，机房改用50千瓦马达，水泵改用14寸泵。塘河之南（属胜利1队）66亩田单独用195柴油机拖8寸泵抽水灌溉。

1967年，东风大队加工厂（位于西塘村东段）配套增设8寸、14寸水泵各1台，同时在村域内开挖灌水渠道6000米，其中，南北向2500米，南至黄墅里尺桥，北至吴舍与柳舍交界；东西向2条，一条位于机房南，东至陆步庄与舍上界岸，西至太湖边顺堤河，长2000米，另一条位于机房北，东至水路与胜利4队交界，西至太湖边顺堤河，长1500米，所经河道采用虹吸管穿越，共4条，灌溉面积1621.5亩。

村域内东风6队（黄墅）建有机房1座，并配备8寸水泵1台，受益面积282亩。

村域内置机船2只，机械动力26.46千瓦，用于零星地块或突击灌溉。

村域内舍上、陆步庄地势较低，中华人民共和国成立前舍上虽建1座水闸，但遇洪水还是主要依靠人力水车排涝。公社化后，扩建水闸，增设机械水泵抽水。1975年村村通电后，改用电力排灌。舍上闸河增设50千伏安变压器，配用17千瓦（型号JO2-71-6）与13千瓦（型号JO2-62-6）马达的水泵（12寸）各1台，灌排面积396亩。旧时陆步庄遇涝在塘河口筑坝排水，至1958年后增添水泵排涝，2014年建成水闸，通过外河抽水后预降水位，确保低田不再受涝。

1974~1975年，为适应双季稻、三熟制灌排需要，村域内的半高田、高田的田间沟系，基本做到“一方田块、两头通水（一头灌、一头排）、三沟（小、中、大）配套”，使90%的农田改善排水降渍条件。

（二）湖堤建设

村域内的漾河港田、菱湖嘴田、松坟头田为低洼田，均在西太湖沿岸。由于湖岸较低，遇大水受湖水侵袭，堤岸倒坍，常被淹受灾，有“十年九不收”之说。旧时菱湖嘴连接余山（两者间湖面以前全是农田），后逐年坍缩至今状。

历史上曾修筑西太湖大堤。清光绪八年（1882），举人柳商贤等地方人士为菱湖嘴一带部分地段（陆舍外滩迤南至陶舍港229.8丈、柳舍南港至淹山港140丈、淹山港迤南至沙港沿湖78丈、大王庙港迤南至菱湖嘴沿湖244丈、黄墅港口左右沿湖134丈）无石塘护岸，陈乞当局建新塘。光绪九年（1883），择要垒建，长1608.6丈。由此可见，境内历史上西太湖岸原有老堤。

1949年台风暴雨，湖水冲溃老堤。1950年春至1953年，各乡民工加固加高老堤。1952年2月，震泽县人民政府在南北西塘（现属前塘村范围）新建块石护坡1.2千米，共用石料2000吨，为中华人民共和国成立后震泽县内第一个建成的石护坡工程，县财政补助5160万元（旧币），工程于5月完成。

1958年11月西太湖大堤修筑期间，震泽县委、县政府加强领导，于黄墅举办水利骨干现场训练会，出席180余人。会上强调铺设土轨道、运用四平车和明确圩堤规格质量。县委第二书记张荣贵、副县长张振东亲临现场。

1958年12月，第11、第12大队出动民兵50余人，随太浦河太湖分洪工程指挥部震泽团渡村营，开赴洞庭东山大嘴山，参加东太湖穿湖大堤工程。1959年4月基本完成芦沼段大堤工程，后因计划变动而终止。渡村营完成长度35.002米，土方38637立方米。胜利（第11）大队投入9400劳动日，东风（第12）大队投入10100劳动日。

1982年12月18日，西太湖复堤工程（自东山金家河至胥口横河头，全长17.4千米）开工。设计标准为堤顶高7米，顶宽5米，外青坎20米，内青坎10米，外坡1∶2，内坡1∶3。时有2000多名民工参加，历时58天，至1983年2月结束。

1991年12月15日，环太湖大堤复堤工程开工，直至1993年末，境内大堤属越湖路段。

1983年11月，西太湖大堤的黄墅港修建防洪闸1座。

1983年至1985年末，境内西太湖大堤全部完成建设重力式浆砌块石挡浪墙。

（三）河道整治

境内河道属平原浅水型，因地势平坦，水位较为稳定，落差不大，年平均水位变化幅度在2米以内。河流比较小，水流缓慢，一般情况下流向自西向东，但因太湖水位的关系，大暴雨后或风力较强时，河流短时间内会出现东水西流现象。

1979年10月，渡村公社新开定向河（塘桥至西陆），长2.19千米，河底宽4米，底高0.8米，完成土方6万立方米。

1982年12月，在西太湖环湖复堤时，结合取土，开挖黄墅港至胥口内转河（现顺堤河）1条，同时完成黄墅港至渡水桥外转河1条（大部分由东山负责），缩短了东山至胥口的内河航行里程。是月，在黄墅港菱湖嘴建成2座防洪闸，其中菱湖嘴设有1座机房。

2006年，苏东河延伸段（黄墅港口至东塘口）开挖竣工。全长1600米，顶宽45米，底宽30米，总土方25万立方米，投资250余万元。新建单侧驳墙1600米，投资250万元。新建桥梁3座，投资达5000万元。

2008年11月，吴舍万箩河（原小店门前至青石桥）建驳岸188立方米，造价6.935万元。

2009年12月，吴舍万箩河（青石桥西）建驳岸600米，造价79.8万元。是年，河道疏浚，吴舍永兴浜挖土方4400立方米（长650米），吴舍万箩河、走塘河挖土方8000立方米（长1050米），分别投资2.5万元、4.8万元。

2011年5月，射渎塘（西塘河）驳岸（东起原加工厂，西至邹文龙处）1377.3立方米、清淤3250立方米，总投资41.0696万元。是年，翁家浜疏河清淤365米，投资3.02万元。

2012年10月，海丝浜新开河道及清淤投资9.74万元。是年，灵湖西塘河道清理投资47025元，清理回填土工程（包括西塘、水路）投资3.92万元。

2014年，灵湖西塘（东段拆迁户门前）驳岸工程投资4.98万元。

附：1972~1978年胜利、东风大队参加水利工程人员名单

1972年冬，胜利大队参加常熟白茆塘工程的有邬水根、孔火林、金水明、陆金官等35人，东风大队有姚小弟、石夏兴、张文基、赵福林、赵金龙、赵才兴、夏明官、丁兴荣、陆洪兴、屠福林、朱传根、柳炳良等42人。

1975年冬，胜利大队参加太仓浏河工程的有陆荣明、朱伯大、沈国芳、孔阿四、孔全官、孔文华、孔凤根、曹雪明、邬阿弟、陆桂根、孔祥飞、陆福生、陆荣兴、金阿苟、庄坤林、金阿金、吴开明、顾雪根、朱阿二、吴全兴、李三保、陆高鸣、金火寿、陆火元、张坤贤、沈文明、张会其、沈水林、顾德元、龚明坤、周菊泉、熊根兴、陆康民、陆水官等34人，东风大队有石文官、姚小弟、张文基、赵才元、赵金龙、赵才兴、丁兴荣、浦德荣、吴月明、陆洪兴、屠福林、屠永涛、柳炳良、孔金根等43人。

1976年冬，胜利大队参加唯亭娄江工程的第一次有孔文华、孔阿四、沈雪其、邱杏泉、孔祥飞、邬根林、陆福生、徐相泉、庄坤林、金阿金、宋金华、李三保、朱阿二、沈根木、陆龙元、金火寿、沈文明、张会其、沈洪林、陆荣明、朱伯大、顾福元、陆金荣、陆水官，第二次有沈菊明、孔凤根、孔阿四、邱杏泉、邬根林、孔祥飞、陆福生、王阿才、翁伯元、庄坤林、金阿金、金传根、沈根木、李三保、柳阿大、金火寿、陆龙元、沈根发、张会其、沈洪发、陆荣明、朱伯大、顾德元、龚培根、陆金荣、陆水官；东风大队有沈水

根、赵才元、沈阿大、周根宝等30人。

1978年冬，胜利大队参加吴江太浦河工程的有邱杏泉、邬根林、孔祥飞、曹雪明、沈俊华、孔阿四、孔文华、沈雪其、翁水泉、陆福生、翁伯元、庄坤林、金阿金、徐阿寿、宋金炳、李三保、朱阿二、倪进兴、沈根木、陆龙元、金火寿、陆阿二、沈根发、张会其、沈洪林、陆荣明、朱伯大、陆进兴、顾德元、周菊泉、陆水官、陆康明、陆金荣、沈洪发，东风大队有陈永生、柳金生等45人。

第二节 副 业

历史上，村民除种植稻麦等农作物外，还从事酿制土烧酒、养猪、养蚕等传统副业项目。20世纪80年代，因乡村办企业发展，村民的家庭副业又增加羊毛衫缝合的项目。

民国时期，村域内主要传统副业项目有酿制土烧酒、养猪、养蚕等。一般农家除种田外，男性从事酿酒、养猪，女性从事养蚕。

中华人民共和国成立后，农家酿酒仍旧继续，按自然村组成酿户联营组，直至初级社办成酿酒工场。1957年高级社发展后期因缺少酿酒原料而停业。农家养蚕，以个体为主，农业合作化中段由集体饲养。公社化后，蚕茧收入成为集体的主要副业收入。1983年家庭联产承包责任制实施后，一度由村民个体发展蚕桑生产。20世纪90年代中后期，蚕茧价格调整，影响农户养蚕积极性。至2000年农户不再养蚕。

一、酿酒

村域内酿酒始于明清，因地处太湖沿岸，湖水水质清冽，气候适宜稻麦生长，又偏离城区，酒禁令难及，由此引发农家酿酒的兴盛。当地有俗语："烧酒养猪做作灶，天盘嘴里出元宝。"时酿制的酒可挣钱，酿成的酒糟可喂猪，猪粪用来肥田，田中产粮再用于酿酒，自成一条良性循环的生产途径。另外，家庭酿酒还培养出许多酿酒技术人才。

民国时期，村域内水路上、吴舍有酿户庄毛二、庄根元、姚法根、赵阿虎、邹根兴、顾春海、石宝才、屠阿宝、沈礼康、赵水林、张水根、沈士康12户。西塘、陆步庄、黄墅有酿户孙根宝、朱根荣、孔富康、邹忠宝、杨阿美、凌义康、张阿二、沈福山、沈靠山、沈孝山10户。东塘、塘桥、舍上有酿户柳双卿、吴俊祥、翁俊芝、孔少泉、孔斌泉、韩林源、孔阿根、朱林宝、陆礼祥、金喜顺、金伯云、金雪云、张汉章、张银奎、金礼华、熊福官、张亿贤、陆秀祥、陆阿金、金俊康、沈阿二、孔玉田22户。此外，除了做烧酒，塘桥、舍上有酿户孔福明、陆福根、陆洪根等酿黄酒。

村民中的酿户除自家酿酒外，还帮工酿酒，有酿酒技术的高手，大都受雇到外地当师傅，俗称“掼糟坊”“做乡作”，主要在嘉善、松江、青浦等地，农忙时回家种田。吴舍有石阿奎、石毛头、朱金林、石兴康、柳杏根、周阿美、石阿元、赵永康、赵乾康、屠俊康。塘桥有孔明发、孔福明、朱林宝、孔阿根、陆根木、陆阿大。舍上有沈水根、沈水林、陆金根、陆传生、顾阿福、陆仙福、熊连福、熊洪福、沈阿华、朱巧福、陆伯大、顾根云、陆洪根。

1951年，由渡村税务所牵头，按自然村采取自愿结合方式，组成酿户联营组。一般联营组由五六户组成，配合资金、技术、生产工具等，实行股份制。1952年，各联营组接受国家专卖事业公司加工业务，酿制的酒由公司统一收购，所供原料由原来米麦改为高粱、玉米、山芋干等杂粮。如舍上金喜顺、金伯云、金雪云、陆秀祥4户曾经联营。

1955年，塘桥利用孔兆章、陆年初、沈季祥、孔来宝等4户空房15间办起石舍乡酒厂，内设4个工场，有职工60余人，每天生产烧酒800斤。

1957年，粮食实行统购统销，集体酿酒因缺少原料而停业。

家庭酿酒大都用元麦和晚粳米做原料，分麦胚酒和米胚酒2种。一般秋季做麦胚，冬、春季做米胚。

麦胚酒工艺流程为：浸麦（通常1石150斤）—蒸麦—杀麦（用开水泡）—闷麦（将泡过的水放掉）—晾麦（摊晾于竹制栈条上）—拌酒药—上垅—转风（保持垅上麦粒温度一致）—落作（将麦粒分装入12只绍酒甏内）—加水（略浅于甏口）—吊酒（15天后）。吊酒时4只绍甏为一锅，分3锅。

米胚酒工艺流程为：浸米（通常1石150斤）—蒸饭—淋饭（用水冷却至稍高于人的体温）—下缸拌酒药，并拍成糖—加盖（视气温用木缸盖或草缸盖）—冲胚（缸内冲入水）—泥没缸盖（指木和盖）—吊酒（15天后）。吊酒前需要开榨（将米胚拌上砻糠等填充物，增加酒糟通气性），使酒糟与胚浆分离。吊酒时把酒糟放入甑桶内蒸，将胚浆倒入铁锅中煮。

吊酒均采用加热蒸馏，都用平砌于地的专用灶，俗称“作灶”，烧火的灶膛低于地面。灶上铁锅上置甑桶，甑桶顶端置有锡制天盘，上用半球形锡锅罩住。用稻草文火将胚浆煮沸汽化，汽化后的酒汁遇锡锅盛的水冷却后凝聚成酒，称“头锅酒”，酒精度最高，二锅、三锅、四锅次之，最后流出的辅水少酒味，仅作佐料。

2015年，灵湖村恢复酿酒传统工艺，走访请教当地尚健在的老酿工，砌土灶，用老缸、木桶烧煮出原汁原味的渡村烧酒，年产10吨，2016年上市。酿酒作坊成为乡村文旅项目，接待旅游团队、学校学生参观。2019年4月，由苏州苏醉文化传媒有限公司、苏州吴井横泾烧酒股份有限公司经营，属吴中区非遗产品。注册商标为“吴井”牌。

附：渡村制作酒药土方

每一批次酒药制作需用16味草药及辅料等，民间土方大致如下：甘草1斤、黄柏1斤、桂皮1斤、桂枝1斤、川巴（四川巴斗）1斤、川芎0.75斤、甘松0.75斤、玉桂0.75斤、天花粉0.75斤、高良姜1斤、茴香0.75斤、白芷0.75斤、大山芹0.75斤、牙皂0.5斤、玉果0.5斤、北细辛0.25斤（合12.5斤），加辅料麦麸15斤、籼稻糙米200斤、白泥120斤，混合磨成粉，制成鸡蛋状。

二、养猪

民国时期，凡家庭酿酒户都用酿酒剩下的酒糟喂猪。一般把横泾猪作为当家品种饲养，横泾猪属太湖猪的一个类群，是小型猪种之一，体质较为细致紧凑。其头的大小为中等，嘴与额部较宽，皱纹少，耳稍大，且软下垂。母猪腹部呈紫红色，乳头多至16~18粒，且有成熟早、产仔率高、耐粗饲、适应性好、抗病力强、肉质细嫩等特点。村民养猪主要以解决种田肥料为目的，少数人家逢春节自宰自食，大都育成肥猪出售。一般饲养肉猪为多，较少饲养母猪。母猪繁育苗猪主要出售，少量自养。

1959年，东风大队饲养肉猪429头，胜利大队饲养肉猪479头。

1960年，东风大队集体饲养肉猪78头，社员个人饲养肉猪222头；胜利大队集体饲养肉猪143头，社员个人饲养肉猪191头。

1962年，社员划分自留地，给予提留饲料粮并实行工业品换购和奖励，个体养猪户不断增多，是年5月底统计，东风大队圈存猪363头（其中公猪1头、母猪34头、肉猪200头），平均每户0.8头，每7.2亩1头。胜利大队圈存485头（其中母猪88头、肉猪173头），平均每户1.1头，每5.4亩1头。

1965年，东风大队年末养猪圈存685头（其中母猪40头），其中集体养猪136头、个体养猪549头。胜利大队年末养猪圈存708头（其中母猪80头），其中集体养猪205头、个体养猪503头。

“文化大革命”期间，渡村公社号召向“一人养一头猪”“一亩一头猪”目标发展。1971年，东风大队1692人，养猪1136头；胜利大队1272人，养猪1101头。1972年，东风大队1714人，养猪1424头（其中7、10、11队达到1人养1头猪）。胜利大队1283人，养猪1272头（约达到1人养1头猪）。

20世纪70年代中期，东风、胜利大队为解决养猪饲料不足的困难，采取以青代粗、以青代精的方法，一度利用河浜、池塘放养水花生、水葫芦、水浮莲等“三水”作物，用机械搅拌成浆汁喂猪。是时，队队放养，如舍上村闸里（8队、10队）放养的水花生（从浙江嘉兴购种）达10余亩。

1982年，吴舍大队1830人，年末养猪圈存795头，其中母猪310头，出售肥猪408头，全年自宰86头，全年养猪1181头。塘桥大队1382人，年末养猪圈存530头，其中母猪193头，出售肥猪404头，全年自宰174头，全年养猪1804头。

1983年，实行家庭联产承包责任制，个体养猪越来越多。

1984年，吴舍村510户1803人，全年养猪2765头，年末养猪圈存2140头，其中公猪2头、母猪308头，出售肥猪413头。塘桥村373户1379人，全年养猪1741头，年末养猪圈存1226头，其中母猪237头，出售肥猪308头。

1988年，吴舍村全年养猪1446头，其中母猪379头，出售肥猪720头。塘桥村全年养猪1294头，其中母猪178头，出售肥猪553头。

村民大多数饲养肉猪，育肥后出售给国家。自20世纪70年代始，个体饲养母猪越来越多，出售苗猪，增加收入。为此，乡副业公司设立苗猪收购点，村民的母猪饲养量逐年增多。1979年，东风大队有第2、第9等5个生产队基本每户养1头母猪，有的甚至1户养2头母猪。

20世纪90年代中期，农业产业结构调整，饲料价格上涨，村民饲养母猪受到影响，三五年后肉猪饲养量也相应减少。21世纪，受土地被征（使）用影响，2003年后，村民养猪越来越少，养猪业盛极而衰。

表5-10　1960~1992年胜利大队（塘桥大队、塘桥村）、东风大队（吴舍大队、吴舍村）养猪统计（选年）

单位：头

年份	胜利大队（塘桥大队、塘桥村）								东风大队（吴舍大队、吴舍村）							
	集体						社员		集体						社员	
	公猪	母猪	仔猪	肉猪	圈存	全年	母猪	肉猪	公猪	母猪	仔猪	肉猪	圈存	全年	母猪	肉猪
1959	—	—	—	—	479	—	—	—	—	—	—	—	429	—	—	—
1960	—	—	—	—	143	—	—	191	—	—	—	—	78	—	—	222
1963	—	—	—	410	—	—	105	518	—	62	—	518	—	—	—	—
1964	—	—	—	488	716	—		612	—	—	—	514	—	—	—	—
1966	1	51	—	1328	623	—	82	792	—	—	—	623	1492	—	44	792
1967	—	30	—	—	1239	—	—	319	3	32	—	—	1095	—	16	498
1968	—	—	—	—	712	—	—	—	—	—	—	—	918	—	—	—
1969	—	—	—	609	—	—	—	334	—	—	—	272	—	—	—	456
1972	—	—	—	—	872	—	—	400	—	—	—	—	789	—	—	635
1973	—	—	—	—	1275	—	—	—	—	—	—	—	1238	—	—	—
1975	—	—	—	—	1270	—	—	—	—	—	—	—	1720	—	—	—
1976	—	—	—	—	1142	—	—	—	—	—	—	—	1107	—	—	—
1978	—	—	—	—	939	—	—	—	—	—	—	—	1139	—	—	—
1980	—	—	—	1688		—	—	—	—	—	—	1909	—	—	—	—
1982	—	—	—	—	530	—	—	—	—	—	—	—	795	—	—	—
1983	—	186	—	233	1077	1460	—	—	—	301	—	271	2015	2403	—	—

续表

年份	胜利大队（塘桥大队、塘桥村）								东风大队（吴舍大队、吴舍村）							
	集体						社员		集体						社员	
	公猪	母猪	仔猪	肉猪	圈存	全年	母猪	肉猪	公猪	母猪	仔猪	肉猪	圈存	全年	母猪	肉猪
1984	—	—	—	1941	—	—	—	—	—	—	—	3106	—	—	—	—
1986	—	160	819	535	256	—	—	—	2	334	1514	621	419	—	—	—
1988	—	178	830	286	1294	—	—	—	2	379	450	615	1446	—	—	—
1990	—	143	507	395	1045	—	—	—	1	284	908	415	1608	—	—	—
1992	—	140	—	670	—	—	—	—	—	310	—	800	—	—	—	—

三、栽桑养蚕

民国时期，村民用土种育蚕饲养。中华人民共和国成立后，推广新品种，提倡科学养蚕，养蚕期改1年1期为春蚕、早秋蚕、中秋蚕3期。1957年，建中第五高级社（东风）养蚕种9张。人民公社成立后，进一步重视蚕桑生产，公社配备专职蚕桑指导员，各大队由一名蚕桑大组长负责，东风大队钟叙元、胜利大队周根娣成为首批公社蚕桑大组长。1959年，东风大队集体养蚕种12张，胜利大队养蚕种3张。时受养蚕条件限制，蚕茧产量低。1960年，东风大队养蚕种33张，总产1320.3斤，单产40斤。20世纪60年代初，因扩种粮食，毁掉部分桑田，养蚕一度减少，1964年恢复蚕桑生产。1965年，东风大队养蚕种27.5张，总产1715.5斤，单产62.38斤，蚕茧收入2013.10元；胜利大队养蚕种0.75张，单产62.3斤，总产46.7斤，蚕茧收入54.60元。

1965年，东风6队养蚕种22.5张（桑地30亩），单产60.9斤，总产1370.3斤，蚕茧收入1608.86元。是年，该队在废屋基地上、乱石堆里搬石移土、填沟造地，开辟了30亩荒地种植桑树，发展蚕桑生产。1966年，东风大队养蚕种81张，总产达4189斤，蚕茧收入5813.89元。

1971年，东风大队养蚕种150张（桑地124.9亩），单产55.51斤，总产8326.6斤。其中，春蚕养66张，单产79.09斤，总产5220斤；夏蚕养28.5张，单产43.16斤，总产1230.1斤；早秋蚕养39.5张，单产28.68斤，总产1132.7斤；中晚秋蚕养16张，单产48.48斤，总产743.7斤。胜利大队养蚕种33.5张（桑地27.5亩），单产50.91斤，总产1705.6斤。其中，春蚕养15.5张，单产76.26斤，总产1182斤；夏蚕养4.5张，单产41.33斤，总产186斤；早秋蚕养10张，单产20.78斤，总产207.8斤；中晚秋蚕养3.5张，单产45.66斤，总产159.8斤。

1980年，东风大队养蚕种237张，单产74.2斤，总产17585斤，全年蚕茧收入33808.35元。胜利大队养蚕种43.5张，单产74.9斤，总产3259.6斤，全年蚕茧收入7022.83元。

1984年，塘桥村养蚕全年总产6.27担。其中，养春蚕种4.25张，单产78.2斤；夏蚕种0.25张，单产58.8斤；晚秋蚕种5.25张，单产53.3斤。是年，吴舍村养蚕全年总产74.205担。其中，养春蚕种53张，单产95斤；夏蚕种10.5张，单产60斤；晚秋蚕种27张，单产65斤。

1992~1994年，塘桥、吴舍村大力发展蚕桑生产，桑地面积700多亩，养蚕户400余户。其中塘桥村农户饲养448张蚕种，总产37529斤，收入19.23万元。吴舍村农户饲养275张蚕种，总产21283斤，收入16.12万元。1994年后，受外贸市场影响，蚕茧由每担920元降至每担500元，加之农户桑地（大都于农田种植）受水涝影响，大面积退桑还粮，退桑养鱼，产业结构重新调整。1995年，吴舍村仅黄墅自然村有旱地栽桑，继续养蚕，其余农户不再养蚕。

附：东风大队第6生产队发展蚕桑生产情况报告

渡村公社东风大队第6生产队位于西太湖边，是个种植稻麦为主的生产队。全队共有46户203人，正半劳动力116个，水稻田282亩，桑地30亩。该队在党的领导下生产年年发展，社员生活年年改善，所以生产干劲冲天，特别表现在蚕桑事业的发展，变化甚大。如1954年3亩桑地养1张蚕种；1955年3亩桑地养2张蚕种；1956年4亩桑地养3张蚕种；1957年4亩桑地养4张蚕种；1958~1960年归大队统一所养；1961年核算单位下放，桑地增加到12亩，养7张蚕种；1962年12亩桑地养8张蚕种；1963年14亩桑地养9张蚕种；1964年16亩桑地养13张蚕种；1965年30亩桑地养22.5张蚕种。在这12年中，该队的桑地不仅逐年增加，而且蚕茧产量也随之增加。如1954年每张单产只50斤；1961年张产36.4斤；1962年张产31.6斤；1963年张产43.1斤；1964年张产50.9斤；1965年张产60.9斤，总产1370.5斤。随着蚕茧的增产，副业收入和奖励也大大增加，有力地支持了以副养农。单1965年一年，蚕茧收入达1608.86元，占副业总收入的33%，占农业收入的4.3%，奖励化肥2241斤。所以社员反映，栽桑养蚕，本小利大，还有奖赏，粮产向上。

1965年12月27日

表5-11 1959~1994年胜利大队（塘桥大队、塘桥村）、东风大队（吴舍大队、吴舍村）养蚕统计（选年）

年份	东风大队（吴舍大队、吴舍村）					胜利大队（塘桥大队、塘桥村）				
	张数（张）	单产（斤）	总产（斤）	金额（元）	桑地（亩）	张数（张）	单产（斤）	总产（斤）	金额（元）	桑地（亩）
1959	41	32.75	1342.8	1362.67	50	3	35.67	107	96.37	4
1960	53	32.36	1715.2	1606.86	55	10	46.25	462.5	463.64	10
1961	24	45.72	1097.3	1098.56	30	7	52.14	365	366.86	8
1962	11.5	46.14	530.6	552.34	15	6	44.4	266.4	266.88	7

续表

年份	东风大队（吴舍大队、吴舍村）					胜利大队（塘桥大队、塘桥村）				
	张数（张）	单产（斤）	总产（斤）	金额（元）	桑地（亩）	张数（张）	单产（斤）	总产（斤）	金额（元）	桑地（亩）
1963	16.5	37.76	623.1	694.96	25	1.5	53.13	79.2	92.82	2
1964	18.5	54.82	1014.2	1216.06	23	1.25	46.08	57.6	71.97	2
1965	27.5	62.38	1715.6	2013.1	42.5	0.75	62.3	46.7	54.6	1
1966	58.5	37.46	2191.5	2482.14	59.5	—	—	—	—	15
1967	65	44.84	2914.5	3911.03	—	5.5	37.31	205.2	249.71	—
1968	87	45.79	3983.5	5128.4	—	13	53.47	695.1	845.16	—
1969	126	47.68	6008	8010.66	—	27.5	56.52	1554.3	2162.26	—
1970	132	56.3	7431.2	10166.8	—	29.5	58.27	1719	2230.96	—
1971	150	55.51	8326.6	11333.14	—	33.5	50.91	1705.6	2402.26	—
1972	208	50.2	10441.9	14821.4	124.88	61.5	48.04	2954.6	4018.85	27.47
1973	211.5	55.62	11764.7	16850.76	—	74	53.95	3992.3	5843.17	—
1974	250.5	61	15276.1	22639.05	—	83.5	57.07	4765.1	6938.57	—
1975	265	59.01	15638.3	22509.45	—	84	55.55	4666.7	6972.15	—
1976	247.5	66.93	16565	23691.63	—	76.5	62.75	4800.5	7348.28	—
1977	254.75	59.7	15228.7	21865.39	—	77	46.8	3602	5232.45	—
1978	240	61.4	14726.9	21936.1	—	65	59.3	3857.4	5773.97	—
1979	259.5	63.6	16495.5	31317.32	—	54.5	71.4	3875.3	7090.86	—
1980	237	74.2	17585	33808.35	142.9	43.5	74.9	3259.6	7022.83	29.8
1981	225	61.3	13784.8	26978.1	—	43.25	62.7	2711	5706.4	—
1982	123	80.5	9901.9	21593.48	—	21	68.2	1432.6	3133.15	—
1983	220.5	70	15420.07	30961.23	—	31	63.9	1980.3	4037.76	—
1987	20.25	92.3	1868.3	—	171.9	4.5	65.4	294.4	—	20.5
1988	14.25	93.4	1331.3	—	14.9	5.75	81	465.8	—	17.7
1991	80.5	72.8	5863.9	32546.66	211.3	159.5	80.5	12839	72713.81	386
1992	244.75	77	18836	91666.08	343.02	448.625	83.6	37529.1	192302.01	480
1994	275.25	77.3	21283.6	161250.23	312.9	624	69.9	43617.8	327786.46	456.4

表5-12　1981年吴舍大队蚕茧产量

队别	春茧			夏茧			早秋茧		
	张数（张）	单产（斤）	总产（斤）	张数（张）	单产（斤）	总产（斤）	张数（张）	单产（斤）	总产（斤）
小计	80.5	76.1	14351.74	25	69.4	1734.9	61	47.1	2872
1	6.5	80.2	1235.93	1.5	70.1	105.2	4	38.8	135
2	4	85.2	849.43	1.5	84.3	126.5	3	58.4	175.3
3	3	76.6	522.72	1	56.7	56.7	2	55.6	111.2
4	4	77.4	716.61	1	67.3	67.3	6.5	28.6	186.1

续表

队别	春茧			夏茧			早秋茧		
	张数（张）	单产（斤）	总产（斤）	张数（张）	单产（斤）	总产（斤）	张数（张）	单产（斤）	总产（斤）
5	8	79	1473.88	2	73.1	146.2	6	57.1	342.3
6	12	70.1	1967.74	5	69	345	9	31.4	282.9
7	3.5	87.7	762.33	1	69.3	69.3	4	40.7	162.7
8	4.5	76.6	835.06	1	68.7	68.7	3	63	188.9
9	9	86.8	1833.98	2.5	73.2	183.1	7	59	413.3
10	7	63.1	921.14	1.5	73.9	110.9	—	—	—
11	2	86.6	451.28	1	71.2	71.2	2	51.1	102.2
12	3	85.8	605.72	1	75.1	75.1	3	56.9	170.8
13	2	84.1	443.76	0.5	75.8	37.9	2	51.4	102.7
14	12	65.1	1732.16	4.5	60.4	271.8	9.5	52.5	498.6

队别	中秋茧			全年合计					
	张数（张）	单产（斤）	总产（斤）	张数（张）	单产（斤）	总产（斤）	总金额（元）		
小计	58.5	52.4	3049.4	225	61.3	13784.8	26978.1		
1	5	62.7	313.5	17	63.2	1075.1	2143.01		
2	3.5	51.4	179.9	12	68.5	822.4	1714.04		
3	1.5	57.6	86.4	7.5	64.5	484.1	941.51		
4	2	23.9	47.7	13.5	45.2	610.6	1227.8		
5	3	60.8	182.3	19	68.6	1302.6	2607.78		
6	10.25	59	589.5	36.25	57.2	2058.3	3941.8		
7	3.5	52.8	184.8	12	60.3	723.6	1394.75		
8	3	48.5	145.4	11.5	65	747.6	1517.13		
9	6	54.8	325.5	24.5	69.5	1703.4	3332.09		
10	5.5	21.4	117.6	14	47.9	669.9	1301.79		
11	1.75	43	75.3	6.75	67.5	421.9	853.87		
12	2	61	121.9	9	69.5	625.1	1208.8		
13	2.5	53.6	134	7	63.2	442.7	885.54		
14	9	60.6	545.6	35	59.9	2097.5	3908.19		

四、种植西瓜

民国时期，少数村民种西瓜。1958年公社化后，第11、第12大队种植西瓜面积不多。1962年实行生产队核算后，各生产队在制订生产计划时，自行安排副业生产项目，确定种植面积，一般每个生产队在3~5亩。

1963年，东风大队种植西瓜36.7亩，收获西瓜60100斤，收入444.4元。胜利大队种植西瓜41亩，收获西瓜58900斤，收入440.46元。

1966年，东风大队种植西瓜67.7亩，胜利大队种植西瓜54.6亩。

“文化大革命”期间，种植西瓜受上级规定限制。一般生产队仅种一块田，面积在1.5~2亩。

1983~1988年，吴舍村20余户种植西瓜。20世纪90年代，因土地规模经营，以及受栽培技术影响而停止种植西瓜。

五、羊毛衫缝合加工

针织衫手工缝合以妇女操作为主，该项家庭副业始于20世纪70年代后期。时渡村公社先后发展针织、羊毛衫企业，从最初的尼龙衫、腈纶衫、羊毛衫到羊绒衫。针织衫在生产过程中，除用横机编织衣片外，还需要人工缝合衣片。企业通常将编织的大量衣片外发当地妇女缝合为成衣，妇女们利用业余时间或开夜工手缝衣片，如袖口、领圈、螺纹边等，有的还要缝合后绣上花（分片子绣花、成衣绣花及绣夹色等）。最初，针织厂女职工下班回家时，从厂领少量（8~10件）衣片回家，开夜工缝合，次日交还企业。随着企业生产量扩大，企业向社会发放衣片，送货上门，定时收交。据统计（不完全），灵湖村有缝工妇女261人（其中原胜利大队137人、东风大队124人）。缝工收入最初为一人年收入1000元左右，最多时平均年收入2.5万元左右。2005年后，为鼓励缝工配合工厂缝合羊毛衫，苏州万丽织造有限公司一度推出邀请为该公司年缝合羊毛衫收入在6000元以上者吃年夜饭。2010年始，因企业减少，从事羊毛衫缝合妇女亦减少，约150人。至2020年，缝工妇女剩70人左右。

表5-13　截至2020年灵湖村缝合加工羊毛衫人员名单（不完全统计）

原队名	姓名	人数（人）
原东风1队	金雪珍、朱玲妹、朱水玲、吴根妹、沈培芳、俞时杰、朱春仙、李莲英、石多妹王菊妹、陈明翠、金美珍、夏菊玲、陆福妹、杨根妹、吴玲珍、黄菊芳、凌桂凤陆子娟、郭云凤	20
原东风2队	邱根仙（仍在做）、李兴宝、周美英、石惠珍、朱素珍、沈明珠、孔招仙、金凤娟、邱凤玲、张美珍、张亚萍、张培英、张玉梅、张招娣、屠美珍、屠安仙、石文珍、李妙金	18
原东风3队	沈爱珍、沈阿妹、沈秀芳	3
原东风4队	顾亿娟、夏雪玲	2
原东风5队	沈云华、沈文兰、沈惠芬、柳雪芳、钟秀华、钟爱华、黄美芳、陈兴男、周云珍、周月英	10
原东风8队	沈玲妹、朱阿二	2
原东风9队	黑丫头、沈菊仙、周才娟、盛国芳（仍在做）、张银妹、倪春妹、屠云妹、邱桂英、石桂英张英、石美英、徐桂凤、张大妹、张惠敏	14

续表

原队名	姓名	人数（人）
原东风10队	浦福珍、孔凤鸣、顾龙凤（仍在做）、凌金仙、沈华珍、金巧宝、孔培芳、张春娟、陈永妹	9
原东风11队	施会玉、大小妹、孙三妹、孙根妹（仍在做）、沈玲凤、朱招仙、孙小芳、孔阿琴、朱仁妹、孙玲芳、孙早英、朱红芳、徐林妹、施小白、施惠丽、黄桂珍、詹玲仙、顾友妹	18
原东风陆步庄	凌月英、沈根娣、张德妹（仍在做）、张金妹（仍在做）、柏林珍、柏云珍、邹金妹、凌金妹、顾文珍柳福珍、柳招玲（仍在做）	11
原东风黄墅	朱美琪、钟桂英、钟菊英（仍在做）、毛美珍、张土玲、沈招男（仍在做）、柳永妹、陈爱仙、邹水娟（仍在做）、黄菊芬、吴凤珍、钟金英、沈云玉、吴妹、沈招娣（仍在做）、范卫星妻、陈水娣（仍在做）	17
原胜利3队	黄菊英、翁云妹、翁培娟、马福妹、陆华妹、黄华英、张凤金、黄银芳、翁玉妹熊玉芳、陆阿芳、浦秀娟、翁林红、陆荣芳、陆荣仙、陆美英、翁秀芳、陆雪妹马阿珍、赵九妹、翁玉仙、陆惠珍、翁妮妹、翁福仙、陆金凤、翁阿林、翁福珍	27
原胜利4队	陆金仙（仍在做）、陈才芬（仍在做）、庄美仙、陆子娟、吴玲珍、姚永法、黄菊芬、姚云凤、陆桂金	9
原胜利5队	邬雪芳、倪来芳、金惠珍、姜静珠、吴荷英、沈桂娣、沈金仙、沈美娣、柳林妹、黄玲、木英、费景玲、朱小琴、谢桂金、朱福英、沈招宝、李娟、孔玲珍、王学玲、徐根娣、赵晓琴、陆金凤、陆秀凤	23
原胜利6队	孔建花、高凤仙、翁金妹、孔桂珍、邬凤珍、陆水妹、陆华妹、孔菊妹、张丽娟柳永仙、邱玉英、陆荣官妻、顾泉珍、言凤娣	14
原胜利7队	孔素英、顾金珠、沈福珍、曹杏仙、周根娣、金雪华、唐惠娟、张金宝、金金娣、金阿妹	10
原胜利8队	陆美华、翁美华、石水珍、孔阿五、顾福珍、沈爱英、熊根仙、陆彩萍、陆金云（仍在做）	9
原胜利9队	盛菊珍、金小妹、周金云、孔小英、陆银凤、施惠芳、陆慧英、屠永妹、岳文学	9
原胜利10队	陆金珠、石凤玲、陆玲英	3
原塘桥	1队孔祥芳、沈芳、孔琴妹、孔明珍、孔雪珍、沈火宝、孔祥英、孔凤英、查生芳、金水英、翁巧珍、邱玲娣、金菊仙、石美华、孔全英、孔大三、殷小妹、孔阿多吴美芳、徐龙英、沈培芳、孔雪英、吴雪文、孔培芳（24人），2队黄兴仙、孔仙英、孔凤珍、赵福娟及其女儿、吴阿妹、邬美英、查水金、孔梅珍（9人）	33
合计		261

六、制砖坯

制砖坯，又称掼砖坯。1965年，渡村公社在胜利大队塘桥自然村建窑烧砖。由此，胜利、东风大队各生产队安排劳动力手工制砖坯，成为集体副业收入项目。制砖坯春季自4月初即准备制砖场地，清明过后，陆续开始；秋季在8月中旬至10月中旬。除必需的田间管理外，主要劳动力都转移到制砖坯的副业生产上。男工制作坯泥，以脚踩为主，翻踏3~4遍。掼坯均以女青年为主，标准为600块坯记10工分，多劳多得，快手一天能达800块。每个生产队由6~8人掼坯，辅助工10多人，每天制砖坯5000~6000块。将制好的坯运至坯埂，由中老年妇女叠垒，用草帘遮盖，一般7天左右翻坯一次，半月后即可堆叠运送。每块售价7厘3毫。1975年后，各生产队开始制作瓦坯（脊瓦），因不宜搬运渐次停止。

1978年后，各家各户发展家庭副业，利用家前屋后空地、自留地上的土，早晚抽空，夫妻合作或全家上阵，大多数家庭一天能达到100~200块坯，年净增收入70~80元。

1980年公社砖窑厂引进制砖机后，各生产队不再手工制砖坯。

第三节　工　业

20世纪50年代，胜利大队办起砖瓦土窑，跨出队办企业第一步。20世纪60年代，胜利、东风大队均创办起粮饲加工厂。1976年胜利大队与苏州美术地毯厂合办胜利大队美术地毯加工厂，东风大队办成针织厂。1980年5月，胜利大队队办企业有胜利针织厂、胜利地毯厂、胜利加工厂、胜利砖瓦厂、胜利电焊厂。1982年，吴舍大队队办企业有东风针织厂、东风木器厂、东风五金厂、东风服装厂。

1985年，塘桥村有村办企业6家，职工202人。吴舍村有村办企业5家，职工144人。1994年，塘桥村有企业4家，职工98人，产值318万元，销售收入143万元，税金3.9万元，利润10.4万元。吴舍村有村办企业3家，其中租赁企业2家、个体企业1家，职工75人，产值811万元，销售收入239.66万元，税金19.6万元，利润12.9万元。1995年后，塘桥村村办企业因亏损先后关闭，所有企业厂房用地均成为镇房地产开发用地。吴舍村2家租赁企业先后退出，苏州市景艺装饰有限公司于2018年由灵湖村收购。

进入21世纪，村域内有苏州联爱金属制品有限公司、苏州越湖海绵复合厂、苏州斯菲特自动化设备有限公司等多家私营企业。

一、胜利砖瓦厂

20世纪50年代，胜利、湖滨大队合办砖瓦厂，烧制85红砖。窑址于（胜利1队）池生浜东池生地。胜利大队负责人邱光裕，湖滨大队负责人杨菊兴，1960年停办。1965年，胜利大队在原址办成砖瓦厂，烧制85青砖，1966年10月停办。1967年7月，渡村公社多种经营办公室向县财贸部请示恢复胜利砖瓦厂生产。负责人邱光裕，职工有孔水根、孔永林、周泉喜、黄宝秋、黄阿荣等25人，聘请的技术师傅有越溪顾志良、无锡单永生、苏州孙根才、江阴包章天、常熟徐满先和罗大宝。是年，砖厂自办制瓦场，聘师傅，各生产队抽青年妇女掼坯学制瓦。首批瓦工孔玲芬、施雪珍、周巧珠、陆秀锦、陈瑞芬、沈金仙、沈龙珠、周阿毛、孔金珠等9人，平均每人每日制瓦坯400张。

1970年，靠窑北又建一窑，成为双门土窑，两窑轮烧，每窑9万块；砖、瓦、网（砖）混烧，每窑10万块（张）。烧制时间每窑28天，两窑年产200万块（张）以上砖瓦，形成制坯副业。1971年，胜利砖瓦厂归属渡村公社工业公司，坯源仍以胜利大队供应为主。1975年，发生塌窑事故，徐同福、金晟良受伤。1980年后，采用机制砖坯。

1976年，胜利大队再次在胜利6队（将台）新建砖窑厂，负责人顾传福、陆江云、金小毛、张坤贤。1990年停办。时所有砖瓦，均以燃料调换为主。800斤柴草或砻糠调换砖1000块，600斤柴草或砻糠调换网砖、瓦1000块（张）。再按当时燃料价折抵砖瓦价，每千块（张）砖瓦贴5~10元加工费。1965年砖价为18.9元每千块，后逐年递增至20.4元每千块，25元每千块，1988年后为75元每千块。

1980年，胜利砖瓦厂有职工15人。1985年，有职工12人，产值4万元，利润500元。1988年，有职工8人，产值4.5万元，利润0.2万元。

二、胜利加工厂（含灌溉机房）

1961年为农田用水置办315柴油机打水船后，经2年经营，积累资金1000元，添置1部米车，在各队流动，既打水又轧米，在解决排灌问题的同时又能为群众生活服务。1966年春，建成胜利大队加工厂（含灌溉机房），按田亩向各生产队筹集资金6000元，新建简易厂房8间、简易砻粮房2间，购买龙车1部、米车2部、粉碎机1台（粉碎饲料）、钢磨1台（轧米麦粉）。随着生产的需要逐渐增添打浆机、鼓风机、195型柴油机各1台。1970年，新添4120柴油机1台（44.1千瓦），更换14寸水泵1台。

1970年至1971年10月，胜利加工厂加工稻谷3631360斤、三麦247264.5斤，加工饲料1551451斤，“三水”打浆198701斤。

自1961年办厂（置办机船）至1971年底，加工厂共收入51767.96元，共支出32785.45元，结余18982.51元。时有机工许福林、孔根林、沈福泉、倪金土、王阿火。1980年，更名为塘桥加工厂。1991年3月，由石阳生承包。1993年3月，加工厂以1.4万元出售给村民周金喜。

三、胜利丝织厂

1980年，吴县丝织厂投资7万元与胜利大队筹办胜利丝织厂，固定资产28万元，厂址在将台上，1981年正式生产。有K274织机12台，职工62人，实行三班制。

1983年增添K611织机6台、并丝车1台、捻丝车2台、络丝车1台和60千瓦发电机组1套。主要产品为涤纶布，以自销与加工相结合。1985年，更名为渡村丝织厂，有职工102人，产值200万元，利润20万元，成为村办骨干企业。1988年，有职工50人，产值60万元，利润1.2万元。负责人先后有石虎寿、陆建新、金祥峰、陆柏生、金康云、金建平。

1990年10月，渡村丝织厂由金祥峰承包。1993年，渡村丝织厂关闭。1994年3月，原厂房改建成益乐发丝绒工艺美术厂。6月，易名渡村金星丝绸综合厂，由马荷珍承包。1995年1月，由孔泉官、金建平租赁。

四、胜利针织厂

1977年建办，厂址在将台上，有横机12台。1980年，有横机24台，生产尼龙衫、腈纶衫，注册商标为“春笋”牌，产品主要销往东北沈阳、山西太原。有职工32人，负责人石虎寿、陆建新、金瑞云，机修工陆康明，技术员陆美华。1985年，有职工60人，产值30万元，利润2万元。1988年，有职工50人，产值8万元，利润1.8万元。1986年后，开始生产羊毛衫、羊绒衫。1988年，加工生产羊毛衫50218件，加工收入83265.95元。1994年1月，先后由邱文元、陆江云承包。原针织厂房15间、针织设备、仓库2间、食堂2间、办公室3间由曹继荣租赁。1998年停办。

五、胜利大队美术地毯加工厂

1976年筹办，首批3台织机（后增至6台、12台），厂址在将台上，为苏州美术地毯厂加工产品。负责人先后有孔来福、姚生发，技术员孔继宗、陆和根。1980年有职工29人。1985年，有职工35人，产值2.5万元，利润0.20万元。1986年停办。

六、胜利大队镜片加工厂

1978年开办，厂址在将台上，有机器4台，职工18人，负责人施巧福。1980年，镜片厂设备分别由第1、8生产队自办镜片车间，为公社镜片厂加工。是年，第1生产队镜片加工收入15614.63元，第8生产队镜片加工收入11182.30元，分别占总收入的43.23%、44.45%，增加了社员的收入。1981年停办。

七、胜利化工厂

1991年，投资12.4万元，建办胜利化工厂，有固定资产12万元。1992年2月投产，有职工35人。1992年5月，胜利化工厂与长桥化工厂联营生产。

另外，1985年，孔阿二创办渡村电子器材厂，与苏州广播电视机配件厂合作加工、生产黑白电视机高频组件，产品直送南京无线电七厂，有职工40人。1998年3

月，孙荣华于塘桥1组开办荣华内燃机械厂，有职工53人、车床20台，生产阀门。2004年搬迁至黄埭工业园。

八、东风大队粮饲加工厂（含灌溉机房）

1966年11月筹建，厂址在西塘村东，厂房为前后两排8间，另建简易房2间。有495柴油机1台（44.1千瓦）、轧糠机、稻谷加工轧米机1台、轧粉钢磨2台（其中饲料加工机1台）。1963年有抽水船机工沈福荣、金福根、俞三男。

九、东风大队针织厂

1977年4月开办，由赵振华牵线，柳金生带队陈惠芳、沈玲珍赴太仓学习2个月。生产尼龙衫、裤，童装，以及开司棉服装。负责人陈惠芳，有检验、整烫、车工、摇纱等职工20人。1980年10月，渡村公社针织联合总厂成立，该厂以设计为主，产品供胜利、东风大队等针织厂样品所用。

十、东风大队综合厂

1975年春开办，分设木器家具车间、服装车间、白铁五金车间等。木器家具车间由王永根牵线，替苏州红旗木器厂做外发加工产品，有职工朱阿三、张福林、朱兴良等10余人。后经徐奎元（原苏州地产经理部经理，驻大队工作队员）牵线太仓拆船厂，业务量增大，加工制作家具。1980年改称东风大队木器家具厂，职工增至40余人，厂内设油漆车间、竹制车间，另开办氯化钙车间，试制涂料等，1992年停办。服装车间聘上海退休工人吴庆传、柳景良，由周水龙、庄阿连负责，职工70余人，缝纫机由职工自带，以生产苏州服装公司（上海小吕宋童装）外发加工产品为主，销往山东、安徽等地。1981年服装车间改称东风大队服装厂，1996年停办。白铁五金车间由陈来宝牵线太仓马木生，以旧油桶为原料，加工生产铁质广勺为主，后加工白铁产品。其间于渡村集镇地设摊经营加工业务。1990年，白铁五金车间更名吴县渡村电器机箱厂，加工电器外壳产品，有职工12人。1991年固定资产13万元，产值117万元，销售收入32.7万元，四项效益7.9万元。1995年停办。

表5-14　1976~1994年胜利大队（塘桥大队、塘桥村）、东风大队（吴舍大队、吴舍村）村（队）办企业产值利润选年统计

单位：万元

年份	胜利大队（塘桥大队、塘桥村）			东风大队（吴舍大队、吴舍村）		
	产值	利润	固定资产	产值	利润	固定资产
1976	1.36	—	—	3.67	0.56	1.56

续表

年份	胜利大队（塘桥大队、塘桥村）			东风大队（吴舍大队、吴舍村）		
	产值	利润	固定资产	产值	利润	固定资产
1977	1.29	0.35	1.96	3.02	0.52	0.4
1978	4.91	0.38	3.58	7.33	0.61	3.94
1979	11.75	3.05	4.53	14.59	2.04	4.97
1980	25.57	5	8.06	23.79	2.67	3.91
1981	25.51	4.06	8.51	17.35	2.32	3.02
1982	42.6	3.17	11.28	25.41	1.41	14.85
1983	46.94	4.65	16.35	22.96	-0.64	5.59
1984	126.44	11.76	25.69	42.72	0.63	6.69
1994	318	10.4	—	263.0	3.1	—

十一、苏州联爱金属制品有限公司

前身为1982年开办的东风大队五金厂（1988年改称吴舍五金厂），时为吴县防爆电器厂加工骆驼电扇零配件。1988年为上海交通装卸机械厂加工叉车配件为主，1990年改为上海大众汽车加工汽车配件。1996年易名苏州联爱金属制品有限公司，有职工20余人。2006年秋，厂址迁至黄埭工业园。2018年，厂址再迁石塘村柳湖路。负责人屠联华。

十二、苏州恒创鞋业有限公司

1989年创办渡村工艺鞋厂，租赁塘桥大队闲置厂房，有职工50人。2001年移至腾飞路南（牛桥村范围），占地面积22.5亩，建筑面积2万平方米。2020年末有职工130人，负责人柏永兴。

十三、苏州越湖海绵复合厂

1994年创办，主要产品为海绵、海绵复合布，主要为汽车、服装、箱包、鞋子作装饰或原料。有职工9人，年产值600万元。负责人沈菊明。厂址在横泾街道尧南工业小区内。

十四、苏州斯菲特自动化设备有限公司

2011年2月创办，是一家集工业设计、数字制造、3D打印、自动化设备销售等多元化的高科技企业。注册资本1000万元，拥有厂房面积2000平方米，各类先进加工设备50余台，专业技术及管理人员40余人。生产产品为国防、军工、航空、电子、汽车等领域服务。负责人翁月花。厂址在木渎金桥开发区。2016年夏迁至横泾工业坊。

十五、苏州吴井横泾烧酒股份有限公司

2020年7月成立，坐落在灵湖村吴舍第4村民小组。

该公司生产吴井酒，前身系横泾烧酒（其酿制工艺被列入吴中区非物质文化遗产名录）。当今传承人（公司法定代表人）郭晓波于当地设立非遗保护基地，采用横泾烧酒一系列传统酿制工艺，以及多项先进技术，以横泾周边优质稻米为原料，取清纯太湖水酿制而成。酒色清透，米香外溢，口感柔和，回味无穷。

该公司使用商标"吴井"，隶属苏州苏醉文化传媒有限公司。注册资本260万元，年均产量60余吨。

第六章 基层组织

中共建中第四高级社、建中第五高级社支部委员会建于1957年9月。1958年10月,中共第11大队、第12大队支部委员会建立。1983年7月,分别改称为中共塘桥村、吴舍村支部委员会。2003年11月,由中共塘桥村、吴舍村支部委员会联合组成中共灵湖村总支部委员会,下设3个党支部。2017年4月,中共灵湖村委员会成立,下设4个党支部。

中华人民共和国成立初,村域内以自然村组建村行政单位,属石舍乡。1956年3月,中共震泽县委关于撤区并乡的决议发布后,塘桥、吴舍隶属渡村乡。塘桥为建中第四高级社,吴舍为建中第五高级社。1958年10月,渡村人民公社成立,政社合一,分别改称第11大队、第12大队。1969年4月至1979年3月,分别改称胜利大队、东风大队革命委员会。1979年3月至1983年7月,分别改称胜利大队、东风大队管理委员会。1983年7月,政社分设,分别改称塘桥村、吴舍村。2003年11月,2个村合并组建灵湖村。

20世纪50年代中期始,村域内先后设立农会、共青团、妇女等群众组织。

第一节 中国共产党灵湖村组织

一、机构沿革

(一)塘桥村(建中第四高级社、第11大队、胜利大队、塘桥大队)党支部

1957年9月,中共建中第四高级社支部委员会属中共渡村乡委员会领导。时有党员陆德福(1952年10月入党)、沈宗林(1954年10月入党)、沈金根(1954年10月入党)、李桂英(女,1954年10月入党)、孔根林(1954年11月入党)、金喜成(1955年1月入党)、孔来福(1955年6月入党)、沈阿大(1955年7月入党)、陆明甫(1955年8月入党)、邱光裕(1955年8月入党)、顾巧珍(女,1955年9月入党)、倪金土(1955年9月入党)、顾阿炳(1956年2月入党)、顾新民(1956年3月入党)、孔繁华(1956年5月入党)、孔厚德(1956年6月入党)、孔柏泉(1956年6月入党)、翁水根(1956年9月入党)、徐大达(1957年7月入党)。陆德福任中共建中第四高级社支部委员会书记(时称分支部书记)。

1958年10月,中共建中第四高级社支部委员会改称中共第11大队支部委员会,

孔根林任支部书记，陆明甫为副书记。

1959年2月，中共第11大队支部委员会改称中共胜利大队支部委员会。

1960年1月，孔厚德任中共胜利大队支部委员会书记，陆明甫、沈金根为副书记。

1963年，胜利大队党支部有党员18名。1966年下半年"文化大革命"开始后，公社、大队党组织陷于瘫痪，在3年内，党支部停止组织活动。

1968年8月，渡村公社革命委员会成立。1969年4月，大队成立革命委员会；9月，渡村公社革委会整党建党领导小组批复同意胜利大队革委会整党建党小组恢复建立胜利大队党组织。1970年7月，徐士刚任党支部书记，沈金根为副书记，陆金仙（女）任支委。

1974年10月，增选何福林为党支部副书记。

1975年7月，增补宋根水为党支部副书记。支委有孔来福、陆金仙（女）、金水根、金康云。1980年有党员40名。

1983年5月，顾新民任党支部书记，何福林为副书记。

1983年7月，中共塘桥大队支部委员会改称中共塘桥村支部委员会。1985年有党员36名。

1986年1月，宋根水任党支部书记，金康云任副书记。1988年有党员40名。

1990年12月，徐文斌任党支部书记，何福林任副书记，组织委员张坤贤，宣传委员陆柏生，委员沈根林。

1996年3月，孔福官任党支部书记。1998年，支委有陆柏生、宋金凤（女）。

2003年5月，顾强任党支部副书记（镇委挂职）。6月，徐根良任党支部副书记（主持全面工作）；设立荣华内燃厂（非公经济）党支部，孙荣华为书记。

（二）吴舍村（建中第五高级社、第12大队、东风大队、吴舍大队）党支部

1957年9月，中共建中第五高级社支部委员会属中共渡村乡委员会领导。时有共产党员沈根林（1952年10月入党）、柳兆宏（1954年6月入党）、钟福林（1954年9月入党）、钟根林（1954年10月入党）、席官根（1955年1月入党）、石阿林（1955年6月入党）、柳炳良（1955年8月入党）、张水根（1955年8月入党）、陈荣生（1955年10月入党）、柳仲康（1955年10月入党）、赵传根（1955年12月入党）、朱俊福（1955年12月入党）、张巧玲（女，1956年4月入党）、夏才荣（1956年6月入党）、朱根林（1956年6月入党）、庄福元（1956年9月入党）、周凤泉（1956年9月入党）、石兴康（1956年9月入党）、沈仁根（1957年入党）、钟志远（1957年入党）。石阿林任中共建中第五高级社支部委员会书记（时称分支部书记）。

1958年10月，中共建中第五高级社支部委员会改称中共第12大队支部委员会，石阿林任支部书记，夏才荣为副书记。

1959年2月，中共第12大队支部委员会改称中共东风大队支部委员会。有党员

25名。

1960年4月，增补钟福林为党支部副书记。

1961年9月，陈荣生任党支部书记，夏才荣、钟福林任副书记。

1966年下半年“文化大革命”开始后，公社、大队党组织陷于瘫痪，在3年内，党支部停止组织活动。

1968年8月，渡村公社革命委员会成立。1969年4月，大队成立革命委员会；9月，渡村公社革委会整党建党领导小组同意东风大队革委会整党建党小组恢复建立东风大队党组织，陈荣生任党支部书记，夏才荣任副书记。1971年有党员26名。

1974年11月，柳南生任党支部副书记。

1976年，柳水珍（女）任党支部副书记。

1982年10月，张惠泉任党支部副书记。

1983年7月，中共吴舍大队支部委员会改称中共吴舍村支部委员会。张惠泉任支部书记，直到2003年11月并村；施胜根任副书记。

（三）中共灵湖村总支部委员会

2003年11月，中共灵湖村总支部委员会成立（党员99名），由原来的中共塘桥村支部委员会（党员47名）、中共吴舍村支部委员会（党员52名）联合组成。徐根良任党总支副书记（主持全面工作），张惠泉为顾问。下设3个党支部（塘桥、吴舍、荣华内燃厂）。

2005年10月，徐根良任党总支书记。

2006年9月，下设4个党支部，塘桥支部书记徐根良，吴舍支部书记张惠泉，老年支部书记徐根良，荣华内燃厂支部书记孙荣华。

2010年8月，沈卫东任党总支书记，沈祥明为副书记。总支委员为沈卫东、沈祥明、金玉芳（女）、张艳（女）、龚颖涛。

2015年3月，陈维新任党总支第一书记（镇党委下派）。

2016年7月，龚颖涛任党总支副书记。

（四）中共灵湖村委员会

2017年4月，中共灵湖村委员会成立，隶属中共临湖镇委员会，党员147名。沈卫东任党委书记，沈祥明、龚颖涛任党委副书记。党委委员为金玉芳（女）、张艳（女）、沈小伟、谭志杰。

2018年9月，灵湖村党委下设4个党支部。塘桥北党支部书记沈祥明，委员赵跃芳、孔海港。塘桥南党支部书记金玉芳（女），委员沈小伟、陆自强。吴舍北党支部书记张艳（女），委员沈剑、沈忠华。吴舍南党支部书记龚颖涛，委员陆贞（女）、马晓荣。

2019年8月，谢天宁任灵湖村党委副书记（科技局挂职）。

2020年4月，高晓红（女）、欧阳振婷（女，吴中区党校挂职）任党委副书记。

2020年11月15日，召开灵湖村党员和村民代表大会，讨论村党委换届选举候选人（10人）名单。年末有党员148名。

表6-1　中共塘桥村（建中第四高级社、第11大队、胜利大队、塘桥大队）支部委员会书记、副书记更迭情况

<table>
<tr><th>组织名称</th><th>职务</th><th>姓名</th><th>任职时间</th><th>说明</th></tr>
<tr><td>中共建中第四高级社支部委员会（1957.9~1958.10）</td><td>书记</td><td>陆德福</td><td>1957.9~1958.10</td><td>1954年3月为石舍乡第二副乡长</td></tr>
<tr><td rowspan="11">中共胜利大队支部委员会（1958.10~1983.7，其中1958.10~1959.2称中共第11大队支部委员会）</td><td rowspan="5">书记</td><td>陆德福</td><td>1958.10~1959.6</td><td></td></tr>
<tr><td>孔根林</td><td>1959.6~1960.1</td><td></td></tr>
<tr><td>孔厚德</td><td>1960.1~1970.7</td><td></td></tr>
<tr><td>徐士刚</td><td>1970.7~1983.5</td><td></td></tr>
<tr><td>顾新民</td><td>1983.5~1983.7</td><td></td></tr>
<tr><td rowspan="6">副书记</td><td>陆明甫</td><td>1958.10~1962.8</td><td></td></tr>
<tr><td>柳阿大</td><td>1960</td><td></td></tr>
<tr><td>沈金根</td><td>1960.1~1974.10</td><td></td></tr>
<tr><td>何福林</td><td>1974.10~1983.7</td><td></td></tr>
<tr><td>宋根水</td><td>1975.7~1981.3</td><td></td></tr>
<tr><td>叶宝玉</td><td>1976.3~1979.7</td><td></td></tr>
<tr><td rowspan="10">中共塘桥村支部委员会（1983.7~2003.11）</td><td rowspan="4">书记</td><td>顾新民</td><td>1983.7~1986.1</td><td></td></tr>
<tr><td>宋根水</td><td>1986.1~1990.11</td><td></td></tr>
<tr><td>徐文斌</td><td>1990.12~1996.3</td><td></td></tr>
<tr><td>孔福官</td><td>1996.3~2003.6</td><td></td></tr>
<tr><td rowspan="6">副书记</td><td>何福林</td><td>1983.7~1986.1</td><td></td></tr>
<tr><td>金康云</td><td>1986.1~1990.11</td><td></td></tr>
<tr><td>顾新民</td><td>1987.8~1990.12</td><td></td></tr>
<tr><td>何福林</td><td>1990.12~2000</td><td></td></tr>
<tr><td>顾　强</td><td>2003.5~2004.5</td><td></td></tr>
<tr><td>徐根良</td><td>2003.6~2003.11</td><td>主持全面工作</td></tr>
</table>

表6-2　中共吴舍村（建中第五高级社、第12大队、东风大队、吴舍大队）支部委员会书记、副书记更迭情况

<table>
<tr><th>组织名称</th><th>职务</th><th>姓名</th><th>任职时间</th><th>说明</th></tr>
<tr><td>中共建中第五高级社支部委员会（1957.9~1958.10）</td><td>书记</td><td>石阿林</td><td>1957.9~1958.10</td><td></td></tr>
<tr><td rowspan="4">中共东风大队支部委员会（1958.10~1983.7，其中1958.10~1959.2称中共第12大队支部委员会）</td><td rowspan="3">书记</td><td>石阿林</td><td>1958.10~1961.9</td><td></td></tr>
<tr><td>陈荣生</td><td>1961.9~1983.4</td><td></td></tr>
<tr><td>张惠泉</td><td>1983.4~1983.7</td><td></td></tr>
<tr><td>副书记</td><td>夏才荣</td><td>1958.10~1974.11</td><td></td></tr>
</table>

续表

组织名称	职务	姓名	任职时间	说明
中共东风大队支部委员会（1958.10~1983.7，其中1958.10~1959.2称中共第12大队支部委员会）	副书记	钟福林	1960.4~1962	
		柳南生	1974.5~1982.12	
		柳水珍	1976.8~1983.7	公社管理委员会委员
		张惠泉	1982.10~1983.4	
		施胜根	1983.4~1983.7	
中共吴舍村支部委员会（1983.7~2003.11）	书记	张惠泉	1983.7~2003.11	
	副书记	施胜根	1983.7~1988.10	
		宋留官	1992.10~2001.11	

表6-3 中共灵湖村委员会（总支部委员会）书记、副书记更迭情况

组织名称	职务	姓名	任职时间	说明
中共灵湖村总支部委员会（2003.11~2017.4）	书记	徐根良	2005.10~2010.8	
		沈卫东	2010.8~2017.4	
		陈维新	2015.3~2016.3	第一书记
	副书记	徐根良	2003.11~2005.10	主持全面工作
		沈祥明	2010.8~2017.4	
		龚颖涛	2016.7~2017.4	
	顾问	张惠泉	2003.11	
中共灵湖村委员会（2017.4~　）	书记	沈卫东	2017.4~	
	副书记	沈祥明	2017.4~2020.4	
		龚颖涛	2017.4~	
		谢天宁	2019.8~	科技局挂职
		高晓红	2020.4~	
		欧阳振婷	2020.4~	吴中区党校挂职

二、重要决议

（一）胜利大队建造砖瓦厂

1963年，胜利大队支部委员会针对本大队为纯农业水稻地区，无副业，集体经济单一，社员群众收入低的情况，决定在胜利1队池生浜地（原老窑基）建窑恢复烧制85砖，以增加集体生产资金积累。1966年10月停产。1967年7月18日，渡村公社多种经营办公室向吴县财贸部请示报告，恢复胜利砖瓦厂生产。在烧制技术逐步成熟，市场需求日益增大的基础上，在原来的窑基北再建1个新窑。1971年，2个窑由渡村工业公司办公室接管。

（二）塘桥大队新建吴县塘桥小学

1984年，中共塘桥村支部委员会根据本村胜利小学用房紧张、破旧不堪的实际情况，决定投资3万元易地新建学校。原胜利小学建于1968年，属简易房屋，木棍断裂，芦帘纸巾脱落，已成危险房屋。自20世纪70年代初大办村办企业，胜利针织厂、塘桥砖瓦厂、胜利地毯厂等相继开办，特别是1981年胜利丝织厂18台织机加纺、捻、并等辅助车，噪声之大，严重影响学生的学习。5月，在第11生产队征地4亩，于6月开工，当年9月学生入学新校。新校建筑面积445平方米，设6个教室，有4个班级，124名学生，5名教师。1985年吴县教育局定名为“吴县塘桥小学”。1995年12月并入灵湖小学。

（三）东风大队开办粮饲加工厂

1966年，胜利大队开办粮饲加工厂，东风大队社员的粮饲基本是肩担手提去胜利大队粮饲加工厂加工，十分不便。东风大队社员群众要求本大队开办粮饲加工厂。东风大队党支部按群众要求办事，于1966年11月着手筹建粮饲加工厂。加工厂厂址选在西塘村东，建造后埭（储存）5间和前埭（机房）3间，另在机房西边造2间草房（放粉碎机和柴草）。机器是495柴油机（44.1千瓦）。轧米机和轧糠机（亦称饲料粉碎机）于上海奉贤县顾路公社购买。有稻谷加工轧米机1台、轧粉钢磨2台（加工猪饲料1台、加工人用粉1台），从此解决了本大队社员的粮饲加工问题。

（四）做好黄墅村特色田园申报工作

2013年，第九届江苏省园艺博览园确定落户临湖镇灵湖村，苏州园落户灵湖村菱湖嘴。中共灵湖村党总支及时调整工作思路，决定充分利用园博效应，以黄墅自然村为重点，重新规划新农村的整治改造项目，于2017年8月做好申报工作。立项内容：1.对村庄、农田、森林地进行环境整治提升改造，包括村庄房屋院落改造、室内外装饰、公共配套建设、管线管网整理改造、修建道路桥梁、河道驳岸整治、绿化景观建设、农田设施建设、森林设施建设等，总投资3000万元。2.翻建匠心学社（村庄公园）和室内外装饰6000平方米及周边景观配套，新建农产品加工展示基地4000平方米，总投资3000万元。至2017年10月，黄墅村特色田园已完成省联席办各类申报工作。

（五）聚集资源，抱团发展，加快灵湖村脱贫步伐

2015年，中共灵湖村党总支决定，向外拓展，主动与其他兄弟村横向联合，抱团发展，加快脱贫步伐。经选择确定与临湖镇采莲、前塘村合作。采莲、前塘、灵湖村经济合作社共同出资成立苏州众村联合投资发展有限公司，公司注册资本8000万元，各村出资比例分别为51%、24.5%、24.5%。2016年变更为苏州众村联合投资发展集团有限公司。在集团公司大框架下，分别成立永飞制衣、群维景观绿化、众隆物业管理、众垚文化旅游四大子公司。总注册资本为3500万元。

三、党员教育

历届党组织对全体党员的教育主要采取党课教育、党校轮训和党员冬训的形式。

（一）党课教育

中华人民共和国成立初，把抗美援朝、镇压反革命分子、土地改革等中心工作和任务作为党课教育的主要内容。20世纪50年代农业合作化、公社化时期，党课教育内容以宣传农业合作化，公社优越性为主要内容，鼓励党员带头走农业集体化的道路。

中共十一届三中全会后，开展“四项基本原则，反对资产阶级自由化”专题教育。20世纪90年代，宣讲《邓小平文选》。1998年，把“三讲”（讲学习、讲政治、讲正气）教育内容纳入党员教育之中。2003年始，以“三个代表”思想和党的十六大精神为主要内容。2005年始，按照全党开展保持共产党员先进性教育活动要求开展。2013年始，把宣传党风廉政建设内容为主题，促进党员干部廉洁自律。2015年，党课教育以党的群众路线教育实践活动为主要内容。2017年，学习党的十九大精神，把坚持和发展中国特色的一系列重大理论和实践问题作为党课教育的内容。2019年，党课教育学习党的十九大精神，对全体党员进行不忘初心、牢记使命主题教育。

2020年6月30日，灵湖村党委副书记欧阳振婷讲课“开辟‘中国之治’新境界”——党的十九届四中全会精神解读。131名党员听课，出席率为88.5%。

（二）党校轮训

2015年至2020年末，全村参加镇党校轮训78人次。

参加渡村镇（临湖镇）轮训的对象除党支部（党总支、党委）委员以上干部，还有党员发展对象、积极分子，村（大队）后备干部，以及各条线骨干、个私企业主、种养能手。每年2~3次。

（三）党员冬训

1968~1980年，公社每年于冬春集中培训党员干部。

1986年以来，每年村党支部（党总支、党委）利用农村冬闲通过召开村党员大会或派员参加镇的年终学习冬训，组织党员干部集中学习党的路线、方针、政策，明确形势、任务责任。形式有集中辅导、分组讨论、电化教育等。

第二节 行政组织

一、组织沿革

（一）塘桥村、舍上村

1950年4月，石舍乡以多个自然村组建村行政单位，其中自然村有塘桥、东塘、水路上（部分）、舍上村等。（翁家浜、海丝浜、小桥浜为石舍乡石南村1组）。

1952年4月，塘桥村158户，总人口645人，分10个村民小组。其中，男319人，女326人；农业人口611人，非农人口34人；在家人口605人，外出人口40人。有耕地1135.21亩，村长孔根林。舍上村89户，总人口368人，分7个村民小组。其中，男176人，女192人；农业人口360人，非农人口8人；在家人口362人，外出人口6人。有耕地618.76亩，村长陆德福。

（二）塘桥村（建中第四高级社、第11大队、胜利大队、塘桥大队）

1953年5月，翁家浜、海丝浜、小桥浜并入塘桥村。

1956年2月，塘桥、舍上村所在的初级社合并成立建中第四高级社。

1958年10月，渡村人民公社成立，建中第四高级社改称第11大队。时舍上自然村前村并入建中第一高级社，改称第4大队，至1960年5月重新划归胜利大队（第11大队）。

1.第11大队管理委员会

公社化后，第11大队管理委员会一度实行营、连制。1958年5月，营长邱光裕，指导员孔根林，副营长孔阿林（女）。1959年7月，下设3个连：塘桥自然村（1队、2队）为1连；翁家浜（3队）、水路上（4队）、东塘（5队）、海丝浜（9队）自然村为2连；舍上后村（6队）、舍上中村（7队）、舍上前村自然村为3连。

大队管理委员会设大队长、副大队长、会计、团支部书记、妇女主任和管理委员会委员等职务。1958年10月，陆明甫任第11大队大队长。1959年2月，第11大队易名为胜利大队。

2.胜利大队革命委员会

1969年4月，胜利大队管理委员会改称革命委员会，设大队长、副大队长、会计、团支部书记、妇女主任和革命委员会委员等职务。姚生发任主任，朱伯度任副主任。

1970年4月，徐士刚任胜利大队革命委员会主任，并当选渡村公社革命委员会委员。

3.胜利大队管理委员会

1979年3月，胜利大队撤销革命委员会，恢复管理委员会，何福林任胜利大队大队长。

1980年12月，胜利大队更名为塘桥大队。

4.塘桥村村民委员会

1983年7月，撤销大队建制，恢复村建制，塘桥大队更名塘桥村，设村民委员会，原生产队更名为村民小组。选举何福林为村民委员会主任。

1986年1月，选举金康云为塘桥村村民委员会主任。

1990年11月，选举何福林为塘桥村村民委员会主任。

1996年5月，选举陆柏生为塘桥村村民委员会主任。

2001年9月，选举徐根良为塘桥村村民委员会主任。

表6-4 塘桥村（第11大队、胜利大队、塘桥大队）大队长、村主任更迭情况

组织名称	职务	姓名	任职时间	说明
胜利大队管理委员会（1958.10~1969.4，其中1958.10~1959.2称第11大队）	大队长	陆明甫	1958.10~1960.5	一度邱光裕为营长
		沈金根	1960.5~1961.7	
		陆明甫	1961.7~1964.6	
		沈金根	1964.6~1969.4	
胜利大队革命委员会（1969.4~1979.3）	革委会主任	沈金根	1969.4~1970.4	
		徐士刚	1970.4~1979.3	
胜利（塘桥）大队管理委员会（1979.3~1983.7）	大队长	何福林	1979.3~1983.7	
塘桥村村民委员会（1983.7~2003.11）	村主任	何福林	1983.7~1985.12	
		金康云	1986.1~1990.11	
		何福林	1990.11~1996.5	
		陆伯生	1996.5~2001.9	
		徐根良	2001.9~2003.11	

塘桥村（胜利大队、塘桥大队）历任会计：孔厚德、孔根泉、徐明扬、陆金元、陆永元、张坤贤、陆维鸣。

（三）吴舍村（东风大队）

1950年4月，石舍乡以多个自然村组建村行政单位，其中自然村有吴舍、西塘村等。

1952年4月，吴舍村有157户，总人口647人，分9个村民小组。其中，男323人，女324人；农业人口596人，非农人口51人；在家人口603人，外出人口44人。有耕地1010.03亩，村长沈根林。西塘村有156户，总人口615人，分10个村民小组。其中，男309人，女306人；农业人口590人，非农人口25人；在家人口599人，外出人口16人。有耕地1068.32亩，村长朱泉生、石金林。

1956年2月，吴舍、西塘村所在的初级社合并成立建中第五高级社。

1958年10月，渡村人民公社成立，建中第五高级社改称第12大队。

1.第12大队管理委员会

公社化后，第12大队管理委员会一度实行营、连建制。营长钟福林，教导员石阿林，副营长张巧玲（女）。1959年7月，下设3个连：水路上部分（1队）、吴舍（2队）为1连；吴舍（3、4队）为2连；西塘（5队）、黄墅（6队）、陆步庄（7队）为3连。

大队管理委员会设大队长、副大队长、会计、团支部书记、妇女主任和管理委员会委员等职务。1958年10月，夏才荣任第12大队大队长。1959年2月，第12大队易名为东风大队。

2.东风大队革命委员会

1969年4月，东风大队管理委员会改称革命委员会，设大队长、副大队长、会计、团支部书记、妇女主任和革命委员会委员等职务。陈荣生任东风大队革命委员会主任。

3.东风大队管理委员会

1979年3月，东风大队撤销革命委员会，恢复管理委员会，柳南生任东风大队大队长。

1980年12月，东风大队更名为吴舍大队。

1982年10月，张惠泉任吴舍大队大队长。

4.吴舍村村民委员会

1983年7月，撤销大队建制，恢复村建制，吴舍大队更名为吴舍村，设村民委员会，原生产队更名为村民小组。选举施胜根为吴舍村村民委员会主任。

1989年，选举宋留官为吴舍村村民委员会主任。

2001年12月，选举龚洪仁为吴舍村村民委员会主任。

表6-5　吴舍村（第12大队、东风大队、吴舍大队）大队长、村主任更迭情况

组织名称	职务	姓名	任职时间	说明
东风大队管理委员会（1958.10~1969.4，其中1958.10~1959.2称第12生产队）	大队长	夏才荣	1958.10~1959.6	
		钟福林	1959.6~1959.12	
		柳仲康	1959.12~1960.4	
		周阿泉	1960.4~1961	
		夏才荣	1961~1969.4	
东风大队革命委员会（1969.4~1979.3）	革委会主任	陈荣生	1969.4~1974.11	1981年为公社管理委员会委员
		柳南生	1974.11~1979.3	
东风大队管理委员会（1979.3~1983.7）	大队长	柳南生	1979.3~1982.10	
		张惠泉	1982.10~1983.4	
		施胜根	1983.4~1983.7	
吴舍村村民委员会（1983.7~2003.11）	村主任	施胜根	1983.7~1989.11	
		宋留官	1989.11~2001.10	
		龚洪仁	2001.12~2003.11	

吴舍村（东风大队、吴舍大队）历任会计：柳仲康、张文基、陈荣生、朱根和、孙平安、盛生华、沈狗大。

（四）灵湖村村民委员会

2003年11月，撤销塘桥、吴舍村2个村民委员会，建立灵湖村村民委员会，辖25个村民小组，人口3002人。其中，塘桥村11个村民小组，1268人；吴舍村14个村民小组，1734人。徐根良任灵湖村村民委员会主任，沈卫东任副主任，委员陆维鸣、金玉芳、张艳、沈狗大。

2007年12月，选举沈卫东为灵湖村村民委员会主任。

2011年1月，选举沈祥明为灵湖村村民委员会主任。

2017年1月4日，沈卫东出席吴中区第四届人民代表大会第一次会议。

2018年1月3日，沈卫东出席吴中区第四届人民代表大会第二次会议。

2019年1月10日，沈卫东出席吴中区第四届人民代表大会第三次会议。

2020年1月4日，沈卫东出席吴中区第四届人民代表大会第四次会议。

表6-6 灵湖村村主任更迭情况

组织名称	职务	姓名	任职时间
灵湖村村民委员会（2003.12~2020.12）	村主任	徐根良	2003.12~2007.12
		沈卫东	2007.12~2010.12
		沈祥明	2011.1~2020.4

灵湖村历任会计：金玉芳、徐焕颖。

灵湖村2003年11月至2020年12月村民联组小组长：韩招根、顾福元、吴洪兴、沈根林、金金官、陆季明、曹继荣、沈狗大、柳早生、陆通福、龚洪仁、宋留官、施胜根、柳仁林、施惠丽、邹水炳、朱福根、孙福林、石根火。

二、民事调解

民国时期，村民之间发生纠纷时，通常邀请族内长辈、亲友出面说和，劝解调停。较为重大的纠纷赴集镇地茶馆，以“吃讲茶”的形式公议处理。

中华人民共和国成立后，民事调解由所在村村干部负责。1954年3月，石舍乡设调解委员会，黄发生（水路上）为第二副主任。塘桥委员柳根大、陈百年，舍上委员孔金凤（女）、陆杏宝（女），吴舍委员石阿林、沈水林，西塘委员金余宝（女）、钟福林。

1954年后，弟兄之间分房分产由原来的娘舅至亲等出面书写分关文书“着十字”，改为由村长或调解委员出面，书写凭证并签字。当时调解的重点以分房析产、家庭婚姻为主。

1964年4月，孔繁华在渡村公社第六届人民代表大会上当选为人民陪审员，陈荣生在渡村公社第六届人民代表大会上当选为监察委员。

1980年5月，胜利、东风大队分别建立调解小组，负责调解村民之间的有关人事、财产、权益和日常生活，如婚姻、房屋、宅基地、家庭赡养及其他方面的纠纷，调解工作坚持“以防为主”的原则。

20世纪80年代，农村进入翻房建房高峰，宅基地矛盾突出。调解委员积极配合土地管理部门做好调解工作。

塘桥村（塘桥大队、胜利大队）历任调解主任：柳根大、陈百年、孙金凤、陆杏宝、顾阿毛、邱光裕、孔繁华、孔来福、陆建新、陆福官、金海洪、徐根良、陆维鸣。

吴舍村（吴舍大队、东风大队）历任调解主任：钟福林、金余宝、石阿林、沈水林、丁兴荣、邹水斌、施胜根、朱福根、龚洪仁。

2017年9月，灵湖村设立11个村民议事组。

2020年，25个村民小组共任命113名邻长（负责农村建房四邻签字、矛盾初步处置、困难户评定、生活垃圾分类宣传、环境整治及长效管理等工作，并实行考评及奖惩机制）。

灵湖村历任调解委员：龚洪仁、龚颖涛、沈小伟。

三、治安保卫

中华人民共和国成立初，塘桥、舍上、吴舍、西塘村村民和民兵轮流执勤，负责防盗、防火等方面的治安工作。每逢节日，治安保卫委员组织青年、民兵集中住宿，巡逻值班，针对主要路段、重点部位仓库、场地与生产队值班员建立联系。

1951~1976年，对地主、富农、反革命和坏分子（政治骗子、叛变分子、流氓分子）实行就地监督劳动改造，成为当地治安保卫工作的一项重要内容。

1954年3月，石舍乡设治安保卫委员，塘桥委员孔根林、孔伯泉，舍上委员顾阿毛，吴舍委员沈根林，西塘委员朱根荣。

1957年，吴舍村张巧玲任乡治保主任，塘桥村倪金土为村治保主任。

1961年4月2日，胜利大队第2生产队郇根林妻陆美英在自家草棚前煎药，引发大火，烧毁4户13间草房，造成经济损失2300余元。全大队出动100多人积极配合消防部门灭火救灾。事后，大队及时召开社员大会，教育干部群众，加强防火安全教育，提高认识，吸取教训，消除一切事故隐患。

1973年8月15日，胜利大队第3生产队社员开夜工轧稻，大队自发电电线与广播线串线，造成放水员回家触电身亡事故。大队连夜召开广播大会，宣传用电知识。次日，召开全大队治保主任、电工会议，对各生产队逐一检查过堂，对线路进行整治。

1983年7月，塘桥、吴舍村村民委员会各分工1名村委会委员负责全村治安保卫工作。是年8月至1987年1月，2个村的治安保卫干部配合渡村派出所有计划、有组织地进行集中搜捕3次，按照依法从重从快，一网打尽的方针，打击严重刑事犯罪活动。

1989年10月，塘桥、吴舍村在相对集中的自然村设立护村哨，监护自然村道路、河口等出入口。各村有护村人员2~3人。

1996年初，塘桥、吴舍村村委会设立村联防队，各村有联防队队员2~3人。

2017年2月，灵湖村联防队队员增至5人，在临湖路与菱湖嘴、菱湖渚路与迎宾路口设联防哨。村新添消防巡逻车1辆。

2018年，全村903户安装微型报警器。2019年5月，有2户村民厨房间煤气泄漏，微型报警器自动报警，得到及时处理，消除了重大隐患。

2020年2月初新冠疫情防控期间，在塘桥、翁家浜、东塘、舍上、黄墅、西塘、腾飞大桥等地设防控哨，出动志愿者千余人次。

塘桥村（塘桥大队、胜利大队）历任治保主任：孔根林、孔伯泉、顾阿毛、倪金土、邱光裕、孔繁华、施巧福、陆福官、孔来福、陆建新、金海洪、徐根良。

吴舍村（吴舍大队、东风大队）历任治保主任：沈根林、朱根荣、钟福林、孙平安、丁兴荣、施胜根、龚洪仁。

灵湖村历任治保主任：龚洪仁、龚颖涛、沈小伟。

表6-7　1954年3月震泽县横泾区石舍乡塘桥、吴舍村委员名单

自然村名	生产建设委员	治安保卫委员	人民武装委员	民政财粮委员	文教卫生委员	调解委员
舍上村	沈金根	顾阿毛	顾阿狗	陆福大 赵阿松	沈阿大	孔金凤 陆杏宝
西塘村	钟根林	朱根荣	张阿洪	殷成高 凌金林	朱全生	金余宝 钟福林
塘桥村	邱光裕 陆根木	孔根林 孔百泉	陈义昌 孔来福	翁阿东	沈宗林 史　进	柳根大 陈百年
吴舍村	赵阿大	沈根林	赵才荣 赵传根	张水根	沈仲文 邱　林	石阿林 沈水林

注：金余宝又名沈小雪。

附：如何走发展村级经济之路（座谈记录）

时间：2007年12月26日下午

地点：灵湖村村委会办公室（原灵湖小学内）

主持人：沈卫东（灵湖村村委会主任）

出席对象：村委会全体干部、党员代表及村民小组长10余人

徐根良（党总支书记）：今天会议的主要精神是传达区会议精神，加强新农村建设，同时探讨如何发展我村的村级经济。

区会议精神，一是农村经济不断壮大，要大力支持发展农村村级经济，可以“退二进三”，发展农村经济。二是抓住政策机遇，在不改变土地利用方式的前提下，发展三产，大胆创新，积极运作。三是努力拓展富民强村，推进土地集约用地，对低层次厂房实行改造，向高层次建筑发展。

我们村该如何借助政策优势，用好土地，发展经济？我们村没有可以拓展的土

地，因为沿太湖，土地受市里控制，不能私自动用。4月19日，镇党委、镇政府在湖桥村开了农村经济工作会议，镇领导的政策有所改变放宽，支持村级经济的发展。莫书记说，推进全镇经济发展，要创新发展村级经济，要每年有所增长，要用好土地，实行“退二进三”，盘活资产，全力创新集体经济发展。

今天要大家来，主要是讨论如何发展我村的村级经济，镇党委、镇政府很重视村级经济的发展，其他村都在搞发展，我们不动也不行。我村主要是在一公里控制区内，村党总支也几次开会讨论过，大步发展是不可行，要求镇党委、镇政府考虑我村的实际情况，在政策上有所倾斜。我们的初步设想是，以下3块地有发展利用空间：原吴舍村委会驻地，要发展三产，可以租赁形式；原吴舍机厢厂厂房；吴舍村委会驻地。请在座各位谈谈自己的观点。

陆柏生（党员代表）：灵湖村的发展要看镇里是否开口子，能否在临湖第一中学边争取地块搞活。

沈卫东：刚才书记说的三块地，可以考虑。老村部翻建商品房，只能租赁，厂房不行。机厢厂那块地是否能扩建，一是门面房，二可以建些车库。发展一个菜市场。原村委会驻地也可扩建，以滚雪球的形式，积累资本，再向高层次发展。各位可以谈谈自己的看法，可以引资。

张惠泉（村顾问）：发展村级经济势在必行，前几任镇领导对村级经济扎得紧，村里发展受约束，我们和浦庄是一个鲜明对比，现在并镇后，新一届领导班子认识有所转变，但上面的政策紧，土地控制严。虽然镇里有所考虑，但我们要主动出击，盘活现存资产搞经济，我村可以向上申请向东扩展，千方百计想办法。

龚颖涛（村委会委员、民兵营长）：我村一无名胜古迹，二在用地上又受到制约，无有后劲的企业，并村近一年来，村级经济受到影响。村里的想法比较现实，只能一步一步来。

金玉芳（村委会委员、主办会计）：当时对塘桥的扶贫机遇已失去，现在各级都很重视经济，这三块地可以利用起来，造商品房，增加收入搞活村级经济。

张艳（村委会委员、妇女主任）：目前从上到下各级都很重视村级经济的发展，我们要抓住这个机遇搞开发，可以滚雪球的形式逐步开发求发展。

龚洪仁（党员代表）：为了灵湖村的经济发展，今天我们召开座谈会，大家要积极献计献策，让灵湖村的经济更上一个台阶。

宋留官（联队组长）：刚才大家讲到的这三块地，我觉得蛮好，我们村后劲不足，和其他村比确实不行。没有好的产业，靠扶贫不能解决问题，要自己造血。我们村因在用地上被控制，所以没有好的发展。原吴舍村较偏僻，能否在交通便利的地方发展，老窑处能否考虑？现村委会驻地院内能否建房子？

柳水珍（党员代表）：靠建房盘活资金时间太慢。

金雪珍（党员代表）：原吴舍村委会驻地地段太偏僻，机厢厂那建车库倒蛮好。

何福林（党员代表）：我们灵湖村，地处黄金地段，但被控制，我们只能以旧就旧，以滚雪球的形式盘活资金，使村委会能发展就好。

金金官（联队组长）：舍上车子蛮多，能否在舍上选一合适的地方建车库？

金银泉（党员代表）：我们环境不好，人员不多，何不大胆一点，学湖桥，弄了再说。在吴舍村委会驻地沿路造房，将吴舍机厢厂的旧房子卖掉，改造商品房好。

施胜根（联队组长）：地势较好，但对于吴舍村来说也有不利，我们的旅游规划里只有游客，没有落脚人，关键是要靠流动人口。目前大环境没发展起来，这里还是一个死角。如果不发展，对上对下都难交代。我觉得村党总支的思路是对的，可以先盘活资金，今后再发展。等大环境发展了，我们也可借势发展。

邹水炳（联队组长）：村里的思路较好。

孙福林（联队组长）：我觉得活动室那一块建商品房可能没人要，只能把它卖掉。

柳金生（党员代表）：前面的门面房有人要，后面的可能差一点，村里思路较好，如在沿路建设是较好的。可以申请在路边建一个养老院，承包给别人经营。建一些车库肯定行。

陆金仙（党员代表）：支部也想尽办法搞村级经济，目前主要需解决的是如何合理发展，合理摆布。路边发展较好，里面的房子太偏，出租可能有问题。

朱福根（联队组长）：要想村级经济上去，势必要发展，寻找经济增长点，以滚动的方式发展是可行的，最好能趁早开发现村委会驻地这块。

吴洪兴（联队组长）：吴舍地段较偏，发展前途不大，在现村委会驻地投资发展为好，可以找一些偏僻的地段发展一些农副产业。

陆海山（党员代表）：我们村环境受到较大约束，发展受影响，村里有想法搞活经济蛮好。

孔来福（党员代表）：总的来说灵湖村地段好，但被控制，最好在好一点的地段搞开发，一步一步来，逐步发展，要选黄金地段发展。

石虎寿（党员代表）：区里提倡大搞村级经济，我村目前属控制地段。村里的设想较好，先小打小闹搞活经济，逐步发展。如有好的地段，可让老板献计献策，共同搞好村级经济。

沈狗大（党员代表）：我们村东、西都受控制，村级经济难发展，上面要求发展村级经济，建议在吴舍4组那块地搞建设，可以向东扩建。

沈卫东：大家谈得较好，都能献计献策，想法子搞活经济。我们会根据今天的会议精神，再考虑先开发哪一块，如何开发。其他地块，我们会尽力向镇党委、镇政府申请争取。我们相信在镇党委、镇政府的支持下，在村两套班子的努力下，有在座各位及群众的配合，再过几年，我们村的经济肯定会上去。

第三节　群众团体

一、农民组织

农民协会　1950年3月，渡村乡农民协会成立，吸收广大雇农、贫农、中农为农会会员，乡设农会主任。塘桥、舍上、吴舍、西塘村设农会大组长，自然村设农会小组长。1950~1952年，钟根林任西塘村农会主任，柳兆宏任农会常委。农会在建立和巩固人民政权、镇压反革命分子、土地改革、抗美援朝和发展互助合作社及农业合作化等运动中发挥重要作用。如协助党支部、村委会发动、组织村民参加互助组和合作社。1955年农业合作化全面开展后，农会活动相对减少，此后农会组织职能自行消失。

贫下中农协会　1964年，渡村公社在开展面上社会主义教育运动中，为树立贫下中农的绝对优势，在党的领导下成立的群众性组织。

4月，胜利大队贫下中农代表：1队孔阿美，2队孔金兴，3队马永生，4队吴根林，5队柳根大、沈林贞（女），6队金杏琴（女），7队张水元，8队朱伯大，9队龚明坤，10队顾根寿。东风大队贫下中农代表：1队宋阿美，2队周阿毛，3队骆才英（女）、沈水英（女），4队何根寿，5队施胜根，6队张狗宝、陈金仙（女），7队朱祖官，8队石月明，9队赵金荣，10队沈旱宝，11队王阿兴，12队孙阿毛，13队张阿六。

12月，胜利大队第9生产队龚明坤出席江苏省贫下中农代表大会。

1965年1月，召开渡村公社首届贫下中农代表大会。2月，渡村公社贫下中农协会筹备委员会（简称“贫筹会”）成立。胜利、东风大队相应成立贫筹小组。贫筹小组积极参与各项事务。

1966年4月，吴县农业先进单位代表会议召开，胜利大队贫下中农代表孔阿美、先进单位代表陆明甫，东风大队贫下中农代表施胜根、先进单位代表夏才荣出席。

1974年1月，胜利大队叶宝玉（女）、施巧福，东风大队柳金生、施文英（女）出席吴县第二次贫下中农代表会议。

1974年6月，胜利大队施巧福当选渡村公社贫下中农协会第二届委员会副主任，胜利大队金康云、东风大队施文英（女）当选渡村公社贫下中农协会第二届委员会委员。

1974年，沈卫达任东风大队贫下中农管理委员会（简称“贫管会”）主任，沈仁根任贫下中农协会（简称“贫协会”）主任。

1976年，孔来福为胜利大队贫管会主任。

1977年，柳金生任东风大队贫管会主任（兼），朱进福任贫协会主任。

1978年，孔来福任胜利大队贫管会、贫协会主任，沈仁根任东风大队贫协会主任。

1978年后，贫协小组活动终止，其职能自行消失。

二、青年组织

1957年9月，共青团渡村总支部委员会成立，吴舍村夏才荣任第三支部书记。团乡总支植树造林委员陆美英（女）、朱伯大。建中第四高级社塘桥分支书孔虎根、陆美英（女），舍上分支书朱伯大、石火福、陆福寿。建中第五高级社吴舍分支书陈义刚、张巧玲（女）、赵传根，西塘分支书钟凤英（女）、朱进福、朱传根。

1958年10月，第11、第12大队团支部建立，朱伯大、夏才荣分别任团支部书记。

1959年，胜利大队团支部有团员31人（当年发展6人），东风大队团支部有团员68人（当年发展5人）。

1963年3月，团支部组织团员青年学雷锋活动，进行义务植树。团支部要求各小组大种蓖麻，争创收入作为团内活动经费，购买图书等。是年，胜利大队团员有孔春根、周三男、周阿二、孔寿根、马林根、何福林、邬水根、石火寿、陆金官、徐士刚10人。东风大队团员有柳南生、凌炳忠、柳宝康、殷志远、孔云妹（女）、柳根官、孔永宝、盛生华、凌忠礼、邹俊凯、黄阿大、俞洪其、石金林、沈根林、丁培泉、沈云生、顾阿二、沈根法、柏福仙（女）、凌山海、钟美英（女）、柳凤鸣、周培珍（女）、朱桂仙（女）、宋留官、金银泉、石德明、沈林珍（女）、沈菊仙（女）、石月明30人。

1964年4月，胜利大队第2生产队青年孔寿根出席江苏省知识青年积极分子代表大会。会议期间，孔寿根受吴县22名代表委托，请董加耕在笔记本上题词留念，董加耕当即题写“向你学习　当好接班人　董加耕”。7月，渡村公社团委在东风大队内转河（顺堤河）举行游泳比赛，胜利大队团支部书记徐子良获得百米赛第一名。是年，胜利、东风大队团支部认真做好团员考察发展工作，为党组织培养推荐陆志刚、马林根、顾新民、席官根、金福根、沈仁根、石丁元、钟志远等后备干部。

1966年后，团组织瘫痪。10月24~28日，渡村公社在红光大队（现采莲村）举办抗大训练班，胜利、东风大队团支部书记、民兵营长，妇女主任带队参加。

1970年，团支部倡导各团小组争做好人好事，晚上帮生产任务重的生产队割稻、垦田、挑肥料、挑稻，做好事不留名。

1971年3月，中共渡村公社委员会同意恢复胜利、东风大队团组织活动。6月，陆金仙当选共青团渡村公社委员会委员。是年，胜利大队团支部发展邱凤金（女）、朱林源、孔凤珍（女）3人为团员，东风大队团支部发展席火林、孙爱娣（女）、邹水康、夏水英（女）4人为团员。

1973年3月，胜利大队金康云出席苏州地区第一次团代会。是月，金康云当选共青团吴县委员会委员。12月，团员金康云出席吴县农业学大寨先进集体（个人）代表大会。

1975年9月21日，胜利大队金康云、叶宝玉（女），东风大队王丽珍（女）出席苏州地区上山下乡知识青年代表大会。

1976年3月，金康云、施文英（女）、孔繁芳（女）、王丽珍（女）、黄阿小出席吴县妇女青年积极分子代表大会。12月，胜利大队孔繁芳、东风大队王丽珍出席吴县上山下乡知识青年先进代表大会。

1979年3月，胜利、东风大队团支部响应共青团吴县委员会号召，开展“学雷锋、树新风、争当新长征突击手”活动，在3月5日突击宣传日，通过便民服务、助人为乐等活动，使团工作充满活力。

1980年9月，胜利大队团支部利用歇工前2小时，组织团员骨干义务装运黄泥至渡村砖瓦厂，每吨4元，每船16元，连续22天，挣到640元，增添图书150册。团内活动经费主要由团支部组织团员创收，可用于征订报刊、举办文艺活动、清明节去横山扫墓等活动。

1983年5月，共青团渡村乡第九届代表大会召开，胜利大队有代表9名，东风大队有代表7名。在举行的诗歌朗诵、歌咏比赛中，孔福仙朗诵的《未名湖畔——蒋筑英》、孔荣福朗诵的《奋起的节日与节日的沉思》均获二等奖，沈月芳独唱《外婆的澎湖湾》获三等奖。

塘桥村（塘桥大队、胜利大队）历任团支部书记：朱伯大、石火福、陆福寿、孔火根、陆美英、徐明扬、徐子良、陆金仙、金康云、叶宝玉、陆建新、金海洪、金阿康、金玉芳。

吴舍村（吴舍大队、东风大队）历任团支部书记：夏才荣、陈义刚、钟凤英、张巧玲、赵传根、朱进福、朱传根、钟志远、孙平安、宋水忠、朱水荣、沈狗大。

2020年，灵湖村有团员23人，其中男9人、女14人。

灵湖村历任团支部书记：张艳、龚颖涛、徐焕颖。

三、妇女组织

1950年5月《婚姻法》颁布后，塘桥、舍上、吴舍、西塘等村在《婚姻法》的宣传活动中，树立婚姻自由观点，发动妇女揭露、批判封建婚姻种种罪孽，解除封建包办婚姻，寡妇改嫁。

1956年春，建中第四高级社妇代会主任孔阿林（塘桥村）、周金娣（舍上村）。建中第五高级社妇代会主任姚招娣（吴舍村）、钟凤英（西塘村）。

1957~1958年，建中第四、第五高级社组织妇女150余人参加“扫盲”活动，利用晚上到所在自然村冬学民校学习文化知识。建中第四高级社翁家浜自然村在翁阿东家学习，有东塘、水路上、海丝浜等自然村妇女30余人参加。

1958年10月，第11、第12大队建立妇女代表委员会，生产队建立妇女代表小组。

1960年，每个生产队挑选1名妇女为生产队副队长。胜利大队：1队孔阿林、2队陆美英、3队陆桂英、4队黄阿宝、5队沈阿宝、6队赵凤仙、7队沈保娣、8队石文妹。东风大队：1队陆秀珍、2队石根英、3队周阿美、4队石素珍、5队邹毛毛、6队徐来英、7队柳根英、8队柳慧珍、9队徐定金。妇女生产队副队长兼妇女代表小组长。1966年后，大队、生产队妇女组织停止活动。1987年12月，塘桥、吴舍村分别建立村妇代会。

1986年，在渡村乡妇联配合下，在村办企业中开展“学文化、学技术，比成绩、比贡献”（简称“双学双比”）活动。倪彩娣、邬凤娟、熊惠芳、金凤仙、石素芳为力织操作能手，金玲珍、孔凤珍、吴仁英、孔亚芳为地毯编织能手，陆爱凤为牵经能手。20世纪80年代，各大队（村）妇代会组织妇女进行自尊、自爱、自重、自强教育。1996年，开展五好文明家庭创建活动。20世纪90年代，在妇女中开展“讲道德、讲理想、讲纪律，自尊、自信、自立、自强”（简称“三讲四自”）教育活动，受教育妇女200余人。2000年，吴县市妇联开展城乡妇女“大创业”号召，塘桥、吴舍村妇代会加入渡村巾帼联谊组，成为吴县市新兴女性创业群体。2005年4月，灵湖村妇代会召开创建五好文明家庭推进会，开展“廉洁文化进家庭”活动，举办村干部家属培训班。2011年，灵湖村6组金芳在吴中区开展的羊毛衫行业技能操作竞赛中获得第一名，并连续2年获得优秀奖；2014年，其被吴中区人民政府评为2011—2013年度吴中区劳动模范。2015年3月，村妇代会参加临湖镇妇联发起的“家教征文”活动，征集修身、治家、教子、处世等方面的俗语、格言。灵湖村有2017年度临湖镇“最美家庭”孙坤荣、孔文林、石德华、邹文官、孔晓军家庭。

塘桥村（塘桥大队、胜利大队）历任妇女主任：孔阿林、周金娣、李阿妹、陆金仙、宋金凤、金玉芳。

吴舍村（吴舍大队、东风大队）历任妇女主任：姚招娣、钟凤英、孔金凤、施文英、柳水珍、金雪珍。

灵湖村历任妇女主任：张艳、徐焕颖。

第四节　民兵组织

一、组织

1951年下半年，塘桥、舍上、吴舍、西塘村于土改后期组织民兵加入石舍乡民兵中队。

1958年10月，渡村人民公社成立，根据中央关于“大办民兵师”的指示，开展“全民皆兵”运动，公社成立民兵团，大队、生产队分别成立民兵营、连、排。第11大队为1个营，3个连，10个排，26个班，有民兵387人，其中基干民兵74人、普通民兵313人。第12大队为1个营，3个连，14个排，28个班，有民兵589人，其中基干民兵

130人、普通民兵459人。

1962年9月，为做好战时兵员动员准备，东风、胜利大队有多名复员、退伍军人进行预备役登记工作。

1966~1968年，胜利、东风大队民兵组织中断整顿，至1969年恢复每年一次整组制度。

1978年3月，胜利、东风大队开展民兵组织、政治、军事“三落实”活动。

1980年，渡村公社人武部向胜利大队民兵营发放7.62自动步枪20支，存放在陆建新家，并由其保养。1982年由人武部收回。

1981年，按上级指示，塘桥、吴舍大队民兵的年龄改为18~35周岁，女民兵在原有基干民兵中适当选编，约占选编的10%，普通民兵中不再选编女民兵。

1982年1月，塘桥、吴舍大队退役军人进行预备役登记，具体名单不详。

1991年，塘桥、吴舍村民兵布局逐步向村办企业转移，在人数上和训练上都有所调整。

1993年，塘桥、吴舍村在基干民兵中组织起一支10人的民兵应急分队，用于应付战略执勤、社会治安维护和抢险救灾等突发情况。

1999年，渡村镇人武部民兵编制舟桥排塘桥6班10人，机械班吴舍3排11人。

2001年，塘桥村有基干民兵11人，普通民兵76人。吴舍村有基干民兵12人，普通民兵91人。

2004年，灵湖村有基干民兵步兵连2排4班10人，2排5班9人；普通民兵2个连（1连100人，连长张文华；2连96人，连长金耀祖）。

2005年，灵湖村有基干民兵操舟机排2班10人，3班10人；普通民兵2个连（1连93人，2连98人）。

2020年，灵湖村有基干民兵6人；普通民兵1个连，3个排，9个班，共79人。

塘桥村（塘桥大队、胜利大队）历任民兵营长：陈义昌、孔来福、顾阿狗、沈金根、邱光裕、陆志刚、宋根水、陆柏生、陆江云、金玉芳。

吴舍村（吴舍大队、东风大队）历任民兵营长：赵才荣、赵传根、张阿洪、沈星根、殷志远、柳金生、沈开建、顾益民、龚洪仁。

灵湖村历任民兵营长：龚洪仁、龚颖涛、沈小伟、马晓荣。

二、训练和活动

1957年冬，苏州军分区组织震泽县普训基干民兵，建中第四、第五高级社有多人受军事训练。

1958年10月，县人武部组织预备役登记民兵参加炮兵训练，第11、第12大队有多名预备役登记民兵参加训练。12月，第11、第12大队民兵分批参加太浦河工程

(东太湖穿湖大堤工程),直至1959年4月结束首期工程。

1964年10月,胜利、东风大队民兵营长、连长、排长16人参加渡村公社组织的民兵干部春季训练,内容为实弹射击、政治学习等。

1969年12月,胜利大队10人、东风大队18人参加吴县武装民兵独立团渡村直属连冬季训练。

1971年3月,胜利、东风大队2名民兵参加南京军区8312国防工程(光福机场)施工,历时1年余。

1975年冬,胜利、东风大队民兵参加太仓浏河工程,出动77人,为期33天,合2341工。

1978~1983年,胜利(塘桥)、东风(吴舍)大队民兵营长全程参加吴县人武部每年组织一次的民兵营长集训。

1984年5月,塘桥村4人、吴舍村4人协同某部2营5连进行应急补充满员兵员试点。秋,塘桥、吴舍村基干民兵训练由渡村乡人武部统一设点,改为参加县分片至木渎七子山训练。

1991年7月,渡村乡遭受台风袭击,太湖水位暴涨,农田受淹,塘桥、吴舍村百余名民兵组成突击队投入抗洪抢险。

1993年10月,塘桥、吴舍村基干民兵12人集中吴县国防园(民兵训练基地)参加为期一周的军事训练。

1998年,渡村镇人武部组织冲锋舟训练,龚洪仁、张文清、吴金刚参加。

1999年6月下旬,塘桥、吴舍村民兵应急分队20人参加渡村镇人武部组织的民兵应急分队抗洪救灾小组,于东太湖沿岸圩埂抗洪抢险。

2005~2016年,灵湖村民兵营长每年参加吴中区人武部组织的"作战指挥网上推演"训练。

2020年,灵湖村基干民兵配合村委会参与美丽乡村建设,整治村庄,保护环境等活动。

附1:

1969年9月,吴县第三届活学活用毛泽东思想积极分子(集体)第一次四好单位、五好社员(职工、民兵)代表大会召开,胜利大队陆金仙出席大会并被评为"五好民兵"。1971年,胜利3队民兵排长陆建新被评为吴县人民武装部1970年度"五好民兵"。1975年9月,胜利大队民兵营长宋根水、东风大队民兵营长柳金生出席吴县民兵、上山下乡知识青年代表大会。1977年10月3日,陆伯生出席吴县民兵工作会议。

附2：

1971年3月，吴县民兵独立团十七连二排（渡村公社）参加南京军区8312国防工程（光福机场）施工人员名单：孔永林、徐阿四、徐泉根、李炳元、金仁信、袁伟良、陆东兴、金寿官、徐卫元、孔荣华、金福林、李金根、金坤华、金林男、金龙火、孔美娣、沈培民、金兴荣、沈正官、朱洪根、陆福兴、吴永元、仇泉根、邱根荣、张福喜、张生喜、金佰荣、沈福龙、邱水海、金巾根、朱土林、孔传兴、沈福官、沈仁福、沈毛大、沈仁康、孔兴官、陆纪根、吴木根、徐盘根、吴兴男、吴根男、朱万良、吴根元、徐菊明、顾秋根、蒋狗大、徐生元、顾福祥、陆根云、石火福、曹正财、石柏生、柳根生、金杏根等58人。

附3：

表6-8 灵湖村应征入伍退役和转业军人名录

编号	组别	姓名	入伍年月	退役年月	说明
1	14组	赵才荣	1950年1月	1952年2月	抗美援朝
2	17组	范　毅	1950年1月	1952年2月	
3	20组	屠阿大	1950年1月	1952年2月	抗美援朝
4	21组	赵传根	1950年1月	1952年2月	抗美援朝
5	22组	席官根	1950年1月	1952年2月	抗美援朝
6	2组	陆志刚	1951年7月	1957年7月	抗美援朝
7	14组	沈士学	1951年7月	1957年7月	抗美援朝
8	25组	张富康	1951年7月	1957年7月	抗美援朝
9	19组	沈正圭	1951年7月	1957年7月	抗美援朝
10	19组	沈钟圭	1951年7月	1957年7月	抗美援朝
11	10组	顾阿三	1955年1月	1958年3月	
12	9组	顾新民	1955年3月	1958年3月	
13	15组	周荣福	1955年3月		转干
14	20组	金福根	1955年3月	1958年12月	
15	4组	孔祥官	1956年3月	1961年1月	
16	12组	沈仁根	1956年3月	1962年1月	
17	3组	马林根	1959年3月	1962年8月	
18	12组	沈新根	1959年3月	1964年2月	
19	12组	顾福林	1959年3月	1964年2月	
20	12组	庄海元	1959年3月	1964年1月	
21	18组	朱根林	1959年3月	1962年8月	
22	20组	顾伏根	1960年8月		转干
23	1组	石阳生	1960年8月	1968年3月	
24	4组	徐五弟	1960年8月	1969年3月	
25	7组	沈根法	1963年3月	1968年3月	

续表

编号	组别	姓名	入伍年月	退役年月	说明
26	20组	沈秋生	1964年1月		转干
27	20组	柳金生	1964年1月	1969年3月	
28	4组	沈金宗	1965年9月	1971年3月	参战
29	9组	顾金林	1964年8月	1968年2月	
30	6组	金水明	1965年1月	1969年3月	参战
31	14组	赵才兴	1965年1月	1969年3月	
32	25组	沈根大	1965年9月	1969年12月	参战
33	17组	殷志远	1965年1月	1969年3月	
34	8组	石虎元	1965年1月	1970年2月	
35	17组	钟叙根	1965年9月		参战，转干
36	1组	孔根大	1965年9月		参战，转干
37	1组	施阿三	1965年9月	1970年1月	
38	3组	马寿根	1965年9月	1970年1月	参战
39	16组	钟志远	1965年9月	1969年3月	
40	20组	石福寿	1965年9月		参战，转干
41	4组	黄炳元	1968年3月	1971年3月	
42	7组	沈叔明	1968年3月	1971年3月	
43	7组	张火根	1968年3月	1970年1月	
44	7组	沈叙根	1968年3月	1970年1月	
45	7组	徐阿三	1968年3月	1971年3月	
46	11组	孔水金	1968年3月	1971年3月	
47	12组	邱福荣	1968年3月		转干
48	15组	夏水才	1968年3月	1971年1月	
49	15组	丁兴元	1968年3月	1971年1月	
50	15组	金荣泉	1968年3月	1971年1月	
51	15组	石凤鸣	1968年3月	1970年1月	
52	1组	孔祥华	1969年3月	1973年1月	
53	5组	顾凤根	1969年3月		转干
54	5组	李阿毛	1969年3月	1974年1月	
55	5组	沈永兴	1969年3月	1975年2月	
56	6组	金明达	1969年3月	1973年12月	
57	7组	沈洪法	1969年3月	1973年3月	
58	13组	石阿大	1969年3月	1975年3月	
59	14组	赵荣法	1969年3月		转干
60	14组	赵雪荣	1969年3月	1975年3月	
61	16组	张荣根	1969年3月	1977年4月	
62	16组	石金林	1969年3月	1973年1月	

续表

编号	组别	姓名	入伍年月	退役年月	说明
63	17组	马水根	1969年3月	1973年1月	
64	19组	梅银福	1969年3月	1975年3月	
65	21组	赵春龙	1969年3月	1973年1月	
66	21组	邹杏荣	1969年3月	1973年1月	
67	22组	朱金福	1969年3月		转干
68	23组	凌早兴	1969年3月	1978年4月	
69	6组	金正寿	1970年1月	1976年3月	
70	8组	陆金兴	1970年1月	1973年1月	
71	9组	龚培根	1970年1月	1975年3月	
72	13组	石菊林	1970年1月	1973年1月	
73	15组	顾顺元	1970年1月	1975年3月	
74	25组	殷志高	1960年1月	1963年1月	
75	18组	朱世荣	1970年1月	1975年3月	
76	1组	孔福寿	1971年1月	1976年3月	
77	6组	陆荣官	1971年1月	1976年3月	
78	8组	陆江云	1971年1月	1976年3月	
79	12组	石会官	1971年1月	1975年3月	
80	13组	屠建才	1971年1月	1976年3月	
81	21组	邹水兵	1971年1月	1975年3月	
82	3组	陆建新	1972年12月	1978年4月	
83	4组	宋金炳	1972年12月	1978年4月	
84	4组	沈宗林	1972年12月	1977年3月	
85	5组	柳林兴	1972年12月	1979年12月	
86	6组	金水寿	1972年12月	1979年12月	
87	13组	石根虎	1972年12月	1979年12月	
88	14组	赵福泉	1972年12月	1978年4月	
89	15组	何新荣	1972年12月	1979年5月	
90	16组	沈德明	1972年12月	1978年4月	
91	4组	沈根林	1975年1月	1980年1月	参战
92	4组	金阿银	1975年1月	1977年3月	
93	9组	龚云清	1975年1月	1978年4月	
94	17组	龚洪仁	1975年1月	1978年4月	
95	19组	沈开建	1975年1月	1978年4月	
96	3组	黄阿四	1976年2月	1980年12月	
97	10组	王亚明	1976年3月	1980年6月	
98	15组	顾全菊	1976年3月		参战，转干
99	18组	沈根福	1976年3月	1978年4月	

续表

编号	组别	姓名	入伍年月	退役年月	说明
100	19组	顾益明	1976年12月	1983年1月	
101	1组	沈菊明	1978年4月	1984年1月	
102	7组	曹纪荣	1978年4月	1981年1月	
103	11组	曹雪芳	1978年4月	1982年3月	
104	16组	钟建平	1978年4月	1982年2月	
105	7组	张会明	1979年1月	1981年1月	
106	10组	熊根林	1979年1月	1984年1月	
107	14组	沈宝山	1979年1月	1984年1月	
108	15组	夏海林	1979年1月	1984年1月	
109	1组	孔金官	1979年3月	1984年3月	
110	12组	庄阿荣	1979年11月	1983年11月	
111	16组	石卫荣	1979年11月	1983年11月	
112	4组	徐永宝	1980年11月	1984年1月	
113	8组	陆金云	1980年11月		转干
114	19组	顾雪明	1980年11月	1984年10月	
115	23组	凌　峰	1980年12月	1986年4月	
116	5组	吴根兴	1981年1月		转干
117	17组	龚林生	1981年10月	1986年4月	
118	8组	陆水明	1982年1月	1986年1月	
119	4组	徐文炳	1982年11月	1985年1月	
120	16组	邹文龙	1983年11月	1988年1月	
121	10组	顾振平	1984年1月	1987年1月	
122	23组	凌桂兴	1984年1月	1987年1月	
123	19组	沈建方	1984年11月	1989年3月	
124	9组	顾新华	1985年11月	1990年3月	
125	13组	张国平	1985年11月	1990年11月	
126	14组	赵招龙	1986年1月	1989年3月	
127	18组	邱云华	1987年1月	1990年1月	
128	11组	王根林	1988年3月	1990年3月	
129	20组	屠正祥	1989年12月		转干
130	5组	吴　健	1989年12月	1993年12月	
131	9组	龚亚明	1990年3月	1993年12月	
132	1组	沈永良	1990年12月	1994年12月	
133	15组	石　淼	1990年12月		转干
134	19组	沈忠华	1990年12月	1994年12月	
135	25组	张文华	1991年11月	1995年11月	
136	6组	金正东	1991年12月	1994年12月	

续表

编号	组别	姓名	入伍年月	退役年月	说明
137	21组	沈洪元	1992年12月	1996年12月	
138	12组	史伟众	1993年12月	1996年12月	
139	25组	朱小金	1993年12月	1996年12月	
140	8组	陆华明	1994年12月	1998年12月	
141	1组	沈建新	1995年12月	1998年12月	
142	10组	孔祥勇	1995年12月	1998年12月	
143	17组	李　刚	1995年12月	2008年12月	
144	22组	石继华	1995年12月	1998年12月	
145	5组	沈祥明	1996年12月	1998年12月	
146	6组	陆志良	1996年12月	1999年12月	
147	17组	马晓荣	1996年12月	1998年12月	
148	21组	沈卫东	1996年12月	1999年12月	
149	20组	王建林	1997年12月	1999年12月	
150	22组	孙浩民	1997年12月	1999年12月	
151	16组	施雪峰	1998年12月	2000年1月	
152	6组	金跃祖	1999年12月	2001年12月	
153	6组	陆月新	1999年12月	2001年12月	
154	8组	沈小伟	1999年12月	2001年11月	
155	5组	顾敏华	2000年12月	2002年12月	
156	21组	卞英杰	2000年12月	2002年12月	
157	23组	凌文兵	2001年12月	2003年12月	
158	24组	朱　冲	2001年12月	2003年12月	
159	16组	龚颖涛	2002年12月	2004年12月	
160	25组	范永福	2003年12月	2005年12月	
161	9组	顾佳平	2004年12月	2006年12月	
162	3组	翁梁良	2005年11月	2007年11月	
163	2组	孔蓉杰	2005年12月	2007年12月	
164	16组	沈　洁	2005年12月	2007年12月	
165	19组	顾燕回	2005年12月	2007年12月	
166	25组	潘　杰	2006年12月	2008年12月	
167	21组	沈晓贤	2007年12月	2009年12月	
168	7组	张振强	2008年12月	2013年12月	
169	3组	王俊峰	2009年12月	2011年12月	
170	4组	宋建刚	2009年12月	2011年12月	
171	4组	沈瑞虹	2009年12月	2011年12月	
172	13组	沈　剑	2009年12月	2011年12月	
173	16组	沈新顺	2009年12月	2011年12月	

续表

编号	组别	姓名	入伍年月	退役年月	说明
174	14组	赵　旭	2010年12月	2012年12月	
175	1组	柳畾垚	2011年12月	2013年12月	
176	10组	陆　路	2011年12月	2013年12月	
177	9组	顾丛阳	2013年9月	2015年9月	
178	1组	沈　沂	2016年9月	2018年9月	
179	14组	赵星宇	2016年9月	2018年9月	
180	13组	石宝贤	2018年9月	2020年9月	
181	16组	柳　健	2018年9月	2020年9月	
182	21组	沈明昊	2018年9月		现役
183	12组	庄嘉俊	2019年9月	2021年9月	
184	17组	陈宇斌	2020年9月		现役

第七章　新农村建设

民国时期，村民以自然村聚居，一般择河而居，依水建房生息。房屋都是砖木结构的平房。村间道路多为泥土路，少量铺设砖石路。

中华人民共和国成立后至20世纪60年代，村域内基础设施变化不大，直至改革开放后村级经济实力提升，投资基础设施建设，村容村貌焕然一新，村级道路逐步实现刚性化水泥路面。20世纪90年代后，村民绝大多数住进新楼房。

进入21世纪，灵湖村全面提升村庄环境整治成果，黄墅特色田园乡村建成后，全村的村落形态和田园乡村相互交融，促进宜业宜居建设。

第一节　民房建设

一、住房

民国时期，村民住房大都是平房，砖木结构，空斗墙体。住房开间小，面积不大，兄弟分家不分居，同住一个屋檐下。有的三代、四代同室居住。

中华人民共和国成立初，上无片瓦的贫雇农分得地主的房屋居住，常熟、江阴籍村民均居住在草房内。1951年，塘桥村158户647人，有房屋969间，人均1.5间。舍上村89户367人，有房屋497间，人均1.35间。石南村49户190人，有房屋107.5间，人均0.57间。吴舍村157户643人，有房屋954间，人均1.48间。西塘村158户615人，有房屋869.5间，人均1.41间。

20世纪50~60年代，村民建造或翻建房屋不多。20世纪70~80年代，建造或翻建房屋逐年增多。

1976~1984年，吴舍村（东风大队）479户中，13户新建楼房1100平方米，207户新建平房16072平方米，仍有259户住在破旧平房内。时人均住房面积20.18平方米。塘桥村（胜利大队）345户中，17户新建楼房766平方米，224户新建平房17793平方米，仍有104户住在破旧平房内。时人均住房面积23.6平方米。

1994年，吴舍村33户141人建房114间，其中22户建楼房66间。塘桥村41户158人建房142间，其中31户建楼房74间。

21世纪初，村民盖楼房、别墅，一改上下2层为2层半，外观、质地大有讲究，不同于20世纪90年代。一般砖木结构改为钢筋水泥结构,门窗由原来的木窗、钢窗改为铝合金或塑钢窗,木门或铁门改为不锈钢或铜门等,并装有整套新颖厨卫设施。部分村民因动迁被安置在新建居住区集中居住,亦有的在镇上或木渎、苏州城购买商品房居住。

二、居住小区

2009~2010年,村域内建成莲湖小区、太湖临湖湾别墅区、庄子别墅区、家缘小区(二期)、绿地·博墅、和岸花园区6个集中居住区。居住区除集中居住村域内动迁安置户外,还入住多户缺房村民和村域外居民。

莲湖小区　位于塘桥莲湖路西端南侧,利用挖废砖坯地建成,于2009年动工,翌年竣工,建筑面积10304.97平方米。由灵湖村村委会投资建造。

太湖临湖湾别墅区　位于临湖路南段,占地面积80000平方米,建筑面积40000平方米,于2007年动工,2013年竣工。

庄子别墅区　位于腾飞路北侧渡村大桥旁,占地面积60000平方米,建筑面积30000平方米,于2008年动工,2013年竣工。

家缘小区(二期)　位于塘桥第1村民小组西端直至沿河,建筑面积4539平方米,于2009年竣工。

绿地·博墅　位于临湖路中段,均为连排别墅。占地面积90882.28平方米,建筑面积108196.35平方米,于2013年动工,2017年竣工。

和岸花园　位于舍南路西侧至南城路,占地面积118623平方米,建筑面积206866平方米,可安置1660余户入住,2020年动工建造。

第二节　基础设施

一、道路

民国时期,村域内均为泥土路,村民出行脚踏泥土,遇上雨日泥泞不堪。

中华人民共和国成立初,村域内道路依然未曾改变。农业合作化时期、人民公社成立初期,结合兴修水利拓宽整修道路,面貌有所改变。20世纪80~90年代,塘桥村(胜利大队)、吴舍村(东风大队)投资修筑村级主干道。21世纪,镇政府投资在村域内修筑镇级道路,从而形成二横六纵的村级道路网。

修筑新路　20世纪80年代至90年代中期,由塘桥村(胜利大队)、吴舍村(东风大队)投资修建村级主干道,主要有自塘桥至西浜和自吴舍经西塘折向龙田岸至南城头道路(其中路段由机耕路组成)。另有吴舍、西塘自然村及塘桥、舍上自然村内的自然村支道，以及各自然村之间的支道。

20世纪90年代，穿越村域内的主要道路（段）腾飞路（总长3.09千米，村域内1.8千米）、菱湖嘴路（总长2.3千米）、临湖路（总长10.85千米，村域内自黄墅闸至绿地·博墅2千米）、迎宾（吴舍）路（总长0.58千米）、舍南路（总长1千米，村域内0.8千米）等均由临湖镇（渡村镇）人民政府投资修建。

铺设水泥路面　2002年春，塘桥村启动村域内主干道建设工程，分期实施水泥混凝土（俗称“刚性化”）和沥青混凝土（俗称“黑色化”）浇筑工程。塘桥村第1村民小组首先铺设水泥路面，长约200米，宽2米。吴舍村填平浜场的小河以铺设水泥路面，长约150米，宽5米。

2006年12月，灵湖村舍上第6、第7、第8、第10村民小组铺设水泥路面，长772米，宽2.5米。至2011年，结合污水治理改造工程，重新铺设改造水泥路面。2020年，舍上的水泥路再次复浇、扩建，长约1200米，宽3~5米。水路上至腾飞路接口处铺设水泥路面，长约900米，宽3~5米。

灵湖村道路铺设水泥路面主要集中在2016年第九届江苏省园艺博览会开园前，除了各自然村间路面外，还延伸至各户，实现全面覆盖。2007~2020年，全村铺设水泥路面（包括主干道等）总面积3.5万平方米，村投入资金152.6万元。

二、桥梁

灵湖村域内河道（浜）多，大小桥梁亦多有石拱桥、石梁平桥。20世纪90年代后，大多数桥梁为钢筋混凝土水泥平桥。

1962年，胜利大队有桥梁12座，东风大队有桥梁22座。

1985年，塘桥村有桥梁12座，吴舍村有桥梁22座。

20世纪90年代建成的腾飞路，2016年第九届江苏省园艺博览会开园前所建成的相关道路上新建10余座桥梁，至2020年，全村共有桥梁70座。

表7-1　2020年灵湖村域内桥梁一览

序号	桥名	桥址	长度（米）	宽度（米）	跨越河道	建（重）造时间	桥梁属性	说明
1	1号（含闸）桥	西塘	5.5	3	射渎塘	2005年春	钢筋混凝土平桥	
2	2号桥	西塘	13.1	6.7	射渎塘	2005年春	钢筋混凝土平桥	沐春园南
3	3号桥	西塘	9	13.3	射渎塘	2005年春	钢筋混凝土平桥	沐春园南

续表

序号	桥名	桥址	长度（米）	宽度（米）	跨越河道	建（重）造时间	桥梁属性	说明
4	4号桥	西塘	16	6.9	射渎塘	2005年春	钢筋混凝土平桥	西塘桥西
5	西塘桥	西塘	9.6	4.1	射渎塘	2005年10月	钢筋混凝土平桥	
6	回春桥	西塘	9.5	6.8	射渎塘	1987年	钢筋混凝土平桥	西塘桥东
7	塘东桥	西塘	9.4	6	射渎塘	2013年11月	钢筋混凝土平桥	
8	塘庄桥	西塘	8.4	4.6	射渎塘	2005年	钢筋混凝土平桥	
9	小石桥	西塘西	3.3	0.85	庄上泾	民国年间	石平桥	在2号、3号桥间
10	陆步庄桥	陆步庄	4.8	4.1	西城泾	2005年	钢筋混凝土平桥	
11	闸桥	陆步庄	5.3	1.8	沙桥河	2014年	水泥平桥	
12	无名	陆步庄	7.3	3.2	沙桥河	2014年	石平桥	跨径6米
13	小石桥	陆步庄	2.5	1.35	沙桥河	不详	4块小石条组成平桥	
14	无名（北）	乡村振兴学堂	16.3	1.6	界岸河	2012年	4块小石条（三节）	跨径2.1米
15	无名（南）	乡村振兴学堂	16.3	2	界岸河	2018年	木板桥	跨径3米
16	西塘桥	东塘西	17.9	10.6	射渎塘	2014年12月	钢筋混凝土平桥	跨径12.5米
17	东塘桥（老）	东塘村	8.2	3.2	射渎塘	1998年	水泥平桥	桥阻不通
18	东塘桥（新）	东塘东	27.8	44.2	射渎塘（环镇路）	2006年	钢筋混凝土水泥平桥	
19	东塘村桥	东塘东	10.6	6.6	翁家浜	2007年4月	水泥平桥	
20	定向河1号桥	塘桥	19	5.8	定向河	2007年10月	水泥平桥	
21	孔家塘桥	塘桥	21.4	3.6	射渎塘	1624年	石拱桥	
22	新塘桥	塘桥	25.1	14	射渎塘	1988年	钢筋混凝土水泥平桥	
23	定向河2号桥	塘桥	16.5	6.1	定向河	2000年	钢筋混凝土水泥平桥	
24	临湖路10号桥	塘桥小桥浜	25.2	63.6	定向河	2006年	钢筋混凝土水泥平桥	
25	塘舍桥（韩家）	塘桥	12.6	11	北塘河	2008年12月	钢筋混凝土水泥平桥	

续表

序号	桥名	桥址	长度（米）	宽度（米）	跨越河道	建（重）造时间	桥梁属性	说明
26	闸桥	舍上	6.5	4.3	闸桥河	2002年	钢筋混凝土水泥平桥	
27	舍上桥	舍南路	11.7	10	闸桥河	2007年	钢筋混凝土水泥平桥	
28	商贤桥	园博园	42.6	13	老虎口河	2013年	钢筋混凝土水泥梁拱桥	
29	瑞云桥	园博园	不详	8	园内河	2013年	钢筋混凝土水泥梁拱桥	
30	五湖桥	吴舍	41	8.2	顺堤河	2015年	钢筋混凝土平桥	跨径35米
31	闸桥	吴舍	9.2	2.1	万箩河（吴舍河）	1991年	水泥梁桥	
32	东升桥	吴舍	9.7	4.7	万箩河（吴舍河）	2005年8月	水泥平桥	
33	东来桥	吴舍	4	2.5	万箩河（吴舍河）	不详	石梁桥	
34	东风桥	吴舍	7.1	5.7	万箩河（吴舍河）	2008年10月	水泥梁桥	
35	青石桥（篦栉桥）	吴舍	4	2.6	永兴河	不详	水泥梁桥	
36	永兴2号桥	吴舍	7	5	永兴河	2015年2月	水泥梁桥	
37	永兴桥	吴舍	9.7	6.6	永兴河	2012年	水泥梁桥	
38	无名	吴舍	8.7	3.5	永兴河	2012年	水泥梁桥	
39	无名	吴舍	6	4.3	永兴河	不详	不详	
40	东村桥	吴舍	12.7	7.3	万箩河（吴舍河）	2012年4月	钢筋混凝土平桥	
41	走塘桥	水路上	14.2	4.7	走塘河	2016年3月	钢筋混凝土平桥	
42	走塘2号桥	吴舍	13.8	5.1	走塘河	不详	水泥平桥	
43	公兴桥	水路上	8.7	1.6	水路浜	1913年3月	石平桥	
44	陆家桥	水路上	11	4.2	水路浜	2013年11月	钢筋混凝土平桥	
45	陆家2号桥	水路上	10.3	5	水路浜	2009年12月	钢筋混凝土平桥	
46	农用小桥	水路上	10.5	1.6	水路浜	不详	水泥梁桥	
47	胜利2号桥	水路上	13.9	12.3	水路浜	不详	钢筋混凝土平桥	
48	东升桥	水路上	13.1	5	水路浜	2006年7月	钢筋混凝土平桥	

续表

序号	桥名	桥址	长度（米）	宽度（米）	跨越河道	建（重）造时间	桥梁属性	说明
49	翁家桥（西）	水路	8.5	4.7	翁家浜	2014年11月	钢筋混凝土平桥	
50	翁家2号桥（东）	水路	13.3	6	翁家浜	2017年	钢筋混凝土平桥	
51	走塘河2号桥	吴舍	13.8	5.1	走塘河	不详	钢筋混凝土平桥	
52	无名	黄墅（殷金男处）	16	2.8	堰桥浜延伸段	2020年	石拱桥	
53	善人桥	黄墅	11.5	2.4	堰桥浜	2018年	石拱桥	
54	堰桥	黄墅	4.8	3.5	堰桥浜	1981年	水泥平桥	
55	村西小桥	黄墅	7.4	2.3	黄墅港西口	2011年	水泥平桥	
56	闸桥	黄墅	5.3	3	黄墅港西口	2011年	水泥平桥	
57	黄墅港桥	黄墅	8.5	4.7	堰桥浜延伸段	2011年10月	水泥平桥	
58	黄墅古桥	黄墅	6	6.1	堰桥浜	2007年10月	水泥平桥	
59	采菱河桥	黄墅（东）	15	7.8	采菱河（新开）	2017年	钢筋混凝土平桥	
60	里当桥	黄墅（东）	13.5	2.8	西城泾	明末清初	青石拱桥	东西石级各12级
61	闸桥	黄墅（东）	5.3	1.8	西城泾支河	2017年	水泥平桥	
62	小毫西桥	黄墅（东）	10	4.1	西城泾支河（小毫）	不详	水泥平桥	
63	小毫东桥	黄墅（东）	8	4	西城泾支河（小毫）	2000年	水泥平桥	
64	黄墅港闸桥	沿湖大道	9	15.8	出入太湖	2000年	钢筋混凝土平桥	
65	灵湖大桥	腾飞路	88.2	27.1	内转河	1992年10月	钢筋混凝土平桥	
66	黄墅桥	腾飞路	10.3	34.4	黄墅港	2006年	钢筋混凝土平桥	
67	西庄桥	腾飞路	10.2	34.7	西城泾	2006年	钢筋混凝土平桥	
68	东庄桥	腾飞路	10.6	34.7	东庄河	2006年	钢筋混凝土平桥	
69	腾飞大桥	腾飞路	36	40.8	苏东河延伸段	2006年	钢筋混凝土平桥	
70	渡村大桥	腾飞路	28	32	九曲河	1992年10月	钢筋混凝土平桥	

三、供电

民国时期，村民晚上照明常用一种依靠菜油燃烧灯草的灯具，俗称“油盏头”，或用蜡烛。20世纪40~50年代改用火油灯，亦称“洋手盏”“美孚灯”。凡婚丧诸事则用一种充气燃火油的汽油灯。外出照明大都用桅灯。

1964年5月，吴县供电局向渡村公社供电，主要用于生产，仅供沿太湖各大队机房农田灌排使用。1974年9月，望亭发电厂电源接通后，由东山变电所供电，村民日夜使用电力，但时有停电发生，时村域内装置自发电设备作预备之用。1992年11月，渡村乡投资建成110千伏阳山至渡村变电所后用电日趋正常。

1995年，塘桥、吴舍村全面推行用电标准设施建设，改善村民日常生活、生产用电条件。1999年末，两村实施电网改造工程，完成850户农户装表更换、线路设置和变压器增容工程。

2020年末，菱湖渚路五湖桥到临湖路沿线有路灯40盏，腾飞路到水路村路沿线有路灯16盏，吴舍（迎宾）路吴舍桥到腾飞路沿线有路灯22盏，乡贤路、腾飞路到菱湖渚路沿线有路灯17盏，舍上村舍南路有路灯16盏，弄堂路口有路灯48盏，河滩边有路灯16盏。

四、供水

村域内河道畅通，有射渎塘（段）、西塘河、万箩河、九曲塘、苏东河延伸段、顺堤河、黄墅港、水路港、翁家浜及定向河等河道（段），多数村民以河水和井水为日常生活用水。由于河水不洁净，传染病发生率高，影响人体健康。中华人民共和国成立后，开展爱国卫生运动，村民讲究饮用水卫生，绝大多数改用井水为生活用水。

20世纪70~80年代，塘桥村（胜利大队、塘桥大队）、吴舍村（东风大队、吴舍大队）动员村民开挖水井，时社员打井每口补贴5元，集体打井每口补贴10元。1978年前，胜利大队社员有井10口、集体有井5口，东风大队社员有井18口、集体有井3口。1979~1983年，胜利大队社员有井49口、集体有井18口，东风大队社员有井99口、集体有井9口。

2001年3月，渡村镇投资350万元于菱湖嘴建渡村自来水厂，取太湖水源，经过过滤消毒，用大管道供应集镇及周边村民用水。2003年，接通吴县自来水公司（2009年渡村自来水厂弃用），吴舍、塘桥村自来水用户调换水管，更新用水设备。是年，村民自来水入户率71%。2007年，灵湖村自来水用户789户，入户率88.3%。2020年，灵湖村自来水用户903户，入户率100%。

五、电视　通信

1996~1998年，吴舍、塘桥村先后建成电话村，时吴舍村511户有固定电话242

部，塘桥村385户有固定电话157部。进入21世纪，移动电话增多，固定电话逐年减少。2020年，灵湖村903户3602人，有移动电话1450部，固定电话仅剩33部。

2008年，村内大部分农户有线电视安装机顶盒，由临湖镇广播电视站接收施工。2014年，开通高清多功能数字电视，增强收视效果。2020年，有线电视入户843户，入户率93%。

第三节 公共服务设施

一、村党群服务中心

位于村域内菱湖渚路与吴舍（迎宾）路交接处，占地面积350平方米，建筑面积1050平方米。社区服务中心坐北朝南，大楼一层为一站式服务大厅，为村民提供社会保障、民政服务、医疗保障、残疾人事务、妇女儿童维权等多个便民服务项目。除村委会办公室外，另设党员、民兵、共青团、工会活动室，以及信访接待室、调解室等。大楼前南侧场地为停车场。

社区服务中心于2014年12月开工，2016年4月竣工，总投资236.5万元（其中土建136.5万元、装修100万元）。2016年10月8日，中共灵湖村总支部委员会、灵湖村村民委员会迁入办公。

二、公园

2013~2015年，灵湖村村委会利用村域内闲置空地或拆迁宅基地，在9个自然村内建成10余个小公园，总面积约4500平方米。小公园建成后，除植有树木花草外，还建有苏式凉亭和攀缘藤蔓凉棚，并置有健身器材，便利村民进行户外活动，或散步，或休憩。场地上，还可进行老年人健身舞、太极拳等活动。

三、老年活动室

20世纪90年代，塘桥、吴舍村村委会各自腾出闲置房屋，新建活动室，开辟老年活动场所。2016年1月，舍上老年活动室（建筑面积140平方米）竣工，地址在舍上前村。8月，西塘老年活动室（建筑面积242平方米）和塘桥老年活动室（亦称灵湖村日间照料中心，建筑面积403平方米）竣工。村域内老年活动室通常上午或午后2~4时进行开放活动，让老年人玩纸牌、打麻将，或坐下谈谈心、议议事，互相交流，各抒己见，有益身心健康。

四、水泽堂

位于村域内腾飞路北侧与黄墅桥交会处，占地面积1250平方米，建筑面积537平方米。2012年5月，灵湖村村委会以265万元从村民殷银男手中收购，由张英杰承包，于2015年又投资扩建1600平方米，开设集餐饮、住宿于一体的水泽堂饭店。

第四节 生态环境治理

灵湖村水清土沃，自然生态环境良好，少有水、声、气的污染源。20世纪80年代，村（队）办工业企业发展，其排出的水、废气和有害尘埃未能及时治理，给环境带来一定污染。20世纪90年代末，根据渡村镇环境保护与工业发展总体规划，塘桥、吴舍村有计划地做好河道清淤、石驳岸修筑、全面改厕、村庄整治、卫生保洁、湖岸线保护、绿化等，较好保护了村域内的自然环境，改善了村民居住条件，提升了生活质量。

2008年，灵湖村被苏州市爱国卫生运动委员会命名为“江苏省卫生村”。2009年，灵湖村被江苏省环保厅授予“江苏省生态乡镇（村）”称号。

一、河道清淤

1997年冬至1999年春，塘桥、吴舍村分别对村域内河道（段）进行疏浚，除了河底出清淤泥，还对河中障碍物进行清除、河坡杂草进行铲清。

2002年，吴舍村启动第二轮河道疏浚清淤工程，对村域内所有河道疏浚清淤，清淤总长1.3千米，清除淤泥1040立方米。

2008年，灵湖村投资28万元，清淤永兴河、吴舍河、走塘河、直塘河5.2千米，清除淤泥4800立方米。

2010年，灵湖村投资6.8万元，开挖黄墅港0.4千米，移除土方6800立方米。投资11.55万元，疏浚东塘河1.1千米，清除淤泥9050立方米。

2012年，黄墅自然村对流经村内的河道（段）进行清淤，并筑成数百米长的石驳岸。

2014~2016年，灵湖村继续启动河道清淤工程，村域内10余条河道一条不漏，全部过堂，并重修个别河道（段）石驳岸及杉木桩栅护岸。

二、村庄整治

2017年下半年，灵湖村村委会选择西塘自然村为试点，进行环境整治，改善村庄面貌。大致从河道疏浚、污水治理、拆除违章建筑、道路刚性化和黑色化、植树绿化、卫生保洁等方面入手，惠及村民。2018年，西塘的村庄整治以自然村域内铺设污水、雨水管道为重点，进行污水处理。至2019年上半年，全线铺设污水管道（污水、雨水分开）并接通各户，联通吴中区城南污水处理管网。同时，自然村域内的射渎塘（段）两岸筑成石驳岸，两岸沿设置护栏，沿河安装路灯，并布置花木景观。还对村民住房外墙刷白见新，新建停车场，建成小公园等。

三、全面改厕

20世纪80~90年代，村民住房普遍缺少卫生配套设施，沿用老式卫生设备，如马桶、粪坑或粪缸。20世纪90年代末，村民在建成的楼房中安装卫生配套设施，有的自行对原有的厕所进行改造。2005年前，灵湖村25个村民小组915户，有改厕户714户，改厕普及率为78%。2005年村民改厕65户，改厕普及率为85%。2006~2012年，村民改厕分别为39户、13户、9户、14户、17户、5户、4户，改厕普及率达96.4%。

2014年，灵湖村结合村庄整治项目，取缔分布在西塘、陆步庄、舍上、水路上、东塘等自然村个别地段露天粪缸14只。翌年春，继续在塘桥、吴舍自然村取缔露天粪缸，并在吴舍、塘桥、黄墅自然村新建公厕3座。2020年，全面改厕工作结束。

四、卫生保洁

2003年11月，灵湖村村委会把卫生保洁工作列为重要工作目标，成立由村党支部书记为组长的爱国卫生工作领导小组，制定《灵湖村环境整治卫生长效管理制度》，设立保洁服务站、日常环保巡逻队，设专职道路保洁员30人、河道保洁员5人，建立长效管理机制，对村域内街巷、道路、河道进行保洁，做到垃圾日产日清，清运率100%。2020年，灵湖村为全村903户每户设置垃圾桶2个。另外，村域内住宅、各类活动场所继续实行“三包”（包卫生、包秩序、包绿化）责任制管理。全体村民共同参与并自觉遵守长效管理制度，形成良好的文明的生活习惯。

五、植树绿化

历年来，村民习惯在宅前屋后、河浜沿岸及坟场地段植树栽竹。民国时期，塘桥自然村内高大树木有孔兆章宅前1株榉树、孔根泉廊棚后门2株榉树、韩阿三宅前1株皂角树。东塘自然村内吴俊祥宅前1株榉树。吴舍菱湖嘴天后宫前4株榆树，北侧几株榉树。西塘自然村吴家场1株榉树，柳宅前1株榉树和3株朴树。黄墅历史上为植竹之地，高大树木有殷仁高宅前2株榉树及1株皂角树等。

日军侵华时期，村域内大树及成片竹林遭日军“倒军树”砍伐，用于修筑竹篱封锁线，捕杀抗日军民。

1956年2月，建中第四、第五高级社开展植树群众运动，要求每户宅前屋后栽植树苗5~7株，每人栽植树苗10株左右，包栽包活。

1965~1968年，渡村公社组织各生产队和社员大搞“四旁”（树旁、宅旁、路旁和水域旁）植树绿化。胜利、东风大队栽植千余株泡桐、杨榆和杨槐等树苗。

20世纪80~90年代，塘桥村（胜利大队、塘桥大队）、吴舍村（东风大队、吴舍大队）在村域内机耕道和主干道两侧植树绿化。

2003年8月始，灵湖村实施吴县人民政府有关规定，在沿西太湖环湖一线1千米范围内植树绿化（成片栽植意杨和翠竹），成为绿化生态区。

2020年，灵湖村绿化面积约1032亩，绿化覆盖率为59.8%。

六、湖岸线保护

灵湖村地处西太湖沿岸，村域内涉及湖岸线（西太湖大堤）3400米，纵深1000米，为临湖镇及吴中区生态环境保护区域。

1982年12月，塘桥、吴舍大队2000余名民工参加西太湖复堤工程（自东山金家河至胥口横河头，全长17.4千米），历时58天，确保村域内湖岸线形成。1983~1985年，村域内湖岸线全部建成重力式浆砌块石挡浪墙。1983年11月，于西太湖大堤黄墅港修建防洪闸1座。

20世纪90年代，环太湖大堤复堤工程（包括村域内湖岸线）完成。

2004年，灵湖村对湖岸线实地勘查，并登记设立相关标志（起点、终点），建立湖岸档案（搜集植被、树木、堤闸、建筑物等资料），确定负责保护人。2020年，湖岸线保护完好，且沿线设有多处湖岸景观。

第八章　社　会

村民尚文重教，教育子女耕读传家，勤奋读书，识字明理。

人民政府关心村民身体健康，20世纪50~70年代，组织开展“除四害，讲卫生，防治血吸虫病”的群众运动，推行“赤脚医生”制度和农村合作医疗制度，从而建立初级医疗卫生保障体系。

改革开放以来，村民参加基本养老保险、农村医疗保险，生活和医疗得到一定程度的保障。村委会每年进行扶贫济困活动，帮助困难群众解决基本生活问题。

村民在长期生产和生活实践中，形成一方特有的风俗习惯，保留许多传统的东西，如方言、俗语、歌谣等，选择些许记述于此。

第一节　家　庭

一、家庭结构

历史上，村民家庭组成以父辈为中心，父辈对家庭独具支配权力，并对家庭成员和经济负有一定的责任，又对小辈成家负有主要责任。

民国时期，男女婚嫁注重门当户对，家庭中子女无地位，凡出嫁之女子，均以夫家姓氏为己姓，而自己的姓氏后则添加“氏”，如王家女子嫁给张家，王家女子则称为“张门王氏”。一般家庭三代同堂，一起居住的较多。

中华人民共和国成立后，家庭结构逐渐变小，原来三代同堂的往往变成单独一代生活。2020年，对第6、7、8、10村民小组139户进行调查：1~3人的有39户，占被调查总户数的28.1%；4~5人的有77户，占55.4%；6人以上的有23户，占16.5%。家庭内一代同堂的有13户，占9.4%；两代同堂的有28户，占20.1%；三代同堂（含以上）的有98户，占70.5%。

20世纪90年代，农村经济快速发展，农民逐渐富裕之后，翻建平房，新造楼房，居住环境得到改善，儿辈、孙辈结婚后，大多数与父母分居。子女分居后，父母丧失劳动力的，承包地由子女耕种，并由子女赡养。2003年始，村民土地被征（使）用，许多年轻人自行创业或外出打工，父母大都留守在家。村里的孤寡老人进入镇敬老院安度晚年。

2016年，国家实行全面二孩政策，许多家庭育龄夫妇愿意生育二胎，不少家庭由3口之家变为4口之家。

二、婚姻关系

民国时期，男女婚嫁全由父母包办，漠视女子利益的封建买卖婚姻制度十分普遍。男女婚姻讲究门当户对，指腹为婚、童养媳、抢亲、换婚、纳妾等陋俗不绝。女的早年丧夫，终身不得改嫁；男方不能生育，却诿责女方。

20世纪50~70年代，男婚女嫁通常由媒人（介绍人）牵线说合，经男女相亲，由父母包办成婚。时男女成婚注重家庭出身等政治因素较多，亦看重双方的德行和经济条件。20世纪80年代始，因个别大龄男性在当地物色不到合适的对象，即寻找外省、区、市到当地打工的女性结婚。进入21世纪后，村民家庭收益增多，逐渐富裕起来，自由恋爱结婚的越来越多，随之离婚现象也逐年增多。

村民婚姻关系中出现过以下特殊现象。

赘婿，当地俗称“招女婿”，在家庭中无地位，受外人歧视。有的进了女方的门，还得改成女方的姓氏。中华人民共和国成立后，赘婿被当作儿子般看待，普遍不再受人歧视。

黄泥髈，指寡妇招夫进门，其夫受人歧视。旧时亦称“防儿慌”，吴语“防”与“黄”、“儿”与“泥”同音，故成谐音。

填房，又称“续弦”，指男子的妻亡故后再娶，再娶之妻称作“填房”。

拖油瓶，指随母改嫁的子女，是遭人轻蔑之语。

叔接嫂，穷苦人家长子早亡，其儿媳由公婆做主婚配给未娶的次子。有人戏称“肥水不流外人田”。

立嗣，当地俗称“过房儿子”，一般指男女婚后不能生育，过继侄子以当儿子。

两头婚，指两性结婚，男方不言娶，女方不认嫁，各自户口不变；男女双方家中各自装修新房，夫妻婚后在双方家庭轮流居住；双方协商婚后生两个孩子，分别随父母姓；有义务赡养双方父母，也有权利继承双方财产；孩子称双方长辈均为“爷爷奶奶”，而无“外公外婆”之称谓。两头婚的大多是独生子女。

三、衣食住行

民国时期，村域内大多数村民都是穿粗布衣服，仅少数富裕人家夏穿丝绸冬着皮毛衣服。冬春之间，普通农家穿斜襟棉袍和棉裤，贫困者则穿夹衣夹裤或破棉衣裤过冬。夏季，大都穿单衣单裤，布质均为棉布、家织夏布。时流行穿衣“新三年，旧三年，缝缝补补又三年”之说。男女老少穿新衣服得在春节期间或走亲戚时候，平日都穿旧衣裤。

20世纪50年代，男女服装布料以卡其布为多，男装有中式对襟上衣、长裤、夏布背心、布围裙，较少穿中山装、列宁装。女装有大襟衫、半长裤、束腰（形似围裙）。20世纪70年代，男女服装布料以化纤织物的确良为多，流行的确良衬衫、涤卡中山装、对襟暗纽中式棉袄、军装等，其中女装有列宁装、两用衫。20世纪80年代，以毛绸织物为主，男女都流行穿西装、夹克衫、风衣、羽绒衫、呢大衣、羊毛衫等。20世纪90年代以来，服饰品种繁多，男女服装一改由购料自做为购买款式新颖的四季时装，年轻一代更是追求高档名牌。

普通农家饮食为一日三餐，以米煮饭、粥为主食，辅以面食。一般早餐吃粥，中餐吃饭，晚餐饭粥相间，农忙时节加麦饼与米团。三年困难时期，因粮食歉收，人均口粮不足200斤（稻谷），且副食品奇缺，许多人挨饿，浮肿病、消瘦病患者十之五六。1963年后，社员口粮分配逐年增加，一日三餐才趋正常。村民平日菜肴以自种蔬菜为主，逢年过节或婚丧、造屋等日子才买鱼、肉设宴请客。20世纪90年代以来，主食用量逐渐减少，一般农家饮食荤素搭配得当，讲究营养价值，逢年过节菜肴更加丰盛。

民国时期，农家大都是砖木结构的平房，村域内来自江阴、常熟等地的居民居住的都是草房。20世纪60年代，兄弟间都是合屋同住，有的成婚后也无房分居。普通农家居住2间或3间平房，条件差的住冷摊瓦房（无望砖衬瓦盖的屋面）。20世纪70年代，社员建的房大都是砖木结构的平房，采用水泥预制桁条、杂木椽子置屋架。20世纪80年代后期，少数村民盖楼房，多是三楼三底。20世纪90年代以来，有80%的村民盖楼房，少数富裕户建造别墅或购置商品房，配备高档电器设备，装潢华丽。

民国时期，村民出行以步行为主，远途外出一般乘轮船或航船。尽管20世纪60~70年代，村内结合农田水利建设修筑成机耕路和主干道，村民出行还是以步行为主，只有少数人用自行车代步。20世纪80年代，普遍用自行车出行，有的购置摩托车。进入21世纪，村民出行步行的较少，除了自行车、电动车、摩托车外，还坐轿车，基本实现以车代步。

四、收入消费

民国时期，村民收入主要依赖种田，还有养猪、养蚕以及外出搞建筑等传统家庭副业。

中华人民共和国成立初，村民种田因抵御自然灾害能力差，农业生产水平不高，收入没有保障，只能勉强过日子。1958年人民公社化后，农业生产水平才有所提高。20世纪60~70年代，渡村乡强调“以粮为纲”，东风、胜利大队社员人均分配水平分别在80~100元。1978年，东风大队460户中超（透）支52户，占11.3%，超（透）支总额2350元；胜利大队279户中超（透）支31户，占11%，超（透）支总额1350元。

20世纪80年代后，实行家庭联产承包责任制，发展村办企业，吴舍、塘桥村村民收入连年提高，购置“三大件”（自行车、缝纫机、手表）和“五大件”（电风扇、电视机、收录机、洗衣机、电冰箱）的村民逐年增多。

1990~1996年，吴舍村村民用于购置高档商品的费用为4152万元，平均每户7.71元；塘桥村村民用于购置高档商品的费用为3014万元，平均每户7.59元。

2000年始，村民家庭经营性收入占总收入的比重有所下降，劳动报酬收入占总收入的比重上升。2005年，灵湖村家庭经营收入占总收入的28.4%，劳动报酬收入占总收入的71.6%。2015年，灵湖村家庭经营收入占总收入的14.5%，劳动报酬收入占总收入的85.5%。中华人民共和国成立初至20世纪70年代，村民消费支出以翻建或新建住房为主。20世纪80年代，村民注重培养后代，支出以教育投资为主，另有购置家用电器，以及用于保持健康和增加营养的支出。20世纪90年代，出现旅游支出。进入21世纪，村民用于建造楼房、购置商品房和房屋装修的支出所占比重越来越大，收入颇丰的家庭拥有电脑、汽车，住进新楼和别墅。2020年，灵湖村对4个自然村52户村民家庭消费支出抽样调查资料显示，其中，居住占32.4%，医疗保健占16.6%，教育文化娱乐占23.2%，衣着占9.8%，交通通信占5.7%，食品烟酒占3%，生活用品及服务占1.3%，其他占8%。

第二节　教育　文化

一、教育

清末至民国初，村域内举人柳商贤办过私塾——半亩庄，教育本族弟子及村域内农家孩童读书。后新学兴起，创办吴舍小学、塘桥小学。中华人民共和国成立后，教育事业有所发展。1969年，吴舍小学开设“戴帽子初中”（小学招收初中生）。“文化大革命”期间，学校一度受到冲击。1978年后拨乱反正，小学恢复正常秩序。1985年，教育体制改革，中小学教育由乡镇管理，加大教育投入，教育事业快速发展。

半亩庄　位于吴舍西塘自然村，由清同治年间举人柳商贤创办，又称柳商贤书院。其正厅内供文昌神，东西两侧用作教室。教师有柳商贤等人。毁于20世纪50年代初。

民国时期，塘桥、东塘、舍上、吴舍等自然村有塾师韩秀芝、王志卿、金玉庵、吴仕祥、李进泉、鲍清华、张阿本、邵宇天、沈燮君、洪纪头等开设私塾，进行启蒙教育。每所私塾10余人，大多数是富家子女。从识字（方块字）开始，后选授《三字经》《千字文》等。教育采用个别教授，背诵为主，最后逐句讲解的方式。当时家长只求孩童识些字、会算数，能记一本账，可写几句往来信札即可。中华人民共和国成立后，上述私塾停办。

吴舍小学 位于吴舍万箩河北岸青石桥西，创办于1946年9月。1951年称吴舍初小，设1~5年级2个班(复式班)，学生65人，教师2名。后逐步增加师资，开设5个班，学生182人，教师7名。同时，利用半亩庄3间大厅开办1~2年级复式班，后增设1~4年级初小复式班，方便附近西塘、陆步庄、黄墅自然村学生入学，最多时有学生30余人。时有教师朱子文。该学校于1980年撤销，学生并入吴舍小学。1969年，吴舍小学开设“戴帽子初中”(1978年吴舍初中正式挂牌)，教室设在沈仲文宅内，学生33人。1976年开设2个班，学生94人。1980年在吴舍小学内设立2个班，学生91人。1984年7月，吴舍初中并入渡村中学。时吴舍小学改为六年级完全小学，占地面积3000平方米，建筑面积533平方米。1995年12月并入灵湖小学。吴舍小学教师先后有孙平安、孔繁芳、柳承永、陈雪芳、赵伟生、陆季香、周振麟、周琪、廖富荣、朱一飞、高元钧、顾景欣、戴正裕、邱琳、高美芳、徐永淼、王树信、邱爱娥、韩树坤、张嘉煜、陈惠珠、殷人莉、李德荣、朱仲泉、姚玉珍、陆传珍、沈叔林、柳永泉、凌忠礼、柳承信、姜莲芬、施惠丽、石德娣、沈敏、卢全冠。

塘桥小学 塘桥小学创办于1946年9月，校址在塘桥1队孔仪堂宅。教师金玉庵、石范香。1951年设塘桥初小，有1~4年级，1个复式班，学生48人。幼小教师张阿本、王罗英，2~4年级教师杨耀宏、周百明、韩亚仙、姜建华。1960年，幼教班搬至孔爱林宅，学生自带桌椅，教师张阿本。1964年，2年级搬至韩林源宅，学生32人，教师韩亚仙。1969年塘桥小学迁建期间，2~4年级搬迁至东塘生产队仓库，教师有杨耀宏、李德荣；1~2年级搬迁至翁家浜仓库，教师有韩亚仙、金伯元(代)、沈康生(代)、陆建新(代)。后与舍上小学合并，于将台上建成胜利小学(1970年竣工)，有教室5间，学生180余人，附设初中班1个，幼教班1个。1984年6月，胜利小学征用塘桥村第11村民小组土地，扩建新校舍，建筑面积445平方米，有教室6间，设4个班，学生124人，其中幼教班1个。胜利小学教师有邱水泉、唐义笠、韩亚仙、李德荣、陆金兴、陆福官、沈叔林、孔繁芳、叶剑芳、屠秀英、沈叔林、张云华、王忠明、沈芳芳、顾芳英、顾晓华。1985年，胜利小学更名“吴县塘桥小学”。1995年12月并入灵湖小学。

舍上小学 1951年创办，校址在陆秀祥宅，设1~3年级复式班。教师先后有金寿田、倪进、徐家浩、邵宇天、叶惠兰、凌元新、赵静川、陆方珍、邱琳、李德荣、姜建华等。1967年迁至金祥洪宅。后与塘桥小学合并。

灵湖小学 位于村域内腾飞路北陆步庄东，1993年8月渡村镇人民政府征用吴舍第7、13村民小组土地建设，占地面积9613.8平方米，建筑面积1686.9平方米。1996年1月，吴舍小学和吴县塘桥小学迁入新校舍。时有教室7间，学生260名，教师15名(王忠明、陆金兴、陆福官、张云华、顾秀英、邬晓红、查益民、任祝平、罗娟仙、毛亚军、冯英、龚丽萍、孔成效、孔宏民、金丽萍)。

2005年3月，灵湖小学撤销，并入渡村中心小学，后并入临湖第一中心小学。2020年，灵湖村于临湖第一中心小学就读学生114人，于临湖第一中学就读学生36人。

附：村域内停办学校

1964年8月，渡村公社开办耕读小学，先在建设大队试行。年末，东风、胜利大队相继办学，招收本大队未入学儿童（包括学龄前），吴舍小学、塘桥小学部分教师被聘为辅导员。

是年，东风大队西塘村耕读小学设1个班，学生26人，聘陈雪芳任教（后陈雪芳被抽调去社教工作队而移交施文英），校址在西塘施文英宅。

东风大队吴舍耕读小学设1个班，学生35人，教师屠文朝（后屠文朝被抽调去社教工作队而移交沈敏），校址在吴舍沈仲文宅。

胜利大队舍上耕读小学设1个班，学生10余人，先后聘陆金兴、张云华、陆维鸣任教，校址在舍上陆海泉宅。

3所耕读小学于1966年末均停办。

苏州乡村振兴学堂　2018年4月17日于村域内挂牌成立，是江苏省首家乡村振兴综合实践教育培训基地。位于村域内腾飞路北侧，腾飞大桥西地段，占地面积104亩，拥有5个多功能教室，8个会议室，50多门理论课程，20个现场教育点，60名现场讲解员，日接待能力300人。主要进行农村基层干部、农业人才的培训教育，乡村振兴理论政策的研究指导。成为“一基地”（乡村振兴综合实践教育培训基地）、“二中心”（乡村振兴战略研究中心、环太湖党建实践研究中心）、“三展馆”（苏州乡村振兴成就的平台、培育乡村振兴人才的摇篮、汇聚乡村振兴智慧的高地和党建引领乡村振兴的阵地）。通过开设理论课程、现场教学、访谈教学、体验式教学、音像教学等特色课程，打造一支扎根农村的“土专家”“田秀才”和农业职业经理人等懂农业、爱农村、爱农民的工作队伍。

2018年7月，“40年40村改革路上看乡村振兴”大型融媒新闻行动启动仪式在苏州乡村振兴学堂举行。苏州联合全国各大媒体共同派出百余名记者，深入全国40个乡村，观察报道乡村振兴之路的变化，集中立体全景式展现出来。是年9月21日，苏州市首届中国农民丰收节在临湖镇开幕。本次丰收节以“又见鱼米之乡，助力乡村振兴”为主题，其中“太湖论‘稻’专家论坛”在苏州乡村振兴学堂举办。至2000年末，苏州乡村振兴学堂已举办全国农村产权集体制度改革培训班（93人）、全国政协农业和农村委员会工作研讨会（132人）、新疆维吾尔自治区伊犁州培训班（92人）、北京市农发行扶贫开发协会（218人）、甘肃省张掖市农村基层组织书记培训班（96人）、山西省晋中市灵石县委组织部村干部培训班（87人）、中国农业发展银行定点县扶贫干部帮扶培训班（93人）、青海省委组织部建设生态宜居新农村专题培训班（76人）、贵州省江口县政协委员能力提升培训班（88人）、贵州省铜仁市德江县2018中青年干部培训班（116人）、河北省“万人示范培训”乡村振兴专题班（575人）、上海市奉贤区金汇镇乡村振兴班（136人）、安徽省广德市乡村振兴班（83人）、河南省开封市驻村第一书记专题培训班（105人）、辽宁省铁岭市委党校暨领导干部进修班（80人）、西藏自治区林周县村党组织书记培训班（66人）、广东省东莞市清溪镇人大代表培训班（65人）、江西省萍乡市委党校2019年春季中青班（71人）、河南省长垣市乡村振兴示范培训班（120人）、乡村振兴“三大变革五大合作”示范村实践研修班（290人）、苏州市农村党组织书记学习贯彻乡村振兴战略集中轮训示范培训班（236人）等60余个班。

附：做好苏州乡村振兴样板教育

3支专业师资队伍，累计培训3万余名学员

此次吴中区入选培训基地，将以苏州乡村振兴学堂为平台。该学堂位于吴中区临湖镇，占地面积100亩，拥有5个多功能厅，8个讨论室，50多门理论课程，20个现场教育点，60名现场讲解教员，日接待能力300人。学堂成立于2018年4月，截至目前已累计培训来自全国24个省、自治区、直辖市3万余名学员。培训基地聘请乡村振兴专家学者以及土讲师团作为师资，注重借智借力，明确“谁来讲”。通过“外引内育”，邀请从事乡村振兴研究的专家学者、具有丰富农村实践经验的领导干部组成专家库，还在全市范围内遴选一批优秀农村发展带头人、基层社区党组织工作先锋人物，分享心路历程和实践探索经验。另外，还组建一支讲解教员队伍，目前在全区范围内选拔了60名政治素质好、热爱基层、普通话水平较高的现场讲解教员，3支专业师资队伍已初步形成。

目前，培训基地已经先后成功举办“全国农村集体产权制度改革培训班”“河南省村书记万余人轮班”“乡村振兴‘三大改革五大合作’示范村实战研修班”等各类主题培训班60余个。

5大专题教育模块，打造55门重点课程

在课程设计方面，培训基地坚持精品研发，弄清“讲什么”。目前，围绕乡村振兴战略要求，已开发5大专题教育模块，打造55门重点课程。既有“一号文件精神学习”“科学解读乡村振兴二十字总要求”“农村供给侧结构性改革与农村产业融合发展”等宏观政策理论学习，又有“构建现代农业产业体系”“新常态下镇村主导产业和特色产业的培育与发展”等前沿实用科学指导，还穿插了“民宿经济”“古镇古村保护”等地方实践经验分享。

旺山村是“江苏最美乡村”，在乡村振兴、产业发展过程中，坚持走绿色发展、融合发展、异地发展之路。在苏州乡村振兴学堂，讲师通过课堂教育与现场教育相结合的方式，讲解规划引领、村庄整治、旅游产业发展等方面的教育内容，组织参观调研钱家坞等代表性点位，让学员们思考旺山村成为“生态富民”样板的原因。

为了强化点面结合，做好“怎么讲”，培训基地采用课堂教育、现场教育、访谈教育、体验教育、音像教育“五位一体”教育形式，从精品教育中借鉴优秀经验，有效提升教学成效。

把实践搬上课堂，“共同缔造”乡村振兴阵地

此次吴中区入选培训基地，离不开在探索中总结出的一系列有益经验。我市紧紧围绕“共同缔造活动”内涵，结合美丽城镇建设、特色田园乡村建设、传统村落保护利用以及美丽乡村建设、农村人居环境整治等工作，坚持以建立和完善全覆盖的基层党组织为核心，从村镇居民最关心、最直接、最现实的利益问题和身边小事、实事做起，发动群众“共谋、共管、共评、共享”，完善村镇及社区配套基础设施和公共服务设施，打造宜居的空间环境。

培训基地通过举办一系列培训活动，传播共同缔造活动理念，为各地推广共同缔造活动经验、扩大活动试点范围提供有力支撑。培训基地将打造成集中展示苏州乡村振兴成就的平台、培育乡村振兴人才的摇篮、汇集乡村振兴智慧的高地和党建引领乡村振兴的阵地，用一个个生动鲜活的案例，让各地学员加强对乡村振兴的认识和理解。

记者从市住建局了解到，接下来，培训基地还将扩大授课内容，提升课程品质，在城乡人居环境治理、美丽乡村建设等方面凝练经验做法，挖掘创新工作的基层治理带头人，计划在2020年10月前，以在共同缔造活动中政府积极实施、居民主动参与、治理成果突出的城乡社区为案例，再制定一批精品课程，把最生动的基层治理实践搬上课堂。

原载2020年7月25日《苏州日报》 作者王安琪

二、文化

民国时期，村民忙于耕种和副业项目，平时文娱生活缺少，除逢年过节逛庙会、赶节场，观看草台班演出外，文化生活比较枯燥。

中华人民共和国成立初，村民扭秧歌、打腰鼓，欢庆人民解放和土改胜利，还积极开展扫除文盲活动，办冬学、民校，组织学习文化。20世纪50~70年代，胜利、东风大队成立文艺宣传队伍，配合当前中心工作，搞宣传演出，自娱自乐。

改革开放后，村民的文化生活日益丰富，除了看电影、电视外，还有社区组织的文艺演出，阅览图书，听评弹，跳广场舞，参与者越来越多。

群众文艺演出 20世纪50年代初，每年清明，吴舍、柳舍盛行赶清明节场，村民聚集观看草台班演出传统戏，以及“卖拳头”“小热昏”等表演。“文化大革命”期间，胜利、东风大队成立毛泽东思想文艺宣传队，排演革命样板戏，除在本大队演出外，还到周边大队交流演出。如胜利大队宣传队排演京剧《沙家浜》、东风大队宣传队排演京剧《红灯记》，更有甚者柳承永一家兄弟姐妹合伙排演锡剧《红灯记》。其中有的文艺骨干被吸收进入公社文艺宣传队。1976年后，2个大队文艺宣传队停止活动。

群众业余创作 进入21世纪，塘桥、吴舍村涌现出一批业余文艺创作和书画爱好者，有陆建新、孙平安、柏照根、柳承永、邱顺达、邱水泉、陆金兴等。他们创作了许多散文、诗歌和书画作品，这些作品以反映家乡的经济发展和村民的生活变化为主要内容，除在镇文体中心的《采莲舟》（后改称《临湖风》）上刊出外，陆建新的散文和柳承永的纪实散文还发表在吴中区文联办的《东吴》文学刊物上。

第三节 卫 生

民国时期，村域内缺医少药，村民无钱求医，贫病交加，平均寿命较短。中华人民共和国成立后，人民政府关心人民身体健康，组织医务人员防病治病，使患者得到治疗。1968年末，胜利、东风大队推行农村合作医疗制度，成立大队合作医疗站，并配备赤脚医生。1994年，塘桥、吴舍村实行城乡居民（农村）医疗保险、医疗救助制度，医疗卫生工作日益完善。

一、村（大队）保健室

1968年末，胜利、东风大队设立合作医疗站（均设在大队办公室附近），并配备赤脚医生（半农半医），东风大队先后有孔祥德、沈卫平、金雪珍，胜利大队有金康云、宋金凤、孔福官、陆根明、顾建华、沈元娣。1983年，塘桥、吴舍大队合作医疗室分别改称塘桥、吴舍村卫生保健室。1984年10月，吴舍村金雪珍、沈卫平、塘桥村宋金凤、孔福官获得“乡村保健医生”证书。

二、合作医疗制度

1958年10月渡村人民公社成立后，实行半劳保医疗制度，规定各生产队社员每人缴纳少量健康费，持保健卡到公社卫生院治病，医药费由公社集体结算。1968年末，胜利、东风大队推行合作医疗制度，凡参加合作医疗的社员每人缴纳1.5元医疗费，年终分配时统一扣除，合作医疗的享受范围和标准由公社统一制定。1976年，合作医疗由社、大队联办，公社成立社队医疗管理机构，负责行政管理，公社卫生院负责医疗业务辅导。1983年实行家庭联产承包责任制后，村民参加合作医疗覆盖率逐年下降。1990年10月，县政府实施“以传统的合作医疗为基本模式，推行乡、镇企业职工统筹医疗，确有困难的乡村建立大病医疗风险基金”的方针，扭转了合作医疗的困境。1993年，塘桥、吴舍村村民参加合作医疗覆盖率由1983年的19.7%上升到49.8%。1994年始，吴县建立县、乡两级大病风险医疗制度，塘桥、吴舍村村民以户为单位参加大病风险医疗。至此，合作医疗制度结束。

三、血吸虫病防治

村域内河浜多，芦茭地段多，且气候温和湿润，适宜钉螺滋生，村民常年使用河水，血吸虫病感染率高。1952年，吴县血吸虫病防治站在渡村普查，发现1628人患血吸虫病（包括初步感染者），其中黄墅有71人，占4.4%。中华人民共和国成立前，黄墅有50户160人，先后患上血吸虫病的有63人（1949年之前因病死亡52人，1949~1952年因病死亡9人），其中有18户家破人亡，如西黄墅8户仅剩2户，沈才廷祖孙三代8人均因患血吸虫病死亡。

中华人民共和国成立后，党和政府发出“一定要消灭血吸虫病”的号召，向群众宣传血吸虫病的危害及防治的科学知识，并开展查灭钉螺，查治血吸虫病人，加强粪便管理等综合性防治工作。1955年9月，黄墅血吸虫病患者5人于东山镇定点治疗。1958年冬，结合大搞水利建设，渡村公社开展第二次查螺灭螺工作，查出1.68万平方米有螺面积，其中黄墅钉螺密度每平方米在2~7只。按规定投放药物灭螺，黄墅所有河浜反复投药3次。1959年春，东风大队开展粪便化验（一般三送三检，黄墅采取七送七检），查治血吸虫病患者等综合性防治工作。

1964年3~5月，胜利大队组织人力共查253条块，查螺面积15784平方米，其中河浜31条1689平方米、沟渠5条846平方米、池塘3个401平方米、田块214块12848平方米。东风大队组织人力共查378条块，查螺面积27145平方米，其中河浜27条3148平方米、沟渠12条1204平方米、池塘5个886平方米、田块334块21907平方米。

1965年5月，胜利、东风大队采取措施，清除沿河粪缸（坑）并禁止在河中洗刷马桶。至1971年，渡村公社境内基本消灭钉螺。1987年，渡村乡组织春季灭螺复查工作，塘桥、吴舍村未发现钉螺存在地，受检（综合查病）64人（其中8人为黄墅所属村民小组），均无血吸虫病感染者。

1952~1987年，塘桥村境内共治愈血吸虫病患者27人，吴舍村境内共治愈血吸虫病患者113人，全社（乡）共807人。此后，不再出现血吸虫病患者。

四、群防群控新冠疫情

2020年1月31日，灵湖村村委会召开工作会，组建由村主要领导参加的灵湖村疫情防控工作领导小组。同时，由党员干部、村民代表、学生等30余人参加的灵湖村疫情防控志愿者队伍组成。

2月初，灵湖村在黄墅西、西塘南、陆步庄南、翁家浜东、水路上南、舍上北、塘桥北、塘桥南共8处设置疫情管控执勤点，搭建简易房，组织志愿者，后来扩大到村民自愿值守，严格执行24小时全天候轮值疫情管控的工作制度，积极做好外来人员和本村村民出入的登记工作。村干部除分包各片外，平时还深入重点场所巡查管控情况。

2月中旬，时处新冠疫情防控关键节点。20日，灵湖村党委组织一次不同往常的党课，由苏州乡村振兴学堂副校长刘晓朦主讲，主题是“疫情防控下的情绪管理”。采取视频、语音及图片的形式，配合参与党员与主讲老师的提问互动与解答，使党员们懂得疫情防控下，如何正确做好自我情绪管理及心理压力缓解。

2月，灵湖村疫情防控工作领导小组先后组织召开疫情防控工作推进会6次，小组成员主动延长工作时间，参与执勤点检查工作。小组成员发动党员、志愿者及村民组建微信群，通过宣传和动员，志愿者队伍从最初30余人增加至460人，防疫专项志愿者累计服务时间长达1800小时以上。截至2月18日下午2时，灵湖村村委会收到村民捐赠的各类抗疫物资总价值10余万元（以医用物资、食品为主），周利平（塘桥）、唐建明（塘桥）、何华军（陆步庄）捐款2.2万元。党员群众踊跃捐款捐物献爱心，确保了灵湖村抗疫一线人员的后勤物资保障。

疫情防控期间，灵湖村村委会要求村民加强自我防护意识，外出佩戴口罩，养成勤洗手良好习惯，做好自我健康监测；保持社交距离，不扎堆，不聚集。1月下旬至2月初，恰逢春节假日期间，要求村民留守家中少出门，不参加庙会、节场等公众聚集性活动，不外出旅游，不走亲戚，不请客聚餐。

2月24日始，江苏省将疫情防控应急响应级别由突发公共卫生事件一级响应调整为二级响应。灵湖村村委会结合本村疫情防控工作实际，尽快投入恢复生产生活秩序之中，于3月2日恢复村日间照料中心为老年人送餐入户服务，共129户146人。另外，村干部还帮助农田承包户做好春耕备耕工作。

第四节 社会保障

一、养老保险

2003年10月，灵湖村根据规定实施农村老年人基本养老金制度，村民男年满60周岁、女年满55周岁，均享受基本养老金，标准为每人每月120元。后养老金逐年增加。农村基本养老保险基金由政府、集体、个人三者负担。

2012年12月，灵湖村土地被吴中区人民政府征（使）用以后，村民成为失地农民，被纳入和确定为失地补偿对象（分为养老人员、保养人员、剩余劳动力、被抚养人员4种）的共2902人参加农村养老保险，均按规定享受相关补偿政策，纳入城镇保障体系。2016年有1425人置换城镇职工养老保险。2020年参加城镇职工养老保险村民共1925人，领取到龄养老金。

二、医疗保险

1977年1月，渡村乡实施大病风险医疗，塘桥、吴舍村村民以户为单位参加大病风险医疗。由镇政府组织，村民出少量的钱，依靠集体财政的支持，为大病重病患者住院提供少部分医疗报销。是年，塘桥、吴舍村参保率分别为34%、30.6%。1999年，塘桥、吴舍村筹集大病风险医疗基金，按比例补助大病重病患者符合结付范围内的住院费用，塘桥、吴舍村参保率分别提高到78%、71%。

2004年1月，吴中区建立以大病统筹为主的农村合作医疗保险制度和农村特困人群医疗救助制度。是年，灵湖村参保人数2310人，参保率76%。2010年，灵湖村参保人数2921人，参保率89%。2020年，灵湖村参保人数3458人，参保率96%。

2015年，灵湖村参保人中大病报销8户，补助金额共7.35万元。2016年，大病报销12户，补助金额共9.44万元。2017年，大病报销7户，补助金额共10.11万元。2018年，大病报销4户，补助金额共6.94万元。2019年，大病报销4户，补助金额共5.6万元。2020年，大病报销8户，补助金额共12.64万元。

三、优抚

1951~1956年，塘桥、舍上、吴舍、西塘村组织代耕队，帮助村内7户军属代耕代种，代耕约23亩田，解决他们生产上的困难。1956年村内军属入社后，改代耕代种为优待劳动日，即给予军属优待工分。是年建中第四高级社对3户军属优待工分2155分。1962年，胜利大队给予3户军属优待劳动日900工，折合800元，解决粮食384斤。东风大队给予4户军属优待劳动日760工，折合560元，解决粮食340斤。1965年，胜利大队优供、补27户，共发放1215元，给予社会减免340元。

1983年始，塘桥、吴舍村对军属发放优待金（原由村统筹改为乡统筹）。

20世纪90年代始，村内军属享受国家定期定量补助和抚恤，对现役军人发放优待金，对退伍军人发放补助金等。

2020年，灵湖村为6名优抚对象（庄春玲、沈新根、吴健、赵招龙、何新荣、庄阿荣）办理医疗卡（军人残疾者）。

四、灾害救济

1949年夏，村域内遭受特大洪灾。1950年，上级政府下拨吴舍、西塘村救济粮218斤，以工代赈粮556斤；给予塘桥、舍上、吴舍、西塘村村民贷稻种344斤。1954年夏和1962年，遭遇水灾后不同程度的旱、涝、虫灾袭击，上级政府组织救灾工作，县、乡拨发救灾款和灾情减免款，以及粮食、衣被、棉胎等物。1954年，吴舍、西塘村受灾24户92人，减免公粮1010斤。1962年，胜利、东风大队共减免公粮9640斤，上级政府发放给胜利大队寒衣用布票211.5尺、棉花24斤、棉胎4条、救济款48元，发放给东风大队寒衣用布票245尺、棉花30斤、棉胎7条、救济款48.8元。1965年，上级政府发放夏衣用布票，胜利大队6户11人，布票30尺；东风大队4户10人，布票26尺。1981年，吴县人民政府下拨社会减免款和救灾款，由集体发给困难户，塘桥大队社会减免款1100元、救灾款2200元，吴舍大队社会减免款1350元、救灾款2400元。

1991年7月、1994年7月，村域内遭受2次特大洪涝灾害。上级政府调拨救灾款和救灾物资，支援塘桥、吴舍抗洪抢险和恢复生产，帮助灾民重建家园。用于2村的救灾款和救灾物资未做全面统计。

五、帮扶困难群众

1960~1962年，胜利、东风大队社员患浮肿病、妇女病，吴县人民政府拨发民政经费258元，帮助2个大队社员治病。1963~1966年，胜利大队分别对11户、7户、9户、11户困难社员补贴工分，折合1044.58元。1964年，东风大队对12户困难社员补贴工分，折合313.5元。1968年5月，吴县革命委员会给予精简离职老职工孔万华（胜利大队）、宋盘法（东风大队）经济补助。

20世纪60~80年代，每年冬天缺衣少穿的贫困社员都受到上级政府的寒衣救济，直至20世纪80年代后期，贫困户生活逐年好转，不再接受救济。胜利大队（塘桥大队、塘桥村）、东风大队（吴舍大队、吴舍村）对老弱病残的24户，人多劳少的18户，遭受意外事故的4户，均因户制宜，落实种植、养殖等副业项目，帮助他们增加收入，解决生活困难。

1980~1986年，塘桥大队（塘桥村）帮扶困难户22户，优先安排到社队企业参加工作，落实解决建房材料（砖8万块、瓦10万片、木棍椽子7000根）；吴舍大队（吴舍村）帮扶困难户3户，减免其子女学杂费和医疗费。1987年1月，吴县人民政府拨给2个村民政经费310元，由集体代发给困难户。

1998~2000年，塘桥、吴舍村4户贫困家庭分别由镇、村党员干部一对一结对扶贫帮困，使他们脱贫。2007年12月，吴中区政府救济3名无固定收入、生活困难农村党员。

2004年，灵湖村救济低保家庭7户23人，共3.59万元；救济困难家庭4户12人，共2000元；救助残疾家庭24人，共8700元。

2008年，灵湖村拨付扶助资金5.2万元，帮助5户特困户翻建房屋，使其安居乐业。

2013年2月，灵湖村给予8名困难老党员生活补助。

2018年，灵湖村给予3户低保户生活补助32792元、18户低保边缘户生活补助

58620元。

2019年，灵湖村给予1户低保户生活补助18366元、6户低保边缘户生活补助27690元，给予特困户和残疾人生活补助14000元。

2020年，灵湖村给予1户低保户生活补助（2个月）1977元、8户低保边缘户生活补助41432元，给予特困户和残疾人生活补助16000元。

表8-1　2020年灵湖村党员关爱基金捐资统计

序号	姓名	性别	支部名称	组别	捐款金额（元）
1	沈永良	男	塘桥北支部	1组	100
2	赵跃芳	女	塘桥北支部	1组	100
3	孔美蓉	女	塘桥北支部	1组	100
4	石静莉	女	塘桥北支部	1组	100
5	孔永根	男	塘桥北支部	1组	50
6	孔福寿	男	塘桥北支部	1组	100
7	孔祥华	男	塘桥北支部	1组	100
8	徐根泉	男	塘桥北支部	1组	100
9	徐士兴	男	塘桥北支部	1组	50
10	孔建英	女	塘桥北支部	1组	100
11	孔福官	男	塘桥北支部	1组	100
12	周全喜	男	塘桥北支部	2组	100
13	周金喜	男	塘桥北支部	2组	50
14	宋金凤	女	塘桥北支部	3组	100
15	翁寒玉	女	塘桥北支部	3组	100
16	王俊峰	男	塘桥北支部	3组	100
17	翁水根	男	塘桥北支部	3组	100
18	马寿根	男	塘桥北支部	3组	100
19	陆伯生	男	塘桥北支部	3组	100
20	翁培荣	男	塘桥北支部	3组	100
21	陆建新	男	塘桥北支部	3组	100
22	徐根良	男	塘桥北支部	5组	100
23	何建华	男	塘桥北支部	5组	100
24	吴海华	男	塘桥北支部	5组	100
25	唐　燕	女	塘桥北支部	5组	100
26	沈祥明	男	塘桥北支部	5组	150
27	徐红明	男	塘桥北支部	5组	100
28	吴祥芳	女	塘桥北支部	5组	100
29	何建新	男	塘桥北支部	5组	100
30	张凤珍	女	塘桥北支部	5组	100
31	吴　倩	女	塘桥北支部	5组	100

续表

序号	姓名	性别	支部名称	组别	捐款金额(元)
32	沈永兴	男	塘桥北支部	5组	100
33	柳林兴	男	塘桥北支部	5组	100
34	朱林元	男	塘桥北支部	5组	100
35	邬水根	男	塘桥北支部	5组	50
36	吴根福	男	塘桥北支部	5组	100
37	邱　莉	女	塘桥北支部	11组	100
38	孔海港	男	塘桥北支部	11组	100
39	孔利东	男	塘桥北支部	11组	100
40	邬文兰	女	塘桥北支部	11组	100
41	朱建明	男	塘桥南支部	6组	100
42	金正东	男	塘桥南支部	6组	100
43	陆志良	男	塘桥南支部	6组	100
44	张海明	男	塘桥南支部	6组	100
45	金水寿	男	塘桥南支部	6组	50
46	陆荣官	男	塘桥南支部	6组	100
47	金正寿	男	塘桥南支部	6组	100
48	陆静兰	女	塘桥南支部	7组	100
49	张振强	男	塘桥南支部	7组	100
50	沈叔明	男	塘桥南支部	7组	100
51	张坤贤	男	塘桥南支部	7组	100
52	张火根	男	塘桥南支部	7组	100
53	徐士刚	男	塘桥南支部	7组	100
54	沈叙根	男	塘桥南支部	7组	100
55	张正邦	男	塘桥南支部	7组	100
56	石火寿	男	塘桥南支部	8组	50
57	石虎元	男	塘桥南支部	8组	100
58	石全根	男	塘桥南支部	8组	50
59	陆刚云	男	塘桥南支部	8组	100
60	沈小伟	男	塘桥南支部	8组	150
61	龚云清	男	塘桥南支部	9组	100
62	顾新华	男	塘桥南支部	9组	100
63	周叶萍	女	塘桥南支部	9组	100
64	王亚明	男	塘桥南支部	10组	100
65	熊根林	男	塘桥南支部	10组	100
66	金玉芳	女	塘桥南支部	10组	150
67	陆季明	男	塘桥南支部	10组	100
68	陆丽艳	女	塘桥南支部	10组	100
69	陆自强	男	塘桥南支部	10组	100

续表

序号	姓名	性别	支部名称	组别	捐款金额（元）
70	顾阿荀	男	塘桥南支部	10组	50
71	陆要新	男	塘桥南支部	10组	100
72	孙　婷	女	吴舍北支部	12组	100
73	宋华英	女	吴舍北支部	12组	100
74	沈仁根	男	吴舍北支部	12组	100
75	沈新根	男	吴舍北支部	12组	100
76	宋留官	男	吴舍北支部	12组	100
77	石卫官	男	吴舍北支部	12组	100
78	邱顺达	男	吴舍北支部	12组	100
79	金雪珍	女	吴舍北支部	12组	100
80	李丽鸿	男	吴舍北支部	13组	100
81	沈　剑	男	吴舍北支部	13组	100
82	张生梅	女	吴舍北支部	13组	100
83	石阿大	男	吴舍北支部	13组	100
84	石根虎	男	吴舍北支部	13组	100
85	沈宝山	男	吴舍北支部	14组	100
86	张　艳	女	吴舍北支部	14组	150
87	赵雪荣	男	吴舍北支部	14组	50
88	沈狗大	男	吴舍北支部	15组	100
89	石国方	男	吴舍北支部	15组	100
90	何新荣	男	吴舍北支部	15组	100
91	金银泉	男	吴舍北支部	15组	100
92	石凤鸣	男	吴舍北支部	15组	100
93	顾顺元	男	吴舍北支部	15组	100
94	夏水才	男	吴舍北支部	15组	100
95	金荣泉	男	吴舍北支部	15组	100
96	丁兴元	男	吴舍北支部	15组	100
97	顾益明	男	吴舍北支部	19组	100
98	沈忠华	男	吴舍北支部	19组	100
99	沈玉华	女	吴舍北支部	19组	100
100	沈开建	男	吴舍北支部	19组	100
101	朱静芳	女	吴舍北支部	20组	100
102	陈功战	女	吴舍北支部	20组	100
103	张巧玲	女	吴舍北支部	20组	100
104	朱福根	男	吴舍北支部	20组	100
105	柳金生	男	吴舍北支部	20组	100
106	柳水珍	女	吴舍北支部	20组	100
107	顾伏根	男	吴舍北支部	20组	100

续表

序号	姓名	性别	支部名称	组别	捐款金额（元）
108	赵泉龙	男	吴舍北支部	21组	100
109	沈洪元	男	吴舍北支部	21组	100
110	沈卫东	男	吴舍北支部	21组	150
111	邹水兵	男	吴舍北支部	21组	100
112	邹杏荣	男	吴舍北支部	21组	100
113	沈根林	男	吴舍南支部	4组	100
114	徐永宝	男	吴舍南支部	4组	100
115	徐文炳	男	吴舍南支部	4组	100
116	陆　贞	女	吴舍南支部	4组	100
117	徐玉洁	女	吴舍南支部	4组	100
118	沈瑞虹	男	吴舍南支部	4组	100
119	宋金炳	男	吴舍南支部	4组	100
120	宋根水	男	吴舍南支部	4组	100
121	陆金仙	女	吴舍南支部	4组	100
122	孔祥官	男	吴舍南支部	4组	100
123	凌芸芸	女	吴舍南支部	10组	100
124	石卫荣	男	吴舍南支部	16组	100
125	龚颖涛	男	吴舍南支部	16组	150
126	施胜根	男	吴舍南支部	16组	100
127	石金林	男	吴舍南支部	16组	100
128	张荣根	男	吴舍南支部	16组	100
129	沈德明	男	吴舍南支部	16组	100
130	龚洪仁	男	吴舍南支部	17组	100
131	马晓荣	男	吴舍南支部	17组	100
132	石建英	女	吴舍南支部	18组	100
133	朱世荣	男	吴舍南支部	18组	100
134	赵根林	男	吴舍南支部	18组	100
135	徐焕颖	女	吴舍南支部	22组	100
136	孙福林	男	吴舍南支部	22组	100
137	凌　莉	女	吴舍南支部	23组	100
138	朱　冲	男	吴舍南支部	23组	100
139	凌叙海	男	吴舍南支部	23组	100
140	凌早兴	男	吴舍南支部	23组	100
141	屠联华	男	吴舍南支部	25组	100
142	张文华	男	吴舍南支部	25组	100
143	张雪娟	女	吴舍南支部	25组	100
144	沈根大	男	吴舍南支部	25组	100
合计					14250

第五节　传统习俗

当地村民历来有逢时过节的习俗，大都以祭祀祖先、敬拜神灵、眷属团聚、聚餐娱乐为主。

村民注重诞生、婚姻和丧葬的仪式和礼节。往日有“三风光两不见”之说。“三风光”指人的一生中满月剃头、结婚、丧葬3次礼仪办得比较显眼；“两不见”指除结婚外，满月剃头时幼稚不懂事，而死后葬礼再风光也看不见。尽管如此，人生礼仪仍代代相传。

一、时令习俗

春节　农历正月初一为岁朝，有晨起开门放爆仗之俗，俗称“开门爆仗”，象征高升并贺新年到来。家家挂神轴、设香案，以祈新年安乐。小孩起床后向尊长拜年。早餐吃糖年糕、糯米小圆子，象征阖家团圆、甜蜜。是日，不讨账、不借贷、不汲井、不扫地、不动刀具和不说不吉利话。善男信女进寺庙进香。中华人民共和国成立后，各单位开展团拜活动，慰问老干部、劳动模范等，还组织舞龙、舞狮和戏曲演出活动。

接路头　正月初五为路头神生日。商家设牲醴，供神像，以争先为利市，称作接路头。是日起即可外出经商办事。

元宵节　元宵节又称“上元节”，常以十三日试灯，十八日落灯，十五日为正日。民间有“上灯圆子落灯糕”的食俗。圆子一般用糯米粉搓成丸子，加桂花、白糖同煮，香甜不腻。

清明节　公历4月4日或5日，民间有请祖宗吃饭，即上坟、扫墓习俗。上坟时，坟前摆鲫鱼、蛋、青团等供品。要在祖坟上挂一串白纸，俗称“挂墓”。机关、学校则组织员工和学生祭扫烈士墓。清明前一日为寒食节（一说清明前两日），这一日禁烟火，吃冷食。

立夏　用秤称人体重，以防疰夏；幼儿身挂咸鸭蛋，祈求从“关口”滚过，平安无事。是日，食酒酿、粽子、鲜笋、青蚕豆等。过门的新媳妇嫁家有给女儿送夏衣、草席的习俗。另有送孝亲衫的习俗，至亲好友立夏日送未满周岁的小孩一套衣服（称“孝亲衫”），受者之家则要回请亲朋吃饭，称“孝亲饭”。

端午节　农历五月初五，有包粽子等习俗。每户屋檐前、大门口挂菖蒲、艾草、蒜头，以驱邪瘟。用雄黄在小孩额头写“王”字，以示驱虫解毒。小孩多穿黄色虎衣，着虎头鞋，打扮似虎，以期避邪。

中秋节　农历八月十五，俗称“八月半”。有吃月饼和桂花糖芋艿及鲜果、团子的习俗，取意“月圆成双，甜蜜如意”。晚上赏月最为热闹。

重阳节　农历九月初九，九为阳数，九九谓“重阳”，故称“重阳节”。有吃重阳糕、饮重阳酒、赏秋菊、登高的习俗，以期健康长寿。今被定为老年节。重阳糕以米粉和蜜饯做成五色糕，寓意为百事登高。登高习俗流传至今。

冬至 公历12月21日或22日，素有“冬至大如年”之说。冬至前一日称“冬至夜”，全家团聚吃冬至团。有“吃过冬至团，年纪长一岁”之说。往昔，有“有铜钱人家吃一夜，无铜钱人家冻一夜”的说法。

廿四夜 农历十二月廿四，家家户户送灶神。是夜，全家吃团子，叫作“谢灶团”“安乐团”，表示安安乐乐迎新年到来。送灶神时，备各色果品、香烛，待天断黑后焚烧灶神像。焚烧时用糖涂在灶神口上，祈求灶神上天向玉皇大帝为自家说好话。

是日黄昏，举火把于农田田角焚燃，焚烧者口喊：“烧烧田角落，年年收获三石六”。

除夕 农历十二月最后一天，俗称“大年夜”。供饭菜祭祀祖先。家家团聚一堂，吃年夜饭。碗里要留饭，称为“有吃有剩”；吃鱼不吃光，寓意为年年有余。长辈用红纸封钱给孩子，称“压岁钱”。晚上一家人围着火炉守岁。现今，一家人守岁大都看中央电视台《春节联欢晚会》。

二、人生习俗

（一）产育

祈子、催生 婚后新娘有了身孕，俗称“上喜”，孕妇又叫“有喜娘娘”。孩子不能生在娘家，否则会破娘家财气。娘家要为孩子制作出生后的四季小衣衫裤、尿布等。待孕期足月，用一块包袱包上，连同苦草（益母草）、红糖、人参、桂圆、陈米等送到女婿家，叫作“送催生包”。送催生包的人不能坐，不能开口打招呼，直奔产妇床前，把催生包扔于床上，包结朝上预示生女。催生包迅速打开可使产妇快生顺养。临产时娘家要送2碗催生面，面里要放5个煮熟的剥壳鸡蛋，象征“五子登科”。面和鸡蛋分装2碗，女婿吃到3个鸡蛋那碗面，就预示生男，反之则生女。

分娩 产妇临盆时，一般都在家中将筷子挂在门顶板上，讨“快过快养”之口彩，以求分娩顺当。接生的人称“老娘”“催生娘”。胎盘俗称“衣包”，为孩子的命根子，特别是生下男孩后衣包必须埋在屋里。还有“冲生”之说：谁第一个见到婴儿就是谁冲的生，日后孩子的脾性就像谁。中华人民共和国成立后实行新法接生，现孕妇进医院由助产士接生，旧时接生陋俗不再。

开奶 给婴儿喂第一顿母乳，俗称“开奶”，一般在出生一周后。开奶前要给婴儿吃三黄汤，即犀黄、大黄、黄连煎的汤，其味甚苦，有消炎解毒之效，且含“吃得苦中苦，方为人上人”之意。孩子出生后，亲友闻讯要备“奶水盘”，即送蹄髈、鲫鱼、鸡、鸡蛋、云片糕等礼品。婴儿六朝时要办六朝酒宴请亲友，并以红蛋、面回赠亲友。

坐月子 产妇称“舍姆娘”。产妇未满月不能下地，称为“坐月子”。月子里的产妇不能受风吹，手脚不可入冷水，不能受气，否则易得手脚酸痛等后遗症，叫“做毛病”；月子里的产妇不能到别人家串门。产妇的房间叫“血房”。三朝以内，与婴儿属相相冲的外人不能与婴儿相见；若要见面，须隔门槛，并在婴儿面前挡一个筛子。产妇三朝内应吃清淡食品，十天半月后才能吃大荤，每天要吃苦草（益母草）红糖汤，以排尽瘀血。

满月 婴儿满一月时，家中要做“满月礼”。亲友送礼庆贺，主家请吃满月酒、送红蛋。凡必须送礼的亲友要送上5个红蛋，喻“五子登科”；未送礼的送上3个红蛋，喻“连中三元”。

剃头 婴儿剃头是件大事，农历正月一般不剃头，因吴语“正”和“蒸”同音，正月剃头要变“蒸笼头”，一动就满头大汗。二月初二最好，该日剃头符合乡谚“二月二龙抬头”。五月太阳晒不能剃头，十二月（腊月）不能剃头，怕日后变“瘌痢头”。剃头时由孩子舅舅抱了孩子放在簸箕中，俗称“留（篓）到”，坐在堂前，请理发师到家中剃，不能剃光，剃下的胎发不可丢，将胎发用红绿丝线串起，挂在小孩床上以压邪。剃好头，由亲友轮流抱，以使婴儿长大后不怕生；随后请娘舅抱着，怀揣历本，到刻有“太平”“吉利”字样的桥上走走，以讨好口彩。

（二）喜庆

周岁 孩子过第一个生日，通常合家吃面，并给邻居送面。亲友中有送童衣、童鞋、童帽以及各种玩具的，故要办“周岁酒”，既庆贺孩子周岁，又答谢亲友。

做寿 人到四十诞辰，称为“寿日”，过寿日叫“做寿”。四十岁后每十年做一次寿，但有“做九不做十”之说，是为取“九”与“久”同音，以期人活长寿。人视寿为五福（福、禄、喜、寿、终）之首，富户做寿均设寿堂，中堂挂“寿”字，或“八仙上寿”“麻姑献寿”画轴等，并设斋供王母、寿星。亲友送寿桃、寿面。当日做寿者被称为“寿星”，子孙后辈都要依次祝拜，叫作“拜寿”，亲朋好友前来祝贺。做寿用寿酒、寿面款待亲友。富户还要请堂客、宣卷到堂前吹拉弹唱，热闹一番。现今仍重视做寿的习俗，有祝愿老人健康长寿之意。

（三）婚礼

提亲 男家请媒人持帖向女家提亲求聘，女家若感到双方相当，便答应议婚，并托媒人转告男家。男家即请媒人启问待嫁姑娘姓名、生辰八字。女家将闺女生辰八字写好后用红纸包好，与仁米、千年红一起交媒人送给男家。男家将女家闺女八字帖供于灶神座下，三天内家中太平无事，即请算命先生“合婚”，并备礼通知女家。

纳征 又称“纳礼”，即“送小盘”。男家要办定亲酒，也称“定盘酒”，发订婚糖，还要送订婚礼。礼品中必有镀金“求”字一枚，金锭、金如意各一枚，兔毫（笔）双管，寓意为“必定如意”；另有茶叶、果品、首饰、彩丝、喜糕等物。女家同意定亲，则回以镀金“允”字一枚，另有年庚八字帖、银发禄、百果、喜糕等礼物。礼物送到，双方亲属启封，谓之“开盘”，开盘之人必须是夫妻双全有福之人。女家要将茶叶送亲友，男家亦要将所收女家之礼中的喜糕分赠亲友，意在告诉双方亲友，两家已结姻亲。既经订婚，男女互相走动，男上女家被称“毛脚女婿”，女上男家被称“未过门媳妇”。

请期 男家准备就绪，请算命先生择定吉日良辰，将迎娶日期送至女家，征求女方意见，称为“请期”，俗称“拣日子”。迎娶前十余日，男家要送聘礼到女家，叫“送大盘”；女家亦要回送礼品，叫“回盘”，发展到后来称“送亲礼”。

迎亲 大喜之日，新郎须至女家迎娶。迎娶前白天女家派人送嫁妆去男家，男家派人在门口接嫁妆。迎娶都用花轿，快到女家时鸣爆竹，女家闻声即刻关闭大门。新郎几经恳求，门内提出要钱就给钱，此钱称“开门钱”，亦有给烟、糖的，满足要求后大门方开。新娘在家梳妆打扮，三请而出闺房，由娘舅抱上轿。上桥前，新娘对在场的亲戚长辈逐个道别，必纵声大哭，称“哭发”，乃求吉利之举。花轿接到男家，鼓乐大作，喜堂上张灯结彩，供桌上红烛高烧，果盘里盛有枣子（早生贵子）、核桃（和和气气）、桂圆（团团圆圆），墙上挂有和合像。新郎新娘按掌礼口令跪拜天地、和合、互相对拜，叫“拜天地”或叫“拜堂”。现今嫁妆用汽车送，新娘穿婚纱，坐轿车。

洞房 布置的新床最为突出，床上挂有发禄袋以及绘有吉祥图案的刺绣挂件，床中央放有红纸包的红皮甘蔗、秤杆、如意，讨“节节高升”“称心如意”的口彩。床前的子孙桶（马桶）内放有5个煮熟的红蛋，象征“五子登科”。新郎新娘入洞房有坐床、挑方巾、撒帐、饮合卺酒等仪式。此后，尚有祭祖宗、见公婆等习俗。现今新房布置更趋现代化，有些旧俗已废弃。

暖床 婚期确定，新房布置完毕，喜日前数日，新郎邀请亲友家聪明活泼、长相好看的男孩同眠，称为“暖床”，意在盼望日后能生个白白胖胖的儿子。

铺床 迎娶前一日，新郎的娘舅到男家铺床。铺床时绿被铺在下，红被盖在上，称“和合床”，毯子一条线铺在里床。娘舅铺床时要挑去糕团之类的“铺床盘”。

闹新房 当日婚礼的高潮，称“闹新房”。通过闹新房取乐讨吉利，增加欢乐喜庆气氛，增进亲友感情。“闹新房无大小”，大人小孩越闹越发。现今演变为请新郎新娘讲些恋爱经过或做些游戏、唱歌之类。

（四）丧葬

送终 人之将死，夫妻子女等血亲须侍奉在侧，若子女远在他乡，必须急电召回，见上最后一面，直至断气身亡，谓之“送终”。死者气绝后，床帐撤去，准备点烛引路。焚去死者之单、夹衫裤及棉衣裤，名为“烧下床衣”。由子女给死者揩身、梳头，称“浴尸”。给死者穿衣为单数，以三腰（裤子）五领（衣裳）为多，衣衫有扣无纽，均由女儿购买或缝制。遗体停于中堂，头顶朝南，脚套笆斗，口含银子，脸盖黄纸，称“停灵”。头侧点油盏，称“幽明灯”。家人披麻戴孝，号啕而跪。丧家派人通知亲戚，称“报丧”。当晚，亲友陪夜，请僧、道做法事为死者超度。亲友吊唁，丧家将白布、黑袖套、孝衣等给吊唁者。丧家备丧筵必备豆腐，故俗称“吃豆腐饭”。

出殡 旧时为土葬，死者棺材入土。出殡时，在路边点烛烧纸，谓“送亡者上路”。子孙戴孝冠，手执哭丧棒，由人扶着行走。出殡回归叫“回丧”。回丧禁哭。回丧时必须于门前焚烧稻草一束，人从其上跨过。回屋后喝糖水，吃糕。出殡后，家中悬遗像，设牌位（神主）于座台，也叫“灵台”，灵台上点一盏“七灯”。“七灯”长明不熄，至终七而止。邻居在丧者出殡时，于家门口倒插一把扫帚，蒙上红布（纸），以避丧者之灵。

做七 死者入殓后，亲属要守孝七七四十九天。其时，禁欲，食素，不理发，不穿任何丝织品，不在家掸灰尘，不搞任何娱乐活动。过年娶嫁宴会不得坐首席，每七天请和尚做佛事。“三七”由女儿做“三七饭”，叫“换饭”；“五七”为招魂日；“收七”即“满七”后将座台撤掉，叫“撤座台”“除孝”。至此，大门上贴有尖角向上的正方形白纸两张，上写“终七”二字，以示丧事已过四十九天，俗称“断七”。死后百日为“小祥”，两周年叫“大祥”。死者诞辰俗称“阴寿”，死者亡故日叫“忌日”。逢忌日要祭祀。

落葬 选择墓地择吉日开兆，俗称“破土”。将棺材（今为骨灰盒）放入穴中，叫“登位”。墓前设立石牌、墓志铭，详述死者生卒年月、后裔名单。葬后三日，丧家须至坟上观看，名为“复墓”。

中华人民共和国成立后，提倡火化，废白布孝衣，改用臂缠黑纱，骨灰盒葬于公墓。丧葬礼仪有简有繁，一改往日的习俗。

第六节 方言 俗语

一、方言

爹爹、阿伯、爸爸、爷——父亲
阿嗲——祖父
伲子、小团头、好弟、小爷——儿子
小干——小孩
老伯、大伯——伯伯
姆姆——伯母
拜姆——妯娌
外公——外祖父
娘舅——舅舅
柴人——丈人、岳父
当家人、男人——丈夫
新官人——新郎
姆妈、娘——母亲
好婆——祖母
囡五、小丫头、小娘鱼、小细娘——女儿
老拖——最后生养的
阿叔、好叔——叔叔
婶婶、婶娘——叔母
外婆——外祖母
其姆——舅妈
柴姆、柴姆娘——岳母
新娘娘、新娘子——新娘
家主婆、家婆、伲女个、家小、屋里——妻子

二、俗语

有穿头——有本事

有出息——有前途

巴结——攀附

掮门槛大——欺瞒自己人

跌角翘——唱反调

掼鎯头——吹牛

宿笃气——怨气

起花头——出坏(馊)主意

戤(掮)牌头——依仗有势力之人

戳壁脚——背后说人不是

横戳枪——别人说话时乱插话

定头货——专门作对

王伯伯——说话不算数，办事不牢靠

偷屎乖——偷懒

辖边——超过计划

倒板账——欠人家反说人家欠他

拎错秤纽绳——主次不分

辖翎子——给对方以暗示

别苗头——暗暗较劲比高下

吃夹档——因他人之事受冤屈

吃豆腐——调戏妇女

趁汤下面——顺便

宕空烧箕——做事无压力

勿着头脑——不二不三

头挑——数一数二

招势——显摆自己

搧掇——挑拨

踏外跳——帮外人

收骨头——受管束

寻呒思——扳错头

脚膀粗——靠山大

海威——显威风

掇臀放屁——阿谀奉承

撑倒篙——使反劲

伤阴骘——缺德

装榫头——无事生非

牵板——翻老账

势舞——极力表现自己

白嚼蛆——胡说八道

阿木林——傻瓜

枉东唐——打赌

拣落剩——拣剩后的东西

打棚——玩笑，打趣

吃钝头——被人奚落

乐脉调和——关系处理得好

脱嘴落索——讲话夸大

五心翻糟——心情不爽

三、农谚

日出胭脂红，不是落雨便是风。

东南风雨祖宗，西南风热烘烘。

日晕三更雨，月晕午时风。

三朝雾露发西风，若无西风雨不空。

西风响，蟹脚痒。

早鲎日头夜鲎雨。

二月落雨好种田，三月落雨落荒田。

黄梅天十八变。

夏雨隔爿田。

春雾雨，夏雾热，秋雾风，冬雾雪。

白露白迷迷，秋分稻秀齐。

霜降无青稻，立冬一齐倒。

三月初三路发白，鹅管籽草会变麦。

春打六九头，种田不用愁。

六月里盖被，十二月里没米。

冬垩金，春垩银，过了清明不留情。

热得双脚跳，稻勒田里笑。

西南串北，白鱼好捉。

九月南风二日半，十月南风当日转。

落雪落雨东北风。

小雪大雪，吹风就歇。

六月初三打个黄昏阵，上昼耘稻下昼困。

清明只怕连夜雨。

干净冬至邋遢年，邋遢冬至干净年。

上看初二三，下看十五六。

小满里个日头，晒开石头。

洞庭山戴箬帽，赤脚赶快逃。

四、歌谣

1.清明场打石仗

喝人家的酒打人家的狗，踏人家的麦拔人家的豆。拿起石头打到老虎口，放下石头冤家不记仇。

2.六月里落雨河水涨

六月里落雨河水涨，陆步庄锣声噬噬响。舍上人急得双脚跳，水路上人笃定乘风凉。

3.送郎歌

送郎起身出灶前，两人跨步并肩头。解开夹袄遮郎面，郎不小心踢动仔火夹头。娘道丫头啥个响，小奴奴回言台灯落地狗偷油。送郎送到廊檐口，郎不小心踢动仔半砖头。娘道丫头啥个响，小奴奴回言蛇盘田鸡落阴沟。送郎送出二墙门，门前花狗叫出声。小奴奴连忙抱起小花狗，莫咬仔情郎惊动仔娘。

4.女儿梳头经

[娘死后，长女要为其娘梳最后一次头，边梳边哭（唱）]。

黄洋木梳弯弯（慢）能梳，一发通，两发通，丈二青丝路路通。大红头绳扎把根，二红头绳盘弯心。头上牵起天花板，钮子上钮起银灯笼，头困丝大襟，身困木连床，手里拿起竹丝灯。一条大路到西方，西方路上一条桥，一丈三分万万丈高。上桥也有歇凉亭，下桥也有茶坊店。孟婆娘娘勿吃你孟婆汤，怀里我有干点心，嘴里也有丝芽菜。一只茶碗四面花，先泡茶梗慢泡花，茶梗往上穿，茶叶往下辖，辖开亲娘地狱门。

注：翁家浜陆雪妹（73岁）唱，陆建新记录。

5.你姓啥

你姓啥？我姓黄。啥个黄？草头黄。啥个草？青草。啥个青？碧碧青。啥个碧？毛笔。啥个毛？羊毛。啥个羊？山羊。啥个山？高山。啥个高？年糕。啥个年？二〇〇几年。

6.大姐畀勒高楼上

大姐畀勒高楼上，二姐畀勒低楼上，三姐畀来畀去呒人要。抬顶花花轿，抬到东岳庙。老和尚看见哈哈笑，小和尚看见迁跟斗来辖虎跳，香炉腊签全跌倒。

7.阿大阿二挑野菜

阿大阿二挑野菜，阿三阿四裹馄饨，阿五阿六吃馄饨，阿七阿八舔缸盆，阿九阿十哭仔一黄昏。

8.摇啊摇，摇到外婆桥

摇啊摇，摇到外婆桥，外婆叫我好宝宝。买条大鱼烧，头不熟来尾巴焦，盛勒碗里扑扑跳。外甥看见哈哈笑，吃仔赶快摇。

摇啊摇，摇到外婆桥，一只馒头一块糕，骗得宝宝快困觉。困醒起来吃糕糕。

摇啊摇，摇到外婆桥，外婆叫我好宝宝。糖一包，果一包，吃得囡囡哈哈（咪咪）笑。

9.农家上梁匠作歌

上梁，系农家一大事，其习俗繁杂。事先挑选好上梁的黄道吉日，定下上梁酒，提前告知亲朋好友，一般由女主人的娘家筹备好上梁盘。上梁盘有大小、好差之分，但有几样是必备的：鲤鱼两条（鲤鱼跳龙门）、糕两蒸（高升）、馒头两盘（蒸蒸日上）、甘蔗两根（节节甜）、芝麻秆（步步高）、橘子、犁（吉利）、炮仗、香烛（红红火火）、发禄编的千年圆、长生果、剪刀、镜子、小筛（千年生果发禄，以求驱魔辟邪）、蹄髈（提上）、秤（秤心如意）、发芽豆（发禄）。总之，凡带祝福、吉祥口彩之物均可。林林总总，一般得有三十六至三十八盘之多。当然也可以有电冰箱、电视机一类的现代化电器，还可以包个大红包。

将上梁盘事先摆放在正堂间，楼房则放在二楼。正堂中间并排放两张八仙大桌，铺上大红被毯，两边红烛相衬。桌上只摆放主要的物品，其余摆放在地上，摆满为好。

大梁两端红绸带缠绕，梁正中是大红黑字“三（福）星高照”，墙的两边贴上“立柱喜迎黄道日，上梁巧遇紫微星”“玉柱立地喜盈门，金梁横空福满堂”。整个正堂被渲染得吉庆喜气。忙碌的人们此时会停下手中的一切活儿，男男女女老老少少，叽叽喳喳，翘首盼望着吉时的到来。

吉时到，上梁好。此刻有一作头师傅，腰系红绸带，身插银板斧，手捧青香，边走边喊（唱）：“一枝青香七寸长，青香插在金炉内，脚踏富贵说开场，张鲁两班当中坐，柳安太公分左右。今日小徒弟来抛梁，我听老师就起身。东家上堂点烛焚香。”

师傅唱：“手托宝盘往外行，行行走到九霄云，头对紫云天，脚踏富贵地，手把万丈紫云梯。脚踏云梯步步高，手把花树采仙桃，采了仙桃何处用，今日上梁献仙桃。高升！鸣放鞭炮！”顷刻早已等候在山墙顶端两侧的两位师傅拉动红绸，大梁徐徐升起，师傅很有节奏性地边拉边喊：“一拉大梁上啊，四方来客忙啊，哎嗨哟哎！二拉栋梁升啊，八方神仙笑出声啊，哎嗨哟哎！三拉金梁高啊，东家代代好啊，哎嗨哟哎……”作头师傅转身翻到梁上，手托彩盘挂起“发禄”高喊：“身登一到凤凰台，吉时已到金梁登。”（再次鸣炮）

师傅起身高唱：“金梁榫卯落得准，仁宅万代得安稳；榫是榫来卯是卯，鲁班师傅夸咱好，合榫恰是吉时到，东家富贵在明朝。身登一到凤凰台，面对八宝紫金梁，东家说起开宝箱，宝箱开出绫罗缎，挂在花梁庆吉祥，吉祥要挂吉祥好，代代世世出金考。上有狮子金鼎盆炉盖，下有银壶托上来，手里银壶放日月，万两黄金巧得成。杜康起造神仙酒，下来一滴五方用：一滴天，两滴地，三滴张鲁一班老师先。一滴东方甲乙木花香，二滴南方丙丁火山茶，三滴西方庚辛金子菊，四滴北方壬癸水仙花，五滴中央戊已土，六滴花梁庆吉祥，吉梁要抛吉梁好。”抛出彩盘中的馒头、糕、长生果、大红枣、糖果、硬币饺子等物，再唱：“抛梁抛到东，一村金橙息焦红；抛梁抛到南，南面仙翁老寿星；（引得看热闹的人们争抢不止，奔东跑西，也有抢不到的小孩大哭小喊，大人们则嘻嘻哈哈）抛梁抛到西，西处王母送双喜；抛梁抛到北，北方神仙来送福。今日送福到何方？吉日上梁到来地，刘海撒金钱，金钱落在富贵地。抛梁抛到四方多，抛到后厅造楼再来抛，请东家接宝，接宝入库。”

歌唱完，盘中钱、馒头、糕也恰好抛完。东家接过彩盘，整个上梁仪式结束。盛大的酒宴开始。剩下的糕点、糖果，由帮忙的村妇们手提竹篮，穿行于三村六巷，分送吉祥，分享快乐，家家有份。

（陆建新收集整理）

第九章　人物　荣誉

灵湖村人文底蕴深厚，人才众多，明清时有捐资桑梓造桥、修筑石塘的乡贤及为百姓请命的耆士，中华人民共和国成立后，有抗美援朝志愿军战士，有在社会主义革命和建设，以及实现四个现代化中取得个人和集体荣誉的基层干部和村民群众。

人物分设人物传略、人物简介、人物名录。

荣誉分设省市级和县区级。

第一节　人物传略

孔彦仁（生卒不详）　字朝德，号泗源。孔子五十九世孙，明万历年间由吴江迁至渡村塘桥。孔彦仁少时聪颖，14岁时父文忠公镛病逝，益自刻苦攻读，与名士祝希哲、蔡九逵、唐六如之辈友善。任湖广新宁县令时，却遇蝗虫，即令官吏百姓合力捕杀，才免其成灾。不久后，因仕途不顺，隐姓埋名于渡村。彦仁力行善事，天启四年（1624）捐资重建东庄桥（又称“塘桥”）。卒后，其墓葬于二十七都澄字圩（五房弄西口“坟大场”）。

沈仪文（生卒不详）　吴舍人，性慷慨好义，谈吐不凡，义赈善举皆参与，乡里颇有名望。清康熙三十八年（1699）四月，沈仪文率吴舍耆老于太湖余山附近湖中迎驾，向康熙皇帝呈上《菱湖嘴坍埂，湖水浸田，稻麦欠收赔粮》之文。康熙皇帝收纸交宋荦办理，给予减免当地村民赋税30年，乡里同人赞颂沈仪文“大言大德”，并以此题写匾额相赠。其去世后，入乡贤祠，受百姓供奉。柳商贤曾入祠敬瞻其像，作《沈仪文先生像赞》一文，以示纪念。

柳商贤（1834~1900）　吴舍西塘人，字质卿，号蘧庵，清同治九年（1870）参加乡试考中举人。光绪八年（1882），与浦庄贡生金澜等地方人士因菱湖嘴一带部分地段无石塘护岸，陈乞当局建新塘。光绪九年（1883），择要垒建新塘，长1608.6丈。光绪二十一至二十三年（1895~1897），任浙江宁海县知县，购湖州桑苗以兴蚕业，围沙滩2700亩给贫民耕种，并创建清节堂、育婴堂、忠义孝悌及孝节烈祠。奖励文学，立藏书楼于缑城书院。归后购得木渎遂初园居之，未几卒。宁海县士绅追念其德政，请入名宦祠祭祀。其与叶昌炽同为冯桂芬门生，分纂《横金志》二十卷，有《蘧庵诗文钞》成集。

孙晋元（1918~2000） 陆步庄人，又名孙伦策。20世纪40年代参加新四军太湖游击队。1945年10月，随新四军六师十六旅某团主力北撤苏中根据地。1948年12月，随部队北撤开赴山东省，转业至济南第一机床厂（时为华野兵工生产厂）。1958年，调至济南钢铁厂，后升任该厂总工程师。1976年后，当选山东省政协委员。

陆金寿（1928~1991） 舍上人，拥有乡村传统技艺的泥瓦匠。1958年加入苏州市园林修建队，于1962年精简离职至家乡。1970年参与筹建渡村公社建筑站。1978年，因工作调动返回苏州市原单位（后改称苏州古典园林建筑有限公司）。工作期间，除参与南京、常州、苏州等城市古典建筑工程外，1979年还参与承建美国纽约大都会殿春簃（仿苏州网师园明轩）工程，1986年参与承建加拿大温哥华逸园工程。1988年退休。其所收青年学徒，后均为当地泥瓦匠技术骨干。

陆士龙（1932~2005） 水路上人，大学教授。1953年毕业于苏州某中学，同年考入南京农学院（一度改称江苏农学院，1984年更名南京农业大学），毕业后留校任教，升至教授级。

孔繁麟（1937~2007） 塘桥人，又名孔繁林，南京出版社原社长兼副编审。1964年毕业于南京师范学院（今南京师范大学）后至江苏省委宣传部工作，后调入南京文化局。曾任《金陵百花》杂志主编，后从事出版工作，直至退休。其书法作品多次在全国展览并获奖。

第二节　人物简介

沈韩良 生于1938年，灵湖村西塘人。1959年毕业于苏州建筑工程学校，分配至安徽淮南市城建局，从事城市规划与建筑设计工作，后入市规划设计研究院工作，历任工程师、高级工程师、总工程师，后获中华人民共和国一级注册建筑师资格。曾参加安徽省国土资源遥感综合调查项目，1996年3月获安徽省科学技术研究成果证书。

柳承永 生于1936年，西塘人，系柳商贤后裔（第五代）。中学一级教师。1957年高中毕业于苏州市第五中学，是年就走上教育岗位。1958年参与创办渡村农业中学，8月，出席江苏省农业中学教师代表大会。1961年，先后于吴舍小学、吴舍初中任教师、教导主任。1984年学校撤并后调至渡村中学任教，1994年被评为苏州市优秀教育工作者，2017年获教育部颁发的“从事乡村教育四十年”荣誉证书。

张巧玲 女，生于1937年，吴舍人，中共党员。曾任渡村乡蚕桑辅导员、渡村公社团委副书记、公社妇联副主任等职。1979年被江苏省妇联评为省“三八”红旗手，1980年被评为吴县“劳动模范”。1993年自渡村乡多种经营服务公司退休。

顾元良 生于1939年，高级农艺师。1962年毕业于苏州农业专科学校，至沙洲县（今张家港市）农业局工作，为当地摸索总结塘桥镇三麦丰产经验，推而广之，取得成效。曾任县（市）农业局局长、沙州县副县长。

沈维明 生于1941年，舍上人，中共党员。1958年初中毕业于震泽县中学，保送苏州高级中学（今苏州中学）就读，1961年考入复旦大学。1966~1975年在国家二机部404厂工作，任技术员，其间在新疆库车某部队锻炼1年半时间。1975~1997年在苏州医学院（今苏州大学放射医学与防护学院）任教，历任助教、讲师、副教授等，承担本科内教学、科研及教材编写等工作。

陆金仙 女，生于1947年，舍上人，中共党员。曾任胜利大队团支部书记、妇女主任，渡村乡妇联委员。20世纪70年代，在公社集体生产中争当“铁姑娘”，甘挑重担，为农业学大寨夺高产多做贡献。1973年7月，陆金仙出席江苏省第四次妇女联合会代表大会。

朱兴良 生于1958年，吴舍人。1976年于渡村中学高中毕业。苏州金螳螂建筑装饰有限公司创始人。金螳螂集团先后获得“中国扶贫50佳”“中国公益企业”“江苏慈善奖”等荣誉。朱兴良个人及集团累计捐款捐物超3亿元；2020年，捐赠2613.3万元，其中捐赠抗疫款物638.2万元。

吴根兴 生于1963年，东塘人，1981年1月入伍，1983年考入军械技术学院。历任军校学员，陆军旅后勤部助理、科长，装备部部长（正团职上校军衔）。2001年任河北省盐山县人武部长，2005年任浦庄镇党委副书记，2006年任临湖镇党委副书记，2016~2019年任临湖镇人大主席。

曹雪官 生于1965年，塘桥人。1987年毕业于武汉大学（学士学位）。1993年毕业于南京理工大学（硕士学位）。在多个光学系统任设计、制造工程师，从事多项目重大科学仪器专项激光聚变工程技术工作。2013年于江苏省太仓科教新城创办壹埃光学（苏州）有限公司。曾获得江苏省“双创计划”人才、苏州市“姑苏创新创业领军人才”等奖项。

孙国恩 生于1965年，西塘人。1987年毕业于浙江大学（学士学位），1990年毕业于杭州电子科技大学（硕士学位）。毕业后先在该校任教，后入杭州多家电子技术公司，在集成电路、金融、电力行业公司任技术总监、监事等职务。1988~1990年，参加国家“七五”重点科技攻关项目“ICCAD熊猫系统”研究和开发，获电子工业部颁发的“国家科技进步一等奖”。

屠正祥 生于1969年，吴舍人，中共党员。1989年入伍，1990年考入西安空军工程学院（1994年毕业，工学学士学位），历任航空兵某机务中队机械师、政治指导员，师政治部组织科长。2006年被解放军四总部评为首届“全军优秀参谋人才”。2008年2月任副主任（正团空军上校军衔）。2012年12月转业于苏州市科学技术局，任调研员、党委副书记、纪委书记、工委主席。在部队先后3次荣立三等功。

第三节　人物名录

一、灵湖村本科及以上学历人员名录表

表9-1　灵湖村大学生（本科及以上和留学生）名录（不完全统计）

编号	姓名	性别	入学或毕业时间	学校（院）名称	组别	说明
1	陆建民	男	1993年	西南科技大学	1组	
2	沈建国	男	1995年	常州技术师范学院	1组	
3	王贵之	男	1998年	湘潭大学	1组	
4	孔雨婷	女	2005年	淮阴工学院	1组	
5	孔　君	男	2006年	吴中开放大学	1组	
6	韩　峰	男	2007年	沈阳工业大学	1组	
7	石静亚	女	2007年	江苏技术师范学院	1组	
8	石静莉	女	2008年	南通大学吉林学院	1组	
9	沈秋萍	女	2008年	英国南安普顿大学	1组	本科为海南师范大学
10	王琦丹	女	2009年	扬州大学	1组	
11	沈　慧	男	2009年	江西财经大学	1组	
12	周　洁	女	2009年	南京艺术学院	1组	
13	施　煜	女	2010年	浙江万里学院	1组	
14	施　懿	男	2011年	苏州大学	1组	
15	施　彬	男	2012年	南京理工大学	1组	
16	孔伶俐	女	2014年	苏州科技学院天平学院	1组	
17	孔玉婷	女	2014年	江南大学	1组	
18	孔丽芸	女	2015年	南京林业大学	1组	
19	孔华丽	女	2020年	常熟理工学院	1组	
20	沈　茜	女	2020年	常熟理工学院	1组	
21	孔双屹	男	2020年	扬州大学	1组	
22	沈虹婷	女	2020年	西南财经大学	1组	
23	孔静洁	女	2011年	常熟理工学院	2组	
24	周　浩	男	2015年	南京理工大学泰州科技学院	2组	
25	邬冰睿	男	2015年	苏州大学医学院	2组	研究生
26	邬雁宇	女	2015年	苏州大学	2组	
27	邬欣宇	男	2015年	柳州工学院	2组	
28	沈旦萍	女	2016年	盐城师范学院	2组	
29	韩　杰	男	2017年	南京信息工程大学	2组	
30	孔梦婷	女	2017年	南京财经大学	2组	
31	孔颖怡	女	2020年	湖南涉外经济学院	2组	
32	徐　江	男	1994年	吉林大学	3组	
33	黄继刚	男	2006年	南京林业大学	3组	
34	陆　林	男	2006年	江南大学	3组	

续表

编号	姓名	性别	入学或毕业时间	学校（院）名称	组别	说明
35	翁寒玉	女	2007年	三江学院	3组	
36	陆　艳	女	2015年	苏州科技大学天平学院	3组	
37	马丽静	女	2017年	南京林业大学南方学院	3组	
38	翁禧洋	男	2019年	昆明医科大学	3组	
39	宋建春	男	2001年	苏州大学	4组	
40	徐　峰	男	2001年	南京工业大学	4组	
41	沈　斌	男	2004年	扬州大学	4组	
42	徐梁燕	女	2008年	盐城某大学	4组	
43	沈世峰	男	2008年	苏州大学	4组	
44	徐喜梅	女	2010年	苏州大学	4组	
45	周佳军	男	2011年	南京大学	4组	
46	沈　洁	女	2011年	苏州大学	4组	
47	吴　清	男	2013年	常熟理工学院	4组	
48	庄丽芳	女	2013年	四川某大学	4组	
49	宋聚璐	女	2014年	苏州大学文正学院	4组	
50	沈　丽	女	2014年	苏州科技学院	4组	
51	徐萌艳	女	2014年	海南某大学	4组	
52	顾江林	男	2016年	苏州大学应用技术学院	5组	
53	沈志康	男	2019年	青岛大学	5组	
54	朱静月	女	2022年	盐城师范学院	5组	
55	陆海峰	男	1993年	合肥工业大学	6组	
56	陆惠芬	女	1996年	沈阳航空工业学院	6组	
57	徐木祥	男	1996年	苏州大学	6组	
58	陆新宇	女	1997年	苏州大学法学院	6组	
59	金佳华	男	2005年	南通大学	6组	
60	朱敏敏	女	2005年	南京大学	6组	
61	陆静怡	女	2018年	南京财经大学红山学院	6组	
62	金　程	男	2018年	常熟理工学院	6组	
63	陆程扬	男	2019年	苏州科技大学	6组	
64	陆雁蓉	女	2019年	杭州师范大学	6组	研究生
65	金嘉意	女	2019年	南通大学	6组	
66	金　凌	女	2020年	淮阴师范学院	6组	
67	陆彦昊	男	2020年	南京理工大学紫金学院	6组	
68	陆宇豪	男	2020年	南京工业大学	6组	
69	陆　瑶	女	2021年	东南大学成贤学院	6组	
70	沈维明	男	1966年	复旦大学	7组	研究生，教授
71	曹　赟	女	2003年	韩国光州大学	7组	
72	沈建伟	男	2004年	扬州大学	7组	

续表

编号	姓名	性别	入学或毕业时间	学校（院）名称	组别	说明
73	沈秋波	女	2007年	苏州大学	7组	
74	张慧俊	男	2011年	南京师范大学泰州学院	7组	
75	张晓天	男	2012年	南通大学	7组	
76	沈玲玲	女	2015年	江苏理工学院	7组	
77	周　琪	女	2019年	苏州大学文正学院	7组	
78	张　华	男	2019年	三江学院	7组	
79	沈诗奕	女	2020年	常熟理工学院	7组	
80	沈雯薏	女	2021年	江苏理工学院	7组	
81	沈丹萍	女	2012年	盐城工学院	8组	
82	石梦婷	女	2013年	南京大学	8组	
83	陆苏婷	女	2014年	武汉大学	8组	
84	石晓岚	女	2018年	厦门大学	8组	研究生
85	顾宇晨	男	2019年	沈阳城市建设学院	8组	
86	石静怡	女	2019年	江苏建筑职业技术学院	8组	
87	周叶萍	女	2009年	中国计量学院	9组	
88	顾　英	女	2014年	南京工业大学	9组	
89	顾婷婷	女	2020年	南京工业大学浦江学院	9组	
90	宋秀兰	女	2022年	淮阴师范学院	9组	
91	陆建芳	女	2000年	吉林工业大学	10组	
92	陆　琪	男	2005年	徐州工程学院	10组	
93	顾益峰	男	2005年	徐州工程学院	10组	
94	陆自强	男	2007年	金陵科技学院	10组	
95	陆俊强	男	2009年	扬州大学	10组	
96	金震宇	男	2018年	苏州大学	10组	
97	曹雪官	男	1993年	南京理工大学	11组	研究生
98	蔡世星	男	2005年	同济大学	11组	研究生
99	邱　瑛	女	2005年	华东交通大学	11组	
100	孔利东	男	2007年	武汉理工大学	11组	
101	曹　华	女	2008年	南通大学	11组	
102	邬文兰	女	2009年	南京工业大学	11组	
103	邱　莉	女	2011年	扬州大学	11组	
104	俞英杰	男	2011年	扬州大学	11组	
105	曹　燕	女	2013年	南京理工大学	11组	
106	邱　蓉	女	2013年	国家开放大学	11组	
107	孔云清	男	2014年	扬州大学	11组	
108	孔琳紫	男	2015年	南京师范大学泰州学院	11组	
109	孔丽洁	女	2016年	南京信息工程大学	11组	
110	孔　祺	男	2018年	淑德日本语学校	11组	研究生

续表

编号	姓名	性别	入学或毕业时间	学校（院）名称	组别	说明
111	吴繁荣	女	2021年	对外经济贸易大学	11组	
112	邱顺达	男	1960年	南京师范学院	12组	
113	邱巍炜	男	1988年	南京大学	12组	
114	宋亚明	男	1999年	苏州大学艺术学院	12组	
115	宋少华	男	2003年	常州工学院	12组	
116	庄夏峰	男	2004年	苏州大学	12组	
117	石贤强	男	2005年	江苏科技大学	12组	
118	宋晴燕	女	2005年	苏州科技学院	12组	
119	庄晴刚	男	2008年	苏州大学	12组	
120	陈　凉	男	2008年	苏州科技学院	12组	
121	石　磊	男	2008年	南通大学	12组	
122	孙月峰	男	2009年	盐城某大学	12组	
123	庄月红	女	2009年	四川农业大学	12组	
124	庄晓静	女	2009年	苏州大学	12组	
125	陆　健	男	2010年	南京工业大学	12组	
126	宋志强	男	2010年	南京大学	12组	
127	丁莎莎	女	2010年	南京工业大学	12组	
128	陆亚琼	女	2010年	苏州大学	12组	
129	廖文静	女	2011年	苏州大学	12组	
130	庄建清	男	2011年	苏州大学	12组	
131	石　晨	女	2012年	盐城工学院	12组	
132	徐云浩	男	2013年	扬州大学	12组	
133	沈蓉蓉	女	2014年	江苏大学	12组	
134	朱怡婧	女	2014年	苏州大学	12组	
135	沈雯奕	女	2015年	南京审计大学	12组	
136	宋文超	男	2018年	扬州大学	12组	
137	庄海红	男	2021年	苏州大学	12组	
138	龚庄豪	男	2021年	南京传媒学院	12组	
139	张徐美惠	女	2021年	南京中医药大学	12组	
140	石　军	男	1999年	北京理工大学	13组	
141	石　新	男	2005年	连云港师范大学	13组	
142	石　兰	女	2010年	苏州科技学院	13组	
143	张梦超	男	2013年	扬州大学广陵学院	13组	
144	屠宇佳	男	2013年	华北科技学院	13组	
145	朱　英	女	2016年	江苏师范大学	13组	
146	张生梅	女	2017年	西安交通大学	13组	
147	石宇浩	男	2021年	常州工学院	13组	
148	邹春燕	女	2014年	安徽皖西学院	14组	

续表

编号	姓名	性别	入学或毕业时间	学校（院）名称	组别	说明
149	向　川	男	2015年	安徽皖西学院	14组	
150	沈晓琪	男	2015年	江南大学	14组	
151	李　悦	女	2018年	南京师范大学	14组	
152	赵怡文	女	2018年	江苏师范大学	14组	
153	邹雪晨	男	2019年	苏州科技大学	14组	
154	赵昕琰	女	2020年	扬州大学	14组	
155	赵跃坤	男	2020年	齐鲁理工学院	14组	
156	邹　焘	男	2021年	南京邮电大学	14组	
157	石菊芳	女	1997年	南京师范大学	15组	
158	石文兰	女	2003年	宿迁学院	15组	
159	何　锦	男	2007年	苏州大学	15组	
160	金丹萍	女	2012年	南京理工大学紫金学院	15组	
161	石昕祎	女	2015年	南京理工大学紫金学院	15组	
162	石雨虹	女	2016年	南京中医药大学	15组	
163	罗敏珺	女	2017年	常熟理工学院	15组	
164	夏彧晴	女	2019年	江南大学北美学院	15组	
165	庞乐商	女	2022年	新西兰留学	15组	
166	柳鸣江	男	1995年	扬州大学	16组	
167	朱亚非	男	2002年	南京航空航天大学	16组	
168	孔文琴	女	2003年	南通师范学院	16组	
169	钟静姣	女	2012年	江苏大学	16组	
170	邹　蓓	女	2014年	燕京理工学院	16组	
171	沈　敏	女	2015年	徐州工程学院	16组	
172	柳　婷	女	2015年	西南交通大学	16组	
173	邹仁豪	男	2017年	中国科技大学	16组	研究生
174	石　燕	女	2018年	扬州大学	16组	
175	石　怡	女	2020年	南京工业职业技术大学	16组	
176	沈　峰	男	2003年	南京航空航天大学	17组	
177	龚维霞	女	2006年	南京师范大学	17组	
178	龚丽丽	女	2006年	苏州科技学院	17组	
179	陈云娟	女	2007年	中央广播电视大学	17组	
180	陆佳佳	男	2007年	上海大学	17组	
181	龚　晖	男	2011年	苏州大学	17组	
182	孔敏红	女	2019年	苏州科技大学天平学院	17组	
183	朱敏华	男	2006年	重庆大学	18组	
184	柳秋琴	女	2009年	湖南工业大学科技学院	18组	
185	王大慧	女	2010年	淮阴师范学院	18组	
186	柏　良	男	2010年	扬州大学	18组	

续表

编号	姓名	性别	入学或毕业时间	学校（院）名称	组别	说明
187	柳晓静	女	2014年	江南大学	18组	
188	柳仁杰	男	2015年	苏州科技学院	18组	
189	朱　斌	男	2015年	常熟理工学院	18组	
190	朱伟杰	男	2022年	山东大学（威海）	18组	
191	石建平	男	1987年	华东工学院	19组	
192	赵莉芳	女	1999年	东南大学	19组	
193	沈　斌	男	2002年	中国地质大学（武汉）	19组	
194	顾吉呈	男	2003年	苏州科技学院	19组	
195	沈剑欢	男	2005年	英国赫尔大学	19组	
196	赵利利	女	2006年	苏州大学	19组	
197	赵子强	男	2008年	苏州科技学院	19组	
198	沈　婷	女	2009年	南京师范大学	19组	
199	沈　阳	男	2011年	苏州科技学院	19组	
200	沈　文	女	2012年	南通大学	19组	
201	沈振华	男	2015年	苏州大学应用技术学院	19组	
202	赵　粤	女	2015年	扬州大学	19组	
203	赵　蓉	女	2016年	南京师范大学泰州学院	19组	
204	石黎雯	女	2017年	常熟理工学院	19组	
205	沈若凡	男	2018年	常熟理工学院	19组	
206	屠正祥	男	1990年	西安空军工程学院	20组	学士学位
207	屠鸣华	男	2006年	徐州师范大学	20组	
208	屠胜凤	女	2009年	盐城师范学院	20组	
209	赵训安	男	2010年	江西师范大学	20组	
210	姚懿军	女	2011年	苏州科技学院	20组	
211	石　程	男	2012年	淮阴工学院	20组	
212	屠欣欣	男	2012年	上海大学	20组	
213	顾琳琳	女	2014年	中国医科大学	20组	
214	屠锦玉	男	2015年	南京理工大学	20组	
215	屠学申	男	2016年	盐城工学院	20组	
216	顾思佳	女	2017年	南京师范大学泰州学院	20组	
217	金　妍	女	2019年	常熟理工学院	20组	
218	屠洛涔	男	2019年	南京工业大学	20组	
219	卞程诚	女	2012年	南京邮电大学通达学院	21组	
220	孔佳玮	男	2022年	贵州民族大学人文科技学院	21组	
221	沈韩良	男	1959年	苏州建筑工程学校	22组	一级注册建筑师
222	孙国恩	男	1990年	杭州电子科技大学	22组	硕士研究生
223	施　寅	女	2009年	南京理工大学紫金学院	22组	

续表

编号	姓名	性别	入学或毕业时间	学校（院）名称	组别	说明
224	孙丹婷	女	2013年	三江学院	22组	
225	徐焕颖	女	2015年	三江学院	22组	
226	朱　卓	男	2018年	南京工业大学浦江学院	22组	
227	朱旭杰	男	2019年	南京工程学院	22组	
228	张　吉	男	2021年	南京大学	22组	
229	凌　江	男	2011年	中南大学	23组	
230	许翔明	男	2012年	苏州大学	23组	
231	凌芸芸	女	2014年	南京师范大学泰州学院	23组	
232	凌芸霞	女	2018年	山东大学（威海）	23组	
233	凌　强	男	2018年	苏州科技大学	23组	
234	凌　莉	女	2018年	山东大学	23组	
235	朱　音	女	2021年	中国矿业大学	23组	
236	凌　晨	男	2022年	南京理工大学紫金学院	23组	
237	凌虎明	男	2000年	江苏广播电视大学	24组	
238	张利刚	男	2011年	扬州科技大学	24组	
239	柏晓燕	女	2015年	西交利物浦大学	24组	
240	凌月思	女	2019年	苏州科技大学	24组	
241	柳佳睦	男	2020年	南京工业大学	24组	
242	吴沈军	男	2000年	盐城工学院	25组	
243	张云明	男	2002年	宿迁学院	25组	
244	张雪娟	女	2010年	北京外国语大学	25组	
245	季家伦	男	2010年	扬州大学	25组	
246	沈晓峰	男	2012年	苏州科技学院	25组	
247	屠　嫣	女	2015年	扬州大学	25组	
248	陆丽婷	女	2015年	南京师范大学泰州学院	25组	
249	张思雨	女	2017年	苏州科技大学	25组	
250	柳俊宇	男	2017年	南京航空航天大学	25组	
251	沈　勤	女	2017年	苏州大学	25组	
252	周益杰	男	2018年	南京工业大学浦江学院	25组	
253	周益俊	男	2019年	东南大学成贤学院	25组	
254	邬思远	男	2019年	淮阴工学院	25组	
255	陈雨菲	女	2021年	江南大学	25组	
256	孙勤毅	男	2021年	苏州科技大学天平学院	25组	
257	孔德瑜	男	2022年	同济大学	25组	博士研究生
258	柳　静	女	2022年	江苏警官学院	25组	

二、截至2020年12月灵湖村工匠名录表

表9-2 灵湖村工匠名录(不完全统计)

序号	姓名	行业	所在村民小组
1	孔龙官	木匠	临湖镇灵湖村(1)塘桥南
2	沈俊英	木匠	临湖镇灵湖村(1)塘桥南
3	沈俊央	木匠	临湖镇灵湖村(1)塘桥南
4	沈建新	木匠	临湖镇灵湖村(1)塘桥南
5	孔凤鸣	木匠	临湖镇灵湖村(1)塘桥南
6	孔建良	木匠	临湖镇灵湖村(1)塘桥南
7	孔雪琪	木匠	临湖镇灵湖村(1)塘桥南
8	施惠明	木匠	临湖镇灵湖村(1)塘桥南
9	孔建刚	木匠	临湖镇灵湖村(1)塘桥南
10	孔红卫	木匠	临湖镇灵湖村(1)塘桥南
11	柳永平	木匠	临湖镇灵湖村(1)塘桥南
12	沈华琪	木匠	临湖镇灵湖村(1)塘桥南
13	孔青青	木匠	临湖镇灵湖村(1)塘桥南
14	孔海洪	木匠	临湖镇灵湖村(1)塘桥南
15	周利平	木匠	临湖镇灵湖村(2)塘桥北
16	周利文	木匠	临湖镇灵湖村(2)塘桥北
17	韩雪峰	木匠	临湖镇灵湖村(2)塘桥北
18	周三禧	木匠	临湖镇灵湖村(2)塘桥北
19	孔亚明	木匠	临湖镇灵湖村(2)塘桥北
20	周文炳	木匠	临湖镇灵湖村(2)塘桥北
21	陆桂根	木匠	临湖镇灵湖村(2)塘桥北
22	邬建明	木匠	临湖镇灵湖村(2)塘桥北
23	陆荣兴	木匠	临湖镇灵湖村(3)翁家浜
24	黄玉平	木匠	临湖镇灵湖村(3)翁家浜
25	翁水林	木匠	临湖镇灵湖村(3)翁家浜
26	陆建华	木匠	临湖镇灵湖村(3)翁家浜
27	翁根元	木匠	临湖镇灵湖村(3)翁家浜
28	翁建平	木匠	临湖镇灵湖村(3)翁家浜
29	翁阿二	木匠	临湖镇灵湖村(3)翁家浜
30	翁东生	木匠	临湖镇灵湖村(3)翁家浜
31	翁阿苟	木匠	临湖镇灵湖村(3)翁家浜
32	翁　建	木匠	临湖镇灵湖村(3)翁家浜
33	黄国平	木匠	临湖镇灵湖村(3)翁家浜
34	翁建国	木匠	临湖镇灵湖村(3)翁家浜
35	翁文华	木匠	临湖镇灵湖村(3)翁家浜
36	马福林	木匠	临湖镇灵湖村(3)翁家浜

续表

序号	姓名	行业	所在村民小组
37	黄炳龙	木匠	临湖镇灵湖村(4)水路上
38	徐金宝	木匠	临湖镇灵湖村(4)水路上
39	徐文奎	木匠	临湖镇灵湖村(4)水路上
40	孙国忠	木匠	临湖镇灵湖村(4)水路上
41	沈龙华	木匠	临湖镇灵湖村(4)水路上
42	宋华明	木匠	临湖镇灵湖村(4)水路上
43	何阿雪	木匠	临湖镇灵湖村(5)东塘
44	李菊宝	木匠	临湖镇灵湖村(5)东塘
45	李小弟	木匠	临湖镇灵湖村(5)东塘
46	顾雪根	木匠	临湖镇灵湖村(5)东塘
47	徐子良	木匠	临湖镇灵湖村(5)东塘
48	李阿毛	木匠	临湖镇灵湖村(5)东塘
49	何来福	木匠	临湖镇灵湖村(5)东塘
50	邬阿宝	木匠	临湖镇灵湖村(5)东塘
51	陆根泉	木匠	临湖镇灵湖村(6)舍上后
52	金华明	木匠	临湖镇灵湖村(6)舍上后
53	金建文	木匠	临湖镇灵湖村(6)舍上后
54	金林其	木匠	临湖镇灵湖村(6)舍上后
55	金玉良	木匠	临湖镇灵湖村(6)舍上后
56	陆华峰	木匠	临湖镇灵湖村(6)舍上后
57	陆华伟	木匠	临湖镇灵湖村(6)舍上后
58	陆明哲	木匠	临湖镇灵湖村(6)舍上后
59	沈水根	木匠	临湖镇灵湖村(7)舍上中
60	纪金根	木匠	临湖镇灵湖村(7)舍上中
61	张福官	木匠	临湖镇灵湖村(7)舍上中
62	张水元	木匠	临湖镇灵湖村(7)舍上中
63	张福寿	木匠	临湖镇灵湖村(7)舍上中
64	曹高荣	木匠	临湖镇灵湖村(7)舍上中
65	张雪明	木匠	临湖镇灵湖村(7)舍上中
66	张国强	木匠	临湖镇灵湖村(7)舍上中
67	周阿荣	木匠	临湖镇灵湖村(7)舍上中
68	周阿大	木匠	临湖镇灵湖村(7)舍上中
69	沈根寿	木匠	临湖镇灵湖村(7)舍上中
70	张桂生	木匠	临湖镇灵湖村(7)舍上中
71	张云龙	木匠	临湖镇灵湖村(7)舍上中
72	陆介明	木匠	临湖镇灵湖村(7)舍上中
73	张寿元	木匠	临湖镇灵湖村(7)舍上中
74	纪全荣	木匠	临湖镇灵湖村(7)舍上中

序号	姓名	行业	所在村民小组
75	沈春明	木匠	临湖镇灵湖村（7）舍上中
76	张春斌	木匠	临湖镇灵湖村（7）舍上中
77	沈文荣	木匠	临湖镇灵湖村（7）舍上中
78	张云龙	木匠	临湖镇灵湖村（7）舍上中
79	曹高峰	木匠	临湖镇灵湖村（7）舍上中
80	沈文龙	木匠	临湖镇灵湖村（7）舍上中
81	沈卫元	木匠	临湖镇灵湖村（7）舍上中
82	石火福	木匠	临湖镇灵湖村（8）舍上前
83	石阿泉	木匠	临湖镇灵湖村（8）舍上前
84	石阿林	木匠	临湖镇灵湖村（8）舍上前
85	石泉根	木匠	临湖镇灵湖村（8）舍上前
86	石福生	木匠	临湖镇灵湖村（8）舍上前
87	石毛男	木匠	临湖镇灵湖村（8）舍上前
88	石雪明	木匠	临湖镇灵湖村（8）舍上前
89	沈阿大	木匠	临湖镇灵湖村（8）舍上前
90	翁卫元	木匠	临湖镇灵湖村（8）舍上前
91	金阿大	木匠	临湖镇灵湖村（8）舍上前
92	金建红	木匠	临湖镇灵湖村（8）舍上前
93	沈小伟	木匠	临湖镇灵湖村（8）舍上前
94	熊福官	木匠	临湖镇灵湖村（8）舍上前
95	周小四	木匠	临湖镇灵湖村（9）海丝浜（已拆迁）
96	周阿水	木匠	临湖镇灵湖村（9）海丝浜（已拆迁）
97	周海美	木匠	临湖镇灵湖村（9）海丝浜（已拆迁）
98	周文华	木匠	临湖镇灵湖村（9）海丝浜（已拆迁）
99	龚阿四	木匠	临湖镇灵湖村（9）海丝浜（已拆迁）
100	龚阿五	木匠	临湖镇灵湖村（9）海丝浜（已拆迁）
101	龚晓顺	木匠	临湖镇灵湖村（9）海丝浜（已拆迁）
102	顾志平	木匠	临湖镇灵湖村（9）海丝浜（已拆迁）
103	周根元	木匠	临湖镇灵湖村（9）海丝浜（已拆迁）
104	龚培根	木匠	临湖镇灵湖村（9）海丝浜（已拆迁）
105	陆华兴	木匠	临湖镇灵湖村（10）舍上前
106	陆永兴	木匠	临湖镇灵湖村（10）舍上前
107	顾振官	木匠	临湖镇灵湖村（10）舍上前
108	孔祥勇	木匠	临湖镇灵湖村（10）舍上前
109	熊　平	木匠	临湖镇灵湖村（10）舍上前
110	孔建明	木匠	临湖镇灵湖村（10）舍上前
111	曹海元	木匠	临湖镇灵湖村（10）舍上前
112	陆林生	木匠	临湖镇灵湖村（10）舍上前

续表

序号	姓名	行业	所在村民小组
113	孔海港	木匠	临湖镇灵湖村（11）塘桥北
114	邬根元	木匠	临湖镇灵湖村（11）塘桥北
115	金卫民	木匠	临湖镇灵湖村（11）塘桥北
116	曹根林	木匠	临湖镇灵湖村（11）塘桥北
117	孔荣华	木匠	临湖镇灵湖村（11）塘桥北
118	庄阿荣	木匠	临湖镇灵湖村（12）水路上
119	庄阿忠	木匠	临湖镇灵湖村（12）水路上
120	庄阿五	木匠	临湖镇灵湖村（12）水路上
121	庄阿连	木匠	临湖镇灵湖村（12）水路上
122	石清泉	木匠	临湖镇灵湖村（13）水路上西
123	石春喜	木匠	临湖镇灵湖村（13）水路上西
124	石永林	木匠	临湖镇灵湖村（13）水路上西
125	顾荣根	木匠	临湖镇灵湖村（14）吴舍
126	顾哲祥	木匠	临湖镇灵湖村（14）吴舍
127	沈永林	木匠	临湖镇灵湖村（14）吴舍
128	沈文卫	木匠	临湖镇灵湖村（14）吴舍
129	沈文清	木匠	临湖镇灵湖村（14）吴舍
130	赵松涛	木匠	临湖镇灵湖村（14）吴舍
131	沈勤明	木匠	临湖镇灵湖村（14）吴舍
132	赵早生	木匠	临湖镇灵湖村（14）吴舍
133	沈文信	木匠	临湖镇灵湖村（14）吴舍
134	赵福兴	木匠	临湖镇灵湖村（14）吴舍
135	孔卫明	木匠	临湖镇灵湖村（14）吴舍
136	石卫忠	木匠	临湖镇灵湖村（15）吴舍
137	丁伟华	木匠	临湖镇灵湖村（15）吴舍
138	顾惠良	木匠	临湖镇灵湖村（15）吴舍
139	李永芳	木匠	临湖镇灵湖村（15）吴舍
140	陆惠明	木匠	临湖镇灵湖村（15）吴舍
141	何新荣	木匠	临湖镇灵湖村（15）吴舍
142	柳雪荣	木匠	临湖镇灵湖村（16）西塘西
143	柳雪明	木匠	临湖镇灵湖村（16）西塘西
144	施雪峰	木匠	临湖镇灵湖村（16）西塘西
145	杨培根	木匠	临湖镇灵湖村（16）西塘西
146	沈兴发	木匠	临湖镇灵湖村（17）黄墅东
147	周国清	木匠	临湖镇灵湖村（17）黄墅东
148	李水火	木匠	临湖镇灵湖村（18）陆步庄东
149	朱仁荣	木匠	临湖镇灵湖村（18）陆步庄东
150	朱忠兴	木匠	临湖镇灵湖村（18）陆步庄东

续表

序号	姓名	行业	所在村民小组
151	朱兴荣	木匠	临湖镇灵湖村(18)陆步庄东
152	柳永林	木匠	临湖镇灵湖村(18)陆步庄东
153	朱忠林	木匠	临湖镇灵湖村(18)陆步庄东
154	赵建华	木匠	临湖镇灵湖村(18)陆步庄东
155	朱卫泉	木匠	临湖镇灵湖村(18)陆步庄东
156	沈培荣	木匠	临湖镇灵湖村(19)吴舍
157	沈根宝	木匠	临湖镇灵湖村(19)吴舍
158	顾阿芳	木匠	临湖镇灵湖村(19)吴舍
159	沈培良	木匠	临湖镇灵湖村(19)吴舍
160	沈培林	木匠	临湖镇灵湖村(19)吴舍
161	石宝生	木匠	临湖镇灵湖村(20)吴舍
162	孔建林	木匠	临湖镇灵湖村(20)吴舍
163	顾晓东	木匠	临湖镇灵湖村(20)吴舍
164	盛卫荣	木匠	临湖镇灵湖村(20)吴舍
165	沈华林	木匠	临湖镇灵湖村(21)吴舍
166	沈洪元	木匠	临湖镇灵湖村(21)吴舍
167	施洪根	木匠	临湖镇灵湖村(22)西塘东
168	孙海荣	木匠	临湖镇灵湖村(22)西塘东
169	凌振华	木匠	临湖镇灵湖村(23)陆步庄
170	杨正荣	木匠	临湖镇灵湖村(23)陆步庄
171	凌福林	木匠	临湖镇灵湖村(23)陆步庄
172	凌爱官	木匠	临湖镇灵湖村(23)陆步庄
173	凌秀宏	木匠	临湖镇灵湖村(23)陆步庄
174	凌祥宏	木匠	临湖镇灵湖村(23)陆步庄
175	凌会官	木匠	临湖镇灵湖村(23)陆步庄
176	凌　跃	木匠	临湖镇灵湖村(23)陆步庄
177	凌　义	木匠	临湖镇灵湖村(23)陆步庄
178	孙兴根	木匠	临湖镇灵湖村(24)陆步庄
179	张福林	木匠	临湖镇灵湖村(25)黄墅西
180	张水官	木匠	临湖镇灵湖村(25)黄墅西
181	柳永芳	泥瓦匠	临湖镇灵湖村(1)塘桥南
182	孔三寿	泥瓦匠	临湖镇灵湖村(1)塘桥南
183	郁惠兴	泥瓦匠	临湖镇灵湖村(1)塘桥南
184	沈德明	泥瓦匠	临湖镇灵湖村(1)塘桥南
185	孔永泉	泥瓦匠	临湖镇灵湖村(1)塘桥南
186	艾培明	泥瓦匠	临湖镇灵湖村(1)塘桥南
187	孔炳华	泥瓦匠	临湖镇灵湖村(2)塘桥北
188	孔雪华	泥瓦匠	临湖镇灵湖村(2)塘桥北

续表

序号	姓名	行业	所在村民小组
189	邬忠明	泥瓦匠	临湖镇灵湖村(2)塘桥北
190	孔金龙	泥瓦匠	临湖镇灵湖村(2)塘桥北
191	唐建明	泥瓦匠	临湖镇灵湖村(2)塘桥北
192	翁阿大	泥瓦匠	临湖镇灵湖村(3)翁家浜
193	翁雪明	泥瓦匠	临湖镇灵湖村(3)翁家浜
194	翁阿毛	泥瓦匠	临湖镇灵湖村(3)翁家浜
195	翁培生	泥瓦匠	临湖镇灵湖村(3)翁家浜
196	宋金文	泥瓦匠	临湖镇灵湖村(4)水路上
197	徐东兴	泥瓦匠	临湖镇灵湖村(4)水路上
198	徐东兰	泥瓦匠	临湖镇灵湖村(4)水路上
199	孙国良	泥瓦匠	临湖镇灵湖村(4)水路上
200	徐小康	泥瓦匠	临湖镇灵湖村(4)水路上
201	宋金华	泥瓦匠	临湖镇灵湖村(4)水路上
202	周卫根	泥瓦匠	临湖镇灵湖村(4)水路上
203	沈龙寿	泥瓦匠	临湖镇灵湖村(4)水路上
204	徐文尤	泥瓦匠	临湖镇灵湖村(4)水路上
205	朱传大	泥瓦匠	临湖镇灵湖村(5)东塘
206	朱水法	泥瓦匠	临湖镇灵湖村(5)东塘
207	吴仁福	泥瓦匠	临湖镇灵湖村(5)东塘
208	何建华	泥瓦匠	临湖镇灵湖村(5)东塘
209	邬招根	泥瓦匠	临湖镇灵湖村(5)东塘
210	沈金根	泥瓦匠	临湖镇灵湖村(5)东塘
211	朱菊根	泥瓦匠	临湖镇灵湖村(5)东塘
212	吴金云	泥瓦匠	临湖镇灵湖村(5)东塘
213	何福元	泥瓦匠	临湖镇灵湖村(5)东塘
214	何春元	泥瓦匠	临湖镇灵湖村(5)东塘
215	熊根元	泥瓦匠	临湖镇灵湖村(5)东塘
216	何福林	泥瓦匠	临湖镇灵湖村(5)东塘
217	陆永元	泥瓦匠	临湖镇灵湖村(6)舍上后
218	陆龙元	泥瓦匠	临湖镇灵湖村(6)舍上后
219	陆火元	泥瓦匠	临湖镇灵湖村(6)舍上后
220	陆阿二	泥瓦匠	临湖镇灵湖村(6)舍上后
221	金海根	泥瓦匠	临湖镇灵湖村(6)舍上后
222	陆阿三	泥瓦匠	临湖镇灵湖村(6)舍上后
223	陆海官	泥瓦匠	临湖镇灵湖村(6)舍上后
224	陆寿官	泥瓦匠	临湖镇灵湖村(6)舍上后
225	陆全官	泥瓦匠	临湖镇灵湖村(6)舍上后
226	陆全荣	泥瓦匠	临湖镇灵湖村(6)舍上后

续表

序号	姓名	行业	所在村民小组
227	陆全明	泥瓦匠	临湖镇灵湖村(6)舍上后
228	陆火泉	泥瓦匠	临湖镇灵湖村(6)舍上后
229	金礼生	泥瓦匠	临湖镇灵湖村(6)舍上后
230	沈洪林	泥瓦匠	临湖镇灵湖村(7)舍上中
231	沈金根	泥瓦匠	临湖镇灵湖村(7)舍上中
232	曹培荣	泥瓦匠	临湖镇灵湖村(7)舍上中
233	张文贤	泥瓦匠	临湖镇灵湖村(7)舍上中
234	沈凤元	泥瓦匠	临湖镇灵湖村(7)舍上中
235	陆阿六	泥瓦匠	临湖镇灵湖村(7)舍上中
236	翁阿康	泥瓦匠	临湖镇灵湖村(8)舍上前
237	翁水元	泥瓦匠	临湖镇灵湖村(8)舍上前
238	陆水明	泥瓦匠	临湖镇灵湖村(8)舍上前
239	陆建明	泥瓦匠	临湖镇灵湖村(8)舍上前
240	沈国芳	泥瓦匠	临湖镇灵湖村(8)舍上前
241	朱卫华	泥瓦匠	临湖镇灵湖村(8)舍上前
242	陆金寿	泥瓦匠	临湖镇灵湖村(10)舍上前
243	陆国平	泥瓦匠	临湖镇灵湖村(10)舍上前
244	陆福明	泥瓦匠	临湖镇灵湖村(10)舍上前
245	陆福荣	泥瓦匠	临湖镇灵湖村(10)舍上前
246	陆全元	泥瓦匠	临湖镇灵湖村(10)舍上前
247	顾永宝	泥瓦匠	临湖镇灵湖村(10)舍上前
248	陆惠林	泥瓦匠	临湖镇灵湖村(10)舍上前
249	金全荣	泥瓦匠	临湖镇灵湖村(10)舍上前
250	顾正平	泥瓦匠	临湖镇灵湖村(10)舍上前
251	陆华平	泥瓦匠	临湖镇灵湖村(10)舍上前
252	沈根林	泥瓦匠	临湖镇灵湖村(10)舍上前
253	金云伟	泥瓦匠	临湖镇灵湖村(10)舍上前
254	陆惠明	泥瓦匠	临湖镇灵湖村(10)舍上前
255	邱三元	泥瓦匠	临湖镇灵湖村(11)塘桥北
256	邱文元	泥瓦匠	临湖镇灵湖村(11)塘桥北
257	周雪元	泥瓦匠	临湖镇灵湖村(11)塘桥北
258	周雪根	泥瓦匠	临湖镇灵湖村(11)塘桥北
259	孔海钧	泥瓦匠	临湖镇灵湖村(11)塘桥北
260	邬水元	泥瓦匠	临湖镇灵湖村(11)塘桥北
261	邱福泉	泥瓦匠	临湖镇灵湖村(11)塘桥北
262	邱海泉	泥瓦匠	临湖镇灵湖村(11)塘桥北
263	曹雪元	泥瓦匠	临湖镇灵湖村(11)塘桥北
264	杨宝连	泥瓦匠	临湖镇灵湖村(12)水路上

续表

序号	姓名	行业	所在村民小组
265	庄德根	泥瓦匠	临湖镇灵湖村（12）水路上
266	徐桂良	泥瓦匠	临湖镇灵湖村（12）水路上
267	宋亚明	泥瓦匠	临湖镇灵湖村（12）水路上
268	石文龙	泥瓦匠	临湖镇灵湖村（12）水路上
269	邓伟方	泥瓦匠	临湖镇灵湖村（13）水路上西
270	石根泉	泥瓦匠	临湖镇灵湖村（13）水路上西
271	朱叙生	泥瓦匠	临湖镇灵湖村（13）水路上西
272	朱祥荣	泥瓦匠	临湖镇灵湖村（13）水路上西
273	朱祥忠	泥瓦匠	临湖镇灵湖村（13）水路上西
274	张建平	泥瓦匠	临湖镇灵湖村（13）水路上西
275	屠正林	泥瓦匠	临湖镇灵湖村（13）水路上西
276	朱伟虎	泥瓦匠	临湖镇灵湖村（13）水路上西
277	朱根官	泥瓦匠	临湖镇灵湖村（13）水路上西
278	石文华	泥瓦匠	临湖镇灵湖村（13）水路上西
279	石华兴	泥瓦匠	临湖镇灵湖村（13）水路上西
280	张永泉	泥瓦匠	临湖镇灵湖村（13）水路上西
281	石福兴	泥瓦匠	临湖镇灵湖村（13）水路上西
282	石金兴	泥瓦匠	临湖镇灵湖村（13）水路上西
283	赵永泉	泥瓦匠	临湖镇灵湖村（14）吴舍
284	邹月芳	泥瓦匠	临湖镇灵湖村（14）吴舍
285	赵松涛	泥瓦匠	临湖镇灵湖村（14）吴舍
286	丁永良	泥瓦匠	临湖镇灵湖村（15）吴舍
287	柳阿五	泥瓦匠	临湖镇灵湖村（16）西塘西
288	柳佳明	泥瓦匠	临湖镇灵湖村（16）西塘西
289	朱云林	泥瓦匠	临湖镇灵湖村（17）黄墅东
290	陈金火	泥瓦匠	临湖镇灵湖村（17）黄墅东
291	邬福康	泥瓦匠	临湖镇灵湖村（17）黄墅东
292	柏金福	泥瓦匠	临湖镇灵湖村（18）陆步庄东
293	柏忠福	泥瓦匠	临湖镇灵湖村（18）陆步庄东
294	朱卫平	泥瓦匠	临湖镇灵湖村（18）陆步庄东
295	柏雪云	泥瓦匠	临湖镇灵湖村（18）陆步庄东
296	孙德元	泥瓦匠	临湖镇灵湖村（18）陆步庄东
297	赵正开	泥瓦匠	临湖镇灵湖村（19）吴舍
298	赵正荣	泥瓦匠	临湖镇灵湖村（19）吴舍
299	赵伟荣	泥瓦匠	临湖镇灵湖村（19）吴舍
300	石阿四	泥瓦匠	临湖镇灵湖村（19）吴舍
301	沈建华	泥瓦匠	临湖镇灵湖村（19）吴舍
302	沈国明	泥瓦匠	临湖镇灵湖村（19）吴舍

续表

序号	姓名	行业	所在村民小组
303	沈明海	泥瓦匠	临湖镇灵湖村(19)吴舍
304	顾桂泉	泥瓦匠	临湖镇灵湖村(19)吴舍
305	陆祥明	泥瓦匠	临湖镇灵湖村(20)吴舍
306	石福明	泥瓦匠	临湖镇灵湖村(20)吴舍
307	柳菊元	泥瓦匠	临湖镇灵湖村(20)吴舍
308	屠福林	泥瓦匠	临湖镇灵湖村(20)吴舍
309	屠根福	泥瓦匠	临湖镇灵湖村(20)吴舍
310	屠全根	泥瓦匠	临湖镇灵湖村(20)吴舍
311	石桂荣	泥瓦匠	临湖镇灵湖村(20)吴舍
312	盛惠林	泥瓦匠	临湖镇灵湖村(20)吴舍
313	邹文学	泥瓦匠	临湖镇灵湖村(21)吴舍
314	周金男	泥瓦匠	临湖镇灵湖村(21)吴舍
315	沈义芳	泥瓦匠	临湖镇灵湖村(21)吴舍
316	金美根	泥瓦匠	临湖镇灵湖村(21)吴舍
317	沈雪芳	泥瓦匠	临湖镇灵湖村(21)吴舍
318	沈和芳	泥瓦匠	临湖镇灵湖村(21)吴舍
319	沈忠林	泥瓦匠	临湖镇灵湖村(21)吴舍
320	沈华林	泥瓦匠	临湖镇灵湖村(21)吴舍
321	徐兴官	泥瓦匠	临湖镇灵湖村(22)西塘东
322	徐阿元	泥瓦匠	临湖镇灵湖村(22)西塘东
323	凌　官	泥瓦匠	临湖镇灵湖村(23)陆步庄
324	顾志高	泥瓦匠	临湖镇灵湖村(23)陆步庄
325	凌　海	泥瓦匠	临湖镇灵湖村(23)陆步庄
326	朱菊民	泥瓦匠	临湖镇灵湖村(23)陆步庄
327	凌林官	泥瓦匠	临湖镇灵湖村(23)陆步庄
328	凌早官	泥瓦匠	临湖镇灵湖村(23)陆步庄
329	柏根荣	泥瓦匠	临湖镇灵湖村(24)陆步庄
330	柏根发	泥瓦匠	临湖镇灵湖村(24)陆步庄
331	陆兴福	泥瓦匠	临湖镇灵湖村(24)陆步庄
332	张月明	泥瓦匠	临湖镇灵湖村(24)陆步庄
333	张文明	泥瓦匠	临湖镇灵湖村(24)陆步庄
334	孙泉海	泥瓦匠	临湖镇灵湖村(24)陆步庄
335	柳卫忠	泥瓦匠	临湖镇灵湖村(24)陆步庄
336	柳仁林	泥瓦匠	临湖镇灵湖村(24)陆步庄
337	柏忠良	泥瓦匠	临湖镇灵湖村(24)陆步庄
338	柏永兴	泥瓦匠	临湖镇灵湖村(24)陆步庄
339	邬福康	泥瓦匠	临湖镇灵湖村(25)黄墅西
340	陆火元	泥瓦匠	临湖镇灵湖村(25)黄墅西

续表

序号	姓名	行业	所在村民小组
341	柳永平	泥瓦匠	临湖镇灵湖村(25)黄墅西
342	潘菊明	泥瓦匠	临湖镇灵湖村(25)黄墅西
343	孔建江	冷作	临湖镇灵湖村(1)塘桥南
344	孔孝明	冷作	临湖镇灵湖村(1)塘桥南
345	孔春根	冷作	临湖镇灵湖村(1)塘桥南
346	施献明	冷作	临湖镇灵湖村(1)塘桥南
347	沈永刚	冷作	临湖镇灵湖村(1)塘桥南
348	孔龙琪	冷作	临湖镇灵湖村(1)塘桥南
349	艾建华	冷作	临湖镇灵湖村(1)塘桥南
350	沈福元	冷作	临湖镇灵湖村(1)塘桥南
351	徐相全	冷作	临湖镇灵湖村(3)翁家浜
352	徐相庆	冷作	临湖镇灵湖村(3)翁家浜
353	翁培荣	冷作	临湖镇灵湖村(3)翁家浜
354	徐善林	冷作	临湖镇灵湖村(3)翁家浜
355	翁建林	冷作	临湖镇灵湖村(3)翁家浜
356	陆建学	冷作	临湖镇灵湖村(3)翁家浜
357	翁文荣	冷作	临湖镇灵湖村(3)翁家浜
358	倪新华	冷作	临湖镇灵湖村(3)翁家浜
359	石文官	冷作	临湖镇灵湖村(4)水路上
360	石卫官	冷作	临湖镇灵湖村(4)水路上
361	何建新	冷作	临湖镇灵湖村(5)东塘
362	何松元	冷作	临湖镇灵湖村(5)东塘
363	陆江峰	冷作	临湖镇灵湖村(6)舍上后
364	陆高鸣	冷作	临湖镇灵湖村(6)舍上后
365	张火根	冷作	临湖镇灵湖村(7)舍上中
366	陆官生	冷作	临湖镇灵湖村(7)舍上中
367	曹阿毛(1)	冷作	临湖镇灵湖村(7)舍上中
368	曹阿毛(2)	冷作	临湖镇灵湖村(7)舍上中
369	石培华	冷作	临湖镇灵湖村(8)舍上前
370	朱卫华	冷作	临湖镇灵湖村(8)舍上前
371	顾菊泉	冷作	临湖镇灵湖村(9)海丝浜(已拆迁)
372	顾晓东	冷作	临湖镇灵湖村(9)海丝浜(已拆迁)
373	周钰泉	冷作	临湖镇灵湖村(9)海丝浜(已拆迁)
374	周惠清	冷作	临湖镇灵湖村(9)海丝浜(已拆迁)
375	周益峰	冷作	临湖镇灵湖村(9)海丝浜(已拆迁)
376	顾卫红	冷作	临湖镇灵湖村(9)海丝浜(已拆迁)
377	龚亚明	冷作	临湖镇灵湖村(9)海丝浜(已拆迁)
378	陆永根	冷作	临湖镇灵湖村(10)舍上前

续表

序号	姓名	行业	所在村民小组
379	陆雪林	冷作	临湖镇灵湖村(10)舍上前
380	顾阿三	冷作	临湖镇灵湖村(10)舍上前
381	赵雪荣	冷作	临湖镇灵湖村(14)吴舍
382	丁永明	冷作	临湖镇灵湖村(15)吴舍
383	柳益民	冷作	临湖镇灵湖村(16)西塘西
384	龚跃平	冷作	临湖镇灵湖村(17)黄墅东
385	张　明	冷作	临湖镇灵湖村(17)黄墅东
386	朱永官	冷作	临湖镇灵湖村(17)黄墅东
387	朱永华	冷作	临湖镇灵湖村(18)陆步庄东
388	金福根	冷作	临湖镇灵湖村(20)吴舍
389	姚明海	冷作	临湖镇灵湖村(20)吴舍
390	石和根	冷作	临湖镇灵湖村(20)吴舍
391	沈金男	冷作	临湖镇灵湖村(21)吴舍
392	凌　杰	冷作	临湖镇灵湖村(23)陆步庄
393	张　雄	冷作	临湖镇灵湖村(25)黄墅西
394	陈金龙	冷作	临湖镇灵湖村(25)黄墅西
395	陈来宝	冷作	临湖镇灵湖村(25)黄墅西
396	张金福	冷作	临湖镇灵湖村(25)黄墅西
397	沈根宝	冷作	临湖镇灵湖村(25)黄墅西
398	陆华荣	漆匠	临湖镇灵湖村(3)翁家浜
399	黄阿三	漆匠	临湖镇灵湖村(3)翁家浜
400	翁芳明	漆匠	临湖镇灵湖村(3)翁家浜
401	翁伯元	漆匠	临湖镇灵湖村(3)翁家浜
402	翁建明	漆匠	临湖镇灵湖村(3)翁家浜
403	徐永宝	漆匠	临湖镇灵湖村(4)水路上
404	徐永根	漆匠	临湖镇灵湖村(4)水路上
405	周卫兴	漆匠	临湖镇灵湖村(5)东塘
406	吴卫康	漆匠	临湖镇灵湖村(5)东塘
407	吴　宏	漆匠	临湖镇灵湖村(5)东塘
408	李建明	漆匠	临湖镇灵湖村(5)东塘
409	郐雪兴	漆匠	临湖镇灵湖村(5)东塘
410	朱卫元	漆匠	临湖镇灵湖村(5)东塘
411	金正东	漆匠	临湖镇灵湖村(6)舍上后
412	金正华	漆匠	临湖镇灵湖村(6)舍上后
413	王文英	漆匠	临湖镇灵湖村(6)舍上后
414	金　春	漆匠	临湖镇灵湖村(6)舍上后
415	陆剑云	漆匠	临湖镇灵湖村(6)舍上后
416	金明其	漆匠	临湖镇灵湖村(6)舍上后

续表

序号	姓名	行业	所在村民小组
417	曹伯根	漆匠	临湖镇灵湖村(7)舍上中
418	徐雪红	漆匠	临湖镇灵湖村(7)舍上中
419	张福林	漆匠	临湖镇灵湖村(7)舍上中
420	张会明	漆匠	临湖镇灵湖村(7)舍上中
421	沈耀华	漆匠	临湖镇灵湖村(8)舍上前
422	沈美华	漆匠	临湖镇灵湖村(8)舍上前
423	顾德元	漆匠	临湖镇灵湖村(9)海丝浜(已拆迁)
424	龚亚平	漆匠	临湖镇灵湖村(9)海丝浜(已拆迁)
425	陆季明	漆匠	临湖镇灵湖村(10)舍上前
426	陆根明	漆匠	临湖镇灵湖村(10)舍上前
427	陆雪荣	漆匠	临湖镇灵湖村(10)舍上前
428	孔雪勇	漆匠	临湖镇灵湖村(11)塘桥北
429	邬卫明	漆匠	临湖镇灵湖村(11)塘桥北
430	石伟明	漆匠	临湖镇灵湖村(12)水路上
431	石永平	漆匠	临湖镇灵湖村(12)水路上
432	宋水平	漆匠	临湖镇灵湖村(12)水路上
433	徐桂东	漆匠	临湖镇灵湖村(12)水路上
434	姚　洪	漆匠	临湖镇灵湖村(12)水路上
435	石伟喜	漆匠	临湖镇灵湖村(13)水路上西
436	沈福大	漆匠	临湖镇灵湖村(13)水路上西
437	石伟林	漆匠	临湖镇灵湖村(14)吴舍
438	邹永忠	漆匠	临湖镇灵湖村(14)吴舍
439	邹　华	漆匠	临湖镇灵湖村(15)吴舍
440	周继华	漆匠	临湖镇灵湖村(15)吴舍
441	顾国良	漆匠	临湖镇灵湖村(15)吴舍
442	丁阿三	漆匠	临湖镇灵湖村(15)吴舍
443	周月明	漆匠	临湖镇灵湖村(16)西塘西
444	施卫峰	漆匠	临湖镇灵湖村(16)西塘西
445	陈惠华	漆匠	临湖镇灵湖村(16)西塘西
446	殷来法	漆匠	临湖镇灵湖村(17)黄墅东
447	殷金男	漆匠	临湖镇灵湖村(17)黄墅东
448	殷银男	漆匠	临湖镇灵湖村(17)黄墅东
449	吴月明	漆匠	临湖镇灵湖村(17)黄墅东
450	吴小明	漆匠	临湖镇灵湖村(17)黄墅东
451	吴月珍	漆匠	临湖镇灵湖村(17)黄墅东
452	孙建卫	漆匠	临湖镇灵湖村(18)陆步庄东
453	赵雪官	漆匠	临湖镇灵湖村(19)吴舍
454	赵全官	漆匠	临湖镇灵湖村(19)吴舍

序号	姓名	行业	所在村民小组
455	赵伟官	漆匠	临湖镇灵湖村(19)吴舍
456	梅介良	漆匠	临湖镇灵湖村(19)吴舍
457	沈忠明	漆匠	临湖镇灵湖村(19)吴舍
458	沈开明	漆匠	临湖镇灵湖村(19)吴舍
459	顾益民	漆匠	临湖镇灵湖村(19)吴舍
460	顾卫民	漆匠	临湖镇灵湖村(19)吴舍
461	屠金龙	漆匠	临湖镇灵湖村(20)吴舍
462	屠永清	漆匠	临湖镇灵湖村(20)吴舍
463	屠永才	漆匠	临湖镇灵湖村(20)吴舍
464	石玉琪	漆匠	临湖镇灵湖村(20)吴舍
465	陆祥洪	漆匠	临湖镇灵湖村(20)吴舍
466	张金华	漆匠	临湖镇灵湖村(20)吴舍
467	石阿三	漆匠	临湖镇灵湖村(20)吴舍
468	郑　伟	漆匠	临湖镇灵湖村(20)吴舍
469	周福生	漆匠	临湖镇灵湖村(20)吴舍
470	石小林	漆匠	临湖镇灵湖村(20)吴舍
471	屠永林	漆匠	临湖镇灵湖村(20)吴舍
472	陈光才	漆匠	临湖镇灵湖村(20)吴舍
473	邹志明	漆匠	临湖镇灵湖村(21)吴舍
474	沈　永	漆匠	临湖镇灵湖村(21)吴舍
475	孙晓华	漆匠	临湖镇灵湖村(22)西塘东
476	孙晓东	漆匠	临湖镇灵湖村(22)西塘东
477	朱洪民	漆匠	临湖镇灵湖村(22)西塘东
478	朱洪林	漆匠	临湖镇灵湖村(22)西塘东
479	孙永忠	漆匠	临湖镇灵湖村(22)西塘东
480	徐三元	漆匠	临湖镇灵湖村(22)西塘东
481	凌会宏	漆匠	临湖镇灵湖村(23)陆步庄
482	凌文洪	漆匠	临湖镇灵湖村(23)陆步庄
483	凌　宏	漆匠	临湖镇灵湖村(23)陆步庄
484	李　会	漆匠	临湖镇灵湖村(24)陆步庄
485	李　华	漆匠	临湖镇灵湖村(24)陆步庄
486	陆金福	漆匠	临湖镇灵湖村(24)陆步庄
487	柳文生	漆匠	临湖镇灵湖村(25)黄墅西
488	张福明	漆匠	临湖镇灵湖村(25)黄墅西
489	陆培荣	漆匠	临湖镇灵湖村(25)黄墅西
490	李　峰	漆匠	临湖镇灵湖村(25)黄墅西
491	周来兴	竹匠	临湖镇灵湖村(1)塘桥南
492	翁阿水	竹匠	临湖镇灵湖村(3)翁家浜

续表

序号	姓名	行业	所在村民小组
493	翁芳明	竹匠	临湖镇灵湖村(3)翁家浜
494	宋卫民	竹匠	临湖镇灵湖村(4)水路上
495	宋金水	竹匠	临湖镇灵湖村(4)水路上
496	金美泉	竹匠	临湖镇灵湖村(6)舍上后
497	陆荣官	竹匠	临湖镇灵湖村(6)舍上后
498	陆永兴	竹匠	临湖镇灵湖村(10)舍上前
499	陆雪荣	竹匠	临湖镇灵湖村(10)舍上前
500	石阿林	竹匠	临湖镇灵湖村(13)水路上西
501	屠根寿	竹匠	临湖镇灵湖村(20)吴舍
502	屠金龙	竹匠	临湖镇灵湖村(20)吴舍
503	柳仁林	竹匠	临湖镇灵湖村(24)陆步庄
504	朱卫平	竹匠	临湖镇灵湖村(24)陆步庄
505	张阿大	竹匠	临湖镇灵湖村(25)黄墅西
506	孔　明	理发	临湖镇灵湖村(1)塘桥南
507	孔根泉	理发	临湖镇灵湖村(3)翁家浜
508	陆卫平	理发	临湖镇灵湖村(3)翁家浜
509	何才福	理发	临湖镇灵湖村(5)东塘
510	吴卫兴	理发	临湖镇灵湖村(5)东塘
511	金　慨	理发	临湖镇灵湖村(6)舍上后
512	张　勇	理发	临湖镇灵湖村(7)舍上中
513	张　峰	理发	临湖镇灵湖村(7)舍上中
514	金水生	理发	临湖镇灵湖村(10)舍上前
515	沈寿林	理发	临湖镇灵湖村(19)吴舍
516	凌仁海	理发	临湖镇灵湖村(24)陆步庄
517	孔玉芳	缝纫	临湖镇灵湖村(1)塘桥南
518	孔柏林	缝纫	临湖镇灵湖村(1)塘桥南
519	翁巧福	缝纫	临湖镇灵湖村(3)翁家浜
520	黄宝秋	缝纫	临湖镇灵湖村(3)翁家浜
521	吴向阳	缝纫	临湖镇灵湖村(4)水路上
522	陈瑞芬	缝纫	临湖镇灵湖村(4)水路上
523	陆春荣	缝纫	临湖镇灵湖村(7)舍上中
524	徐东生	缝纫	临湖镇灵湖村(8)舍上前
525	金瑞炳	缝纫	临湖镇灵湖村(15)吴舍
526	陈凤仙	缝纫	临湖镇灵湖村(17)黄墅东
527	龚美芳	缝纫	临湖镇灵湖村(17)黄墅东
528	石叙生	缝纫	临湖镇灵湖村(19)吴舍
529	沈火泉	弹花匠	临湖镇灵湖村(1)塘桥南
530	翁阿美	弹花匠	临湖镇灵湖村(3)翁家浜

续表

序号	姓名	行业	所在村民小组
531	宋金华	弹花匠	临湖镇灵湖村(4)水路上
532	陆柏林	弹花匠	临湖镇灵湖村(6)舍上后
533	陆海泉	弹花匠	临湖镇灵湖村(6)舍上后
534	曹根和	弹花匠	临湖镇灵湖村(7)舍上中
535	沈金土	弹花匠	临湖镇灵湖村(7)舍上中
536	张仁杰	弹花匠	临湖镇灵湖村(7)舍上中
537	沈阿二	弹花匠	临湖镇灵湖村(7)舍上中
538	顾根云	弹花匠	临湖镇灵湖村(10)舍上前
539	顾根寿	弹花匠	临湖镇灵湖村(10)舍上前
540	陆长官	弹花匠	临湖镇灵湖村(10)舍上前
541	孙关林	弹花匠	临湖镇灵湖村(12)水路上
542	徐总根	弹花匠	临湖镇灵湖村(12)水路上
543	吴永林	弹花匠	临湖镇灵湖村(12)水路上
544	张官宝	弹花匠	临湖镇灵湖村(13)水路上西
545	张永兴	弹花匠	临湖镇灵湖村(13)水路上西
546	沈传生	弹花匠	临湖镇灵湖村(15)吴舍
547	柳寿根	弹花匠	临湖镇灵湖村(18)陆步庄东
548	石月明	弹花匠	临湖镇灵湖村(19)吴舍
549	金洪根	弹花匠	临湖镇灵湖村(20)吴舍
550	凌水华	弹花匠	临湖镇灵湖村(23)陆步庄
551	张阿六	弹花匠	临湖镇灵湖村(24)陆步庄

第四节 荣 誉

一、省市级

柳承永　1958年8月，出席江苏省农业中学教师代表大会，受到江苏省委书记刘顺元接见，集体合影留念。

陆金仙　1973年7月，出席江苏省第四次妇女联合会代表大会。

金康云　1976年4月，出席江苏省合作医疗赤脚医生代表大会，并获江苏省革命委员会颁发的奖状。

张巧玲　1979年，获江苏省妇女联合会授予的“三八”红旗手荣誉称号。

吴根兴　2012年，获江苏省“村庄环境整治工作先进个人”荣誉称号。

沈卫东　2019年6月，获中共苏州市委授予的“优秀党务工作者”称号。

二、县区级

黄阿小　1979年7月，获吴县妇女联合会授予的“三八”红旗手荣誉称号。

徐明扬　1980年3月，获吴县“劳动模范”荣誉称号。

张巧玲　1980年3月，获吴县“劳动模范”荣誉称号。

徐德明　1991年，获吴县“劳动模范”荣誉称号。

周金喜　1991年6月，获吴县“优秀党员”称号。

孙平安　1991年，获吴县科学技术委员会授予的“百名先进专业技术人员”荣誉称号。

陆建新　2003年6月，获吴中区“优秀党员”荣誉称号。

金　芳　2011~2013年，获吴中区“劳动模范”荣誉称号。

第十章　口述灵湖村

本章选用5份口述记录，依次按采访日期排列。口述对象除本村村民外，另有外地人。口述人中有插队知识青年、干部子女、百岁老人，也有生产队队长、村党委书记。各人亲历亲闻，如数道来，真人真事，无须文字修饰，即可载入村志。

一、插队东塘的年月

时间：2020年7月13日上午

地点：灵湖村村民委员会办公室

访问对象：孔繁芳、叶剑芳、姚康尔

采访人：金波

陪同人：陆建新、孙平安、陆维鸣

采访人：你们三人曾是胜利5队（东塘）的知识青年，今日是你们调动回去后首次到来，转眼几十年过去了，东风大队改为吴舍村、胜利大队改为塘桥村，两村现今又合并为灵湖村了。今日请你们来此，主要是想请你们回忆当年插队落户所经历的生活和劳动情况，让大家知道你们是如何早早自立，增长集体责任感的。

三人：1968年9月6日，5队社员用农船把我们接回生产队，当晚队里召开欢迎会，胜利大队党支书孔厚德讲话，致欢迎词，大家心里蛮高兴，脸上有光彩，身上劲抖抖。

姚康尔：初干农活，我被编入老年妇女组。那时心气足，我表示要与青年妇女为一组，谁知自己逞强，心有余而力不足，尤其挑河泥担，挑过几担就吃不消，甘拜下风了。

孔繁芳：说起挑担，我长得矮，人称“矮脚菜”（顺便多说一句，人家称姚康尔“小白菜”，称叶剑芳“长梗菜”），挑着装河泥的粪桶要碰地，肩上压着担子，跨步又困难，实在让人挺不住，累得饭也不想吃。听说第二天照样压担子，晚上连觉也困不着了。

姚康尔：一天，队长要我同叶剑芳一起替生产队养猪，我俩一口答应下来，当天就干起来了。谁知养猪又累又脏，是件苦差事，是原来没有想到的。每天除了煮饲料、喂食，还得清扫猪圈。喂猪倒不怕累，就是踏进猪圈打扫时，只怕猪往身上拱，担心它咬人，心里吓势势。

采访人：初学养猪，这是想不到的，你俩是如何对付的？

叶剑芳：起初，不敢进猪圈，后来发现猪懒惰，吃过食就躺下，这时再进圈打扫就不怕了。不过，猪身上的骚臭味令人受不了。没办法，想到队长的嘱托——养好猪就是为集体做贡献，又想到自己是来农村劳动锻炼，接受再教育的，一下子就不在乎这点气味了。

采访人：你们两个插队姑娘不怕累，不怕脏，一心一意为集体养猪做贡献，确实不容易。

姚康尔、叶剑芳：有回公社组织三级干部来队里参观养猪事业，他们看见肉猪只只肥壮，苗猪围哄抢食，猪圈打扫得干干净净。好些人称赞我俩：乡里姑娘乡里样，做啥像啥呱呱叫，真是一对出色的饲养员。哈哈，真把我们当成乡里姑娘，这表明我们和当地社员群众打成一片了。

采访人：那么，再请你们谈谈当年社员群众在生活上是如何关心和帮助你们的？

叶剑芳：插队当初，我们三人居住在东塘河岸边一座低平的瓦屋内，每人一间，有床铺有灶，饮食起居还不差。队里的妇女都来教我们烧饭煮菜，有时衣裳破了，还教我们缝补丁。有回下田耘稻，热得我头脑发昏，邬水根娘把我搀到树荫下，紧接着替我刮痧，嘱咐我好好休息。

姚康尔：乡邻们生活上对我们关怀备至。有一日早上，隔夜粥发馊不能吃，我饿肚子出工。邱官仙知道我没吃早饭，急忙从家里盛碗粥给我，定要我吃了粥再上工，当时心里真感动，至今记忆犹新。

孔繁芳：当时，生产队给我们三人划分自留地，让我们种植蔬菜。队里的乡亲们教我们种菜种瓜，有时还帮我们替自留地浇水、施肥，十分周到。

姚康尔：1974年10月，我经公社推荐考入徐州师范学院，从此离开队里。1977年2月毕业后，转入教育岗位。

叶剑芳：我除了在生产队劳动外，还和大队文艺爱好者一起参加毛泽东思想宣传队，演戏、跳舞、唱歌，丰富社员群众文艺生活。另外，还参加公社“土记者”队伍，为广播、报纸写新闻，报道公社新人新事。后来，大队推荐我和孔繁芳当民办教师，于胜利小学任教，直至1975年离开生产队。

孔繁芳：我自1970年担任民办教师，在胜利小学、吴舍“戴帽子初中”任教8年，于1978年8月离开生产队。

三人：我们在东塘插队多年，手脚上沾满了土迹泥巴，头脑中增长了农业知识，流下几多汗水，出了几多力气，在广阔天地有所作为，终老一生也不遗憾。

二、我当队长43年

时间：2020年12月4日

地点：灵湖村第20村民小组朱福根宅

口述人：朱福根

采访人：金波

陪同人：孙平安、陆建新

采访人：你是东风大队（灵湖村）的老队长，这老队长的老，一指年岁，二指历经沧桑。你当生产队队长（包括联队长）43年，受苦受累，甜酸苦辣都经历了，今日特地请你给我们谈一谈。

朱福根：我自1972年春任生产队队长，至2015年3月，说是43年，其实分为两个阶段。第一阶段自1972年至1983年，当的是东风大队第9生产队队长；第二阶段是1983年后“大包干”时期，我先任吴舍村第3、第8、第9、第10村民小组联队长，后任第2、第9村民小组联队长。

采访人：你们第9生产队是1961年由东风大队第2生产队划分出来的，到你当队长时已有43户158人，有耕地188.8亩。那时正值推行大面积种植双季稻期间，你是怎样带领大家搞好集体生产的？

朱福根：那年月，搞双季稻、三熟制，社员特别辛苦，起早摸黑带夜工，当个生产队队长除了带头干，还要安排社员出工、稻麦茬口、田块布局，比别人多出力，多费心思。比如当年队里双季早稻种的“广六矮4号”，这个品种的稻谷轧出来的米吃口好，且产量稳定，我打算多种些。经队委共同商量，同意多种植该品种。又比如有年种麦季节已是11月份，队委要求早上6点开早工。我提出不必如此，因为社员早上开早工后，再回家吃早饭，反而影响整个上午的农活，不如让大家吃过早饭提早出门。

采访人：大集体生产时，当个生产队队长，除了田里这一头，还要关心人的思想这一头。听说你当队长蛮会做社员的思想工作，真有办法吗？

朱福根：做人的思想工作比田里这一头困难得多。人是个活物，百人百姓，就有不同的思想意识存在。比如生产队时期，由于口粮分配水平不高，有些社员家中吃粮不能按计划安排，常常“吃豁边”（吃不够），吵着找我想办法，当时叫“开储备粮”。这要大队统一安排，由各生产队把缺粮户上报。在上报缺粮户前，我们队委干部先排查摸底，列出来后再登门查看，最后拍板决定。登门查看时，碰到几户自报的“缺粮户”家里还有一周以上的口粮，就劝其放弃，让家里只有两三天口粮的真正的“缺粮户”列入名单。话说回来，那些人都好说话，都能收回要求，自觉退出，让别人先行，总之，做好思想工作，一把钥匙开一把锁，问题就解决了。如此的思想工作，要深入群众，多调查研究，同时耐心细心必不可少。

采访人：听说1972年你当生产队队长时，妻子曾对你说过，已经33岁的人了，若当队长得罪了人（做冤家），以后老了跌仔跟斗也无人会搀呢。

朱福根：她说是这么说，不过在生产队里我跟社员们和睦相处，关系很好。当然，意见有分歧，牙齿高低铿，终归有的。比如1982年推行联产到组责任制，秋天各组分田，在每块田里先是横划，到1983年分田到户时，再是竖划，多多少少有些农户人多嘴杂，意见不一致，说三道四。不过我与他们从没红过脸争吵过，一个也没有做冤家的。并且我还兼任村里的调解主任，专门做些劝说协调方面的工作。

采访人：推行家庭联产承包责任制后，你是如何做好农户的农田服务工作的？

朱福根：吴舍村分田到户后，村级建立了农业服务站。我任联队长后，配合村农业服务站，除了为农户搞好田里的农机、水、电服务外，还帮助农户引进稻、麦良种，开展农业咨询，购销农药化肥等。当联队长仍旧东奔西跑忙不停，比如催农户征购售粮，有些农户不重视，不肯及时售粮，我就得马上上门劝说并帮助装运。有年村里帮农户售粮，由于工作疏忽，装卸的稻谷数量不符，我们当场船上船下重新过磅，累得受不了。又比如1991年太湖汛期，为做好顺堤河防汛工作，河堤必须加高加固，可有些农户无所谓，出工不积极。眼看邻队的防汛任务快完成了，说实话，我好几夜睡不着，鼻子里也出血了，终于想到把防汛任务分解到户的办法。如此一来，户户参与，人人动手，没有拖村里的后腿。这些年的辛苦，别人是不清楚的，唯有我们当事者体会得到。

采访人：确实，你这个队长辛辛苦苦几十年，一心扑在工作上，不过领导和群众心里是清楚的，你看你多次被评为乡（镇）优秀共产党员，这就是最高荣誉。

三、百岁寿星马阿招

我叫马阿招，乡邻都称我寿星太太，今年102岁（周岁），出生于1918年农历四月二十日（注：公历5月29日）。祖籍常熟潭荡，清咸丰年间闹灾荒，老祖宗逃到渡村火烧浜（自然村）落脚。我20岁嫁给黄墅钟根林，他家境贫困，就在3间草房里拜堂成亲。婚后生下2个男孩，因害病夭折了。中华人民共和国成立后，先后生下9个儿女（子叙根、叙元、叙兴，女凤英、美英、金英、桂英、菊英、杏英）。我家孩子多，食量大，一日三餐，苦粥苦饭先让孩子吃饱，我和老伴有时半饥半饱。平时菜肴以自种蔬菜为主，只待逢年过节才有荤腥上桌。平时，荤也好，素也罢，面食啦，糕团啦，有啥吃啥，我从来不挑食。我偏甜食，尤喜菜肴甜味，不嗜咸味。年轻时，历经农业合作化、人民公社时期，白天参加集体生产劳动，挑担、收割、插秧、耘耥，样样拿得起放得下，收工后还要种自留地，忙忙碌碌，家里田里，一天到晚不停歇。自小养成劳动习惯，如今老了，虽然不能同年轻时出手出脚做事体，但还能在田头地角种些菜，浇浇水，实在是手脚闲不住。

讲到身体健康状况，我生有内耳眩晕症（也叫梅尼埃综合征），70多岁进行阑尾切除术后，发觉不见症状了。眼下只有高血压症状，我是天天坚持吃药。去年10月，我不慎从床上摔到地上，造成股骨断裂，手术后回到家，由女儿菊英专职看护，由她负责我的饮食起居，清洁卫生事项。数年来，儿子儿媳、女儿女婿对我关怀备至，十分孝顺;孙子孙女,问好问安,尊老爱老。

如今我住在小儿叙兴家,儿子和儿媳特地为我盖了新房,又装修卧室、灶间,空间大,又干净又舒畅,让我吃住蛮方便。现在我眼不花,耳不聋,牙齿照样能咀嚼,生活能自理,不讨小辈手脚(不麻烦小辈)。每天早晨出门走数百步,看看野景,呼吸新鲜空气,碰着老姐妹打声招呼,空谈谈,不闻世俗烦恼,不问家长里短,身也轻松,心也轻松,吃得下,睡得好。我一般中午饭后睡一会,醒后出门散步,早睡不过黄昏,夜半醒来常饮水,天亮早起不赖床。

自2019年8月始,村里办起日间照料中心,每日(除星期日)由村里为80周岁以上老人送来热饭热菜。吃着热饭热菜,就想起今日共产党领导得好。像我这样啥事也勿做的老人,由人民政府每月给我1200元养老金,逢年过节村干部上门慰问,又要送红包,真叫我对不起共产党啊!好日子让我越活越开心,还想好好多活几年呢。

马阿招口述　金波整理

2020年12月20日

四、初心不改,走出一条致富路

时间:2020年12月23日

地点:灵湖村村民委员会办公室

访问对象:沈卫东(中共灵湖村委员会书记)

采访人:金波

陪同者:陆建新、孙平安、陆维鸣

采访人:沈书记,十多年来,你带领灵湖村3600多人脱贫致富,闯出了一条发展集体经济的新路。去年今日,《中国青年报》以“当好高质量发展的‘优等生’”为题,报道了你的先进事迹。请你谈谈是怎样闯出这条路来的?

沈卫东:2010年夏,我担任灵湖村党总支书记,作为灵湖村脱贫致富的“掌舵人”,这是我的责任担当和使命初心。记得1999年3月我在部队入党时,老班长问我为啥要入党,我回答:建设家乡,服务群众。如今,我早已退伍回到了家乡。近年来,灵湖村通过与周边村结对联合抱团发展,依托森林生态资源发展乡村旅游,村级稳定性收入从2010年的100万元左右,增长到2019年突破1300万元,完成了一场村级经济脱贫转化的蝶变。2020年,村级稳定性收入达1560万元。我在2019年11月17日吴中区举办的以“同心追梦说初心”为主题的初心故事分享会上,把我的初心故事告诉了大家。

采访人:那好啊,把你的初心故事讲出来,让我们也知道一下。

沈卫东:很多人不知道,灵湖村地处沿太湖1千米生态保护区(有3.4千米太湖湖岸线),无法调整地块发展和开发经济增长点,集体经济薄弱,一度享受薄弱村区级财政补助资金。

面对困难和压力，作为刚刚上任的村党总支书记，我想到的是脱贫转化。可路在哪里？那些年，吴中区委、区政府出台了一系列帮扶政策，同时在资金、项目的扶持力度上不断加大，为灵湖村脱贫致富提供了坚实的保障，为我们开展脱贫攻坚工作增强了信心、坚定了信念。我和村干部研究讨论，就灵湖村如何摘掉集体经济薄弱村“帽子”，制定了一个3年脱贫、5年超500万元、8年超1000万元的村级脱贫致富规划，并做出与相邻村抱团共同发展的决定。

采访人：我知道2015年3月，在镇政府的支持下，采莲村、前塘村和灵湖村3个经济合作社共同出资成立众村公司，形成了“先进带后进，强村带弱村”的抱团发展模式，干部群众都明白，思想抱团聚心、组织抱团聚力、资源抱团聚势、项目抱团聚能。

沈卫东：确实如此，2016年，众村公司变更为众村集团，业务范围涵盖物业管理承接、文创IP设计、乡村旅游发展、土特产品开发、人居环境整治、绿化管理等。众村集团鼓励村民入股村级项目，让“资源变资产、资金变股金、村民变股民”。是年4月18日，第九届江苏省园艺博览会隆重开园，我们利用开园良好契机，大力发展乡村旅游事业，导入社会优质资本，鼓励村民自主创业，返村创业。2015年底，我村稳定收入增长至502万元，5年目标如期完成。2016年，集体稳定收入达690万元。

采访人：沈书记，你村地处沿太湖生态保护区，虽然发展受限，但大量森林生态资源可以利用，你们是怎样将生态优势转化为发展优势的？

沈卫东：俗话说：“靠山吃山，靠水吃水。”灵湖村靠森林吃饭，当初村干部也考虑依靠森林发展“林下经济”——种植、养殖业，为村民探索林下增收致富的途径。2014年，借助美丽村庄建设的东风，开始依托森林资源，开发旅游资源。2015年秋，众村公司投资3000万元，利用黄墅东西的村庄建设预留地，以传统夯土结构房屋为基础，配以木屋、木平台、木栈道、绿化景观等，融入周边生态村内，建设呼吸森林4个片区（咖啡西餐区、森林畅想区、宠物亲近区、儿童游乐区），占地6亩，建筑面积400平方米。还建成里尺源（主楼700平方米）、十亩小院（占地10亩）。又在园博会博览园对面利用12万平方米生态森林建起玖树·森林的秘密主题度假村。2016年4月，第九届江苏省园艺博览会举行，灵湖村乘势搭车（有主办地优势），兴起文化旅游产业。众村集团成立苏州众向文化创意有限公司，8月，通过申报“江苏文化旅游名村”，修复整理保护传统文化古村落，规划创业升级版“美丽乡村”。

采访人：灵湖村脱贫摘帽后，依托森林资源，打造“美丽经济”产业链，在致富路上迈出了坚实的步伐。2017年8月黄墅自然村入选江苏省首批特色田园乡村建设试点名单后，你是怎样抓住发展机遇，带领干部群众实现富民强村的？

沈卫东：记得当时是这样抓住机遇的。首先，将区级专项配套资金（拨给黄墅的）用于黄墅的整体面貌建设上，全程采用EPC设计采购施工总承包模式，对全自然村进行雨污水管网改造、管线入地、道路铺设修缮、房屋粉刷见新、河道新挖和清淤、驳岸改造等建设工程，使村庄面貌焕然一新。其次，村庄变新变美了，带来了商机，村民自主创业的热情高涨了。村里发挥村民民主议事作用，挖掘黄墅村民孔文林等11户闲置民房资源，通过村级经济合作社向他们按价租赁。按楼房每平方米150元、平房每平方米120元计算。经统一修缮装修同意出租的民房约2800平方米，改造成“旅居养老”“候鸟式养老”等村级项目，户主按房屋实际面积每年可收到一定的租金，真正做到村庄变景区，民房变客房，使乡村旅游带动富民，助力乡村振兴。2018年，灵湖村稳定收入达1109万元。

采访人：2019年、2020年，灵湖村经济发展到了关键时期，你们坚持“外力推动、主动出击”的发展思路，取得了不少成绩。

沈卫东：前些年，灵湖村脱贫“摘帽”后，不断朝致富路上前进。说实在话，取得的成绩不小，但村干部并不沾沾自喜。经济工作，好比逆水行船，不进则退。我和村干部一道，改变以往守株待兔、坐享其成的工作方式，主动上门招商、以商引商成为村内招商引资的工作常态。主要做了几件事，比如对原有规模小、管理混乱的外来租赁户予以清退，同时对外来租赁户采用“先付后租、先投资后经营”的租赁合作模式。这样，村里可以杜绝以往的“收租慢、收租难、欠账多”等财务风险及合同纠纷，精准把牢社会资本的收益关。2020年初，森林里野奢温泉度假酒店、黄墅1978时光咖啡馆、黄墅火车站等一系列产业正式营业。

采访人：沈书记，你在基层党委（党总支）书记岗位上任职10年真不容易，初心不改，全心全意为村民群众做了许多实事、好事、称心事，使灵湖村由贫到富，由弱变强，由落后到先进，发生了巨大变化。

沈卫东：一个村富不富，关键看党支部；一个村强不强，要靠“领头羊”。农村脱贫，农民致富，离不开基层党组织这个坚强堡垒。说到作为“领头羊”带领全村3600多人脱贫致富，我早在入党时，就有了这个使命初心。如今我在任期内，坚守初心，勇担使命，将持续不断探索和实践，寻找灵湖村的发展道路，继续通过众村抱团发展，打造农文旅融合产业，做好党建为民事业，真正起到乡村振兴战略于基层实践过程中的带头作用。

我相信，灵湖村干群会全力描绘出富民强村的新时代美丽乡村画卷。

五、从战士到工程师

时间：2020年12月25日上午

地点：渡村人民街渡村快餐店

口述人：孙雪年（孙晋元长女）

采访人：金波

陪同人：金晟富（孙雪年丈夫）、柳承永（灵湖村退休教师）、孙平安、陆建新

采访人：听说你父亲孙晋元故世已有20多年了，我们今天向你了解他生前参加工作的有关情况。

孙雪年：父亲孙晋元（乳名），又名孙伦策，1918年生于陆步庄。听祖母说，我1942年出生前，父亲就与活动在东山的新四军太湖游击支队接触了。

采访人：那么，你把你知道的说一下，你父亲怎么会跟他们接触的呢？

孙雪年：那年月，日军侵占我国大片国土，太湖沦陷，湖匪猖獗。原本我祖父在上海当个职员，家中吃口不多，日子过得还可以，谁料遭受附近太湖湖匪抢劫，家里被洗劫一空，日子过不下去了。父亲痛恨日伪军和湖匪，且向往抗日武装，是个正直、无畏的爱国青年。他结交志同道合的人，先是参加薛永辉领导的太湖游击支队外围地下抗日活动，后来正式成为一名新四军游击队员。因此，中华人民共和国成立后，陆步庄的父老乡亲都知道，我父亲是参加太湖游击队才投身革命事业的。

采访人：正值山河破碎年月，人们无论如何想不到，像你父亲那样一位参加抗日活动的青年农民，后来竟然成为我国钢铁战线上的杰出工程师，令人肃然起敬。有关资料显示，1945年10月，你父亲随新四军六师十六旅某团主力北撤至苏中根据地去了。从此，他离家远了，跟家里人相聚少了。

孙雪年：莫说父亲北撤后跟家里联系少了，就是在太湖游击支队时也到家里来的不多。我懂事后，听大人说只来过家里两次。1944年春二三月一个晚上，他从菱湖嘴上岸回来一次，跟我祖母交谈了一阵，从我母亲手中拿过一身替换衣衫，来也匆匆，去也匆匆。祖母后来告诉我，那次回家，她看见父亲身上带着手枪，才明白儿子已是革命队伍的人了。

采访人：你父亲远在队伍上，母亲带着一个孩子，连你祖母一起过日子。兵荒马乱的年月，夫妻分离的生活难以诉说。

孙雪年：祖母跟我说过，过了两年，母亲陆金仙曾由舅舅陆金根陪同前往苏中根据地（具体地点记不清楚）探望过我父亲。母亲回来后把见到父亲的情景跟我祖母说了一番。原来到了那里，正是淮海战役打响的前夕，战事稍缓，部队仍不断转移，她和舅舅随父亲有时白天藏身废宅中，夜宿荒庙，有时在丛林中打埋伏，风雨无阻，出没无常。母亲和舅舅无心久留，过几天就赶回家了。

采访人：听说你母亲生下弟弟不久就染病在身了。

孙雪年：是的。母亲眼见父亲对革命的坚定信念，内心翻滚，生怕他在枪林弹雨中遭遇不测，过于紧张恐惧，身体终于垮了下来。她在我弟弟出生百日后便离我们而去。后来弟弟也夭折了。

采访人：1948年12月，淮海战役胜局已定。经过整编，你父亲随部队北撤开赴山东，不久他从部队转业到了济南第一机床厂（时为华野兵工生产厂），据说抗美援朝

期间生产了大量的枪支弹药。

孙雪年：父亲在根据地建立的小型兵工厂里与枪械打交道，刻苦钻研技术，枪械的制造、装配、检修样样精通，进厂后如鱼得水，技术水准大有长进，不到一年就成为一名高级技师。1958年，他由山东省冶金厅调派至济南钢铁厂，后来升任该厂的总工程师。他65岁从厂里退休下来。

采访人：听你这么说，像你父亲那样的人怎么不是离休干部呢？

孙雪年：具体情况不清楚，我没听他说起过，只知道1976年后，父亲当选了山东省的政协委员。而我的后娘大约在1949年初参加革命工作，却是一位离休干部。

采访人：你有了后娘，是否跟随父亲去济南市了？

孙雪年：那时，我和祖母仍旧一起生活，1956年我读初中去了震泽县中学，1959年初中毕业后去济南继续念书，才跟父亲他们一起生活。父亲是2000年1月在深圳离世的，故老家墓地只修筑一个衣冠冢。

采访人：我们对你父亲的生平知道得不多，经过你的讲述，对他有了更深的了解，谢谢你。

第十一章　杂　记

本章内容分纪实、集文、传说故事和文件4个类目，用于对前面诸多章节的补充和印证。集文多选用报刊登载的内容。传说故事均由当地村民口口相传。

第一节　纪　实

一、为民购桑苗以正蚕业

清光绪二十一年（1895），举人柳商贤历经了生命中一次重要的仕途，出任浙江宁海县知县。农历三月，时年61岁的柳商贤离开世居的吴舍西塘，带着一位内亲，雇上两个船工，驾船渡太湖，往南折入庙港经南浔，过杭州，成日成夜一路向东南而去。沿途看见两岸青青万株桑，采桑人出没其间，柳商贤知道正是当地农家采桑养蚕的时节，不禁想起南浔有一张姓丝商曾与族人做过生意，彼此熟识。夜宿途中，内亲考虑柳商贤年纪大了，提出让他去客栈住宿，但他坚决不允，跟船上人同睡一个船舱，和大伙吃一样的伙食，以免耽误赶路赴任。

在出任宁海县知县前，柳商贤已经在家乡隐居了好多年。他于清同治九年（1870）中举人。当时太湖菱湖嘴（今属吴中区临湖镇）一带地段无石垒塘岸，堤岸被太湖水冲毁，危及农田生产和群众出行。光绪八年（1882），柳商贤与浦庄贡生金兰等地方人士就此陈乞当局建新塘。光绪九年（1883），择要修筑新塘（用石护岸），长1608.6丈。后曾至洞庭东山五湖书院开馆讲学，直至光绪二十一年（1895）外放任职宁海县。

柳商贤作为父母官，心系民生，在当地百姓心目中，他是宁海县历史上难得的好官。每每忙完各种事务，柳商贤不坐衙门进柴门，心以为乐。有人看不惯，加以劝阻。但他要了解民间疾苦，他要见识四季农事，岂能违背自己的行止？任职不久，途经桑洲，这里因栽桑养蚕而得名，老辈人说，在桑洲没有人能说清楚，是先有了桑树才有了村子，还是先有了村子，才有人一株株栽下了它们。柳商贤却见一片废田间杂数株野桑，碰见几个老人攀谈得知，桑洲是靠海之地，因受海水侵袭，大片桑地被毁，百姓欲活不能，“尽室一饱难，愁肠蕴百结”（柳商贤《拟元次山春陵行》），谁还会想重新栽桑养蚕呢？时至今日，只求当官的下来走一遭，看一眼。他心里明白，老人的话，不只是说给自己听的，更是说给像他那样当官的人听的。这次途经让柳商贤与桑洲结下不解之缘。所以，在宁海县知县任上，柳商贤对桑洲做了许多好事。比如，他将镇南峭石湾被冲毁的两里余海塘重新修筑，加固加高；他把桑洲所有土地都丈量一遍，各户登记造册，一举解决了海神庙附近数百亩废田的归属问题。难能可贵的是，柳商贤定政令，发文告，动员和奖励村民恢复栽桑以兴蚕业，无偿提供桑地烧荒费、开沟费及购买桑苗的费用。他还委托南浔张姓丝商帮助联系采集桑苗，并带队远赴湖州购买桑苗。说实话，柳商贤从日常缠身的公务中抽出身来，勉力而为，这在当时宁海县的官场人中，当更属凤毛麟角。

据说，柳商贤购买桑苗之时，也面临缺钱的困境，既不能向朝廷申请拨款，又不能挪用别的经费，若由栽桑户花这份钱他却又不忍，这让他犯了难。这时，有一个人给他打开了一条思路。桑洲回春桥巷有家经营湖纺的千丝庄，小开（少掌柜的代称）获悉知县大人出入柴门之中，动员大家栽桑养蚕的消息，便带上一笔钱找到了他，表示愿意捐助。小开还告诉他，这笔钱昨日才从借主手上讨回，并感叹当下讨债之难。柳商贤是个有心人，问起了讨债何以为难。由此，他想到以县衙出面帮桑洲商界债主催讨债款，再由债主自动捐款给县衙。果然这个办法见效。事后，柳商贤不仅对他们大加褒扬，还亲笔写下一张张捐款凭证。

筹足了钱，未出半月，南浔的熟人捎信来催运桑苗。农历十一月，柳商贤雇上3只大船，亲自带人往湖州购买桑苗。他吩咐出行的人，无论主事的还是装运的，一律食宿在船上，决不能浪费一分钱，并规定每人每日的伙食费。最后一日，桑苗装运时下起了雨，几位民工衣衫湿透，聚在一家酒店喝了酒，当天的伙食费自然透支了。柳商贤知道此事后，没有说什么，觉得大伙干活很辛苦，既然都喝酒了，这笔账就记在他名下了。民工听说后，深为柳商贤真诚待人的精神所感动。

桑苗运回桑洲，头年除少数观望户外，栽桑户十有八九，他们把分到的桑苗栽种在烧荒后的废田内，约有120亩。翌年，除了桑洲，附近一带村村栽桑，户户养蚕，真正应了一句俗语："若要不受穷，多养无骨虫（蚕）。"

光绪二十四年（1898），柳商贤告老返乡，带回了他在宁海县任上恢复蚕桑业的宝贵经验，使家乡水东（徐墅、横金、浦庄一带旧称）的蚕桑业逐年兴旺。

二、柳氏半亩庄

清光绪十六年（1890）前后，西塘举人柳商贤曾在当地建造一座高墙大院，占地面积15亩，建筑面积7亩余，为其故居。宅院坐北朝南，布局呈东西对称：并排3间茶厅（亦为轿厅），3间大厅（花厅），3间园堂，3间住宅及伙房，一共4进。

第一进，石库墙门、照壁（风火墙）高大，过天井就进入茶厅。2架前廊后双步四柱，16扇落地长窗。茶厅后为第二墙门。门墙十分精致，砖雕门楼，上枋雕人物戏文。

门内字枋刻有“世德其昌”4个字。茶厅东侧有一口水井(为淡水井)。

过天井是第二进,前廊2架椽子,后沿双步四柱支撑,沿前18扇落地大窗。厅内18扇屏门相隔,厅堂上方匾上有“椿荫堂”3个字。

第三进也有雕花门楼,石库门,上枋有“厚德载福”4个砖雕大字。第三进的园堂,一明两暗,两旁是隔厢,靠东有楼隔厢2间。

第四进是家属住宅及伙房。伙房后有一口水井(为咸水井)。第一进和第四进水井深约8米,井底直径3米,均用小青瓦围叠而成,可供吴舍、陆步庄、西塘3村村民饮用。

每进以天井相隔,天井用40厘米×60厘米石条铺地,厅堂用40厘米×40厘米青砖铺地。6间厅堂、3间园堂及住房均有院门相通。厅堂东西两侧有70米长的备弄南北贯通。平时都从备弄小门进入,有大事时就大开正门。备弄外有高墙护围,所有屋脊,马头山墙,显得十分壮观。整个建筑群形状对称,正面3个石库墙门,两侧2个备弄小门,共5个门,老百姓称“午门”,其实是误解。房子前有花园,花园内植有黄杨、金桂、银桂、竹林、棕榈、枣树及其他花卉,有鱼池。花园四周是围墙,面东3间有石库巷门,巷门上方镶有20厘米×20厘米的青砖,雕“半亩庄”3个字。巷门内侧左右两旁有“人淡如菊,屋小似舟”条幅,显示出主人典雅、谦逊、低调的性格。

三、读报用报成风气

1964年4月始,胜利大队第1生产队在会前会后、田头场地及聚众场合,由生产队读报员向社员群众读报。开展读报活动,受到大家欢迎,人们说:“报纸作用发挥好,天下大事都知道,眼明心亮添干劲,集体生产劲头高。”生产队读报员都是党员、团员,如孔万华、孔玲芬、施阿三等,他们起初给社员们读报,只是照本宣读,后来发觉有些人听不懂,不明白,便采用边读边讲的方法,有时因人因时制宜,不流于形式,讲究实效。平时,读报员事先做准备,选择内容后自己先熟悉一遍,找些相关内容,在读讲时作为补充材料。读报员报纸随身带,做生活做到哪里,报纸带到哪里。有天孔玲芬去七八里外的高家荡做生活,她带上中饭,把报纸也随身带着,利用休息时间在田头给社员们读报。

开展读报活动后,团员青年把报刊当成自己的良师益友。1965年,全大队42个团员青年订阅的报刊有《江苏支部生活》17份、《农村支部生活》8份、《江苏青年报》12份、《农村青年》2份、《中国青年》1份、《新华日报(农村版)》1份。

通过读报,社员们也学会了用报,他们将报纸上介绍的科学技术和生产经验运用到生产劳动中去。管水员孔泉元通过读报上介绍的陈永康水稻高产经验“浅水勤灌种秧好”“怎样当好管水员”等内容后,每天起早摸黑田头转,做到块块田里不缺水,按照报纸上介绍的要求管好水，稻苗长势越来越好。队里的耕牛饲养员孔泉林、孔福寿5个小青年读了报纸上的文章《养牛的好经验》《爱牛的故事》，增强了养牛的责任心，千方百计让牛吃饱吃好，把牛养得膘肥体壮。

四、一条搁浅大木船

1977年9月某日下午，强台风夹带大暴雨，菱湖嘴岸边白浪滔滔，靠北端松坟头地段被湖水淹没。傍晚时分，湖面上漂来一只载重十余吨的大木船，被激浪一下冲到湖滩上。东风大队第2生产队机房看管员沈福根走近船边，方知此船是镇湖公社的一条运输船，船主是当地张姓夫妇俩。船因顶不住风雨，搁浅了。翌日，风停浪息，湖水退去，船在浅滩上一动也不能动，夫妇俩直发急，人生地不熟，不知如何是好。沈福根见状，除了安慰，还一连几天把自家的米和菜送到船上，让他们暂时果腹。后来夫妇俩收拾一番回镇湖家里想办法去了。一个月后湖水涨高，夫妇俩带来几个人，又请求当地人一起帮忙把船弄进太湖里去。沈福根与生产队队长商量后，大家一齐动手，开挖出一条船身大小的沟，放上水后，顺利把船推到了湖面上。张姓夫妇感谢当地社员们的帮助，还与沈福根认了干亲，称他为好人。逢年过节，夫妇俩都要来探望他。

五、水路上的深水潭

1984年，华东煤田勘探二队于渡村公社勘探煤层。有一台勘探钻机在311孔（位于塘桥村第4村民小组水路上）操作中，因地下流沙层，造成大面积塌方，四周泥土迅速下沉2.5米，时机械设备被及时抢险而未遭损失。事后，其地20米×15米范围（折合4分5厘）土地无法耕种，成为一个深水潭。

为此，华东煤田勘探二队赔偿该村民小组5年土地收益费678元。

六、挂机船发生事故后

1978年5月25日早上，胜利大队第3生产队一条挂机船正在吴县化肥厂装运废氨水。回程起航时，船上的机头和挂机连同驾驶员翁水泉都掉入河中，幸亏翁水泉水性好，逃命上岸。机头和挂机是生产队的集体财富，船上人陆建新和翁水泉只得寻求当地人设法打捞。当地人帮助请来4名渔民，他们将大块磁铁绑在竹篙上，用竹篙在机器落水范围内探上探下，几小时不停打捞都没有结果。无奈只能先行离开，船主临走时给化肥厂工人留下联系电话。时隔2个月，化肥厂工人告诉船主，机头和挂机被常熟县古里公社渔业大队的渔民捞走了。陆建新获悉后，先赴常熟县老战友处寻求帮助，再通过渡村公社派出所联系常熟县公安局，最后给对方326元配件修理及打捞费，终于将机头和挂机装运回生产队。

七、消失的海丝浜

海丝浜是一条南北向呈多个“S”形的小河浜，南端为浜底，北端连着一条东西向的北塘河。

海丝浜有4个姓氏，10来户人家。顾、周居河东，陆、龚居河西，中间以小桥相连。海丝浜和翁家浜是一对“孪生兄弟”，人称“村乡邻田隔壁”。翁家浜在南，海丝浜在北，相隔不过300米。海丝浜人出入只有翁家浜一条道。外人问询海丝浜所处位置，海丝浜人就会说：“在翁家浜的后面。”问到翁家浜人时，则会说：“我们的后面就是海丝浜。”一般在外，都以浜里人相称。海丝浜人全是客帮人，2个浜的人和睦一家亲。只记得2个村的人，从初级社、高级社到人民公社都是一起的。直到1960年，海丝浜才独立为第9生产队。

海丝浜，也有人称海四浜，这名称蕴含着“五湖四海”的意思。那浜虽不长不深，可浜里人的心胸倒是蛮宽阔的。在路上碰到，喊你一声“阿叔”“婶婶”“阿哥”“阿姐”时，远隔几块田的人都能听到。吃罢晚饭随意去浜里人家串个门，全家人热情招待，拿杯倒酒，非让你坐下不可。村里人办喜事，全村人都会来帮忙，闹洞房、讨喜糖、凑热闹。办丧事除相帮外，还会尊重村上传统习俗，打打牌，相陪一夜。

2013年8月，为举办第九届江苏省园艺博览会，海丝浜被填为平地，原来居住在此的村民都迁居异地。

八、孔卫英是个好儿媳

灵湖村舍上第8村民小组石火福87岁（虚龄）故世，在他人生的最后时段，多亏儿媳妇悉心照料，耐心护理。

2016年11月，石火福突然中风，虽然被及时送去医院治疗，但从此瘫痪于床，在床上一躺就是3年。这3年中，照顾他的都是儿子和儿媳，又因儿子搞建筑事业，要长时间外出，一切照料，从吃喝拉撒，到洗脸擦身，儿媳孔卫英无微不至，主动出手，得到村上人一致称赞。

虽然卧床不起，但石火福食欲还好，孔卫英便每天为他准备三餐，变着花样让他吃好。起初端到床前时，公公还能自行进食，后来不行了，每顿都由她来一口口喂粥喂饭。除了三餐，还得服侍公公大小便，她十分耐心，不嫌脏臭。有次公公大便脏了身，那天正是春节，石火福的女儿休息在家，按理说可以让她一起来帮助处理的，但孔卫英想到她难得回家，又是年初一，就不要麻烦她了，于是自己和丈夫一起替公公换去衣裤，擦洗干净身体。此外，孔卫英每日还定时替公公翻动身体，以免身上生褥疮。有时还把公公抱上小推车，把老人家带到室外晒太阳。

当村上人问孔卫英为何服侍公公如此尽心时，她总是说这么一句话：“我这么做，是当小辈的责任，小辈应该为长辈多尽责任，小辈不尽责任，叫啥人去尽呢？每个人都要老的，我今朝这么做了，我的小辈看在眼里，他们也会学样的。对长辈好，就是对自己好。”

第二节 集 文

沈仪文先生像赞

［清］柳商贤

匹夫有功于一乡，食利于后世，其量虽未及天下之大，而所以留人心而不泯者，则一也。吾里居之太湖之东，偏濒湖皆污莱，每逢湖水陡涨，辄有淹没之虞，久而遂成为巨浸。然田没而赋勿能勿征也，于是民始有赔杲之苦。康熙中，圣祖南巡，沈仪文先生以耆士躬叩辇毂下，民隐方得达免征者数千户。于是三十年而一举遂著为例。人咸颂圣主之德泽，而不知先生之有以启之世。且夫先生一介之士耳，苟其得志于时，当大建为其功名，而不仅为善乡里而已也，然[①]使先生筮仕中朝[②]，其功是先生之举，而吾乡之不幸也[③]。先生殁后百有余年，而向之便[④]例，遂逾期而不举[⑤]，民之困仍如曩[⑥]日矣。始叹今日之无先生其人，暇日[⑦]与先生之裔孙以郊敬瞻先生遗像，遂拜乎而为之赞曰：维彼圩田，邻兹汪洋[⑧]，日涘[⑨]月削，遂底于止湖水，难耕租赋奚偿[⑩]，于时先生夙负令望，不此刍荛献于庙廊，诚能格主泽流且长。我瞻公像，再拜悚惶，为善必报，后世其昌。铭。

选自《横金志》

注释：①然：如果。②筮仕中朝：筮，占卜。到朝中做官。③而吾乡之不幸也：却是吾乡百姓的不幸，指没有了先生，就无人关心百姓之疾苦。④而向之便：从前的政策，即免税赋。⑤遂逾期而不举：遂，就。超过规定期限而不实现。即不减免税赋。⑥曩：从前。⑦暇日：空闲日子。⑧维彼圩田，邻兹汪洋：维，连在一起。那边圩田与这边的湖水相邻。⑨涘：削。⑩奚偿：即何尝。用反问的语气表示未曾。

遂初园记

［清］沈德潜

容斋吴太守，于木渎东治园一区，园故废地，翾荒秽，拂蒙翳，因其突者垒之，洼者疏之，垒者为丘为阜为陂坨，疏者为池，因池之曲折，界以为堤，跨以为桥，楼阁亭榭、台馆轩舫，连缀相望，垣墙缭如，怪石嵚如，古木槎桥，筼筜萧疏，嘉花名卉，四方珍异之产咸萃。园既成，名曰遂初，取孙兴公绰赋石以托意之。予尝与客往游，经邃室，循修廊，西折而西南者，为拂尘书屋，深静闲敞，林阴如幄，于休坐宜。经桂丛北迤，有亭翼然，俯临清流，为掬月亭，倒涵天空，影摇几席，于玩月宜。自亭而东，随堤南折，沿石齿，度略彴，为听雨篷，宾朋既退，船窗四阖，风摇枝柯，飒飒疑雨，于夜卧宜。东望鸥梦轩，主人息机，物我偕适，于徒倚宜。又东迤为凝远楼，登楼四望，娃宫西峙，五坞东环，天平北障，皋峰南辑，余若啃、若奔、若倚、若伏，苍烟晴翠，斗诡献异，胥人栏槛，于眺览宜。楼之东为清旷亭，绮疏洞开，招纳远风，于披襟宜。亭皋南折，回施岗岭，拾蹬级，穿梅林，耸然而高者为横秀阁。东北送目，平田万顷，纵横阡陌，绿浪黄云，夏秋盈望，于观稼宜。其他平室深窝，交窗复壁，敞者宜暑，奥者宜寒，约略具备。此遂初园之胜概也。夫园名遂初，慕兴公作赋之意而名也。然考《晋书》，兴公隐于会稽，放浪山水，作《遂初赋》以致意，后为散骑常诗，上书言事，桓温笑之曰“何不寻君《遂初赋》，知人家国事邪？是兴公先赋《遂初》，而后历宦途者也。今太守两典剧郡，民以宁壹，大吏方交荐之，而翻然归田，丘园偃息，斯真能遂其初服者，而岂若兴公之前后异趣，有言不复者与？抑太守于四时佳序，消遥杖履，涵泳太平，胸怀所乐，若有一己独喻，而不必喻之人人者，是岂无得于中者能然与？然则林园景物亦寄意而已，而人世之侈靡相高，徒有羡于金谷、铜池之华者，为足陋也。承太守命作记，遂即之。

[沈德潜（1673-1769），字确士，号归愚，谥文悫。清长洲人。乾隆进士，授翰林院编修，累擢礼部侍郎。著有《唐诗别裁集》《明诗别裁集》《古诗源》等。]

沈仪文菱湖嘴沉田告

金　波

自从有了吴舍、柳舍，清明场没有一年平静过。每年清明节，乡风淳厚的人们，都会聚集在清明场打石仗，这是吴舍、柳舍一带的农村风俗。这清明场原来的地名叫大坟头，此处靠近太湖滩，由菱湖嘴往东不远，是一片十几亩的空旷地。打石仗时，每个人从湖边拾些狗头石，分成吴舍帮和柳舍帮，双方摆开阵势，你唤我喊，互投石块，头顶乱石飞来飞去，有时也会击伤人。站在附近看热闹的人，闹闹哄哄，可以听到不远处的呼喊声、叱骂声和击石声。

倘若年年打石仗，热热闹闹一番，那该多么好！但有时候总会发生不称心的事，清康熙三十八年（1699）清明节就碰到过。

那时节，清明场上忽然冷冷清清，不见了人迹，也不见一块石头在空中飞过，四周寂静无声，唯有太湖里的浪涛声依旧。原因是去年太湖发了大水，菱湖嘴上千亩田遭水沉没，人们在饥饿中挣扎，还有哪个去打石仗，看热闹！

前一年九月，住在吴舍大树头（老榆树附近）的沈仪文，离开老朋友严兆澍的学馆，自木渎启程回家了。沈仪文这年刚好六十挂零，是当地一介学士。本来老朋友信任他，邀他坐学馆授教几年，但自从故乡闹水灾，他便不想待下去了。那天他才踏入家门口，长孙以郃首先看见了他，忙叫一声“阿嗲”便向他扑过来，接着朝河边喊起来：“好婆，阿嗲回来了！阿嗲回来了！”老妻和儿媳正在那里洗野菜，听见了连忙过来迎接沈仪文。儿媳从随行人手中接过行李，催促以郃快去把他爸叫回来。沈仪文凝视着老妻，发现她明显地饿脱相了，眼皮浮肿着，脸上一片菜色，意识到了饥饿带给她的变化。

次日，大树头西首几户父老听到沈仪文回来了，特地来看他，顺便向他打听有关田赋的消息。沈仪文请他们都进屋坐，有个族里人沈阿福告诉他：坊间纷传，这沉田的田赋会免除，没想到官府照例征收，连田赋的单据也给各家各户发放下来了。眼下三餐无常，叫升斗小民如何能活得下去呀！

沈仪文一惊，随手把端着的黄铜水烟筒“嗵”地放到八仙桌上。紧蹙着眉头，脸色很难看。他记得一个月前曾听到沈老族长的儿子孝文说过，太湖闹水灾，不光菱湖嘴一地沉田，恐怕田赋轻易不会免除，真要免除怕也挨不到这里呢。但他不肯相信，想自己活了六十岁，灾荒年头也经历过，从没见过沉田后不免除田赋的，现在官府置百姓于水火之中不顾，这不是要逼人往太湖里跳吗，唉！

“老天不公啊！”

沈仪文听后，知道父老告诉他的，跟孝文说过的，是同一个事实。大家望着他忧心如焚，有的在叹息，有的在议论。沈仪文竭力安慰他们说：“征收田赋天经地义，只是官府没能查询清楚灾情，也或许是本地里甲小吏瞒情不报，说不定过几日询查符实后，很快就能更改过来。”他明知道这些话是没有说服力的，但他又想不出还能向这些厚道仁义的父老说些什么别的。所以，他把几位父老送出门的时候也默不作声。有位老者走在最后，沈仪文看出这个同他一起长大的光屁股兄弟似有话说。

“老哥呀，我直言不讳，你见过世面，人头忒熟，说啥也得出面想想办法，总不能眼看着大家等死啊！”老者的胡子哆嗦着。

沈仪文倒也爽直，抱拳道：“当然，我自会担当。老哥你不说，我也会为乡邻想办法。”

正是这句“想办法”的承诺，沈仪文不得不一趟接一趟地跑上跑下，每一次向官长乞免田赋，总是会看人脸色，他不得不努力克制住内心的怨怼和焦躁。

有一次，沈仪文初见遵礼乡（吴舍属二十七都，与二十六都均属其管辖）胡姓乡吏，那胡乡吏一抬眼，仿佛知道他的来意。

“老秀才，”乡吏的声音十分严厉，“你知道乡里的事该由哪个操心吗？”

“知道。”

“你说到底是哪个？”

“当然不是不想操心的人。”

“白说！”胡乡吏面有愠色，即刻从太师椅上站起身说：“我等虽不食皇粮，但替百姓谋事，哪个不是尽心尽力，倒是你穿长衫念‘子曰’之人，却不守本分，多管闲事。此处无论大小事宜，轮得着你瞎操心吗！”说完转过屏风进了内堂。

又有一次，是县衙征赋告示张贴出来的时候，也是沈仪文亲眼看见有几家逃荒去的时候，他去见征收田赋的掌印官。

这一次就得小心谨慎些，怎么也得让官老爷生出怜悯之心，顺顺当当地免除沉田的田赋。当沈仪文跨进吴县征集田粮的分司时，他就是这么想的。

沈仪文向掌印官作揖后，递过一份抄写的名单，他说沉田的沈氏家族都在上面了。三天前他跟沈老族长和族董们在沈氏宗祠议事，议来议去议出了这些沉田户籍。而吴舍周边村舍的沉田户籍，一时来不及挨门挨户查访，都在名单之外。“……固然，沉田户籍不全，以小比大，不敢妄充灾情的依据。我沈某不图别的，只期待给他们早日免除田赋，安抚人心，如此而已！”沈仪文如此禀告，显然是为了契合掌印官的心意。

可哪里知道，没等沈仪文说下去，掌印官就仰起头传了话，叫助征人员拿来一本蓝色封面的簿册。这不是为了吓唬沈仪文，只是想让他看一看上面的官定赋额数字。紧接着掌印官对他说：“菱湖嘴沉田户籍，早有里甲长上报登记了，你何必多此一举。喏，我都不想说了。”

沈仪文一听到“不想说”3个字，有点紧张，暗自觉得自己受点委屈可以，但不能把事情弄僵。如果掌印官翻脸了，有些话就不好说了。所以，他说的每句话都要小心点。沈仪文想到这一点，就只拣要紧的话说。第一是请求把这名单和官方登记的对照看。第二是沉田是不是照例征收田赋，他想问个清楚，其他不该问的不问就是了。他心里打定主意，自然脸上堆笑，把他的想法说了出来。

不等他把话说完，掌印官板着脸说了句莫名其妙的话：“我的赋额错啊，你的名单啊！”

沈仪文咽了话，肚里还在猜谜。他说不清为啥偏偏把事情弄僵了，面对这样蛮不讲理的官老爷，真要是做温驯的羔羊，心里嘴里都受不了！

回家路上，沈仪文心里着实被震动了：哎呀，看来这些官以后没必要再去见啦，不是装腔作势吓唬百姓，就是独断专横唯我独尊。老实说，谁要有事依赖他们，都是枉然，求天求地莫求官。

直到碰着住在绿芜庄的史三招，沈仪文的思绪才被打断。他看见史三招拄着棍一路走来，知道是逃荒回来了。史三招说：“我自认这把年纪，就要做棺材里的馅心了，还是回家吧。”沈仪文点点头说：“金窝银窝不及家里的草窝哪。”史三招说：“离家一日我就想啊，我不走了，就是饿死也想离家近些，死而无怨。”沈仪文心中有苦，忍一忍，没有吐出来，便扶着他回家而去……

古语说："精诚所至，金石为开。"沈仪文为沉田之事出入官府，不仅感动了当地乡众，还感动了菱湖嘴汛的巡兵。这菱湖嘴汛乃康熙年间在太湖驻防的绿营兵部，其驻防巡逻主要在菱湖嘴一带。这个巡兵叫陶明子，扬州人氏，十岁时随父母讨饭从苏北来到太湖边。有年清明节，沈仪文妻王氏自大王庙烧香回来，走过清明场，忽然发现一个半大孩子倒在地上，头上淌着血，分明是打石仗留下的"战果"！如果不是王氏及时救下，那孩子小命就没有了。这个半大孩子就是陶明子。不想妻子这一举动，让沈仪文得到了一个受人报效的机会。

那天陶明子来拜访沈仪文，给他带来一件重要东西，那是他亲手绘的一张水沉地图，非同寻常。只见上面标明了田、荡、洲、渚，特别是每块沉田均列出大小、四址，原原本本，清清楚楚，一目了然。沈仪文边看边想到当初他曾跟族董们议及这种地图，所幸现在已被陶明子绘成摆在眼前了，怎不叫他喜出望外！陶明子说，他当巡兵有的是工夫，他愿意为地方干点事，自去年菱湖嘴沉田以后，就有这个打算了。他说经过半年多实地踏勘，起早带晚，泥里水里，终于成功了。他说他的想法很简单：只要为地方灾民留个凭证，到时候不怕官府不认账！

沈仪文感激地望着陶明子，他想，这真是个好巡兵。他想起面见掌印官的遭遇，沈仪文觉得那些乡吏县官完全相异，竟不如一介巡兵，他叹息道，可悲，可悲啊！

少年夫妻老来伴，按说，王氏有沈仪文相伴身边，关心有加，她的身体不该越来越差。儿子说是饿的，儿媳说是累的，这实在是又饿又累所致。这天早上，沈仪文看见老妻下床走动了，他的心情稍许轻松，便跨出大门想散散心，换换空气。却看见大榆树下围着一大堆人，他们正一句两句地闲扯：

"哎——沈孝文回来了，听说抬回来的堂侄金男浑身是血呢。"

"你是说……怎么姓贾的把人打坏了，还要给他送钱去？"

"是呀，真是大少爷派头！不过，老族长发脾气，把儿子一顿训斥。"

……

听着这些话，沈仪文知道孝文为堂侄给人送了钱，也知道老族长憋了一肚子气等等。

他记得去年秋后，吴舍不少人离家逃荒去了。前些日子，这金男在木渎赈灾粥厂碰着巡检所的贾所长，这家伙自恃手中的治安大权，胡作非为。那天他带了几个弟兄去出操，见满街灾民挤也挤不过去，便挥棍朝身边的金男头上打去，当即头开花，棍也开花。这时灾民中有个狠角冲着姓贾的啐了一口，急忙把人救下。人人拳头捏出了水，要找凶手算账。

本来老族长叫儿子出面去平息这事端，却不料孝文怕得罪不起这尊神，反而托人给贾所长送了钱，然后把金男带回家里了。灾民们咽不下这口气。若是闭着眼过去，往后逃荒路上谁敢提着命寻活路？沈仪文困惑不解，他想不明白这孝文生于书香门第，怎么会干出这种事来？倒是那些灾民有血性，不想活成贱人。

这一天，老族长登门来了。沈仪文自然待之以礼，直问“老哥有何见教”。“仪文弟，你也知道了。犬子为粥厂案，弄出‘鸭屎臭’，让老朽颜面丢尽啊。今来求你了，孝文无用，请你代孝文出马，向巡检所进言……让那些乡邻咽下这口气。”老族长说毕，又补充了一句，“这两天我等你的回话。”沈仪文听着，心想乡邻的事就是我的事。“这就去办！”他向老族长表明自己的态度。

沈仪文动身去木渎，到达已是翌日清晨，他在土地庙里找到了饥寒中的乡邻。一连几日，沈仪文做了几样事情。一是他召集大家商量，拟出一纸呈文，递交县府，要求惩办姓贾的狗贼。二是他去了一趟严兆澍府上，求他联络当地殷实富户，冬月来了，请他们设粥厂救灾民。三是他关照大家，金男无辜死亡，除了家族帮助安葬外，也该差个代表去吊丧，乡里乡亲的，这也是先人留下的礼数。

数日后，送去的呈文还没有答复。贾所长打死了人，整天缩头乌龟似的不敢露面。灾民中有人说：“天拿人没办法，人拿人有办法。若不想活成贱人，就只能当强人。”这话倒是提醒了沈仪文，他想明白了，于是他把暗自想好的办法说了出来。说是先把巡检所的大门堵起来，姓贾的出不出来不要紧，看他躲得了初一，还能躲得过月半？总会有人来收拾他！灾民们横下心，他们当真干起来，白天对着大门静坐，黑夜背着大门困觉，下决心守住这大门。此举昭示了他们求生的欲望。

沈仪文到底是个秀才，城府挺深，这主意出得好。后来，事情闹大了，惊动了县令。这县令终于下了一道令，让当地乡董约请了有关人士，沈仪文当然在内，坐在灵岩山下一家“云泉”茶馆里吃“讲茶”，结果是县府拿钱给金男发丧，贾所长被查办，驱逐出境。真是天有眼，活报应！如此结果委实让灾民们出了一口气。沈仪文看在眼里，他的心情就像太湖的水，平静和起伏交织着。

王氏待儿媳把晚饭做好，虽说是晚饭，其实只有几块蒸熟的麸皮饼，每人一碗清汤寡水煮的野菜，她就招呼一家人端碗坐下。这样一顿晚饭，沈仪文却吃得特别高兴，难得一家人如此围坐一道吃饭。王氏看到丈夫、儿子、儿媳和孙子吃得蛮有滋味，她心里就高兴和满足。

可是，晚饭后她发现丈夫心神不定，从他的眼神中，她看出来他遇到了不顺心的事。孙儿以郊说：“吃过晚饭后孝文叔来过，跟阿嗲比比画画说了些什么。”王氏立刻明白丈夫的内心了。

这天黄昏，沈仪文早早进到东厢书房，他把案前燃过的半支蜡烛点亮，黯淡的烛光中依然可见静坐的身影。他戴上一副老花眼镜，随手拿起一摞文稿翻着，那文稿是《菱湖嘴坍埂，湖水浸田，稻麦欠收赔粮》。一面翻看，一面琢磨着，一面用毛笔蘸着写下几个字。本来打算今晚将自己十多天写下的文稿誊写一遍，可是晚饭后听了孝文一番话，他不得不打消了这个念头。原来沈老族长看见沈仪文这一阵为沉田之事跑东跑西，却处处碰壁受气，对他十分同情。老族长想不通，当今的官府怎么这样不察民情，小民颗粒无收，却要纳赋缴粮，这不是叫受灾户白白赔粮吗？真是雪上加霜啊。眼下看来，这田赋是不可能免除了。他放不下这桩事，四处打听，终于打听到这菱湖嘴沉田赔粮，都是遵礼乡那些里甲小吏瞒情不报所致，简直欺人太甚！老族长的儿子孝文正是如此告诉他的。

"果然是这些小人！他们害怕官府怪罪下来，没有好果子吃，就瞒天过海遮人耳目，可恶极了！"沈仪文不胜其愤，他认为该把这瞒情不报的真相充实进文稿内容之中，便仰靠在交椅上闭起眼睛打起腹稿来。他感觉春夜是那样的静，静得几乎连眼前蜡烛的烛芯耗尽的声音都听得出来。同时，他又听见门外熟悉的脚步声。沈仪文站起身，正见老妻走进书房，手中拿着两支蜡烛。他想：你是不是知道今晚我要在这里写个没完，所以又拿来了蜡烛，真会替我着想。他有一种无比温暖的感觉。王氏看着丈夫，她最懂他的心思，本来不想说什么，听丈夫说待会儿就去睡了，才试着问他手中写的文稿完成了没有。沈仪文随口说没有，便把孝文的话一五一十地告诉了她。王氏听了很吃惊，直说："里甲小吏这不是害人嘛！你趁早把这些写在文稿上，让大家都知道。"又交代丈夫说："你这事太重要啦，说不定有近千双眼睛盯着你，我忠告你一句：'开弓没有回头箭'，不管怎样，你是喝过墨水的人，吐几个字不难，定要将真相大白于天下人！千万，千万！不然的话……"

这天晚上，沈仪文没有懈怠，提笔写了一张又一张纸。想了写，写了改，改了想，这情形只有他一人知道。夜深人静，不知不觉蜡烛燃尽了。拂晓前，终于熬不住，他在书房打了个盹，醒来已天光大亮，耳畔传来春鸟的啼啭声。"春眠不觉晓，处处闻啼鸟"，此情此景，沈仪文心内默念着这两句唐诗，站起身，伸手收拾案上昨夜完结的文稿。

那篇文稿的去向到底怎样？数日后，有人说出了让吴舍所有人都感到意外的话来："哎呀，老秀才可了不得，特意要呈送皇上看一看！"人们立即面露惊骇之色。

果然，清康熙三十八年（1699）的暮春，一个春和景明的早晨，菱湖嘴驶出一条木帆船，穿过风浪，停泊在八九里外的余山（徐侯山）湖面上。

船上一个人大胆放言，震动了平静的湖面："就是豁出一条命，我也要在这犯上拦驾，拜见巡幸太湖的皇上！"

这个人就是沈仪文。他在四月初四这一天，由老族长等七八个耆老陪同，乘船离开吴舍父老，静候在太湖上……

春去秋来，一晃一年过去了。

又逢清明节，乡邻们还像以前一样，聚集在清明场打石仗，复归往年的热闹。因为当朝皇帝下旨，菱湖嘴近千户减赋免粮三十年，四乡八里涌来看热闹的人更多了。

这一天，沈仪文也带着一家人去清明场，总觉得不去不像是过日子似的，可以说看清明场打石仗已经成为他几十年来的习惯了。眼看着大的小的出门走在前面，他的身边却少了一个人。沈仪文叹一口气，抱怨老天爷这么快要了老妻的命，他回想起她生前那张菜色的脸，不由心中一阵寒，唔，看来真是饿死的啊！

这时，一双春燕在晴空下追逐，穿越路旁的柳枝，又飞掠过头顶。

附：

从《太湖备考》（金友理撰）中读到以下史实：

康熙三十八年，恭逢圣祖皇帝幸巡，太湖亦蒙临幸，恩蠲临湖坍荒粮额，湖山承宠，童叟腾欢，诚千古未有之遭逢也。

谨以这篇历史小说，献给318年前为民请命的吴舍耆老和他们的亲人。

原载2020年第四期《娄江》

吴中区黄墅村的“逆袭”

“乡村振兴”和“共同富裕”是今年的高频词汇。费孝通曾在《乡土中国》的开篇，留下这样的语句，“从基层上看去，中国社会是乡土性的”，并非庙堂之上居高临下的俯瞰视角，恰恰是平视和重新审视“乡土”。如今，乡村振兴，通过特色产业路径能够从内释放乡村的活力和潜力，位于苏州吴中区临湖镇的黄墅村就是这样实现乡村富裕的。

黄墅村是苏州吴中区临湖镇灵湖村的一个自然村，村庄镶嵌在太湖边的森林水域里，生态环境优美，空气清新。当前拥有“临湖农业产业创意馆”“灵湖村精致农庄”等特色农业文化旅游项目，陆续研发孵化了系列品牌农产品，先后成立了“苏州乡村振兴学堂”培训基地、苏州百年老字号“乾生园”稻米糕点生产基地等。

通过全力打造乡村优质产业链条，形成项目抱团优势及配套产业集群。2017年10月，灵湖村黄墅自然村成功入选“江苏省首批特色田园乡村建设试点单位”。并先后获得了“2018年中国美丽休闲乡村”“全国森林康养基地试点建设单位”“2018年度全国防灾减灾综合示范社区”等国家级殊荣。

然而，就是这样一个“望得见山，看得见水，记得住乡愁”的社会主义精致农村村落，在2015年之前还是一个贫困村。它究竟是怎样“逆袭”的？

灵湖村党委副书记龚颖涛介绍：“我们整个行政村也是受两条红线的管控，一个是生态红线，还有一个是土地红线。”这个原因致使黄墅村无法发展工业厂房，只能转而投入生态建设。“当时我们对于生态环境的意识可能走在前列，在2000年前后，我们就开始打造生态林，现在这些树木都有近20年的树龄。”

要想富，先修路。路是农村的命脉，路通了，农村才能振兴。黄墅村也是这个思路，据龚颖涛说，“之前村民出行困难，三轮车和电瓶车出行都比较困难，”后来下了大功夫修路，“修路让生活有了很大程度的提升和改造，我们今年的调查发现，村上每家每户的汽车保有量125%”，道路建设是打造农村生态的大前提。“从前村庄没有改造好，村里人都不愿意回来，现在村里有些户口迁出去的都迁回来了，回来把自己家的房子重新装修。”龚颖涛说。

孔瑜婷本在市区从事设计工作，最初因为生孩子坐月子重新回到黄墅村，后来直接在村内住下，目前在“1978时光咖啡馆”担任店长的职务，工作与家庭两不耽误的她，发出由衷地感慨：“现在村里发展非常好，一批实实在在的惠民工程、特色农文旅项目的落地，有离家近的选择就不会想要再出去谋求机遇，这也解决了就业问题。”

乡村振兴是实现共同富裕的路径之一。乡村振兴是“做大蛋糕”的一种方式，目的是共同富裕，共同富裕不是简单地“均贫富”，而是在中国经济高质量发展的大背景下，让每个人都能发挥自己的才能，并得到应有的回报，实现全社会福利的不断提升，这在黄墅村有了最为直观的文化体现。

据了解，目前苏州市吴中区整体在打造“天堂苏州最美吴中”的区域品牌，如黄墅村一般的自然村落，在吴中区颇为常见，吴中区生态环境局一级主任科员王健表示，“特色田园乡村、生态文明示范村建设是工作重点，吴中区生态环境局将致力于在长三角打造亮丽的生态高地”。

原刊《新民晚报·社区版长三角》2020年10月

一个森林村庄的脱贫蝶变

陆晓华

走进吴中区临湖镇灵湖村，绿荫连绵，风光旖旎。特色田园乡村——黄墅自然村里，森林的秘密、呼吸森林、野外露营·自然、森林探险·远足、村落风貌·匠人文化等片区特色鲜明，每到节假日，众多游人前来观光游览，一派“美丽经济”的良好发展景象。

但很多人可能不知晓，这个美丽村庄曾因地处太湖生态保护区受发展限制，集体经济薄弱，一度是苏州市和吴中区脱贫帮扶的重点村。面对困难和压力，灵湖村通过与周边村结对联合抱团发展，依托森林生态资源发展乡村旅游，村级稳定性收入从2010年的100万元左右，增长到2017年的870万元，完成了一场村级经济脱贫转化的蝶变。

相邻村抱团发展，薄弱村甩掉“贫困帽”

灵湖村位于太湖之畔，全村辖区总面积4.3平方公里，拥有3.6公里的太湖湖岸线，耕地面积2880多亩，绿化面积1200多亩。“我们村80%的辖区面积在沿太湖一公里生态保护区内，村级经济发展受到很大的制约，生态保护任务又十分重。”灵湖村党委书记沈卫东说，他2010年夏接任村书记时，面对的是村级收入渠道单一、村级固定资产少、村级负债多的困难局面，村级稳定收入徘徊在100万元左右，灵湖村被列为市级和区级脱贫帮扶重点村。

脱贫转化，路在何方？

2015年，一场村级联合抱团发展创新实践，一下子为灵湖村的脱贫转化打开了局面。当时，灵湖村周边的采莲村是个先锋村，村级稳定性收入超千万元，但要谋求进一步发展也遇到了资金瓶颈，而灵湖村与相邻的前塘村虽因保护太湖而发展受限，但有些财政补贴的“闲钱”，三个村于是想到联合抱团发展，得到了上级部门的大力支持。

2015年3月，灵湖村、前塘村和采莲村共同出资，成立苏州众村联合投资发展有限公司。公司的第一个投资项目就是以1200万元收购采莲工业区内12亩土地7000多平方米的工业厂房，可喜的是这个项目当年就产生了效益，给每个村增加了32万元的稳定收入。当年6月，众村公司乘势而上，又投资4000万元，收购了一个建筑面积3万多平方米的厂房。该项目的年回报率超过了8%，年租金收入达327万元，收益由三个村平分，每个村分别增加收入109万元。两次资产回购，让三个村尝到了联合抱团发展的甜头。当年7月，三个村又联合成立了众隆物业公司，在临湖镇政府的支持下，承接了全镇38万平方米的动迁安置小区和部分政府资产的物业管理，年利润接近240万元，还解决了229名村民的就业。

沈卫东说，伴随一系列“众”字公司的成立，村级联合抱团的“雪球”越滚越大。2016年1月，苏州众村联合投资发展有限公司变更为苏州众村联合投资发展集团有限公司，在三大“众”字号公司旗下还创办了一批子公司：苏州好物事旅游产品开发有限公司、特色田园乡村开发建设有限公司、苏州市群路环境工程有限公司、苏州市群维绿化景观有限公司、苏州永飞制衣有限公司。得益于村级联合抱团发展，灵湖村彻底甩掉了贫困帽子，该村2017年村级稳定收入达870万元，农民人均收入达3.3万元，预计今年村级稳定收入将超过1000万元。

依托森林资源，打造“美丽经济”产业链

在灵湖村，绿色是最闪亮的颜色。当年，为了保护太湖的生态环境，灵湖村实行过退耕还林。如今，这些绿色森林成为灵湖村发展的“富矿”。

沈卫东说，起初，灵湖村也探索“林下经济”的发展模式，但主要是依靠森林资源发展林下种养殖，为村民探索出林下增收致富新路径。2014年以来，借助美丽村庄建设的东风，灵湖村与联合抱团发展的采莲村、前塘村开始了依托本村森林资源发展“美丽经济”的新探索。他们依托灵湖村独特的绿色生态文化、水乡村落文化、特色地域文化、民俗传统文化，开发旅游资源。其中，利用黄墅自然村西傍太湖、北依园博园的优越地理条件和秀美的自然风光，将特色产业、特色生态、特色文化与“美丽乡村”

建设融合起来，不断优化本村自然生态植被、特色田园风光、江南秀水村落等资源要素，对黄墅进行特色田园乡村建设规划整合，打造特色片区，将黄墅村本土村落文化与森林价值升华融合，打造出了一种创新且极具本土特色的美丽乡村建设模式。

2015年秋，灵湖村又与采莲村、前塘村联合投资3000万元，拉开了发展“美丽经济”的序幕，利用黄墅村东的村庄建设预留地，以传统夯土结构房屋为基础，配以木屋、水平台、木践道、绿化景观等，融入周边生态林内，建设了咖啡西餐区、森林畅想区、宠物亲近区、儿童游乐区4个片区的呼吸森林创意咖啡馆。2016年又在太湖园博园对面的12万平方米生态森林建起了“玖树·森林的秘密”主题度假村。

近年来，该村发挥生态森林资源优势，先后开发了休闲森林娱乐、农耕文化体验、江南民居观赏、特色田园观光、江南水乡民宿、太湖生态美食等10多个富民项目，并将几个项目互融互动，形成“美丽经济”产业链。随着江苏省园艺博览会的举行，灵湖村乘势搭车，兴起文化旅游产业。众村集团公司发起成立了苏州众向文化创意有限公司，并以灵湖文化品牌为魂，以文化旅游产业为体，2016年8月通过申报“江苏文化旅游名村”修复整理保护传统文化古村落，规划创建升级版“美丽乡村”。

“践行好‘绿水青山就是金山银山’的理念，我们要将生态优势更好地转化为发展优势，更好地深入实施乡村振兴。”沈卫东信心满满地说。

原载2018年10月15日《苏州日报》

渡村清明打石仗

吉　祥

旧时在全国有三处打石仗之俗，即江西打瓷片、宜兴打土块、渡村打石头。三处中以渡村清明打石头最为猛烈，当地人称打石仗为笃石头、笃高峰。

渡村打石仗在吴舍、柳舍两村之间千米长的太湖滩上进行。每年清明日，各地乡民扶老携幼从四面八方赶到吴舍、柳舍，太湖渔民及震泽、湖州等地看热闹的往往提前一天就来了。平时冷清的太湖滩此时到处人山人海。上午，吴舍、柳舍两地的打石手，在各自村内庙里烧香后就开始对打，吴舍村以南的打石手加入吴舍一方，柳舍村以北的各地打石手加入柳舍一方。双方都不邀请，均自愿参加。一般经验丰富的高手到下午才对打，这时打石场上喊声震天，场面惊险激烈，高潮迭起。有的观战者也自动加入，参加者多时可达数百人。打石仗时，六亲不认，即使是亲朋好友中午同桌吃饭，对打时也决不留情，不过打过后都不记仇。当地人视打石仗为男子汉勇敢的表现，中石块者即使头破血流，也从不叫痛认输，否则被人讥笑。伤重者由同伙护送到庙里用香灰止血，包扎后继续战斗，实在支持不住才退出。

相传打石仗起源于明嘉靖年间抗倭斗争。一年，倭寇于清明日窜至横泾、渡村一带，当地人在没有官兵援助的情况下，自发组织抗倭队伍，以砖瓦碎石为武器击退倭寇，但乡民也伤亡惨重，死者数倍于敌。乡亲们为纪念他们抗倭保家乡的举动，就每年举行清明打石仗的活动再现当年抗倭场面，由此形成习俗。清代时此活动极盛，后期还注入了浓厚的迷信色彩，当时流传“清明不打石仗，晚上要有怨鬼敲门”“打石头见了红（流血），才能保佑全村太平”等。因打石仗易致伤亡，又破坏生产，20世纪50年代初，人民政府采取措施加以制止，这一习俗才归于消亡。

（江苏掌故·风俗民情）

第三节 传说故事

太湖“白鱼阵”

每年黄梅季节，黄墅西南太湖里一发黄梅水，就有白鱼成群结队游向湖岸边，当地村民称作出现“白鱼阵”。这“白鱼阵”的出现，到底是怎么回事呢？

传说菱湖嘴被湖水冲坍堤埂后，太湖里游来一条数十斤大小的白鱼，常年生长在菱湖嘴附近的芦茭旁，这白鱼越长越大，后来在湖里兴风作浪，湖水冲击堤埂，造成堤决口，淹没沿湖一带田地，年年闹水灾。村民苦不堪言，恨不能把这白鱼捉住杀了它。

沿湖农田受灾，村民饿死不少，惊动了当时的苏州府。知府大人得知后，委派一位名叫张天师的道士带着宝剑下来捉拿大白鱼。谁知大白鱼已成白鱼精了，它厉害得很，张天师乘船来到菱湖嘴，险些被白鱼精把船掀翻在太湖里。张天师明白白鱼精不好对付，使出七星宝剑与白鱼精一对一打得天昏地暗。终究是白鱼精敌不过张天师，它游入黄墅港逃到村民白嫂嫂家门口，白嫂嫂看见门前水中的白鱼精，三魂吓掉两魂半，口吐白沫，倒在家门口。此时，张天师举剑追来，一下子就把白鱼精捉住了。

白鱼精连忙叩头求饶，让张天师不要杀它，留它条命回太湖里去，从此它将不再作恶多端。张天师说不杀可以，免得玷污他的宝剑。不过死罪可免，活罪得受。后来，张天师就近将白鱼精投入白嫂嫂家门口的水井中。这口井是露天井，离港又近，他怕有意外，便掏出五颗宝珠放入井中，把白鱼精压得透不过气来，在井下动弹不得。

再说白嫂嫂听张天师吩咐，平日不要靠近井口，每年黄梅雨季留心井上加个盖。一天，白嫂嫂正在黄墅港淘米，一条半斤大小的白鱼跳进淘米箩中，她眼前一亮，却听那白鱼说话了，说是井中藏着小白鱼的祖爷爷，特来求告她马上把祖爷爷放出来，日后有好报。白嫂嫂摇摇头，一口拒绝了，便把小白鱼从淘米箩中投入水里。

原来小白鱼是听说祖爷爷遇难，赶紧前来打探虚实的。白嫂嫂将小白鱼放生后，它从此就安分守己，顾不得祖爷爷的性命了。但是太湖里大大小小的白鱼却不这样，它们仍然每年在黄梅雨季一群群地向太湖岸边的菱湖嘴游去，有的追着顺风顺水，有的顶着逆风逆水，一股劲游向目的地。它们兴师动众，仿佛要去拯救它们的祖爷爷——那条被投在白嫂嫂家井中的白鱼精。就这样，太湖岸边年年会出现“白鱼阵”。

西施菱湖解梦

菱湖系太湖五湖（菱湖、胥湖、莫湖、贡湖、游湖）之中的一湖。而菱湖嘴又恰好在临湖镇灵湖村（原吴舍自然村）中心，远远望去是突在湖中的一座半岛，更像是山水画家笔下的鹰嘴。据说在上万年前曾与东山的移山岛相连，由于湖水和自然力的作用将移山分离成现在形状。在菱湖嘴，有一个吴王与西施解梦的故事……

有一天，吴王满脸疲顿，郁郁寡欢，朝不理政，暮不歌舞。连终日陪伴的西施也不解其意，群臣更是不得近身，满朝一片死寂惶恐。一天，在西施的劝说下，吴王终于答应离宫游湖解闷，在伍子胥等一班文武大臣簇拥下，乘船来到菱湖嘴，整个半岛漂浮在碧波荡漾的湖面上。清风徐徐，湖气氤氲，水天一色，浩浩荡荡。遥莫厘，眺缥缈，吴山点点，湖帆悠悠，胜似蓬莱，好一处人间仙境。面对此情此景，一股豪气在吴王胸中升腾。他想，这不就是朕的江山吗？顿时心情舒畅，精神大振，一扫多日来阴霾暗颜。喜得陪伴大臣们颠前跑后，乘着吴王兴情，西施施展浑身解数，说道：“前些日大王为何不悦，可否说与臣妾一听，好为您分担忧愁？”吴王捋着胡须慢吞吞地说道：“朕的心事，也许是天意，岂是爱妃能消解分担的”。西施此时是一不做二不休，时而莺莺细语，时而娇娇嗔嗔。“大王说说嘛，说说嘛，臣妾就是想听，就是想听嘛。”吴王知道缠不过西施，心想说也无妨，便乘着酒兴说道：“朕说，朕说，上月初一，朕做了一个不祥之梦，日落西山，海枯见底，鲜花顿谢，高山坍塌，你说哪一样是好事？朕要伍相为朕解梦，伍相迟迟不肯来解，想必是凶多吉少，叫朕如何不揪心呢？”此言既出，惊得在场大臣们面面相觑，呆若木鸡。

唯西施听罢，随即发出了哈哈的笑声。吴王不解地问道：“爱妃为何发笑，难道是你能解不成？”西施答道：“臣妾非但能解，还得恭贺大王做了一个如此吉祥的美妙之梦，值得恭喜恭贺。”吴王急切地说道：“快快说来朕听。”

此时西施更是嗲声嗲气地说道：“大王您听，您听：日落帝星辰，海枯显龙身，花谢结果子，山倒天下平。大王您不就是天空中的星辰，大海里的龙身吗？待到大王您一统江山，开花结果，天下不就太平了吗？这是一个多么美好的吉祥梦啊！”

吴王听罢，惊喜不已，龙心大悦，随势把西施搂入怀中，喃喃自语道：“人杰，人杰，爱妃是人杰，此处是地灵，湖灵，好一个人杰地灵处。”

西施说：“那请大王犒劳一下吧，留个墨宝，日后有个纪念。”为博爱妃的欢心，满足爱妃的雅兴，吴王略一思索：“爱妃采莲的地方，已题词为采莲，爱妃为朕解得美梦的地方，真不失为一方灵地，那就赐作‘灵湖’吧。”

自西施游菱湖解美梦后，吴王愈发宠爱西施了，为褒奖其解梦有功，当即在菱湖嘴大兴土木，建造了一座高大的庙宇，特赐“天后行宫”四字。

后来这座庙宇被湖水侵蚀冲塌，成一堆瓦砾，淹没在湖水之中。但天后宫的香火从来没间断过，每年农历三月廿六、廿七、廿八，沿湖地区的香客络绎不绝。附近黄墅、陆步庄、西塘、吴舍的村民，更是全村出动，忙得不亦乐乎，为远道而来的香客免费提供饭菜、面条、茶水等，并直接送至天后宫现场，隆重如过节一样。

女娲补天

很久很久以前。余山岛是与渡村的菱湖嘴连在一起的。不知在何年何月何日何时的晚上，小岛突然间向西南方向移过千余米。

有一年，连续下了七七四十九天雨，把好端端的宣州城硬生生地变成了一个水乡泽国，如果雨还下不停的话，苏州城与宣州城将连成一片。女娲又远在天州补天，也不知何时来江南。老天爷也真较劲，似乎有意将天上的雨连同银河之水全都倾倒下来……

看来天是真的坍塌了一角，直漏雨水了，可得由女娲出马来补一补了。但女娲补天要用昆仑山上的五彩石，如果此时用五彩石补天，还得耗费一年半载。

女娲勘察得菱湖嘴附近小岛上的土石可取而代之，却要征得当地村民同意。当土地爷与菱湖一带村民征求意见时，村民竟无条件地答应了，而且所有村民也同意跟女娲一道补天。这一举动感动了女娲。女娲为感谢他们，补天时特意在天空中留下了足够江南风调雨顺的空隙，开创了一个“江南无大灾”的先例。女娲在用菱湖嘴土石时，一个无名指不经意触碰到了附近的小岛，小岛便向莫厘峰方向移动了一下，它就如一枚静卧在碧波中的“青壳螺蛳”。

对此“青壳螺蛳”，当地村民有两种称呼：“移山岛”或“余山岛”。一说“移山岛”因女娲补天惊动而离开了菱湖嘴，一说“余山岛”是女娲补天时剩余下来的土石小岛。

第四节　文　件

关于公布江苏省特色田园乡村建设首批试点村庄名单的通知

各设区市人民政府，有关县（市、区）人民政府，省各有关部门：

按照省委、省政府《江苏省特色田园乡村建设行动计划》（苏发〔2017〕13号）和《江苏省特色田园乡村建设试点方案》（苏政办发〔2017〕94号）要求，省特色田园乡村建设工作联席会议办公室于2017年8月7日和10日分别召开江北片、江南片规划设计方案专家评审会。专家组在统筹考虑村庄现状基础及可提升性、规划设计方案水平及团队服务能力、工作方案的针对性和务实性、地方组织协调推进能力和改革建设发展关键举措等基础上，形成了对69个候选试点村庄的综合评审意见。在专家评审意见基础上，省联席会议综合考虑苏南苏中苏北经济社会发展基础、地形地貌特征、地域文化特色等方面的差异，适度向苏中苏北地区和经济薄弱村倾斜，研究确定了南京市江宁区秣陵街道元山社区观音殿等45个村庄纳入首批试点名单（详见附件）。

纳入首批试点的村庄应抓紧组织深化完善工作方案和规划设计方案，制定试点建设实施项目清单，建立健全各项管理制度，确保试点工作有序推进，力求取得实效。首批试点地区应将修改完善后的工作方案和规划设计方案、2017年实施项目清单和项目实施管理基本制度等在9月底前一并提交省联席办备案。未纳入首批试点的其他村庄要抓紧做好工作方案优化完善工作，符合条件的可优先纳入第二批试点名单。

附件：江苏省特色田园乡村建设首批试点村庄名单

江苏省特色田园乡村建设工作联席会议办公室

2017年8月23日

附件：

江苏省特色田园乡村建设首批试点村庄名单

一、南京市

江宁区：秣陵街道元山社区观音殿、谷里街道张溪社区徐家院、湖熟街道和平社区钱家渡、东山街道佘村社区王家

高淳区：东坝镇游子山村小茅山脚、东坝镇青山村垄上

二、徐州市

铜山区：伊庄镇倪园村倪园

邳州市：官湖镇授贤村授贤

三、无锡市

惠山区：阳山镇桃园村冯巷、阳山镇桃源村前寺舍、阳山镇阳山村朱村

四、常州市

武进区：雪堰镇城西回民村陡门塘

溧阳市：溧城镇八字桥村礼诗圩、上兴镇余巷村牛马塘、别桥镇塘马村塘马、戴埠镇戴南村杨家村

五、苏州市

吴中区；临湖镇灵湖村黄墅

吴江区：震泽镇众安桥村谢家路

昆山市：张浦镇金华村北华翔、周庄镇祁浜村三株浜、锦溪镇朱浜村祝家甸

六、南通市

如皋市：如城街道顾庄社区顾家庄、如城街道大明社区大缪马、如城街道钱长村夏家庄

七、连云港市

赣榆区：黑林镇芦山村小芦山

灌南县：李集乡新民村新民

八、淮安市

金湖县：塔集镇高桥村黄庄

九、盐城市

东台市：三仓镇兰址村1、2和3组先进路北侧，4、5、6、7组，三仓镇联南村3、4、5、6、7、8组，三仓镇官苴村2、3、5、6组

十、扬州市

广陵区：沙头镇沙头村永太组、永加组

仪征市：月塘镇四庄村四庄组、东队组

十一、镇江市

丹徒区：世业镇世业村还青洲、世业镇世业村永茂圩、世业镇先锋村一组

十二、泰州市

姜堰区：桥头镇小杨村小杨

兴化市：缸顾乡东罗村东罗、海南镇刘泽村刘泽、陈堡镇唐庄村唐堡

泰兴市：黄桥镇祁巷村祁家庄

十三、宿迁市

泗阳县：李口镇八堡村八堡、新袁镇三岔村三岔、新袁镇灯笼湖村堆上组、卢集镇郝桥村时杨组

宿豫区：新庄镇振友村新成、小河西

第十二章　村民家庭记载

灵湖村现有25个村民小组，2020年末有村民903户3602人，其中男性1754人、女性1848人。世代居住在塘桥、东塘、水路上、翁家浜和海丝浜、舍上、吴舍、西塘、陆步庄、黄墅9个自然村。

本章将903户村民列表归并为882份，悉数载入其中，仅对每户村民家庭的现状和历史片断略作介绍，上可告慰先祖，下可惠泽后代。所载“现有家庭人员”，以常住本村户籍人口为主，辅以部分迁出户籍的，至于“家庭大事”以户主自报为要，彰显出中华人民共和国成立以来每个家庭所产生的变化。

灵湖村第1村民小组　　自然村：塘桥1号

项目	姓名	与户主关系	出生年月	民族	已故家属	
					称呼	姓名
现有家庭人员	孔福官	户主	1951-10-02	汉	父	孔柏泉
	孔明珍	妻	1954-10-22	汉	母	唐凤玲
	孔月萍	二女	1979-12-28	汉		
	陆雪江	女婿	1978-01-13	汉		
	孔佳昌	孙子	2000-08-19	汉		
家庭大事	孔福官1996年1月入党，1996年任塘桥村党支部书记。镇四届人大代表。 孔佳昌2022年7月考取华东理工大学（本科）。 1977年建3间平房，1990年翻建2层3间楼房。 2008年买商品房1套（银藏新村）。 2016年购轿车1辆。					

灵湖村第1村民小组　　自然村：塘桥2号

项目	姓名	与户主关系	出生年月	民族	已故家属	
					称呼	姓名
现有家庭人员	孔三寿	户主	1967-08-21	汉	父	孔伯林
	石桂娟	妻	1968-10-23	汉	母	孔招娣
	孔丽芸	女	1992-10-19	汉		
家庭大事	孔丽芸本科学历。 1987年建7间平房，2003年安置拆迁房2层4间。 1999年购轿车1辆。					

灵湖村第1村民小组　　自然村：塘桥3号

项目	姓名	与户主关系	出生年月	民族	已故家属	
					称呼	姓名
现有家庭人员	孔玉官	户主	1964-08-25	汉	祖父	孔镇余
	金丽珍	妻	1963-04-23	汉	祖母	沈阿招
	金福仙	母	1930-05-17	汉		
	孔根泉	父	1926-11-11	汉		
家庭大事	1993年建2层3间楼房，2003年拆迁重建2层3间楼房。 2011年买商品房1套（世贸运河）。 2017年购轿车1辆。 注：子女户口不在本村。					

灵湖村第1村民小组　　自然村：塘桥5号

项目	姓名	与户主关系	出生年月	民族	已故家属	
					称呼	姓名
现有家庭人员	沈德明	户主	1961-01-01	汉	祖父	沈鼎言
	陆玉英	妻	1963-10-29	汉	祖母	陆杏宝
	沈虹婷	女	2001-10-17	汉	母	吴玲娣
	沈火泉	父	1931-01-22	汉		
家庭大事	沈虹婷2020年考取西南财经大学天府学院（本科）。 1975年建6间平房，1999年建2层3间楼房，2005年建3间平房。					

灵湖村第1村民小组 **自然村：塘桥5号**

项目	姓名	与户主关系	出生年月	民族	已故家属	
					称呼	姓名
现有家庭人员	沈菊明	户主	1958-06-15	汉	祖父	沈鼎言
	李小红	妻	1962-11-06	汉	祖母	陆杏宝
	沈秋萍	长女	1984-10-12	汉	母	吴玲娣
	沈溪宸	孙女	2017-09-28	汉		
	魏煦宸	外孙	2015-03-03	汉		
家庭大事	沈菊明1978年4月应征入伍，1982年6月入党。 沈秋萍硕士研究生学历。 1984年建4间平房，1993年建2层3间楼房。					

灵湖村第1村民小组 **自然村：塘桥5-1号**

项目	姓名	与户主关系	出生年月	民族	已故家属	
					称呼	姓名
现有家庭人员	侯小刚	户主	1984-10-07	汉	曾祖父	沈鼎言
	沈琳琳	妻	1986-02-02	汉	曾祖母	陆杏宝
	沈菊明	岳父	1958-06-15	汉	祖母	吴玲娣
	李小红	岳母	1962-11-06	汉		
	沈火泉	祖父	1931-01-22	汉		
家庭大事	沈菊明1978年4月应征入伍，1982年6月入党。 沈琳琳大专学历，2008年8月入党。 2009年买商品房1套（越溪石湖公馆）。					

灵湖村第1村民小组　　自然村：塘桥7号

项目	姓名	与户主关系	出生年月	民族	已故家属	
					称呼	姓名
现有家庭人员	孔祥林	户主	1955-04-26	汉	父	孔来宝
	柳永妹	妻	1955-01-02	汉	母	赵福妹
	孔飞	子	1980-12-02	汉		
	徐玲	儿媳	1981-05-27	汉		
	孔怡蕊	孙女	2014-05-05	汉		
	孔静蕊	孙女	2017-10-01	汉		
家庭大事	1980年建4间平房，1982年建1间平房、2间猪棚，1991年建2层3间1灶间楼房。					

灵湖村第1村民小组　　自然村：塘桥13号

项目	姓名	与户主关系	出生年月	民族	已故家属	
					称呼	姓名
现有家庭人员	孔阿五	户主	1953-10-06	汉	父	孔阿美
					母	金阿秀
家庭大事	1980年建3间平房，2001年建4间平房。					

灵湖村第1村民小组 **自然村：塘桥15号**

项目	姓名	与户主关系	出生年月	民族	已故家属	
					称呼	姓名
现有家庭人员	孔春华	户主	1968-05-03	汉	祖父	孔阿美
	孔培芳	妻	1971-01-15	汉	祖母	金阿秀
	孔伶俐	长女	1992-06-06	汉		
	孔华丽	二女	1997-09-24	汉		
	孔浩义	父	1945-04-26	汉		
	施雪珍	母	1944-11-24	汉		
家庭大事	孔伶俐本科学历，2013年5月入党。 孔华丽本科学历，2017年9月入党。 1976年建5间平房，1990年建2层5间楼房，2016年翻建3层3间楼房。 2011年购轿车1辆。					

灵湖村第1村民小组 **自然村：塘桥16号**

项目	姓名	与户主关系	出生年月	民族	已故家属	
					称呼	姓名
现有家庭人员	柳永芳	户主	1958-03-06	汉	父	柳俊泉
	陆金仙	妻	1960-07-09	汉	母	柳云娣
	柳丽丹	子	1983-03-26	汉		
	石梓垚	孙女	2014-09-28	汉		
	柳梓钰	孙女	2020-12-12	汉		
家庭大事	柳丽丹中专学历。 1975年建8间平房，1992年建2层3间楼房，2004年建1间灶间。 有商品房2套（石湖香樟园、南菱花园）。 2009年购轿车1辆。 注：儿媳户口不在本村。					

灵湖村第1村民小组　　自然村：塘桥18号

项目	姓名	与户主关系	出生年月	民族	已故家属	
					称呼	姓名
现有家庭人员	柳永和	户主	1963-07-09	汉	父	柳俊泉
					母	柳云娣
家庭大事	1995年建5间平房。					

灵湖村第1村民小组　　自然村：塘桥18号

项目	姓名	与户主关系	出生年月	民族	已故家属	
					称呼	姓名
现有家庭人员	柳永平	户主	1966-07-24	汉	父	柳俊泉
	邹会琴	妻	1972-08-14	汉	母	柳云娣
	柳矗垚	子	1991-07-12	汉		
	柳伊伊	孙女	2019-10-31	汉		
家庭大事	柳矗垚2011年12月应征入伍，大专学历。 2000年建2层3间楼房。					

灵湖村第1村民小组　　自然村：塘桥19号

项目	姓名	与户主关系	出生年月	民族	已故家属	
					称呼	姓名
现有家庭人员	孔继宗	户主	1957-05-05	汉	父	孔林元
	孔祥芳	妻	1957-03-24	汉	母	朱根妹
	孔嘉煜	孙子	2004-10-01	汉	女	孔丽琴
家庭大事	孔嘉煜就读于吴中开放大学（大专）。 1989年建2层3间楼房。2017年翻建8间平房、3层3间楼房。					

灵湖村第1村民小组　　自然村：塘桥20号

项目	姓名	与户主关系	出生年月	民族	已故家属	
					称呼	姓名
现有家庭人员	查胜芳	户主	1957-01-15	汉	公爹	孔伯泉
	孔宇萍	子	1981-11-10	汉	公婆	唐凤玲
	金涵玉	儿媳	1981-11-22	汉	丈夫	孔全官
	孔凌丰	孙子	2007-06-25	汉		
家庭大事	孔宇萍大专学历，金涵玉大专学历。 1979年建3间平房、2间猪棚，1988年翻建2层3间楼房，2002年建2层7间小楼房、1间平房。 2016年买商品房1套（越溪水木清华）。					

灵湖村第1村民小组　　自然村：塘桥21号

项目	姓名	与户主关系	出生年月	民族	已故家属	
					称呼	姓名
现有家庭人员	孔凤明	户主	1963-08-27	汉	父	孔泉元
	吴雪雯	妻	1966-03-30	汉	母	沈小妹
	孔美蓉	女	1987-11-17	汉		
	刘孔霖	孙子	2012-06-07	汉		
	孔梓伶	孙女	2018-01-15	汉		
家庭大事	孔美蓉2007年10月入党。 1979年建3间1厢平房，2006年建2层3间1厢楼房。 2019年买商品房1套（南京鼓楼区随园），2021年买随园房隔壁。 2020年购轿车1辆。					

灵湖村第1村民小组　　自然村：塘桥22号

项目	姓名	与户主关系	出生年月	民族	已故家属	
					称呼	姓名
现有家庭人员	孔凤利	户主	1966-06-02	汉	父	孔泉元
	沈培芳	妻	1967-11-22	汉	母	沈小妹
	孔永康	子	1990-02-28	汉		
	唐鉴花	儿媳	1994-09-25	汉		
	孔睿宏	孙子	2019-12-21	汉		
家庭大事	孔永康大专学历。 1999年建4间平房，2000年建2层3间楼房，2002年建2层9间楼房。 2019年购轿车1辆。					

灵湖村第1村民小组　自然村：塘桥23号

项目	姓名	与户主关系	出生年月	民族	已故家属	
					称呼	姓名
现有家庭人员	孔华琪	户主	1957-04-26	汉	母	孔阿二
	何梅芳	妻	1956-06-25	汉		
	孔晓燕	女	1981-09-25	汉		
	王贵之	女婿	1978-02-19	汉		
	孔文涛	孙子	2005-01-23	汉		
	王辰涛	孙子	2006-08-31	汉		
	孔海林	父	1931-09-07	汉		
家庭大事	王贵之本科学历，孔晓燕大专学历。 1986年建2层3间楼房，2016年翻建3层3间别墅。 2016年买商品房1套（木渎香格里拉花园），2021年买商品房1套（金融街融悦时光）。 2012年购轿车1辆，2018年购轿车1辆。					

灵湖村第1村民小组　自然村：塘桥24号

项目	姓名	与户主关系	出生年月	民族	已故家属	
					称呼	姓名
现有家庭人员	徐龙英	户主	1951-07-06	汉	公爹	孔银和
	孔晓军	子	1976-06-20	汉	公婆	孔小妹
	孔丘扬	孙子	2004-12-30	汉	丈夫	孔根大
	邱丽娟	儿媳	1979-10-19	汉		
	邱子游	孙子	2017-04-26	汉		
家庭大事	孔晓军为中共党员。 1978年建3间平房，1984年建3间平房，1990年建2层2间楼房，1993年建2层2间楼房，2001年建2层2间楼房。 2005年买商品房1套（水香六村）。 注：儿媳、孙子户口不在本村。					

灵湖村第1村民小组

自然村：塘桥25号

项目	姓名	与户主关系	出生年月	民族	已故家属	
					称呼	姓名
现有家庭人员	孔云高	户主	1965-06-25	汉	祖父	孔银和
	孔建英	妻	1966-02-12	汉	祖母	孔小妹
	孔玉婷	女	1988-12-06	汉		
	孔子昊	外孙	2019-09-19	汉		
	朱子昱	外孙	2016-08-05	汉		
	孔根寿	父	1940-11-22	汉		
	殷惠英	母	1944-01-19	汉		
家庭大事	孔建英2002年6月入党。 孔玉婷本科学历。 1976年建7间平房，1993年建2层半3间楼房。 注：女婿户口不在本村。					

灵湖村第1村民小组

自然村：塘桥26号

项目	姓名	与户主关系	出生年月	民族	已故家属	
					称呼	姓名
现有家庭人员	孔金彩	户主	1935-12-19	汉	父	孔全甫
					母	孔陆氏
					丈夫	金芝鹤
家庭大事	2018年建3间平房。 注：子女户口不在本村。					

灵湖村第1村民小组　　自然村：塘桥27号

项目	姓名	与户主关系	出生年月	民族	已故家属	
					称呼	姓名
现有家庭人员	孔龙琪	户主	1963-07-12	汉	母	孔阿二
	孔全珍	妻	1963-11-08	汉		
	孔君	子	1986-10-04	汉		
	孔海林	父	1931-09-07	汉		
家庭大事	孔君本科学历。 1990年建2层3间楼房，2005年建2层7间楼房。 2004年买商品房1套（迎春家园）。 2006年、2009年、2012年分别购轿车1辆。 注：儿媳户口不在本村。					

灵湖村第1村民小组　　自然村：塘桥28号

项目	姓名	与户主关系	出生年月	民族	已故家属	
					称呼	姓名
现有家庭人员	沈俊华	户主	1950-01-03	汉	父	沈继贤
	孔凤英	妻	1948-09-01	汉	母	顾金仙
	沈永刚	长子	1970-12-09	汉		
	赵跃芳	儿媳	1971-11-21	汉		
	沈沂	孙子	1994-06-02	汉		
家庭大事	赵跃芳2009年7月入党。 沈沂2016年9月应征入伍，就读于西安交通大学研究生院（大专）。 1981年建6间平房，1990年建2层5间楼房，2016年建3层3间楼房。 2018年10月购轿车1辆。 2016年被评为吴中区最美家庭。					

灵湖村第1村民小组　　自然村：塘桥28号

<table>
<tr><th rowspan="2">项目</th><th rowspan="2">姓名</th><th rowspan="2">与户主关系</th><th rowspan="2">出生年月</th><th rowspan="2">民族</th><th colspan="2">已故家属</th></tr>
<tr><th>称呼</th><th>姓名</th></tr>
<tr><td rowspan="8">现有家庭人员</td><td>沈永良</td><td>户主</td><td>1972-07-10</td><td>汉</td><td>祖父</td><td>沈继贤</td></tr>
<tr><td>陆芳</td><td>妻</td><td>1974-06-20</td><td>汉</td><td>祖母</td><td>顾金仙</td></tr>
<tr><td>沈茜</td><td>女</td><td>1998-01-18</td><td>汉</td><td></td><td></td></tr>
<tr><td>孔凤英</td><td>母</td><td>1948-09-01</td><td>汉</td><td></td><td></td></tr>
<tr><td>沈俊华</td><td>父</td><td>1950-01-03</td><td>汉</td><td></td><td></td></tr>
<tr><td></td><td></td><td></td><td></td><td></td><td></td></tr>
<tr><td></td><td></td><td></td><td></td><td></td><td></td></tr>
<tr><td></td><td></td><td></td><td></td><td></td><td></td></tr>
<tr><td>家庭大事</td><td colspan="6">沈永良1990年12月应征入伍，1993年7月入党。
沈茜就读于常熟理工学院（本科）。
2006年建2层2间楼房。
2016年购轿车1辆。</td></tr>
</table>

灵湖村第1村民小组　　自然村：塘桥29号

<table>
<tr><th rowspan="2">项目</th><th rowspan="2">姓名</th><th rowspan="2">与户主关系</th><th rowspan="2">出生年月</th><th rowspan="2">民族</th><th colspan="2">已故家属</th></tr>
<tr><th>称呼</th><th>姓名</th></tr>
<tr><td rowspan="8">现有家庭人员</td><td>孔美新</td><td>户主</td><td>1927-05-23</td><td>汉</td><td>父</td><td>孔云甫</td></tr>
<tr><td>孔天官</td><td>儿子</td><td>1962-12-27</td><td>汉</td><td>母</td><td>孔彩英</td></tr>
<tr><td>赵福英</td><td>儿媳</td><td>1968-08-12</td><td>汉</td><td>丈夫</td><td>孔厚德</td></tr>
<tr><td>孔云蛟</td><td>孙子</td><td>1989-02-21</td><td>汉</td><td></td><td></td></tr>
<tr><td>孔宥禾</td><td>曾孙</td><td>2021-11-20</td><td>汉</td><td></td><td></td></tr>
<tr><td></td><td></td><td></td><td></td><td></td><td></td></tr>
<tr><td></td><td></td><td></td><td></td><td></td><td></td></tr>
<tr><td></td><td></td><td></td><td></td><td></td><td></td></tr>
<tr><td>家庭大事</td><td colspan="6">孔云蛟大专学历。
1979年建3间平房，1995年建2层3间楼房。
2019年买住宅1套（越溪景瑞御江山）。
2014年购轿车1辆。</td></tr>
</table>

灵湖村第1村民小组

自然村：塘桥30号

项目	姓名	与户主关系	出生年月	民族	已故家属	
					称呼	姓名
现有家庭人员	沈俊元	户主	1940-11-23	汉	父	沈仁言
	沈水珍	妻	1941-11-13	汉	母	孔彩娣
家庭大事	1971年建5间2厢平房，2005年翻建3层4间楼房。 注：子女户口不在本村。					

灵湖村第1村民小组

自然村：塘桥31号

项目	姓名	与户主关系	出生年月	民族	已故家属	
					称呼	姓名
现有家庭人员	孔金官	户主	1960-11-15	汉	父	孔柏泉
	金菊仙	妻	1962-09-04	汉	母	唐凤玲
	孔丽艳	女	1985-11-26	汉		
	韩峰	女婿	1984-12-17	汉		
	孔韩博衍	孙子	2016-03-24	汉		
家庭大事	孔金官1979年3月应征入伍。 孔丽艳大专学历，韩峰本科学历。 1981年建3间平房，1995年建2层3间楼房，另有大门前楼房1间2层。 2020年买商品房1套（悠步临湖）。 2010年购轿车1辆。					

灵湖村第1村民小组 **自然村：塘桥32号**

项目	姓名	与户主关系	出生年月	民族	已故家属	
					称呼	姓名
现有家庭人员	沈雪琪	户主	1960-08-07	汉	祖父	沈仁言
	翁巧珍	妻	1961-07-03	汉	祖母	孔彩娣
	沈慧	子	1986-01-01	汉	父	沈俊林
	王琦丹	儿媳	1986-11-07	汉	母	翁阿妹
	沈欣桥	孙子	2015-12-26	汉		
	王欣瑭	孙女	2012-02-12	汉		
家庭大事	沈慧2009年毕业于江西财经大学（本科）。 王琦丹2009年毕业于扬州大学（本科）。 1972年建4间2厢平房，1992年建2层3间2厢楼房。					

灵湖村第1村民小组 **自然村：塘桥33号**

项目	姓名	与户主关系	出生年月	民族	已故家属	
					称呼	姓名
现有家庭人员	徐富泉	户主	1938-03-19	汉	父	徐鼎贤
	钱大星	妻	1943-06-19	汉	母	陆杏宝
					儿	徐月华
家庭大事	1962年建4间平房，1965年建2间猪棚，1999年建4小间平房，2015年翻建3层3间楼房（儿媳造）。儿媳、孙女、孙子在苏州城里打工。 注：儿媳、孙女、孙子户口不在本村。儿子徐月华33岁时去世。					

灵湖村第1村民小组　　自然村：塘桥35号

项目	姓名	与户主关系	出生年月	民族	已故家属	
					称呼	姓名
现有家庭人员	孔龙官	户主	1950-06-21	汉	祖父	孔镇余
	沈虎宝	妻	1948-10-02	汉	祖母	沈阿招
	孔建江	子	1971-05-14	汉		
	孔芳	儿媳	1973-01-25	汉		
	孔维益	孙子	1994-04-11	汉		
	孔根泉	父	1926-11-11	汉		
	金福仙	母	1930-05-17	汉		
家庭大事	孔维益大专学历。 1985年建4间平房，1993年建2层3间楼房。 2019年买商品房1套（悠步临湖）。 2011年购轿车1辆，2020年购轿车1辆。					

灵湖村第1村民小组　　自然村：塘桥36号

项目	姓名	与户主关系	出生年月	民族	已故家属	
					称呼	姓名
现有家庭人员	孔文龙	户主	1948-03-23	汉	父	孔建林
	邱玲娣	妻	1947-06-28	汉	母	杨桂仙
	孔卫红	子	1972-01-24	汉		
	孔莉芬	儿媳	1973-06-23	汉		
	孔雨婷	孙女	1995-11-14	汉		
家庭大事	孔雨婷本科学历，2017年6月入党。 1990年建2层3间楼房，2003年翻建4间平房，2006年翻建3层3间楼房。 2021年买商品房1套（和岸花园）。 2017年购轿车1辆。					

灵湖村第1村民小组　　自然村：塘桥37号

项目	姓名	与户主关系	出生年月	民族	已故家属	
					称呼	姓名
现有家庭人员	孔文华	户主	1954-12-26	汉	父	孔建林
	金水英	妻	1954-12-30	汉	母	陆明宝
	孔国荣	子	1979-08-20	汉		
	吴小红	儿媳	1981-09-05	汉		
	孔雨星	孙女	2005-03-25	汉		
家庭大事	孔雨星五年制大专在读。 1995年建2层3间楼房。 2017年购轿车1辆。					

灵湖村第1村民小组　　自然村：塘桥38号

项目	姓名	与户主关系	出生年月	民族	已故家属	
					称呼	姓名
现有家庭人员	孔青青	户主	1966-02-02	汉	母	孔阿二
	林卫清	妻	1968-11-04	汉		
	孔晓静	女	1991-02-27	汉		
	孔海林	父	1931-09-07	汉		
家庭大事	孔晓静毕业于吴中开放大学（大专）。 1980年前建2间平房，1980年后建2间半平房，1999年建2层3间楼房。 2019年买商品房1套（木渎万科）。 2014年购轿车1辆。					

灵湖村第1村民小组

自然村：塘桥39号

项目	姓名	与户主关系	出生年月	民族	已故家属	
					称呼	姓名
现有家庭人员	孔桂林	户主	1950-01-14	汉	父	孔松洲
	孔孝明	子	1979-01-03	汉	母	孔阿林
	史云芳	儿媳	1980-08-23	汉	妻	石美新
	孔华强	孙子	2001-06-17	汉		
家庭大事	孔华强大专学历。 1977年建4间平房，1991年翻建2层3间楼房。 2018年买商品房1套（花漫四季）。 2013年购轿车1辆。					

灵湖村第1村民小组

自然村：塘桥40号

项目	姓名	与户主关系	出生年月	民族	已故家属	
					称呼	姓名
现有家庭人员	孔祥华	户主	1949-03-01	汉	父	孔来保
	孔雪珍	妻	1950-06-15	汉	母	赵福妹
	孔海洪	长子	1973-12-06	汉		
	曹丽芳	儿媳	1974-02-15	汉		
	孔斌	孙子	1996-11-16	汉		
家庭大事	孔祥华1969年3月应征入伍，1972年5月入党。 孔斌大专学历。 1993年建2层4间楼房。 2019年买商品房1套（悠步花园）。 2016年购轿车1辆。					

灵湖村第1村民小组

自然村：塘桥41号

项目	姓名	与户主关系	出生年月	民族	已故家属	
					称呼	姓名
现有家庭人员	顾晓华	户主	1962-08-05	汉	公爹	沈继贤
					公婆	顾金仙
					丈夫	沈福元
家庭大事	顾晓华1983年12月于塘桥幼儿园教书，1991年调渡村乡政府工作。2002年1月入党。2017年退休后常参与公益活动。 1988年建2层3间楼房。 2019年买商品房1套（南园新村）。 注：子女户口不在本村。					

灵湖村第1村民小组

自然村：塘桥43号

项目	姓名	与户主关系	出生年月	民族	已故家属	
					称呼	姓名
现有家庭人员	孔晓磊	户主	1970-01-25	汉	祖父	孔星州
	孔锌媛	女	2000-04-26	汉	祖母	陆云珠
	孔春根	父	1939-01-01	汉		
	艾菊仙	母	1940-09-13	汉		
	王九根	丈夫	1970-05-05	汉		
家庭大事	孔锌媛毕业于吴中开放大学。 1981年建2层2间楼房，2001年建2层2间楼房。 2008年购商品房1套（蜜蜂城）。 2012年购轿车1辆。 注：丈夫户口不在本村。					

灵湖村第1村民小组

自然村：塘桥45号

项目	姓名	与户主关系	出生年月	民族	已故家属	
					称呼	姓名
现有家庭人员	沈俊英	户主	1943-12-20	汉	父	沈仲贤
	韩金娣	妻	1943-10-06	汉	母	沈阿妹
	沈建国	子	1972-04-18	汉		
家庭大事	沈建国本科学历。 1983年建2层2间楼房。 2017年买商品房1套（吴舍村）。 2018年购轿车1辆。 注：儿媳及孙辈户口不在本村。					

灵湖村第1村民小组

自然村：塘桥46-1号

项目	姓名	与户主关系	出生年月	民族	已故家属	
					称呼	姓名
现有家庭人员	孔淼	户主	1977-01-29	汉	祖父	孔伯林
	孔伟红	妻	1979-09-03	汉	祖母	孔招娣
	孔双屹	女	2002-04-02	汉		
	孔福寿	父	1949-02-08	汉		
	孔雪英	母	1952-01-20	汉		
家庭大事	孔福寿1971年1月应征入伍，1973年12月入党。 孔双屹2020年考取扬州大学（本科）。 1968年建7间平房，1991年建2层3间楼房，2018年翻建3层3间楼房、2间灶间。 2011年买商品房1套（国风华苑）。					

灵湖村第1村民小组 自然村：塘桥47号

项目	姓名	与户主关系	出生年月	民族	已故家属	
					称呼	姓名
现有家庭人员	徐根泉	户主	1954-03-23	汉	岳父	孔繁华
	孔祥英	妻	1955-03-11	汉	岳母	张惠珠
	孔雅兰	长女	1988-06-01	汉		
	孔金兰	二女	1983-07-01	汉		
	孔周岳	孙子	2010-02-06	汉		
家庭大事	徐根泉1996年5月入党。 1985年建9间平房，1995年翻建2层4间楼房。 2016年购轿车1辆。 注：孔金兰、孔周岳户口不在本村。					

灵湖村第1村民小组 自然村：塘桥48—49号

项目	姓名	与户主关系	出生年月	民族	已故家属	
					称呼	姓名
现有家庭人员	艾培明	户主	1965-04-03	汉	祖父	艾桂生
	陆桂娟	妻	1965-09-14	汉	祖母	艾彩宝
	艾玉蓉	女	1988-12-06	汉	父	艾建华
	刘坤朋	女婿	1983-11-03	汉		
	艾启轩	孙子	2010-08-28	汉		
	刘子轩	孙子	2013-05-21	汉		
	孔阿多	母	1944-01-19	汉		
家庭大事	艾玉蓉大专学历，刘坤朋大专学历。 1967年建3间平房，1997年建2层3间楼房。 2015年购轿车1辆。					

灵湖村第1村民小组　　自然村：塘桥50号

项目	姓名	与户主关系	出生年月	民族	已故家属	
					称呼	姓名
现有家庭人员	施明华	户主	1957-08-23	汉	父	施阿泉
	孔全英	妻	1957-10-16	汉	母	吴根娣
	施宇磊	女	1981-10-31	汉		
	施佳烨	孙女	2004-09-20	汉		
家庭大事	施宇磊大专学历。 1985年建3间平房，2000年建2层3间楼房。 买商品房1套（吴江太湖新城花园）。 2006年购轿车1辆。 注：女婿户口不在本村。					

灵湖村第1村民小组　　自然村：塘桥51号

项目	姓名	与户主关系	出生年月	民族	已故家属	
					称呼	姓名
现有家庭人员	郁惠兴	户主	1970-08-20	汉	祖父	郁桂生
	郁惠林	兄	1969-03-16	汉	祖母	陆阿妹
	郁仲彦	儿子	1995-01-07	汉	父	郁福根
	张思怡	儿媳	1996-11-02	汉	母	孔大三
	郁可轶	孙女	2022-09-15	汉		
	张砚茁	孙子	2022-09-15	汉		
家庭大事	郁仲彦大专学历。 1992年建2层4间楼房。 2008年购轿车1辆，2015年购轿车1辆。 注：妻子户口不在本组。					

灵湖村第1村民小组　　自然村：塘桥52号

项目	姓名	与户主关系	出生年月	民族	已故家属	
					称呼	姓名
现有家庭人员	周凤虎	户主	1962-03-20	汉	父	周来兴
	朱梅芳	妻	1963-08-20	汉	母	周桂珍
	周洁	女	1986-10-16	汉		
	徐为军	女婿	1984-08-24	汉		
	徐启宸	外孙	2018-04-21	汉		
	周煜欣	外孙女	2020-08-27	汉		
家庭大事	周洁2014年入党，本科学历。 徐为军为中共党员。 1982年建4间平房，1988年建2层3间1厢楼房。 2018年买商品房1套（锦沧名苑）。 2008年购轿车1辆。					

灵湖村第1村民小组　　自然村：塘桥53号

项目	姓名	与户主关系	出生年月	民族	已故家属	
					称呼	姓名
现有家庭人员	陆云良	户主	1941-11-02	汉	父	陆根初
	唐水英	妻	1941-09-01	汉	母	钟阿二
	陆建民	子	1973-07-21	汉		
家庭大事	陆建民本科学历。 2002年买商品房1套（教师公寓）。 2010年建2层4间楼房。 2015年购轿车1辆。 注：儿媳及孙辈户口不在本村。					

灵湖村第1村民小组　　自然村：塘桥54号

项目	姓名	与户主关系	出生年月	民族	已故家属	
					称呼	姓名
现有家庭人员	石梅华	户主	1960-06-19	汉	父	石春生
	石静亚	长女	1988-04-19	汉	丈夫	查卫福
	石静莉	二女	1989-05-10	汉		
	黄铭轩	孙子	2017-01-04	汉		
	曹秀英	母	1940-12-28	汉		
家庭大事	石静莉本科学历，2011年6月入党。 石静亚本科学历。 1993年建3层3间楼房。 注：女婿户口不在本村。					

灵湖村第1村民小组　　自然村：塘桥55号

项目	姓名	与户主关系	出生年月	民族	已故家属	
					称呼	姓名
现有家庭人员	孔永林	户主	1948-12-07	汉	父	孔厚德
	施巧珍	妻	1953-02-16	汉		
	孔玉芳	女	1972-12-03	汉		
	凌文龙	女婿	1968-06-18	汉		
	孔凌	孙子	1992-10-27	汉		
	孔夏菡	曾孙女	2017-06-04	汉		
	孔美新	母	1927-05-23	汉		
家庭大事	孔永林为渡村乡第十三届人大代表。 孔凌大专学历。 1978年建4间平房，1990年建2层3间楼房。 1999年买商品房1套（牛桥门面房），2016年买商品房1套（东润花园）。 2014年购轿车1辆。					

灵湖村第1村民小组　　自然村：塘桥56号

项目	姓名	与户主关系	出生年月	民族	已故家属	
					称呼	姓名
现有家庭人员	孔金娥	户主	1942-01-19	汉	公爹	石佰官
	丁沉香	儿媳	1981-07-07	汉	公婆	孔阿三
	石东宸	孙子	2016-04-08	汉	丈夫	石阳生
	石蕾	孙女	1996-10-13	汉	子	石喜宏
家庭大事	石蕾大专学历。 1996年建3层4间楼房。 2014年买商品房1套（美澜花园）。					

灵湖村第1村民小组　　自然村：塘桥57号

项目	姓名	与户主关系	出生年月	民族	已故家属	
					称呼	姓名
现有家庭人员	孔永泉	户主	1956-08-10	汉	父	孔厚德
	孔勤妹	妻	1959-11-25	汉		
	孔明	子	1982-10-16	汉		
	陈淑兰	儿媳	1982-10-19	汉		
	孔孜韵	孙女	2008-03-22	汉		
	孔美新	母	1927-05-23	汉		
家庭大事	陈淑兰大专学历，孔明高职毕业。 1992年建2层3间楼房。 2018年买商品房1套（绿地·博墅）。					

灵湖村第1村民小组 自然村：塘桥59号

项目	姓名	与户主关系	出生年月	民族	已故家属	
					称呼	姓名
现有家庭人员	施献明	户主	1963-05-25	汉	祖父	施阿泉
	孔龙珍	妻	1962-03-21	汉	祖母	吴根娣
	施懿	子	1988-12-26	汉	父	施巧福
	施煜	女	1987-06-17	汉		
	黄以业	孙子	2017-12-22	汉		
	石巧珍	母	1940-05-25	汉		
家庭大事	施懿本科学历。 施煜本科学历，2006年入党。 1975年建3间平房，2005年建2层3间楼房。 买商品房1套（角直）。 2013年购轿车1辆。 注：儿媳户口不在本村。					

灵湖村第1村民小组 自然村：塘桥60号

项目	姓名	与户主关系	出生年月	民族	已故家属	
					称呼	姓名
现有家庭人员	孔永根	户主	1946-11-03	汉	父	孔厚德
	孔美新	母	1927-05-23	汉	妻	孔福娟
					女	孔月琴
家庭大事	孔永根于1966年10月受毛主席接见，1983年10月入党。 1980年建3间2灶间平房。 1998年买商品房1套。					

灵湖村第1村民小组 自然村：塘桥113号

<table>
<tr><th rowspan="2">项目</th><th rowspan="2">姓名</th><th rowspan="2">与户主关系</th><th rowspan="2">出生年月</th><th rowspan="2">民族</th><th colspan="2">已故家属</th></tr>
<tr><th>称呼</th><th>姓名</th></tr>
<tr><td rowspan="8">现有家庭人员</td><td>施惠明</td><td>户主</td><td>1965-09-21</td><td>汉</td><td>祖父</td><td>施阿泉</td></tr>
<tr><td>石喜芳</td><td>妻</td><td>1968-01-06</td><td>汉</td><td>祖母</td><td>吴根娣</td></tr>
<tr><td>施彬</td><td>子</td><td>1989-09-23</td><td>汉</td><td>父</td><td>施巧福</td></tr>
<tr><td>石巧珍</td><td>母</td><td>1940-05-25</td><td>汉</td><td></td><td></td></tr>
<tr><td></td><td></td><td></td><td></td><td></td><td></td></tr>
<tr><td></td><td></td><td></td><td></td><td></td><td></td></tr>
<tr><td></td><td></td><td></td><td></td><td></td><td></td></tr>
<tr><td></td><td></td><td></td><td></td><td></td><td></td></tr>
<tr><td>家庭大事</td><td colspan="6">施彬本科学历。
1975年建4间平房，1996年翻建2层2间楼房。
2019年买商品房1套（角直）。
2010年购轿车1辆。</td></tr>
</table>

灵湖村第1村民小组 自然村：塘桥114号

<table>
<tr><th rowspan="2">项目</th><th rowspan="2">姓名</th><th rowspan="2">与户主关系</th><th rowspan="2">出生年月</th><th rowspan="2">民族</th><th colspan="2">已故家属</th></tr>
<tr><th>称呼</th><th>姓名</th></tr>
<tr><td rowspan="8">现有家庭人员</td><td>沈俊央</td><td>户主</td><td>1949-06-10</td><td>汉</td><td>父</td><td>沈仲贤</td></tr>
<tr><td>陶惠芬</td><td>妻</td><td>1954-11-02</td><td>汉</td><td>母</td><td>沈阿妹</td></tr>
<tr><td>沈建新</td><td>子</td><td>1977-12-09</td><td>汉</td><td></td><td></td></tr>
<tr><td>陆春芳</td><td>儿媳</td><td>1978-03-19</td><td>汉</td><td></td><td></td></tr>
<tr><td>沈晨捷</td><td>孙子</td><td>2000-06-04</td><td>汉</td><td></td><td></td></tr>
<tr><td>沈晨煜</td><td>孙女</td><td>2010-05-27</td><td>汉</td><td></td><td></td></tr>
<tr><td></td><td></td><td></td><td></td><td></td><td></td></tr>
<tr><td></td><td></td><td></td><td></td><td></td><td></td></tr>
<tr><td>家庭大事</td><td colspan="6">沈建新1995年12月应征入伍。
沈晨捷大专学历，2021年3月应征入伍（现役军人）。
1989年建2层2间楼房、2间平房，2008年翻建3层4间楼房。
2008年买商品房1套（鼎泰花园）。
2013年购轿车1辆。</td></tr>
</table>

灵湖村第2村民小组 **自然村：塘桥1号**

项目	姓名	与户主关系	出生年月	民族	已故家属	
					称呼	姓名
现有家庭人员	邱国香	户主	1975-02-17	汉		
家庭大事						

灵湖村第2村民小组 **自然村：塘桥11号**

项目	姓名	与户主关系	出生年月	民族	已故家属	
					称呼	姓名
现有家庭人员	邵桂林	户主	1937-04-24	汉	公爹	邬阿荣
	邬忠明	子	1968-10-04	汉	公婆	黄阿妹
	张艳群	儿媳	1974-01-01	汉	丈夫	邬双泉
	邬怡	孙女	1996-12-02	汉		
家庭大事	邬怡大专学历。 1963年建6间平房，2011年拆迁后于方庄村建3层3间2厢楼房、6间平房。					

灵湖村第2村民小组　　自然村：塘桥61号

项目	姓名	与户主关系	出生年月	民族	已故家属	
					称呼	姓名
现有家庭人员	韩霞仙	户主	1940-10-10	汉	祖父	韩秀芝
					祖母	韩孔氏
					父	韩林元
					母	唐钟兰
					丈夫	吴元英
家庭大事	买星莲花苑住宅1套。 注：子女户口不在本村。					

灵湖村第2村民小组　　自然村：塘桥62号

项目	姓名	与户主关系	出生年月	民族	已故家属	
					称呼	姓名
现有家庭人员	韩招根	户主	1950-05-16	汉	祖父	韩培芝
	金巾凤	妻	1948-02-13	汉	祖母	石阿三
	韩雪锋	子	1973-05-11	汉	父	韩林镕
	石双凤	儿媳	1974-10-09	汉	母	金妹心
	韩杰	孙子	1997-03-15	汉		
家庭大事	韩杰本科学历。 1973年建10间平房，1991年建2层4间楼房，2002年建2层4间小楼房，2005年建2层5间小楼房，2006年建3层4间楼房。 2006年1月购轿车1辆。					

灵湖村第2村民小组　　自然村：塘桥63号

项目	姓名	与户主关系	出生年月	民族	已故家属	
					称呼	姓名
现有家庭人员	陆桂根	户主	1953-08-06	汉	父	陆志刚
	金美宝	妻	1958-11-08	汉	母	陆正妹
	陆惠斌	子	1986-12-21	汉		
	周清	儿媳	1991-11-12	汉		
	陆欣琪	孙女	2016-03-02	汉		
	陆欣羽	孙女	2020-03-08	汉		
家庭大事	周清大专学历。 1972年建3间平房，1992年建2层3间楼房，2005年建2层3间小楼房。 2016年购轿车1辆。					

灵湖村第2村民小组　　自然村：塘桥64号

项目	姓名	与户主关系	出生年月	民族	已故家属	
					称呼	姓名
现有家庭人员	孔金龙	户主	1955-10-04	汉	祖父	孔孝泉
	宋菊英	妻	1959-10-15	汉	祖母	孔阿大
	孔跃明	子	1983-07-17	汉	父	孔根林
	杨敏	儿媳	1979-12-07	汉	母	陆阿毛
	孔淑颖	孙女	2009-05-11	汉		
家庭大事	孔跃明大专学历，杨敏大专学历。 1982年建3间1厢平房，1995年建2层3间1厢楼房。 2018年购商品房1套，2020年购商品房1套。 2008年购轿车1辆，2019年购轿车1辆。					

灵湖村第2村民小组 自然村：塘桥65号

项目	姓名	与户主关系	出生年月	民族	已故家属	
					称呼	姓名
现有家庭人员	孔明华	户主	1963-04-18	汉	祖父	孔星甫
	宋月英	妻	1966-03-14	汉	祖母	唐彩凤
	孔静洁	女	1989-01-07	汉	父	孔桂生
	查萱	外孙女	2016-04-20	汉	母	陆小妹
	孔晴	外孙女	2020-03-27	汉		
家庭大事	孔静洁本科学历，2009年入党。 1996年建2层3间1厢楼房。 2015年购商品房1套。 2013年购轿车1辆。 注：女婿户口不在本村。					

灵湖村第2村民小组 自然村：塘桥66号

项目	姓名	与户主关系	出生年月	民族	已故家属	
					称呼	姓名
现有家庭人员	孔炳华	户主	1966-07-28	汉	祖父	孔星甫
	沈文娟	妻	1967-03-20	汉	祖母	唐彩凤
	孔浩杰	子	1990-09-20	汉	父	孔桂生
	孔佳怡	孙女	2014-12-26	汉	母	陆小妹
家庭大事	孔浩杰大专学历。 1988年建4间平房，1995年建2层半6间楼房。 买商品房1套（红星花园）。 2010年购轿车1辆，2020年购轿车1辆。 注：儿媳户口不在本村。					

灵湖村第2村民小组

自然村：塘桥67号

项目	姓名	与户主关系	出生年月	民族	已故家属	
					称呼	姓名
现有家庭人员	邬水根	户主	1952-04-03	汉	祖父	邬阿水
	黄兴仙	妻	1953-03-13	汉	祖母	邬李氏
	邬祥官	子	1977-01-25	汉	父	邬阿宝
	邬嘉宁	孙女	2004-12-06	汉	母	蔡金凤
	张文芳	非亲属	1978-02-02	汉		
家庭大事	邬嘉宁大专学历。 1976年建6间平房、2间厢房，1990年建2层3间楼房，2008年建12间小房。 邬祥官买商品房1套（石舍村委会附近）。					

灵湖村第2村民小组

自然村：塘桥68号

项目	姓名	与户主关系	出生年月	民族	已故家属	
					称呼	姓名
现有家庭人员	唐建明	户主	1964-02-27	汉	祖父	邬阿妹
	邬晓红	妻	1968-08-11	汉	祖母	王阿妹
	邬冰睿	子	1990-09-25	汉	岳父	邬根泉
	沈旦萍	儿媳	1994-01-03	汉		
	邬嘉昱	孙子	2020-09-15	汉		
	邱福金	岳母	1948-04-18	汉		
家庭大事	邬晓红大专学历，小学教师。 邬冰睿为苏州大学医学院研究生，现任木渎人民医院心内科医师。 沈旦萍本科学历，在木渎教书。 2020年唐建明捐款1万元抗击新冠疫情。 1988年翻建4间平房，1994年建3层4间楼房，2020年翻建花厅。 2006年买商品房1套（银藏路），2008年买商品房1套（世贸），2015年置换苏州湾住宅。 2003年购中包车1辆，2005年购轿车1辆，2015年购轿车1辆。					

灵湖村第2村民小组　　自然村：塘桥69号

项目	姓名	与户主关系	出生年月	民族	已故家属	
					称呼	姓名
现有家庭人员	周三禧	户主	1953-04-05	汉	祖父	周万兴
	黄宝妹	妻	1954-12-01	汉	祖母	周毛氏
	周小红	女	1980-08-14	汉	父	周年华
	周寅清	孙女	2001-08-15	汉	母	韩惠娟
家庭大事	1975年建3间平房，1990年建2层2间1厢楼房，1994年建3间辅房及院子，1994年楼房后建2间厨房。 购渡村石马门面房2层2间及后面出租房。 2015年购轿车1辆。 注：女婿户口不在本村。					

灵湖村第2村民小组　　自然村：塘桥70号

项目	姓名	与户主关系	出生年月	民族	已故家属	
					称呼	姓名
现有家庭人员	孔利荣	户主	1977-11-21	汉	曾祖父	孔宝寿
	顾春芳	妻	1978-03-07	汉	曾祖母	孔氏
	孔健豪	子	2002-01-16	汉	祖父	孔金兴
	孔虎林	父	1943-09-30	汉	祖母	孔阿三
	吴河英	母	1956-02-23	汉		
家庭大事	孔健豪大专学历。 1978年建4间平房，1985年建3间平房，1992年建2层3间楼房。					

灵湖村第2村民小组　　自然村：塘桥70-1号

项目	姓名	与户主关系	出生年月	民族	已故家属	
					称呼	姓名
现有家庭人员	孔惠荣	户主	1979-07-04	汉	曾祖父	孔宝寿
	杨小梅	妻	1973-10-06	汉	曾祖母	孔氏
	孔鑫龙	子	2012-03-04	汉	祖父	孔金兴
	吴河英	母	1956-02-23	汉	祖母	孔阿三
	孔虎林	父	1943-09-30	汉		
家庭大事	1978年建3间平房。预拆迁分配公房1套（采莲小区）。					

灵湖村第2村民小组　　自然村：塘桥71号

项目	姓名	与户主关系	出生年月	民族	已故家属	
					称呼	姓名
现有家庭人员	孔根虎	户主	1954-08-15	汉	祖父	孔甫泉
	孔凤珍	妻	1958-02-11	汉	祖母	陈阿金
	孔海花	女	1981-06-30	汉	父	孔来福
	张建强	女婿	1977-11-02	汉	母	查阿妹
	孔铭	孙子	2009-01-22	汉		
家庭大事	1976年建3间平房，1985年建2层3间楼房，2016年翻建3层3间楼房。 2016年买商品房1套（越湖名邸）。					

灵湖村第2村民小组　　自然村：塘桥72号

项目	姓名	与户主关系	出生年月	民族	已故家属	
					称呼	姓名
现有家庭人员	孔仁华	户主	1964-05-02	汉	祖父	孔星甫
	陈伊琴	妻	1971-10-07	汉	祖母	唐彩凤
	孔梦婷	女	1994-12-08	汉	父	孔小毛
					母	孔阿妹
家庭大事	孔梦婷本科学历。 1997年建2层3间楼房、1厢房。 2018年购商品房1套（伴湖花园）。 2014年购轿车1辆。					

灵湖村第2村民小组　　自然村：塘桥74号

项目	姓名	与户主关系	出生年月	民族	已故家属	
					称呼	姓名
现有家庭人员	邬建明	户主	1970-10-23	汉	祖父	邬阿金
	孔树英	妻	1970-11-13	汉	祖母	邬阿巧
	邬雁宇	女	1995-01-28	汉	父	邬荣培
	林兴威	女婿	1992-06-19	汉		
	林钰	外孙女	2017-04-25	汉		
	孔金妹	母	1947-12-22	汉		
家庭大事	邬雁宇本科学历。 1972年建5间平房。					

灵湖村第2村民小组 自然村：塘桥74号

项目	姓名	与户主关系	出生年月	民族	已故家属	
					称呼	姓名
现有家庭人员	邬卫明	户主	1967-02-13	汉	祖父	邬阿金
	邬欣宇	子	1996-03-07	汉	祖母	邬阿巧
	孔金妹	母	1947-12-22	汉	父	邬荣培
家庭大事	邬欣宇毕业于广西科技大学鹿山学院（本科）。 1972年建3间平房，1988年建2层5间楼房。 2007年买商品房1套（菱湖小区）。 2012年购轿车1辆。					

灵湖村第2村民小组 自然村：塘桥75号

项目	姓名	与户主关系	出生年月	民族	已故家属	
					称呼	姓名
现有家庭人员	陈烈先	户主	1965-01-21	汉	公爹	张阿根
	张玲玲	长女	1988-11-24	汉	公婆	张秀珍
	张婷婷	二女	1990-03-04	汉	丈夫	张金荣
	刘张煜祺	外孙女	2020-07-27	汉		
	王远园	非亲属	1989-08-01	汉		
家庭大事	1980年建3间平房，1985年建2间平房，1998年建2层5间楼房，2019年翻建2层3间楼房。 2019年购轿车1辆。					

灵湖村第2村民小组 自然村：塘桥76号

项目	姓名	与户主关系	出生年月	民族	已故家属	
					称呼	姓名
现有家庭人员	孔金虎	户主	1952-12-15	汉	祖父	孔孝泉
	金秋香	妻	1955-06-21	汉	祖母	孔阿大
	孔耀红	子	1978-11-20	汉	父	孔根林
	沈虹	儿媳	1979-10-23	汉	母	陆阿毛
	孔颖怡	孙女	2001-10-13	汉		
家庭大事	孔颖怡2020年就读于湖南涉外经济学院（本科）。 1982年建4间平房，1994年建2层4间1厢楼房，2018年翻建3层3间楼房、2层1间厢房。 有商品房1套（东润花园）。					

灵湖村第2村民小组 自然村：塘桥96号

项目	姓名	与户主关系	出生年月	民族	已故家属	
					称呼	姓名
现有家庭人员	邬阿弟	户主	1951-11-29	汉	父	邬阿二
	荣菊珍	妻	1954-12-03	汉	母	邬阿巧
	邬建荣	子	1979-10-23	汉		
	邬建妹	女	1981-07-20	汉		
家庭大事	1975年建3间平房，1996年建2层3间楼房。 2019年购轿车1辆。					

灵湖村第2村民小组 自然村：塘桥97号

项目	姓名	与户主关系	出生年月	民族	已故家属	
					称呼	姓名
现有家庭人员	孔雪华	户主	1969-02-05	汉	祖父	孔星甫
	孔凌锋	子	1991-04-21	汉	祖母	唐彩凤
	孔语萌	孙女	2020-04-21	汉	父	孔小毛
	姚燕飞	非亲属	1969-12-16	汉	母	孔阿妹
家庭大事	1989年建3间平房，1999年建2层3间楼房。 2018年买商品房1套（普罗旺斯）。 2015年孔凌峰购轿车1辆，2018年姚燕飞购轿车1辆。 注：儿媳户口不在本村。					

灵湖村第2村民小组 自然村：塘桥98号

项目	姓名	与户主关系	出生年月	民族	已故家属	
					称呼	姓名
现有家庭人员	邬荣明	户主	1964-07-18	汉	祖父	邬阿荣
	邬凤娟	妻	1964-11-28	汉	祖母	黄阿妹
	邬晓文	子	1989-08-08	汉	父	邬双泉
	邬欣悦	孙女	2014-03-29	汉		
	邵桂林	母	1937-04-24	汉		
家庭大事	邬晓文中专学历。 1991年建3间平房，1995年建2层3间楼房、1厢房。 2017年购商品房1套（港隆花苑）。 注：儿媳户口不在本村。					

灵湖村第2村民小组　　自然村：塘桥99号

项目	姓名	与户主关系	出生年月	民族	已故家属	
					称呼	姓名
现有家庭人员	孔亚明	户主	1962-05-02	汉	曾祖父	孔宝寿
	金玲珍	妻	1963-09-25	汉	曾祖母	孔氏
	庄娟	儿媳	1989-08-09	汉	祖父	孔金兴
	孔晨溪	孙子	2013-10-05	汉	祖母	孔阿三
	孔才林	父	1936-12-05	汉	子	孔蓉杰
	邬妹英	母	1940-11-30	汉		
家庭大事	孔蓉杰2005年12月应征入伍。 庄娟大专学历。 1978年建3间平房，1995年建3层3间楼房，2006年建2层5间小楼。 2006年购轿车1辆，2010年购轿车1辆，2012年购轿车1辆。					

灵湖村第2村民小组　　自然村：塘桥102号

项目	姓名	与户主关系	出生年月	民族	已故家属	
					称呼	姓名
现有家庭人员	周金喜	户主	1948-11-29	汉	祖父	周万兴
	孔妹珍	妻	1951-01-26	汉	祖母	周毛氏
	周文炳	子	1978-06-24	汉	父	周年华
	周洲	孙子	2001-11-29	汉	母	韩慧娟
	周烨	孙子	2014-06-05	汉		
家庭大事	周金喜1986年1月入党，1986年任渡村棉纺厂厂长。 1981年建2层2间楼房，1993年建2层4间楼房、2间平房，2008年翻建2层半3间楼房。 2008年周文炳购轿车1辆。					

灵湖村第2村民小组　　自然村：塘桥103号

项目	姓名	与户主关系	出生年月	民族	已故家属	
					称呼	姓名
现有家庭人员	周利平	户主	1969-01-04	汉	曾祖父	周万兴
	沈会芳	妻	1967-06-08	汉	曾祖母	周毛氏
	周剑	子	1990-10-01	汉	祖父	周年华
	周子琦	孙子	2018-06-20	汉	祖母	韩慧娟
	周全喜	父	1946-02-13	汉		
	陆秀金	母	1948-03-05	汉		
家庭大事	周全喜1985年入党。 周剑大专学历。 1981年建3间平房、1间半猪棚，1997年建2层3间楼房、5间平房，2018年翻建4层3间楼房、6间平房。 注：儿媳户口不在本村。					

灵湖村第2村民小组　　自然村：塘桥103号

项目	姓名	与户主关系	出生年月	民族	已故家属	
					称呼	姓名
现有家庭人员	周利文	户主	1970-10-01	汉	曾祖父	周万兴
	孔玲凤	妻	1970-01-08	汉	曾祖母	周毛氏
	周浩	子	1993-07-30	汉	祖父	周年华
	周煜辰	孙子	2019-04-10	汉	祖母	韩慧娟
	周全喜	父	1946-02-13	汉		
	陆秀金	母	1948-03-05	汉		
家庭大事	周全喜1985年入党。 周浩本科学历。 1972年建2间平房，1981年建3间平房、1间半猪棚，1988年建2层2间楼房，2001年翻建2层3间1厢楼房。 2017年购渡村商业街商品房1套，太湖新城有商品房1套。 注：儿媳户口不在本村。					

灵湖村第3村民小组　　自然村：翁家浜1号

<table>
<tr><th rowspan="2">项目</th><th rowspan="2">姓名</th><th rowspan="2">与户主关系</th><th rowspan="2">出生年月</th><th rowspan="2">民族</th><th colspan="2">已故家属</th></tr>
<tr><th>称呼</th><th>姓名</th></tr>
<tr><td rowspan="8">现有家庭人员</td><td>陆春雷</td><td>户主</td><td>1977-10-03</td><td>汉</td><td>祖父</td><td>陆三男</td></tr>
<tr><td>张陆斌</td><td>子</td><td>2001-10-31</td><td>汉</td><td></td><td></td></tr>
<tr><td>陆荣兴</td><td>父</td><td>1952-10-29</td><td>汉</td><td></td><td></td></tr>
<tr><td>何华妹</td><td>母</td><td>1952-02-27</td><td>汉</td><td></td><td></td></tr>
<tr><td>陆金凤</td><td>祖母</td><td>1934-11-11</td><td>汉</td><td></td><td></td></tr>
<tr><td></td><td></td><td></td><td></td><td></td><td></td></tr>
<tr><td></td><td></td><td></td><td></td><td></td><td></td></tr>
<tr><td></td><td></td><td></td><td></td><td></td><td></td></tr>
<tr><td>家庭大事</td><td colspan="6">1987年建2层3间楼房、1厢房。
2014年购轿车1辆。</td></tr>
</table>

灵湖村第3村民小组　　自然村：翁家浜2号

<table>
<tr><th rowspan="2">项目</th><th rowspan="2">姓名</th><th rowspan="2">与户主关系</th><th rowspan="2">出生年月</th><th rowspan="2">民族</th><th colspan="2">已故家属</th></tr>
<tr><th>称呼</th><th>姓名</th></tr>
<tr><td rowspan="8">现有家庭人员</td><td>翁建国</td><td>户主</td><td>1970-11-05</td><td>汉</td><td>祖父</td><td>翁相红</td></tr>
<tr><td>陈芳</td><td>妻</td><td>1971-10-04</td><td>汉</td><td>祖母</td><td>翁凤宝</td></tr>
<tr><td>翁鑫江</td><td>子</td><td>1994-07-12</td><td>汉</td><td></td><td></td></tr>
<tr><td>翁偲琪</td><td>孙女</td><td>2020-09-03</td><td>汉</td><td></td><td></td></tr>
<tr><td>翁培生</td><td>父</td><td>1945-10-20</td><td>汉</td><td></td><td></td></tr>
<tr><td>翁云妹</td><td>母</td><td>1949-04-21</td><td>汉</td><td></td><td></td></tr>
<tr><td></td><td></td><td></td><td></td><td></td><td></td></tr>
<tr><td></td><td></td><td></td><td></td><td></td><td></td></tr>
<tr><td>家庭大事</td><td colspan="6">建2层3间1厢楼房。
2016年购轿车1辆。
注：儿媳户口不在本村。</td></tr>
</table>

灵湖村第3村民小组 自然村：翁家浜2号

项目	姓名	与户主关系	出生年月	民族	已故家属	
					称呼	姓名
现有家庭人员	翁培生	户主	1945-10-20	汉	父	翁相红
	翁云妹	妻	1949-04-21	汉	母	翁凤宝
	翁建伟	子	1973-03-20	汉		
家庭大事	翁培生1968~1973年任生产队会计，1974~1978年任生产队队长，1979~1986年任生产队会计。 注：儿媳及孙辈户口不在本村。					

灵湖村第3村民小组 自然村：翁家浜3号

项目	姓名	与户主关系	出生年月	民族	已故家属	
					称呼	姓名
现有家庭人员	翁培荣	户主	1953-08-29	汉	父	翁相红
	陆培娟	妻	1953-11-12	汉	母	翁凤宝
	翁敏	女	1978-05-25	汉		
	翁禧洋	孙子	2000-09-10	汉		
	凌昊洋	孙子	2012-04-19	汉		
家庭大事	翁培荣1997年1月入党，任开发办经理。 翁禧洋2019年就读于昆明医科大学（本科）。 1992年建3层3间3厢楼房。 购轿车1辆。 注：女婿户口不在本村。					

灵湖村第3村民小组 **自然村：翁家浜4号**

项目	姓名	与户主关系	出生年月	民族	已故家属	
					称呼	姓名
现有家庭人员	陆伯生	户主	1947-07-07	汉	祖父	陆近奎
	陆华荣	子	1976-01-01	汉	祖母	陆顾氏
	陆雪妹	儿媳	1977-01-20	汉	父	陆阿大
	陆怡雯	孙女	1999-08-28	汉	母	陆大妹
					妻	马福妹
家庭大事	陆伯生1969年任民兵营长，1978年3月入党，1996年任塘桥村村主任。 陆怡雯师范在读（大专）。 1989年建2层3间楼房、1厢房。 2012年购轿车1辆。					

灵湖村第3村民小组 **自然村：翁家浜5号**

项目	姓名	与户主关系	出生年月	民族	已故家属	
					称呼	姓名
现有家庭人员	翁建林	户主	1956-11-19	汉	父	翁相红
	高玉妹	妻	1960-07-08	汉	母	翁凤宝
	翁兰芳	女	1981-12-28	汉		
家庭大事	2017年建3层3间楼房。 2015年购轿车1辆。 注：女婿户口不在本村。					

灵湖村第3村民小组　　自然村：翁家浜6号

项目	姓名	与户主关系	出生年月	民族	已故家属	
					称呼	姓名
现有家庭人员	徐寿林	户主	1950-05-03	汉	父	徐相庆
	张凤金	妻	1948-10-18	汉	母	徐凤英
家庭大事	1986年建2层4间1厢楼房，2007年建3层3间别墅。 2008年购轿车1辆。 注：儿子徐刚（本科学历）全家户口不在本村。					

灵湖村第3村民小组　　自然村：翁家浜7号

项目	姓名	与户主关系	出生年月	民族	已故家属	
					称呼	姓名
现有家庭人员	徐丹枫	户主	1991-12-13	汉	曾祖父	徐相全
	徐凤岐	父	1968-10-13	汉	曾祖母	徐素珍
	徐敏珍	母	1969-06-29	汉		
	徐梅芬	祖母	1949-08-01	汉		
	张根仙	曾祖母	1938-07-15	汉		
家庭大事	徐敏珍在石舍村开饭店。 2014年购轿车1辆。 注：祖父戴水生户口不在本村。					

灵湖村第3村民小组　　自然村：翁家浜7号

项目	姓名	与户主关系	出生年月	民族	已故家属	
					称呼	姓名
现有家庭人员	徐鑫华	户主	1988-01-13	汉	曾祖父	徐相全
	徐逸杰	子	2013-09-02	汉	曾祖母	徐素珍
	徐梅芬	祖母	1949-08-01	汉		
	张根仙	曾祖母	1938-07-15	汉		
	徐芳英	姑母	1973-06-25	汉		
家庭大事	1985年建3层3间楼房。 徐梅芬在渡村新街银藏路开饭店（徐家妈妈饭店）。 2013年购轿车2辆。 注：祖父、妻子户口不在本村。					

灵湖村第3村民小组　　自然村：翁家浜8号

项目	姓名	与户主关系	出生年月	民族	已故家属	
					称呼	姓名
现有家庭人员	何华妹	户主	1952-02-27	汉	公爹	陆三男
	陆荣兴	丈夫	1952-10-29	汉		
	陆春芳	女	1975-02-08	汉		
	陆金凤	公婆	1934-11-11	汉		
家庭大事	与陆春兰同住（2层3间楼房、1厢房）。 注：女婿户口不在本村。					

灵湖村第3村民小组　　自然村：翁家浜9号

<table>
<tr><th rowspan="2">项目</th><th rowspan="2">姓名</th><th rowspan="2">与户主关系</th><th rowspan="2">出生年月</th><th rowspan="2">民族</th><th colspan="2">已故家属</th></tr>
<tr><th>称呼</th><th>姓名</th></tr>
<tr><td rowspan="8">现有家庭人员</td><td>王小男</td><td>户主</td><td>1957-08-18</td><td>汉</td><td>父</td><td>王阿才</td></tr>
<tr><td>孙菊英</td><td>妻</td><td>1960-07-22</td><td>汉</td><td>母</td><td>王元妹</td></tr>
<tr><td>王玉平</td><td>子</td><td>1982-07-11</td><td>汉</td><td></td><td></td></tr>
<tr><td>杨玲玲</td><td>儿媳</td><td>1986-09-08</td><td>汉</td><td></td><td></td></tr>
<tr><td>黄成浩</td><td>孙子</td><td>2006-05-28</td><td>汉</td><td></td><td></td></tr>
<tr><td>王宇泽</td><td>孙子</td><td>2020-09-10</td><td>汉</td><td></td><td></td></tr>
<tr><td></td><td></td><td></td><td></td><td></td><td></td></tr>
<tr><td></td><td></td><td></td><td></td><td></td><td></td></tr>
<tr><td>家庭大事</td><td colspan="6">1993年建2层3间1厢楼房。
2014年购轿车1辆。</td></tr>
</table>

灵湖村第3村民小组　　自然村：翁家浜10号

<table>
<tr><th rowspan="2">项目</th><th rowspan="2">姓名</th><th rowspan="2">与户主关系</th><th rowspan="2">出生年月</th><th rowspan="2">民族</th><th colspan="2">已故家属</th></tr>
<tr><th>称呼</th><th>姓名</th></tr>
<tr><td rowspan="8">现有家庭人员</td><td>王阿火</td><td>户主</td><td>1943-12-19</td><td>汉</td><td>父</td><td>王阿才</td></tr>
<tr><td>王国平</td><td>子</td><td>1969-06-08</td><td>汉</td><td>母</td><td>王元妹</td></tr>
<tr><td>陈银芳</td><td>儿媳</td><td>1967-09-05</td><td>汉</td><td>妻</td><td>王士珍</td></tr>
<tr><td>王俊峰</td><td>孙子</td><td>1990-03-30</td><td>汉</td><td></td><td></td></tr>
<tr><td></td><td></td><td></td><td></td><td></td><td></td></tr>
<tr><td></td><td></td><td></td><td></td><td></td><td></td></tr>
<tr><td></td><td></td><td></td><td></td><td></td><td></td></tr>
<tr><td></td><td></td><td></td><td></td><td></td><td></td></tr>
<tr><td>家庭大事</td><td colspan="6">王俊峰2009年12月应征入伍，2011年10月入党。
1994年建2层3间楼房。
2017年购轿车1辆。</td></tr>
</table>

灵湖村第3村民小组　　自然村：翁家浜12号

项目	姓名	与户主关系	出生年月	民族	已故家属	
					称呼	姓名
现有家庭人员	倪新华	户主	1966-05-19	汉	父	倪金土
	翁福珍	妻	1966-03-03	汉	母	倪招英
	倪梦姣	女	1990-10-08	汉		
家庭大事	倪梦姣大专学历。 1996年建2层3间楼房。 2018年购轿车1辆。 注：女婿施延卓（本科学历）户口不在本村。					

灵湖村第3村民小组　　自然村：翁家浜13号

项目	姓名	与户主关系	出生年月	民族	已故家属	
					称呼	姓名
现有家庭人员	翁信用	户主	1954-06-06	汉	父	翁水虎
	徐秀芳	妻	1955-06-25	汉	母	翁才妹
	翁亚兰	女	1979-10-12	汉		
	叶红	女婿	1980-11-25	汉		
	翁龙昊	孙子	2001-10-09	汉		
家庭大事	翁龙昊大专学历。 1991年建2层4间楼房、1厢房。 2015年购轿车1辆。 2017年在渡村新街开糕团店。					

灵湖村第3村民小组 **自然村：翁家浜14号**

项目	姓名	与户主关系	出生年月	民族	已故家属	
					称呼	姓名
现有家庭人员	翁建明	户主	1971-09-11	汉	祖父	翁丁芝
	陆季芳	妻	1972-09-14	汉	祖母	翁阿六
	翁晓琴	女	1995-11-01	汉		
	周阿林	母	1947-11-29	汉		
	翁根兴	父	1940-10-25	汉		
家庭大事	2016年建2层3间楼房。 2015年购轿车1辆。					

灵湖村第3村民小组 **自然村：翁家浜15号**

项目	姓名	与户主关系	出生年月	民族	已故家属	
					称呼	姓名
现有家庭人员	翁阿毛	户主	1966-02-19	汉	父	翁东生
	黄建红	妻	1970-01-24	汉	母	翁凤宝
	翁洁	女	1996-02-08	汉		
家庭大事	2003年建2层3间楼房、1厢房。 2016年购轿车1辆。					

灵湖村第3村民小组

自然村：翁家浜16号

项目	姓名	与户主关系	出生年月	民族	已故家属	
					称呼	姓名
现有家庭人员	陆福生	户主	1939-12-21	汉	父	陆康时
					母	陆徐氏
家庭大事						

灵湖村第3村民小组

自然村：翁家浜17号

项目	姓名	与户主关系	出生年月	民族	已故家属	
					称呼	姓名
现有家庭人员	孔根泉	户主	1937-09-17	汉	岳父	陆康时
	孔美云	妻	1947-05-25	汉	岳母	陆徐氏
	陆卫平	子	1972-08-28	汉		
	杨春芳	儿媳	1974-11-12	汉		
	陆艳	孙女	1996-01-15	汉		
家庭大事	陆艳毕业于苏州科技大学天平学院（本科）。 1986年建2层3间楼房。 2005年于黄埣村开理发店。 2013年购轿车1辆。					

灵湖村第3村民小组　　自然村: 翁家浜18号

项目	姓名	与户主关系	出生年月	民族	已故家属	
					称呼	姓名
现有家庭人员	陆建学	户主	1959-12-12	汉	祖父	陆乾奎
	陆荣仙	妻	1963-05-02	汉	祖母	陆费氏
	陆明艳	女	1985-05-27	汉	父	陆根木
	陆曦	孙女	2010-12-23	汉		
	陆爱宝	母	1928-11-11	汉		
家庭大事	1985年建2层3间1厢楼房。 2014年购轿车1辆。 注: 女婿户口不在本村。					

灵湖村第3村民小组　　自然村: 翁家浜19号

项目	姓名	与户主关系	出生年月	民族	已故家属	
					称呼	姓名
现有家庭人员	王阿三	户主	1954-03-05	汉	父	王宝秋
	赵九妹	妻	1957-11-01	汉	母	王阿妹
家庭大事	2014年建2层3间1厢楼房。 2015年购轿车1辆。 注: 儿子黄继刚（本科学历）户口不在本村。					

灵湖村第3村民小组　　自然村：翁家浜20号

项目	姓名	与户主关系	出生年月	民族	已故家属	
					称呼	姓名
现有家庭人员	翁阿苟	户主	1960-12-08	汉	父	翁东生
	邹玉仙	妻	1963-09-14	汉	母	翁凤宝
	翁剑	子	1985-04-06	汉		
	徐园园	儿媳	1984-12-09	汉		
	翁欣然	孙女	2008-11-28	汉		
家庭大事	1996年建2层3间1厢楼房。 2015年购轿车1辆。					

灵湖村第3村民小组　　自然村：翁家浜21号

项目	姓名	与户主关系	出生年月	民族	已故家属	
					称呼	姓名
现有家庭人员	马福林	户主	1964-11-26	汉	父	马林根
	倪彩娣	妻	1967-08-14	汉		
	马春龙	子	1988-04-20	汉		
	马子骏	孙子	2014-09-08	汉		
	马阿珍	母	1944-12-17	汉		
家庭大事	1986年建2层3间楼房。 2016年购轿车1辆。 注：儿媳户口不在本村。					

灵湖村第3村民小组　　自然村：翁家浜22号

项目	姓名	与户主关系	出生年月	民族	已故家属	
					称呼	姓名
现有家庭人员	陆雪妹	户主	1950-12-01	汉	公爹	马荣生
	马寿根	丈夫	1945-12-28	汉	公婆	马阿宝
	马翔勇	子	1974-09-26	汉		
	陆秀琴	儿媳	1975-03-13	汉		
	马丽静	孙女	1997-11-06	汉		
家庭大事	马寿根1965年9月应征入伍，1969年1月入党，在渡村广播站工作。 马丽静就读于南京林业大学南方学院（本科）。 2013年建2层3间别墅、1厢房。 2013年购轿车1辆。					

灵湖村第3村民小组　　自然村：翁家浜23-1号

项目	姓名	与户主关系	出生年月	民族	已故家属	
					称呼	姓名
现有家庭人员	翁月芳	户主	1981-09-20	汉	曾祖父	翁进芝
					曾祖母	翁李氏
家庭大事	注：出嫁户口未迁出。					

灵湖村第3村民小组

自然村：翁家浜23、33号

项目	姓名	与户主关系	出生年月	民族	已故家属	
					称呼	姓名
现有家庭人员	翁阿大	户主	1954-10-17	汉	祖父	翁进芝
	陆永芬	妻	1956-04-08	汉	祖母	翁李氏
	翁月花	女	1979-11-30	汉		
	翁严凯	孙子	2006-07-09	汉		
	翁水根	父	1934-09-08	汉		
	陆福仙	母	1937-04-10	汉		
家庭大事	翁水根1956年9月入党，曾任生产队队长、钢管厂会计。 1982年建3层3间、1厢楼房，2021年建3间2厢平房。 2012年购轿车2辆。 注：女婿户口不在本村。					

灵湖村第3村民小组

自然村：翁家浜24号

项目	姓名	与户主关系	出生年月	民族	已故家属	
					称呼	姓名
现有家庭人员	翁文明	户主	1940-01-02	汉	父	翁阿二
	翁林红	妻	1946-03-11	汉	母	翁阿宝
	翁文华	子	1968-01-19	汉		
	柳秀芳	儿媳	1968-11-10	汉		
	翁玉婷	孙女	1991-05-05	汉		
家庭大事	2018年建3层3间别墅。 2012年购轿车1辆。					

灵湖村第3村民小组　　自然村：翁家浜25号

项目	姓名	与户主关系	出生年月	民族	已故家属	
					称呼	姓名
现有家庭人员	翁建平	户主	1969-01-18	汉	祖父	翁丁芝
	陆卫珍	妻	1970-08-04	汉	祖母	翁阿六
	翁晓俊	子	1991-12-23	汉		
	翁根兴	父	1940-10-25	汉		
	周阿林	母	1947-11-29	汉		
家庭大事	1995年建2层3间楼房、2厢房。 2013年购轿车1辆。					

灵湖村第3村民小组　　自然村：翁家浜26号

项目	姓名	与户主关系	出生年月	民族	已故家属	
					称呼	姓名
现有家庭人员	陆建新	户主	1953-11-01	汉	祖父	陆乾奎
	熊玉芳	妻	1952-01-13	汉	祖母	陆费氏
	陆林	子	1981-02-02	汉	父	陆根木
	金靖燕	儿媳	1982-06-10	汉		
	陆金涛	孙子	2007-11-10	汉		
	金浩然	孙子	2015-09-22	汉		
	陆爱宝	母	1928-11-11	汉		
家庭大事	陆建新1970年任大队农技员，1972年12月应征入伍，1975年4月入党。 陆林2006年毕业于江南大学（本科）。 1989年建2层4间楼房、1厢房。 2010年购轿车1辆。					

灵湖村第3村民小组　　自然村：翁家浜27号

项目	姓名	与户主关系	出生年月	民族	已故家属	
					称呼	姓名
现有家庭人员	翁雪明	户主	1959-10-02	汉	父	翁阿水
	浦秀娟	妻	1961-11-16	汉	母	翁密珍
	翁梁良	子	1985-12-24	汉		
	王晶莹	儿媳	1987-11-27	汉		
	翁程俊	孙子	2011-04-22	汉		
	翁若菲	孙女	2020-03-20	汉		
	杜春艳	非亲属	1984-10-02	汉		
家庭大事	翁梁良2005年应征入伍。 翁雪明1978~1982年任生产队会计。 1996年建2层3间楼房、1厢房。 2014年购轿车1辆。					

灵湖村第3村民小组　　自然村：翁家浜28号

项目	姓名	与户主关系	出生年月	民族	已故家属	
					称呼	姓名
现有家庭人员	翁伯元	户主	1957-06-25	汉	祖父	翁进芝
	翁妹宝	妻	1959-03-02	汉	祖母	翁李氏
	翁寒芳	长女	1981-12-17	汉		
	翁寒玉	二女	1987-12-11	汉		
	翁君弈	孙子	2003-09-19	汉		
	陆福仙	母	1937-04-10	汉		
	翁水根	父	1934-09-08	汉		
家庭大事	翁寒玉2009年1月入党，本科学历。 1993年建2层3间1厢楼房。 2016年购轿车1辆。					

灵湖村第3村民小组　　自然村：翁家浜29号

<table>
<tr><td rowspan="2">项目</td><td rowspan="2">姓名</td><td rowspan="2">与户主关系</td><td rowspan="2">出生年月</td><td rowspan="2">民族</td><td colspan="2">已故家属</td></tr>
<tr><td>称呼</td><td>姓名</td></tr>
<tr><td rowspan="8">现有家庭人员</td><td>陆建华</td><td>户主</td><td>1957-02-13</td><td>汉</td><td>祖父</td><td>陆乾奎</td></tr>
<tr><td>宋金凤</td><td>妻</td><td>1956-10-27</td><td>汉</td><td>祖母</td><td>陆费氏</td></tr>
<tr><td>陆明</td><td>子</td><td>1981-11-03</td><td>汉</td><td>父</td><td>陆根木</td></tr>
<tr><td>陆爱宝</td><td>母</td><td>1928-11-11</td><td>汉</td><td></td><td></td></tr>
<tr><td></td><td></td><td></td><td></td><td></td><td></td></tr>
<tr><td></td><td></td><td></td><td></td><td></td><td></td></tr>
<tr><td></td><td></td><td></td><td></td><td></td><td></td></tr>
<tr><td></td><td></td><td></td><td></td><td></td><td></td></tr>
<tr><td>家庭大事</td><td colspan="6">宋金凤1993年12月入党，曾任村妇女主任、村赤脚医生。
2021年翻建3层4间楼房。
2016年购轿车1辆。
注：儿媳户口不在本村。</td></tr>
</table>

灵湖村第3村民小组　　自然村：翁家浜30号

<table>
<tr><td rowspan="2">项目</td><td rowspan="2">姓名</td><td rowspan="2">与户主关系</td><td rowspan="2">出生年月</td><td rowspan="2">民族</td><td colspan="2">已故家属</td></tr>
<tr><td>称呼</td><td>姓名</td></tr>
<tr><td rowspan="8">现有家庭人员</td><td>周凤娟</td><td>户主</td><td>1964-08-06</td><td>汉</td><td>公爹</td><td>翁阿水</td></tr>
<tr><td>翁良峰</td><td>子</td><td>1988-12-21</td><td>汉</td><td>公婆</td><td>翁密珍</td></tr>
<tr><td></td><td></td><td></td><td></td><td>丈夫</td><td>翁方明</td></tr>
<tr><td></td><td></td><td></td><td></td><td></td><td></td></tr>
<tr><td></td><td></td><td></td><td></td><td></td><td></td></tr>
<tr><td></td><td></td><td></td><td></td><td></td><td></td></tr>
<tr><td></td><td></td><td></td><td></td><td></td><td></td></tr>
<tr><td></td><td></td><td></td><td></td><td></td><td></td></tr>
<tr><td>家庭大事</td><td colspan="6">1998年建2层3间1厢楼房、4间平房、2间猪棚。
2017年购轿车1辆。
注：儿媳户口不在本村。</td></tr>
</table>

灵湖村第3村民小组　　自然村：翁家浜31号

项目	姓名	与户主关系	出生年月	民族	已故家属	
					称呼	姓名
现有家庭人员	翁根元	户主	1954-05-15	汉	父	翁伯泉
	陆美芳	妻	1956-07-11	汉	母	翁彩根
	翁雪琴	女	1980-05-08	汉		
	张林文	女婿	1976-02-03	汉		
	翁晨辉	孙子	2001-06-04	汉		
家庭大事	翁晨辉就读于苏州建设交通高等职业技术学院（五年制高职）。 1997年建2层3间1厢楼房。 2017年购轿车1辆。					

灵湖村第3村民小组　　自然村：翁家浜32号

项目	姓名	与户主关系	出生年月	民族	已故家属	
					称呼	姓名
现有家庭人员	翁水林	户主	1954-08-21	汉	岳父	黄阿根
	王华英	妻	1955-07-25	汉	岳母	黄银凤
	王月红	长女	1979-11-25	汉		
	黄月丽	二女	1982-07-15	汉		
	石黄颖	孙女	2008-09-26	汉		
家庭大事	王月红大专学历，黄月丽大专学历。 2018年翻建3层3间楼房。 2017年购轿车2辆。 注：女婿户口不在本村。					

灵湖村第3村民小组

自然村：翁家浜34号

项目	姓名	与户主关系	出生年月	民族	已故家属	
					称呼	姓名
现有家庭人员	王银妹	户主	1953-03-06	汉	公爹	翁阿二
	翁文荣	子	1976-09-22	汉	公婆	翁阿宝
	刘琴	儿媳	1983-01-20	汉	丈夫	翁水泉
	翁俊杰	孙子	2000-09-23	汉		
家庭大事	翁俊杰大专学历。 1996年建2层3间楼房。					

灵湖村第4村民小组

自然村：水路上1号

项目	姓名	与户主关系	出生年月	民族	已故家属	
					称呼	姓名
现有家庭人员	孔小玲	户主	1955-03-28	汉	公爹	黄发生
					公婆	黄阿宝
					丈夫	黄炳龙
家庭大事	1998年建2层3间楼房。 注：子女户口不在本村。					

灵湖村第4村民小组　　自然村：水路上1-1号

项目	姓名	与户主关系	出生年月	民族	已故家属	
					称呼	姓名
现有家庭人员	沈龙寿	户主	1965-08-30	汉	父	沈水林
	徐东云	妻	1967-11-07	汉		
	沈世峰	子	1989-03-02	汉		
	沈根仙	母	1933-02-15	汉		
家庭大事	沈世峰毕业于苏州大学（本科）。 1994年建2层3间楼房。 2011年购轿车1辆。					

灵湖村第4村民小组　　自然村：水路上2号

项目	姓名	与户主关系	出生年月	民族	已故家属	
					称呼	姓名
现有家庭人员	庄永林	户主	1944-03-11	汉	父	庄才根
	庄妹仙	妻	1950-01-28	汉	母	庄招娣
	庄建明	长子	1969-09-27	汉		
	岳云霞	儿媳	1971-07-06	汉		
	庄丽芳	孙女	1994-07-20	汉		
家庭大事	庄丽芳本科学历，2019年11月入党。 1993年建2层3间楼房、1厢房。 2012年购轿车1辆。					

灵湖村第4村民小组　　自然村：水路上3号

<table>
<tr><th rowspan="2">项目</th><th rowspan="2">姓名</th><th rowspan="2">与户主关系</th><th rowspan="2">出生年月</th><th rowspan="2">民族</th><th colspan="2">已故家属</th></tr>
<tr><th>称呼</th><th>姓名</th></tr>
<tr><td rowspan="8">现有家庭人员</td><td>宋金文</td><td>户主</td><td>1955-05-08</td><td>汉</td><td>父</td><td>宋卫民</td></tr>
<tr><td>赵敏方</td><td>妻</td><td>1958-01-21</td><td>汉</td><td>母</td><td>宋松媛</td></tr>
<tr><td>宋琴琴</td><td>女</td><td>1982-09-21</td><td>汉</td><td></td><td></td></tr>
<tr><td>侯国军</td><td>女婿</td><td>1977-07-21</td><td>汉</td><td></td><td></td></tr>
<tr><td>宋佳琪</td><td>孙女</td><td>2003-11-16</td><td>汉</td><td></td><td></td></tr>
<tr><td></td><td></td><td></td><td></td><td></td><td></td></tr>
<tr><td></td><td></td><td></td><td></td><td></td><td></td></tr>
<tr><td></td><td></td><td></td><td></td><td></td><td></td></tr>
<tr><td>家庭大事</td><td colspan="6">2000年建2层3间楼房、1厢房。
2018年购轿车1辆。</td></tr>
</table>

灵湖村第4村民小组　　自然村：水路上4号

<table>
<tr><th rowspan="2">项目</th><th rowspan="2">姓名</th><th rowspan="2">与户主关系</th><th rowspan="2">出生年月</th><th rowspan="2">民族</th><th colspan="2">已故家属</th></tr>
<tr><th>称呼</th><th>姓名</th></tr>
<tr><td rowspan="8">现有家庭人员</td><td>庄坤林</td><td>户主</td><td>1950-04-10</td><td>汉</td><td>父</td><td>庄才根</td></tr>
<tr><td>庄雪刚</td><td>子</td><td>1982-06-09</td><td>汉</td><td>母</td><td>庄招娣</td></tr>
<tr><td>庄园</td><td>孙子</td><td>2011-08-13</td><td>汉</td><td>妻</td><td>杨文英</td></tr>
<tr><td>庄婷婷</td><td>孙女</td><td>2008-10-31</td><td>汉</td><td></td><td></td></tr>
<tr><td>贺兰雪</td><td>非亲属</td><td>1985-05-26</td><td>汉</td><td></td><td></td></tr>
<tr><td></td><td></td><td></td><td></td><td></td><td></td></tr>
<tr><td></td><td></td><td></td><td></td><td></td><td></td></tr>
<tr><td></td><td></td><td></td><td></td><td></td><td></td></tr>
<tr><td>家庭大事</td><td colspan="6">1997年建2层3间楼房、1厢房。
2019年购轿车1辆。</td></tr>
</table>

灵湖村第4村民小组　　自然村：水路上5号

项目	姓名	与户主关系	出生年月	民族	已故家属	
					称呼	姓名
现有家庭人员	孔祥官	户主	1937-02-17	汉	岳父	张林泉
	张梅芬	妻	1943-02-10	汉	岳母	张阿安
	张敏	子	1965-09-23	汉		
	陈凤娟	儿媳	1967-01-01	汉		
家庭大事	孔祥官1956年3月应征入伍，1960年6月入党。 2014年拆迁，现住银藏小区。					

灵湖村第4村民小组　　自然村：水路上6号

项目	姓名	与户主关系	出生年月	民族	已故家属	
					称呼	姓名
现有家庭人员	徐德宝	户主	1956-04-06	汉	父	徐明扬
	陆和妹	妻	1958-11-06	汉	母	朱阿凤
家庭大事	1988年建2层3间楼房。 注：子女户口不在本村。					

灵湖村第4村民小组　　自然村：水路上7号

项目	姓名	与户主关系	出生年月	民族	已故家属	
					称呼	姓名
现有家庭人员	徐永宝	户主	1962-10-27	汉	父	徐明扬
	张卫芳	妻	1964-10-11	汉	母	朱阿凤
家庭大事	徐永宝1980年11月应征入伍，1984年10月入党。 1991年建2层3间楼房、1厢房。 2011年2月购轿车1辆。 注：子女户口不在本村。					

灵湖村第4村民小组　　自然村：水路上8号

项目	姓名	与户主关系	出生年月	民族	已故家属	
					称呼	姓名
现有家庭人员	华元良	户主	1955-07-27	汉	岳母	夏秀珍
	徐和英	妻	1957-06-09	汉		
	徐峰	子	1981-11-07	汉		
	徐明和	岳父	1935-03-04	汉		
家庭大事	徐峰毕业于南京工业大学（本科）。 1985年建2层3间楼房。 2015年购轿车1辆。 注：儿媳及孙辈户口不在本村。					

灵湖村第4村民小组 自然村：水路上9号

项目	姓名	与户主关系	出生年月	民族	已故家属	
					称呼	姓名
现有家庭人员	徐永根	户主	1970-03-23	汉	父	徐五弟
	陆贞	妻	1973-06-30	汉		
	徐萌艳	女	1995-03-23	汉		
	朱金凤	母	1942-02-12	汉		
家庭大事	陆贞2007年6月入党。 徐萌艳毕业于海南商学院（本科）。 1991年建2层3间楼房、1厢房。 2018年购轿车1辆。					

灵湖村第4村民小组 自然村：水路上10号

项目	姓名	与户主关系	出生年月	民族	已故家属	
					称呼	姓名
现有家庭人员	徐文奎	户主	1960-03-21	汉	父	徐同福
	沈玉仙	妻	1963-04-27	汉	母	罗彩珍
	徐天鸿	子	1985-11-12	汉		
	郭秋艳	儿媳	1985-04-21	汉		
	徐龑	孙子	2012-04-23	汉		
	徐紫熙	孙女	2014-05-20	汉		
家庭大事	徐天鸿大专学历。 1996年建2层3间楼房。					

灵湖村第4村民小组

自然村：水路上11号

项目	姓名	与户主关系	出生年月	民族	已故家属	
					称呼	姓名
现有家庭人员	徐文炳	户主	1963-08-07	汉	父	徐同福
	周凤仙	妻	1964-12-28	汉	母	罗彩珍
	徐婷	女	1987-11-19	汉		
	徐雨熙	孙女	2013-05-30	汉		
家庭大事	徐文炳1982年11月应征入伍，1986年5月入党，1989年11月任塘桥村党支部书记。 徐婷毕业于苏州市职业大学（大专）。 1990年建2层3间1厢楼房。 2010年购轿车1辆。 注：女婿户口不在本村。					

灵湖村第4村民小组

自然村：水路上13号

项目	姓名	与户主关系	出生年月	民族	已故家属	
					称呼	姓名
现有家庭人员	徐金宝	户主	1959-10-22	汉	父	徐明扬
	王菊妹	妻	1963-04-29	汉	母	朱阿凤
家庭大事	1989年建2层3间楼房、3间平房，2021年翻建3层3间楼房、3间平房。 2010年购轿车1辆。 注：子女户口不在本村。					

灵湖村第4村民小组　　自然村：水路上14—15号

项目	姓名	与户主关系	出生年月	民族	已故家属	
					称呼	姓名
现有家庭人员	沈宝军	户主	1975-11-11	汉	父	沈金忠
	张晓红	妻	1978-11-17	汉	母	沈卫林
	沈嘉和	子	2003-10-04	汉		
家庭大事	沈嘉和大专学历。 1995年建2层3间楼房。 2011年购轿车1辆。					

灵湖村第4村民小组　　自然村：水路上16号

项目	姓名	与户主关系	出生年月	民族	已故家属	
					称呼	姓名
现有家庭人员	徐东兰	户主	1965-05-24	汉	祖父	徐大达
	伍巧英	妻	1965-10-17	汉	祖母	陆新珠
	徐梁燕	女	1988-11-05	汉		
	孔妹珍	母	1939-09-06	汉		
	徐康林	父	1941-10-18	汉		
家庭大事	徐梁燕本科学历。 1993年建2层3间1厢楼房。 2011年购轿车1辆。					

灵湖村第4村民小组　　自然村：水路上20号

项目	姓名	与户主关系	出生年月	民族	已故家属	
					称呼	姓名
现有家庭人员	徐东兴	户主	1963-07-25	汉	祖父	徐大达
	徐玲娣	妻	1962-07-29	汉	祖母	陆新珠
	徐喜梅	女	1990-10-16	汉		
	徐康林	父	1941-10-18	汉		
	孔妹珍	母	1939-09-06	汉		
家庭大事	徐喜梅毕业于苏州大学（本科）。 1992年建2层3间楼房。 1999年购轿车1辆。					

灵湖村第4村民小组　　自然村：水路上23号

项目	姓名	与户主关系	出生年月	民族	已故家属	
					称呼	姓名
现有家庭人员	吴向阳	户主	1967-12-03	汉	祖父	吴永喜
	徐玲芳	妻	1970-03-13	汉	祖母	吴彩英
	吴清	子	1994-02-13	汉		
	吴根林	父	1944-08-09	汉		
	陈才芬	母	1944-06-11	汉		
家庭大事	吴清毕业于常熟理工学院（本科）。 1993年建2层3间楼房。 2012年购轿车1辆。					

灵湖村第4村民小组　自然村：水路上24号

项目	姓名	与户主关系	出生年月	民族	已故家属	
					称呼	姓名
现有家庭人员	沈根林	户主	1955-01-10	汉	父	沈寿英
	姚云凤	妻	1955-08-28	汉	母	查水金
	沈跃明	子	1981-06-06	汉		
	李霞萍	儿媳	1985-12-15	汉		
	沈辰翊	孙子	2010-10-23	汉		
	李辰星	孙子	2016-08-04	汉		
家庭大事	沈根林1975年1月应征入伍，1979年3月参战，荣立三等功1次，1979年6月入党，1990年任塘桥村党支部委员、民兵营长。 沈跃明大专学历。2020年抗疫期间捐款3000元，捐食品价值500元。 1991年建3层3间楼房、1间平房，2017年建3层3间楼房、1间平房。 注：儿媳、两孙子户口不在本村。					

灵湖村第4村民小组　自然村：水路上25号

项目	姓名	与户主关系	出生年月	民族	已故家属	
					称呼	姓名
现有家庭人员	宋建刚	户主	1990-04-26	汉	祖父	宋卫民
					祖母	宋松媛
					父	宋雪华
家庭大事	宋建刚2009年12月应征入伍。 2013年房屋拆迁，分安置房1套。 注：母亲户口不在本村。					

灵湖村第4村民小组 自然村：水路上25号

项目	姓名	与户主关系	出生年月	民族	已故家属	
					称呼	姓名
现有家庭人员	宋金华	户主	1951-07-22	汉	父	宋卫民
	钱玉珍	妻	1954-10-17	汉	母	宋松媛
	宋建春	次子	1982-04-20	汉		
	李文兰	次媳	1982-08-08	汉		
	宋礼承	孙子	2010-02-02	汉		
	李颂逸	孙子	2013-06-28	汉		
	宋建峰	长子	1978-05-04	汉		
	莫美娟	长媳	1980-10-21	汉		
	宋嘉宇	孙子	2004-01-30	汉		
	莫熙宇	孙子	2013-01-04	汉		
家庭大事	宋建春苏州大学本科学历，现为相城区北桥街道党工委书记。 1994年建2层3间楼房。 1998年购轿车1辆。 注：户主、妻、次子3人户口在本村。					

灵湖村第4村民小组 自然村：水路上27号

项目	姓名	与户主关系	出生年月	民族	已故家属	
					称呼	姓名
现有家庭人员	宋根水	户主	1946-07-13	汉	父	宋伯官
	陆金仙	妻	1947-12-16	汉	母	宋林宝
	宋群红	二女	1973-01-08	汉		
	徐建红	女婿	1971-07-26	汉		
	宋聚璐	孙女	1994-11-22	汉		
家庭大事	宋根水1970年8月入党，1986年任塘桥村党支部书记。 陆金仙1970年3月入党，1968年任村妇女主任。 宋聚璐毕业于苏州大学文正学院（本科）。 1993年建2层3间楼房。 2012年购轿车1辆。					

灵湖村第4村民小组　　自然村：水路上28号

项目	姓名	与户主关系	出生年月	民族	已故家属	
					称呼	姓名
现有家庭人员	姚生发	户主	1941-08-09	汉	岳父	石洪元
	石林妹	妻	1945-06-03	汉	岳母	孔顺妹
	石文官	子	1965-09-16	汉		
	孔金珍	儿媳	1963-04-27	汉		
	石雨晴	孙女	1989-09-30	汉		
家庭大事	1998年建2层3间楼房。 2011年购轿车1辆。					

灵湖村第4村民小组　　自然村：水路上29号

项目	姓名	与户主关系	出生年月	民族	已故家属	
					称呼	姓名
现有家庭人员	宋金炳	户主	1952-01-16	汉	父	宋伯官
	吴玲珍	妻	1953-07-05	汉	母	宋林宝
	宋华明	子	1979-07-14	汉		
	宋佳燕	孙女	2003-04-03	汉		
家庭大事	宋金炳1972年12月应征入伍，1977年11月入党。 1993年建2层3间楼房。 2013年购轿车1辆。 注：儿媳户口不在本村。					

灵湖村第4村民小组　　自然村：水路上30号

项目	姓名	与户主关系	出生年月	民族	已故家属	
					称呼	姓名
现有家庭人员	周林根	户主	1945-07-05	汉	父	周金生
	周建洪	子	1969-09-27	汉	母	宋小妹
	赵招仙	儿媳	1969-07-04	汉	妻	周桂金
	周佳军	孙子	1992-03-30	汉		
家庭大事	周佳军毕业于南京大学（本科）。 2013年建3层3间楼房。 2012年购轿车1辆。					

灵湖村第4村民小组　　自然村：水路上31号

项目	姓名	与户主关系	出生年月	民族	已故家属	
					称呼	姓名
现有家庭人员	周卫根	户主	1965-06-26	汉	祖父	周汉荣
	毛金珍	妻	1965-09-28	汉	祖母	姚凤妹
	周飞	子	1989-06-30	汉		
	周学良	父	1936-07-20	汉		
	庄金妹	母	1938-04-22	汉		
家庭大事	周飞大专学历。 1994年建2层3间楼房。 2015年购轿车1辆。 注：儿媳及孙辈户口不在本村。					

灵湖村第4村民小组 **自然村：水路上32号**

项目	姓名	与户主关系	出生年月	民族	已故家属	
					称呼	姓名
现有家庭人员	金阿银	户主	1955-07-02	汉	父	金传根
	赵玉芳	妻	1955-06-18	汉	母	金秀英
	金晓华	女	1982-01-15	汉		
家庭大事	金阿银1975年1月应征入伍。 金晓华大专学历。 1990年建2层3间楼房。 2015年购轿车1辆。 注：女婿户口不在本村。					

灵湖村第4村民小组 **自然村：水路上36号**

项目	姓名	与户主关系	出生年月	民族	已故家属	
					称呼	姓名
现有家庭人员	徐文尤	户主	1965-09-03	汉	岳父	沈金林
	沈妹芳	妻	1968-04-11	汉		
	沈洁	长女	1988-08-31	汉		
	沈丽	二女	1991-08-29	汉		
	王俊采	外孙	2019-12-30	汉		
	顾瑞云	岳母	1943-01-13	汉		
家庭大事	沈洁毕业于苏州大学（本科）。 沈丽毕业于苏州科技学院（本科）。 1994年建2层3间楼房、1间平房。 2012年购轿车1辆。					

灵湖村第4村民小组　　自然村：水路上38号

项目	姓名	与户主关系	出生年月	民族	已故家属	
					称呼	姓名
现有家庭人员	姚永发	户主	1949-11-25	汉	父	姚吉秋
	王菊芬	妻	1953-09-29	汉	母	沈金妹
	姚洪	子	1972-11-22	汉		
	姚嘉诚	孙子	1996-08-13	汉		
	徐小英	非亲属	1971-01-29	汉		
家庭大事	姚嘉诚就读于苏州市职业大学（大专）。 1992年建2层3间楼房。					

灵湖村第4村民小组　　自然村：水路上40号

项目	姓名	与户主关系	出生年月	民族	已故家属	
					称呼	姓名
现有家庭人员	沈玉林	户主	1959-05-10	汉	父	沈寿云
	吴仁英	妻	1960-06-05	汉	母	查水金
	沈斌	子	1985-03-18	汉		
	沈亦凡	孙子	2014-08-07	汉		
	沈亦诗	孙女	2019-09-24	汉		
家庭大事	沈斌毕业于扬州大学（本科）。 1991年建2层3间楼房。 2011年购轿车1辆。 注：儿媳户口不在本村。					

灵湖村第4村民小组 自然村：水路上41号

项目	姓名	与户主关系	出生年月	民族	已故家属	
					称呼	姓名
现有家庭人员	沈龙根	户主	1954-11-21	汉	父	沈金云
	凌桂凤	妻	1958-08-16	汉	母	宋才英
	沈芳	女	1982-10-28	汉		
	沈卓恒	孙子	2003-11-03	汉		
家庭大事	沈卓恒大专学历。 1994年建2层3间楼房。 2017年购轿车1辆。 注：女婿户口不在本村。					

灵湖村第4村民小组 自然村：水路上42号

项目	姓名	与户主关系	出生年月	民族	已故家属	
					称呼	姓名
现有家庭人员	沈建华	户主	1966-05-10	汉	父	沈金云
	王小琴	妻	1968-03-15	汉	母	宋才英
	沈瑞虹	子	1990-01-08	汉		
	沈语茜	孙女	2014-06-02	汉		
家庭大事	沈瑞虹大专学历，2009年12月应征入伍，2011年12月退伍。 1993年建2层3间楼房。 2018年购轿车1辆。 注：儿媳户口不在本村。					

灵湖村第 4 村民小组　　自然村：水路上45号

项目	姓名	与户主关系	出生年月	民族	已故家属	
					称呼	姓名
现有家庭人员	金阿苟	户主	1950-04-02	汉	父	金传根
	沈美玲	妻	1953-08-17	汉	母	金秀英
	金建云	长女	1972-09-09	汉		
	沈建峰	二女	1976-11-30	汉		
	徐卫强	女婿	1971-02-15	汉		
	徐超	孙子	2001-05-10	汉		
	周军	女婿	1972-09-06	汉		
家庭大事	1984年建2间平房，2005年建2层3间楼房、1厢房。					

灵湖村第 4 村民小组　　自然村：水路上46号

项目	姓名	与户主关系	出生年月	民族	已故家属	
					称呼	姓名
现有家庭人员	金洪峰	户主	1958-12-23	汉	父	金传根
	谢洪芬	妻	1965-11-06	汉	母	金秀英
	金昇辉	子	1989-05-14	汉		
	清云	儿媳	1988-09-21	白		
	金希婷	孙女	2018-01-23	汉		
家庭大事	金昇辉毕业于苏州市职业大学。 2005年建2层3间楼房、1厢房。 2019年购轿车1辆。					

灵湖村第4村民小组　　自然村：水路上49号

项目	姓名	与户主关系	出生年月	民族	已故家属	
					称呼	姓名
现有家庭人员	沈龙华	户主	1963-04-28	汉	父	沈金云
	沈雪妹	妻	1962-10-20	汉	母	宋才英
	沈琦	女	1987-05-22	汉		
	尤江	女婿	1986-09-10	汉		
	尤子睿	孙子	2018-06-19	汉		
	沈祎	孙子	2014-10-17	汉		
家庭大事	沈琦大专学历。 尤江大专学历。 1996年建2层3间楼房。 2015年购轿车1辆。					

灵湖村第4村民小组　　自然村：水路上52号

项目	姓名	与户主关系	出生年月	民族	已故家属	
					称呼	姓名
现有家庭人员	金阿君	户主	1952-12-12	汉	父	金传根
	谢群英	妻	1967-11-02	汉	母	金秀英
	金花	女	1988-09-02	汉		
	金宇晨	外孙	2021-06-27	汉		
家庭大事	2008年建2层2间楼房。 2010年购轿车1辆。 注：女婿户口不在本村。					

灵湖村第5村民小组

自然村：东塘1号

项目	姓名	与户主关系	出生年月	民族	已故家属	
					称呼	姓名
现有家庭人员	柳春华	户主	1981-09-12	汉	祖父	柳阿三
	柳林兴	父	1954-01-21	汉	祖母	顾阿秀
	陆雪珍	母	1954-01-27	汉		
家庭大事	柳林兴1972年12月应征入伍，1976年3月入党。2003年在渡村农贸市场开小店。 柳春华医学专业毕业，于苏大附二院工作。 2018年建3层3间楼房。 注：儿媳及孙辈户口不在本村。					

灵湖村第5村民小组

自然村：东塘3号

项目	姓名	与户主关系	出生年月	民族	已故家属	
					称呼	姓名
现有家庭人员	顾雪根	户主	1953-10-20	汉	父	顾金元
	孔全珍	妻	1955-11-20	汉		
	顾敏华	子	1982-04-09	汉		
	李爱玉	儿媳	1982-01-26	汉		
	顾杰	孙子	2006-06-08	汉		
	顾桂英	母	1932-03-08	汉		
家庭大事	顾敏华2000年12月应征入伍，现任临湖镇城管队副队长。 顾杰大专在读。 1997年建2层3间楼房。 购轿车1辆。					

灵湖村第5村民小组

自然村：东塘4号

项目	姓名	与户主关系	出生年月	民族	已故家属	
					称呼	姓名
现有家庭人员	沈永兴	户主	1951-12-27	汉	父	沈阿根
	柳林妹	妻	1950-12-08	汉	母	沈阿宝
家庭大事	沈永兴1969年3月应征入伍，1975年8月入党。 1994年建2层3间楼房。 注：女儿、女婿户口不在本村。					

灵湖村第5村民小组

自然村：东塘5号

项目	姓名	与户主关系	出生年月	民族	已故家属	
					称呼	姓名
现有家庭人员	李阿毛	户主	1947-09-03	汉	父	李小弟
	陆金凤	妻	1948-10-28	汉	母	李阿妹
	李刚	次子	1976-05-18	汉		
	李智超	孙子	2000-07-26	汉		
家庭大事	李阿毛1969年3月应征入伍。 李智超2021年10月应征入伍（现役）。 李智超就读于江苏城市职业学院吴中办学点（五年制高职）。 1985年建2层2间楼房。 2005年购轿车1辆。					

灵湖村第5村民小组 自然村：东塘6号

项目	姓名	与户主关系	出生年月	民族	已故家属	
					称呼	姓名
现有家庭人员	邬招根	户主	1958-01-16	汉	父	邬土根
	赵琼珍	妻	1964-06-10	汉	妻	陆火妹
	邬菊明	子	1986-03-15	汉		
	邬宸萱	孙女	2016-12-03	汉		
	邬小妹	母	1932-02-08	汉		
家庭大事	1996年建2层3间楼房。 2008年购轿车1辆。					

灵湖村第5村民小组 自然村：东塘7号

项目	姓名	与户主关系	出生年月	民族	已故家属	
					称呼	姓名
现有家庭人员	李菊宝	户主	1957-09-23	汉	父	李小弟
	高云娥	妻	1962-11-28	汉	母	李阿妹
	李雄宏	子	1985-06-29	汉		
	韩巧淦	儿媳	1989-07-28	汉		
	李子晨	孙子	2019-02-26	汉		
	李子源	孙子	2016-05-23	汉		
家庭大事	1998年建2层3间楼房。 2010年购轿车1辆。					

灵湖村第5村民小组

自然村：东塘8号

项目	姓名	与户主关系	出生年月	民族	已故家属	
					称呼	姓名
现有家庭人员	李三宝	户主	1955-03-13	汉	父	李小弟
	陆秀凤	妻	1955-10-15	汉	母	李阿妹
	李水荣	子	1980-12-21	汉		
	林艳	儿媳	1985-04-04	汉		
	李文杰	孙子	2012-12-26	汉		
	李睿文	孙女	2007-01-11	汉		
家庭大事	1987年建2层3间楼房。 2013年购轿车1辆。					

灵湖村第5村民小组

自然村：东塘9号

项目	姓名	与户主关系	出生年月	民族	已故家属	
					称呼	姓名
现有家庭人员	柳林福	户主	1957-07-04	汉	父	柳阿大
	朱林娣	妻	1958-02-02	汉	母	柳爱珠
	宣小飞	女婿	1981-09-18	汉		
	柳蓉蓉	女	1983-07-04	汉		
	宣子澄	孙子	2008-04-05	汉		
	柳诗博	孙子	2014-05-17	汉		
家庭大事	1998年建2层3间楼房，2020年翻建4间平房。 2017年购轿车1辆。					

灵湖村第5村民小组　　自然村：东塘10号

项目	姓名	与户主关系	出生年月	民族	已故家属	
					称呼	姓名
现有家庭人员	柳桂根	户主	1965-09-07	汉	父	柳阿扁
	徐宇云	妻	1965-12-24	汉		
	柳斌	子	1987-07-10	汉		
	唐燕	儿媳	1986-11-13	汉		
	柳亦	孙女	2010-05-11	汉		
	柳根妹	母	1941-09-23	汉		
家庭大事	唐燕2009年5月入党。 柳桂根于渡村农贸市场开面作坊。 1995年建2层3间楼房。 2017年购汽车1辆。					

灵湖村第5村民小组　　自然村：东塘11号

项目	姓名	与户主关系	出生年月	民族	已故家属	
					称呼	姓名
现有家庭人员	朱卫忠	户主	1970-08-24	汉	祖父	朱世金
	沈美娣	母	1949-08-06	汉	父	朱林元
	孔超群	妻	1970-11-09	汉		
	朱明亮	子	1994-04-08	汉		
	朱根娣	祖母	1928-07-11	汉		
家庭大事	朱林元1975年任生产队队长，1976年6月入党。 朱明亮大专学历，在地铁系统工作。 朱卫忠于渡村开水电经销门市部。 2019年翻建3层3间别墅。 购轿车1辆。					

灵湖村第5村民小组 自然村：东塘12号

项目	姓名	与户主关系	出生年月	民族	已故家属	
					称呼	姓名
现有家庭人员	朱阿二	户主	1950-11-25	汉	父	朱世金
	朱福英	妻	1952-03-09	汉		
	朱卫红	子	1976-11-28	汉		
	孔孝芬	儿媳	1977-11-27	汉		
	朱静月	孙女	1999-09-03	汉		
	朱根娣	母	1928-07-11	汉		
家庭大事	朱静月本科学历。 1997年建2层3间楼房。 2016年在江苏南通开羊毛衫店。 2017年购轿车1辆。					

灵湖村第5村民小组 自然村：东塘13号

项目	姓名	与户主关系	出生年月	民族	已故家属	
					称呼	姓名
现有家庭人员	邬雪兴	户主	1966-01-11	汉	父	邬阿荣
	庄妹芳	妻	1965-12-26	汉		
	邬晓明	子	1989-01-17	汉		
	邬星宇	孙子	2012-10-24	汉		
	李菊英	母	1937-09-01	汉		
家庭大事	1998年建2层3间楼房。 2015年开理发店。 2016年购轿车1辆。					

灵湖村第5村民小组　　自然村：东塘14号

项目	姓名	与户主关系	出生年月	民族	已故家属	
					称呼	姓名
现有家庭人员	柳林根	户主	1948-09-04	汉	父	柳阿大
	沈金仙	妻	1947-04-09	汉	母	柳爱珠
	柳曙华	子	1975-04-23	汉		
	柳梓霜	孙女	2000-11-29	汉		
家庭大事	柳林根1969年任生产队会计，1986年任塘桥村羊毛衫厂会计，1990年7月任镇轴承厂会计。 柳梓霜就读于苏州建设交通高等职业技术学校（五年制）。 1987年建2层3间楼房。					

灵湖村第5村民小组　　自然村：东塘15号

项目	姓名	与户主关系	出生年月	民族	已故家属	
					称呼	姓名
现有家庭人员	沈金根	户主	1963-11-22	汉	父	沈根寿
	朱小琼	妻	1967-07-20	汉	母	沈水宝
	沈波	子	1988-06-02	汉		
	姜倩倩	儿媳	1989-12-27	汉		
	沈欣	孙女	2016-10-21	汉		
家庭大事	沈波大专学历，开柒柒手作食品店（糕团）。 1996年建2层3间楼房。 2018年购轿车1辆。					

灵湖村第5村民小组

自然村：东塘15号

项目	姓名	与户主关系	出生年月	民族	已故家属	
					称呼	姓名
现有家庭人员	沈金官	户主	1949-10-17	汉	父	沈根寿
	芦兰娣	妻	1955-05-29	汉	母	沈水宝
	沈士林	子	1976-03-01	汉		
	刘华菊	儿媳	1975-10-13	汉		
	沈志康	孙子	2001-04-30	汉		
	周丽丽	孙女	1998-09-16	汉		
家庭大事	沈志康就读于青岛大学（本科）。 周丽丽就读于苏州工业园区服务外包职业学院（五年制高职）。 1997年建2层3间楼房。					

灵湖村第5村民小组

自然村：东塘16号

项目	姓名	与户主关系	出生年月	民族	已故家属	
					称呼	姓名
现有家庭人员	吴根木	户主	1953-07-21	汉	岳父	沈阿云
	沈招宝	妻	1957-01-23	汉	岳母	沈林珍
	沈祥明	子	1978-10-26	汉		
	李惠兰	儿媳	1979-01-06	汉		
	沈烨	孙女	2001-01-24	汉		
家庭大事	沈祥明1996年12月应征入伍，1997年3月入党，2010年任灵湖村村主任，2020年4月至临湖镇民政科工作。 沈烨大专在读。 2017年建3层3间楼房。 2010年购轿车1辆。					

灵湖村第5村民小组 自然村：东塘17号

项目	姓名	与户主关系	出生年月	民族	已故家属	
					称呼	姓名
现有家庭人员	徐子良	户主	1945-04-27	汉	父	徐天宝
	姜静珠	妻	1945-08-26	汉	母	徐官仙
	徐红明	长子	1969-06-11	汉		
	朱素英	儿媳	1968-01-31	汉		
	徐勇杰	孙子	1991-04-16	汉		
	徐潇	曾孙	2017-09-21	汉		
	代秀	孙媳	1991-08-28	汉		
家庭大事	徐红明2010年7月入党。 1998年建2层3间楼房，2016年翻建平房。					

灵湖村第5村民小组 自然村：东塘18号

项目	姓名	与户主关系	出生年月	民族	已故家属	
					称呼	姓名
现有家庭人员	顾彐敏	户主	1965-07-07	汉	父	顾金元
	胡延红	妻	1972-06-06	汉		
	顾江林	长子	1997-01-19	汉		
	顾桂英	母	1932-03-08	汉		
家庭大事	顾桂英1965~1984年任生产队妇女队长。 顾江林毕业于苏州大学应用技术学院（本科）。 1996年建2层3间楼房。					

灵湖村第5村民小组

自然村：东塘19号

项目	姓名	与户主关系	出生年月	民族	已故家属	
					称呼	姓名
现有家庭人员	朱卫元	户主	1969-08-29	汉	父	朱水法
	李娟	妻	1968-10-02	汉	母	朱阿二
	朱婷	女	1992-01-31	汉		
	朱梓梦	外孙女	2016-04-30	汉		
家庭大事	2002年建2层3间楼房。 2019年购轿车1辆。 注：女婿户口不在本村。					

灵湖村第5村民小组

自然村：东塘20号

项目	姓名	与户主关系	出生年月	民族	已故家属	
					称呼	姓名
现有家庭人员	邬水根	户主	1939-05-25	汉	岳父	金根宝
	金兰英	妻	1945-05-04	汉	岳母	吴姑娘
	金阿康	子	1964-09-30	汉		
	吴卫英	儿媳	1964-08-19	汉		
	金翔	孙子	1989-03-09	汉		
	金天	曾孙	2016-03-11	汉		
	金堇瑜	曾孙女	2021-01-15	汉		
家庭大事	邬水根1970年9月入党，先后任胜利大队副职干部、渡村公社镜片厂副厂长、友谊羊毛衫厂总务科长。 1998年建2层3间楼房。 2014年购轿车1辆。					

灵湖村第5村民小组　　自然村：东塘21号

项目	姓名	与户主关系	出生年月	民族	已故家属	
					称呼	姓名
现有家庭人员	何关丁	户主	1937-12-23	汉	父	何仁昌
	吴荷英	妻	1943-06-28	汉	母	方小妹
	何建华	子	1966-01-18	汉		
	陆春妹	儿媳	1968-06-02	汉		
	何玉珍	女	1962-10-14	汉		
	何雅倩	孙女	1989-12-04	汉		
	黄胤恒	曾孙	2014-05-06	汉		
	何胤恺	曾孙	2016-08-12	汉		
家庭大事	何建华2008年7月入党。 2006年翻建2层3间别墅。 注：孙女婿户口不在本村。					

灵湖村第5村民小组　　自然村：东塘22号

项目	姓名	与户主关系	出生年月	民族	已故家属	
					称呼	姓名
现有家庭人员	何建平	户主	1967-06-20	汉	父	何来福
	朱福仙	妻	1966-11-17	汉	母	孙福珍
	胡杰	女婿	1985-10-01	汉		
	胡君浩	孙子	2014-07-30	汉		
	何玉凤	女	1989-11-01	汉		
家庭大事	何玉凤2005年就读于东吴外师，2010年于东山实验小学工作。 1992年建2层3间楼房。 2011年购轿车2辆。					

灵湖村第5村民小组　自然村：东塘23号

项目	姓名	与户主关系	出生年月	民族	已故家属	
					称呼	姓名
现有家庭人员	何建新	户主	1966-12-01	汉	父	何福林
	吴芳	妻	1967-03-14	汉		
	何云飞	子	1991-12-18	汉		
	何艳菲	女	1989-11-01	汉		
	何竹吟	孙女	2017-12-20	汉		
	沈桂娣	母	1947-09-06	汉		
家庭大事	何建新2006年6月入党。 何云飞师范毕业，现在苏州城西中心小学任教。 1998年建2层3间楼房。 注：儿媳户口不在本村。					

灵湖村第5村民小组　自然村：东塘25号

项目	姓名	与户主关系	出生年月	民族	已故家属	
					称呼	姓名
现有家庭人员	徐根良	户主	1955-02-02	汉	父	徐天宝
	费景玲	妻	1963-03-23	汉	母	徐官仙
	徐学锋	子	1990-06-03	汉		
家庭大事	徐根良1997年9月入党，1996年4月任塘桥村村干部，2005年任灵湖村党总支书记。 徐学锋大专学历，2021年至临湖镇安保科工作。 2018年建3层3间楼房。 2019年购轿车1辆。					

灵湖村第5村民小组　　自然村：东塘26号

项目	姓名	与户主关系	出生年月	民族	已故家属	
					称呼	姓名
现有家庭人员	吴仁福	户主	1955-07-25	汉	父	吴阿二
	孔玲珍	妻	1957-09-16	汉	母	陶金仙
	吴跃华	子	1981-02-01	汉		
	沈英	儿媳	1981-10-14	汉		
	吴晨炜	孙子	2012-10-23	汉		
	吴烨晴	孙女	2003-10-15	汉		
家庭大事	吴烨晴大专在读。 1994年建2层3间楼房。 2008年购轿车1辆。					

灵湖村第5村民小组　　自然村：东塘27号

项目	姓名	与户主关系	出生年月	民族	已故家属	
					称呼	姓名
现有家庭人员	吴根福	户主	1953-05-07	汉	父	吴阿二
	邬雪珍	妻	1955-03-21	汉	母	陶金仙
	吴海华	长子	1976-12-02	汉		
	吴振华	次子	1979-06-11	汉		
	吴昱贞	孙女	2011-01-17	汉		
家庭大事	吴根福1988年1月入党，曾任塘桥大队综合厂会计、乡水泥制品厂会计，2007年任联队队长。2009~2010年镇优秀党员。 吴海华大专学历，1997年1月入党，曾任吴县机关事务局经理，1998年获评吴县优秀党员，现开瓷砖店。 翻建2层6间楼房。 2012年购轿车1辆。 注：长媳及孙辈户口不在本村。					

灵湖村第5村民小组

自然村：东塘28号

项目	姓名	与户主关系	出生年月	民族	已故家属	
					称呼	姓名
现有家庭人员	吴孝刚	户主	1944-05-14	汉	父	吴俊贤
	金惠珍	妻	1947-11-07	汉	母	吴张氏
	吴建	次子	1971-05-18	汉		
家庭大事	吴孝刚1963~1967年任胜利8队会计。 吴建1989年12月应征入伍（军残）。 建3间平房。					

灵湖村第5村民小组

自然村：东塘29号

项目	姓名	与户主关系	出生年月	民族	已故家属	
					称呼	姓名
现有家庭人员	李建明	户主	1957-08-18	汉	祖父	李祥福
	邱全妹	妻	1959-01-13	汉	祖母	李阿四
	李花	女	1983-12-25	汉		
	余会全	女婿	1979-10-14	汉		
	余子瑶	孙女	2014-06-06	汉		
	李天瑶	孙女	2006-11-15	汉		
	葛桂英	母	1934-08-18	汉		
家庭大事	1986年建2层3间楼房。 2016年购轿车1辆。 注：父亲户口不在本村。					

灵湖村第5村民小组　　自然村：东塘30号

项目	姓名	与户主关系	出生年月	民族	已故家属	
					称呼	姓名
现有家庭人员	吴兴根	户主	1967-06-23	汉	父	吴福根
	朱惠芳	妻	1968-12-15	汉	母	陆阿四
	吴倩	女	1990-07-10	汉		
	吴恩禾	外孙	2020-04-30	汉		
家庭大事	吴兴根在镇派出所任调解员。 吴倩2014年7月入党，在镇政府服务大厅工作。 2002年建2层3间楼房、1厢房、4间平房。 2006年购轿车2辆。					

灵湖村第5村民小组　　自然村：东塘30-1号

项目	姓名	与户主关系	出生年月	民族	已故家属	
					称呼	姓名
现有家庭人员	吴根兴	户主	1963-10-05	汉	父	吴福根
	张凤珍	妻	1964-03-20	汉	母	陆阿四
	吴蔚	女	1991-05-04	汉		
家庭大事	吴根兴1981年1月应征入伍，1985年1月入党。服役期间任旅装备部科长、部长等职，上校军衔。2005年后历任浦庄镇党委副书记、纪委书记、人大主席等职。 张凤珍曾任县化工厂办公室资料员，随军后在当地县社保局工作，随丈夫转业后在镇社保中心、敬老院工作。 建2层2间楼房。 注：女婿户口不在本村。					

灵湖村第5村民小组 自然村：东塘32号

项目	姓名	与户主关系	出生年月	民族	已故家属	
					称呼	姓名
现有家庭人员	吴雪云	户主	1953-11-08	汉	父	吴龙生
	朱卫仙	妻	1954-08-07	汉	母	杨福珍
	吴水红	长女	1979-04-01	汉		
	吴月红	二女	1981-04-25	汉		
家庭大事	吴水红大专学历，现居美国。 吴月红大专学历。 建2层4间楼房。 注：女婿户口不在本村。					

灵湖村第5村民小组 自然村：东塘34号

项目	姓名	与户主关系	出生年月	民族	已故家属	
					称呼	姓名
现有家庭人员	谢桂金	户主	1954-08-12	汉	公爹	吴福根
	吴祥芳	女	1978-02-07	汉	公婆	陆阿四
	周卫兴	女婿	1973-08-20	汉	丈夫	吴全兴
	吴祎敏	孙子	1999-05-13	汉		
家庭大事	吴祥芳2008年入党，在长马羊毛衫厂任会计。 吴祎敏毕业于常州机电职业技术学院（大专），在园区工作。 建2层3间楼房。 2012年购轿车1辆。					

灵湖村第5村民小组

自然村：东塘35号

项目	姓名	与户主关系	出生年月	民族	已故家属	
					称呼	姓名
现有家庭人员	何福元	户主	1960-01-22	汉	父	何才福
	王学灵	妻	1967-07-20	汉	母	黄阿琴
	何吉	女	1989-02-09	汉		
	沈二钱	女婿	1982-10-02	汉		
	何子浩	孙子	2009-10-16	汉		
	沈宇凡	孙子	2015-06-15	汉		
家庭大事	1995年建2层3间楼房。 2014年购轿车1辆。					

灵湖村第5村民小组

自然村：东塘36号

项目	姓名	与户主关系	出生年月	民族	已故家属	
					称呼	姓名
现有家庭人员	何松元	户主	1957-09-09	汉	父	何才福
	徐根娣	妻	1959-09-12	汉	母	黄阿琴
	何燕	女	1982-06-25	汉		
	何奕菁	孙女	2011-10-13	汉		
家庭大事	2018年建3层3间楼房。 2014年购轿车1辆。 注：女婿户口不在本村。					

灵湖村第5村民小组　　　　自然村：东塘37号

项目	姓名	与户主关系	出生年月	民族	已故家属	
					称呼	姓名
现有家庭人员	倪进兴	户主	1942-12-25	汉	岳父	倪金土
	倪兰娣	长女	1965-10-03	汉	岳母	倪招英
	熊根元	女婿	1963-08-16	汉	妻	倪珠妹
	倪喜平	孙子	1988-06-01	汉		
	倪喜花	孙女	1986-11-22	汉		
	葛晨睿	曾孙	2014-08-21	汉		
	葛鹤兵	孙女婿	1974-05-01	汉		
家庭大事	1996年建2层3间楼房。 2016年购轿车1辆。					

灵湖村第5村民小组　　　　自然村：东塘38号

项目	姓名	与户主关系	出生年月	民族	已故家属	
					称呼	姓名
现有家庭人员	朱菊根	户主	1963-08-24	汉	父	朱观宝
	赵晓琴	妻	1971-09-20	汉		
	朱建强	子	1989-10-13	汉		
	朱昊汶	孙子	2012-08-20	汉		
家庭大事	1997年建2层3间楼房。 2016年购轿车1辆。					

灵湖村第5村民小组　　　　自然村：东塘39号

<table>
<tr><td rowspan="2">项目</td><td rowspan="2">姓名</td><td rowspan="2">与户主关系</td><td rowspan="2">出生年月</td><td rowspan="2">民族</td><td colspan="2">已故家属</td></tr>
<tr><td>称呼</td><td>姓名</td></tr>
<tr><td rowspan="8">现有家庭人员</td><td>吴卫兴</td><td>户主</td><td>1967-12-19</td><td>汉</td><td>祖父</td><td>吴龙生</td></tr>
<tr><td>龚红妹</td><td>妻</td><td>1969-11-20</td><td>汉</td><td>祖母</td><td>杨福珍</td></tr>
<tr><td>吴文婷</td><td>女</td><td>1991-01-04</td><td>汉</td><td>父</td><td>吴金云</td></tr>
<tr><td>丁梅英</td><td>母</td><td>1948-01-18</td><td>汉</td><td></td><td></td></tr>
<tr><td></td><td></td><td></td><td></td><td></td><td></td></tr>
<tr><td></td><td></td><td></td><td></td><td></td><td></td></tr>
<tr><td></td><td></td><td></td><td></td><td></td><td></td></tr>
<tr><td></td><td></td><td></td><td></td><td></td><td></td></tr>
<tr><td>家庭大事</td><td colspan="6">2003年建2层3间楼房。
2008年购轿车3辆。</td></tr>
</table>

灵湖村第5村民小组　　　　自然村：东塘39号

<table>
<tr><td rowspan="2">项目</td><td rowspan="2">姓名</td><td rowspan="2">与户主关系</td><td rowspan="2">出生年月</td><td rowspan="2">民族</td><td colspan="2">已故家属</td></tr>
<tr><td>称呼</td><td>姓名</td></tr>
<tr><td rowspan="8">现有家庭人员</td><td>吴卫康</td><td>户主</td><td>1969-11-19</td><td>汉</td><td>祖父</td><td>吴龙生</td></tr>
<tr><td>李金芳</td><td>妻</td><td>1969-03-28</td><td>汉</td><td>祖母</td><td>杨福珍</td></tr>
<tr><td>吴文阳</td><td>子</td><td>1992-11-07</td><td>汉</td><td>父</td><td>吴金云</td></tr>
<tr><td>吴潘宸熙</td><td>孙子</td><td>2013-07-18</td><td>汉</td><td></td><td></td></tr>
<tr><td>丁梅英</td><td>母</td><td>1948-01-18</td><td>汉</td><td></td><td></td></tr>
<tr><td></td><td></td><td></td><td></td><td></td><td></td></tr>
<tr><td></td><td></td><td></td><td></td><td></td><td></td></tr>
<tr><td></td><td></td><td></td><td></td><td></td><td></td></tr>
<tr><td>家庭大事</td><td colspan="6">2008年翻建2层3间楼房。
2015年购轿车1辆。</td></tr>
</table>

灵湖村第5村民小组 自然村：东塘40号

项目	姓名	与户主关系	出生年月	民族	已故家属	
					称呼	姓名
现有家庭人员	吴红	户主	1969-05-10	汉	祖父	吴俊贤
	徐林玉	妻	1969-08-02	汉	祖母	吴张氏
	吴志杰	子	1992-04-19	汉		
	吴孝刚	父	1944-05-14	汉		
	金惠珍	母	1947-11-07	汉		
家庭大事	吴志杰大专学历，在横塘开装饰店。 1992年建2层3间楼房。 2016年购轿车1辆，2018年购轿车1辆。					

灵湖村第5村民小组 自然村：东塘41号

项目	姓名	与户主关系	出生年月	民族	已故家属	
					称呼	姓名
现有家庭人员	傅明红	户主	1969-11-09	汉	公爹	何才福
	何珺	女	1989-09-01	汉	公婆	黄阿琴
					丈夫	何春元
家庭大事	1996年建2层3间楼房。					

灵湖村第5村民小组

自然村：东塘42号

项目	姓名	与户主关系	出生年月	民族	已故家属	
					称呼	姓名
现有家庭人员	柳红华	户主	1979-11-12	汉	祖父	柳阿三
	柳林兴	父	1954-01-21	汉	祖母	顾阿秀
	陆雪珍	母	1954-01-27	汉		
家庭大事	柳红华大专学历，在江苏吴中集团有限公司工作。 翻建3层3间别墅。 购轿车1辆。 注：妻子及子女户口不在本村。					

灵湖村第6村民小组

自然村：舍上1-1号

项目	姓名	与户主关系	出生年月	民族	已故家属	
					称呼	姓名
现有家庭人员	孔美凤	户主	1952-11-02	汉	祖父	陆阿金
	陆和官	丈夫	1949-06-23	汉	祖母	陆陆氏
					公爹	陆金林
					公婆	陆桂宝
家庭大事	陆和官1981年入党，1983年任渡村乡经联会副主任，1987年任渡村乡党委委员、农工商总公司副总经理。 1985年建2层3间楼房，2016年重建3层3间楼房、3间辅房。 长女陆惠芬毕业于沈阳航空工业学院（本科）。 二女陆新宇毕业于苏州大学法学院（本科）。 注：子女户口不在本村。					

灵湖村第6村民小组

自然村：舍上2号

项目	姓名	与户主关系	出生年月	民族	已故家属	
					称呼	姓名
现有家庭人员	金增福	户主	1959-10-03	汉	父	金禧顺
	胡燕兰	妻	1964-06-21	汉	母	张云凤
	金堃	子	1988-05-16	汉		
	金宇昂	孙子	2015-09-04	汉		
家庭大事	金堃大专学历。 金增福为中共党员，在渡村信用社工作。 2002年建2层2间楼房、2间平房。 注：儿媳户口不在本村。					

灵湖村第6村民小组

自然村：舍上5号

项目	姓名	与户主关系	出生年月	民族	已故家属	
					称呼	姓名
现有家庭人员	金水寿	户主	1952-01-25	汉	父	金雪云
	凌美英	妻	1957-01-13	汉	母	金姚氏
	金芳	女	1982-01-09	汉		沈阿妹
	张海明	女婿	1981-12-26	汉		
	金龙	孙子	2004-09-27	汉		
	张俊	孙子	2015-09-14	汉		
家庭大事	金水寿1972年12月应征入伍，1976年11月入党。 张海明2006年8月入党，2009~2020年买挖掘机2台。 金芳为2011—2013年度吴中区劳动模范。 2006年拆迁至方庄小区，建3层3间楼房、3间辅房。					

灵湖村第6村民小组　　自然村：舍上6号

项目	姓名	与户主关系	出生年月	民族	已故家属	
					称呼	姓名
现有家庭人员	金玉仙	户主	1934-03-05	汉	公爹	金佰云
	金建平	三子	1967-09-11	汉	公婆	金柏氏
	龚月红	儿媳	1970-06-12	汉	丈夫	金晟铭
	金程	孙子	2000-01-10	汉		
家庭大事	金程大学（本科）就读。 2006年拆迁至方庄小区，建3层3间楼房、3间辅房。					

灵湖村第6村民小组　　自然村：舍上8号

项目	姓名	与户主关系	出生年月	民族	已故家属	
					称呼	姓名
现有家庭人员	金金寿	户主	1947-12-17	汉	父	金雪云
					母	沈阿妹
家庭大事	1987年建3间2厢平房。					

灵湖村第6村民小组 自然村：舍上9号

项目	姓名	与户主关系	出生年月	民族	已故家属	
					称呼	姓名
现有家庭人员	金玉华	户主	1981-01-26	汉	父	金金官
	侯丽丽	妻	1981-11-11	汉		
	金正锋	子	2005-08-07	汉		
	戴道英	母	1954-10-29	汉		
家庭大事	1998年建2层3间楼房、4间辅房。 2018年购轿车1辆。					

灵湖村第6村民小组 自然村：舍上10号

项目	姓名	与户主关系	出生年月	民族	已故家属	
					称呼	姓名
现有家庭人员	陆阿三	户主	1955-03-03	汉	父	陆传生
	邱雪英	妻	1957-08-29	汉	母	陆杭珍
	陆月新	子	1981-10-04	汉		陆云珍
	糜作兰	儿媳	1980-01-29	汉		
	陆瑶	孙女	2002-12-19	汉		
家庭大事	陆月新1999年应征入伍。 陆瑶2021年考取东南大学成贤学院制药与化学工程学院药事管理专业（本科）。 2006年拆迁至方庄小区，建3层3间楼房、3间辅房。					

灵湖村第6村民小组　　自然村：舍上11号

项目	姓名	与户主关系	出生年月	民族	已故家属	
					称呼	姓名
现有家庭人员	陆福官	户主	1955-06-07	汉	祖父	陆阿金
	陆美钰	妻	1954-10-15	汉	祖母	陆陆氏
	陆贞	女	1984-08-23	汉	父	陆金林
					母	陆桂宝
家庭大事	建2层2间楼房、2间平房。 2015年购轿车1辆。 注：女婿户口不在本村。					

灵湖村第6村民小组　　自然村：舍上12号

项目	姓名	与户主关系	出生年月	民族	已故家属	
					称呼	姓名
现有家庭人员	陆阿二	户主	1950-03-11	汉	祖父	陆秀祥
	陆华美	妻	1951-10-20	汉	祖母	陆金氏
	陆志良	子	1976-04-07	汉		陆沈氏
	沈小芳	儿媳	1974-05-18	汉	父	陆金龙
	陆顺涛	孙子	2002-03-23	汉	母	陆杏仙
家庭大事	陆志良1996年12月应征入伍，1999年5月入党。 陆顺涛2018年就读于吴中技校（大专）。 1971年建3间1厢平房，2019年建3层3间楼房、3间平房。 2018年购轿车1辆。					

灵湖村第6村民小组　　自然村：舍上13号

项目	姓名	与户主关系	出生年月	民族	已故家属	
					称呼	姓名
现有家庭人员	金林其	户主	1958-12-17	汉	祖父	金永康
	柳永仙	妻	1960-08-18	汉	祖母	金彩娥
	金玉良	子	1982-11-29	汉	父	金祥华
	糜巧云	儿媳	1983-07-07	汉	母	金彩珍
	金宇航	孙子	2005-06-22	汉		
家庭大事	2019年建3层3间楼房、1间辅房。 2017年购轿车1辆。					

灵湖村第6村民小组　　自然村：舍上14号

项目	姓名	与户主关系	出生年月	民族	已故家属	
					称呼	姓名
现有家庭人员	陆全明	户主	1962-10-26	汉	祖父	陆阿金
	朱利妹	妻	1964-05-12	汉	祖母	陆陆氏
	陆园	子	1985-11-02	汉	父	陆水林
	李小娟	儿媳	1988-05-10	汉	母	陆银秀
	陆墨轩	孙子	2018-07-10	汉		
	陆雨葭	孙女	2012-12-09	汉		
家庭大事	2000年建2层3间楼房、1间辅房。 2017年购轿车1辆。					

灵湖村第6村民小组　　自然村：舍上15号

项目	姓名	与户主关系	出生年月	民族	已故家属	
					称呼	姓名
现有家庭人员	陆全荣	户主	1957-11-13	汉	祖父	陆阿金
	张玉仙	妻	1961-08-25	汉	祖母	陆陆氏
	陆冬冬	子	1985-12-11	汉	父	陆水林
					母	陆银秀
家庭大事	陆冬冬大专学历。 2000年建2层2间楼房、4间平房。 注：儿媳、孙子户口不在本村。					

灵湖村第6村民小组　　自然村：舍上16号

项目	姓名	与户主关系	出生年月	民族	已故家属	
					称呼	姓名
现有家庭人员	陆全官	户主	1954-12-22	汉	祖父	陆阿金
	顾永珍	妻	1958-10-12	汉	祖母	陆陆氏
	陆月香	二女	1985-06-07	汉	父	陆水林
	陆明英	长女	1981-10-11	汉	母	陆银秀
	陆毓莹	孙女	2003-10-08	汉		
家庭大事	建2层3间楼房、1间辅房。 2015年购轿车1辆。 注：女婿户口不在本村。					

灵湖村第6村民小组 自然村：舍上17号

项目	姓名	与户主关系	出生年月	民族	已故家属	
					称呼	姓名
现有家庭人员	张守云	户主	1972-02-07	汉	祖父	金来兴
	金凌	长女	2000-10-13	汉	祖母	金玉英
	金凤	二女	2008-01-09	汉	公爹	金水明
	杨留英	公婆	1954-01-27	汉	丈夫	金慨
家庭大事	金凌就读于淮阴师范学院（本科）。 2006年拆迁至方庄小区，建3层3间楼房、3间辅房，2007年建6间平房。					

灵湖村第6村民小组 自然村：舍上18号

项目	姓名	与户主关系	出生年月	民族	已故家属	
					称呼	姓名
现有家庭人员	陆火泉	户主	1954-09-22	汉	父	陆柏林
	孙会仙	妻	1957-12-24	汉	母	朱桂仙
	陆丽芳	女	1982-05-25	汉		
	许华	女婿	1981-01-20	汉		
	陆顺毅	孙子	2004-07-06	汉		
家庭大事	陆丽芳为吴中区第三届人大代表。 2010年建2层4间楼房，2015年建3间平房。 2015年购轿车1辆。					

灵湖村第6村民小组　　自然村：舍上20号

项目	姓名	与户主关系	出生年月	民族	已故家属	
					称呼	姓名
现有家庭人员	陆荣官	户主	1952-10-22	汉	祖父	陆阿金
	孔福娣	妻	1953-12-11	汉	祖母	陆陆氏
	陆明哲	子	1978-11-08	汉	父	陆金林
	柳亚萍	儿媳	1978-10-29	汉	母	陆桂宝
	陆明香	女	1981-08-15	汉		
	陆淑婷	孙女	2003-04-26	汉		
家庭大事	陆荣官1971年1月应征入伍，1972年1月入党。 1990年建2层3间楼房。 2018年购轿车1辆。					

灵湖村第6村民小组　　自然村：舍上22号

项目	姓名	与户主关系	出生年月	民族	已故家属	
					称呼	姓名
现有家庭人员	陆华峰	户主	1978-07-22	汉	祖父	陆金根
	苏红霞	妻	1980-02-19	汉	祖母	陆爱林
	陆宇豪	子	2001-12-03	汉		
	陆永元	父	1948-06-21	汉		
	柳永明	母	1952-11-13	汉		
	陆霞凤	姐姐	1975-05-02	汉		
家庭大事	陆华峰为中共党员，在镇城管队工作。 陆宇豪2020年考取南京工业大学（本科）。 2018年建3层3间楼房、2层3间楼房。					

灵湖村第6村民小组　　自然村：舍上23号

项目	姓名	与户主关系	出生年月	民族	已故家属	
					称呼	姓名
现有家庭人员	陆龙元	户主	1952-01-09	汉	父	陆金根
	言凤娣	妻	1952-01-10	汉	母	陆爱林
	陆华会	子	1981-06-04	汉		
	司言	儿媳	1984-02-10	汉		
	陆霞英	女	1977-12-03	汉		
	陆思宸	孙子	2006-01-04	汉		
家庭大事	2019年建3层3间楼房、1间辅房、3间平房。 2018年购轿车1辆。					

灵湖村第6村民小组　　自然村：舍上24号

项目	姓名	与户主关系	出生年月	民族	已故家属	
					称呼	姓名
现有家庭人员	陆凤元	户主	1954-12-15	汉	父	陆金根
	王文英	妻	1956-01-08	汉	母	陆爱林
	陆超	子	1988-07-16	汉		
	李新蕾	女婿	1979-12-01	汉		
家庭大事	陆超大专学历。 2010年建2层3间楼房、1间平房。					

灵湖村第6村民小组　　自然村：舍上26号

<table>
<tr><td rowspan="2">项目</td><td rowspan="2">姓名</td><td rowspan="2">与户主关系</td><td rowspan="2">出生年月</td><td rowspan="2">民族</td><td colspan="2">已故家属</td></tr>
<tr><td>称呼</td><td>姓名</td></tr>
<tr><td rowspan="8">现有家庭人员</td><td>冯林</td><td>户主</td><td>1973-10-05</td><td>汉</td><td>祖父</td><td>金永康</td></tr>
<tr><td>罗桥珍</td><td>妻</td><td>1975-03-19</td><td>汉</td><td>祖母</td><td>金彩娥</td></tr>
<tr><td>金晓亮</td><td>子</td><td>1994-01-07</td><td>汉</td><td>父</td><td>金祥华</td></tr>
<tr><td>冯洪畅</td><td>女</td><td>2007-04-22</td><td>汉</td><td>母</td><td>金彩珍</td></tr>
<tr><td></td><td></td><td></td><td></td><td>罗桥珍前夫</td><td>金明其</td></tr>
<tr><td></td><td></td><td></td><td></td><td></td><td></td></tr>
<tr><td></td><td></td><td></td><td></td><td></td><td></td></tr>
<tr><td></td><td></td><td></td><td></td><td></td><td></td></tr>
<tr><td>家庭大事</td><td colspan="6">2007年建2层3间楼房、1间平房。</td></tr>
</table>

灵湖村第6村民小组　　自然村：舍上27号

<table>
<tr><td rowspan="2">项目</td><td rowspan="2">姓名</td><td rowspan="2">与户主关系</td><td rowspan="2">出生年月</td><td rowspan="2">民族</td><td colspan="2">已故家属</td></tr>
<tr><td>称呼</td><td>姓名</td></tr>
<tr><td rowspan="8">现有家庭人员</td><td>金海洪</td><td>户主</td><td>1963-06-05</td><td>汉</td><td>祖父</td><td>金俊康</td></tr>
<tr><td>孔亚芳</td><td>妻</td><td>1964-01-24</td><td>汉</td><td rowspan="2">祖母</td><td>金林宝</td></tr>
<tr><td>金佳华</td><td>子</td><td>1986-03-30</td><td>汉</td><td>金菊仙</td></tr>
<tr><td>朱敏敏</td><td>儿媳</td><td>1986-12-30</td><td>汉</td><td>母</td><td>孔火仙</td></tr>
<tr><td>金诚睿</td><td>孙子</td><td>2011-07-19</td><td>汉</td><td></td><td></td></tr>
<tr><td>金祥文</td><td>父</td><td>1934-04-04</td><td>汉</td><td></td><td></td></tr>
<tr><td></td><td></td><td></td><td></td><td></td><td></td></tr>
<tr><td></td><td></td><td></td><td></td><td></td><td></td></tr>
<tr><td>家庭大事</td><td colspan="6">金海洪2000年10月入党，2017年被任命为吴中区人民法院陪审，2019年被评为2019年度优秀陪审员。
金佳华毕业于南通大学（本科），朱敏敏毕业于南京大学（本科）。
1994年建2层3间楼房，1998年建2层3间楼房、1间平房，2007年建4间平房。</td></tr>
</table>

灵湖村第6村民小组 自然村：舍上28号

<table>
<tr><th rowspan="2">项目</th><th rowspan="2">姓名</th><th rowspan="2">与户主关系</th><th rowspan="2">出生年月</th><th rowspan="2">民族</th><th colspan="2">已故家属</th></tr>
<tr><th>称呼</th><th>姓名</th></tr>
<tr><td rowspan="8">现有家庭人员</td><td>金华明</td><td>户主</td><td>1966-11-13</td><td>汉</td><td>祖父</td><td>金俊康</td></tr>
<tr><td>崔玉艳</td><td>妻</td><td>1977-07-02</td><td>汉</td><td rowspan="2">祖母</td><td>金林宝</td></tr>
<tr><td>金艳洁</td><td>长女</td><td>1989-05-19</td><td>汉</td><td>金菊仙</td></tr>
<tr><td>金雅洁</td><td>二女</td><td>2016-06-14</td><td>汉</td><td>父</td><td>金祥洪</td></tr>
<tr><td>查根美</td><td>母</td><td>1942-11-03</td><td>汉</td><td></td><td></td></tr>
<tr><td>何利蓉</td><td>非亲属</td><td>1966-03-11</td><td>汉</td><td></td><td></td></tr>
<tr><td></td><td></td><td></td><td></td><td></td><td></td></tr>
<tr><td></td><td></td><td></td><td></td><td></td><td></td></tr>
<tr><td>家庭大事</td><td colspan="6">2010年建2层2间楼房、2间辅房，2016年建3间平房。</td></tr>
</table>

灵湖村第6村民小组 自然村：舍上29号

<table>
<tr><th rowspan="2">项目</th><th rowspan="2">姓名</th><th rowspan="2">与户主关系</th><th rowspan="2">出生年月</th><th rowspan="2">民族</th><th colspan="2">已故家属</th></tr>
<tr><th>称呼</th><th>姓名</th></tr>
<tr><td rowspan="8">现有家庭人员</td><td>金海根</td><td>户主</td><td>1960-01-20</td><td>汉</td><td>祖父</td><td>金俊康</td></tr>
<tr><td>翁菊妹</td><td>妻</td><td>1963-10-09</td><td>汉</td><td rowspan="2">祖母</td><td>金林宝</td></tr>
<tr><td>金涵清</td><td>女</td><td>1986-06-04</td><td>汉</td><td>金菊仙</td></tr>
<tr><td>金峻逸</td><td>孙子</td><td>2015-11-10</td><td>汉</td><td>母</td><td>孔火仙</td></tr>
<tr><td>李昕雨</td><td>孙女</td><td>2012-04-04</td><td>汉</td><td></td><td></td></tr>
<tr><td>金祥文</td><td>父</td><td>1934-04-04</td><td>汉</td><td></td><td></td></tr>
<tr><td></td><td></td><td></td><td></td><td></td><td></td></tr>
<tr><td></td><td></td><td></td><td></td><td></td><td></td></tr>
<tr><td>家庭大事</td><td colspan="6">金涵清大专学历。
1994年建2层2间楼房、1间平房，2010年分银藏新村安置房1套。
注：女婿户口不在本村。</td></tr>
</table>

灵湖村第6村民小组　　自然村：舍上30号

<table>
<tr><th rowspan="2">项目</th><th rowspan="2">姓名</th><th rowspan="2">与户主关系</th><th rowspan="2">出生年月</th><th rowspan="2">民族</th><th colspan="2">已故家属</th></tr>
<tr><th>称呼</th><th>姓名</th></tr>
<tr><td rowspan="6">现有家庭人员</td><td>陆维鸣</td><td>户主</td><td>1949-01-25</td><td>汉</td><td>祖父</td><td>陆秀祥</td></tr>
<tr><td>陆水妹</td><td>妻</td><td>1949-12-03</td><td>汉</td><td rowspan="2">祖母</td><td>陆金氏</td></tr>
<tr><td>陆江峰</td><td>次子</td><td>1974-11-25</td><td>汉</td><td>陆沈氏</td></tr>
<tr><td>任叶青</td><td>儿媳</td><td>1977-06-18</td><td>汉</td><td>父</td><td>陆福根</td></tr>
<tr><td>陆程扬</td><td>孙子</td><td>2000-11-13</td><td>汉</td><td>母</td><td>盛招娣</td></tr>
<tr><td></td><td></td><td></td><td></td><td></td><td></td></tr>
<tr><td>家庭大事</td><td colspan="6">陆维鸣1969~1983年任生产队会计，1996~2003年任塘桥村会计，2004~2007年任灵湖村村民委员会会员。
1971年建3间2厢平房，1978年建2间辅房，1987年建3间平房，1998年加高为2层3间楼房、1间平房。
陆江峰2017年10月成立苏州亿耀峰建筑工程有限公司，为公司法定代表人。
陆程扬就读于苏州科技大学（本科）。
陆江峰2018年购商品房1套（东润花园），2018年购轿车1辆。
任叶青于2019年9月在家经营雅阁轩饭店。
注：长子陆海峰1993年考取合肥工业大学（本科），现在施耐德开关（苏州）有限公司工作，全家在苏州城居住，户口不在本村。</td></tr>
</table>

灵湖村第6村民小组　　自然村：舍上31号

<table>
<tr><th rowspan="2">项目</th><th rowspan="2">姓名</th><th rowspan="2">与户主关系</th><th rowspan="2">出生年月</th><th rowspan="2">民族</th><th colspan="2">已故家属</th></tr>
<tr><th>称呼</th><th>姓名</th></tr>
<tr><td rowspan="8">现有家庭人员</td><td>陆丰琪</td><td>户主</td><td>1940-11-04</td><td>汉</td><td>祖父</td><td>陆秀祥</td></tr>
<tr><td>姚水仙</td><td>妻</td><td>1944-04-14</td><td>汉</td><td rowspan="2">祖母</td><td>陆金氏</td></tr>
<tr><td>陆志强</td><td>长子</td><td>1968-01-27</td><td>汉</td><td>陆沈氏</td></tr>
<tr><td>陆志伟</td><td>次子</td><td>1970-03-21</td><td>汉</td><td>父</td><td>陆金龙</td></tr>
<tr><td></td><td></td><td></td><td></td><td>母</td><td>陆杏仙</td></tr>
<tr><td></td><td></td><td></td><td></td><td></td><td></td></tr>
<tr><td></td><td></td><td></td><td></td><td></td><td></td></tr>
<tr><td></td><td></td><td></td><td></td><td></td><td></td></tr>
<tr><td>家庭大事</td><td colspan="6">1978年建1间1厢平房。
注：陆志强女儿陆雁蓉为杭州师范大学研究生，现在苏州城市学院任教，户口不在本村。陆志伟儿子陆彦昊毕业于南京理工大学（本科），现任吴中区郭巷街道玲珑社区办事员，户口不在本村。</td></tr>
</table>

灵湖村第6村民小组

自然村：舍上32号

<table>
<tr><th rowspan="2">项目</th><th rowspan="2">姓名</th><th rowspan="2">与户主关系</th><th rowspan="2">出生年月</th><th rowspan="2">民族</th><th colspan="2">已故家属</th></tr>
<tr><th>称呼</th><th>姓名</th></tr>
<tr><td rowspan="8">现有家庭人员</td><td>陆龙云</td><td>户主</td><td>1952-10-02</td><td>汉</td><td>祖父</td><td>陆秀祥</td></tr>
<tr><td>张丽娟</td><td>妻</td><td>1953-10-15</td><td>汉</td><td rowspan="2">祖母</td><td>陆金氏</td></tr>
<tr><td>陆剑峰</td><td>长子</td><td>1978-02-12</td><td>汉</td><td>陆沈氏</td></tr>
<tr><td>顾卫红</td><td>儿媳</td><td>1978-11-18</td><td>汉</td><td>父</td><td>陆洪根</td></tr>
<tr><td>陆怡萍</td><td>孙女</td><td>2001-10-23</td><td>汉</td><td>母</td><td>孔凤宝</td></tr>
<tr><td></td><td></td><td></td><td></td><td></td><td></td></tr>
<tr><td></td><td></td><td></td><td></td><td></td><td></td></tr>
<tr><td></td><td></td><td></td><td></td><td></td><td></td></tr>
<tr><td>家庭大事</td><td colspan="6">1994年建2层4间楼房、2间平房。</td></tr>
</table>

灵湖村第6村民小组

自然村：舍上33号

<table>
<tr><th rowspan="2">项目</th><th rowspan="2">姓名</th><th rowspan="2">与户主关系</th><th rowspan="2">出生年月</th><th rowspan="2">民族</th><th colspan="2">已故家属</th></tr>
<tr><th>称呼</th><th>姓名</th></tr>
<tr><td rowspan="8">现有家庭人员</td><td>孔菊美</td><td>户主</td><td>1955-09-12</td><td>汉</td><td>祖父</td><td>陆秀祥</td></tr>
<tr><td>陆高鸣</td><td>丈夫</td><td>1956-03-16</td><td>汉</td><td rowspan="2">祖母</td><td>陆金氏</td></tr>
<tr><td>陆冬雁</td><td>女</td><td>1981-11-15</td><td>汉</td><td>陆沈氏</td></tr>
<tr><td>孔水明</td><td>女婿</td><td>1980-05-20</td><td>汉</td><td>父</td><td>陆福根</td></tr>
<tr><td>陆仁健</td><td>孙子</td><td>2004-07-24</td><td>汉</td><td>母</td><td>盛招娣</td></tr>
<tr><td></td><td></td><td></td><td></td><td></td><td></td></tr>
<tr><td></td><td></td><td></td><td></td><td></td><td></td></tr>
<tr><td></td><td></td><td></td><td></td><td></td><td></td></tr>
<tr><td>家庭大事</td><td colspan="6">1998年建2层3间楼房、2间平房。</td></tr>
</table>

灵湖村第6村民小组

自然村：舍上34号

项目	姓名	与户主关系	出生年月	民族	已故家属	
					称呼	姓名
现有家庭人员	金美泉	户主	1949-11-09	汉	父	金永生
	柏凤珍	妻	1953-04-16	汉	母	潘阿妹
	金万红	子	1973-11-28	汉		
	金红芳	女	1978-10-11	汉		
	金辉	孙子	1994-10-21	汉		
	金诚昊	孙子	2007-09-16	汉		
	吴欣怡	外孙女	2009-02-04	汉		
家庭大事	1998年建2层4间楼房、4间平房、老宅4间平房。 2015年购轿车1辆。 注：儿媳户口不在本村。					

灵湖村第6村民小组

自然村：舍上36号

项目	姓名	与户主关系	出生年月	民族	已故家属	
					称呼	姓名
现有家庭人员	金建康	户主	1953-10-03	汉	祖父	金佰云
	邬凤珍	妻	1955-09-08	汉	祖母	金柏氏
	金益	长子	1974-10-03	汉	父	金晟铭
	方宏	儿媳	1974-07-09	汉		
	金盈彦	孙女	1999-03-20	汉		
	金玉仙	母	1934-03-05	汉		
家庭大事	金益为中共党员。 金盈彦就读于苏州市职业大学（大专）。 2020年建3层3间楼房、1间辅房。 2016年购轿车1辆。					

灵湖村第6村民小组

自然村：舍上37号

项目	姓名	与户主关系	出生年月	民族	已故家属	
					称呼	姓名
现有家庭人员	金建文	户主	1964-03-11	汉	祖父	金佰云
	唐凤珍	妻	1966-07-24	汉	祖母	金柏氏
	金晓琳	长女	1987-03-10	汉	父	金晟铭
	徐敏武	女婿	1981-09-05	汉		
	金子皓	孙子	2008-12-08	汉		
	金玉仙	母	1934-03-05	汉		
家庭大事	2010年建2层2间楼房、1间厢房。					

灵湖村第6村民小组

自然村：舍上38号

项目	姓名	与户主关系	出生年月	民族	已故家属	
					称呼	姓名
现有家庭人员	金火寿	户主	1955-04-04	汉	父	金雪云
					母	沈阿妹
家庭大事	2004年镇民政办帮建2间平房。					

灵湖村第6村民小组 自然村：舍上39号

项目	姓名	与户主关系	出生年月	民族	已故家属	
					称呼	姓名
现有家庭人员	金晟良	户主	1943-05-25	汉	父	金雪云
	金正东	长子	1973-08-01	汉	母	沈阿妹
	金正华	次子	1976-09-27	汉	妻	仇金娣
	刘贵琴	儿媳	1974-11-02	汉		
	金鑫	孙子	1996-12-05	汉		
家庭大事	金正东1991年12月应征入伍，1993年12月入党。 2010年建4间平房。分得黄垆小区安置房1套。 2010年购轿车1辆，2021年购货车1辆。					

灵湖村第6村民小组 自然村：舍上40号

项目	姓名	与户主关系	出生年月	民族	已故家属	
					称呼	姓名
现有家庭人员	陆海官	户主	1957-09-10	汉	父	陆传生
	冉秀珍	妻	1967-11-12	汉	母	陆杭珍
	陆伟	子	1988-09-27	汉		陆云珍
	韩艳	儿媳	1993-05-27	汉		
	陆逸韩	孙子	2014-12-07	汉		
家庭大事	2002年建2层2间楼房、4间平房。					

灵湖村第6村民小组

自然村：舍上41号

项目	姓名	与户主关系	出生年月	民族	已故家属	
					称呼	姓名
现有家庭人员	陆和根	户主	1959-11-09	汉	父	陆根泉
	翁金妹	妻	1963-03-16	汉	母	陆小妹
	陆琴	长女	1985-05-31	汉		
	陆晓琴	二女	1988-02-21	汉		
	吕刘成	女婿	1980-05-18	汉		
	陆吕熙	孙子	2008-11-04	汉		
	孔志豪	孙子	2013-06-26	汉		
	陆海泉	叔父	1933-11-06	汉		
家庭大事	1996年建5间平房，2000年建2层2间楼房、2间辅房。					

灵湖村第6村民小组

自然村：舍上42号

项目	姓名	与户主关系	出生年月	民族	已故家属	
					称呼	姓名
现有家庭人员	陆永泉	户主	1948-12-22	汉	父	陆柏林
	高文仙	妻	1949-12-01	汉	母	朱桂仙
	陆桂芳	女	1975-03-19	汉		
	朱建明	女婿	1973-05-05	汉		
	陆静怡	孙女	1996-04-01	汉		
家庭大事	朱建明2002年7月入党。 陆静怡毕业于南京财经大学红山学院（本科）。 2019年建3层3间楼房，2015年建4间平房。 2010年购轿车1辆。 注：孙女婿户口不在本村。					

灵湖村第6村民小组　　自然村：舍上43号

项目	姓名	与户主关系	出生年月	民族	已故家属	
					称呼	姓名
现有家庭人员	金明达	户主	1950-01-06	汉	父	金子华
	孔桂珍	妻	1952-08-15	汉	母	金杏琴
	金祥妍	长女	1975-05-16	汉		
	金兰花	二女	1978-09-19	汉		
	金嘉意	孙女	2001-04-19	汉		
家庭大事	金明达1969年3月应征入伍。 金嘉意2019年考取南通大学（本科）。 1987年建2层3间楼房。2006年拆迁至方庄小区，建3层3间楼房、2层3间辅房。2010年建2层2间楼房。					

灵湖村第6村民小组　　自然村：舍上44号

项目	姓名	与户主关系	出生年月	民族	已故家属	
					称呼	姓名
现有家庭人员	邱玉英	户主	1952-07-13	汉	祖父	金礼华
	金跃华	长子	1977-12-24	汉	祖母	金赵氏
	金跃祖	次子	1980-11-06	汉	公爹	金传兴
	姜彩红	儿媳	1978-06-18	汉	公婆	金阿美
	赵燕芹	儿媳	1983-04-13	汉	丈夫	金利生
	金姜鑫	孙子	2016-07-22	汉		
	金善雅	孙女	2005-10-13	汉		
	金易晴	孙女	2005-02-23	汉		
家庭大事	金跃祖1999年12月应征入伍。 1973年建5间平房、2间辅房，2006年分得安置房2套（西浜小区）。 金跃华建3层3间楼房。金跃祖建3层3间楼房。					

灵湖村第6村民小组

自然村：舍上47号

<table>
<tr><th rowspan="2">项目</th><th rowspan="2">姓名</th><th rowspan="2">与户主关系</th><th rowspan="2">出生年月</th><th rowspan="2">民族</th><th colspan="2">已故家属</th></tr>
<tr><th>称呼</th><th>姓名</th></tr>
<tr><td rowspan="8">现有家庭人员</td><td>金正寿</td><td>户主</td><td>1952-10-26</td><td>汉</td><td>父</td><td>金禧顺</td></tr>
<tr><td>孔建花</td><td>妻</td><td>1953-10-07</td><td>汉</td><td>母</td><td>张云凤</td></tr>
<tr><td>金莉</td><td>女</td><td>1978-07-09</td><td>汉</td><td></td><td></td></tr>
<tr><td></td><td></td><td></td><td></td><td></td><td></td></tr>
<tr><td></td><td></td><td></td><td></td><td></td><td></td></tr>
<tr><td></td><td></td><td></td><td></td><td></td><td></td></tr>
<tr><td></td><td></td><td></td><td></td><td></td><td></td></tr>
<tr><td></td><td></td><td></td><td></td><td></td><td></td></tr>
<tr><td>家庭大事</td><td colspan="6">金正寿1970年1月应征入伍，1971年1月入党。
2018年建3层3间楼房、1间辅房。
2016年购轿车1辆。
注：女婿徐木祥（苏州大学本科学历）、孙女户口不在本村。</td></tr>
</table>

灵湖村第7村民小组

自然村：舍上1号

<table>
<tr><th rowspan="2">项目</th><th rowspan="2">姓名</th><th rowspan="2">与户主关系</th><th rowspan="2">出生年月</th><th rowspan="2">民族</th><th colspan="2">已故家属</th></tr>
<tr><th>称呼</th><th>姓名</th></tr>
<tr><td rowspan="8">现有家庭人员</td><td>沈维明</td><td>户主</td><td>1941-12-15</td><td>汉</td><td>父</td><td>沈久余</td></tr>
<tr><td>周巧珍</td><td>妻</td><td>1940-07-16</td><td>汉</td><td>母</td><td>沈大小妹</td></tr>
<tr><td></td><td></td><td></td><td></td><td></td><td></td></tr>
<tr><td></td><td></td><td></td><td></td><td></td><td></td></tr>
<tr><td></td><td></td><td></td><td></td><td></td><td></td></tr>
<tr><td></td><td></td><td></td><td></td><td></td><td></td></tr>
<tr><td></td><td></td><td></td><td></td><td></td><td></td></tr>
<tr><td></td><td></td><td></td><td></td><td></td><td></td></tr>
<tr><td>家庭大事</td><td colspan="6">沈维明1966年毕业于复旦大学，苏州医学院退休（教授）。
2002年建2层1间楼房。
注：子女户口不在本村。</td></tr>
</table>

灵湖村第7村民小组　　自然村：舍上1号

项目	姓名	与户主关系	出生年月	民族	已故家属	
					称呼	姓名
现有家庭人员	石阿三	户主	1942-12-20	汉	公爹	曹阿毛
					公婆	曹仁金
					丈夫	曹银坤
家庭大事	1985年建3间平房。 注：子女户口不在本村。					

灵湖村第7村民小组　　自然村：舍上1-1号

项目	姓名	与户主关系	出生年月	民族	已故家属	
					称呼	姓名
现有家庭人员	张雪明	户主	1967-09-15	汉	父	张水元
	石素芳	妻	1968-09-20	汉		
	金金娣	母	1944-08-20	汉		
家庭大事	2001年建2层3间楼房、4间平房。 2002年购轿车1辆。 注：子女户口不在本村。					

灵湖村第7村民小组　　自然村：舍上7号

项目	姓名	与户主关系	出生年月	民族	已故家属	
					称呼	姓名
现有家庭人员	张国强	户主	1969-11-27	汉	祖父	张兴元
	金菊芳	妻	1969-11-07	汉	祖母	李财珠
	张勤成	女	1992-10-26	汉		
	张乐扬	孙子	2019-04-25	汉		
	张正邦	父	1945-02-10	汉		
	顾金珠	母	1943-01-25	汉		
家庭大事	张正邦1983年4月入党。 2002年建2层3间楼房。 2013年购轿车1辆。 注：女婿户口不在本村。					

灵湖村第7村民小组　　自然村：舍上35号

项目	姓名	与户主关系	出生年月	民族	已故家属	
					称呼	姓名
现有家庭人员	吴根仙	户主	1958-08-26	汉	公爹	沈阿大
	沈叔林	丈夫	1957-12-01	汉		
	沈红亚	女	1981-12-23	汉		
	周晟欣	孙女	2005-09-16	汉		
	沈小毛	公婆	1926-11-01	汉		
家庭大事	2000年建2间平房，2020年建3层3间楼房。 注：女婿户口不在本村。					

灵湖村第7村民小组

自然村：舍上45号

<table>
<tr><th rowspan="2">项目</th><th rowspan="2">姓名</th><th rowspan="2">与户主关系</th><th rowspan="2">出生年月</th><th rowspan="2">民族</th><th colspan="2">已故家属</th></tr>
<tr><th>称呼</th><th>姓名</th></tr>
<tr><td rowspan="8">现有家庭人员</td><td>曹高峰</td><td>户主</td><td>1960-07-02</td><td>汉</td><td>父</td><td>曹爱生</td></tr>
<tr><td>金雪华</td><td>妻</td><td>1960-09-09</td><td>汉</td><td>母</td><td>曹寿仙</td></tr>
<tr><td>曹益平</td><td>子</td><td>1986-02-27</td><td>汉</td><td></td><td></td></tr>
<tr><td></td><td></td><td></td><td></td><td></td><td></td></tr>
<tr><td></td><td></td><td></td><td></td><td></td><td></td></tr>
<tr><td></td><td></td><td></td><td></td><td></td><td></td></tr>
<tr><td></td><td></td><td></td><td></td><td></td><td></td></tr>
<tr><td></td><td></td><td></td><td></td><td></td><td></td></tr>
<tr><td>家庭大事</td><td colspan="6">1999年建2层3间楼房、1间平房。
注：儿媳及孙辈户口不在本村。</td></tr>
</table>

灵湖村第7村民小组

自然村：舍上48号

<table>
<tr><th rowspan="2">项目</th><th rowspan="2">姓名</th><th rowspan="2">与户主关系</th><th rowspan="2">出生年月</th><th rowspan="2">民族</th><th colspan="2">已故家属</th></tr>
<tr><th>称呼</th><th>姓名</th></tr>
<tr><td rowspan="8">现有家庭人员</td><td>周建荣</td><td>户主</td><td>1973-12-24</td><td>汉</td><td>父</td><td>周阿大</td></tr>
<tr><td>秦菊妹</td><td>妻</td><td>1974-10-25</td><td>汉</td><td>母</td><td>周金娣</td></tr>
<tr><td>周琪</td><td>女</td><td>1997-06-22</td><td>汉</td><td></td><td></td></tr>
<tr><td>周润</td><td>侄子</td><td>1986-05-01</td><td>汉</td><td></td><td></td></tr>
<tr><td>崔素平</td><td>其他亲属</td><td>1987-04-09</td><td>汉</td><td></td><td></td></tr>
<tr><td>周子卿</td><td>其他亲属</td><td>2012-09-05</td><td>汉</td><td></td><td></td></tr>
<tr><td></td><td></td><td></td><td></td><td></td><td></td></tr>
<tr><td></td><td></td><td></td><td></td><td></td><td></td></tr>
<tr><td>家庭大事</td><td colspan="6">周琪毕业于苏州大学文正学院（本科）。
2005年建3层2间楼房。</td></tr>
</table>

灵湖村第7村民小组 自然村：舍上49号

项目	姓名	与户主关系	出生年月	民族	已故家属	
					称呼	姓名
现有家庭人员	沈洪法	户主	1950-01-22	汉	父	沈金根
	蒋金娣	妻	1950-11-15	汉		
	沈华妹	女	1977-07-16	汉		
	沈玉英	母	1931-06-06	汉		
家庭大事	沈洪法1969年3月应征入伍。 1985年建3间平房。					

灵湖村第7村民小组 自然村：舍上50号

项目	姓名	与户主关系	出生年月	民族	已故家属	
					称呼	姓名
现有家庭人员	沈洪林	户主	1952-01-19	汉	父	沈金根
	王述容	妻	1970-05-07	汉		
	沈勇	子	1990-12-18	汉		
	沈玉英	母	1931-06-06	汉		
家庭大事	2006年拆迁至方庄小区，建3层3间楼房、3间辅房。					

灵湖村第7村民小组

自然村：舍上52号

项目	姓名	与户主关系	出生年月	民族	已故家属	
					称呼	姓名
现有家庭人员	沈孝洪	户主	1975-02-15	汉	祖父	沈金土
	俞英	妻	1975-10-09	汉	祖母	沈阿玉
	沈诗奕	女	1998-08-12	汉	父	沈连法
					母	纪全珠
家庭大事	沈诗奕毕业于常熟理工学院（本科）。 2020年建3层3间楼房、1间辅房。					

灵湖村第7村民小组

自然村：舍上53号

项目	姓名	与户主关系	出生年月	民族	已故家属	
					称呼	姓名
现有家庭人员	曹培荣	户主	1963-08-16	汉	父	曹爱生
	王林娥	妻	1963-08-26	汉	母	曹寿仙
	曹敏	子	1986-11-01	汉		
家庭大事	2016年建3层3间楼房、1间平房。 注：儿媳及孙辈户口不在本村。					

灵湖村第7村民小组

自然村：舍上54-1号

项目	姓名	与户主关系	出生年月	民族	已故家属	
					称呼	姓名
现有家庭人员	曹一明	户主	1966-10-25	汉	祖父	曹亦初
	钱月萍	妻	1966-01-25	汉	祖母	张金妹
	曹赟	女	1989-04-19	汉		
	曹根和	父	1934-02-17	汉		
	曹会珍	母	1936-01-23	汉		
家庭大事	曹赟2003年8月留学韩国光州大学 2016年建3层3间楼房、1间平房。					

灵湖村第7村民小组

自然村：舍上55号

项目	姓名	与户主关系	出生年月	民族	已故家属	
					称呼	姓名
现有家庭人员	曹佰根	户主	1961-03-07	汉	祖父	曹亦初
	石荷玲	妻	1963-06-03	汉	祖母	张金妹
	曹根和	父	1934-02-17	汉		
	曹会珍	母	1936-01-23	汉		
家庭大事	2012年建2层3间楼房、1间平房。 注：子女户口不在本村。					

灵湖村第7村民小组　　自然村：舍上56号

项目	姓名	与户主关系	出生年月	民族	已故家属	
					称呼	姓名
现有家庭人员	沈卫元	户主	1965-01-18	汉	父	沈水林
	李芳	妻	1966-05-29	汉	母	沈宝娣
	沈瑜	子	1988-09-05	汉		
	沈一彬	孙子	2015-06-10	汉		
家庭大事	2000年建2层3间楼房。 注：儿媳户口不在本村。					

灵湖村第7村民小组　　自然村：舍上57号

项目	姓名	与户主关系	出生年月	民族	已故家属	
					称呼	姓名
现有家庭人员	曹高荣	户主	1957-01-02	汉	父	曹爱生
	唐会娟	妻	1956-05-25	汉	母	曹寿仙
	曹跃华	子	1983-10-03	汉		
家庭大事	1995年建2层3间楼房，2002年建3层3间楼房。 注：儿媳及孙辈户口不在本村。					

灵湖村第7村民小组

自然村：舍上58号

项目	姓名	与户主关系	出生年月	民族	已故家属	
					称呼	姓名
现有家庭人员	张玉仙	户主	1946-09-29	汉	丈夫	陆介明
	陆春荣	子	1966-02-11	汉		
	陶华芳	儿媳	1967-01-04	汉		
	陆静兰	孙女	1989-10-01	汉		
家庭大事	陆静兰2010年7月入党，大专学历。 2000年建2层3间楼房、1间平房。					

灵湖村第7村民小组

自然村：舍上59号

项目	姓名	与户主关系	出生年月	民族	已故家属	
					称呼	姓名
现有家庭人员	曹根林	户主	1947-09-03	汉	父	曹亦初
	王阿妹	妻	1951-10-21	汉	母	张金妹
	曹玉芳	长女	1971-11-04	汉		
	陆阿六	女婿	1968-04-04	汉		
	曹琴	孙女	1991-01-05	汉		
	曹睿宸	曾孙	2013-12-09	汉		
家庭大事	1999年建2层3间楼房、1间平房。 2003年购轿车1辆。 注：孙女婿户口不在本村。					

灵湖村第7村民小组

自然村：舍上61号

项目	姓名	与户主关系	出生年月	民族	已故家属	
					称呼	姓名
现有家庭人员	沈根法	户主	1944-08-01	汉	父	沈金土
	张秀英	妻	1945-08-25	汉	母	沈阿玉
	沈月明	子	1972-09-17	汉		
	金培华	儿媳	1971-12-16	汉		
	沈韫	孙女	1996-01-18	汉		
家庭大事	沈根法1963年3月应征入伍。 建3层2间楼房、3间平房。					

灵湖村第7村民小组

自然村：舍上62号

项目	姓名	与户主关系	出生年月	民族	已故家属	
					称呼	姓名
现有家庭人员	张五宝	户主	1928-07-17	汉	丈夫	张福元
	张建英	儿媳	1956-03-27	汉	子	张伟其
	张璐怡	曾孙女	2007-06-01	汉		
	李晓宇	孙女婿	1979-07-13	汉		
家庭大事	2000年建2层3间楼房、1间辅房、2间平房。 注：孙女户口不在本村。					

灵湖村第7村民小组　　自然村：舍上63号

项目	姓名	与户主关系	出生年月	民族	已故家属	
					称呼	姓名
现有家庭人员	张会明	户主	1960-08-21	汉	父	张福官
	蒋庆芳	妻	1966-10-24	汉	母	姜雪珍
	张森	长子	1987-11-28	汉		
	张锋	次子	1989-06-04	汉		
	陈翠红	儿媳	1989-09-28	汉		
	冯洁	儿媳	1993-05-08	汉		
	张梦涵	孙女	2011-01-24	汉		
	张羽蒙	孙女	2013-10-31	汉		
家庭大事	张会明1979年1月应征入伍。 2002年建2层3间楼房、3间平房。					

灵湖村第7村民小组　　自然村：舍上64号

项目	姓名	与户主关系	出生年月	民族	已故家属	
					称呼	姓名
现有家庭人员	沈文明	户主	1958-06-26	汉	父	沈水根
	何玉杰	妻	1968-03-14	汉	母	石月珍
	沈惠琴	女	1989-11-24	汉		
家庭大事	2000年建2层3间楼房、2间平房。					

灵湖村第7村民小组　　自然村：舍上65号

项目	姓名	与户主关系	出生年月	民族	已故家属	
					称呼	姓名
现有家庭人员	纪金根	户主	1935-11-05	汉	岳父	沈根寿
	沈金英	妻	1935-05-17	汉	岳母	沈凤宝
	纪全荣	子	1964-02-06	汉		
	吴培英	儿媳	1966-05-12	汉		
	纪萍	孙女	1989-11-03	汉		
家庭大事	2000年建2层3间楼房、1间平房。					

灵湖村第7村民小组　　自然村：舍上66号

项目	姓名	与户主关系	出生年月	民族	已故家属	
					称呼	姓名
现有家庭人员	沈凤龙	户主	1954-12-29	汉	父	沈水林
	张文娟	妻	1955-07-24	汉	母	沈宝娣
	沈建伟	次子	1985-05-28	汉		
	沈建荣	长子	1980-11-30	汉		
	付为琴	儿媳	1979-07-14	汉		
	沈秋波	儿媳	1988-04-09	汉		
	沈皖婷	孙女	2008-09-26	汉		
	沈美汐	孙女	2016-06-06	汉		
家庭大事	2000年建2层3间楼房2幢。 沈建伟本科学历，沈秋波本科学历。					

灵湖村第7村民小组 自然村：舍上67号

项目	姓名	与户主关系	出生年月	民族	已故家属	
					称呼	姓名
现有家庭人员	徐巧仙	户主	1946-01-01	汉	公爹	沈志贤
	沈叙根	丈夫	1949-01-28	汉	公婆	沈雪莲
	沈亚明	长子	1971-03-14	汉		
	朱凤	儿媳	1972-06-27	汉		
	沈雯薏	孙女	1999-01-13	汉		
家庭大事	沈叙根1968年3月应征入伍，1984年7月入党。 沈雯薏毕业于江苏理工学院（本科）。 1999年建2层3间楼房、1间平房。					

灵湖村第7村民小组 自然村：舍上68号

项目	姓名	与户主关系	出生年月	民族	已故家属	
					称呼	姓名
现有家庭人员	沈全龙	户主	1947-05-22	汉	父	沈水根
	曹杏仙	妻	1947-02-08	汉	母	石月珍
	沈琴芳	女	1974-05-08	汉		
	朱春华	女婿	1971-02-18	汉		
	沈玲玲	孙女	1993-07-07	汉		
家庭大事	沈玲玲本科学历。 2016年建3层3间楼房、1间平房。 2003年购轿车1辆。					

灵湖村第7村民小组

自然村：舍上69号

项目	姓名	与户主关系	出生年月	民族	已故家属	
					称呼	姓名
现有家庭人员	曹纪荣	户主	1958-11-01	汉	父	曹阿苟
	金小芳	妻	1962-08-01	汉	母	曹林娣
	曹忻	子	1987-10-23	汉		
	韦晴	儿媳	1987-09-19	汉		
	曹静	女	1984-06-30	汉		
	曹媛	孙女	2015-01-23	汉		
家庭大事	曹纪荣1978年4月应征入伍。 2009年建3层2间楼房、4间平房。					

灵湖村第7村民小组

自然村：舍上70号

项目	姓名	与户主关系	出生年月	民族	已故家属	
					称呼	姓名
现有家庭人员	沈永根	户主	1953-12-28	汉	父	沈志贤
	沈秀英	妻	1959-07-23	汉	母	张雪莲
	沈春敏	子	1982-03-27	汉		
	曹霞银	儿媳	1982-06-08	汉		
	沈月婷	孙女	2005-06-29	汉		
家庭大事	1999年建2层3间楼房、2间平房。					

灵湖村第7村民小组 自然村：舍上71号

项目	姓名	与户主关系	出生年月	民族	已故家属	
					称呼	姓名
现有家庭人员	沈凤元	户主	1963-02-20	汉	父	沈水林
	朱凤妹	妻	1965-09-01	汉	母	沈宝娣
	沈丽君	女	1987-10-23	汉		
	沈辰翊	孙子	2016-03-02	汉		
家庭大事	1999年建2层2间1厢楼房。 注：女婿户口不在本村。					

灵湖村第7村民小组 自然村：舍上72-1号

项目	姓名	与户主关系	出生年月	民族	已故家属	
					称呼	姓名
现有家庭人员	张勇	户主	1974-12-04	汉	祖父	张阿官
	孔雅芳	妻	1973-11-19	汉	祖母	张阿凤
	张雨清	女	1999-02-01	汉		
	张火根	父	1949-01-03	汉		
	周根娣	母	1948-05-05	汉		
家庭大事	张火根1968年3月应征入伍，1969年4月入党。 2018年建3层3间楼房。 2003年购轿车1辆。					

灵湖村第7村民小组 自然村：舍上72-2号

项目	姓名	与户主关系	出生年月	民族	已故家属	
					称呼	姓名
现有家庭人员	张平	户主	1979-09-24	汉	祖父	张阿官
	许少华	妻	1988-08-09	汉	祖母	张阿凤
	张沛祎	子	2010-06-28	汉		
	张火根	父	1949-01-03	汉		
	周根娣	母	1948-05-05	汉		
家庭大事	张火根1968年3月应征入伍，1969年4月入党。 2018年建2层2间楼房、2间平房。					

灵湖村第7村民小组 自然村：舍上73号

项目	姓名	与户主关系	出生年月	民族	已故家属	
					称呼	姓名
现有家庭人员	沈维荣	户主	1958-08-16	汉	父	沈久余
	戴小星	妻	1963-01-31	汉	母	沈大小妹
	沈超	子	1990-02-14	汉		
家庭大事	2002年建2层1间楼房。 注：儿媳户口不在本村。					

灵湖村第7村民小组 自然村：舍上74号

项目	姓名	与户主关系	出生年月	民族	已故家属	
					称呼	姓名
现有家庭人员	沈叔明	户主	1948-04-13	汉	父	沈阿大
	周林妹	妻	1952-03-15	汉		
	沈小毛	母	1926-11-01	汉		
家庭大事	沈叔明1968年3月应征入伍，1969年4月入党。 2001年建2层3间楼房。 注：子女户口不在本村。					

灵湖村第7村民小组 自然村：舍上75号

项目	姓名	与户主关系	出生年月	民族	已故家属	
					称呼	姓名
现有家庭人员	张龙官	户主	1964-11-20	汉	父	张云龙
	陆定珍	妻	1963-10-09	汉	母	曹凤宝
	张静芳	女	1987-08-14	汉		
	沈验军	女婿	1983-07-22	汉		
	张乐丹	外孙女	2012-08-22	汉		
家庭大事	1999年建2层2间楼房，2021年建2间平房。					

灵湖村第7村民小组　　自然村：舍上76号

项目	姓名	与户主关系	出生年月	民族	已故家属	
					称呼	姓名
现有家庭人员	张文贤	户主	1963-05-19	汉	父	张银奎
	顾全珍	妻	1965-07-03	汉	母	孔金仙
	张振强	子	1988-07-14	汉		
	张梓萱	孙女	2015-04-07	汉		
家庭大事	张振强2008年12月应征入伍，2012年10月入党。 1998年建2层3间楼房、1间辅房。					

灵湖村第7村民小组　　自然村：舍上77号

项目	姓名	与户主关系	出生年月	民族	已故家属	
					称呼	姓名
现有家庭人员	张培贤	户主	1952-11-17	汉	父	张银奎
	沈福珍	妻	1953-01-02	汉	母	孔金仙
	张正红	子	1979-06-07	汉		
家庭大事	1999年建2层5间楼房、1间平房。 注：儿媳及孙辈户口不在本村。					

灵湖村第7村民小组　　自然村：舍上80号

项目	姓名	与户主关系	出生年月	民族	已故家属	
					称呼	姓名
现有家庭人员	张云华	户主	1946-07-14	汉	父	张正康
	金金宝	妻	1947-02-05	汉	母	张阿二
	张英	孙女	1994-06-15	汉		
	张璟知	曾孙女	2019-12-14	汉		
	赵璟涵	曾孙女	2017-01-24	汉		
家庭大事	1999年建2层3间1厢楼房、2间平房。 2016年购轿车1辆。 注：孙女婿户口不在本村。					

灵湖村第7村民小组　　自然村：舍上81号

项目	姓名	与户主关系	出生年月	民族	已故家属	
					称呼	姓名
现有家庭人员	顾金珠	户主	1943-01-25	汉	父	张兴元
	张正邦	丈夫	1945-02-10	汉	母	李财珠
	张国斌	子	1967-08-28	汉		
	张慧俊	孙子	1991-11-30	汉		
家庭大事	张正邦1983年4月入党。 张国斌1997年7月入党，临湖第一中心小学副校长。 张慧俊毕业于南京师范大学泰州学院（本科）。 1990年建2层3间楼房。 注：儿媳户口不在本村。					

灵湖村第7村民小组

自然村：舍上82号

项目	姓名	与户主关系	出生年月	民族	已故家属	
					称呼	姓名
现有家庭人员	张坤贤	户主	1949-08-19	汉	父	张银奎
	金阿妹	妻	1947-06-18	汉	母	孔金仙
家庭大事	张坤贤1989年3月入党。 1995年建2层2间楼房2幢。 注：子女户口不在本村。					

灵湖村第7村民小组

自然村：舍上83号

项目	姓名	与户主关系	出生年月	民族	已故家属	
					称呼	姓名
现有家庭人员	张继宗	户主	1964-04-29	汉	父	张忆贤
	成树翠	妻	1969-06-26	汉	母	孔金寿
	张晓天	子	1989-08-19	汉		
	张亦宸	孙子	2020-01-14	汉		
家庭大事	张晓天本科学历。 2003年建2层2间楼房、1间平房。 注：儿媳户口不在本村。					

灵湖村第7村民小组　　自然村：舍上84号

项目	姓名	与户主关系	出生年月	民族	已故家属	
					称呼	姓名
现有家庭人员	张一平	户主	1973-11-11	汉	祖父	张福元
	宋美红	妻	1976-05-28	汉	父	张荣其
	张华	子	1996-11-19	汉		
	孔素英	母	1951-07-07	汉		
	张五宝	祖母	1928-07-17	汉		
家庭大事	张华毕业于三江学院（本科）。 2019年建3层3间楼房、1间平房。					

灵湖村第7村民小组　　自然村：舍上85号

项目	姓名	与户主关系	出生年月	民族	已故家属	
					称呼	姓名
现有家庭人员	张福林	户主	1951-07-07	汉	父	张桂生
	梅菊妹	妻	1959-09-16	汉	母	陈彩珍
	张春斌	子	1984-03-17	汉		
	杨琼	儿媳	1983-09-01	汉		
	张宇祥	孙子	2007-11-23	汉		
家庭大事	2002年建2层3间楼房。 2018年购轿车1辆。					

灵湖村第7村民小组

自然村：舍上86号

项目	姓名	与户主关系	出生年月	民族	已故家属	
					称呼	姓名
现有家庭人员	徐雪红	户主	1974-07-03	汉	父	徐梅生
	王红宁	妻	1970-07-08	汉	母	徐红英
	徐秋燕	女	1994-09-09	汉		
家庭大事	2016年建3层3间楼房。					

灵湖村第8村民小组

自然村：舍上113号

项目	姓名	与户主关系	出生年月	民族	已故家属	
					称呼	姓名
现有家庭人员	金阿大	户主	1935-05-15	汉	父	金阿荣
	金建红	子	1968-06-12	汉	母	顾金妹
	朱菊英	儿媳	1968-11-02	汉	妻	金来娣
	金凡寓	孙子	1990-11-18	汉		
家庭大事	1998年建2层3间楼房。 注：孙媳户口不在本村。					

灵湖村第8村民小组　　自然村：舍上114号

项目	姓名	与户主关系	出生年月	民族	已故家属	
					称呼	姓名
现有家庭人员	陆培荣	户主	1971-12-18	汉	父	陆进兴
	朱丽芳	妻	1973-07-18	汉		
	陆苏婷	女	1995-01-03	汉		
	陆阿二	母	1947-04-15	汉		
家庭大事	陆苏婷毕业于武汉大学（本科）。 1991年建2层3间楼房、2间平房。					

灵湖村第8村民小组　　自然村：舍上115号

项目	姓名	与户主关系	出生年月	民族	已故家属	
					称呼	姓名
现有家庭人员	熊白男	户主	1940-01-10	汉	父	熊福官
	熊卫芳	长女	1967-07-04	汉	母	熊阿美
	徐东升	女婿	1967-12-22	汉	妻	庄玲仙
	熊明豪	孙子	1994-10-27	汉		
	熊驿帆	曾孙	2021-06-29	汉		
家庭大事	2018年建3层2间1厢楼房。 注：孙媳户口不在本村。					

灵湖村第8村民小组　　自然村：舍上119号

项目	姓名	与户主关系	出生年月	民族	已故家属	
					称呼	姓名
现有家庭人员	陆明	户主	1976-03-14	汉	祖父	陆海山
	王小林	妻	1984-08-06	汉	祖母	顾白妹
	陆思豫	二女	2008-03-09	汉		
	陆诗颖	长女	1999-11-05	汉		
	陆金兴	父	1947-11-29	汉		
	陆阿五	母	1948-07-04	汉		
家庭大事	陆金兴1970年1月应征入伍。 1996年建2层3间楼房。					

灵湖村第8村民小组　　自然村：舍上120号

项目	姓名	与户主关系	出生年月	民族	已故家属	
					称呼	姓名
现有家庭人员	陆江云	户主	1950-01-14	汉	父	陆德福
	陆金英	妻	1953-01-15	汉	母	陆云珍
家庭大事	陆江云1971年1月应征入伍，1976年12月入党。 2021年建3层3间楼房。 注：子女户口不在本村。					

灵湖村第8村民小组　　自然村：舍上121号

项目	姓名	与户主关系	出生年月	民族	已故家属	
					称呼	姓名
现有家庭人员	翁水元	户主	1951-07-03	汉	父	翁阿康
	翁美芳	妻	1953-06-29	汉	母	翁杏宝
	翁芳	女	1979-10-01	汉		
	夏宏柱	女婿	1975-12-18	汉		
	夏寄傲	外孙	2006-02-14	汉		
家庭大事	1985年建3层3间楼房、2间平房。 注：儿子、儿媳及孙辈户口不在本村。					

灵湖村第8村民小组　　自然村：舍上122号

项目	姓名	与户主关系	出生年月	民族	已故家属	
					称呼	姓名
现有家庭人员	石德华	户主	1965-01-20	汉	父	石火福
	孔卫英	妻	1964-03-07	汉	母	石文妹
	石士超	子	1987-10-02	汉		
	石一琳	孙女	2011-08-11	汉		
家庭大事	1987年建2层2间楼房，1998年建2层3间楼房、3间平房。 2003年购轿车1辆。 注：儿媳户口不在本村。					

灵湖村第8村民小组

自然村：舍上125号

项目	姓名	与户主关系	出生年月	民族	已故家属	
					称呼	姓名
现有家庭人员	陆建明	户主	1956-10-09	汉	父	陆全福
	沈春仙	妻	1959-01-08	汉	母	陆根妹
	陆琴	长女	1983-06-01	汉		
	陆爱琴	二女	1985-06-04	汉		
	盆付涛	女婿	1983-09-14	瑶		
	陆墨辕	孙子	2015-01-31	瑶		
	盆贵轩	孙子	2013-03-11	瑶		
家庭大事	2010年建2层3间楼房、3间平房。					

灵湖村第8村民小组

自然村：舍上126号

项目	姓名	与户主关系	出生年月	民族	已故家属	
					称呼	姓名
现有家庭人员	陆荣明	户主	1952-02-02	汉	父	陆全福
	杨泽萍	妻	1964-11-06	汉	母	陆根妹
	陆文菊	女	1988-09-10	汉		
	辜连中	女婿	1989-07-10	汉		
	辜宇航	孙子	2011-05-10	汉		
	陆昊羽	孙子	2017-01-22	汉		
家庭大事	2015年建2层3间楼房。					

灵湖村第8村民小组　　自然村：舍上127号

项目	姓名	与户主关系	出生年月	民族	已故家属	
					称呼	姓名
现有家庭人员	石阿林	户主	1940-04-21	汉	父	石阿全
	石文香	妻	1943-03-06	汉	母	石彩娥
	石国强	子	1968-02-24	汉		
	金才珍	儿媳	1967-09-19	汉		
	石丽雅	孙女	1991-10-24	汉		
	石丽晨	孙女	1994-01-13	汉		
家庭大事	2017年建3层3间楼房、1厢房、1间平房。					

灵湖村第8村民小组　　自然村：舍上128号

项目	姓名	与户主关系	出生年月	民族	已故家属	
					称呼	姓名
现有家庭人员	沈国方	户主	1958-09-10	汉	父	沈金根
	沈爱英	妻	1958-11-03	汉	母	沈阿大
	沈峰	子	1983-05-01	汉		
	张春秀	儿媳	1983-08-08	汉		
	沈力静	孙女	2014-09-12	汉		
	沈若曦	孙女	2005-12-15	汉		
家庭大事	2005年建1间平房、1层半1间阁楼，2015年建3层3间楼房。					

灵湖村第8村民小组　　自然村：舍上129号

项目	姓名	与户主关系	出生年月	民族	已故家属	
					称呼	姓名
现有家庭人员	石火寿	户主	1943-06-05	汉	父	石阿寿
	石培华	子	1970-10-05	汉	母	石秀英
	凌卫芬	儿媳	1971-04-19	汉	妻	谢福珍
	石梦婷	孙女	1993-11-06	汉		
家庭大事	石梦婷毕业于南京大学（本科）。 石火寿1973年6月入党。 建3层3间楼房、2间平房。					

灵湖村第8村民小组　　自然村：舍上130号

项目	姓名	与户主关系	出生年月	民族	已故家属	
					称呼	姓名
现有家庭人员	陆火云	户主	1950-01-29	汉	父	陆阿东
	熊根仙	妻	1952-05-05	汉	母	黄阿小
	陆华明	子	1977-10-22	汉		
	夏青	儿媳	1979-11-25	汉		
	陆舒奕	孙女	2003-03-12	汉		
家庭大事	陆华明1994年12月应征入伍。 1985年建2层3间楼房、1间平房。					

灵湖村第8村民小组 **自然村：舍上131号**

项目	姓名	与户主关系	出生年月	民族	已故家属	
					称呼	姓名
现有家庭人员	顾金明	户主	1955-12-09	汉	祖父	顾少卿
	顾美兰	妻	1957-07-05	汉	祖母	徐阿四
	顾萍	长女	1982-06-26	汉		
	顾静	二女	1983-12-17	汉		
	戴运林	女婿	1974-11-21	汉		
	顾佳怡	孙女	2003-09-19	汉		
	顾阿三	父	1930-12-27	汉		
	顾长仙	母	1937-10-10	汉		
家庭大事	2005年建2层5间楼房、4间平房。					

灵湖村第8村民小组 **自然村：舍上132号**

项目	姓名	与户主关系	出生年月	民族	已故家属	
					称呼	姓名
现有家庭人员	顾福珍	户主	1954-08-05	汉	公爹	顾阿福
	顾建忠	子	1978-11-22	汉	公婆	顾阿美
	顾宇晨	孙子	2000-09-27	汉	丈夫	顾康林
					儿媳	刘朝霞
家庭大事	顾宇晨2019年考取沈阳城市建设学院（本科）。 2021年建3层3间楼房。					

灵湖村第8村民小组

自然村：舍上134号

项目	姓名	与户主关系	出生年月	民族	已故家属	
					称呼	姓名
现有家庭人员	朱卫华	户主	1967-01-03	汉	父	朱伯大
	邱桂珍	妻	1966-02-13	汉	母	朱凤仙
	朱丽杰	子	1993-07-30	汉		
	朱丽英	女	1991-06-01	汉		
家庭大事	2010年建2层3间楼房、12间平房。					

灵湖村第8村民小组

自然村：舍上135号

项目	姓名	与户主关系	出生年月	民族	已故家属	
					称呼	姓名
现有家庭人员	石来仙	户主	1947-04-15	汉	公爹	石介生
	石虎元	丈夫	1945-03-08	汉	公婆	石才宝
	石林芳	女	1970-02-19	汉		
	陆永根	女婿	1969-01-07	汉		
	石晓岚	孙女	1991-10-03	汉		
家庭大事	石虎元1965年1月应征入伍，1968年10月入党。 石晓岚为厦门大学研究生。 1990年建2层3间楼房。					

灵湖村第8村民小组　　自然村：舍上136号

项目	姓名	与户主关系	出生年月	民族	已故家属	
					称呼	姓名
现有家庭人员	石雪明	户主	1963-03-30	汉	父	石毛男
	邹雨妹	妻	1965-01-28	汉		
	石阿四	母	1932-02-08	汉		
家庭大事	2005年建2层3间楼房。 注：子女户口不在本村。					

灵湖村第8村民小组　　自然村：舍上137号

项目	姓名	与户主关系	出生年月	民族	已故家属	
					称呼	姓名
现有家庭人员	沈春华	户主	1968-04-23	汉	父	沈俊厚
	金玉媛	妻	1971-10-26	汉	母	李卫仙
	沈丹萍	女	1992-08-01	汉		
家庭大事	沈丹萍本科学历。 2005年建2层3间楼房、3间平房。 2004年购轿车1辆。 注：女婿及孙辈户口不在本村。					

灵湖村第8村民小组　　自然村：舍上138号

项目	姓名	与户主关系	出生年月	民族	已故家属	
					称呼	姓名
现有家庭人员	石德明	户主	1955-08-28	汉	父	石毛男
	沈水珍	妻	1957-03-30	汉		
	石玲琴	女	1983-09-17	汉		
	石佳明	孙子	2013-12-10	汉		
	石阿四	母	1932-02-08	汉		
家庭大事	1995年建2层3间楼房。 注：女婿户口不在本村。					

灵湖村第8村民小组　　自然村：舍上139号

项目	姓名	与户主关系	出生年月	民族	已故家属	
					称呼	姓名
现有家庭人员	顾建华	户主	1957-10-05	汉	父	顾寿福
	顾美华	妻	1957-08-13	汉	母	顾阿三
	顾春花	女	1982-02-13	汉		
	姜学华	女婿	1979-03-06	汉		
	顾灏	孙子	2007-12-16	汉		
	顾湘	孙女	2005-01-09	汉		
家庭大事	2019年建3层3间楼房、1间平房。					

灵湖村第8村民小组　　自然村：舍上140号

项目	姓名	与户主关系	出生年月	民族	已故家属	
					称呼	姓名
现有家庭人员	沈国云	户主	1951-08-07	汉	父	沈金根
	沈美英	妻	1954-01-01	汉	母	沈阿大
	沈跃华	长子	1978-01-11	汉		
	王爱芹	儿媳	1977-01-12	汉		
	沈健轩	孙子	2001-01-08	汉		
家庭大事	1995年建2层3间1厢楼房、1间辅房。					

灵湖村第8村民小组　　自然村：舍上140-1号

项目	姓名	与户主关系	出生年月	民族	已故家属	
					称呼	姓名
现有家庭人员	沈小伟	户主	1980-12-22	汉	祖父	沈金根
	沈美英	母	1954-01-01	汉	祖母	沈阿大
	沈国云	父	1951-08-07	汉		
家庭大事	沈小伟1999年12月应征入伍，2009年6月入党。 2018年建3层3间楼房。 注：妻子及子女户口不在本村。					

灵湖村第8村民小组　　自然村: 舍上141号

项目	姓名	与户主关系	出生年月	民族	已故家属	
					称呼	姓名
现有家庭人员	翁卫元	户主	1956-07-14	汉	父	翁阿康
	翁美华	妻	1956-12-08	汉	母	翁杏宝
	翁莉苹	女	1981-09-26	汉		
	钱维扬	孙子	2006-09-27	汉		
家庭大事	2018年建3层3间楼房。 注：女婿户口不在本村。					

灵湖村第8村民小组　　自然村: 舍上142号

项目	姓名	与户主关系	出生年月	民族	已故家属	
					称呼	姓名
现有家庭人员	陆水明	户主	1963-04-16	汉	父	陆全福
	胡启芳	妻	1968-04-06	汉	母	陆根妹
	陆智伟	子	1989-12-12	汉		
	王霞	儿媳	1995-02-08	汉		
	陆安然	孙女	2020-12-21	汉		
家庭大事	陆水明1982年1月应征入伍。 2005年建2层3间楼房、1间平房。					

灵湖村第8村民小组

自然村：舍上143号

项目	姓名	与户主关系	出生年月	民族	已故家属	
					称呼	姓名
现有家庭人员	石全根	户主	1946-01-05	汉	父	石阿泉
	石华	子	1974-03-07	汉	母	石彩娥
	李卫芳	儿媳	1973-03-12	汉	妻	石玉兰
	石静怡	孙女	1997-11-06	汉		
家庭大事	石全根1996年2月入党。 石静怡就读于江苏建筑职业技术学院（专转本）。 1988年建2层5间楼房。					

灵湖村第9村民小组

自然村：海丝浜1号

项目	姓名	与户主关系	出生年月	民族	已故家属	
					称呼	姓名
现有家庭人员	岳文武	户主	1972-11-22	汉		
	黄春秀	母	1949-12-09	汉		
家庭大事	2014年拆迁，现居住在西塘村。 注：父亲、妻子、儿子户口不在本村。					

灵湖村第9村民小组　　自然村：海丝浜2-5号

项目	姓名	与户主关系	出生年月	民族	已故家属	
					称呼	姓名
现有家庭人员	顾金泉	户主	1949-11-13	汉	父	顾金生
	金小妹	妻	1951-11-21	汉	母	邬桂大
	顾卫红	子	1975-01-25	汉		
	唐育红	儿媳	1974-04-14	汉		
	顾健	孙子	2004-11-21	汉		
	顾婷婷	孙女	1997-01-04	汉		
家庭大事	顾婷婷毕业于南京工业大学浦江学院（本科）。 2014年拆迁，现居住在石舍村。 2017年购轿车2辆。					

灵湖村第9村民小组　　自然村：海丝浜3号

项目	姓名	与户主关系	出生年月	民族	已故家属	
					称呼	姓名
现有家庭人员	顾德元	户主	1953-12-02	汉	父	顾炳生
	张月英	妻	1963-02-04	汉	母	顾杏金
	顾佳平	子	1986-02-05	汉		
	顾亦昕	孙子	2015-11-17	汉		
家庭大事	顾佳平2004年应征入伍，2017年在镇城管队工作。 2014年拆迁，现居住在石舍村。 2017年购轿车1辆。 注：儿媳户口不在本村。					

灵湖村第9村民小组

自然村：海丝浜4号

项目	姓名	与户主关系	出生年月	民族	已故家属	
					称呼	姓名
现有家庭人员	顾根元	户主	1951-04-23	汉	父	顾炳生
	陈远珍	妻	1955-02-22	汉	母	顾杏金
	黄丽	儿媳	1979-02-25	汉		
	顾英	女	1991-08-27	汉		
	宋欣蕾	孙女	2007-12-31	汉		
	宋秀兰	孙女	1999-10-20	汉		
家庭大事	顾英毕业于南京工业大学（本科）。 宋秀兰就读于淮阴师范学院（本科）。 2014年拆迁，现居住在西塘村。 买商品房1套。					

灵湖村第9村民小组

自然村：海丝浜6号

项目	姓名	与户主关系	出生年月	民族	已故家属	
					称呼	姓名
现有家庭人员	孔小英	户主	1950-12-03	汉	公爹	顾金生
	顾海燕	二女	1974-10-02	汉	公婆	顾桂大
	潘庆成	女婿	1971-05-10	汉	丈夫	顾金林
	顾丛阳	孙子	1995-11-27	汉		
	顾昕雨	孙女	2002-06-20	汉		
家庭大事	顾丛阳2013年9月应征入伍。 2014年拆迁，现居住在塘桥村。 购轿车1辆。					

灵湖村第9村民小组　　自然村：海丝浜7号

项目	姓名	与户主关系	出生年月	民族	已故家属	
					称呼	姓名
现有家庭人员	顾新华	户主	1966-09-27	汉	父	顾福元
	陆梅芳	妻	1967-12-23	汉	母	李阿藕
	顾敏铭	子	1989-11-23	汉		
	顾宇航	孙子	2015-01-09	汉		
家庭大事	顾新华1985年11月应征入伍，1996年4月入党，现开办出售修理电瓶店。 2014年拆迁，现居住在塘桥村。 2016年购轿车1辆。 注：儿媳户口不在本村。					

灵湖村第9村民小组　　自然村：海丝浜8号

项目	姓名	与户主关系	出生年月	民族	已故家属	
					称呼	姓名
现有家庭人员	龚亚明	户主	1972-11-03	汉	父	龚明坤
	胡启琼	妻	1968-04-04	汉		
	龚亚希	子	1997-06-21	汉		
	张巧妹	母	1945-12-14	汉		
家庭大事	龚亚明1990年3月应征入伍。 2014年拆迁，现居住在石舍村。 2017年购轿车1辆。					

灵湖村第9村民小组　　　　自然村：海丝浜9号

项目	姓名	与户主关系	出生年月	民族	已故家属	
					称呼	姓名
现有家庭人员	龚培根	户主	1951-11-21	汉	父	龚小毛
	周金云	妻	1951-06-10	汉	母	张妹妹
	龚震芳	女	1976-09-27	汉		
	邱新德	女婿	1973-09-13	汉		
	龚懿莲	孙女	1996-10-25	汉		
家庭大事	龚培根1970年1月应征入伍，1975~1981年任生产队队长。 2014年拆迁，现居住在牛桥村田度。 2016年购轿车1辆。					

灵湖村第9村民小组　　　　自然村：海丝浜10号

项目	姓名	与户主关系	出生年月	民族	已故家属	
					称呼	姓名
现有家庭人员	龚云清	户主	1955-12-20	汉	父	龚田宝
	吴福仙	妻	1958-10-29	汉	母	龚梅香
	龚国强	子	1984-08-15	汉		
	龚棋辉	孙子	2006-08-31	汉		
	周晨晞	孙女	2014-04-06	汉		
	周焕	非亲属	1993-10-13	汉		
家庭大事	龚云清1975年1月应征入伍，1979年3月入党。 2014年拆迁，现居住在湖桥小区。 购轿车1辆。					

灵湖村第9村民小组 自然村：海丝浜11号

项目	姓名	与户主关系	出生年月	民族	已故家属	
					称呼	姓名
现有家庭人员	龚阿五	户主	1959-11-05	汉	父	龚小毛
	施卫芳	妻	1963-11-16	汉	母	张妹妹
	龚晓顺	子	1989-08-01	汉		
	龚晓燕	女	1985-06-29	汉		
家庭大事	2014年拆迁，现居住在石舍村。 购轿车1辆。					

灵湖村第9村民小组 自然村：海丝浜12号

项目	姓名	与户主关系	出生年月	民族	已故家属	
					称呼	姓名
现有家庭人员	顾志平	户主	1959-10-06	汉	父	顾炳生
	顾晓晴	子	1992-11-24	汉	母	顾杏金
	陆菊英	妻	1959-11-19	汉		
家庭大事	2014年拆迁，现居住在西塘村。					

灵湖村第9村民小组 **自然村：海丝浜13号**

项目	姓名	与户主关系	出生年月	民族	已故家属	
					称呼	姓名
现有家庭人员	周根元	户主	1963-08-26	汉	父	周阿水
	屠永妹	妻	1966-05-11	汉	母	周阿秀
	周叶萍	女	1986-08-15	汉		
	邵岩	孙子	2019-01-21	汉		
	周芊诺	孙女	2015-10-31	汉		
家庭大事	周叶萍本科学历，2009年7月入党。 2014年拆迁，现居住在西塘村。 2016年购轿车1辆。 注：女婿户口不在本村。					

灵湖村第9村民小组 **自然村：海丝浜14号**

项目	姓名	与户主关系	出生年月	民族	已故家属	
					称呼	姓名
现有家庭人员	周钰泉	户主	1953-09-29	汉	父	周海美
	赵春妹	妻	1955-01-23	汉	母	马阿四
	周惠清	子	1986-06-09	汉		
	何彩霞	儿媳	1987-10-06	汉		
	周何子昊	孙子	2012-11-02	汉		
家庭大事	2014年拆迁，现居住在石舍村。 2017年购轿车1辆。					

灵湖村第9村民小组

自然村：海丝浜15号

项目	姓名	与户主关系	出生年月	民族	已故家属	
					称呼	姓名
现有家庭人员	龚北京	户主	1967-07-12	汉	父	龚明坤
	岳文学	妻	1969-11-09	汉		
	张颖	女	1991-05-21	汉		
	张巧妹	母	1945-12-14	汉		
家庭大事	2014年拆迁，现居住在吴舍村。 2017年购轿车1辆。					

灵湖村第9村民小组

自然村：海丝浜16号

项目	姓名	与户主关系	出生年月	民族	已故家属	
					称呼	姓名
现有家庭人员	陆银凤	户主	1959-10-08	汉	父	陆阿二
	陆龚乾	子	1987-11-19	汉	母	陆三宝
	陆春花	女	1981-12-18	汉	丈夫	龚阿四
家庭大事	陆春花大专学历，中共党员。 2014年拆迁，现居住在石舍村。 2017年购轿车1辆。					

灵湖村第9村民小组

自然村：海丝浜17号

项目	姓名	与户主关系	出生年月	民族	已故家属	
					称呼	姓名
现有家庭人员	周文华	户主	1949-01-15	汉	父	周阿四
	盛菊珍	妻	1953-09-03	汉	母	周氏
	周益峰	长子	1974-03-24	汉		
	沈仁芳	儿媳	1975-12-07	汉		
	周瑞祥	孙子	1998-07-16	汉		
家庭大事	周瑞祥就读于江苏城市职业学院吴中办学点（五年制高职）。 2014年拆迁，现居住在石舍村。 2016年自置电脑横机6台编织羊毛衫。 2017年购轿车1辆。					

灵湖村第10村民小组

自然村：舍上1号

项目	姓名	与户主关系	出生年月	民族	已故家属	
					称呼	姓名
现有家庭人员	陆林英	户主	1956-10-10	汉	父	陆官生
	陆静江	子	1981-03-07	汉	母	陆招娣
	陆志昊	孙子	2011-06-10	汉	丈夫	陆水云
家庭大事	2016年建3层3间楼房。 注：儿媳户口不在本村。					

灵湖村第10村民小组

自然村：舍上79号

项目	姓名	与户主关系	出生年月	民族	已故家属	
					称呼	姓名
现有家庭人员	孔建明	户主	1957-09-30	汉	岳母	顾寿娣
	顾芳英	妻	1961-03-03	汉		
	顾小红	子	1981-10-21	汉		
	顾小青	女	1985-03-16	汉		
	顾佳琦	孙女	2004-02-23	汉		
	武艳	非亲属	1982-09-15	汉		
家庭大事	顾小青大专学历。 顾阿三1955年1月应征入伍，1958年3月退伍。 1998年建2层3间楼房、1间平房。 注：儿媳户口不在本村，岳父顾阿三户口在渡村社区。					

灵湖村第10村民小组

自然村：舍上87号

项目	姓名	与户主关系	出生年月	民族	已故家属	
					称呼	姓名
现有家庭人员	顾永宝	户主	1963-03-10	汉	父	顾根寿
	陆素英	妻	1964-04-21	汉	母	顾金妹
	顾灵吉	子	1986-07-08	汉		
	杨洋	儿媳	1987-11-26	汉		
	顾鸿铭	孙子	2011-04-07	汉		
	顾鸿煊	孙子	2016-04-11	汉		
家庭大事	2018年建3层3间楼房、2间平房。					

灵湖村第10村民小组　　自然村：舍上88号

项目	姓名	与户主关系	出生年月	民族	已故家属	
					称呼	姓名
现有家庭人员	金全云	户主	1952-12-03	汉	父	金柏生
	沈根娣	妻	1956-09-17	汉	母	金水金
	金平	子	1980-10-05	汉		
	金嘉豪	孙子	2005-10-23	汉		
家庭大事	1995年建2层3间楼房、1间平房。 注：儿媳户口不在本村。					

灵湖村第10村民小组　　自然村：舍上89号

项目	姓名	与户主关系	出生年月	民族	已故家属	
					称呼	姓名
现有家庭人员	陆康明	户主	1958-03-08	汉	祖父	陆礼祥
	金芬芳	妻	1960-05-07	汉	祖母	陆阿彩
	陆鸣霞	女	1982-02-17	汉	父	陆金元
	陆馨悦	外孙女	2005-08-31	汉	母	陆官仙
家庭大事	1996年建2层半4间楼房、1间平房。 注：女婿户口不在本村。					

灵湖村第10村民小组　　自然村：舍上90号

项目	姓名	与户主关系	出生年月	民族	已故家属	
					称呼	姓名
现有家庭人员	陆全元	户主	1947-03-28	汉	父	陆礼祥
	陆季明	子	1970-08-17	汉	母	陆阿彩
	金玉芳	儿媳	1971-02-01	汉	妻	翁天妹
	陆晓飞	孙子	1993-11-12	汉		
	陆芯泺	曾孙女	2019-12-14	汉		
家庭大事	陆晓飞大专学历。 金玉芳1999年11月入党，陆季明2009年6月入党。 2011年建3层3间楼房、4间平房、1间辅房。 注：孙媳户口不在本村。					

灵湖村第10村民小组　　自然村：舍上91号

项目	姓名	与户主关系	出生年月	民族	已故家属	
					称呼	姓名
现有家庭人员	顾振官	户主	1962-07-05	汉	祖父	顾荣生
	顾益峰	子	1986-03-25	汉	祖母	顾阿彩
	顾阿苟	父	1930-05-29	汉	母	顾云娣
					妻	陆爱华
家庭大事	顾益峰本科学历。 顾阿苟1976年6月入党。 1996年建2层3间楼房。 注：儿媳、孙子户口不在本村。					

灵湖村第10村民小组　　自然村：舍上92号

项目	姓名	与户主关系	出生年月	民族	已故家属	
					称呼	姓名
现有家庭人员	陆福明	户主	1954-09-26	汉	母	金培珍
	王秋英	妻	1957-08-27	汉		
	陆要新	父	1932-01-12	汉		
家庭大事	陆要新1960年9月入党。 2018年建3层3间楼房。 注：子陆琪（本科学历）、女户口不在本村。					

灵湖村第10村民小组　　自然村：舍上93号

项目	姓名	与户主关系	出生年月	民族	已故家属	
					称呼	姓名
现有家庭人员	金全荣	户主	1963-12-12	汉	岳父	陆金才
	陆爱凤	妻	1966-11-18	汉	岳母	陆美星
	陆胤斌	子	1990-01-27	汉		
	陆静莉	女	1988-03-23	汉		
	陆子茜	孙女	2019-11-13	汉		
家庭大事	2000年建2层3间楼房、1间辅房、2间平房。 注：儿媳户口不在本村。					

灵湖村第10村民小组　　自然村：舍上94号

项目	姓名	与户主关系	出生年月	民族	已故家属	
					称呼	姓名
现有家庭人员	陆金康	户主	1954-02-23	汉	父	陆金荣
	陆美琴	妻	1964-01-16	汉	母	陆阿三
	陆燕红	女	1985-12-19	汉		
	王思凯	女婿	1982-05-07	汉		
	陆恩熙	孙女	2006-02-24	汉		
家庭大事	1987年建2层2间楼房。 2005年购厢式大卡车1辆。					

灵湖村第10村民小组　　自然村：舍上95号

项目	姓名	与户主关系	出生年月	民族	已故家属	
					称呼	姓名
现有家庭人员	陆金官	户主	1941-08-13	汉	父	陆明福
	陆阿妹	妻	1947-11-08	汉	母	倪银林
	陆永兴	长子	1966-09-01	汉		陆官仙
	宋华妹	儿媳	1966-06-20	汉		
	陆跃峰	孙子	1994-01-10	汉		
	陆丽艳	孙女	1989-09-19	汉		
	陆籽菁	曾孙女	2020-09-16	汉		
家庭大事	陆丽艳2011年5月入党，大专学历。 1994年建2层4间楼房、4间平房。					

灵湖村第10村民小组　　自然村：舍上96号

项目	姓名	与户主关系	出生年月	民族	已故家属	
					称呼	姓名
现有家庭人员	陆水官	户主	1946-02-03	汉	父	陆仙福
	陆雪荣	子	1969-12-19	汉	母	金官仙
	阳本菊	儿媳	1965-12-06	汉	妻	谢毛媛
	陆小燕	孙女	1990-05-03	汉		
	唐松伟	孙女婿	1981-08-16	汉		
家庭大事	2004年建2层4间楼房。 2015年购轿车1辆。					

灵湖村第10村民小组　　自然村：舍上98号

项目	姓名	与户主关系	出生年月	民族	已故家属	
					称呼	姓名
现有家庭人员	顾阿苟	户主	1930-05-29	汉	父	顾荣生
	顾振平	三子	1964-12-10	汉	母	顾阿彩
	陆凤芳	儿媳	1966-04-04	汉	妻	顾云娣
	顾益花	孙女	1989-11-30	汉		
	顾子旭	曾孙	2021-06-09	汉		
家庭大事	顾阿苟1976年6月入党。 顾振平1984年应征入伍。 2005年建2层3间楼房、1间平房。 注：孙女婿户口不在本村。					

灵湖村第10村民小组 **自然村：舍上99号**

项目	姓名	与户主关系	出生年月	民族	已故家属	
					称呼	姓名
现有家庭人员	熊根林	户主	1959-11-20	汉	父	熊连福
	柳桂珍	妻	1960-07-10	汉	母	熊宝娣
	熊赟	子	1988-06-10	汉		
	熊金旻	孙子	2014-09-21	汉		
家庭大事	熊根林1979年1月应征入伍，1983年3月入党。 熊赟2021年6月入党。 2012年建2层3间楼房、2层2间阁楼、2间平房。 注：儿媳户口不在本村。					

灵湖村第10村民小组 **自然村：舍上100号**

项目	姓名	与户主关系	出生年月	民族	已故家属	
					称呼	姓名
现有家庭人员	沈福宝	户主	1930-12-30	汉	丈夫	沈传根
	沈根林	子	1960-04-02	汉		
	孔雪英	儿媳	1960-05-07	汉		
	沈兰	孙女	1983-08-12	汉		
家庭大事	1998年建2层3间楼房、1间平房。					

灵湖村第10村民小组　　自然村：舍上101号

项目	姓名	与户主关系	出生年月	民族	已故家属	
					称呼	姓名
现有家庭人员	杨月英	户主	1945-07-24	汉	公爹	金柏生
	金菊芬	长女	1967-10-14	汉	公婆	金水金
	金云伟	女婿	1967-07-16	汉	丈夫	金瑞云
	金雯	孙女	1990-04-04	汉		
	金佑安	曾孙女	2021-02-16	汉		
家庭大事	1994年建2层3间楼房、1间平房。 注：孙女婿户口不在本村。					

灵湖村第10村民小组　　自然村：舍上102号

项目	姓名	与户主关系	出生年月	民族	已故家属	
					称呼	姓名
现有家庭人员	陆长官	户主	1937-10-23	汉	父	陆明福
	陆金珠	妻	1943-06-22	汉	母	倪银林
	陆华兴	子	1964-07-17	汉		陆官仙
	陆祥明	儿媳	1963-09-07	汉		
	陆蕴峰	孙子	1987-10-22	汉		
	陆蕴玉	孙女	1989-05-13	汉		
	杨睿	曾孙	2013-10-19	汉		
	陆哲宁	曾孙	2020-12-02	汉		
	陆诗琪	曾孙女	2011-08-27	汉		
	杨允潼	曾孙女	2019-03-11	汉		
	刘晶	孙媳	1988-10-16	汉		
家庭大事	1995年建2层4间楼房、2间平房。					

灵湖村第10村民小组 自然村：舍上103号

项目	姓名	与户主关系	出生年月	民族	已故家属	
					称呼	姓名
现有家庭人员	陆华平	户主	1966-08-05	汉	父	陆金寿
	孔美群	妻	1967-05-30	汉	母	陆桂仙
	陆路	子	1991-12-23	汉		
	李云蓝	儿媳	1991-11-18	汉		
	陆晨皓	孙子	2019-09-14	汉		
家庭大事	陆路2011年12月应征入伍。 2000年建2层3间楼房、2间平房。					

灵湖村第10村民小组 自然村：舍上104号

项目	姓名	与户主关系	出生年月	民族	已故家属	
					称呼	姓名
现有家庭人员	陆福荣	户主	1963-05-21	汉	母	金培珍
	张彩芳	妻	1965-11-30	汉		
	陆自强	子	1987-08-14	汉		
	张悦	儿媳	1990-04-16	汉		
	陆以航	孙子	2014-09-03	汉		
	陆要新	父	1932-01-12	汉		
家庭大事	陆自强毕业于金陵科技学院（本科），2013年7月入党。 2015年建2层3间楼房、2间平房。					

灵湖村第10村民小组 自然村：舍上105号

项目	姓名	与户主关系	出生年月	民族	已故家属	
					称呼	姓名
现有家庭人员	陆爱明	户主	1955-03-08	汉	祖父	陆礼祥
	石凤玲	妻	1953-01-05	汉	祖母	陆阿彩
	陆鸣芳	长女	1980-02-04	汉	父	陆金元
	孔祥勇	女婿	1977-02-03	汉	母	陆官仙
	陆静瑶	孙女	2000-03-28	汉		
家庭大事	孔祥勇1995年12月应征入伍。 2020年建3层3间楼房、2间平房、1间辅房。					

灵湖村第10村民小组 自然村：舍上106号

项目	姓名	与户主关系	出生年月	民族	已故家属	
					称呼	姓名
现有家庭人员	顾林官	户主	1957-08-19	汉	祖父	顾荣生
	陆三妹	妻	1957-05-21	汉	祖母	顾阿彩
	顾益明	子	1982-07-30	汉	母	顾云娣
	顾苏城	孙子	2019-01-29	汉		
	顾阿苟	父	1930-05-29	汉		
家庭大事	顾阿苟1976年6月入党。 2000年建2层3间楼房、4间平房。 注：儿媳户口不在本村。					

灵湖村第10村民小组

自然村：舍上107号

<table>
<tr><td rowspan="2">项目</td><td rowspan="2">姓名</td><td rowspan="2">与户主关系</td><td rowspan="2">出生年月</td><td rowspan="2">民族</td><td colspan="2">已故家属</td></tr>
<tr><td>称呼</td><td>姓名</td></tr>
<tr><td rowspan="8">现有家庭人员</td><td>陆根明</td><td>户主</td><td>1955-08-18</td><td>汉</td><td>祖父</td><td>陆礼祥</td></tr>
<tr><td>顾金仙</td><td>妻</td><td>1953-11-23</td><td>汉</td><td>祖母</td><td>陆阿彩</td></tr>
<tr><td>陆俊强</td><td>子</td><td>1990-02-18</td><td>汉</td><td></td><td></td></tr>
<tr><td>陆慧英</td><td>妹妹</td><td>1963-09-06</td><td>汉</td><td></td><td></td></tr>
<tr><td>陆寿仙</td><td>母</td><td>1932-11-14</td><td>汉</td><td></td><td></td></tr>
<tr><td>陆福元</td><td>父</td><td>1933-05-20</td><td>汉</td><td></td><td></td></tr>
<tr><td></td><td></td><td></td><td></td><td></td><td></td></tr>
<tr><td></td><td></td><td></td><td></td><td></td><td></td></tr>
<tr><td>家庭大事</td><td colspan="6">陆俊强本科学历。
陆建芳本科学历（户口不在本村）。
1997年建2层4间楼房、5间平房，2018年建2层半3间楼房。</td></tr>
</table>

灵湖村第10村民小组

自然村：舍上108号

<table>
<tr><td rowspan="2">项目</td><td rowspan="2">姓名</td><td rowspan="2">与户主关系</td><td rowspan="2">出生年月</td><td rowspan="2">民族</td><td colspan="2">已故家属</td></tr>
<tr><td>称呼</td><td>姓名</td></tr>
<tr><td rowspan="8">现有家庭人员</td><td>顾群海</td><td>户主</td><td>1981-12-07</td><td>汉</td><td>祖父</td><td>顾根寿</td></tr>
<tr><td>黄罕见</td><td>妻</td><td>1982-10-05</td><td>汉</td><td>祖母</td><td>顾金妹</td></tr>
<tr><td>顾文豪</td><td>子</td><td>2004-11-24</td><td>汉</td><td>父</td><td>顾永林</td></tr>
<tr><td>顾美英</td><td>母</td><td>1959-07-11</td><td>汉</td><td></td><td></td></tr>
<tr><td></td><td></td><td></td><td></td><td></td><td></td></tr>
<tr><td></td><td></td><td></td><td></td><td></td><td></td></tr>
<tr><td></td><td></td><td></td><td></td><td></td><td></td></tr>
<tr><td></td><td></td><td></td><td></td><td></td><td></td></tr>
<tr><td>家庭大事</td><td colspan="6">2000年建2层3间楼房、2间平房。</td></tr>
</table>

灵湖村第10村民小组　　自然村：舍上109号

项目	姓名	与户主关系	出生年月	民族	已故家属	
					称呼	姓名
现有家庭人员	顾国林	户主	1960-08-16	汉	父	顾根云
	胡海英	妻	1967-06-06	汉	母	严龙妹
	顾玲玲	长女	1988-10-04	汉		
	顾玲红	二女	1990-03-12	汉		
家庭大事	2003年建2层3间楼房、2间平房。 注：女婿及孙辈户口不在本村。					

灵湖村第10村民小组　　自然村：舍上110号

项目	姓名	与户主关系	出生年月	民族	已故家属	
					称呼	姓名
现有家庭人员	金菊珍	户主	1967-11-15	汉	父	金福云
	曹海元	丈夫	1963-04-18	汉		
	金浩良	子	1987-10-14	汉		
	金梓琪	孙女	2014-06-18	汉		
	金银凤	母	1941-07-14	汉		
家庭大事	2000年建2层3间楼房、1间平房。 注：儿媳户口不在本村。					

灵湖村第10村民小组　　自然村：舍上112号

项目	姓名	与户主关系	出生年月	民族	已故家属	
					称呼	姓名
现有家庭人员	王亚明	户主	1958-05-06	汉	父	王振康
	金玲珍	妻	1961-10-10	汉	母	唐爱林
	王佳英	女	1982-09-12	汉		
家庭大事	王亚明1976年3月应征入伍，1979年9月入党。 1994年建2层3间楼房。 注：女婿户口不在本村。					

灵湖村第10村民小组　　自然村：舍上116号

项目	姓名	与户主关系	出生年月	民族	已故家属	
					称呼	姓名
现有家庭人员	熊根兴	户主	1953-12-20	汉	父	熊连福
	陆美娟	妻	1955-08-13	汉	母	熊宝娣
	熊平	子	1979-12-22	汉		
	陆鸣英	儿媳	1981-09-21	汉		
	熊晓强	孙子	2002-08-15	汉		
家庭大事	1996年建2层3间、2层2间楼房各1幢。					

灵湖村第10村民小组　　自然村：舍上118号

项目	姓名	与户主关系	出生年月	民族	已故家属	
					称呼	姓名
现有家庭人员	陆惠林	户主	1966-06-28	汉	父	陆林生
	金爱凤	妻	1967-04-14	汉		
	陆钧	子	1989-02-09	汉		
	陆梓丞	孙子	2016-12-03	汉		
	陆爱珍	母	1930-09-21	汉		
家庭大事	2000年建2层3间楼房。					

灵湖村第10村民小组　　自然村：舍上123号

项目	姓名	与户主关系	出生年月	民族	已故家属	
					称呼	姓名
现有家庭人员	陆忠	户主	1983-10-14	汉	祖父	陆林生
	华玄	妻	1986-11-08	汉	父	陆伟明
	陆嘉锋	子	2009-10-09	汉		
	陆文灵	女	2012-11-05	汉		
	陆菊英	母	1959-11-19	汉		
	陆爱珍	祖母	1930-09-21	汉		
家庭大事	2000年建2层5间楼房、2间平房。					

灵湖村第10村民小组　　自然村：舍上133号

项目	姓名	与户主关系	出生年月	民族	已故家属	
					称呼	姓名
现有家庭人员	黄五妹	户主	1947-03-14	汉	祖父	金顺发
	金玉明	子	1973-06-28	汉	祖母	陆黑妹
					公爹	金晋生
					公婆	朱福妹
家庭大事	1995年建2层4间楼房、2间平房。 注：丈夫、儿媳、孙子金震宇（本科学历）户口不在本村。					

灵湖村第10村民小组　　自然村：舍上136号

项目	姓名	与户主关系	出生年月	民族	已故家属	
					称呼	姓名
现有家庭人员	陆国平	户主	1963-05-13	汉	父	陆金寿
	顾卫珍	妻	1963-05-16	汉	母	陆桂仙
	陆娟花	长女	1986-05-18	汉		
	陆静娟	二女	1988-10-12	汉		
家庭大事	陆娟花为教师。 1985年建2层3间楼房。 注：女婿及孙辈户口不在本村。					

灵湖村第11村民小组 自然村:塘桥1号

项目	姓名	与户主关系	出生年月	民族	已故家属	
					称呼	姓名
现有家庭人员	邱三元	户主	1966-04-24	汉	父	邱光裕
	俞珍秀	妻子	1967-08-27	汉	母	徐海宝
	邱莉	女	1989-04-02	汉		
	耿洲泽	孙子	2018-02-23	汉		
家庭大事	邱莉本科学历，2010年1月入党。 1983年建4间平房，1996年翻建2层半3间1厢楼房。 买商品房1套（昆山珑悦花园）。 注：女婿户口不在本村。					

灵湖村第11村民小组 自然村:塘桥77号

项目	姓名	与户主关系	出生年月	民族	已故家属	
					称呼	姓名
现有家庭人员	邬根元	户主	1958-05-27	汉	祖父	邬阿三
	石文英	妻	1963-07-28	汉	祖母	邬杏宝
	邬亮亮	子	1986-04-04	汉	母	陆妹英
	吴繁荣	儿媳	1993-08-26	苗		
	邬筱雅	孙女	2013-04-28	苗		
	邬根林	父	1934-06-24	汉		
家庭大事	吴繁荣本科学历。 1982年建3间平房，1998年翻建2层3间楼房，2012年翻建3间平房。 2019年买商品房1套（和岸花园）。 2018年购轿车1辆。					

灵湖村第11村民小组

自然村: 塘桥79号

项目	姓名	与户主关系	出生年月	民族	已故家属	
					称呼	姓名
现有家庭人员	曹雪明	户主	1954-10-13	汉	曾祖父	曹阿菊
	韩桂珍	妻	1952-08-18	汉	曾祖母	曹三姐
	曹祥卫	子	1978-12-04	汉	祖父	曹礼康
	王爱华	儿媳	1981-10-07	汉	祖母	朱阿巧
	曹祥花	女	1981-10-01	汉		
	曹俊昊	孙子	2002-12-27	汉		
	曹水林	父	1929-06-07	汉		
	袁阿五	母	1930-11-14	汉		
家庭大事	1973年建2间平房, 1992年翻建2层3间楼房, 1998年建2层2间楼房。 2016年买商品房1套(绿地·博墅)。 2015年购轿车1辆。					

灵湖村第11村民小组

自然村: 塘桥81号

项目	姓名	与户主关系	出生年月	民族	已故家属	
					称呼	姓名
现有家庭人员	吴阿妹	户主	1938-12-17	汉	祖父	曹阿菊
	曹福娟	长女	1963-07-17	汉	祖母	曹三姐
	金卫民	女婿	1959-01-29	汉	公爹	曹礼康
	曹燕	孙女	1987-08-09	汉	公婆	朱阿巧
	曹华	孙女	1985-08-24	汉	丈夫	曹根林
	俞铮	曾孙	2016-04-09	汉		
	俞钺	曾孙女	2012-08-10	汉		
	俞英杰	孙女婿	1986-04-12	汉		
	曹煜轩	曾孙	2021-03-10	汉		
家庭大事	曹燕本科学历, 中共党员。 曹华本科学历, 中共党员, 买商品房1套(东润花园)。 俞英杰研究生学历, 中共党员。 1977年建3间平房, 1994年建2层3间楼房, 1998年翻建4间平房。					

灵湖村第11村民小组

自然村: 塘桥82号

项目	姓名	与户主关系	出生年月	民族	已故家属	
					称呼	姓名
现有家庭人员	曹祥斌	户主	1985-05-23	汉	高祖父	曹阿菊
	陈晓庆	妻	1988-07-14	汉	高祖母	曹三姐
	曹涵月	长女	2008-07-10	汉	曾祖父	曹礼康
	曹欣月	二女	2015-08-04	汉	曾祖母	朱阿巧
	金玉英	母	1962-11-20	汉	父	曹雪芳
	曹水林	祖父	1929-06-07	汉		
	袁阿五	祖母	1930-11-14	汉		
家庭大事	1982年建3间平房，1993年建2层3间楼房，2020年建3间平房。					

灵湖村第11村民小组

自然村: 塘桥83号

项目	姓名	与户主关系	出生年月	民族	已故家属	
					称呼	姓名
现有家庭人员	孔雪红	户主	1972-02-09	汉	曾祖父	孔清泉
	吴娣	妻	1971-06-25	汉	曾祖母	孔张氏
	孔丽洁	女	1994-09-18	汉	祖父	孔福明
	孔水根	父	1944-05-03	汉	祖母	陆阿三
	张金定	母	1949-10-26	汉		
家庭大事	孔丽洁本科学历。 1984年建3间平房，2004年建2层3间楼房、1间平房，2020年翻建3层3间楼房、1间平房。					

灵湖村第11村民小组　　自然村：塘桥83-1号

<table>
<tr><th rowspan="2">项目</th><th rowspan="2">姓名</th><th rowspan="2">与户主关系</th><th rowspan="2">出生年月</th><th rowspan="2">民族</th><th colspan="2">已故家属</th></tr>
<tr><th>称呼</th><th>姓名</th></tr>
<tr><td rowspan="8">现有家庭人员</td><td>孔雪勇</td><td>户主</td><td>1975-09-29</td><td>汉</td><td>曾祖父</td><td>孔清泉</td></tr>
<tr><td>王必宁</td><td>妻</td><td>1983-01-17</td><td>汉</td><td>曾祖母</td><td>孔张氏</td></tr>
<tr><td>孔利成</td><td>子</td><td>2006-03-22</td><td>汉</td><td>祖父</td><td>孔福明</td></tr>
<tr><td>张金定</td><td>母</td><td>1949-10-26</td><td>汉</td><td>祖母</td><td>陆阿三</td></tr>
<tr><td>孔水根</td><td>父</td><td>1944-05-03</td><td>汉</td><td></td><td></td></tr>
<tr><td></td><td></td><td></td><td></td><td></td><td></td></tr>
<tr><td></td><td></td><td></td><td></td><td></td><td></td></tr>
<tr><td></td><td></td><td></td><td></td><td></td><td></td></tr>
<tr><td>家庭大事</td><td colspan="6">孔利成木渎中学在读。
1984年建3间平房，2017年翻建3层3间楼房。</td></tr>
</table>

灵湖村第11村民小组　　自然村：塘桥84号

<table>
<tr><th rowspan="2">项目</th><th rowspan="2">姓名</th><th rowspan="2">与户主关系</th><th rowspan="2">出生年月</th><th rowspan="2">民族</th><th colspan="2">已故家属</th></tr>
<tr><th>称呼</th><th>姓名</th></tr>
<tr><td rowspan="8">现有家庭人员</td><td>孔祥生</td><td>户主</td><td>1956-10-20</td><td>汉</td><td>祖父</td><td>孔炳泉</td></tr>
<tr><td>张杨梅</td><td>妻</td><td>1957-12-10</td><td>汉</td><td>祖母</td><td>孔石氏</td></tr>
<tr><td></td><td></td><td></td><td></td><td>父</td><td>孔虎根</td></tr>
<tr><td></td><td></td><td></td><td></td><td>母</td><td>金水仙</td></tr>
<tr><td></td><td></td><td></td><td></td><td></td><td></td></tr>
<tr><td></td><td></td><td></td><td></td><td></td><td></td></tr>
<tr><td></td><td></td><td></td><td></td><td></td><td></td></tr>
<tr><td></td><td></td><td></td><td></td><td></td><td></td></tr>
<tr><td>家庭大事</td><td colspan="6">1972年建3间平房，1990年建2层3间1厢楼房，2019年建5间平房。
2011年买商品房1套（沧浪新城世贸运河城）。
注：儿子孔利东（本科学历）户口不在本村。</td></tr>
</table>

灵湖村第11村民小组　　自然村：塘桥85号

项目	姓名	与户主关系	出生年月	民族	已故家属	
					称呼	姓名
现有家庭人员	孔祥飞	户主	1953-12-22	汉	祖父	孔炳泉
	李爱珍	妻	1956-09-02	汉	祖母	孔石氏
	孔利萍	女	1980-03-31	汉	父	孔虎根
					母	金水仙
家庭大事	孔利萍大专学历。 1972年建3间平房，2015年翻建3层3间楼房。 注：女婿户口不在本村。					

灵湖村第11村民小组　　自然村：塘桥86号

项目	姓名	与户主关系	出生年月	民族	已故家属	
					称呼	姓名
现有家庭人员	孔荣华	户主	1957-08-19	汉	祖父	孔东泉
	俞小英	妻	1957-07-19	汉	祖母	张锦秀
	金才英	母	1935-10-08	汉	父	孔三保
家庭大事	1982年建2间小楼房。买教师公寓1套。 注：女儿户口不在本村。					

灵湖村第11村民小组

自然村：塘桥87号

项目	姓名	与户主关系	出生年月	民族	已故家属	
					称呼	姓名
现有家庭人员	孔海钧	户主	1968-12-06	汉	曾祖父	孔东泉
	陈凤珍	妻	1968-12-27	汉	曾祖母	张锦秀
	孔云清	子	1991-12-21	汉	祖父	孔官宝
	李福根	父	1943-05-29	汉	祖母	陆福妹
	孔仙英	母	1946-08-13	汉		
	莫康丽	儿媳	1993-11-15	汉		
	孔星宸	孙女	2019-01-13	汉		
	莫星柠	孙女	2021-12-23	汉		
家庭大事	孔云清本科学历。 祖传4间1厢平房，1989年翻建2层4间1厢楼房，2001年建1间平房、1间车库，2016年翻建3层3间2厢楼房。 2013年购轿车1辆，2021年购轿车1辆。 注：儿媳及大孙女户口不在本村。					

灵湖村第11村民小组

自然村：塘桥88号

项目	姓名	与户主关系	出生年月	民族	已故家属	
					称呼	姓名
现有家庭人员	邱文元	户主	1955-02-14	汉	父	邱光裕
	陈丽珍	妻	1956-05-23	汉	母	徐海宝
	邱蓉	长女	1981-04-05	汉		
家庭大事	邱蓉本科学历。 1975年建3间平房，1985年翻建2层3间楼房。 2015年购轿车1辆。					

灵湖村第11村民小组　　自然村：塘桥88-1号

项目	姓名	与户主关系	出生年月	民族	已故家属	
					称呼	姓名
现有家庭人员	邱瑛	户主	1983-03-04	汉	祖父	邱光裕
	蔡世星	丈夫	1982-02-14	汉	祖母	徐海宝
	蔡欣弘	长子	2010-04-14	汉		
	邱一泓	次子	2015-03-12	汉		
	邱文元	父	1955-02-14	汉		
	陈丽珍	母	1956-05-23	汉		
家庭大事	蔡世星研究生学历，中共党员。 邱瑛本科学历。 2009年买商品房1套（澳韵花园）。 2008年购轿车1辆，2009年购轿车1辆。					

灵湖村第11村民小组　　自然村：塘桥89号

项目	姓名	与户主关系	出生年月	民族	已故家属	
					称呼	姓名
现有家庭人员	孔海明	户主	1968-02-19	汉	曾祖父	邱瑞兰
	邱红梅	妻	1971-03-05	汉	曾祖母	邱氏
	邱作为	子	1993-11-18	汉	祖父	邱光禄
	邱水泉	父	1945-09-27	汉		
	周巧珠	母	1943-05-15	汉		
	陆根宝	祖母	1925-04-18	汉		
家庭大事	邱水泉1980年4月入党，1990年转为公办教师并任总务主任，1993年被评为突出贡献优秀教师。 邱作为大专学历。 1984年建4间平房，1997年翻建2层3间楼房。 2015年买商品房1套（南城花园）。 2010年购轿车1辆。					

灵湖村第11村民小组

自然村：塘桥90号

项目	姓名	与户主关系	出生年月	民族	已故家属	
					称呼	姓名
现有家庭人员	孔海港	户主	1970-10-01	汉	曾祖父	孔东泉
	周红英	妻	1973-09-23	汉	曾祖母	张锦秀
	孔祺	子	1995-11-06	汉	祖父	孔官宝
	孔仙英	母	1946-08-13	汉	祖母	陆福妹
	李福根	父	1943-05-29	汉		
家庭大事	孔海港2004年7月入党。 孔祺研究生学历。 1971年建2间平房，1993年建2层3间1厢楼房，2010年建3层2间小楼房，2019年建平房5间。 2005年购轿车1辆。					

灵湖村第11村民小组

自然村：塘桥91号

项目	姓名	与户主关系	出生年月	民族	已故家属	
					称呼	姓名
现有家庭人员	邱海泉	户主	1956-05-01	汉	祖父	邱瑞兰
	冉桂英	妻	1964-08-16	汉	祖母	邱氏
	陆根宝	母	1925-04-18	汉	父	邱光禄
	邱成伟	子	1989-04-25	汉		
	庄景媛	儿媳	1989-05-20	汉		
	邱笑亚	孙女	2014-01-15	汉		
	庄籽亚	孙女	2020-12-10	汉		
家庭大事	1983年建4间平房，1994年翻建2层3间楼房、1厢房、2间平房。 2017年买商品房1套。 注：儿子、儿媳、孙女户口不在本村。					

灵湖村第11村民小组

自然村：塘桥92号

项目	姓名	与户主关系	出生年月	民族	已故家属	
					称呼	姓名
现有家庭人员	曹水林	户主	1929-06-07	汉	祖父	曹阿菊
	袁阿五	妻	1930-11-14	汉	祖母	曹三姐
	曹雪元	三子	1962-08-11	汉	父	曹礼康
	徐爱华	儿媳	1964-04-19	汉	母	朱阿巧
	曹骏	孙子	1989-03-13	汉		
	曹禹茜	曾孙女	2014-03-23	汉		
家庭大事	曹骏大专学历。 1992年建2间平房，1996年建2层3间1厢楼房。 2013年购轿车1辆。					

灵湖村第11村民小组

自然村：塘桥93号

项目	姓名	与户主关系	出生年月	民族	已故家属	
					称呼	姓名
现有家庭人员	邬阿凤	户主	1948-12-27	汉	祖父	孔甫泉
					祖母	陈阿金
					公爹	孔来兴
					公婆	柳小白
					丈夫	孔水金
家庭大事	1972年建3间平房，1996年搬迁后新建2层3间楼房、4间平房，2017年翻建3层4间楼房、2间平房。 注：儿子、儿媳户口不在本村。					

灵湖村第11村民小组　　自然村：塘桥94号

项目	姓名	与户主关系	出生年月	民族	已故家属	
					称呼	姓名
现有家庭人员	邱福泉	户主	1959-04-18	汉	祖父	邱瑞兰
	陆根宝	母	1925-04-18	汉	祖母	邱氏
					父	邱光禄
家庭大事	1984年建4间平房，2006年翻建3层半3间楼房。					

灵湖村第11村民小组　　自然村：塘桥95号

项目	姓名	与户主关系	出生年月	民族	已故家属	
					称呼	姓名
现有家庭人员	邬水元	户主	1962-09-04	汉	祖父	邬阿三
	孔玲妹	妻	1964-03-15	汉	祖母	邬杏宝
	邬文雅	二女	1988-12-29	汉	母	陆妹英
	邬根林	父	1934-06-24	汉		
家庭大事	邬文雅大专学历。 2013年购轿车1辆。					

灵湖村第11村民小组

自然村：塘桥96号

项目	姓名	与户主关系	出生年月	民族	已故家属	
					称呼	姓名
现有家庭人员	邬文婷	户主	1987-05-07	汉	曾祖父	邬阿三
	姜洪林	丈夫	1989-01-23	汉	曾祖母	邬杏宝
	邬昊阳	子	2011-04-25	汉	祖母	陆妹英
	邬水元	父	1962-09-04	汉		
	孔玲妹	母	1964-03-15	汉		
	邬根林	祖父	1934-06-24	汉		
家庭大事	2020年购轿车1辆。					

灵湖村第11村民小组

自然村：塘桥105号

项目	姓名	与户主关系	出生年月	民族	已故家属	
					称呼	姓名
现有家庭人员	张永兴	户主	1972-11-04	汉	曾祖父	孔宝寿
	孔丽梅	妻	1972-12-31	汉	曾祖母	孔氏
	孔佳盛	子	1996-01-04	汉	祖父	孔金兴
	孔金林	岳父	1947-09-24	汉	祖母	孔阿三
	查水金	岳母	1951-01-17	汉		
家庭大事	孔佳盛大专学历。 1968年建4间平房，1971年出宅建4间平房、2间猪棚，1991年翻建2层3间楼房、1间平房，2010年建4间平房，2017年建3层3间楼房、3间平房。 2007年买商品房1套（东润花园）。 2010年购轿车1辆，2020年购轿车1辆。					

灵湖村第11村民小组　　自然村：塘桥106号

<table>
<tr><th rowspan="2">项目</th><th rowspan="2">姓名</th><th rowspan="2">与户主关系</th><th rowspan="2">出生年月</th><th rowspan="2">民族</th><th colspan="2">已故家属</th></tr>
<tr><th>称呼</th><th>姓名</th></tr>
<tr><td rowspan="8">现有家庭人员</td><td>潘素英</td><td>户主</td><td>1963-04-22</td><td>汉</td><td>公爹</td><td>邱光裕</td></tr>
<tr><td>邱锦元</td><td>子</td><td>1985-07-05</td><td>汉</td><td>公婆</td><td>徐海宝</td></tr>
<tr><td>邱星绮</td><td>孙女</td><td>2012-04-17</td><td>汉</td><td>丈夫</td><td>邱福元</td></tr>
<tr><td></td><td></td><td></td><td></td><td></td><td></td></tr>
<tr><td></td><td></td><td></td><td></td><td></td><td></td></tr>
<tr><td></td><td></td><td></td><td></td><td></td><td></td></tr>
<tr><td></td><td></td><td></td><td></td><td></td><td></td></tr>
<tr><td></td><td></td><td></td><td></td><td></td><td></td></tr>
<tr><td>家庭大事</td><td colspan="6">邱锦元大专学历。
1981年建3间平房、2间猪棚，2008年拆迁搬至银藏一村。
2014年购轿车1辆。
注：儿媳户口不在本村。</td></tr>
</table>

灵湖村第11村民小组　　自然村：塘桥108号

<table>
<tr><th rowspan="2">项目</th><th rowspan="2">姓名</th><th rowspan="2">与户主关系</th><th rowspan="2">出生年月</th><th rowspan="2">民族</th><th colspan="2">已故家属</th></tr>
<tr><th>称呼</th><th>姓名</th></tr>
<tr><td rowspan="8">现有家庭人员</td><td>孔寿根</td><td>户主</td><td>1946-01-18</td><td>汉</td><td>祖父</td><td>孔甫泉</td></tr>
<tr><td>孔冬兰</td><td>女</td><td>1966-11-29</td><td>汉</td><td>祖母</td><td>陈阿金</td></tr>
<tr><td>王根林</td><td>女婿</td><td>1968-07-12</td><td>汉</td><td>父</td><td>孔来兴</td></tr>
<tr><td>孔琳紫</td><td>孙子</td><td>1990-09-26</td><td>汉</td><td>母</td><td>柳小白</td></tr>
<tr><td></td><td></td><td></td><td></td><td></td><td></td></tr>
<tr><td></td><td></td><td></td><td></td><td></td><td></td></tr>
<tr><td></td><td></td><td></td><td></td><td></td><td></td></tr>
<tr><td></td><td></td><td></td><td></td><td></td><td></td></tr>
<tr><td>家庭大事</td><td colspan="6">孔寿根1985年8月入党。
孔琳紫本科学历。
1971年建2间2厢平房，1998年建4间平房，2020年翻建3层楼房、2层6间小楼房。</td></tr>
</table>

灵湖村第11村民小组　　自然村：塘桥110号

项目	姓名	与户主关系	出生年月	民族	已故家属	
					称呼	姓名
现有家庭人员	邬根官	户主	1963-04-13	汉	祖父	邬培庆
	周培芳	妻	1965-12-04	汉	祖母	张阿秀
	邬文兰	女	1987-01-05	汉	父	邬金生
					母	邬阿根
家庭大事	邬文兰本科学历，2008年7月入党。 1972年建4间平房、3间猪棚，1992年翻建2层3间1厢楼房、9间平房，2012年新建3层3间1厢楼房。 2018年购轿车1辆。					

灵湖村第11村民小组　　自然村：塘桥111号

项目	姓名	与户主关系	出生年月	民族	已故家属	
					称呼	姓名
现有家庭人员	顾妹英	户主	1936-12-10	汉	祖父	周万兴
	周雪平	子	1970-03-20	汉	祖母	周毛氏
					公爹	周年华
					公婆	周阿巧
					丈夫	周三男
家庭大事	1972年建3间平房、2间猪棚，1990年建2层3间楼房，2012年新建3层3间楼房。 2008年购轿车1辆。 注：儿媳户口不在本村。					

灵湖村第11村民小组　　自然村：塘桥111号

项目	姓名	与户主关系	出生年月	民族	已故家属	
					称呼	姓名
现有家庭人员	周雪元	户主	1963-05-28	汉	曾祖父	周万兴
	孔定凤	妻	1965-12-24	汉	曾祖母	周毛氏
	周勤	女	1987-07-07	汉	祖父	周年华
	顾妹英	母	1936-12-10	汉	祖母	周阿巧
					父	周三男
家庭大事	周勤大专学历。 1970年建3间平房，1991年翻建3层3间1厢楼房、2间灶间，2012年新建3层3间1厢楼房。 2011年买商品房1套（石湖华城），2018年买商品房1套（加城花园）。 2018年购轿车1辆。					

灵湖村第11村民小组　　自然村：塘桥112号

项目	姓名	与户主关系	出生年月	民族	已故家属	
					称呼	姓名
现有家庭人员	周雪根	户主	1957-09-29	汉	曾祖父	周万兴
	张虎金	妻	1960-06-07	汉	曾祖母	周毛氏
	周海洪	子	1982-01-01	汉	祖父	周年华
	张爱玲	儿媳	1980-03-07	汉	祖母	周阿巧
	周雨婷	孙女	2013-06-29	汉	父	周三男
	周琳	孙女	2004-12-11	汉		
	顾妹英	母	1936-12-10	汉		
家庭大事	周海洪大专学历。 张爱玲大专学历。 1972年建3间平房、2间灶间、2间猪棚，1990年翻建2层3间楼房、7间平房，2012年新建3层3间2厢楼房、1间车库。 买商品房1套（东山万科）。 2012年购轿车1辆。					

灵湖村第12村民小组

自然村：水路上1号

项目	姓名	与户主关系	出生年月	民族	已故家属	
					称呼	姓名
现有家庭人员	邱秀宝	户主	1934-10-25	汉	公爹	沈永康
					公婆	陆彩宝
					丈夫	沈虎根
家庭大事	注：现在常住大女儿家，子女户口不在本村。					

灵湖村第12村民小组

自然村：水路上1号

项目	姓名	与户主关系	出生年月	民族	已故家属	
					称呼	姓名
现有家庭人员	庄德明	户主	1953-10-23	汉	父	庄林宝
	朱水玲	妻	1955-04-28	汉	母	庄金仙
	庄海东	长子	1979-01-15	汉		
	庄海红	次子	1982-03-18	汉		
家庭大事	庄海红毕业于苏州大学（本科）。 2016年建3层4间楼房。 1995年购轿车1辆。 注：儿媳及孙辈户口不在本村。					

灵湖村第12村民小组　　自然村：水路上1号

项目	姓名	与户主关系	出生年月	民族	已故家属	
					称呼	姓名
现有家庭人员	孙国良	户主	1965-08-14	汉	祖父	孙小弟
	周水妹	妻	1967-11-23	汉	祖母	孙阿妹
	孙月峰	子	1989-12-07	汉		
	孙关林	父	1936-12-24	汉		
	宋招娣	母	1938-03-23	汉		
家庭大事	孙月峰本科学历。 1996年建2层3间1厢楼房。 1999年购轿车1辆。					

灵湖村第12村民小组　　自然村：水路上1号

项目	姓名	与户主关系	出生年月	民族	已故家属	
					称呼	姓名
现有家庭人员	庄阿全	户主	1963-11-27	汉	父	庄福元
	黎月芳	妻	1971-07-25	汉	母	庄福仙
	庄肇红	女	1992-11-09	汉		
	杨庄宇	孙子	2017-09-17	汉		
	庄子汐	孙女	2015-09-23	汉		
家庭大事	2007年建3层2间楼房。 注：女婿户口不在本村。					

灵湖村第12村民小组　　自然村：水路上2号

项目	姓名	与户主关系	出生年月	民族	已故家属	
					称呼	姓名
现有家庭人员	孙国忠	户主	1963-03-27	汉	祖父	孙小弟
	郭云凤	妻	1963-03-10	汉	祖母	孙阿妹
	孙婷	女	1986-11-16	汉		
	邹涵之	外孙	2013-04-01	汉		
	孙葭逸	外孙	2016-10-03	汉		
	孙关林	父	1936-12-24	汉		
	宋招娣	母	1938-03-23	汉		
家庭大事	孙婷毕业于苏州农业大学，2007年12月入党。 1993年建2层3间楼房。 2018年购轿车1辆。					

灵湖村第12村民小组　　自然村：水路上4号

项目	姓名	与户主关系	出生年月	民族	已故家属	
					称呼	姓名
现有家庭人员	邱华	户主	1962-01-23	汉	父	邱琳
	沈菊英	妻	1963-02-19	汉		
	邱琦蕾	女	1986-12-11	汉		
	赵才仙	母	1940-06-11	汉		
家庭大事	2008年建2层3间楼房。 2010年购轿车1辆。					

灵湖村第12村民小组　　　　自然村：水路上5号

项目	姓名	与户主关系	出生年月	民族	已故家属	
					称呼	姓名
现有家庭人员	徐总根	户主	1933-08-24	汉	岳父	徐泉生
	徐阿毛	妻	1937-09-18	汉	岳母	宋阿妹
	徐余龙	子	1960-01-12	汉		
	庄凤珍	儿媳	1960-06-24	汉		
家庭大事	2016年建3层3间楼房。 注：孙子、孙女户口不在本村。					

灵湖村第12村民小组　　　　自然村：水路上6号

项目	姓名	与户主关系	出生年月	民族	已故家属	
					称呼	姓名
现有家庭人员	宋金水	户主	1946-05-13	汉	父	宋阿二
	陆子娟	妻	1948-11-18	汉	母	宋才宝
	宋卫红	子	1971-06-15	汉		
	石云芳	儿媳	1973-10-04	汉		
	宋鑫	孙子	1995-12-24	汉		
家庭大事	宋鑫大专学历。 1990年建2层3间1厢楼房。 1998年购轿车1辆。					

灵湖村第12村民小组　　自然村：水路上8号

项目	姓名	与户主关系	出生年月	民族	已故家属	
					称呼	姓名
现有家庭人员	陆卫东	户主	1968-11-11	汉	祖父	陆明如
	赵玉英	妻	1970-11-04	汉	祖母	陆新宝
	陆健	子	1991-08-27	汉		
	丁莎莎	儿媳	1992-10-02	汉		
	陆一	孙女	2017-08-01	汉		
	陆关根	父	1943-10-18	汉		
	周根妹	母	1946-08-16	汉		
家庭大事	陆健毕业于南京工业大学（本科），现在本镇工作。 丁莎莎毕业于南京工业大学。 2001年建3层2间楼房。					

灵湖村第12村民小组　　自然村：水路上9号

项目	姓名	与户主关系	出生年月	民族	已故家属	
					称呼	姓名
现有家庭人员	宋金荣	户主	1942-07-17	汉	父	宋良芝
	张根娣	妻	1941-08-24	汉	母	石彩宝
	宋琴芬	女	1968-05-13	汉		
	徐洪军	女婿	1968-12-09	汉		
	宋志强	孙子	1990-12-03	汉		
	宋志凤	孙女	2001-06-20	汉		
	宋靖淞	曾孙	2018-04-03	汉		
	廖文静	孙媳	1992-02-28	土家		
家庭大事	宋志强毕业于南京大学（本科）。 宋志凤大专学历。 廖文静毕业于苏州大学（本科）。 1991年建2层3间1厢楼房。 2018年购轿车1辆。					

灵湖村第12村民小组　　　　自然村：水路上10号

<table>
<tr><th rowspan="2">项目</th><th rowspan="2">姓名</th><th rowspan="2">与户主关系</th><th rowspan="2">出生年月</th><th rowspan="2">民族</th><th colspan="2">已故家属</th></tr>
<tr><th>称呼</th><th>姓名</th></tr>
<tr><td rowspan="8">现有家庭人员</td><td>徐春泉</td><td>户主</td><td>1947-12-05</td><td>汉</td><td>父</td><td>徐金根</td></tr>
<tr><td>徐福妹</td><td>妻</td><td>1949-07-23</td><td>汉</td><td>母</td><td>徐才珍</td></tr>
<tr><td></td><td></td><td></td><td></td><td></td><td></td></tr>
<tr><td></td><td></td><td></td><td></td><td></td><td></td></tr>
<tr><td></td><td></td><td></td><td></td><td></td><td></td></tr>
<tr><td></td><td></td><td></td><td></td><td></td><td></td></tr>
<tr><td></td><td></td><td></td><td></td><td></td><td></td></tr>
<tr><td></td><td></td><td></td><td></td><td></td><td></td></tr>
<tr><td>家庭大事</td><td colspan="6">2013年建2层3间楼房。
注：子女户口不在本村。</td></tr>
</table>

灵湖村第12村民小组　　　　自然村：水路上11号

<table>
<tr><th rowspan="2">项目</th><th rowspan="2">姓名</th><th rowspan="2">与户主关系</th><th rowspan="2">出生年月</th><th rowspan="2">民族</th><th colspan="2">已故家属</th></tr>
<tr><th>称呼</th><th>姓名</th></tr>
<tr><td rowspan="8">现有家庭人员</td><td>徐总宝</td><td>户主</td><td>1952-12-30</td><td>汉</td><td>父</td><td>徐泉生</td></tr>
<tr><td>庄福英</td><td>妻</td><td>1956-09-03</td><td>汉</td><td>母</td><td>宋阿妹</td></tr>
<tr><td>徐桂珍</td><td>女</td><td>1978-11-03</td><td>汉</td><td></td><td></td></tr>
<tr><td>徐张美贤</td><td>孙女</td><td>2014-12-19</td><td>汉</td><td></td><td></td></tr>
<tr><td>张徐美惠</td><td>孙女</td><td>2002-12-19</td><td>汉</td><td></td><td></td></tr>
<tr><td></td><td></td><td></td><td></td><td></td><td></td></tr>
<tr><td></td><td></td><td></td><td></td><td></td><td></td></tr>
<tr><td></td><td></td><td></td><td></td><td></td><td></td></tr>
<tr><td>家庭大事</td><td colspan="6">张徐美惠南京中医药大学生物制药专业在读。
2016年建3层3间楼房。
1989年购轿车1辆。
注：女婿户口不在本村。</td></tr>
</table>

灵湖村第12村民小组　　自然村：水路上12号

项目	姓名	与户主关系	出生年月	民族	已故家属	
					称呼	姓名
现有家庭人员	徐春荣	户主	1952-09-05	汉	父	徐金根
	夏菊林	妻	1955-09-01	汉	母	徐才珍
	徐亚来	女	1979-08-21	汉		
	徐文洋	孙子	2003-08-28	汉		
家庭大事	徐文洋大专学历。 1993年建2层4间楼房。 2010年购轿车1辆。 注：女婿户口不在本村。					

灵湖村第12村民小组　　自然村：水路上13号

项目	姓名	与户主关系	出生年月	民族	已故家属	
					称呼	姓名
现有家庭人员	沈兴根	户主	1953-02-01	汉	父	沈卫康
					母	沈阿妹
家庭大事	2018年建2层3间楼房。					

灵湖村第12村民小组　　自然村：水路上14号

项目	姓名	与户主关系	出生年月	民族	已故家属	
					称呼	姓名
现有家庭人员	徐总丙	户主	1941-06-10	汉	父	徐泉生
	陈福金	妻	1941-10-25	汉	母	宋阿妹
家庭大事	注：并入徐桂良、徐桂东户。					

灵湖村第12村民小组　　自然村：水路上15号

项目	姓名	与户主关系	出生年月	民族	已故家属	
					称呼	姓名
现有家庭人员	沈宝根	户主	1949-12-25	汉	父	沈卫康
	石卫仙	妻	1952-08-01	汉	母	沈才珍
	沈雪芳	二女	1979-09-24	汉		
	沈菊芳	长女	1975-11-25	汉		
	孙华锋	女婿	1973-07-02	汉		
	沈雯奕	孙女	1996-02-01	汉		
家庭大事	沈雯奕毕业于南京审计大学（本科）。 1988年建2层3间楼房。 1998年购轿车1辆。					

灵湖村第12村民小组 自然村：水路上16号

项目	姓名	与户主关系	出生年月	民族	已故家属	
					称呼	姓名
现有家庭人员	徐桂东	户主	1970-01-05	汉	祖父	徐泉生
	陈明翠	妻	1970-05-20	汉	祖母	宋阿妹
	徐云浩	子	1994-03-19	汉		
	徐总丙	父	1941-06-10	汉		
	陈福金	母	1941-10-25	汉		
家庭大事	徐云浩毕业于扬州大学（本科）。 1991年建2层3间1厢楼房。 1997年购轿车1辆。					

灵湖村第12村民小组 自然村：水路上17号

项目	姓名	与户主关系	出生年月	民族	已故家属	
					称呼	姓名
现有家庭人员	徐桂良	户主	1964-09-27	汉	祖父	徐泉生
	谢宗英	妻	1967-03-11	汉	祖母	宋阿妹
	徐玉兰	女	1989-10-24	汉		
	陶虎	女婿	1990-02-09	汉		
	徐紫涵	孙女	2014-01-19	汉		
	陶墨涵	外孙	2021-03-25	汉		
	徐总丙	父	1941-06-10	汉		
	陈福金	母	1941-10-25	汉		
家庭大事	徐玉兰江苏师范大学（本科）毕业，现任教师。 陶虎大专学历。 2000年建2层3间楼房。 2011年购轿车1辆。					

灵湖村第12村民小组　　自然村：水路上18号

项目	姓名	与户主关系	出生年月	民族	已故家属	
					称呼	姓名
现有家庭人员	杨才福	户主	1937-02-01	汉	父	杨根生
	杨根妹	妻	1941-06-15	汉	母	沈阿妹
	杨宝连	子	1969-01-03	汉		
	俞雪琴	儿媳	1971-09-21	汉		
	杨明	孙子	1992-12-16	汉		
家庭大事	杨明大专学历。 2009年建2层4间楼房。 1989年购轿车1辆。					

灵湖村第12村民小组　　自然村：水路上19号

项目	姓名	与户主关系	出生年月	民族	已故家属	
					称呼	姓名
现有家庭人员	俞鸿基	户主	1942-04-19	汉	父	俞正兴
	沈阿仙	妻	1948-07-07	汉	母	石凤英
	俞雪强	子	1973-08-15	汉		
	邱骊	儿媳	1976-05-17	汉		
	俞玥	孙女	2002-03-19	汉		
家庭大事	俞玥大专学历。 1999年建2层3间楼房。 1997年购轿车1辆。					

灵湖村第12村民小组　　自然村: 水路上21号

项目	姓名	与户主关系	出生年月	民族	已故家属	
					称呼	姓名
现有家庭人员	杨秀珍	户主	1932-06-27	汉	公爹	杨金生
	杨宝全	子	1965-03-26	汉	公婆	马阿大
	杨健	孙子	1990-11-20	汉	丈夫	杨才林
	杨苡恬	曾孙女	2021-03-14	汉	儿媳	陈红妹
家庭大事	杨健大专学历。 1995年建2层3间1厢楼房。 2001年购轿车1辆。					

灵湖村第12村民小组　　自然村: 水路上22号

项目	姓名	与户主关系	出生年月	民族	已故家属	
					称呼	姓名
现有家庭人员	宋建平	户主	1958-07-07	汉	父	宋盘发
	宋少华	子	1984-04-03	汉	母	陈金妹
	夏中琴	儿媳	1985-10-19	汉	妻	金美珍
	宋熙晨	孙女	2011-08-04	汉		
家庭大事	宋少华毕业于常州工学院（本科）。 1995年建2层3间楼房。 2010年购轿车1辆。					

灵湖村第12村民小组　　自然村：水路上23号

项目	姓名	与户主关系	出生年月	民族	已故家属	
					称呼	姓名
现有家庭人员	宋丁林	户主	1951-11-08	汉	父	宋盘发
	沈金妹	妻	1952-12-03	汉	母	陈金妹
	刘家云	儿媳	1979-07-18	汉	子	宋少杰
	宋玉涵	孙女	2008-11-17	汉		
	宋婷	孙女	2001-06-29	汉		
家庭大事	1993年建2层3间楼房。					

灵湖村第12村民小组　　自然村：水路上24号

项目	姓名	与户主关系	出生年月	民族	已故家属	
					称呼	姓名
现有家庭人员	庄早生	户主	1949-12-24	汉	父	庄全生
	金龙妹	妻	1952-08-04	汉	母	翁彩宝
	庄洪根	子	1979-01-08	汉		
	邓雪珍	儿媳	1979-04-29	汉		
	庄俊豪	孙子	2002-07-22	汉		
家庭大事	庄俊豪大专学历。 1993年建2层3间楼房。 2018年购轿车1辆。					

灵湖村第12村民小组

自然村：水路上27号

项目	姓名	与户主关系	出生年月	民族	已故家属	
					称呼	姓名
现有家庭人员	宋留官	户主	1945-05-28	汉	父	宋阿美
	石多妹	妻	1954-07-22	汉	母	宋素珍
	宋华英	女	1976-10-09	汉		
	史伟众	女婿	1974-07-23	汉		
	宋文超	孙子	1999-06-24	汉		
家庭大事	宋留官1974年7月入党，1989年起任吴舍村村主任直至退休。 史伟众1993年12月应征入伍，1996年退伍。 宋华英2010年7月入党。 宋文超毕业于扬州大学（本科）。 1991年建2层楼房（底4间，楼上3间）。 2013年购轿车1辆。					

灵湖村第12村民小组

自然村：水路上28号

项目	姓名	与户主关系	出生年月	民族	已故家属	
					称呼	姓名
现有家庭人员	顾福林	户主	1940-02-12	汉	父	顾根寿
	陆福娟	妻	1945-10-29	汉	母	石阿妹
	顾建祥	子	1973-06-17	汉		
	顾春芳	儿媳	1975-02-09	汉		
	顾俊杰	孙子	1996-11-25	汉		
家庭大事	顾福林1959年3月应征入伍，1964年2月退伍。 顾建祥大专学历。 顾俊杰大专学历。 1971年建2层2间1厢楼房。 1997年购轿车1辆。					

灵湖村第12村民小组　　自然村：水路上29号

项目	姓名	与户主关系	出生年月	民族	已故家属	
					称呼	姓名
现有家庭人员	宋正官	户主	1951-10-20	汉	父	宋阿美
	杨早仙	妻	1954-09-18	汉	母	宋素珍
	宋亚明	子	1979-10-30	汉		
家庭大事	2016年建2层3间1厢楼房。 1989年购轿车1辆。 注：儿媳及孙辈户口不在本村。					

灵湖村第12村民小组　　自然村：水路上31号

项目	姓名	与户主关系	出生年月	民族	已故家属	
					称呼	姓名
现有家庭人员	石文华	户主	1957-08-02	汉	父	石年林
	柳云妹	妻	1959-05-07	汉		
	石勤	女	1981-08-28	汉		
	魏加文	女婿	1978-07-06	汉		
	石魏星	孙子	2003-06-13	汉		
	陈云仙	母	1938-09-19	汉		
家庭大事	石魏星苏州高级技工学校在读。 1997年建2层3间楼房。					

灵湖村第12村民小组 自然村：水路上33号

项目	姓名	与户主关系	出生年月	民族	已故家属	
					称呼	姓名
现有家庭人员	石卫林	户主	1957-08-16	汉	父	石阿三
					母	石阿秀
家庭大事	2010年建2层2间楼房。					

灵湖村第12村民小组 自然村：水路上33号

项目	姓名	与户主关系	出生年月	民族	已故家属	
					称呼	姓名
现有家庭人员	石卫泉	户主	1960-09-28	汉	父	石阿三
	宋琴华	妻	1964-12-30	汉	母	石阿秀
	石贤强	子	1986-07-13	汉		
	石亦可	孙女	2017-10-09	汉		
家庭大事	石贤强毕业于江苏科技大学（本科）。 1991年建2层4间楼房。 注：儿媳户口不在本村。					

灵湖村第12村民小组　　　　自然村：水路上34号

项目	姓名	与户主关系	出生年月	民族	已故家属	
					称呼	姓名
现有家庭人员	庄德林	户主	1963-07-25	汉	父	庄金官
	柏金英	妻	1965-10-22	汉		
	庄晴刚	子	1989-08-28	汉		
	陆亚琼	儿媳	1990-12-07	汉		
	庄陆呈	孙子	2019-01-10	汉		
	陆庄宜	孙女	2015-09-17	汉		
	李阿妹	母	1938-02-25	汉		
家庭大事	陆亚琼毕业于苏州大学（本科）。 庄晴刚毕业于苏州大学（本科）。 1998年建2层3间1厢楼房。 2010年购轿车1辆。					

灵湖村第12村民小组　　　　自然村：水路上35号

项目	姓名	与户主关系	出生年月	民族	已故家属	
					称呼	姓名
现有家庭人员	庄阿忠	户主	1957-09-09	汉	岳父	庄林根
	庄惠英	妻	1961-03-01	汉	岳母	陆秀珍
	庄春芳	长女	1982-03-17	汉		
	庄晴芳	二女	1986-11-07	汉		
	高立嘉	孙子	2015-08-10	汉		
	庄晓语	孙女	2005-11-11	汉		
家庭大事	庄春芳大专学历。 庄晴芳大专学历。 1990年建2层3间1厢楼房。 1998年购轿车1辆。 注：女婿户口不在本村。					

灵湖村第12村民小组　　自然村：水路上36号

项目	姓名	与户主关系	出生年月	民族	已故家属	
					称呼	姓名
现有家庭人员	石根林	户主	1950-12-20	汉	父	石阿根
	李玲英	妻	1950-06-10	汉	母	高云仙
	石惠明	子	1970-07-21	汉		
	沈永芳	儿媳	1970-08-04	汉		
	石晨	孙女	1993-03-30	汉		
	姚铮睿	外孙	2018-11-18	汉		
家庭大事	石晨毕业于盐城工学院（本科）。 1991年建2层3间楼房，2006年重建2层3间楼房。 2011年购轿车1辆。					

灵湖村第12村民小组　　自然村：水路上38号

项目	姓名	与户主关系	出生年月	民族	已故家属	
					称呼	姓名
现有家庭人员	石永平	户主	1979-01-12	汉	父	石卫官
	陆秀花	妻	1978-05-26	汉	母	沈秋玲
	石力	子	2002-02-28	汉		
家庭大事	1987年建2层3间楼房。 2011年购轿车1辆。					

灵湖村第12村民小组　　自然村：水路上39号

项目	姓名	与户主关系	出生年月	民族	已故家属	
					称呼	姓名
现有家庭人员	庄福官	户主	1963-05-27	汉	父	庄洪兴
	余治杰	妻	1968-03-08	汉		
	庄林	子	1989-08-09	汉		
	庄子壹	孙女	2016-01-10	汉		
	庄小鹅	母	1928-02-01	汉		
家庭大事	1995年建2层3间楼房。 2012年购轿车1辆。 注：儿媳户口不在本村。					

灵湖村第12村民小组　　自然村：水路上40号

项目	姓名	与户主关系	出生年月	民族	已故家属	
					称呼	姓名
现有家庭人员	庄小鹅	户主	1928-02-01	汉	父	庄和尚
	庄根官	长子	1950-10-01	汉	母	庄小妹
	庄建清	孙子	1986-08-26	汉		
家庭大事	庄建清本科学历。 2007年建2层3间1厢楼房。					

灵湖村第12村民小组　　自然村：水路上40号

项目	姓名	与户主关系	出生年月	民族	已故家属	
					称呼	姓名
现有家庭人员	庄林官	户主	1954-09-07	汉	祖父	庄和尚
	庄小鹅	母	1928-02-01	汉	祖母	庄小妹
					父	庄洪兴
家庭大事	注：住哥哥庄根官家。					

灵湖村第12村民小组　　自然村：水路上41号

项目	姓名	与户主关系	出生年月	民族	已故家属	
					称呼	姓名
现有家庭人员	庄阿荣	户主	1960-06-12	汉	父	庄福元
	朱春仙	妻	1964-04-22	汉	母	庄福仙
	庄夏峰	子	1985-07-27	汉		
	沈毅	儿媳	1987-04-11	汉		
	庄子忆	孙女	2013-06-06	汉		
	庄子悦	孙女	2011-09-16	汉		
家庭大事	庄阿荣1979年11月应征入伍，1983年退伍。 庄夏峰毕业于苏州大学（本科）。 沈毅大专学历。 1996年建2层3间楼房。 2011年购轿车1辆。					

灵湖村第12村民小组 自然村：水路上42号

项目	姓名	与户主关系	出生年月	民族	已故家属	
					称呼	姓名
现有家庭人员	庄阿连	户主	1954-01-02	汉	父	庄福元
	朱玲妹	妻	1954-08-22	汉	母	庄福仙
	庄玉芳	女	1979-10-24	汉		
	龚庄豪	外孙	2002-09-23	汉		
家庭大事	庄阿连1980年11月任吴舍服装厂厂长，直至该厂转制。 龚庄豪南京传媒学院计算机科学与技术（嵌入式培养）（本科）在读。 1991年建2层4间楼房。 2010年购轿车1辆。 注：女婿户口不在本村。					

灵湖村第12村民小组 自然村：水路上43号

项目	姓名	与户主关系	出生年月	民族	已故家属	
					称呼	姓名
现有家庭人员	宋世忠	户主	1956-05-13	汉	父	吴永林
	金雪珍	妻	1953-11-07	汉	母	宋桂仙
家庭大事	金雪珍1969年起任大队赤脚医生，1984年任村妇女主任，1991年10月入党。 1991年建2层3间楼房、2层1厢楼房。 注：子女户口不在本村。					

灵湖村第12村民小组　　自然村：水路上45号

项目	姓名	与户主关系	出生年月	民族	已故家属	
					称呼	姓名
现有家庭人员	沈水根	户主	1946-03-16	汉	父	沈永康
					母	陆彩宝
家庭大事	2003年建2层2间1厢楼房。 注：子女户口不在本村。					

灵湖村第12村民小组　　自然村：水路上46号

项目	姓名	与户主关系	出生年月	民族	已故家属	
					称呼	姓名
现有家庭人员	宋水平	户主	1960-01-19	汉	父	吴永林
	袁华英	妻	1963-06-11	汉	母	宋桂仙
	宋晴燕	女	1986-04-26	汉		
	陈凉	女婿	1988-11-11	汉		
	陈乐妍	孙女	2018-05-14	汉		
家庭大事	宋晴燕毕业于苏州科技学院（本科）。 陈凉毕业于苏州科技学院（本科）。 1995年建2层3间1厢楼房。 2012年购轿车1辆。					

灵湖村第12村民小组　　自然村：水路上47号

项目	姓名	与户主关系	出生年月	民族	已故家属	
					称呼	姓名
现有家庭人员	石文龙	户主	1964-01-25	汉	父	石年林
	陆双英	妻	1970-11-18	汉		
	石磊	子	1989-08-17	汉		
	石一帆	孙子	2013-11-01	汉		
	陈云仙	母	1938-09-19	汉		
家庭大事	石磊毕业于南通大学（本科）。 1997年建2层3间楼房。 2013年购轿车1辆。 注：儿媳户口不在本村。					

灵湖村第12村民小组　　自然村：水路上48号

项目	姓名	与户主关系	出生年月	民族	已故家属	
					称呼	姓名
现有家庭人员	沈新根	户主	1941-05-21	汉	岳父	庄连元
	庄建荣	子	1967-06-01	汉	岳母	石凤仙
	陈明静	儿媳	1967-07-05	汉	妻	庄德仙
	庄月红	孙女	1990-01-11	汉		
家庭大事	沈新根1959年3月应征入伍，1964年2月退伍，1964年4月入党。 庄月红毕业于四川农业大学（本科）。 1997年建2层3间楼房。 2012年购轿车1辆。					

灵湖村第12村民小组　　自然村：水路上49号

<table>
<tr><th rowspan="2">项目</th><th rowspan="2">姓名</th><th rowspan="2">与户主关系</th><th rowspan="2">出生年月</th><th rowspan="2">民族</th><th colspan="2">已故家属</th></tr>
<tr><th>称呼</th><th>姓名</th></tr>
<tr><td rowspan="8">现有家庭人员</td><td>庄春玲</td><td>户主</td><td>1942-02-01</td><td>汉</td><td>父</td><td>庄根元</td></tr>
<tr><td>沈培芳</td><td>儿媳</td><td>1967-01-18</td><td>汉</td><td>母</td><td>石银芝</td></tr>
<tr><td>庄晓静</td><td>孙女</td><td>1989-09-26</td><td>汉</td><td>丈夫</td><td>庄海元</td></tr>
<tr><td>袁梓涵</td><td>曾孙女</td><td>2016-05-26</td><td>汉</td><td>子</td><td>庄建国</td></tr>
<tr><td></td><td></td><td></td><td></td><td></td><td></td></tr>
<tr><td></td><td></td><td></td><td></td><td></td><td></td></tr>
<tr><td></td><td></td><td></td><td></td><td></td><td></td></tr>
<tr><td></td><td></td><td></td><td></td><td></td><td></td></tr>
<tr><td>家庭大事</td><td colspan="6">庄晓静毕业于苏州大学（本科）。
1994年建3层3间楼房。
2013年购轿车1辆。</td></tr>
</table>

灵湖村第12村民小组　　自然村：水路上50号

<table>
<tr><th rowspan="2">项目</th><th rowspan="2">姓名</th><th rowspan="2">与户主关系</th><th rowspan="2">出生年月</th><th rowspan="2">民族</th><th colspan="2">已故家属</th></tr>
<tr><th>称呼</th><th>姓名</th></tr>
<tr><td rowspan="8">现有家庭人员</td><td>庄德根</td><td>户主</td><td>1953-10-05</td><td>汉</td><td>父</td><td>庄根元</td></tr>
<tr><td>沈和珍</td><td>妻</td><td>1953-07-10</td><td>汉</td><td>母</td><td>石银芝</td></tr>
<tr><td>庄向荣</td><td>子</td><td>1975-05-26</td><td>汉</td><td></td><td></td></tr>
<tr><td>金春芳</td><td>儿媳</td><td>1976-03-13</td><td>汉</td><td></td><td></td></tr>
<tr><td>庄嘉筱</td><td>孙子</td><td>2019-08-01</td><td>汉</td><td></td><td></td></tr>
<tr><td></td><td></td><td></td><td></td><td></td><td></td></tr>
<tr><td></td><td></td><td></td><td></td><td></td><td></td></tr>
<tr><td></td><td></td><td></td><td></td><td></td><td></td></tr>
<tr><td>家庭大事</td><td colspan="6">1988年建2层2间楼房，2017年建3层3间楼房。
1998年购轿车1辆。</td></tr>
</table>

灵湖村第12村民小组

自然村：水路上51号

项目	姓名	与户主关系	出生年月	民族	已故家属	
					称呼	姓名
现有家庭人员	庄福根	户主	1954-09-07	汉	父	庄阿大
	吴根妹	妻	1955-11-22	汉	母	庄玲娣
	庄亚芳	女	1980-04-05	汉		
	崔恒权	女婿	1981-10-12	汉		
	崔孝丞	孙子	2014-07-23	汉		
	庄筱惠	孙女	2005-11-23	汉		
家庭大事	庄亚芳大专学历。 1991年建2层3间楼房。 2001年购轿车1辆。					

灵湖村第12村民小组

自然村：水路上52号

项目	姓名	与户主关系	出生年月	民族	已故家属	
					称呼	姓名
现有家庭人员	柳凤鸣	户主	1943-07-13	汉	公爹	邱阿根
	邱顺达	丈夫	1938-07-15	汉	公婆	邱阿妹
	邱巍炜	长子	1968-11-13	汉		
	邱敏明	三子	1972-11-05	汉		
家庭大事	邱顺达毕业于南京师范学院（本科），1979年入党。 邱巍炜毕业于南京大学（本科），2001年入党。 2005年建3层4间楼房。 注：儿媳及孙辈户口不在本村。					

灵湖村第12村民小组　　　　自然村：水路上53号

项目	姓名	与户主关系	出生年月	民族	已故家属	
					称呼	姓名
现有家庭人员	沈卫兴	户主	1965-09-02	汉	祖父	沈永康
	顾玲仙	妻	1963-03-27	汉	祖母	陆彩宝
	沈蓉蓉	女	1989-07-12	汉		
	宋仁金	母	1939-05-26	汉		
	沈仁根	父	1938-08-24	汉		
	杨斌	女婿	1989-08-25	汉		
	杨一诺	孙女	2018-10-03	汉		
家庭大事	沈仁根1956年3月应征入伍，1957年入党。 沈蓉蓉专升本科。 1994年建3层3间1厢楼房。 2009年购轿车1辆。					

灵湖村第12村民小组　　　　自然村：水路上54号

项目	姓名	与户主关系	出生年月	民族	已故家属	
					称呼	姓名
现有家庭人员	朱强	户主	1971-04-03	汉	祖父	朱仁根
	宋红英	妻	1973-09-11	汉	祖母	孔阿四
	朱怡婧	女	1995-08-09	汉		
	朱才官	父	1947-11-26	汉		
	查杏仙	母	1948-12-16	汉		
家庭大事	朱怡婧毕业于苏州大学（本科）。 2001年建2层3间楼房，2018年建3间平房。 2011年购轿车1辆。					

灵湖村第13村民小组

自然村：吴舍1号

项目	姓名	与户主关系	出生年月	民族	已故家属	
					称呼	姓名
现有家庭人员	石阿大	户主	1948-09-07	汉	祖父	石泉庭
	周凤英	妻	1951-09-11	汉	祖母	沈阿多
	石方明	子	1976-01-29	汉	父	石小弟
	盛小妹	儿媳	1979-01-06	汉	母	沈金宝
	石宝贤	孙子	2000-02-11	汉		
家庭大事	石阿大1969年3月应征入伍，1971年4月入党，1975年退伍回家务农，1976年到吴县铜矿工作，1982年回家。 石宝贤2018年9月应征入伍，2020年退伍，现就读于苏州建设交通高等职业技术学校（五年制高职）。 1985年建3间平房，1995年翻建2层3间楼房。 2014年在渡村购商品房1套。 2010年购轿车1辆。					

灵湖村第13村民小组

自然村：吴舍1-1号

项目	姓名	与户主关系	出生年月	民族	已故家属	
					称呼	姓名
现有家庭人员	石夏兴	户主	1948-06-13	汉	父	石兴康
	朱珠宝	妻	1951-03-26	汉	母	石彩金
	石云龙	子	1975-03-15	汉		
	李红	儿媳	1977-12-24	汉		
	石含婷	孙女	1999-08-14	汉		
家庭大事	石含婷大专学历。 1995年建2层3间楼房，2005年建1间平房。 2016年购轿车1辆。					

灵湖村第13村民小组　　自然村：吴舍82号

<table>
<tr><th rowspan="2">项目</th><th rowspan="2">姓名</th><th rowspan="2">与户主关系</th><th rowspan="2">出生年月</th><th rowspan="2">民族</th><th colspan="2">已故家属</th></tr>
<tr><th>称呼</th><th>姓名</th></tr>
<tr><td rowspan="8">现有家庭人员</td><td>石清泉</td><td>户主</td><td>1963-03-21</td><td>汉</td><td>父</td><td>石阿林</td></tr>
<tr><td>陈金妹</td><td>妻</td><td>1963-05-13</td><td>汉</td><td>母</td><td>柏来仙</td></tr>
<tr><td>石秋月</td><td>女</td><td>1986-09-28</td><td>汉</td><td></td><td></td></tr>
<tr><td>石芮晗</td><td>孙女</td><td>2018-12-28</td><td>汉</td><td></td><td></td></tr>
<tr><td></td><td></td><td></td><td></td><td></td><td></td></tr>
<tr><td></td><td></td><td></td><td></td><td></td><td></td></tr>
<tr><td></td><td></td><td></td><td></td><td></td><td></td></tr>
<tr><td></td><td></td><td></td><td></td><td></td><td></td></tr>
<tr><td>家庭大事</td><td colspan="6">建2层3间1厢楼房、5间平房。
2017年购轿车1辆。
注：女婿户口不在本村。</td></tr>
</table>

灵湖村第13村民小组　　自然村：吴舍83号

<table>
<tr><th rowspan="2">项目</th><th rowspan="2">姓名</th><th rowspan="2">与户主关系</th><th rowspan="2">出生年月</th><th rowspan="2">民族</th><th colspan="2">已故家属</th></tr>
<tr><th>称呼</th><th>姓名</th></tr>
<tr><td rowspan="8">现有家庭人员</td><td>石桂泉</td><td>户主</td><td>1952-08-28</td><td>汉</td><td>父</td><td>石阿林</td></tr>
<tr><td>柳娟英</td><td>妻</td><td>1952-10-23</td><td>汉</td><td>母</td><td>柏来仙</td></tr>
<tr><td>石国盛</td><td>子</td><td>1979-07-17</td><td>汉</td><td></td><td></td></tr>
<tr><td>石双妹</td><td>儿媳</td><td>1979-10-02</td><td>汉</td><td></td><td></td></tr>
<tr><td>石宇浩</td><td>孙子</td><td>2003-01-09</td><td>汉</td><td></td><td></td></tr>
<tr><td></td><td></td><td></td><td></td><td></td><td></td></tr>
<tr><td></td><td></td><td></td><td></td><td></td><td></td></tr>
<tr><td></td><td></td><td></td><td></td><td></td><td></td></tr>
<tr><td>家庭大事</td><td colspan="6">石国盛中专学历。
石宇浩常州工学院机械电子工程专业（本科）在读。
1992年建2层3间楼房，2008年建2间平房，2012年翻建4间平房。
2015年购轿车1辆。</td></tr>
</table>

灵湖村第13村民小组　　自然村：吴舍84号

项目	姓名	与户主关系	出生年月	民族	已故家属	
					称呼	姓名
现有家庭人员	石兴元	户主	1949-03-16	汉	父	石寿生
	钱丽妹	妻	1949-07-22	汉	母	李福妹
家庭大事	2014年建3层3间楼房、2间平房。 注：子女户口不在本村。					

灵湖村第13村民小组　　自然村：吴舍85号

项目	姓名	与户主关系	出生年月	民族	已故家属	
					称呼	姓名
现有家庭人员	周杏英	户主	1945-02-25	汉	丈夫	石天兴
	石华凤	女	1971-07-19	汉		
	邓卫芳	女婿	1964-07-11	汉		
	石晓君	孙子	1989-07-02	汉		
家庭大事	石晓君大专学历，苏州公交公司驾驶员。 1997年10月建2层3间楼房、1间平房。 2018年购轿车1辆。					

灵湖村第13村民小组

自然村：吴舍86号

<table>
<tr><th rowspan="2">项目</th><th rowspan="2">姓名</th><th rowspan="2">与户主关系</th><th rowspan="2">出生年月</th><th rowspan="2">民族</th><th colspan="2">已故家属</th></tr>
<tr><th>称呼</th><th>姓名</th></tr>
<tr><td rowspan="8">现有家庭人员</td><td>石杏花</td><td>户主</td><td>1946-02-12</td><td>汉</td><td>父</td><td>石阿大</td></tr>
<tr><td>石菊英</td><td>妻</td><td>1951-09-11</td><td>汉</td><td>母</td><td>周龙珠</td></tr>
<tr><td>石伟明</td><td>子</td><td>1972-06-03</td><td>汉</td><td></td><td></td></tr>
<tr><td>朱卫芬</td><td>儿媳</td><td>1972-10-11</td><td>汉</td><td></td><td></td></tr>
<tr><td>石豪杰</td><td>孙子</td><td>1997-05-31</td><td>汉</td><td></td><td></td></tr>
<tr><td></td><td></td><td></td><td></td><td></td><td></td></tr>
<tr><td></td><td></td><td></td><td></td><td></td><td></td></tr>
<tr><td></td><td></td><td></td><td></td><td></td><td></td></tr>
<tr><td>家庭大事</td><td colspan="6">石豪杰大专学历。
2014年建3层2间楼房、2间平房、1间车库。
2014年购轿车1辆，2019年购轿车1辆。</td></tr>
</table>

灵湖村第13村民小组

自然村：吴舍87号

<table>
<tr><th rowspan="2">项目</th><th rowspan="2">姓名</th><th rowspan="2">与户主关系</th><th rowspan="2">出生年月</th><th rowspan="2">民族</th><th colspan="2">已故家属</th></tr>
<tr><th>称呼</th><th>姓名</th></tr>
<tr><td rowspan="8">现有家庭人员</td><td>彭秀金</td><td>户主</td><td>1967-04-01</td><td>汉</td><td>公爹</td><td>石小弟</td></tr>
<tr><td>石方良</td><td>子</td><td>1988-09-18</td><td>汉</td><td>公婆</td><td>沈金宝</td></tr>
<tr><td>孙婷婷</td><td>儿媳</td><td>1995-04-20</td><td>汉</td><td>丈夫</td><td>石士兴</td></tr>
<tr><td>石皓轩</td><td>孙子</td><td>2018-02-23</td><td>汉</td><td></td><td></td></tr>
<tr><td></td><td></td><td></td><td></td><td></td><td></td></tr>
<tr><td></td><td></td><td></td><td></td><td></td><td></td></tr>
<tr><td></td><td></td><td></td><td></td><td></td><td></td></tr>
<tr><td></td><td></td><td></td><td></td><td></td><td></td></tr>
<tr><td>家庭大事</td><td colspan="6">2008年建2层3间楼房。
2015年购轿车1辆。</td></tr>
</table>

灵湖村第13村民小组　　自然村：吴舍88号

项目	姓名	与户主关系	出生年月	民族	已故家属	
					称呼	姓名
现有家庭人员	石文官	户主	1957-08-22	汉	祖父	石老虎
	周福珍	妻	1959-11-27	汉	祖母	石氏
	石阿妹	母	1934-07-04	汉	父	石小毛
家庭大事	石文官1968年起任乡村医生。 1979年建2间平房，1989年建2层2间楼房，2018年重建3层3间楼房。 2006年购轿车1辆。 注：女儿大专学历，户口不在本村。					

灵湖村第13村民小组　　自然村：吴舍89号

项目	姓名	与户主关系	出生年月	民族	已故家属	
					称呼	姓名
现有家庭人员	周素珍	户主	1945-12-08	汉	丈夫	朱卫火
	朱根官	长子	1963-12-05	汉		
	陆亚仙	儿媳	1964-06-01	汉		
	朱静	孙女	1985-11-17	汉		
家庭大事	朱静大专学历。 1988年建2层2间楼房、3间平房。 购轿车1辆。					

灵湖村第13村民小组　　自然村：吴舍91号

项目	姓名	与户主关系	出生年月	民族	已故家属	
					称呼	姓名
现有家庭人员	朱祥荣	户主	1968-05-31	汉	祖父	朱金林
	邹文珍	妻	1968-03-06	汉	祖母	陆白妹
	朱斌	子	1990-02-19	汉		
	朱诗奇	孙女	2013-03-29	汉		
	朱诗晗	孙女	2017-01-12	汉		
	朱叙生	父	1944-09-20	汉		
	陆金凤	母	1944-06-14	汉		
家庭大事	2008年建2层4间楼房、2间平房。 购面包车1辆。					

灵湖村第13村民小组　　自然村：吴舍92号

项目	姓名	与户主关系	出生年月	民族	已故家属	
					称呼	姓名
现有家庭人员	石兵贤	户主	1973-12-11	汉	父	石菊林
家庭大事	2018年建3层2间楼房、2间平房。 购轿车1辆。 注：妻子、子女户口不在本村。					

灵湖村第13村民小组 自然村：吴舍94号

项目	姓名	与户主关系	出生年月	民族	已故家属	
					称呼	姓名
现有家庭人员	石兴林	户主	1957-10-02	汉	父	石毛头
	石建珍	女	1992-06-09	汉	母	石才金
家庭大事	1994年建2层3间楼房。 1995年购轿车1辆。					

灵湖村第13村民小组 自然村：吴舍95号

项目	姓名	与户主关系	出生年月	民族	已故家属	
					称呼	姓名
现有家庭人员	石永林	户主	1963-05-18	汉	祖父	石阿奎
	张玉英	妻	1965-01-14	汉	祖母	沈凤珠
	石峻荣	子	1986-01-10	汉	父	孔福元
	石卓辰	孙子	2013-10-31	汉		
	石根英	母	1939-09-25	汉		
家庭大事	1992年2月建2层3间楼房。 购轿车1辆。					

灵湖村第13村民小组　　自然村：吴舍96号

项目	姓名	与户主关系	出生年月	民族	已故家属	
					称呼	姓名
现有家庭人员	石文革	户主	1968-04-20	汉	父	石小毛
	周香莲	妻	1973-06-08	汉		
	石启	子	1991-09-15	汉		
	石怡	女	2007-02-11	汉		
	石心悦	孙女	2013-09-06	汉		
	石阿妹	母	1934-07-04	汉		
家庭大事	石启大专学历，在苏州金螳螂公司工作。 1997年建2层2间楼房。 2010年于采莲购房1套。 2009年购轿车1辆。					

灵湖村第13村民小组　　自然村：吴舍97号

项目	姓名	与户主关系	出生年月	民族	已故家属	
					称呼	姓名
现有家庭人员	石文龙	户主	1965-02-04	汉	父	石小毛
	朱卫芳	妻	1965-07-18	汉		
	石兰	女	1990-01-26	汉		
	石阿妹	母	1934-07-04	汉		
家庭大事	石兰毕业于苏州科技学院（本科），在苏州金螳螂公司工作。 朱卫芳2015年于苏州金螳螂公司退休。 1997年建2层3间楼房。 2014年购轿车1辆。					

灵湖村第13村民小组　　自然村：吴舍99号

项目	姓名	与户主关系	出生年月	民族	已故家属	
					称呼	姓名
现有家庭人员	石金兴	户主	1953-12-08	汉	父	石兴康
	沈月英	妻	1958-09-08	汉	母	石彩金
	石静芳	女	1982-11-01	汉		
	张宸豪	孙	2013-08-22	汉		
家庭大事	石静芳大专学历。 1990年建2层3间1厢楼房、3间平房。 2015年购轿车1辆。 注：女婿户口不在本村。					

灵湖村第13村民小组　　自然村：吴舍101号

项目	姓名	与户主关系	出生年月	民族	已故家属	
					称呼	姓名
现有家庭人员	张永兴	户主	1936-11-08	汉	父	张杏林
	徐大花	妻	1936-02-09	汉	母	朱和珍
	张玉明	子	1971-10-11	汉		
	秦建芳	儿媳	1971-08-17	汉		
	张梦超	孙子	1995-10-05	汉		
家庭大事	张梦超本科学历。 2016年建3层3间楼房。 2018年购轿车1辆。					

灵湖村第13村民小组　　自然村：吴舍102号

项目	姓名	与户主关系	出生年月	民族	已故家属	
					称呼	姓名
现有家庭人员	石根泉	户主	1956-07-07	汉	父	石阿林
	朱文玲	妻	1957-01-05	汉	母	柏来仙
家庭大事	1989年建2层2间楼房，2007年建3层3间楼房、3间平房。 注：子女户口不在本村。					

灵湖村第13村民小组　　自然村：吴舍103号

项目	姓名	与户主关系	出生年月	民族	已故家属	
					称呼	姓名
现有家庭人员	石坤林	户主	1960-09-07	汉	父	孔福元
	张招娣	妻	1951-02-24	汉		
	石校红	子	1975-11-01	汉		
	姚燕兰	儿媳	1975-03-07	汉		
	石宇航	孙子	1999-04-08	汉		
	石根英	母	1939-09-25	汉		
家庭大事	石宇航毕业于苏州建设交通高等职业技术学校（五年制高职）。 2008年建2层3间楼房、2间平房。 2019年购轿车1辆。					

灵湖村第13村民小组　　自然村：吴舍104号

项目	姓名	与户主关系	出生年月	民族	已故家属	
					称呼	姓名
现有家庭人员	朱叙生	户主	1944-09-20	汉	父	朱金林
	陆金凤	妻	1944-06-14	汉	母	陆白妹
	朱祥忠	次子	1970-08-30	汉		
	石会娟	儿媳	1972-08-17	汉		
	朱英	孙女	1994-02-09	汉		
家庭大事	朱英毕业于江苏师范大学（本科）。 朱祥忠为泥瓦工。 1991年建2层3间楼房。					

灵湖村第13村民小组　　自然村：吴舍109号

项目	姓名	与户主关系	出生年月	民族	已故家属	
					称呼	姓名
现有家庭人员	石文兴	户主	1956-08-22	汉	父	石大毛
	沈凤仙	妻	1960-07-13	汉	母	马香宝
	石平平	子	1983-11-10	汉		
	胡前艳	儿媳	1986-04-08	汉		
	石欣妍	孙女	2014-06-02	汉		
家庭大事	1996年建2层3间楼房、2间平房。					

灵湖村第13村民小组 自然村：吴舍110号

项目	姓名	与户主关系	出生年月	民族	已故家属	
					称呼	姓名
现有家庭人员	沈福大	户主	1963-11-18	汉	父	沈林根
	张艳	妻	1970-10-01	汉	母	王金凤
	沈剑	子	1989-07-31	汉		
	徐文霞	儿媳	1989-08-06	汉		
	沈家豪	孙子	2013-10-02	汉		
家庭大事	沈剑2019年12月应征入伍，2010年入党，2011年12月退伍，现为苏州公交公司驾驶员。 1997年建2层3间楼房、1间平房。 2012年购轿车1辆，2021年购轿车1辆。					

灵湖村第13村民小组 自然村：吴舍111号

项目	姓名	与户主关系	出生年月	民族	已故家属	
					称呼	姓名
现有家庭人员	石文华	户主	1959-03-15	汉	父	石大毛
	沈明芝	妻	1963-09-02	汉	母	马香宝
	石凤亚	女	1982-12-17	汉		
	李丽鸿	女婿	1980-10-10	汉		
	石晟溪	孙女	2007-07-09	汉		
	李佩臻	孙女	2009-11-17	汉		
家庭大事	2021年建3层3间楼房、4间平房。 购轿车2辆。					

灵湖村第13村民小组　　自然村：吴舍115号

项目	姓名	与户主关系	出生年月	民族	已故家属	
					称呼	姓名
现有家庭人员	石根虎	户主	1952-07-05	汉	父	石阿海
	金凤娟	妻	1952-09-09	汉	母	孙爱琴
	石军	长子	1979-12-30	汉		
	石新	次子	1986-08-17	汉		
	石金伊	孙女	2016-08-16	汉		
家庭大事	石根虎1972年12月应征入伍，1975年5月入党，1981~1983年任本队队长，1986~1998年在渡村派出所联防队工作，1999~2012年在渡村城管部门工作，2012年8月退休至今担任本村13组联组长。 石军毕业于北京理工大学（本科），购轿车1辆。 石新毕业于连云港师范大学（本科），任临湖第一中心小学教师，购轿车1辆。 1995年建2层半3间楼房、3间平房。 注：儿媳户口不在本村。					

灵湖村第13村民小组　　自然村：吴舍117号

项目	姓名	与户主关系	出生年月	民族	已故家属	
					称呼	姓名
现有家庭人员	石伟喜	户主	1972-07-03	汉	祖父	石洪根
	彭中先	妻	1978-12-07	穿青人	祖母	石福仙
	石毅清	子	2005-01-31	汉		
	李兴宝	母	1947-03-14	汉		
	石根寿	父	1948-11-16	汉		
家庭大事	石伟喜2005年起在渡村派出所工作。 1970年建4间平房，1999年建2层2间楼房、1厢房。					

灵湖村第13村民小组 自然村：吴舍118号

项目	姓名	与户主关系	出生年月	民族	已故家属	
					称呼	姓名
现有家庭人员	石春喜	户主	1970-03-15	汉	祖父	石洪根
	石强	子	1993-10-17	汉	祖母	石福仙
	石根寿	父	1948-11-16	汉		
	李兴宝	母	1947-03-14	汉		
	李玉珍	非亲属	1969-01-26	汉		
家庭大事	石强2014年起在越溪派出所工作。 现住南菱花园（安置房）。					

灵湖村第13村民小组 自然村：吴舍119号

项目	姓名	与户主关系	出生年月	民族	已故家属	
					称呼	姓名
现有家庭人员	屠安根	户主	1944-08-28	汉	父	屠佰林
	李苗金	妻	1944-09-21	汉	母	屠阿瑞
	屠益平	子	1969-11-17	汉		
	朱素英	儿媳	1971-01-27	汉		
	屠宇佳	孙子	1993-10-11	汉		
家庭大事	屠宇佳毕业于华北科技学院（本科），现在苏州金螳螂公司工作。 1990年建2层4间楼房、4间平房。 2010年购轿车1辆。					

灵湖村第13村民小组　　自然村：吴舍120号

项目	姓名	与户主关系	出生年月	民族	已故家属	
					称呼	姓名
现有家庭人员	周林泉	户主	1954-07-19	汉	父	周阿毛
	邱根仙	妻	1954-04-07	汉	母	夏阿三
	周利芳	女	1981-10-22	汉		
家庭大事	1991年建2层3间楼房、3间平房。 注：儿子、儿媳、孙子户口不在本村。					

灵湖村第13村民小组　　自然村：吴舍121号

项目	姓名	与户主关系	出生年月	民族	已故家属	
					称呼	姓名
现有家庭人员	张国平	户主	1968-06-14	汉	父	张根泉
	张秋燕	女	1993-09-16	汉		
	沈根妹	母	1944-04-10	汉		
	许定琼	非亲属	1973-08-02	汉		
家庭大事	张国平1985年11月应征入伍，1988年2月入党。 张秋燕中专学历。 2000年建2层半3间楼房、5间平房。 2017年购轿车1辆。					

灵湖村第13村民小组　　自然村：吴舍122号

项目	姓名	与户主关系	出生年月	民族	已故家属	
					称呼	姓名
现有家庭人员	张振宏	户主	1988-11-15	汉	父	张海平
	赵影	妻	1994-04-20	汉		
	张宇乐	子	2013-01-03	汉		
	张雨芮	女	2021-03-05	汉		
家庭大事	2007年分得安置房1套（银藏一村）。 2017年购轿车1辆。 注：母亲户口不在本村。					

灵湖村第13村民小组　　自然村：吴舍123号

项目	姓名	与户主关系	出生年月	民族	已故家属	
					称呼	姓名
现有家庭人员	姚金华	户主	1978-11-29	汉	父	姚小弟
					母	姚庆云
家庭大事	2013年建3层3间楼房、1间平房。 注：妻子、子女户口不在本村。					

灵湖村第13村民小组

自然村：吴舍124号

项目	姓名	与户主关系	出生年月	民族	已故家属	
					称呼	姓名
现有家庭人员	姚兴泉	户主	1964-10-25	汉	父	李早大
	顾龙芹	妻	1964-06-08	汉	母	姚云珠
	姚李华	子	1990-09-14	汉		
	赵金杰	儿媳	1990-08-21	汉		
	姚琰	孙子	2016-10-22	汉		
家庭大事	姚李华大专学历，在苏州金螳螂公司工作。 2000年建2层3间楼房、1间平房。 2016年购轿车1辆。					

灵湖村第13村民小组

自然村：吴舍127号

项目	姓名	与户主关系	出生年月	民族	已故家属	
					称呼	姓名
现有家庭人员	朱兴真	户主	1953-12-03	汉	父	朱根和
	石文珍	妻	1953-09-06	汉		
	徐春妹	母	1932-02-13	汉		
家庭大事	2013年建2层3间楼房、2间平房。 购轿车2辆。 注：子女户口不在本村。					

灵湖村第13村民小组

自然村：吴舍128号

项目	姓名	与户主关系	出生年月	民族	已故家属	
					称呼	姓名
现有家庭人员	屠福忠	户主	1970-04-25	汉	父	屠贤林
	韩雪琴	妻	1970-10-28	汉		
	屠清清	子	1993-06-27	汉		
	金佳昱	儿媳	1996-06-25	汉		
	金熠辰	孙子	2020-11-30	汉		
	屠昕妤	孙女	2018-06-27	汉		
	孔招仙	母	1947-11-19	汉		
家庭大事	屠清清大专学历，在苏州金螳螂公司工作。 1998年建2层3间楼房、2间平房。 购轿车1辆。					

灵湖村第13村民小组

自然村：吴舍129号

项目	姓名	与户主关系	出生年月	民族	已故家属	
					称呼	姓名
现有家庭人员	屠勤华	户主	1983-12-29	汉	父	屠玉林
					母	顾龙英
家庭大事	1993年建2层3间楼房、2间平房。 购轿车1辆。 注：结婚后住在渭塘镇，工作在苏州城区。					

灵湖村第13村民小组 自然村：吴舍129-1号

项目	姓名	与户主关系	出生年月	民族	已故家属	
					称呼	姓名
现有家庭人员	屠金伟	户主	1985-06-15	汉	父	屠玉林
	屠楷群	子	2010-08-01	汉	母	顾龙英
家庭大事	屠金伟在苏州金螳螂公司上班。 1998年建2层半3间楼房、1间平房。 注：妻子户口不在本村。					

灵湖村第13村民小组 自然村：吴舍130号

项目	姓名	与户主关系	出生年月	民族	已故家属	
					称呼	姓名
现有家庭人员	张培珍	户主	1952-11-04	汉	丈夫	屠建才
	屠群辉	子	1978-10-03	汉		
	吴静	儿媳	1979-10-04	汉		
	屠佳伟	孙子	2003-04-12	汉		
家庭大事	屠佳伟大专在读。 1993年建2层3间楼房、2间平房。 2017年购轿车1辆，2019年购轿车1辆。					

灵湖村第13村民小组　　自然村：吴舍131号

项目	姓名	与户主关系	出生年月	民族	已故家属	
					称呼	姓名
现有家庭人员	屠忠于	户主	1972-09-27	汉	父	屠贤林
	辛沛玲	妻	1974-05-26	汉		
	屠怡晴	女	1999-03-23	汉		
	孔招仙	母	1947-11-19	汉		
家庭大事	屠怡晴毕业于苏州建设交通高等职业技术学校（五年制高职）。 2010年分得安置房1套（银藏小区）。 购轿车1辆。					

灵湖村第13村民小组　　自然村：吴舍132号

项目	姓名	与户主关系	出生年月	民族	已故家属	
					称呼	姓名
现有家庭人员	张建平	户主	1964-12-26	汉	父	张会泉
	李凤菊	妻	1963-01-09	汉		
	张佳丽	二女	1991-08-14	汉		
	李诗华	外孙	2018-03-27	汉		
	石会珍	母	1945-07-07	汉		
家庭大事	张会泉中共党员，17岁任生产队会计，21岁任生产队队长，35岁任村主任，37岁任村书记，62岁退休后继续在村委会帮忙直至65岁，66岁（2009年4月）因病去世。 1991年建2层3间楼房、1厢房，2007年建3层2间楼房。 2011年、2014年各购商品房1套（沧浪新城）。 注：女婿户口不在本村。					

灵湖村第13村民小组　　自然村：吴舍134号

项目	姓名	与户主关系	出生年月	民族	已故家属	
					称呼	姓名
现有家庭人员	屠安仙	户主	1948-04-24	汉	丈夫	张玉泉
					公爹	张桂林
					公婆	张阿妹
家庭大事	建2层3间楼房。 注：子女户口不在本村。					

灵湖村第13村民小组　　自然村：吴舍134号

项目	姓名	与户主关系	出生年月	民族	已故家属	
					称呼	姓名
现有家庭人员	张焱全	户主	1963-08-08	汉	祖父	张明卿
	张小英	妻	1967-12-13	汉	祖母	张氏
	张风云	子	1988-03-05	汉		
	张译帆	孙子	2014-12-17	汉		
	蔡译辰	孙子	2019-01-19	汉		
	张官宝	父	1928-05-09	汉		
	张美星	母	1929-12-02	汉		
家庭大事	2007年建4层3间楼房、2间平房。 2000购商品房1套（吴中西路168号）。 2014年购辆车1辆。					

灵湖村第13村民小组　　自然村：吴舍136号

项目	姓名	与户主关系	出生年月	民族	已故家属	
					称呼	姓名
现有家庭人员	张永泉	户主	1957-09-17	汉	父	张杏林
	张明	子	1985-12-13	汉	母	朱和珍
	张生梅	儿媳	1987-09-21	汉	妻	周玲英
	张景瀚	孙子	2010-12-22	汉		
家庭大事	张生梅2007年7月入党，本科学历。					

灵湖村第13村民小组　　自然村：吴舍225号

项目	姓名	与户主关系	出生年月	民族	已故家属	
					称呼	姓名
现有家庭人员	徐春妹	户主	1932-02-13	汉		
家庭大事	注：并入朱兴真户。					

灵湖村第14村民小组　　自然村：吴舍1号

项目	姓名	与户主关系	出生年月	民族	已故家属	
					称呼	姓名
现有家庭人员	沈官仙	户主	1933-12-04	汉	丈夫	沈士学
家庭大事	2020年翻修1间平房。 注：并入沈宝山户。					

灵湖村第14村民小组　　自然村：吴舍1号

项目	姓名	与户主关系	出生年月	民族	已故家属	
					称呼	姓名
现有家庭人员	赵红英	户主	1966-07-05	汉	父	赵才兴
	孔卫明	丈夫	1964-05-18	汉		
	赵一飞	子	1987-07-09	汉		
	赵瑞辰	孙女	2012-11-25	汉		
	骆才英	母	1946-08-16	汉		
家庭大事	2010年建3层3间楼房。原有2层2间老楼房、2间平房。 2012年购轿车1辆。					

灵湖村第14村民小组

自然村：吴舍1-1号

项目	姓名	与户主关系	出生年月	民族	已故家属	
					称呼	姓名
现有家庭人员	赵建英	户主	1945-11-17	汉	父	赵菊生
	陈柏	丈夫	1936-06-21	汉	母	夏阿凤
	赵真	子	1966-09-13	汉		
家庭大事	2006年建3间平房。 2019年购轿车1辆。 注：儿媳及孙辈户口不在本村。					

灵湖村第14村民小组

自然村：吴舍53号

项目	姓名	与户主关系	出生年月	民族	已故家属	
					称呼	姓名
现有家庭人员	沈勤明	户主	1968-08-31	汉	父	沈龙根
	赵勤芬	妻	1969-08-15	汉		
	沈晓琪	子	1993-04-11	汉		
	金阿妹	母	1941-08-16	汉		
家庭大事	沈晓琪本科学历。 1989年建2层3间楼房，2021年建2间平房。 2012年购轿车1辆。					

灵湖村第14村民小组　　自然村：吴舍168-1号

<table>
<tr><th rowspan="2">项目</th><th rowspan="2">姓名</th><th rowspan="2">与户主关系</th><th rowspan="2">出生年月</th><th rowspan="2">民族</th><th colspan="2">已故家属</th></tr>
<tr><th>称呼</th><th>姓名</th></tr>
<tr><td rowspan="8">现有家庭人员</td><td>赵星宇</td><td>户主</td><td>1998-09-11</td><td>汉</td><td>高祖父</td><td>赵培庆</td></tr>
<tr><td>赵跃明</td><td>父</td><td>1974-01-20</td><td>汉</td><td>高祖母</td><td>赵氏</td></tr>
<tr><td>黄勤芳</td><td>母</td><td>1974-10-20</td><td>汉</td><td>曾祖父</td><td>赵永康</td></tr>
<tr><td>陈惠芳</td><td>祖母</td><td>1947-04-30</td><td>汉</td><td>曾祖母</td><td>赵林宝</td></tr>
<tr><td></td><td></td><td></td><td></td><td>祖父</td><td>赵振华</td></tr>
<tr><td></td><td></td><td></td><td></td><td></td><td></td></tr>
<tr><td></td><td></td><td></td><td></td><td></td><td></td></tr>
<tr><td></td><td></td><td></td><td></td><td></td><td></td></tr>
<tr><td>家庭大事</td><td colspan="6">赵星宇2016年9月应征入伍，2018年9月退伍。2019年合伙创业，从事面向全国的儿童娱乐IP全产业链和成人电玩、游艺、游乐项目。
赵跃明1994年4月参加工作，台资企业工作4年，美资企业工作7年；2005年自主创业，从事办公设备、办公家具销售；2007~2011年为瑞典客户提供年扫描业务；2012~2019年从事快递业务；2020年开始一家3口共同创业。
2017年重建3层3间楼房，2020年重建3间平房。</td></tr>
</table>

灵湖村第14村民小组　　自然村：吴舍168-2号

<table>
<tr><th rowspan="2">项目</th><th rowspan="2">姓名</th><th rowspan="2">与户主关系</th><th rowspan="2">出生年月</th><th rowspan="2">民族</th><th colspan="2">已故家属</th></tr>
<tr><th>称呼</th><th>姓名</th></tr>
<tr><td rowspan="8">现有家庭人员</td><td>赵敏敏</td><td>户主</td><td>1970-01-08</td><td>汉</td><td>曾祖父</td><td>赵培庆</td></tr>
<tr><td>柳亚芳</td><td>妻</td><td>1971-12-11</td><td>汉</td><td>曾祖母</td><td>赵氏</td></tr>
<tr><td>赵旭</td><td>子</td><td>1993-07-06</td><td>汉</td><td>祖父</td><td>赵永康</td></tr>
<tr><td>陈惠芳</td><td>母</td><td>1947-04-30</td><td>汉</td><td>祖母</td><td>赵林宝</td></tr>
<tr><td></td><td></td><td></td><td></td><td>父</td><td>赵振华</td></tr>
<tr><td></td><td></td><td></td><td></td><td></td><td></td></tr>
<tr><td></td><td></td><td></td><td></td><td></td><td></td></tr>
<tr><td></td><td></td><td></td><td></td><td></td><td></td></tr>
<tr><td>家庭大事</td><td colspan="6">赵敏敏（曾用名赵鸣敏）1991年参加工作，台资企业工作7年，日资企业工作23年，现工作单位为AW（苏州）汽车零部件有限公司。2002年于南京理工大学函授毕业。2003年获得低压电维修技师职称。
柳亚芳1996年参加工作，日资企业工作17年，民营企业工作7年，2021年12月退休。
赵旭2010年9月中专毕业，2010年12月应征入伍（北京卫戍部队），2012年10月入党，2012年12月退伍。2014年西北工业大学成人大专毕业。
2015年重建3层3间楼房。</td></tr>
</table>

灵湖村第14村民小组　　自然村：吴舍169号

项目	姓名	与户主关系	出生年月	民族	已故家属	
					称呼	姓名
现有家庭人员	赵雪荣	户主	1950-07-13	汉	父	赵建康
	柳桂英	妻	1949-09-13	汉	母	赵菊英
	赵淑芳	女	1978-02-01	汉		
	张晓宇	女婿	1975-05-05	汉		
	赵跃坤	孙子	2002-07-21	汉		
家庭大事	赵跃坤本科学历。 1990年建2层3间楼房。 2005年购轿车1辆。					

灵湖村第14村民小组　　自然村：吴舍171号

项目	姓名	与户主关系	出生年月	民族	已故家属	
					称呼	姓名
现有家庭人员	赵永泉	户主	1966-07-20	汉	父	赵阿二
	邱红英	妻	1967-12-01	汉	母	夏爱金
	赵秋强	子	1993-09-08	汉		
	赵秋琴	女	1989-09-13	汉		
	许汐玥	外孙女	2018-09-18	汉		
家庭大事	赵秋强本科学历。 2008年建2层3间楼房。2009年4间平房失火，重新翻建6间平房。					

灵湖村第14村民小组

自然村：吴舍173号

项目	姓名	与户主关系	出生年月	民族	已故家属	
					称呼	姓名
现有家庭人员	赵福林	户主	1947-08-17	汉	父	赵永康
	赵跃忠	子	1974-02-08	汉	母	赵林宝
	张艳	儿媳	1972-04-05	汉	妻	陈汾林
	赵昕琰	孙女	1998-12-04	汉		
家庭大事	赵昕琰扬州大学（本科）在读。 张艳2000年11月入党。 2008年建2层3间楼房。					

灵湖村第14村民小组

自然村：吴舍174号

项目	姓名	与户主关系	出生年月	民族	已故家属	
					称呼	姓名
现有家庭人员	李洪兴	户主	1947-10-25	汉	父	李阿三
	顾玲妹	妻	1951-08-10	汉	母	史红娣
	李安珍	长女	1971-03-31	汉		
	柳雪峰	女婿	1971-03-05	汉		
	李悦	孙女	1994-12-30	汉		
家庭大事	李悦毕业于南京师范大学（本科）。 1990年建2层4间楼房、2间平房。 2015年购轿车1辆。					

灵湖村第14村民小组 自然村：吴舍176号

项目	姓名	与户主关系	出生年月	民族	已故家属	
					称呼	姓名
现有家庭人员	赵静亚	户主	1974-07-06	汉	母	姜卫英
	赵才福	父	1944-02-27	汉		
家庭大事	1992年建2层3间楼房。 2011年购轿车1辆。 注：丈夫户口不在本村。					

灵湖村第14村民小组 自然村：吴舍177号

项目	姓名	与户主关系	出生年月	民族	已故家属	
					称呼	姓名
现有家庭人员	赵招龙	户主	1966-01-04	汉	父	赵阿毛
	雷美珍	妻	1964-10-18	汉		
	赵晓明	子	1989-07-23	汉		
家庭大事	赵招龙1986年1月应征入伍，1989年3月退伍。 赵晓明大专学历。 2001年建2层3间楼房、3间平房。 2015年购轿车1辆。 注：母亲、儿媳及孙辈户口不在本村。					

灵湖村第14村民小组　　自然村：吴舍179号

项目	姓名	与户主关系	出生年月	民族	已故家属	
					称呼	姓名
现有家庭人员	沈宝山	户主	1960-08-09	汉	父	沈士学
	邹水凤	妻	1960-09-07	汉		
	沈莲	女	1984-08-22	汉		
	裴沈奇	外孙	2011-07-25	汉		
	沈官仙	母	1933-12-04	汉		
家庭大事	沈宝山1979年1月应征入伍，1983年10月入党，1984年1月退伍。 2005年建2层3间楼房、2间平房。 注：女婿户口不在本村。					

灵湖村第14村民小组　　自然村：吴舍180号

项目	姓名	与户主关系	出生年月	民族	已故家属	
					称呼	姓名
现有家庭人员	顾哲祥	户主	1970-11-04	汉	父	顾荣根
	金福仙	妻	1970-07-05	汉	母	顾福妹
	顾艳静	女	1999-04-15	汉		
家庭大事	顾艳静就读于苏州旅游与财经高等职业技术学校（五年制高职）。 1983年翻建2层2间楼房，1998年建2层2间楼房。 2020年购轿车1辆。					

灵湖村第14村民小组 自然村:吴舍181号

项目	姓名	与户主关系	出生年月	民族	已故家属	
					称呼	姓名
现有家庭人员	赵福兴	户主	1963-10-28	汉	父	赵小毛
	柳秋芳	妻	1969-07-10	汉		
	赵静	女	1989-02-04	汉		
	赵佳彤	孙女	2013-08-29	汉		
	柳根娣	母	1942-10-05	汉		
家庭大事	2008年建3层3间楼房。 2020年购轿车1辆。 注:女婿户口不在本村。					

灵湖村第14村民小组 自然村:吴舍182号

项目	姓名	与户主关系	出生年月	民族	已故家属	
					称呼	姓名
现有家庭人员	赵建林	户主	1963-09-18	汉	父	赵才荣
	马菊英	妻	1963-09-28	汉	母	顾阿妹
	赵杰	子	1986-11-02	汉		
	王琼芳	儿媳	1987-05-10	汉		
	赵梓怡	孙女	2010-11-13	汉		
家庭大事	1999年建2层3间楼房,后面2间1厢平房。 2020年购轿车1辆。					

灵湖村第14村民小组

自然村：吴舍183号

项目	姓名	与户主关系	出生年月	民族	已故家属	
					称呼	姓名
现有家庭人员	沈文卫	户主	1969-08-26	汉	祖父	沈进才
	沈永芳	妻	1969-07-06	汉	祖母	柳根妹
	沈兰	女	1992-11-03	汉		
	沈永林	父	1945-04-18	汉		
	沈爱珍	母	1949-07-19	汉		
家庭大事	2006年建3层3间楼房。 2016年购轿车1辆，2019年购轿车1辆。					

灵湖村第14村民小组

自然村：吴舍184号

项目	姓名	与户主关系	出生年月	民族	已故家属	
					称呼	姓名
现有家庭人员	沈建芳	户主	1973-11-27	汉	父	沈小毛
	徐利云	母	1950-05-27	汉		
家庭大事	2005年建2层3间楼房。 2015年购轿车1辆。 注：丈夫、子女户口不在本村。					

灵湖村第14村民小组

自然村：吴舍185号

项目	姓名	与户主关系	出生年月	民族	已故家属	
					称呼	姓名
现有家庭人员	赵金龙	户主	1950-09-01	汉	父	赵阿大
	赵金仙	妻	1948-05-13	汉	母	赵阿凤
	赵跃华	子	1974-01-07	汉		
	李安琴	儿媳	1973-01-31	汉		
	赵怡文	孙女	1996-10-11	汉		
家庭大事	赵怡文毕业于江苏师范大学（本科）。 1998年建3层3间楼房、4间平房。 2014年购轿车1辆。					

灵湖村第14村民小组

自然村：吴舍186号

项目	姓名	与户主关系	出生年月	民族	已故家属	
					称呼	姓名
现有家庭人员	赵早生	户主	1969-12-07	汉	母	张福妹
	柳永芬	妻	1972-08-09	汉		
	赵秋晓	女	1994-10-05	汉		
	赵松涛	父	1942-01-26	汉		
家庭大事	2006年建2层2间楼房。 2016年购轿车1辆。					

灵湖村第14村民小组

自然村：吴舍187号

项目	姓名	与户主关系	出生年月	民族	已故家属	
					称呼	姓名
现有家庭人员	沈文信	户主	1972-01-07	汉	祖父	沈进才
	石双妹	妻	1974-10-09	汉	祖母	柳根妹
	沈蓓	女	1996-03-07	汉		
	沈永林	父	1945-04-18	汉		
	沈爱珍	母	1949-07-19	汉		
家庭大事	2021年石双妹任联组长（14组、21组）。 2006年建2层3间楼房。 2003年购轿车1辆，2017年购轿车1辆。					

灵湖村第14村民小组

自然村：吴舍187-1号

项目	姓名	与户主关系	出生年月	民族	已故家属	
					称呼	姓名
现有家庭人员	沈永林	户主	1945-04-18	汉	父	沈进才
	沈爱珍	妻	1949-07-19	汉	母	柳根妹
家庭大事	注：并入沈文信、沈文卫户。					

灵湖村第14村民小组　　自然村：吴舍188号

项目	姓名	与户主关系	出生年月	民族	已故家属	
					称呼	姓名
现有家庭人员	邹福官	户主	1953-02-25	汉	父	邹根兴
	沈秀芳	妻	1958-04-05	汉	母	沈阿彩
	邹华	子	1981-11-04	汉		
	阮宝丹	儿媳	1985-11-06	汉		
	邹华凤	女	1986-09-18	汉		
	邹杰宇	孙子	2015-03-30	汉		
	邹小田	孙女	2010-06-23	汉		
家庭大事	1995年建2层3间楼房、3间平房。 2021年购轿车1辆。					

灵湖村第14村民小组　　自然村：吴舍190号

项目	姓名	与户主关系	出生年月	民族	已故家属	
					称呼	姓名
现有家庭人员	邹云方	户主	1963-03-03	汉	父	邹维新
	赵春仙	妻	1964-02-12	汉	母	孔美金
	邹婷婷	女	1987-03-19	汉		
	刘思萌	孙女	2013-11-21	汉		
家庭大事	1999年建2层3间楼房。 2020年购轿车1辆。 注：女婿户口不在本村。					

灵湖村第14村民小组 自然村：吴舍191号

项目	姓名	与户主关系	出生年月	民族	已故家属	
					称呼	姓名
现有家庭人员	邹永官	户主	1950-01-03	汉	父	邹根兴
	沈水玲	妻	1952-06-27	汉	母	沈阿彩
	邹福英	女	1974-12-29	汉		
	石伟林	女婿	1971-09-03	汉		
	邹雪晨	孙子	1997-02-04	汉		
家庭大事	邹雪晨毕业于苏州科技大学（本科）。 1995年建2层3间楼房。 2020年购轿车1辆。					

灵湖村第14村民小组 自然村：吴舍193号

项目	姓名	与户主关系	出生年月	民族	已故家属	
					称呼	姓名
现有家庭人员	邹文官	户主	1943-08-11	汉	父	邹根兴
	沈阿妹	妻	1948-01-29	汉	母	沈阿彩
	邹永忠	长子	1968-07-08	汉		
	倪玲娣	儿媳	1969-11-28	汉		
	邹春燕	孙女	1992-03-02	汉		
	向佳禾	曾孙	2017-04-12	汉		
	向川	孙女婿	1993-07-31	汉		
家庭大事	邹春燕本科学历。 向川本科学历。 1999年建2层3间楼房。 2020年购轿车1辆。					

灵湖村第14村民小组　　自然村：吴舍194号

项目	姓名	与户主关系	出生年月	民族	已故家属	
					称呼	姓名
现有家庭人员	邹维民	户主	1949-12-12	汉	父	邹来兴
	沈水妹	妻	1953-09-24	汉	母	凌邹氏
	邹冬	子	1975-02-04	汉		
	邹芳	女	1979-06-13	汉		
	邹芮	孙子	2001-12-14	汉		
家庭大事	1998年建2层3间楼房。					

灵湖村第14村民小组　　自然村：吴舍204号

项目	姓名	与户主关系	出生年月	民族	已故家属	
					称呼	姓名
现有家庭人员	孔文娟	户主	1966-06-24	汉	丈夫	赵早根
	赵益	子	1990-02-12	汉	公婆	张福妹
	何蒙蒙	儿媳	1989-10-20	汉		
	赵睿昊	孙子	2017-06-06	汉		
	赵松涛	公爹	1942-01-26	汉		
家庭大事	1996年建2层3间楼房、2间平房、1间车库。 2017年购轿车1辆。					

灵湖村第14村民小组　　自然村：吴舍206号

项目	姓名	与户主关系	出生年月	民族	已故家属	
					称呼	姓名
现有家庭人员	沈金男	户主	1957-09-04	汉	父	沈阿五
	邹云珍	妻	1960-02-07	汉	母	沈小金
	沈亚芳	女	1982-11-13	汉		
	吴晓虎	女婿	1974-08-03	汉		
	吴思铮	孙子	2012-06-02	汉		
	沈雷博	孙子	2012-06-02	汉		
家庭大事	1988年建2层3间楼房、4间平房。 2020年购轿车1辆。					

灵湖村第14村民小组　　自然村：吴舍207号

项目	姓名	与户主关系	出生年月	民族	已故家属	
					称呼	姓名
现有家庭人员	邹月芳	户主	1968-02-02	汉	父	邹维新
	兰龙群	妻	1969-04-05	汉	母	孔美金
	邹焘	子	1997-02-28	汉		
家庭大事	邹焘本科学历。 2004年建2层3间楼房、4间平房、3间阳光棚。 2017年购轿车1辆，2020年购轿车1辆。					

灵湖村第14村民小组

自然村：吴舍208号

项目	姓名	与户主关系	出生年月	民族	已故家属	
					称呼	姓名
现有家庭人员	朱玉林	户主	1950-01-19	汉	父	朱仲贤
	顾秀菊	妻	1953-12-06	汉	母	留建妹
	朱羽	子	1977-06-29	汉		
家庭大事	1997年建2层3间楼房。 注：儿媳、孙子户口不在本村。					

灵湖村第15村民小组

自然村：吴舍1-1号

项目	姓名	与户主关系	出生年月	民族	已故家属	
					称呼	姓名
现有家庭人员	沈彩仙	户主	1952-05-10	汉	父	丁金生
	丁兴元	丈夫	1949-03-06	汉	母	沈彩英
家庭大事	丁兴元1968年3月应征入伍，1970年7月入党，1971年1月退伍。退伍后被安排至苏州市园林局工作，至2003年6月退休。 1983年建4间平房，2006年建2层3间楼房。 儿子丁永华购轿车1辆，孙子丁志鸿购轿车1辆。 注：子女户口不在本村。					

灵湖村第15村民小组

自然村：吴舍6号

项目	姓名	与户主关系	出生年月	民族	已故家属	
					称呼	姓名
现有家庭人员	石伟祥	户主	1960-06-26	汉	父	石洪兴
	周林娣	妻	1964-02-20	汉		
	石颖	女	1990-07-05	汉		
家庭大事	1997年建2层3间楼房。 注：女婿户口不在本村。					

灵湖村第15村民小组

自然村：吴舍7号

项目	姓名	与户主关系	出生年月	民族	已故家属	
					称呼	姓名
现有家庭人员	盛福生	户主	1941-10-14	汉	养父	浦发祥
					养母	浦三罗
家庭大事	2000年建3间平房、2间辅房。 现居临湖镇敬老院。					

灵湖村第15村民小组 自然村：吴舍8号

项目	姓名	与户主关系	出生年月	民族	已故家属	
					称呼	姓名
现有家庭人员	顾国良	户主	1965-12-12	汉	母	孔金凤
	赵建英	妻	1966-09-08	汉		
	顾涛	子	1989-06-16	汉		
	顾婧悦	孙女	2012-08-27	汉		
	顾阿大	父	1938-03-03	汉		
家庭大事	1994年建2层3间楼房。 购轿车1辆。 注：儿媳户口不在本村。					

灵湖村第15村民小组 自然村：吴舍9号

项目	姓名	与户主关系	出生年月	民族	已故家属	
					称呼	姓名
现有家庭人员	夏雪玲	户主	1953-11-26	汉	公爹	金友良
	金荣泉	丈夫	1950-08-24	汉	公婆	沈爱玲
	金杰	子	1974-12-30	汉		
	张建芳	儿媳	1976-06-26	汉		
	金小英	女	1979-01-31	汉		
	金叶菲	孙子	1997-09-15	汉		
家庭大事	金荣泉1968年3月应征入伍，1969年3月入党，1971年1月退伍。1971~1976年在煤矿上工作，1976~2002年在苏州造漆厂工作，2002年退休。 2018年建3层3间楼房。 购轿车1辆。					

灵湖村第15村民小组

自然村：吴舍10号

项目	姓名	与户主关系	出生年月	民族	已故家属	
					称呼	姓名
现有家庭人员	顾泉林	户主	1952-07-04	汉	父	顾洪明
	沈琴芳	妻	1955-04-10	汉	母	李林娣
	顾绚洁	女	1978-12-13	汉		
	庞乐商	外孙女	2004-12-09	汉		
家庭大事	庞乐商现在新西兰留学。 1990年建2层3间楼房，于渡村镇上购商品房1套。 注：女婿户口不在本村。					

灵湖村第15村民小组

自然村：吴舍11号

项目	姓名	与户主关系	出生年月	民族	已故家属	
					称呼	姓名
现有家庭人员	顾伟良	户主	1963-04-24	汉	母	孔金凤
	吴福娟	妻	1961-06-17	汉		
	顾育	女	1989-11-04	汉		
	顾志成	孙子	2017-07-07	汉		
	顾阿大	父	1938-03-03	汉		
家庭大事	1995年建2层3间楼房、2间平房，2000年建2层2间楼房。 注：女婿户口不在本村。					

灵湖村第15村民小组

自然村：吴舍12号

项目	姓名	与户主关系	出生年月	民族	已故家属	
					称呼	姓名
现有家庭人员	顾云仙	户主	1965-12-11	汉		
家庭大事	注：丈夫及子女户口不在本村。					

灵湖村第15村民小组

自然村：吴舍12号

项目	姓名	与户主关系	出生年月	民族	已故家属	
					称呼	姓名
现有家庭人员	顾顺元	户主	1948-11-01	汉	父	顾金根
	顾菊仙	妻	1954-04-27	汉	母	王美星
	顾雪平	子	1978-01-24	汉		
家庭大事	顾顺元1970年1月应征入伍，1974年7月入党，1975年3月退伍，1976年进吴县钢铁厂工作直到退休。 1989年建楼房，2017年翻建3层3间楼房。 注：儿媳、孙子户口不在本村。					

灵湖村第15村民小组　　自然村：吴舍13号

项目	姓名	与户主关系	出生年月	民族	已故家属	
					称呼	姓名
现有家庭人员	沈狗大	户主	1957-11-06	汉	父	沈龙生
	潘林珍	妻	1959-12-28	汉	母	吴桂宝
家庭大事	沈狗大1975年任生产队会计，1996年8月入党，1998年任村委会会计。 1998年建2层3间楼房。 2018年儿子购轿车1辆。 注：儿子、儿媳户口不在本村。					

灵湖村第15村民小组　　自然村：吴舍14号

项目	姓名	与户主关系	出生年月	民族	已故家属	
					称呼	姓名
现有家庭人员	马定芳	户主	1950-08-10	汉	丈夫	丁兴荣
	丁永明	子	1975-06-18	汉		
	徐雅芳	儿媳	1977-05-17	汉		
	丁祎炀	孙女	2000-10-05	汉		
家庭大事	丁祎炀就读于江苏城市职业学院吴中办学点（五年制高职）。 1992年建2层2间楼房，2008年建3层3间楼房。 2019年于渡村集镇地购房1套。 2013年购轿车1辆。					

灵湖村第15村民小组　　自然村：吴舍15号

项目	姓名	与户主关系	出生年月	民族	已故家属	
					称呼	姓名
现有家庭人员	丁永良	户主	1963-06-30	汉	祖父	丁阿毛
	朱招仙	妻	1963-09-17	汉	祖母	石阿三
	丁兰	女	1988-10-16	汉	父	丁老虎
					母	朱阿彩
家庭大事	1997年建2层3间楼房。 注：女婿、孙子户口不在本村。					

灵湖村第15村民小组　　自然村：吴舍16号

项目	姓名	与户主关系	出生年月	民族	已故家属	
					称呼	姓名
现有家庭人员	丁伟华	户主	1966-05-23	汉	祖父	丁荣生
	赵雪妹	妻	1969-01-14	汉	祖母	李金仙
	丁晨	子	1990-05-17	汉		
	丁一	孙子	2015-04-10	汉		
	丁培泉	父	1938-12-02	汉		
	沈巧仙	母	1940-09-22	汉		
家庭大事	2005年建3层2间楼房。 2013年于苏州高新区购商品房1套。 2012年购轿车1辆。 注：儿媳户口不在本村。					

灵湖村第15村民小组 自然村：吴舍17号

项目	姓名	与户主关系	出生年月	民族	已故家属	
					称呼	姓名
现有家庭人员	丁忠华	户主	1970-07-27	汉	祖父	丁荣生
	金忠雄	妻	1971-12-12	汉	祖母	李金仙
	丁振超	子	1994-07-01	汉		
	丁群华	姐姐	1968-07-06	汉		
	沈巧仙	母	1940-09-22	汉		
	丁培泉	父	1938-12-02	汉		
家庭大事	2000年建2层2间楼房。					

灵湖村第15村民小组 自然村：吴舍18号

项目	姓名	与户主关系	出生年月	民族	已故家属	
					称呼	姓名
现有家庭人员	浦德荣	户主	1951-09-27	汉	父	浦发祥
	夏阿妹	妻	1953-12-15	汉	母	浦三罗
	浦红英	女	1978-05-23	汉		
	沈龙	女婿	1976-02-24	汉		
	浦晴雯	孙女	2000-07-31	汉		
家庭大事	1994年建2层3间楼房。 2019年于渡村购商品房1套。					

灵湖村第15村民小组　　自然村：吴舍19号

项目	姓名	与户主关系	出生年月	民族	已故家属	
					称呼	姓名
现有家庭人员	夏海林	户主	1960-01-13	汉	父	夏金兴
	陈瑜英	妻	1963-10-03	汉	母	孔彩金
	夏峰	子	1986-06-16	汉		
家庭大事	夏海林1979年应征入伍，1983年入党，1984年退伍。 1986年建2层4间楼房。					

灵湖村第15村民小组　　自然村：吴舍20号

项目	姓名	与户主关系	出生年月	民族	已故家属	
					称呼	姓名
现有家庭人员	周荣福	户主	1934-01-07	汉	父	周永昌
	陶俊华	妻	1938-01-08	汉	母	沈阿四
家庭大事	周荣福1955年应征入伍，曾任连指导；1959年入党，1969年退伍转业至吴县钢铁厂并任后勤科长，1995年退休。 2018年建2层2间楼房。 注：子女户口不在本村。					

灵湖村第15村民小组　　自然村：吴舍22号

项目	姓名	与户主关系	出生年月	民族	已故家属	
					称呼	姓名
现有家庭人员	何国荣	户主	1964-01-28	汉	父	何根寿
	盛文芳	妻	1968-10-24	汉	母	周金珠
	何锦	子	1988-03-23	汉		
	张雅晓	儿媳	1992-04-07	汉		
	何姝妍	孙女	2016-02-25	汉		
家庭大事	何锦毕业于苏州大学。 1996年建2层3间楼房。 购轿车2辆。					

灵湖村第15村民小组　　自然村：吴舍23号

项目	姓名	与户主关系	出生年月	民族	已故家属	
					称呼	姓名
现有家庭人员	石得娣	户主	1946-12-24	汉	养父	石仁兴
	石凤鸣	丈夫	1948-09-17	汉		
	石淼	子	1971-10-04	汉		
	沈勤	儿媳	1971-08-31	汉		
	石雨虹	孙女	1998-01-02	汉		
家庭大事	石得娣1969年8月任东风大队幼儿园教师。 石凤鸣1968年应征入伍，1969年5月入党，1970年退伍后至吴县化肥厂工作。 石淼1990年应征入伍，1992年入党，2006年转业。 石雨虹毕业于南京中医药大学。 1994年建2层4间楼房，2014年翻建3层3间楼房。 2000年购教师公寓1套，2007年购商品房1套（嘉宝花园）。					

灵湖村第15村民小组　　自然村：吴舍24号

项目	姓名	与户主关系	出生年月	民族	已故家属	
					称呼	姓名
现有家庭人员	夏明泉	户主	1964-04-22	汉	父	夏才兴
	石六妹	妻	1963-07-24	汉	母	朱阿仙
家庭大事	夏明泉现任苏州金螳螂公司项目部经理。 1989年翻建2层3间楼房。 2001年于苏州城购商品房1套。 购轿车2辆。 注：子女户口不在本村。					

灵湖村第15村民小组　　自然村：吴舍25号

项目	姓名	与户主关系	出生年月	民族	已故家属	
					称呼	姓名
现有家庭人员	石德明	户主	1946-10-30	汉	父	石福兴
	石伟忠	子	1969-11-30	汉	母	谢金仙
	沈玉英	儿媳	1970-07-16	汉	妻	孔秀英
	石昕祎	孙女	1993-02-16	汉		
家庭大事	石昕祎本科学历。 1992年建2层4间楼房、3间平房，2008年翻建4间平房。					

灵湖村第15村民小组

自然村：吴舍27号

项目	姓名	与户主关系	出生年月	民族	已故家属	
					称呼	姓名
现有家庭人员	顾晓东	户主	1963-01-15	汉		
	徐文珍	妻	1964-12-12	汉		
	顾毅敏	子	1988-12-12	汉		
	吴宝妹	母	1933-02-14	汉		
家庭大事	顾毅敏2006年考上苏州卫校，现在苏州市第四人民医院就职。 1995年建2层2间楼房。 注：父亲顾景欣、儿媳、孙子户口不在本村。祖籍武进，已故家属不详。					

灵湖村第15村民小组

自然村：吴舍29号

项目	姓名	与户主关系	出生年月	民族	已故家属	
					称呼	姓名
现有家庭人员	陈培珍	户主	1935-10-20	汉	丈夫	顾剑良
	李丽芳	儿媳	1966-05-30	汉		
家庭大事	2012年建3层3间楼房。 2002年于苏州城购商品房1套。 2011年购轿车1辆。 注：儿子、孙女户口不在本村。					

灵湖村第15村民小组　　自然村：吴舍33号

项目	姓名	与户主关系	出生年月	民族	已故家属	
					称呼	姓名
现有家庭人员	夏明官	户主	1950-11-29	汉	父	夏才兴
	柳凤珍	妻	1951-10-05	汉	母	朱阿仙
	夏平	子	1977-06-21	汉		
	胡芳	儿媳	1978-08-16	汉		
	夏彧晴	孙女	2001-08-27	汉		
家庭大事	夏彧晴本科学历。 2014年建3层3间楼房。 2011年于苏州城购商品房1套。 购轿车2辆。					

灵湖村第15村民小组　　自然村：吴舍34号

项目	姓名	与户主关系	出生年月	民族	已故家属	
					称呼	姓名
现有家庭人员	夏水才	户主	1949-08-07	汉	父	夏才荣
	夏水英	妻	1953-12-18	汉	母	孔阿妹
家庭大事	夏水才1968年3月应征入伍，1969年10月入党，1971年1月退伍。 1998年于苏州城购商品房1套。 2014年购轿车1辆。 注：子女户口不在本村。					

灵湖村第15村民小组 **自然村: 吴舍38号**

项目	姓名	与户主关系	出生年月	民族	已故家属	
					称呼	姓名
现有家庭人员	石国方	户主	1982-06-11	汉	祖父	石福兴
	石靖尧	子	2011-02-20	汉	祖母	谢金仙
	石阿四	父	1953-06-02	汉		
	沈彩珍	母	1955-07-06	汉		
家庭大事	石国方2011年入党,现在苏州金螳螂公司任律师。 于苏州城购商品房1套。 购轿车1辆。					

灵湖村第15村民小组 **自然村: 吴舍38-1号**

项目	姓名	与户主关系	出生年月	民族	已故家属	
					称呼	姓名
现有家庭人员	石菊芳	户主	1978-10-31	汉	祖父	石福兴
	冯敏韬	子	2004-02-16	汉	祖母	谢金仙
	石阿四	父	1953-06-02	汉		
	沈彩珍	母	1955-07-06	汉		
家庭大事	石菊芳毕业于南京师范大学(本科)。 于昆山购商品房1套。 购轿车1辆。 注: 丈夫户口不在本村。					

灵湖村第15村民小组 自然村：吴舍40号

项目	姓名	与户主关系	出生年月	民族	已故家属	
					称呼	姓名
现有家庭人员	沈菊珍	户主	1957-08-22	汉	父	石福兴
	石阿五	丈夫	1956-09-07	汉	母	谢金仙
	石文兰	女	1983-11-09	汉		
	范亚军	女婿	1983-07-22	汉		
	石睿	孙子	2010-01-13	汉		
	范明玥	孙女	2015-11-03	汉		
家庭大事	石文兰毕业于宿迁学院。 1992年建2层3间楼房。					

灵湖村第15村民小组 自然村：吴舍41号

项目	姓名	与户主关系	出生年月	民族	已故家属	
					称呼	姓名
现有家庭人员	浦福荣	户主	1954-10-01	汉	父	浦发祥
	沈明玉	妻	1955-10-29	汉	母	浦三罗
	浦晓忠	子	1981-07-04	汉		
	钟凤霞	儿媳	1981-02-13	汉		
	浦佳怡	孙女	2005-12-16	汉		
家庭大事	1997年建2层3间楼房。 2019年于渡村购商品房1套。 2012年购轿车1辆。 注：儿媳户口2021年12月16日迁入。					

灵湖村第15村民小组　　自然村：吴舍42号

项目	姓名	与户主关系	出生年月	民族	已故家属	
					称呼	姓名
现有家庭人员	夏福兴	户主	1945-07-18	汉	父	夏爱兴
	夏剑	子	1975-05-28	汉	母	俞招英
	沈士芳	儿媳	1979-10-29	汉	妻	黄培英
	夏悦	孙女	2001-02-16	汉		
家庭大事	夏悦就读于苏州旅游与财经高等职业技术学校（五年制高职）。 1996年建2层3间楼房。 2017年于苏州城购商品房1套。 2000年购轿车1辆。					

灵湖村第15村民小组　　自然村：吴舍44号

项目	姓名	与户主关系	出生年月	民族	已故家属	
					称呼	姓名
现有家庭人员	何新荣	户主	1951-01-18	汉	父	何根寿
	高福金	妻	1952-02-07	汉	母	周金珠
	何秋杰	子	1980-09-16	汉		
	顾丽娟	儿媳	1982-03-06	汉		
	何哲艺	孙子	2004-06-03	汉		
家庭大事	何新荣1972年12月应征入伍，1975年8月入党，1979年5月退伍。 1990年建2层3间楼房，2004年建2层3间楼房。					

灵湖村第15村民小组 自然村：吴舍45号

项目	姓名	与户主关系	出生年月	民族	已故家属	
					称呼	姓名
现有家庭人员	李永芳	户主	1963-05-23	汉	父	李宝生
	庄文英	妻	1963-07-21	汉	母	李金林
	李振峰	子	1986-12-18	汉		
	邹瑾	儿媳	1988-07-19	汉		
	李昕瑶	孙女	2014-10-16	汉		
	邹昕怡	孙女	2016-07-11	汉		
家庭大事	1996年建2层3间楼房。 2010年于渡村集镇地购商品房1套。 2012年购轿车1辆。 注：儿子、儿媳及两个孙女户口不在本村。					

灵湖村第15村民小组 自然村：吴舍46号

项目	姓名	与户主关系	出生年月	民族	已故家属	
					称呼	姓名
现有家庭人员	金银泉	户主	1946-10-10	汉	父	金友良
	顾亿娟	妻	1949-12-09	汉	母	沈爱玲
	金忠英	女	1970-01-24	汉		
	陆伟明	女婿	1969-05-02	汉		
	金丹萍	孙女	1992-11-24	汉		
家庭大事	金银泉1987年5月入党，曾任吴县刺绣总厂服装三分厂生产厂长兼党支部副书记。 金丹萍毕业于南京理工大学紫金学院（本科）。 1985年建2层3间楼房。					

灵湖村第15村民小组　　自然村:吴舍49号

项目	姓名	与户主关系	出生年月	民族	已故家属	
					称呼	姓名
现有家庭人员	周水龙	户主	1940-05-05	汉	父	周永昌
	沈云珠	妻	1940-10-24	汉	母	沈阿四
	周继华	子	1966-05-05	汉		
	尹一霞	儿媳	1972-07-13	汉		
	周红	孙子	1989-11-01	汉		
	周阳	孙子	2004-10-31	汉		
家庭大事	周水龙1980年11月至1981年11月去海南岛制种（水稻杂优），1981年12月起任东风大队综合厂厂长直至转制停办。 1992年翻建2层3间楼房。					

灵湖村第15村民小组　　自然村:吴舍57号

项目	姓名	与户主关系	出生年月	民族	已故家属	
					称呼	姓名
现有家庭人员	孔才娟	户主	1949-08-21	汉	丈夫	丁永兴
	丁凤英	二女	1975-09-19	汉	女婿	王守成
	丁昀杰	孙子	2005-10-25	汉		
	丁韵托	孙子	1994-10-15	汉		
家庭大事	1998年建2层4间楼房。					

灵湖村第15村民小组　　自然村：吴舍77号

项目	姓名	与户主关系	出生年月	民族	已故家属	
					称呼	姓名
现有家庭人员	沈传生	户主	1936-10-11	汉	父	沈根宝
	陈林娣	妻	1941-09-11	汉	母	张阿妹
	沈国民	子	1966-12-09	汉		
	赵水仙	儿媳	1967-06-09	汉		
	沈杰	孙子	1991-11-26	汉		
家庭大事	1988年建2层3间楼房。					

灵湖村第15村民小组　　自然村：吴舍153号

项目	姓名	与户主关系	出生年月	民族	已故家属	
					称呼	姓名
现有家庭人员	顾安凤	户主	1970-03-26	汉		
	罗敏珺	女	1995-06-28	汉		
家庭大事	罗敏珺毕业于常熟理工大学。 1999年建2层2间楼房。 2018年于苏州城购商品房1套。 2008年购轿车1辆，2020年购轿车1辆。 注：丈夫户口不在本村。祖籍西山，已故家属不详。					

灵湖村第16村民小组

自然村：西塘1号

项目	姓名	与户主关系	出生年月	民族	已故家属	
					称呼	姓名
现有家庭人员	唐招宝	户主	1927-07-21	汉		
家庭大事	注：并入杨培根户。					

灵湖村第16村民小组

自然村：西塘1-1号

项目	姓名	与户主关系	出生年月	民族	已故家属	
					称呼	姓名
现有家庭人员	邹文龙	户主	1964-12-30	汉	祖父	邹忠宝
	赵静娟	妻	1968-10-01	汉	祖母	邹阿六
	邹超群	子	1989-05-04	汉	父	邹俊德
	刘翠翠	儿媳	1986-02-21	汉		
	邹书颖	孙女	2018-02-28	汉		
	邹佳颖	孙女	2011-09-18	汉		
	孔招宝	母	1945-05-27	汉		
家庭大事	邹文龙1983年11月应征入伍，1988年1月退伍。 2001年建3层4间别墅。					

灵湖村第16村民小组　　自然村：西塘5号

项目	姓名	与户主关系	出生年月	民族	已故家属	
					称呼	姓名
现有家庭人员	孔文元	户主	1960-09-04	汉	祖父	孔富康
	徐玉仙	妻	1965-08-29	汉	祖母	孙仁金
	孔寅杰	子	1986-05-15	汉	母	陆根娣
	杨志利	儿媳	1985-10-28	汉		
	孔俊宇	孙子	2009-08-30	汉		
	孔新宇	孙子	2015-07-07	汉		
	孔永宝	父	1937-05-08	汉		
家庭大事	1994年建2层3间楼房。					

灵湖村第16村民小组　　自然村：西塘6号

项目	姓名	与户主关系	出生年月	民族	已故家属	
					称呼	姓名
现有家庭人员	孔祖官	户主	1953-05-27	汉	父	孔富康
	陆福珍	妻	1956-03-19	汉	母	孙仁金
	孔文琴	女	1982-03-03	汉		
	朱亚非	女婿	1978-10-26	汉		
	朱梓豪	外孙	2016-08-05	汉		
家庭大事	孔文琴毕业于南通师范学院（本科）。 朱亚非毕业于南京航空航天大学（本科）。 2005年建3层2间别墅。					

灵湖村第16村民小组　　自然村：西塘7号

项目	姓名	与户主关系	出生年月	民族	已故家属	
					称呼	姓名
现有家庭人员	石永其	户主	1947-03-20	汉	父	石金林
	王丽珍	妻	1952-06-19	汉	母	沈罗英
	石虹丽	长女	1973-12-04	汉		
家庭大事	2005年建3层2间楼房。 2015年购商品房1套（悦达广场）。 注：长女石虹丽已出嫁，户口在本村。女婿户口不在本村。次女石虹梅全家户口不在本村。					

灵湖村第16村民小组　　自然村：西塘8号

项目	姓名	与户主关系	出生年月	民族	已故家属	
					称呼	姓名
现有家庭人员	孔祖兴	户主	1949-09-27	汉	父	孔富康
	钟福英	妻	1948-08-12	汉	母	孙仁金
	孔文平	子	1979-01-22	汉		
	金丽静	儿媳	1981-08-20	汉		
	孔文珍	女	1972-11-11	汉		
	孔鑫豪	孙子	2005-11-20	汉		
家庭大事	孔祖兴1980年任生产队队长。 孔鑫豪苏苑高级中学在读（2021年）。 1994年建2层3间楼房。 2012年购轿车1辆。					

灵湖村第16村民小组　　自然村：西塘9号

项目	姓名	与户主关系	出生年月	民族	已故家属	
					称呼	姓名
现有家庭人员	张亚利	户主	1962-01-14	汉	公爹	石金林
	石卫荣	非亲属	1960-12-10	汉	公婆	沈罗英
	石燕	女	1986-01-19	汉		
家庭大事	石卫荣1979年11月应征入伍，1983年11月退伍，1983年11月入党。 石燕毕业于扬州大学（本科）。 1988年建2层2间楼房。 注：女婿户口不在本村。					

灵湖村第16村民小组　　自然村：西塘10、12号

项目	姓名	与户主关系	出生年月	民族	已故家属	
					称呼	姓名
现有家庭人员	孔文海	户主	1957-11-04	汉	祖父	孔富康
	赵美英	妻	1963-02-25	汉	祖母	孙仁金
	孔孙杰	子	1987-07-20	汉	母	陆根娣
	孔永宝	父	1937-05-08	汉		
家庭大事	孔孙杰大专学历。 1996年建2层3间楼房。 注：儿媳户口不在本村。					

灵湖村第16村民小组

自然村：西塘11号

项目	姓名	与户主关系	出生年月	民族	已故家属	
					称呼	姓名
现有家庭人员	孔叔衡	户主	1940-12-16	汉	父	孔富康
	朱金仙	妻	1946-03-11	汉	母	孙仁金
	孔文青	子	1968-12-09	汉		
	金永珍	儿媳	1969-09-14	汉		
	孔人杰	孙子	1995-07-31	汉		
家庭大事	孔叔衡1960~1967年任小学教师。 2012年翻建3层3间楼房。					

灵湖村第16村民小组

自然村：西塘14号

项目	姓名	与户主关系	出生年月	民族	已故家属	
					称呼	姓名
现有家庭人员	施胜根	户主	1945-07-27	汉	父	施菊初
	沈桂仙	妻	1948-12-09	汉	母	施阿龙
	施卫峰	次子	1974-03-10	汉		
	孙敏	儿媳	1975-10-13	汉		
	施怡	孙女	1999-01-24	汉		
家庭大事	施胜根1969年至1976年4月任东风大队团支部副书记，1969年后任大队革委会副职干部，1975年12月入党，1983~1989年任小组长，1989年后任村副业干部。 2018年建3层3间别墅。					

灵湖村第16村民小组

自然村：西塘15号

项目	姓名	与户主关系	出生年月	民族	已故家属	
					称呼	姓名
现有家庭人员	柳卫明	户主	1965-03-17	汉	祖父	柳景良
	孔杏妹	妻	1965-02-06	汉	祖母	柳定金
	柳健	子	1996-03-26	汉	父	柳承康
	柳婷	女	1989-03-04	汉	母	荣美英
家庭大事	柳健2018年9月应征入伍，2020年9月退伍。 1999年建2层3间楼房。另外东面新建2层2间楼房。					

灵湖村第16村民小组

自然村：西塘16号

项目	姓名	与户主关系	出生年月	民族	已故家属	
					称呼	姓名
现有家庭人员	柳承训	户主	1948-10-23	汉	父	柳景良
	周佩珍	妻	1947-03-17	汉	母	柳定金
	柳鸣江	子	1976-06-09	汉		
	王芳	儿媳	1985-04-05	汉		
	柳雨辰	孙子	2011-07-04	汉		
	柳沁予	孙女	2005-10-10	汉		
家庭大事	柳鸣江毕业于扬州大学（本科）。 1991年建2层3间1厢楼房。					

灵湖村第16村民小组　　自然村：西塘17号

项目	姓名	与户主关系	出生年月	民族	已故家属	
					称呼	姓名
现有家庭人员	陆方珍	户主	1939-08-12	汉	公爹	柳景良
	柳益明	子	1965-08-13	汉	公婆	柳定金
	许会英	儿媳	1965-11-08	汉		
	柳骥	孙子	1990-05-08	汉		
	柳未涞	曾孙女	2016-06-25	汉		
家庭大事	柳骥大专学历。 2000年建3层3间楼房。 注：丈夫柳承永户口不在本村。					

灵湖村第16村民小组　　自然村：西塘18号

项目	姓名	与户主关系	出生年月	民族	已故家属	
					称呼	姓名
现有家庭人员	柳介民	户主	1965-01-15	汉	祖父	柳景良
	赵红梅	妻	1969-01-03	汉	祖母	柳定金
	柳春燕	女	1990-04-24	汉	父	柳承颜
	于艇	女婿	1987-08-16	汉		
	孔晴萱	孙女	2014-08-29	汉		
	于姝言	孙女	2018-03-28	汉		
	王林妹	母	1942-01-28	汉		
家庭大事	柳春燕毕业于连云港职业技术学院（大专）。 1994年建2层3间楼房。					

灵湖村第16村民小组　　自然村：西塘19号

项目	姓名	与户主关系	出生年月	民族	已故家属	
					称呼	姓名
现有家庭人员	孔文荣	户主	1963-11-01	汉	祖父	孔富康
	沈卫芬	妻	1967-03-15	汉	祖母	孙仁金
	孔培芳	女	1989-10-30	汉	母	陆根娣
	孔永宝	父	1937-05-08	汉		
家庭大事	孔培芳毕业于苏州市职业大学（大专）。 1997年建2层3间楼房。 注：女婿户口在灵湖村7组。					

灵湖村第16村民小组　　自然村：西塘20号

项目	姓名	与户主关系	出生年月	民族	已故家属	
					称呼	姓名
现有家庭人员	钟建妹	户主	1964-01-09	汉	父	钟福林
	钟鹏飞	子	1996-05-13	汉	母	钟水仙
					哥哥	钟建平
家庭大事	钟福林1954年9月入党，1965年担任东风6队队长，1965年11月负责东风大队多种经营工作。 钟建平1978年应征入伍，1978年入党，1982年2月退伍。 钟鹏飞毕业于机械工业苏州技工学校（中专）。 1998年建5间平房。 注：丈夫户口不在本村。					

灵湖村第16村民小组

自然村：西塘21号

项目	姓名	与户主关系	出生年月	民族	已故家属	
					称呼	姓名
现有家庭人员	尤菊妹	户主	1966-10-14	汉	公爹	朱进福
	朱敏	子	1988-06-19	汉	丈夫	朱卫强
	李晓宇	儿媳	1991-08-07	汉		
	朱安娜	孙女	2018-12-24	汉		
	龚月珍	公婆	1940-06-30	汉		
家庭大事	1996年建3层3间楼房。					

灵湖村第16村民小组

自然村：西塘22号

项目	姓名	与户主关系	出生年月	民族	已故家属	
					称呼	姓名
现有家庭人员	龚月珍	户主	1940-06-30	汉	丈夫	朱进福
家庭大事	朱进福为中共党员。 龚月珍现居灵湖村6组，3间平房。 注：儿子朱音明全家户口不在本村。					

灵湖村第16村民小组　　自然村：西塘24号

项目	姓名	与户主关系	出生年月	民族	已故家属	
					称呼	姓名
现有家庭人员	钟爱华	户主	1966-03-05	汉	祖父	钟金松
	荣三元	丈夫	1963-06-19	汉	祖母	钟金珠
	钟静雅	长女	1987-08-20	汉	父	钟志远
	钟静姣	二女	1993-08-18	汉		
	张小妹	母	1945-11-26	汉		
家庭大事	钟志远1957年入党（参过军），1964年前任东风大队团支部书记，20世纪70年代任东风5队队长。 钟静姣毕业于江苏大学（本科）。 1998年建2层3间1厢楼房。					

灵湖村第16村民小组　　自然村：西塘25号

项目	姓名	与户主关系	出生年月	民族	已故家属	
					称呼	姓名
现有家庭人员	沈建良	户主	1945-11-06	汉	父	沈阿四
	沈白妹	妻	1945-07-25	汉	母	沈金妹
	沈文兰	女	1968-02-12	汉		
	陈卫华	女婿	1968-12-10	汉		
	沈敏	孙女	1993-05-03	汉		
家庭大事	沈敏毕业于徐州工程学院（本科）。 2000年建2层3间楼房。 2015年购轿车1辆。					

灵湖村第16村民小组

自然村：西塘26号

项目	姓名	与户主关系	出生年月	民族	已故家属	
					称呼	姓名
现有家庭人员	邹荣坤	户主	1950-11-07	汉	父	邹忠宝
	黄爱珍	妻	1956-09-27	汉	母	邹阿六
	邹洪亮	子	1973-09-18	汉		
	邹仁豪	孙子	1997-10-31	汉		
	沈红	非亲属	1976-06-27	汉		
家庭大事	邹仁豪2017年于中国科技大学本科毕业，继续攻读研究生。 1988年建2层3间楼房。					

灵湖村第16村民小组

自然村：西塘27号

项目	姓名	与户主关系	出生年月	民族	已故家属	
					称呼	姓名
现有家庭人员	石金林	户主	1947-06-08	汉	父	石水生
	沈佩珍	妻	1951-07-06	汉	母	石金秀
	石继荣	长子	1973-11-22	汉		
	石怡	孙女	2002-05-30	汉		
	张煜芬	非亲属	1975-10-12	汉		
家庭大事	石金林1969年3月应征入伍，1971年10月入党，1973年1月退伍。 石怡本科学历。 2017年建3层3间别墅。					

灵湖村第16村民小组　　自然村：西塘49号

项目	姓名	与户主关系	出生年月	民族	已故家属	
					称呼	姓名
现有家庭人员	周月英	户主	1965-06-29	汉		
家庭大事	建有2层3间楼房。 注：儿子户口不在本村。					

灵湖村第16村民小组　　自然村：西塘54号

项目	姓名	与户主关系	出生年月	民族	已故家属	
					称呼	姓名
现有家庭人员	龚早生	户主	1948-05-18	汉	父	龚根兴
	王秀华	妻	1958-03-01	汉	母	龚林宝
	龚颖涛	子	1984-05-24	汉		
	房艳	儿媳	1987-01-30	汉		
	龚颖燕	女	1986-04-24	汉		
	龚妤琪	孙女	2007-11-05	汉		
家庭大事	龚颖涛2002年12月应征入伍，2004年10月入党，2004年12月退伍。2016年7月起任灵湖村党委副书记。 2007年建3层2间楼房，后拆迁搬至塘桥小区居住。 2010年购轿车1辆。					

灵湖村第16村民小组

自然村：西塘54号

项目	姓名	与户主关系	出生年月	民族	已故家属	
					称呼	姓名
现有家庭人员	周月明	户主	1960-09-08	汉	祖父	周水根
	邹云珍	妻	1962-10-06	汉	祖母	蒋水妹
	周斌	子	1985-11-16	汉	父	周根宝
	周凤妹	母	1939-06-13	汉		
家庭大事	周斌大专学历。 1990年建2层3间楼房。 注：儿媳户口不在本村。					

灵湖村第16村民小组

自然村：西塘55号

项目	姓名	与户主关系	出生年月	民族	已故家属	
					称呼	姓名
现有家庭人员	沈德明	户主	1954-05-21	汉	父	沈阿根
	沈林珍	妻	1955-03-15	汉	母	沈阿林
家庭大事	沈德明1972年12月应征入伍，1976年8月入党，1978年4月退伍。 2011年建2层3间楼房。 注：儿子沈华全家户口不在本村。					

灵湖村第16村民小组　　自然村：西塘56号

<table>
<tr><td rowspan="2">项目</td><td rowspan="2">姓名</td><td rowspan="2">与户主关系</td><td rowspan="2">出生年月</td><td rowspan="2">民族</td><td colspan="2">已故家属</td></tr>
<tr><td>称呼</td><td>姓名</td></tr>
<tr><td rowspan="8">现有家庭人员</td><td>周根生</td><td>户主</td><td>1947-03-17</td><td>汉</td><td>父</td><td>周水根</td></tr>
<tr><td>黄阿三</td><td>妻</td><td>1952-04-23</td><td>汉</td><td>母</td><td>蒋水妹</td></tr>
<tr><td></td><td></td><td></td><td></td><td></td><td></td></tr>
<tr><td></td><td></td><td></td><td></td><td></td><td></td></tr>
<tr><td></td><td></td><td></td><td></td><td></td><td></td></tr>
<tr><td></td><td></td><td></td><td></td><td></td><td></td></tr>
<tr><td></td><td></td><td></td><td></td><td></td><td></td></tr>
<tr><td></td><td></td><td></td><td></td><td></td><td></td></tr>
<tr><td>家庭大事</td><td colspan="6">2010年建3层2间别墅。
注：儿子、儿媳、孙子户口不在本村。黄阿三父亲黄方其、母亲黄杏珍都已病故。</td></tr>
</table>

灵湖村第16村民小组　　自然村：西塘57号

<table>
<tr><td rowspan="2">项目</td><td rowspan="2">姓名</td><td rowspan="2">与户主关系</td><td rowspan="2">出生年月</td><td rowspan="2">民族</td><td colspan="2">已故家属</td></tr>
<tr><td>称呼</td><td>姓名</td></tr>
<tr><td rowspan="8">现有家庭人员</td><td>柳雪兴</td><td>户主</td><td>1965-01-16</td><td>汉</td><td>祖父</td><td>柳永祥</td></tr>
<tr><td>沈云华</td><td>妻</td><td>1968-08-29</td><td>汉</td><td>祖母</td><td>柳美星</td></tr>
<tr><td>柳颖</td><td>女</td><td>1989-10-03</td><td>汉</td><td></td><td></td></tr>
<tr><td>柳思妍</td><td>孙女</td><td>2015-03-15</td><td>汉</td><td></td><td></td></tr>
<tr><td>柳承信</td><td>父</td><td>1938-10-12</td><td>汉</td><td></td><td></td></tr>
<tr><td>孔云妹</td><td>母</td><td>1945-07-15</td><td>汉</td><td></td><td></td></tr>
<tr><td></td><td></td><td></td><td></td><td></td><td></td></tr>
<tr><td></td><td></td><td></td><td></td><td></td><td></td></tr>
<tr><td>家庭大事</td><td colspan="6">柳颖毕业于苏州工业职业技术学院（大专）。
1994年建2层2间1厢楼房
注：女婿户口不在本村。</td></tr>
</table>

灵湖村第16村民小组　　自然村：西塘57号

项目	姓名	与户主关系	出生年月	民族	已故家属	
					称呼	姓名
现有家庭人员	柳承信	户主	1938-10-12	汉	父	柳永祥
	孔云妹	妻	1945-07-15	汉	母	柳美星
家庭大事	柳承信1970年任小学教师，1985年6月入党，1998年退休。 有3间平房。					

灵湖村第16村民小组　　自然村：西塘58号

项目	姓名	与户主关系	出生年月	民族	已故家属	
					称呼	姓名
现有家庭人员	柳雪明	户主	1969-12-28	汉	祖父	柳永祥
	刘安会	妻	1968-12-11	汉	祖母	柳美星
	柳新宇	子	1993-04-26	汉	父	柳金根
	陆秀英	母	1938-07-21	汉		
家庭大事	2000年建2层2间楼房。					

灵湖村第16村民小组　　自然村：西塘59号

项目	姓名	与户主关系	出生年月	民族	已故家属	
					称呼	姓名
现有家庭人员	沈卫忠	户主	1965-11-25	汉	父	李阿二
	钟秀华	妻	1968-08-06	汉	母	沈黑妹
	沈峰	子	1990-10-02	汉		
家庭大事	沈峰大专学历。 1998年建2层3间楼房。 注：儿媳户口不在本村。					

灵湖村第16村民小组　　自然村：西塘60号

项目	姓名	与户主关系	出生年月	民族	已故家属	
					称呼	姓名
现有家庭人员	邹文官	户主	1966-09-22	汉	祖父	邹忠宝
	范俊	妻	1966-10-20	汉	祖母	邹阿六
	邹蓓	女	1991-04-24	汉	父	邹俊德
	孔招宝	母	1945-05-27	汉		
家庭大事	邹蓓毕业于燕京理工学院（本科）。 1998年建2层3间楼房。 2016年购轿车1辆。					

灵湖村第16村民小组 **自然村：西塘61号**

项目	姓名	与户主关系	出生年月	民族	已故家属	
					称呼	姓名
现有家庭人员	孔招宝	户主	1945-05-27	汉	丈夫	邹俊德
家庭大事	注：并入儿子邹文龙、邹文官户。					

灵湖村第16村民小组 **自然村：西塘63号**

项目	姓名	与户主关系	出生年月	民族	已故家属	
					称呼	姓名
现有家庭人员	施才根	户主	1953-04-18	汉	父	施菊初
	钟彩英	妻	1956-01-17	汉	母	施阿龙
	施雪峰	子	1979-01-22	汉		
	邵小巧	儿媳	1982-07-21	汉		
	施阳	孙子	2003-03-27	汉		
家庭大事	施雪峰1998年12月应征入伍，2000年1月退伍。 2002年建2层3间楼房。 2012年购轿车1辆。					

灵湖村第16村民小组　　自然村：西塘65号

项目	姓名	与户主关系	出生年月	民族	已故家属	
					称呼	姓名
现有家庭人员	沈阿大	户主	1939-02-27	汉	父	沈阿根
	沈巧英	妻	1943-05-15	汉	母	沈阿林
	沈卫康	长子	1961-12-30	汉		
	李雪英	儿媳	1965-04-18	汉		
	沈洁	孙子	1987-09-25	汉		
	沈俊辰	曾孙	2016-09-29	汉		
	沈丽慧	曾孙女	2010-06-23	汉		
	段秋涛	孙媳	1989-12-01	白		
家庭大事	沈洁2005年12月应征入伍，2007年12月退伍。 1994年建2层3间楼房，2010年建2层2间楼房。					

灵湖村第16村民小组　　自然村：西塘66号

项目	姓名	与户主关系	出生年月	民族	已故家属	
					称呼	姓名
现有家庭人员	沈阿二	户主	1942-07-09	汉	父	沈阿根
	陈兴媛	妻	1944-11-21	汉	母	沈阿林
	沈冬华	子	1972-12-23	汉		
家庭大事	1993年建3间平房。 注：长子沈卫华另立门户。					

灵湖村第16村民小组

自然村：西塘68号

项目	姓名	与户主关系	出生年月	民族	已故家属	
					称呼	姓名
现有家庭人员	杨荣卫	户主	1975-05-04	汉	曾祖父	杨金生
	袁娟	妻	1974-06-23	汉	曾祖母	施二宝
	杨馥蔓	女	2001-05-13	汉	祖父	杨水金
	杨仁其	父	1948-04-11	汉		
	唐招宝	祖母	1927-07-21	汉		
家庭大事	杨馥蔓毕业于江苏城市职业学院吴中办学点（五年制高职）。 2008年分得安置房1套（银藏一村）。 注：母亲户口不在本村。					

灵湖村第16村民小组

自然村：西塘70号

项目	姓名	与户主关系	出生年月	民族	已故家属	
					称呼	姓名
现有家庭人员	张荣根	户主	1947-10-13	汉	父	张桂根
	宋彩珍	妻	1953-03-21	汉	母	王六妹
	张雪霞	女	1977-01-07	汉		
	张雨欣	孙女	2000-04-18	汉		
家庭大事	张荣根1969年3月应征入伍，1975年6月入党，1977年4月退伍。 张雨欣毕业于苏州高等职业技术学校（五年制高职）。 1996年建2层3间楼房。					

灵湖村第16村民小组 自然村：西塘71号

项目	姓名	与户主关系	出生年月	民族	已故家属	
					称呼	姓名
现有家庭人员	杨培根	户主	1957-05-04	汉	祖父	杨金生
	王美芳	妻	1962-03-15	汉	祖母	施二宝
	杨永琴	女	1985-06-25	汉	父	杨水金
	李林	女婿	1983-02-18	汉		
	杨李昱	孙子	2012-05-28	汉		
	李博恩	孙子	2009-03-26	汉		
	唐招宝	母	1927-07-21	汉		
家庭大事	李林毕业于湖南工业大学（本科）。 1993年建2层3间楼房。					

灵湖村第16村民小组 自然村：西塘72号

项目	姓名	与户主关系	出生年月	民族	已故家属	
					称呼	姓名
现有家庭人员	杨柳芳	户主	1985-09-26	汉	曾祖父	杨金生
	周海涛	丈夫	1983-06-14	汉	曾祖母	施二宝
	杨子寒	长子	2012-02-23	汉	祖父	杨水金
	周子轩	次子	2015-11-05	汉	父	杨培荣
	柳雪妹	母	1963-11-09	汉		
	唐招宝	祖母	1927-07-21	汉		
家庭大事	杨柳芳毕业于苏州市广播电视大学（大专）。 1991年建2层3间楼房。					

灵湖村第16村民小组　　自然村：西塘73号

项目	姓名	与户主关系	出生年月	民族	已故家属	
					称呼	姓名
现有家庭人员	沈卫华	户主	1966-05-14	汉	祖父	沈阿根
	孔忠英	妻	1968-09-13	汉	祖母	沈阿林
	沈新顺	子	1991-01-16	汉		
	沈梓辰	孙子	2017-01-20	汉		
	沈子萱	孙女	2014-11-07	汉		
家庭大事	沈新顺2009年12月应征入伍，2011年10月入党，2011年12月退伍。 2001年建2层3间楼房。 注：儿媳户口不在本村。					

灵湖村第16村民小组　　自然村：西塘74号

项目	姓名	与户主关系	出生年月	民族	已故家属	
					称呼	姓名
现有家庭人员	龚美珍	户主	1949-01-29	汉	父	龚根山
	沈雪红	女婿	1970-11-25	汉	母	龚兰英
	龚超	孙子	1993-11-26	汉	女	龚小红
家庭大事	2005年建2层3间楼房。 注：丈夫户口不在本村。					

灵湖村第16村民小组

自然村：西塘76号

项目	姓名	与户主关系	出生年月	民族	已故家属	
					称呼	姓名
现有家庭人员	柳雪荣	户主	1967-11-02	汉	祖父	柳永祥
	李雪芳	妻	1966-02-27	汉	祖母	柳美星
	柳国红	子	1990-09-05	汉	父	柳金根
	柳恺	孙子	2013-09-15	汉		
	陆秀英	母	1938-07-21	汉		
家庭大事	1997年建2层3间楼房。 注：儿媳户口不在本村。					

灵湖村第17村民小组

自然村：黄墅1号

项目	姓名	与户主关系	出生年月	民族	已故家属	
					称呼	姓名
现有家庭人员	陈卫根	户主	1963-01-04	汉	祖父	陈寿堂
	王敏	妻	1966-01-08	汉	祖母	陈氏
	陈苏俞	女	1989-02-28	汉	父	陈根林
	王利强	女婿	1989-09-20	汉	母	陈水珍
	陈俊泽	孙子	2013-10-16	汉		
家庭大事	1997年建2层3间楼房。 2019年于吴江购商品房1套。 2018年购轿车1辆。					

灵湖村第17村民小组　　自然村：黄墅1号

项目	姓名	与户主关系	出生年月	民族	已故家属	
					称呼	姓名
现有家庭人员	吴根才	户主	1936-05-04	汉		
家庭大事	此人失踪!					

灵湖村第17村民小组　　自然村：黄墅1号

项目	姓名	与户主关系	出生年月	民族	已故家属	
					称呼	姓名
现有家庭人员	殷金男	户主	1949-10-21	汉	祖父	殷顺高
	吴月珍	妻	1949-03-20	汉	祖母	殷凤宝
	殷小红	女	1977-01-30	汉	父	殷来法
	殷阿妹	母	1930-10-02	汉		
家庭大事	1978年起个体经营（浮雕装饰工程）。 1980年建2层3间楼房，2018年重建3层3间楼房。 1986年购卡车2辆，1993年购轿车1辆，2018年购轿车1辆。					

灵湖村第17村民小组 自然村：黄墅2号

项目	姓名	与户主关系	出生年月	民族	已故家属	
					称呼	姓名
现有家庭人员	陆桂凤	户主	1957-08-13	汉	公爹	龚炳良
	龚春红	子	1981-02-02	汉	公婆	徐瑞金
	王雪经	儿媳	1985-04-11	汉	丈夫	龚全福
	龚泽一	孙子	2010-01-04	汉		
家庭大事	龚春红大专学历。 2012年创办杰品广告公司。 1997年建3层3间楼房，于2021年3月改造成民宿开业。 2015年购轿车1辆，2017年购轿车1辆，2019年购轿车1辆。					

灵湖村第17村民小组 自然村：黄墅3号

项目	姓名	与户主关系	出生年月	民族	已故家属	
					称呼	姓名
现有家庭人员	龚水根	户主	1941-09-08	汉	父	龚仕良
	钟妹英	妻	1942-03-12	汉	母	龚氏
	龚建华	子	1964-11-19	汉		
	查红梅	儿媳	1967-06-21	汉		
	龚晖	孙子	1988-10-22	汉		
家庭大事	龚晖本科学历。 1989年翻建2层2间楼房，2018年重建3层3间楼房。 于苏州城购商品房1套。					

灵湖村第17村民小组　　自然村：黄墅4号

项目	姓名	与户主关系	出生年月	民族	已故家属	
					称呼	姓名
现有家庭人员	陆洪元	户主	1960-05-20	汉	祖父	陆清如
					祖母	陆氏
					父	陆寿林
					母	陆大宝
家庭大事	2018年建2间平房。					

灵湖村第17村民小组　　自然村：黄墅5号

项目	姓名	与户主关系	出生年月	民族	已故家属	
					称呼	姓名
现有家庭人员	陆洪根	户主	1952-02-26	汉	祖父	陆清如
	沈茂	妻	1953-12-26	汉	祖母	陆氏
	陆佳妹	女	1988-10-05	汉	父	陆寿林
					母	陆大宝
家庭大事	陆佳妹专科学历。 1995年建2层3间楼房，2018年建3层3间楼房。 2007年于苏州城区购商品房1套。 2001年购轿车1辆，2012年购轿车1辆。 注：儿子陆佳佳本科学历，户口不在本村。					

灵湖村第17村民小组 自然村：黄墅6号

项目	姓名	与户主关系	出生年月	民族	已故家属	
					称呼	姓名
现有家庭人员	陆洪兴	户主	1950-02-02	汉	祖父	陆清如
	陆水明	子	1975-07-18	汉	祖母	陆氏
	吴德碧	儿媳	1972-03-11	汉	父	陆寿林
	王鹏立	孙子	1993-09-23	汉	母	陆大宝
家庭大事	2007年翻建3层2间楼房。 于渡村购商品房1套。					

灵湖村第17村民小组 自然村：黄墅10号

项目	姓名	与户主关系	出生年月	民族	已故家属	
					称呼	姓名
现有家庭人员	陈金火	户主	1952-06-24	汉	祖父	陈阿宝
	钟桂英	妻	1952-10-10	汉	祖母	陈阿三
	陈红妹	女	1978-01-19	汉	父	陈义刚
	李峰	女婿	1978-01-18	汉	母	陈香宝
家庭大事	孙子陈宇斌2020年9月应征入伍。 1976年建4间平房，1988年建2层4间楼房，2016年建3层3间楼房。 2012年购轿车1辆。					

灵湖村第17村民小组 **自然村：黄墅11号**

项目	姓名	与户主关系	出生年月	民族	已故家属	
					称呼	姓名
现有家庭人员	钟叙元	户主	1949-12-27	汉	祖父	钟老全
	沈早媛	妻	1952-11-13	汉	父	钟根林
	钟林华	子	1977-03-08	汉		
	马阿招	母	1918-04-20	汉		
家庭大事	钟林华大专学历。 2019年建3层2间楼房。 于苏州城购商品房1套。					

灵湖村第17村民小组 **自然村：黄墅11-2号**

项目	姓名	与户主关系	出生年月	民族	已故家属	
					称呼	姓名
现有家庭人员	钟辰华	户主	1979-09-19	汉	祖父	钟根林
	马阿招	祖母	1918-04-20	汉		
	钟叙元	父	1949-12-27	汉		
	沈早媛	母	1952-11-13	汉		
家庭大事	钟辰华大专学历。 2019年建3层2间楼房。 于渡村购商品房1套。 注：妻子、孩子户口不在本村。					

灵湖村第17村民小组　　自然村：黄墅12号

项目	姓名	与户主关系	出生年月	民族	已故家属	
					称呼	姓名
现有家庭人员	钟菊英	户主	1954-11-10	汉	公爹	黄世林
	黄荣华	子	1987-08-24	汉	公婆	黄根寿
	黄荣方	女	1980-10-29	汉	丈夫	黄仁兴
	黄羽皓	孙子	2014-10-31	汉		
家庭大事	1995年建2层3间楼房。 2017年购轿车1辆。 注：儿媳户口不在本村。					

灵湖村第17村民小组　　自然村：黄墅17号

项目	姓名	与户主关系	出生年月	民族	已故家属	
					称呼	姓名
现有家庭人员	吴小明	户主	1958-12-01	汉	祖父	吴正宝
	沈桂仙	妻	1959-08-09	汉	祖母	吴老太
	吴金刚	子	1982-12-17	汉	父	吴再林
	陈进芳	儿媳	1980-03-14	汉	母	卞林妹
	吴佳怡	孙女	2007-03-14	汉		
家庭大事	2000年建2层3间楼房。 2011年购商品房1套。 2016年购轿车1辆。					

灵湖村第17村民小组

自然村：黄墅18号

项目	姓名	与户主关系	出生年月	民族	已故家属	
					称呼	姓名
现有家庭人员	陈卫林	户主	1950-01-18	汉	祖父	陈寿堂
	吴凤珍	妻	1953-12-01	汉	祖母	陈氏
	陈跃刚	子	1976-07-27	汉	父	陈根林
	张一芳	儿媳	1976-08-17	汉	母	陈水珍
	陈莹	孙女	2000-02-24	汉		
家庭大事	1995年建2层3间1厢楼房，2006年建2层3小间楼房。 于渡村购商品房1套。 2021年购轿车1辆。					

灵湖村第17村民小组

自然村：黄墅21号

项目	姓名	与户主关系	出生年月	民族	已故家属	
					称呼	姓名
现有家庭人员	吴月明	户主	1951-08-04	汉	祖父	吴正宝
	黄菊芬	妻	1951-09-09	汉	祖母	吴老太
	吴卫刚	子	1976-01-13	汉	父	吴再林
	吴梦翔	孙子	2010-12-12	汉	母	卞林妹
	吴梦菲	孙女	2004-01-21	汉		
	吴梦阳	孙女	2010-12-12	汉		
	屠翠红	非亲属	1979-12-28	汉		
家庭大事	吴梦菲大专学历。 屠翠红大专学历。 1990年建2层4间楼房，2019年建3间平房。					

灵湖村第17村民小组 自然村：黄墅22号

项目	姓名	与户主关系	出生年月	民族	已故家属	
					称呼	姓名
现有家庭人员	吴国明	户主	1964-09-13	汉	祖父	吴正宝
	陈凤仙	妻	1963-01-29	汉	祖母	吴老太
	吴晓良	子	1988-04-21	汉	父	吴再林
	蔡方方	儿媳	1987-08-29	汉	母	卞林妹
	吴玥婷	孙女	2010-10-29	汉		
家庭大事	1996年建2层3间1厢楼房。 2020年于渡村购商品房1套。 2016年购轿车1辆，2020年购轿车1辆。					

灵湖村第17村民小组 自然村：黄墅24号

项目	姓名	与户主关系	出生年月	民族	已故家属	
					称呼	姓名
现有家庭人员	孔佰林	户主	1953-05-17	汉	父	孔水林
	陈永仙	妻	1955-01-10	汉	母	孔阿二
家庭大事	注：并入孔水才户。					

灵湖村第17村民小组

自然村: 黄墅24-1号

项目	姓名	与户主关系	出生年月	民族	已故家属	
					称呼	姓名
现有家庭人员	孔水才	户主	1981-06-10	汉	祖父	孔水林
	孔翊晨	子	2019-07-19	汉	祖母	孔阿二
	孔余馨	女	2007-10-26	汉		
	孔佰林	父	1953-05-17	汉		
	陈永仙	母	1955-01-10	汉		
家庭大事	孔水才毕业于新苏师范。 初建2层3间楼房, 2010年另建3层3间楼房。 2016年于苏州城购商品房1套。 2021年购轿车1辆。					

灵湖村第17村民小组

自然村: 黄墅27号

项目	姓名	与户主关系	出生年月	民族	已故家属	
					称呼	姓名
现有家庭人员	龚林生	户主	1962-06-14	汉	父	龚阿三
	朱安珍	妻	1964-09-03	汉		
	龚维霞	女	1989-11-19	汉		
	张全妹	母	1932-08-08	汉		
家庭大事	龚林生1981年10月应征入伍, 1984年10月入党, 1986年退伍。 龚维霞2006年考入专科学校, 后于南京师范大学进修。 1997年建2层3间楼房。 2014年购轿车1辆。					

灵湖村第17村民小组　　自然村：黄墅29号

项目	姓名	与户主关系	出生年月	民族	已故家属	
					称呼	姓名
现有家庭人员	朱云林	户主	1955-04-05	汉	父	陈阿二
	陈水娣	妻	1958-11-27	汉	母	陈凤宝
	陈云娟	长女	1979-11-01	汉		
	陈羿廷	孙女	2015-04-21	汉		
家庭大事	陈云娟本科学历。 2008年建3层3间楼房。 2018年购轿车1辆。 注：女婿户口不在本村。					

灵湖村第17村民小组　　自然村：黄墅34号

项目	姓名	与户主关系	出生年月	民族	已故家属	
					称呼	姓名
现有家庭人员	石妹星	户主	1944-02-28	汉	祖父	孔丁时
	朱明会	儿媳	1968-12-08	汉	祖母	张爱宝
	孔庆芳	孙女	1990-01-03	汉	丈夫	孔林元
家庭大事	1992年翻建2层2间楼房，2018年重建3层2间楼房。 注：儿子户口不在本村。					

灵湖村第17村民小组　　自然村：黄墅35号

项目	姓名	与户主关系	出生年月	民族	已故家属	
					称呼	姓名
现有家庭人员	孔正荣	户主	1953-12-20	汉	祖父	孔丁时
	李孔昊	子	2002-12-05	汉	祖母	张爱宝
	孔静琴	女	1977-10-26	汉	父	孔金元
	李刚	女婿	1977-05-26	汉	母	陈秀凤
	孔子依	孙女	2008-07-17	汉	妻	李玉英
家庭大事	李孔昊大专在读。 李刚1995年12月应征入伍，1996年6月入党，2008年转业。 1997年建2层3间1厢楼房。 2012年购轿车1辆。					

灵湖村第17村民小组　　自然村：黄墅38号

项目	姓名	与户主关系	出生年月	民族	已故家属	
					称呼	姓名
现有家庭人员	朱永官	户主	1962-09-13	汉	岳父	张金根
	张菊娣	妻	1964-10-17	汉		
	张明	子	1985-10-31	汉		
	董雪亭	儿媳	1988-12-10	汉		
	张浩强	孙子	2009-11-25	汉		
	张昕朵	孙女	2019-01-29	汉		
	徐金秀	岳母	1942-02-15	汉		
家庭大事	1993年建2层3间楼房，2008年建3层2间楼房。 2014年购面包车1辆，2017年购轿车1辆。					

灵湖村第17村民小组　　自然村：黄墅41号

项目	姓名	与户主关系	出生年月	民族	已故家属	
					称呼	姓名
现有家庭人员	龚洪仁	户主	1955-08-13	汉	父	龚阿三
	龚小菊	妻	1957-10-15	汉		
	龚跃平	子	1981-04-17	汉		
	张全妹	母	1932-08-08	汉		
家庭大事	龚洪仁1975年入伍，1978年退伍，1978年入党。 2018年建3层3间楼房、2层1厢楼房。 注：儿媳户口不在本村。					

灵湖村第17村民小组　　自然村：黄墅42号

项目	姓名	与户主关系	出生年月	民族	已故家属	
					称呼	姓名
现有家庭人员	龚洪生	户主	1959-01-27	汉	父	龚阿三
	顾美芬	妻	1961-05-08	汉		
	龚丽丽	女	1984-08-29	汉		
	张全妹	母	1932-08-08	汉		
家庭大事	龚丽丽本科学历。 2002年建3层3间楼房。					

灵湖村第17村民小组

自然村：黄墅54号

项目	姓名	与户主关系	出生年月	民族	已故家属	
					称呼	姓名
现有家庭人员	沈兴法	户主	1956-10-14	汉	祖父	周时宝
	周琴芳	妻	1957-07-11	汉	祖母	周怀氏
	沈峰	子	1981-07-13	汉	岳父	周凤泉
	陆晓红	儿媳	1979-11-12	汉	岳母	周早媛
	沈子宽	孙子	2006-07-25	汉		
家庭大事	陆晓红本科学历，沈峰本科学历。 2019年建3层3间楼房。 2016年于东山购商品房1套。 2012年购轿车1辆，2021年购轿车1辆。					

灵湖村第17村民小组

自然村：黄墅58号

项目	姓名	与户主关系	出生年月	民族	已故家属	
					称呼	姓名
现有家庭人员	孔伟忠	户主	1969-07-18	汉	祖父	孔水林
	张菊珍	妻	1968-12-25	汉	祖母	孔阿二
	孔敏红	二女	1997-04-08	汉	父	孔伯福
	孔敏芳	长女	1991-12-16	汉		
	钟金英	母	1943-11-28	汉		
家庭大事	孔敏芳大专学历。 孔敏红毕业于苏州科技大学天平学院（本科）。 2017年建3层3间楼房。 2020年购轿车1辆。					

灵湖村第17村民小组 自然村：黄墅59号

项目	姓名	与户主关系	出生年月	民族	已故家属	
					称呼	姓名
现有家庭人员	钟丽梅	户主	1972-01-07	汉	祖父	钟根林
	马阿招	祖母	1918-04-20	汉	父	钟叙根
	陈雪芳	母	1945-11-23	汉		
家庭大事	钟叙根1965年应征入伍，1967年入党。 2019年建3层4间楼房。 于苏州城购商品房1套。 2013年购轿车1辆。 注：丈夫及子女户口不在本村。					

灵湖村第17村民小组 自然村：黄墅59号

项目	姓名	与户主关系	出生年月	民族	已故家属	
					称呼	姓名
现有家庭人员	钟丽樱	户主	1973-04-08	汉	祖父	钟根林
	马阿招	祖母	1918-04-20	汉	父	钟叙根
	陈雪芳	母	1945-11-23	汉		
家庭大事	钟叙根1965年应征入伍，1967年入党。 2019年翻建3层4间楼房。 于苏州城购商品房1套。 2011年购轿车1辆。 注：丈夫及子女户口不在本村。					

灵湖村第17村民小组

自然村：黄墅62号

项目	姓名	与户主关系	出生年月	民族	已故家属	
					称呼	姓名
现有家庭人员	殷阿妹	户主	1930-10-02	汉	父	殷顺高
					母	殷凤宝
					丈夫	殷来法
家庭大事	1973年建4间平房，2018年翻建2间平房。 注：有儿子另立门户，且户口不在本村。					

灵湖村第17村民小组

自然村：黄墅63号

项目	姓名	与户主关系	出生年月	民族	已故家属	
					称呼	姓名
现有家庭人员	马水根	户主	1951-09-21	汉	祖父	马阿福
	朱美琪	妻	1954-12-07	汉	祖母	马老太
	马晓荣	子	1978-12-12	汉	父	马来兴
	胡燕林	儿媳	1976-01-04	汉	母	张阿妹
	马雯婷	孙女	2002-12-07	汉		
家庭大事	马水根1969年3月应征入伍，1973年1月退伍。 马晓荣1996年12月应征入伍，1998年10月入党，1998年12月退伍。 1990年建2层3间楼房。 于渡村购商品房1套。 2017年购轿车1辆。					

灵湖村第17村民小组 自然村：黄墅64号

项目	姓名	与户主关系	出生年月	民族	已故家属	
					称呼	姓名
现有家庭人员	钟叙兴	户主	1957-09-13	汉	祖父	钟老全
	陈根仙	妻	1958-05-29	汉	父	钟根林
	钟耀华	子	1981-12-08	汉		
	吴新艳	儿媳	1980-10-22	汉		
	钟雨泽	孙子	2006-07-07	汉		
	钟旻泽	孙子	2016-04-12	汉		
	马阿招	母	1918-04-20	汉		
家庭大事	钟耀华毕业于徐州教育学院（大专）。 吴新艳毕业于徐州教育学院（大专）。 1994年建2层3间1厢楼房。					

灵湖村第17村民小组 自然村：黄墅68号

项目	姓名	与户主关系	出生年月	民族	已故家属	
					称呼	姓名
现有家庭人员	谢彩英	户主	1935-01-01	汉	公爹	周时宝
	龚美芳	儿媳	1966-04-06	汉	公婆	周怀氏
	周剑	孙子	1988-02-20	汉	丈夫	周凤元
	周昱骞	曾孙	2014-12-12	汉	子	周国清
	马周楷	曾孙	2019-01-25	汉		
家庭大事	1980年建4间平房，1995年在镇上建3层2间楼房，2006年建3层4间楼房。 2015年购轿车1辆。 注：孙媳户口不在本村。					

灵湖村第17村民小组

自然村：黄墅69号

项目	姓名	与户主关系	出生年月	民族	已故家属	
					称呼	姓名
现有家庭人员	陈金土	户主	1965-10-06	汉	祖父	陈阿宝
	毛美珍	妻	1966-08-13	汉	祖母	陈阿三
	陈燕	女	1989-03-10	汉	父	陈义刚
	金海波	女婿	1992-09-11	汉	母	陈香宝
家庭大事	1994年建2层3间1厢楼房。 2012年购轿车1辆。					

灵湖村第18村民小组

自然村：陆步庄3号

项目	姓名	与户主关系	出生年月	民族	已故家属	
					称呼	姓名
现有家庭人员	沈根福	户主	1957-05-22	汉	父	沈金火
	柳春凤	妻	1957-04-04	汉	母	沈金凤
	沈晓雪	女	1982-01-13	汉		
	沈思香	孙女	2003-12-01	汉		
家庭大事	沈根福1976年3月应征入伍，1978年4月退伍。 2005年建2层3间楼房。 2016年于渡村购商品房1套。 2013年购轿车1辆。 注：女婿户口不在本村。					

灵湖村第18村民小组　　自然村：陆步庄10号

项目	姓名	与户主关系	出生年月	民族	已故家属	
					称呼	姓名
现有家庭人员	沈早福	户主	1949-09-18	汉	父	沈金火
	朱林妹	妻	1949-01-01	汉	母	沈金凤
	沈芳	长女	1968-11-05	汉		
	沈玉芳	二女	1975-04-21	汉		
	邱云华	女婿	1968-08-14	汉		
	沈文刚	孙子	1990-12-31	汉		
	陈新新	外孙女	1998-07-19	汉		
家庭大事	邱云华1987年1月应征入伍，1990年退伍。 沈芳任长马羊毛衫厂厂长。 陈新新毕业于苏州旅游与财经高等职业技术学校（五年制高职）。 2007年建3层3间楼房。 2010年于渡村商业街购门面房3层。 2008年购轿车1辆。					

灵湖村第18村民小组　　自然村：陆步庄15号

项目	姓名	与户主关系	出生年月	民族	已故家属	
					称呼	姓名
现有家庭人员	孙水海	户主	1954-02-05	汉	父	孙仁龙
	孙双珠	妻	1957-10-19	汉	母	孙阿巧
	孙华秋	子	1984-07-30	汉		
	张巧云	儿媳	1989-02-25	汉		
	孙语馨	孙女	2012-06-05	汉		
家庭大事	1991年建2层3间楼房。 2010年购轿车1辆。					

灵湖村第18村民小组　　自然村：陆步庄16号

项目	姓名	与户主关系	出生年月	民族	已故家属	
					称呼	姓名
现有家庭人员	朱仁荣	户主	1957-07-21	汉	父	朱根林
	石月仙	妻	1958-11-05	汉		
	朱敏华	子	1981-11-15	汉		
	洪秀敏	儿媳	1985-06-09	汉		
	朱莹	孙女	2009-08-16	汉		
	朱金凤	母	1929-01-22	汉		
家庭大事	朱敏华本科学历，现在上海工作。 2001年建2层3间楼房。 2014年于上海购房1套。 2013年购轿车1辆。					

灵湖村第18村民小组　　自然村：陆步庄26号

项目	姓名	与户主关系	出生年月	民族	已故家属	
					称呼	姓名
现有家庭人员	孙荣海	户主	1956-11-18	汉	父	孙仁龙
	袁爱梅	妻	1967-10-22	汉	母	孙阿巧
家庭大事	2004年建2层3间楼房。 注：子女户口不在本村，在外地工作。					

灵湖村第18村民小组　　自然村：陆步庄34号

项目	姓名	与户主关系	出生年月	民族	已故家属	
					称呼	姓名
现有家庭人员	柏忠福	户主	1968-04-05	汉	父	凌永根
	徐彩仙	妻	1968-03-18	汉		
	柏仁	子	1992-03-17	汉		
	孙义博	孙子	2018-06-03	汉		
	柏心瑶	孙女	2015-08-14	汉		
	柏林珍	母	1943-06-11	汉		
家庭大事	柏仁大专学历。 2002年原3间平房失火被烧为灰烬，2003年建2层3间楼房。 2015年购轿车1辆。 注：儿媳户口不在本村。					

灵湖村第18村民小组　　自然村：陆步庄41号

项目	姓名	与户主关系	出生年月	民族	已故家属	
					称呼	姓名
现有家庭人员	朱兴荣	户主	1959-09-27	汉	父	朱根林
	张月芳	妻	1963-08-21	汉		
	朱新华	子	1985-12-04	汉		
	王大慧	儿媳	1986-08-21	汉		
	朱欣怡	孙女	2014-01-02	汉		
	朱金凤	母	1929-01-22	汉		
家庭大事	王大慧本科学历。 2002年建2层3间楼房。 2014年购商品房1套（禾盛花苑）。 2015年购轿车1辆。					

灵湖村第18村民小组　　自然村：陆步庄46号

项目	姓名	与户主关系	出生年月	民族	已故家属	
					称呼	姓名
现有家庭人员	柳卫忠	户主	1968-11-26	汉	父	柳南生
	史惠琴	妻	1970-12-23	汉	母	杨云妹
	柳小桦	子	1991-06-11	汉		
家庭大事	1998年建2层3间楼房。 1998年购轿车1辆，2000年购轿车1辆。 注：子女户口不在本村。					

灵湖村第18村民小组　　自然村：陆步庄50号

项目	姓名	与户主关系	出生年月	民族	已故家属	
					称呼	姓名
现有家庭人员	柏金福	户主	1963-04-02	汉	父	凌永根
	柳芬芳	妻	1966-09-15	汉		
	柏良	子	1987-06-28	汉		
	柏林珍	母	1943-06-11	汉		
家庭大事	柏良本科学历。 2006年建2层3间楼房。 2015年于苏州城购商品房1套。 2014年购轿车1辆。					

灵湖村第18村民小组　　自然村：陆步庄51号

项目	姓名	与户主关系	出生年月	民族	已故家属	
					称呼	姓名
现有家庭人员	施卫林	户主	1959-11-15	汉	父	施伯福
	朱月英	妻	1960-03-07	汉		
	施喜红	女	1985-08-16	汉		
	施春英	母	1934-12-18	汉		
家庭大事	2005年建2层3间楼房。 2016年于苏州城购商品房1套。 2015年购轿车1辆。					

灵湖村第18村民小组　　自然村：陆步庄52号

项目	姓名	与户主关系	出生年月	民族	已故家属	
					称呼	姓名
现有家庭人员	赵三男	户主	1937-11-24	汉	父	赵九高
	沈早仙	妻	1945-11-17	汉	母	赵全林
	赵桂芳	长女	1965-09-14	汉		
	杨永新	女婿	1959-07-25	汉		
	赵靖	孙子	1987-05-03	汉		
	赵明懿	曾孙	2011-08-05	汉		
	赵若溪	曾孙女	2020-10-06	汉		
家庭大事	2017年建4层4间楼房。 2011年于常州购商品房1套。 2007年购轿车1辆。					

灵湖村第18村民小组

自然村：陆步庄61号

<table>
<tr><th rowspan="2">项目</th><th rowspan="2">姓名</th><th rowspan="2">与户主关系</th><th rowspan="2">出生年月</th><th rowspan="2">民族</th><th colspan="2">已故家属</th></tr>
<tr><th>称呼</th><th>姓名</th></tr>
<tr><td rowspan="8">现有家庭人员</td><td>周金妹</td><td>户主</td><td>1950-06-30</td><td>汉</td><td>丈夫</td><td>孙全海</td></tr>
<tr><td></td><td></td><td></td><td></td><td></td><td></td></tr>
<tr><td></td><td></td><td></td><td></td><td></td><td></td></tr>
<tr><td></td><td></td><td></td><td></td><td></td><td></td></tr>
<tr><td></td><td></td><td></td><td></td><td></td><td></td></tr>
<tr><td></td><td></td><td></td><td></td><td></td><td></td></tr>
<tr><td></td><td></td><td></td><td></td><td></td><td></td></tr>
<tr><td></td><td></td><td></td><td></td><td></td><td></td></tr>
<tr><td>家庭大事</td><td colspan="6">与儿子孙建伟一起生活。</td></tr>
</table>

灵湖村第18村民小组

自然村：陆步庄61号

<table>
<tr><th rowspan="2">项目</th><th rowspan="2">姓名</th><th rowspan="2">与户主关系</th><th rowspan="2">出生年月</th><th rowspan="2">民族</th><th colspan="2">已故家属</th></tr>
<tr><th>称呼</th><th>姓名</th></tr>
<tr><td rowspan="8">现有家庭人员</td><td>孙建伟</td><td>户主</td><td>1971-01-24</td><td>汉</td><td>父</td><td>孙全海</td></tr>
<tr><td>邹志妹</td><td>妻</td><td>1971-09-12</td><td>汉</td><td></td><td></td></tr>
<tr><td>孙琳</td><td>女</td><td>1995-02-10</td><td>汉</td><td></td><td></td></tr>
<tr><td>周金妹</td><td>母</td><td>1950-06-30</td><td>汉</td><td></td><td></td></tr>
<tr><td></td><td></td><td></td><td></td><td></td><td></td></tr>
<tr><td></td><td></td><td></td><td></td><td></td><td></td></tr>
<tr><td></td><td></td><td></td><td></td><td></td><td></td></tr>
<tr><td></td><td></td><td></td><td></td><td></td><td></td></tr>
<tr><td>家庭大事</td><td colspan="6">2006年建2层3间楼房、3间平房。</td></tr>
</table>

灵湖村第18村民小组　　自然村：陆步庄62号

项目	姓名	与户主关系	出生年月	民族	已故家属	
					称呼	姓名
现有家庭人员	柳永林	户主	1963-05-17	汉	父	柳寿根
	柳秋琴	女	1986-09-08	汉	母	柳福娣
家庭大事	柳秋琴本科学历。 2016年建3层3间楼房。 2015年于苏州城购商品房1套。 2012年购轿车1辆。 注：妻子户口不在本村。					

灵湖村第18村民小组　　自然村：陆步庄66号

项目	姓名	与户主关系	出生年月	民族	已故家属	
					称呼	姓名
现有家庭人员	朱世荣	户主	1952-05-24	汉	父	朱根林
	庄春仙	妻	1950-01-15	汉		
	朱永华	长子	1976-02-13	汉		
	朱林华	次子	1978-11-21	汉		
	朱伟杰	孙子	1999-12-06	汉		
	陆雅芳	非亲属	1977-12-11	汉		
	朱金凤	母	1929-01-22	汉		
家庭大事	朱世荣1970年1月应征入伍，1971年7月入党，1975年3月退伍。 朱伟杰本科学历。 2002年建2层3间楼房。					

灵湖村第18村民小组 **自然村：陆步庄71号**

<table>
<tr><th rowspan="2">项目</th><th rowspan="2">姓名</th><th rowspan="2">与户主关系</th><th rowspan="2">出生年月</th><th rowspan="2">民族</th><th colspan="2">已故家属</th></tr>
<tr><th>称呼</th><th>姓名</th></tr>
<tr><td rowspan="8">现有家庭人员</td><td>李水火</td><td>户主</td><td>1944-08-25</td><td>汉</td><td>岳父</td><td>朱祖官</td></tr>
<tr><td>朱凤英</td><td>妻</td><td>1948-04-07</td><td>汉</td><td>岳母</td><td>朱龙珠</td></tr>
<tr><td>朱海峰</td><td>子</td><td>1975-11-24</td><td>汉</td><td></td><td></td></tr>
<tr><td>邹福珍</td><td>儿媳</td><td>1976-08-06</td><td>汉</td><td></td><td></td></tr>
<tr><td>朱招芳</td><td>女</td><td>1970-03-02</td><td>汉</td><td></td><td></td></tr>
<tr><td>朱艳婧</td><td>孙女</td><td>2000-06-03</td><td>汉</td><td></td><td></td></tr>
<tr><td></td><td></td><td></td><td></td><td></td><td></td></tr>
<tr><td></td><td></td><td></td><td></td><td></td><td></td></tr>
<tr><td>家庭大事</td><td colspan="6">朱艳婧毕业于江苏城市职业学院吴中办学点（五年制高职）。
2019年建3层3间楼房。
2005年于苏州城购商品房1套。
2010年购轿车1辆。</td></tr>
</table>

灵湖村第18村民小组 **自然村：陆步庄73号**

<table>
<tr><th rowspan="2">项目</th><th rowspan="2">姓名</th><th rowspan="2">与户主关系</th><th rowspan="2">出生年月</th><th rowspan="2">民族</th><th colspan="2">已故家属</th></tr>
<tr><th>称呼</th><th>姓名</th></tr>
<tr><td rowspan="8">现有家庭人员</td><td>朱建康</td><td>户主</td><td>1973-12-04</td><td>汉</td><td>父</td><td>朱官林</td></tr>
<tr><td>朱勤华</td><td>妹妹</td><td>1976-10-10</td><td>汉</td><td></td><td></td></tr>
<tr><td>凌金妹</td><td>母</td><td>1952-02-28</td><td>汉</td><td></td><td></td></tr>
<tr><td></td><td></td><td></td><td></td><td></td><td></td></tr>
<tr><td></td><td></td><td></td><td></td><td></td><td></td></tr>
<tr><td></td><td></td><td></td><td></td><td></td><td></td></tr>
<tr><td></td><td></td><td></td><td></td><td></td><td></td></tr>
<tr><td></td><td></td><td></td><td></td><td></td><td></td></tr>
<tr><td>家庭大事</td><td colspan="6">朱建康1988年大学毕业后进入苏苑小学当教师。
2012年建3层3间楼房。
1995年于苏州城购商品房1套，2003年于苏州城购商品房1套。
2004年购轿车2辆。
注：妻子及儿女户口不在本村。</td></tr>
</table>

灵湖村第18村民小组

自然村：陆步庄74号

项目	姓名	与户主关系	出生年月	民族	已故家属	
					称呼	姓名
现有家庭人员	柳根兴	户主	1945-12-17	汉	父	柳才龙
	柳福仙	妻	1946-03-14	汉	母	柳彩娣
	柳永民	子	1971-02-15	汉		
	石建英	儿媳	1970-10-05	汉		
	柳仁杰	孙子	1993-08-12	汉		
	柳木易	曾孙女	2018-10-25	汉		
家庭大事	柳仁杰本科学历。 2000年建2层3间楼房。 2012年于苏州城购商品房1套。 2001年购轿车1辆。					

灵湖村第18村民小组

自然村：陆步庄75号

项目	姓名	与户主关系	出生年月	民族	已故家属	
					称呼	姓名
现有家庭人员	朱金官	户主	1944-08-01	汉	父	朱双林
	沈根娣	妻	1945-11-11	汉	母	朱氏
	朱卫平	子	1968-09-27	汉		
	张正芳	儿媳	1968-09-01	汉		
	朱斌	孙子	1993-01-14	汉		
	朱予则	曾孙	2019-03-24	汉		
家庭大事	朱斌本科学历。 1998年建2层3间楼房。 2014年于苏州城购商品房1套。 2009年购轿车1辆，2017年购轿车1辆。					

灵湖村第18村民小组

自然村：陆步庄81号

项目	姓名	与户主关系	出生年月	民族	已故家属	
					称呼	姓名
现有家庭人员	朱忠林	户主	1965-08-01	汉	母	庄金仙
	潘凤英	妻	1964-03-08	汉		
	朱虹	二女	1989-02-17	汉		
	朱萍	长女	1987-07-11	汉		
	朱阿金	父	1936-01-08	汉		
家庭大事	2002年建2层3间楼房。 2010年购轿车1辆。					

灵湖村第18村民小组

自然村：陆步庄82号

项目	姓名	与户主关系	出生年月	民族	已故家属	
					称呼	姓名
现有家庭人员	柳卫荣	户主	1974-04-07	汉	父	柳阿三
	沈小芳	妻	1975-03-21	汉		
	柳晓静	女	1996-12-15	汉		
	李美珍	母	1947-08-18	汉		
家庭大事	柳晓静毕业于江南大学（本科）。 2017年建3层3间楼房。 2008年于苏州城购商品房1套。 2000年购轿车1辆，2018年购轿车1辆。					

灵湖村第18村民小组　　自然村：陆步庄83号

项目	姓名	与户主关系	出生年月	民族	已故家属	
					称呼	姓名
现有家庭人员	朱金生	户主	1937-03-08	汉	父	朱双林
	朱福娣	妻	1944-02-20	汉	母	朱氏
	朱卫泉	子	1966-09-07	汉		
	沈雪珍	儿媳	1970-02-03	汉		
家庭大事	2000年建2层3间楼房。 2014年于木渎购商品房1套。					

灵湖村第18村民小组　　自然村：陆步庄85号

项目	姓名	与户主关系	出生年月	民族	已故家属	
					称呼	姓名
现有家庭人员	柳福兴	户主	1954-12-12	汉	父	柳才龙
	陆培娟	妻	1954-11-12	汉	母	柳彩娣
	柳美芳	长女	1978-12-13	汉		
	柳春芳	二女	1981-05-09	汉		
家庭大事	2000年建2层3间楼房。 2013年于苏州城购商品房1套。 2012年购轿车1辆。					

灵湖村第18村民小组

自然村：陆步庄86号

项目	姓名	与户主关系	出生年月	民族	已故家属	
					称呼	姓名
现有家庭人员	赵建华	户主	1964-04-12	汉	祖父	赵九高
	李琴	妻	1965-03-29	汉	祖母	赵全林
	赵静亚	女	1987-11-08	汉		
	赵睿	外孙	2014-03-16	汉		
	赵福荣	父	1942-04-26	汉		
	柏根仙	母	1945-04-17	汉		
家庭大事	2000年建2层3间楼房。 2013年购轿车1辆，2014年购轿车1辆，2015年购轿车1辆。 赵福荣家庭被临湖镇党委、临湖镇妇联评为2016年“最美家庭”，于2017年3月颁发荣誉证书。 注：女婿陈益奇、孙子陈睿户口不在本村。					

灵湖村第19村民小组

自然村：吴舍1号

项目	姓名	与户主关系	出生年月	民族	已故家属	
					称呼	姓名
现有家庭人员	沈中秋	户主	1979-10-05	汉	祖父	沈根林
	吴利林	妻	1978-12-27	汉		
	沈慧	女	2001-02-01	汉		
	赵根芝	祖母	1923-12-25	汉		
	沈荣林	父	1952-07-06	汉		
	王路妹	母	1955-08-21	汉		
家庭大事	沈慧江苏广播电视大学（五年制高职）在读。 2007年建2层3间楼房。 2013年购轿车1辆。 注：祖母跟父亲住一起。					

灵湖村第19村民小组　　自然村：吴舍1-1号

项目	姓名	与户主关系	出生年月	民族	已故家属	
					称呼	姓名
现有家庭人员	沈建方	户主	1965-03-13	汉	父	沈根福
家庭大事	1984年11月应征入伍，1989年3月退伍。 1993年建2层3间楼房。					

灵湖村第19村民小组　　自然村：吴舍1-1号

项目	姓名	与户主关系	出生年月	民族	已故家属	
					称呼	姓名
现有家庭人员	石阿妹	户主	1928-10-07	汉	丈夫	石叙生
家庭大事	注：并入石福明、石伟明户。					

灵湖村第19村民小组

自然村：吴舍1-1号

项目	姓名	与户主关系	出生年月	民族	已故家属	
					称呼	姓名
现有家庭人员	石福明	户主	1962-12-10	汉	父	石叙生
	沈玉华	妻	1962-03-21	汉		
	石阿妹	母	1928-10-07	汉		
家庭大事	1986年建2层2间楼房。 2000年购轿车1辆。 注：子女户口不在本村。					

灵湖村第19村民小组

自然村：吴舍3号

项目	姓名	与户主关系	出生年月	民族	已故家属	
					称呼	姓名
现有家庭人员	石伟明	户主	1947-03-13	汉	父	石叙生
	柳惠珍	妻	1948-10-05	汉		
	石建荣	长子	1972-09-18	汉		
	沈文菊	儿媳	1971-03-05	汉		
	石黎雯	孙女	1995-12-11	汉		
	石阿妹	母	1928-10-07	汉		
家庭大事	石黎雯2016年5月入党，2017年6月毕业于常熟理工学院。 2021年建3层3间楼房、2间平房。 注：次子石建新户口不在本村。					

灵湖村第19村民小组　　自然村: 吴舍21号

项目	姓名	与户主关系	出生年月	民族	已故家属	
					称呼	姓名
现有家庭人员	石月明	户主	1945-09-07	汉	父	石叙生
	浦玉珍	妻	1947-08-22	汉		
	石建平	子	1968-07-05	汉		
	徐晓静	儿媳	1970-10-13	汉		
	石希曦	孙女	1994-12-14	汉		
	石阿妹	母	1928-10-07	汉		
家庭大事	石建平毕业于华东工学院。 1998年建2层3间楼房。 注：儿子、儿媳、孙女户口不在本村。					

灵湖村第19村民小组　　自然村: 吴舍26号

项目	姓名	与户主关系	出生年月	民族	已故家属	
					称呼	姓名
现有家庭人员	崔小梅	户主	1971-11-27	汉	公爹	顾宝根
	顾程	子	2002-07-26	汉	公婆	赵阿妹
					丈夫	顾永明
家庭大事	2005年建2层2间楼房。					

灵湖村第19村民小组　　自然村：吴舍28号

项目	姓名	与户主关系	出生年月	民族	已故家属	
					称呼	姓名
现有家庭人员	沈继伟	户主	1966-06-19	汉	父	沈洪圭
	沈丽娟	妻	1969-12-22	汉		
	沈阳	子	1991-11-30	汉		
	沈凤珍	母	1944-07-09	汉		
家庭大事	沈阳毕业于苏州科技学院。 1998年建2层3间楼房。 2016年购商品房1套（永旺太湖新城）。 购轿车1辆。					

灵湖村第19村民小组　　自然村：吴舍31号

项目	姓名	与户主关系	出生年月	民族	已故家属	
					称呼	姓名
现有家庭人员	顾卫明	户主	1957-08-07	汉	父	顾宝根
	孙桂娥	妻	1967-08-18	汉	母	赵阿妹
	顾伟强	次子	1994-12-26	汉	伯父	顾来根
	顾燕回	长子	1986-08-22	汉		
	唐天雅	儿媳	1998-03-12	汉		
家庭大事	顾燕回2005年12月应征入伍，2007年12月退伍。 1999年建2层3间楼房。 2021年购轿车1辆。					

灵湖村第19村民小组 **自然村：吴舍32号**

项目	姓名	与户主关系	出生年月	民族	已故家属	
					称呼	姓名
现有家庭人员	赵雪官	户主	1955-07-15	汉	父	赵根生
	朱彩华	妻	1960-12-29	汉	母	孔云宝
	赵俊	子	1984-11-23	汉		
	赵泽诚	孙子	2010-03-20	汉		
家庭大事	1990年建2层3间楼房。 注：儿媳户口不在本村。					

灵湖村第19村民小组 **自然村：吴舍35号**

项目	姓名	与户主关系	出生年月	民族	已故家属	
					称呼	姓名
现有家庭人员	浦海荣	户主	1964-07-01	汉	父	浦惠山
	石小琴	妻	1967-06-10	汉		
	浦静丹	女	1988-11-12	汉		
	浦晨曦	孙女	2013-06-12	汉		
	周水仙	母	1931-09-10	汉		
家庭大事	2019年建3层3间楼房。 2008年购轿车1辆。 注：女婿户口不在本村。					

灵湖村第19村民小组

自然村: 吴舍36号

项目	姓名	与户主关系	出生年月	民族	已故家属	
					称呼	姓名
现有家庭人员	孔招才	户主	1955-03-09	汉	父	孔友富
	沈玉妹	妻	1958-10-22	汉	母	朱小妹
	孔晓荣	子	1986-10-09	汉		
	孔徐君	孙子	2011-12-14	汉		
家庭大事	2000年建2层3间楼房。 购轿车1辆。 注: 儿媳户口不在本村。					

灵湖村第19村民小组

自然村: 吴舍37号

项目	姓名	与户主关系	出生年月	民族	已故家属	
					称呼	姓名
现有家庭人员	石彩英	户主	1939-08-24	汉	丈夫	沈根福
	赵伟娟	儿媳	1966-09-18	汉		
	沈佳佳	孙子	1988-11-18	汉		
	沈艳婷	曾孙女	2012-03-11	汉		
家庭大事	1993年建2层3间楼房。 注: 儿子沈建方另立门户。					

灵湖村第19村民小组 自然村：吴舍39号

项目	姓名	与户主关系	出生年月	民族	已故家属	
					称呼	姓名
现有家庭人员	赵全官	户主	1953-03-24	汉	父	赵根生
	戴凤英	妻	1958-05-30	汉	母	孔云宝
	赵莉芳	女	1979-12-11	汉		
	范晓明	女婿	1981-11-21	汉		
	范佳	孙女	2007-03-18	汉		
家庭大事	赵莉芳毕业于东南大学（本科）。 1994年建2层3间楼房。					

灵湖村第19村民小组 自然村：吴舍43号

项目	姓名	与户主关系	出生年月	民族	已故家属	
					称呼	姓名
现有家庭人员	赵振荣	户主	1969-06-03	汉	祖父	赵伯生
	施雪凤	妻	1969-02-25	汉	祖母	吴云妹
	赵强	子	1993-11-25	汉	父	赵文虎
	赵子贤	孙子	2021-08-22	汉		
	朱阿二	母	1950-01-07	汉		
家庭大事	1991年建2层3间楼房、3间平房。 注：儿媳户口不在本村。					

灵湖村第19村民小组　　自然村：吴舍47号

项目	姓名	与户主关系	出生年月	民族	已故家属	
					称呼	姓名
现有家庭人员	梅开元	户主	1956-07-01	汉	父	梅春方
	金晓芳	妻	1963-06-03	汉	母	顾阿妹
家庭大事	1999年建2层3间楼房。 注：子女户口不在本村。					

灵湖村第19村民小组　　自然村：吴舍48号

项目	姓名	与户主关系	出生年月	民族	已故家属	
					称呼	姓名
现有家庭人员	赵伟官	户主	1958-06-22	汉	父	赵根生
	谢玲芳	妻	1963-11-10	汉	母	孔云宝
	赵子强	子	1987-05-06	汉		
	李婷	儿媳	1988-07-27	汉		
	赵歆妍	孙女	2012-07-05	汉		
家庭大事	赵子强毕业于苏州科技学院（本科）。 于园区购商品房1套。 购轿车1辆。					

灵湖村第19村民小组

自然村：吴舍50号

项目	姓名	与户主关系	出生年月	民族	已故家属	
					称呼	姓名
现有家庭人员	赵中明	户主	1969-01-04	汉	祖父	赵水林
	屠美芳	妻	1972-04-19	汉	祖母	赵氏
	赵蓉	女	1993-09-10	汉		
家庭大事	赵中明为东山卫生院救护车驾驶员。 赵蓉大学毕业后在横泾小学任教。 2016年于渡村镇上购商品房1套。 购轿车1辆。 注：父母、女婿、孙女户口不在本村。					

灵湖村第19村民小组

自然村：吴舍52号

项目	姓名	与户主关系	出生年月	民族	已故家属	
					称呼	姓名
现有家庭人员	沈培华	户主	1959-12-22	汉	父	沈才章
	陈菊仙	妻	1960-09-06	汉	母	丁密林
	沈琴	女	1984-01-11	汉		
	李沈舜哲	孙子	2018-09-19	汉		
	沈李舜劼	孙子	2009-09-29	汉		
家庭大事	沈琴中专学历。 1986年建2层3间楼房。 注：女婿户口不在本村。					

灵湖村第19村民小组　　自然村：吴舍54号

项目	姓名	与户主关系	出生年月	民族	已故家属	
					称呼	姓名
现有家庭人员	顾桂泉	户主	1950-08-26	汉	母	赵珠宝
	吴纪妹	妻	1951-12-27	汉		
	顾美珍	长女	1974-05-24	汉		
	钱建强	女婿	1973-10-10	汉		
	顾思鸣	孙子	1995-07-27	汉		
家庭大事	钱建强现为吴中公交公司驾驶员。 顾美珍现在居家乐养老服务中心工作。 1990年建2层2间楼房。 2012年购商品房1套（禾盛花苑）。 2015年购轿车2辆。					

灵湖村第19村民小组　　自然村：吴舍55号

项目	姓名	与户主关系	出生年月	民族	已故家属	
					称呼	姓名
现有家庭人员	沈根法	户主	1945-06-16	汉	祖父	沈渭春
	王凤仙	妻	1948-07-28	汉	祖母	沈朱氏
	沈忠华	子	1970-09-08	汉	父	沈根才
	陆月凤	儿媳	1969-01-16	汉		
	沈芳	女	1973-09-09	汉		
	沈若凡	孙子	1995-11-12	汉		
	沈小妹	母	1925-12-25	汉		
家庭大事	沈忠华1990年12月应征入伍（海军航空兵），1994年退伍。 沈若凡毕业于常熟理工学院。 1981年建2间猪棚，1990年建2层3间楼房，1994年建2间平房（厨房）并建围墙、门楼，2007年重建3层3间楼房。					

灵湖村第19村民小组　　自然村：吴舍56号

项目	姓名	与户主关系	出生年月	民族	已故家属	
					称呼	姓名
现有家庭人员	沈培林	户主	1955-01-18	汉	父	沈寿林
	杨云仙	妻	1955-05-25	汉	母	纪秀英
	沈建峰	子	1980-12-05	汉		
	陆建敏	儿媳	1982-09-05	汉		
	沈亿鑫	孙子	2004-05-07	汉		
家庭大事	1994年建2层3间楼房。 于吴江购商品房1套。 购轿车1辆。					

灵湖村第19村民小组　　自然村：吴舍58号

项目	姓名	与户主关系	出生年月	民族	已故家属	
					称呼	姓名
现有家庭人员	顾益明	户主	1955-09-17	汉	父	顾宝根
	罗巧英	妻	1954-07-25	汉	母	赵阿妹
	顾竟昊	子	1983-08-22	汉		
	左秀红	儿媳	1982-08-22	汉		
	顾子杰	孙子	2006-01-17	汉		
家庭大事	顾益明1976年12月应征入伍，1980年7月入党，1983年1月退伍。退伍后任村民兵营长。 1996年建2层3间楼房。 2019年购轿车1辆。					

灵湖村第19村民小组 自然村：吴舍59号

项目	姓名	与户主关系	出生年月	民族	已故家属	
					称呼	姓名
现有家庭人员	沈卫达	户主	1945-05-18	汉	妻	翁培英
	沈华	子	1972-09-19	汉		
	李琴华	儿媳	1974-10-23	汉		
	沈振华	孙子	1996-11-14	汉		
家庭大事	沈振华毕业于苏州大学应用技术学院（本科）。 2000年建2层3间楼房、3间平房。 2012年购商品房1套（银藏小区）。 2008年购轿车1辆。					

灵湖村第19村民小组 自然村：吴舍60号

项目	姓名	与户主关系	出生年月	民族	已故家属	
					称呼	姓名
现有家庭人员	赵振明	户主	1970-08-25	汉	祖父	赵水林
	王菊英	妻	1972-08-22	汉	祖母	赵氏
	赵粤	女	1995-12-23	汉		
家庭大事	赵粤毕业于扬州大学。 2020年购商品房1套（南桥花园）。 购轿车1辆。 注：父亲赵伟生、母亲周惠珍、女婿、孙子户口不在本村。					

灵湖村第19村民小组　　自然村：吴舍61号

项目	姓名	与户主关系	出生年月	民族	已故家属	
					称呼	姓名
现有家庭人员	邹建林	户主	1957-02-19	汉	祖父	邹进发
	夏美英	妻	1957-01-20	汉	祖母	邹阿招
	邹晓伟	子	1981-09-11	汉	父	邹爱生
	邹沈如一	孙女	2006-09-17	汉	母	徐阿妹
家庭大事	1993年建2层3间楼房。 2000年于苏州城购商品房1套，2015年购商品房1套（南桥花园）。 2007年购轿车1辆，2015年购轿车1辆，2020年购轿车1辆。 注：儿媳、孙子户口不在本村。					

灵湖村第19村民小组　　自然村：吴舍62号

项目	姓名	与户主关系	出生年月	民族	已故家属	
					称呼	姓名
现有家庭人员	沈开建	户主	1953-05-03	汉	父	沈根才
	赵雪英	妻	1956-09-11	汉		
	沈恒恒	子	1981-02-01	汉		
	沈园媛	女	1979-09-28	汉		
	沈小妹	母	1925-12-25	汉		
家庭大事	沈开建1975年1月应征入伍，1978年3月入党，1978年4月退伍。 1995年建2层3间楼房。 2002年购轿车1辆。 注：儿媳及两个孙子户口不在本村。					

灵湖村第19村民小组

自然村: 吴舍64号

项目	姓名	与户主关系	出生年月	民族	已故家属	
					称呼	姓名
现有家庭人员	赵正开	户主	1971-11-19	汉	父	赵文虎
	岳彩霞	妻	1975-04-12	汉		
	赵兰	女	1995-05-23	汉		
	朱阿二	母	1950-01-07	汉		
家庭大事	赵兰毕业于南京旅游职业学院。 1997年建2层3间楼房。 2016年购轿车1辆。 注：女婿、孙女户口不在本村。					

灵湖村第19村民小组

自然村: 吴舍65号

项目	姓名	与户主关系	出生年月	民族	已故家属	
					称呼	姓名
现有家庭人员	沈开明	户主	1962-10-11	汉	父	沈根才
	赵秀珍	妻	1968-11-20	汉		
	沈健	子	1990-06-26	汉		
	沈亦	孙女	2015-01-01	汉		
	沈小妹	母	1925-12-25	汉		
家庭大事	沈健现为公交公司驾驶员。 1997年建2层3间楼房。 注：儿媳户口不在本村。					

灵湖村第19村民小组　　自然村：吴舍66号

项目	姓名	与户主关系	出生年月	民族	已故家属	
					称呼	姓名
现有家庭人员	沈钰明	户主	1945-09-14	汉	父	沈水根
	沈玲妹	妻	1949-04-15	汉	母	金爱林
	沈永忠	子	1968-07-03	汉		
	汪珊英	儿媳	1966-03-04	汉		
	沈文	孙女	1993-12-26	汉		
	沈婷	孙女	1991-06-27	汉		
家庭大事	沈婷毕业于南京师范大学，2015年购轿车1辆。 沈文毕业于南通大学，2017年购轿车1辆。 2007年建2层3间楼房。					

灵湖村第19村民小组　　自然村：吴舍67号

项目	姓名	与户主关系	出生年月	民族	已故家属	
					称呼	姓名
现有家庭人员	沈建华	户主	1956-09-13	汉	父	沈才章
	金雪芬	妻	1956-05-22	汉	母	丁密林
	沈锋	子	1983-01-11	汉		
	丁鑫笑	儿媳	1986-04-12	汉		
	沈启越	孙子	2018-11-11	汉		
	沈启帆	孙子	2010-09-20	汉		
家庭大事	1988年建2层3间楼房。					

灵湖村第19村民小组

自然村：吴舍68号

项目	姓名	与户主关系	出生年月	民族	已故家属	
					称呼	姓名
现有家庭人员	沈培良	户主	1963-07-14	汉	父	沈寿林
	沈剑欢	子	1986-10-31	汉	母	纪秀英
	唐云兰	非亲属	1963-02-25	汉		
家庭大事	沈剑欢2005年考取江苏工业大学，后留学英国赫尔大学，2016年入党。 1998年建2层3间楼房。 2004年沈培良与唐云兰离婚，儿子随父。 注：儿媳、孙女户口不在本地。					

灵湖村第19村民小组

自然村：吴舍69号

项目	姓名	与户主关系	出生年月	民族	已故家属	
					称呼	姓名
现有家庭人员	沈培荣	户主	1951-11-12	汉	父	沈寿林
	丁水珍	妻	1951-08-06	汉	母	纪秀英
	沈月静	长女	1974-10-28	汉		
家庭大事	沈月静1990年考取吴江师范学校，现在吴江盛泽学校任教，2008年入党。 1992年建2层4间楼房。 注：沈月静丈夫张伟锋2006年入党，户口不在本村。二女沈月红户口不在本村。					

灵湖村第19村民小组　　自然村:吴舍70号

项目	姓名	与户主关系	出生年月	民族	已故家属	
					称呼	姓名
现有家庭人员	顾阿方	户主	1953-11-13	汉	父	顾得生
	柳桂英	妻	1955-11-30	汉	母	陆寿珠
	顾琴琴	女	1980-02-14	汉		
家庭大事	1988年建2层2间楼房,2007年建2层2间楼房。 2003年于苏州城购商品房1套。 2000年购轿车1辆。 注:女婿、孙子户口不在本村。					

灵湖村第19村民小组　　自然村:吴舍71号

项目	姓名	与户主关系	出生年月	民族	已故家属	
					称呼	姓名
现有家庭人员	沈跃明	户主	1959-02-17	汉	父	沈水根
	赵招玲	妻	1961-06-12	汉	母	金爱林
	沈斌	子	1982-11-11	汉		
	彭晓恩	儿媳	1982-10-04	汉		
	沈苏宸	孙子	2011-05-12	汉		
家庭大事	沈斌毕业于中国地质大学(武汉),毕业后回苏州工作。 1990年建2层3间楼房,2018年改建3层3间楼房。 2005年于木渎购商品房1套。2017年于木渎购商品房1套。 2009年购轿车1辆,2016年购轿车1辆。					

灵湖村第19村民小组　　自然村：吴舍72号

<table>
<tr><th rowspan="2">项目</th><th rowspan="2">姓名</th><th rowspan="2">与户主关系</th><th rowspan="2">出生年月</th><th rowspan="2">民族</th><th colspan="2">已故家属</th></tr>
<tr><th>称呼</th><th>姓名</th></tr>
<tr><td rowspan="8">现有家庭人员</td><td>梅介良</td><td>户主</td><td>1963-06-14</td><td>汉</td><td>祖父</td><td>梅阿毛</td></tr>
<tr><td>沈培玉</td><td>妻</td><td>1964-01-18</td><td>汉</td><td>祖母</td><td>梅王氏</td></tr>
<tr><td>梅金福</td><td>父</td><td>1936-04-11</td><td>汉</td><td>母</td><td>丁密宝</td></tr>
<tr><td>梅林峰</td><td>子</td><td>1986-09-03</td><td>汉</td><td></td><td></td></tr>
<tr><td>华丽莉</td><td>儿媳</td><td>1986-11-20</td><td>汉</td><td></td><td></td></tr>
<tr><td>梅华晔</td><td>孙子</td><td>2007-07-05</td><td>汉</td><td></td><td></td></tr>
<tr><td>梅华亮</td><td>孙子</td><td>2012-01-15</td><td>汉</td><td></td><td></td></tr>
<tr><td></td><td></td><td></td><td></td><td></td><td></td></tr>
<tr><td>家庭大事</td><td colspan="6">2021年建3层3间楼房、5间平房。
2002年购轿车1辆。
注：儿子、儿媳及两个孙子户口不在本村。</td></tr>
</table>

灵湖村第19村民小组　　自然村：吴舍74号

<table>
<tr><th rowspan="2">项目</th><th rowspan="2">姓名</th><th rowspan="2">与户主关系</th><th rowspan="2">出生年月</th><th rowspan="2">民族</th><th colspan="2">已故家属</th></tr>
<tr><th>称呼</th><th>姓名</th></tr>
<tr><td rowspan="8">现有家庭人员</td><td>顾玉妹</td><td>户主</td><td>1962-07-25</td><td>汉</td><td>公公</td><td>沈火根</td></tr>
<tr><td>沈彩红</td><td>女</td><td>1986-01-16</td><td>汉</td><td>公婆</td><td>赵珠宝</td></tr>
<tr><td></td><td></td><td></td><td></td><td></td><td></td></tr>
<tr><td></td><td></td><td></td><td></td><td></td><td></td></tr>
<tr><td></td><td></td><td></td><td></td><td></td><td></td></tr>
<tr><td></td><td></td><td></td><td></td><td></td><td></td></tr>
<tr><td></td><td></td><td></td><td></td><td></td><td></td></tr>
<tr><td></td><td></td><td></td><td></td><td></td><td></td></tr>
<tr><td>家庭大事</td><td colspan="6">2007年购2层2间楼房。
注：女婿户口不在本村。</td></tr>
</table>

灵湖村第19村民小组　　自然村：吴舍74号

项目	姓名	与户主关系	出生年月	民族	已故家属	
					称呼	姓名
现有家庭人员	沈明海	户主	1959-08-14	汉	父	沈火根
					母	赵珠宝
家庭大事	2000年建2层3间楼房。					

灵湖村第19村民小组　　自然村：吴舍76号

项目	姓名	与户主关系	出生年月	民族	已故家属	
					称呼	姓名
现有家庭人员	金新华	户主	1961-07-06	汉	丈夫	沈建明
	沈燕	女	1982-01-07	汉	公爹	沈根福
	汪宏宝	女婿	1981-09-10	汉		
	汪艺轩	孙子	2010-01-29	汉		
	沈艺奕	孙女	2014-10-19	汉		
	石彩英	公婆	1939-08-24	汉		
家庭大事	1992年建2层3间楼房、2间平房。					

灵湖村第19村民小组　　自然村：吴舍78号

项目	姓名	与户主关系	出生年月	民族	已故家属	
					称呼	姓名
现有家庭人员	沈桂生	户主	1950-09-07	汉	父	沈根宝
					母	沈张氏
家庭大事	1986年建2间平房。					

灵湖村第19村民小组　　自然村：吴舍79号

项目	姓名	与户主关系	出生年月	民族	已故家属	
					称呼	姓名
现有家庭人员	顾凤英	户主	1943-02-15	汉	丈夫	赵文龙
	赵伟荣	子	1965-02-19	汉		
	徐雪兰	儿媳	1969-01-21	汉		
	赵利利	孙女	1988-05-01	汉		
家庭大事	赵利利毕业于苏州大学，现在临湖镇民政部门工作。 2006年建3层3间楼房。 2003年购轿车1辆，2007年购车1辆。					

灵湖村第19村民小组　　自然村：吴舍80号

项目	姓名	与户主关系	出生年月	民族	已故家属	
					称呼	姓名
现有家庭人员	赵根芝	户主	1923-12-25	汉	丈夫	沈根林
	沈荣林	子	1952-07-06	汉		
	王路妹	儿媳	1955-08-21	汉		
	沈阿二	孙子	1981-02-04	汉		
家庭大事	2007年建2层3间楼房，2018年建4间平房。					

灵湖村第19村民小组　　自然村：吴舍81号

项目	姓名	与户主关系	出生年月	民族	已故家属	
					称呼	姓名
现有家庭人员	顾永建	户主	1954-11-12	汉	父	顾得生
	顾金菊	妻	1957-06-29	汉	母	陆寿珠
	顾吉呈	子	1981-03-15	汉		
家庭大事	顾吉呈毕业于苏州科技学院。 1991年建2层3间楼房。 注：儿媳、孙女户口不在本村。					

灵湖村第20村民小组

自然村：吴舍1号

项目	姓名	与户主关系	出生年月	民族	已故家属	
					称呼	姓名
现有家庭人员	张巧玲	户主	1937-07-12	汉	丈夫	陈荣生
	陈哲敏（张忠）	儿子	1967-10-11	汉	祖父	张云卿
				汉	祖母	石阿妹
	陆民	儿媳	1970-09-26	汉	父	张水根
	陈怡（张清）	孙女	1997-06-06	汉		
家庭大事	陈荣生1955年10月入党，1961年9月任东风大队党支部书记。 张巧玲1956年4月入党，1958年7月任渡村乡蚕桑辅导员，1962年后任渡村公社团委、妇联、治安保卫副书记（主任）等职。1979年2月被江苏省妇联评为江苏省“三八”红旗手，1980年3月被评为吴县劳动模范。1993年2月退休（渡村镇多种经营公司）。 1996年建楼房1幢。					

灵湖村第20村民小组

自然村：吴舍105号

项目	姓名	与户主关系	出生年月	民族	已故家属	
					称呼	姓名
现有家庭人员	柳菊林	户主	1958-01-27	汉	父	柳丙良
	石桂英	妻	1957-06-01	汉	母	沈福仙
	柳芳	女	1981-07-13	汉		
	柳昕怡	孙女	2002-07-19	汉		
家庭大事	1980年建2层3间楼房、3间平房。 2017年购轿车1辆。 注：女婿户口不在本村。					

灵湖村第20村民小组　　自然村：吴舍106号

项目	姓名	与户主关系	出生年月	民族	已故家属	
					称呼	姓名
现有家庭人员	柳金生	户主	1942-12-05	汉	父	柳杏根
	柳福秋	子	1972-08-24	汉	母	柳阿才
	邱桂英	儿媳	1972-03-08	汉	妻	邱凤玲
	柳静静	孙女	1995-01-05	汉		
家庭大事	柳静静大专学历。 柳金生1964年1月应征入伍，1966年8月入党。1970~1996年先后任大队民兵营长、大队综合厂负责人。					

灵湖村第20村民小组　　自然村：吴舍107号

项目	姓名	与户主关系	出生年月	民族	已故家属	
					称呼	姓名
现有家庭人员	柳菊元	户主	1964-05-06	汉	父	柳丙良
	丁云妹	妻	1966-04-16	汉	母	沈福仙
	柳静燕	女	1987-05-11	汉		
	柳喻晔	孙子	2013-12-29	汉		
家庭大事	柳静燕大专学历。 1998年建2层3间楼房、1间平房。 购轿车1辆。 注：女婿户口不在本村。					

灵湖村第20村民小组

自然村：吴舍108号

项目	姓名	与户主关系	出生年月	民族	已故家属	
					称呼	姓名
现有家庭人员	屠美珍	户主	1947-01-24	汉	父	柳杏根
	柳卫生	丈夫	1945-11-09	汉	母	柳阿才
	柳亚仙	长女	1968-11-14	汉		
	庄阿五	女婿	1966-01-18	汉		
	柳杰	孙子	1989-10-06	汉		
	柳馨玥	曾孙女	2014-08-29	汉		
家庭大事	建2层4间楼房、2间平房、1间厢房。 2011年购轿车1辆。					

灵湖村第20村民小组

自然村：吴舍112号

项目	姓名	与户主关系	出生年月	民族	已故家属	
					称呼	姓名
现有家庭人员	邹福生	户主	1953-10-09	汉	父	邹阿美
	邱桂英	妻	1954-10-21	汉	母	邹阿金
	周亚兰	长女	1978-10-27	汉		
	邹小芳	二女	1981-09-13	汉		
	沈彬	女婿	1978-08-26	汉		
	邹宇婷	孙女	2002-08-01	汉		
	张周昊	外孙	2012-02-15	汉		
家庭大事	邹宇婷大专在读。 1989年建2层4间楼房、1间平房。 2017年购轿车1辆，2018年购轿车1辆。					

灵湖村第20村民小组 自然村：吴舍113号

项目	姓名	与户主关系	出生年月	民族	已故家属	
					称呼	姓名
现有家庭人员	邹剑	户主	1989-02-17	汉	父	邹福才
	邹燕	姐姐	1985-09-01	汉		
	金五妹	母	1963-08-10	汉		
家庭大事	邹剑大专学历。 1999年建2层3间楼房、2间平房。 购轿车1辆。					

灵湖村第20村民小组 自然村：吴舍114号

项目	姓名	与户主关系	出生年月	民族	已故家属	
					称呼	姓名
现有家庭人员	柳丙生	户主	1949-07-05	汉	父	柳杏根
	沈菊珍	妻	1950-09-21	汉	母	孔阿才
	柳亚琴	女	1976-11-01	汉		
	孔春宏	女婿	1971-01-04	汉		
	柳晓骏	外孙	1998-03-02	汉		
家庭大事	柳晓骏就读于苏州建设交通高等职业技术学校（五年制高职）。 建2层3间楼房。 购轿车2辆。					

灵湖村第20村民小组　　自然村：吴舍116号

项目	姓名	与户主关系	出生年月	民族	已故家属	
					称呼	姓名
现有家庭人员	邹林生	户主	1949-11-29	汉	父	邹阿美
	邹金秀	妻	1952-07-21	汉	母	邹阿金
	邹继忠	子	1970-01-27	汉		
	朱文娥	儿媳	1968-11-04	汉		
	邹华	孙子	1992-09-26	汉		
家庭大事	邹华中专学历。 1970年建2层3间楼房、2间平房。 2013年购轿车1辆。					

灵湖村第20村民小组　　自然村：吴舍125号

项目	姓名	与户主关系	出生年月	民族	已故家属	
					称呼	姓名
现有家庭人员	姚明海	户主	1960-05-22	汉	祖父	姚发根
	张惠敏	妻	1962-10-08	汉	祖母	姚柳氏
	姚懿军	女	1988-01-28	汉		
	金福根	父	1936-12-27	汉		
家庭大事	姚懿军毕业于苏州科技学院（本科），现在苏州东吴建筑设计院工作。 金福根1955年3月应征入伍，1958年退伍。 2006年建3层3间楼房、1间平房。 2005年购商品房1套，2006年购商品房1套。 2010年购轿车1辆。 注：母亲姚招娣户口不在本村。					

灵湖村第20村民小组　　自然村：吴舍137号

项目	姓名	与户主关系	出生年月	民族	已故家属	
					称呼	姓名
现有家庭人员	屠永道	户主	1954-12-28	汉	父	屠阿五
	周美英	妻	1957-07-20	汉		
	屠鸣刚	子	1981-07-02	汉		
	屠孝文	孙女	2004-08-10	汉		
	屠根仙	母	1936-09-02	汉		
家庭大事	1990年建2层2间1厢楼房。 2009年购商品房1套。 2008年购轿车1辆。					

灵湖村第20村民小组　　自然村：吴舍138号

项目	姓名	与户主关系	出生年月	民族	已故家属	
					称呼	姓名
现有家庭人员	屠金龙	户主	1952-07-04	汉	父	屠阿宝
	张惠娟	妻	1956-03-20	汉	母	金根娣
	屠伟强	子	1978-11-02	汉		
	王静	儿媳	1976-07-10	汉		
	屠豪丰	孙子	2000-11-15	汉		
家庭大事	屠豪丰大专学历。 1994年建2层3间楼房，2004年重建2层3间楼房。 2019年购轿车1辆。					

灵湖村第20村民小组　　自然村：吴舍139号

项目	姓名	与户主关系	出生年月	民族	已故家属	
					称呼	姓名
现有家庭人员	屠永才	户主	1962-03-01	汉	父	屠阿五
	周才娟	妻	1962-08-20	汉		
	屠鸣华	子	1987-02-01	汉		
	屠馨妍	孙女	2013-10-27	汉		
	屠根仙	母	1936-09-02	汉		
家庭大事	屠鸣华本科学历。 1994年建2层3间楼房、3间平房。 2018年购轿车1辆。 注：儿媳户口不在本村。					

灵湖村第20村民小组　　自然村：吴舍140号

项目	姓名	与户主关系	出生年月	民族	已故家属	
					称呼	姓名
现有家庭人员	徐红英	户主	1976-10-10	汉	父	查全根
	孔阿三	丈夫	1972-02-13	汉	母	徐桂凤
	徐茗	女	1997-12-16	汉		
家庭大事	徐茗毕业于江苏城市职业学院吴中办学点（五年制高职）。 1998年建2层3间楼房、4间平房。					

灵湖村第20村民小组　　自然村：吴舍141号

项目	姓名	与户主关系	出生年月	民族	已故家属	
					称呼	姓名
现有家庭人员	屠喜信	户主	1970-05-10	汉	父	屠根寿
	陆玉珍	妻	1971-01-09	汉		
	屠学申	子	1993-12-16	汉		
	沈火珍	母	1948-05-17	汉		
家庭大事	屠学申本科学历。 1990年建2层3间楼房、15间平房。 2016年购轿车1辆，2018年购轿车1辆。					

灵湖村第20村民小组　　自然村：吴舍143号

项目	姓名	与户主关系	出生年月	民族	已故家属	
					称呼	姓名
现有家庭人员	张金华	户主	1958-12-08	汉	父	张水根
	柳彩凤	妻	1959-07-21	汉	母	石阿雪
	张志敏	女	1982-02-02	汉		
	郑伟	女婿	1980-12-27	汉		
	张郑杰	孙子	2003-12-28	汉		
家庭大事	张志敏大专学历。 张郑杰大专在读。 1998年建2层3间楼房、3间平房。 购轿车1辆。					

灵湖村第20村民小组　　自然村：吴舍147号

项目	姓名	与户主关系	出生年月	民族	已故家属	
					称呼	姓名
现有家庭人员	屠永林	户主	1963-12-17	汉	父	屠阿二
	沈四妹	妻	1965-12-21	汉	母	金阿仙
	屠胜凤	女	1986-05-21	汉		
	赵训安	女婿	1987-10-26	汉		
	屠以恩	孙子	2018-06-02	汉		
	赵以诺	孙子	2014-07-27	汉		
家庭大事	屠胜凤本科学历，于东山中学任语文教师。 赵训安本科学历。 1996年建3层3间楼房、2间平房。 2016年购商品房1套（绿地·博墅）。 2012年购轿车1辆。					

灵湖村第20村民小组　　自然村：吴舍148号

项目	姓名	与户主关系	出生年月	民族	已故家属	
					称呼	姓名
现有家庭人员	朱静芳	户主	1968-03-06	汉	高祖父	朱锦山
	石阿三	丈夫	1965-12-23	汉	高祖母	朱石氏
	朱佳俊	子	1990-08-19	汉	曾祖父	朱凤泉
	朱欣瑶	孙女	2017-04-24	汉	曾祖母	朱孔氏
	朱福根	父	1940-08-21	汉	祖父	朱阿三
	屠阿凤	母	1941-01-18	汉	祖母	李小毛
家庭大事	朱福根1972年任生产队队长，1976年6月入党，2006、2007、2009年被评为村先进党员，1983年任村调解主任，退休后再任联组长直至2015年回家养老。 朱静芳2004年当选村人大代表，2005年入党。 朱佳俊2020年入党。 1994年建2层3间楼房，2018年购商品房1套，2010年购轿车1辆。 注：儿媳户口不在本村。					

灵湖村第20村民小组　　自然村：吴舍149号

项目	姓名	与户主关系	出生年月	民族	已故家属	
					称呼	姓名
现有家庭人员	盛卫荣	户主	1967-03-10	汉	父	盛根泉
	陈建英	妻	1968-10-29	汉	母	金娣娟
	盛志强	子	1990-08-28	汉		
	盛文彦	孙子	2019-11-25	汉		
家庭大事	盛志强大专学历。 1996年建2层3间楼房、7间平房。 在苏州城购商品房2套。 购轿车3辆。 注：儿媳户口不在本村。					

灵湖村第20村民小组　　自然村：吴舍150号

项目	姓名	与户主关系	出生年月	民族	已故家属	
					称呼	姓名
现有家庭人员	屠正祥	户主	1969-06-23	汉	祖父	屠阿大
	陈功战	妻	1969-09-16	汉	祖母	石云宝
	屠洛涔	子	1995-08-29	汉	父	屠福林
	屠熙童	孙女	2021-01-14	汉		
	石文妹	母	1952-01-01	汉		
家庭大事	屠正祥1989年应征入伍，1993年入党，其中1990~1994年就读于西安空军工程学院。在空军航空兵某部先后任飞机发动机机械师，连营指导员，师政治部组织科副科长、科长，政治部副主任等职，2012年底为正团级。后转业至苏州市科学技术局，四级调研员（副处级）。 陈功战2003年7月入党。 屠洛涔本科学历。 1988年建2层3间楼房，2012年重建3层3间别墅。 2006、2012、2019、2021年分别购置轿车1辆。 注：儿媳户口不在本村。					

灵湖村第20村民小组　　自然村：吴舍151号

项目	姓名	与户主关系	出生年月	民族	已故家属	
					称呼	姓名
现有家庭人员	盛卫林	户主	1965-08-17	汉	父	盛生华
	朱水妹	妻	1963-06-06	汉		
	盛明	子	1988-12-04	汉		
	盛邱奕	孙女	2015-09-13	汉		
	沈菊仙	母	1943-09-26	汉		
家庭大事	盛明大专学历。 1996年建2层3间楼房。 2018年购轿车1辆。 注：儿媳户口不在本村。					

灵湖村第20村民小组　　自然村：吴舍152号

项目	姓名	与户主关系	出生年月	民族	已故家属	
					称呼	姓名
现有家庭人员	朱俊杰	户主	1987-07-07	汉	祖父	朱传根
	李漠然	妻	1993-07-27	汉	祖母	李凤仙
	朱少宇	子	2015-03-16	汉	父	朱永安
	朱叶	女	2017-02-27	汉		
家庭大事	朱俊杰毕业于无锡工艺职业技术学院（大专）。 李漠然毕业于泗阳县职教中心（中专）。 1982年建3间平房，1993年建2层3间1厢楼房。 注：母亲户口不在本村。					

灵湖村第20村民小组　　自然村：吴舍153号

项目	姓名	与户主关系	出生年月	民族	已故家属	
					称呼	姓名
现有家庭人员	顾伯元	户主	1947-10-15	汉	父	顾金山
	倪春妹	妻	1951-01-08	汉	母	顾仙宝
家庭大事	顾安平大专学历，现任教师。 1990年建2层3间楼房，1999年建2层3小间楼房、1间平房。 购轿车1辆。 注：子女户口不在本村。					

灵湖村第20村民小组　　自然村：吴舍154号

项目	姓名	与户主关系	出生年月	民族	已故家属	
					称呼	姓名
现有家庭人员	顾福平	户主	1973-11-25	汉	祖父	顾金山
	金文珍	妻	1972-12-07	汉	祖母	顾仙宝
	顾思佳	女	1998-04-01	汉	父	顾伟元
	顾福英	妹妹	1977-09-20	汉	母	张银妹
家庭大事	顾思佳毕业于南京师范大学泰州学院（本科）。 1993年建2层3间楼房，2009年建6间平房。 购轿车1辆。					

灵湖村第20村民小组

自然村: 吴舍155号

项目	姓名	与户主关系	出生年月	民族	已故家属	
					称呼	姓名
现有家庭人员	石水林	户主	1944-01-19	汉	父	石阿元
	石美英	妻	1949-02-28	汉	母	石阿爱
	石福泉	子	1971-10-12	汉		
家庭大事	1990年建2层3间楼房、1间平房。 购轿车1辆。 注: 儿媳及孙辈户口不在本村。					

灵湖村第20村民小组

自然村: 吴舍156号

项目	姓名	与户主关系	出生年月	民族	已故家属	
					称呼	姓名
现有家庭人员	石宝生	户主	1954-01-10	汉	父	石阿元
	俞寿仙	妻	1956-05-28	汉	母	石阿爱
	石士芳	女	1981-11-21	汉		
家庭大事	1982年建2层3间楼房、2间平房。 注: 女婿户口不在本村。					

灵湖村第20村民小组　　自然村：吴舍157号

项目	姓名	与户主关系	出生年月	民族	已故家属	
					称呼	姓名
现有家庭人员	陆忆晨	户主	1995-06-04	汉	父	陆祥红
家庭大事	2011年建2层3间楼房、2间平房。 注：母亲户口不在本村。					

灵湖村第20村民小组　　自然村：吴舍158号

项目	姓名	与户主关系	出生年月	民族	已故家属	
					称呼	姓名
现有家庭人员	陆卫良	户主	1945-10-16	汉	父	陆根保
	陆银凤	妻	1947-09-29	汉	母	陆月琴
	张建春	儿媳	1973-02-23	汉		
	陆成燕	孙女	1993-03-27	汉		
家庭大事	陆成燕大专学历，在湖南工作。 1996年建2层3间楼房、2间平房。					

灵湖村第20村民小组　　自然村：吴舍159号

项目	姓名	与户主关系	出生年月	民族	已故家属	
					称呼	姓名
现有家庭人员	石福明	户主	1967-04-05	汉	祖父	石阿元
	顾丽仙	妻	1969-02-20	汉	祖母	石阿爱
	石水林	父	1944-01-19	汉		
	石美英	母	1949-02-28	汉		
家庭大事	儿子石程2012年10月入党，毕业于淮阴工学院（本科）。 1987年建3间平房，2015年翻建2层3间楼房、3间平房。 2013年购轿车1辆。 注：子女户口不在本村。					

灵湖村第20村民小组　　自然村：吴舍160号

项目	姓名	与户主关系	出生年月	民族	已故家属	
					称呼	姓名
现有家庭人员	石玉其	户主	1971-01-20	汉	母	石金妹
	胡凤洪	妻	1970-06-07	汉		
	石锦涛	子	1996-09-28	汉		
	石和生	父	1945-07-02	汉		
家庭大事	石锦涛大专学历。 1993年建2层3间楼房、2间平房。					

灵湖村第20村民小组 自然村：吴舍161号

项目	姓名	与户主关系	出生年月	民族	已故家属	
					称呼	姓名
现有家庭人员	金小花	户主	1940-10-21	汉	丈夫	金洪根
	金秀英	三女	1970-03-23	汉		
	陈光才	女婿	1972-11-02	汉		
	金妍	孙女	1996-12-13	汉		
家庭大事	金妍毕业于常熟理工学院（本科）。 2004年建2层2间楼房、3间平房。 2020年购轿车1辆。					

灵湖村第20村民小组 自然村：吴舍162号

项目	姓名	与户主关系	出生年月	民族	已故家属	
					称呼	姓名
现有家庭人员	屠根福	户主	1949-07-16	汉	父	屠俊康
	张云	妻	1951-07-13	汉	母	金根娣
	屠林素	子	1972-12-20	汉		
	吴英	儿媳	1974-09-27	汉		
	屠锦玉	孙子	1995-09-22	汉		
家庭大事	屠锦玉毕业于南京理工大学（本科）。 翻建4间平房；1984年新建2层2间楼房；翻建2层楼房，楼上3间、楼下4间。 先后购轿车3辆。					

灵湖村第20村民小组　　自然村：吴舍163号

项目	姓名	与户主关系	出生年月	民族	已故家属	
					称呼	姓名
现有家庭人员	石根妹	户主	1945-01-15	汉	父	石根生
	石海兵	子	1976-10-13	汉	母	石阿四
	沈雪芳	儿媳	1979-01-10	汉		
	石敏	孙女	2000-01-31	汉		
	石福寿	丈夫	1944-04-01	汉		
家庭大事	石福寿1965年9月应征入伍，在部队先后任班长、排长，1966年11月入党，1974年转业，先任渡村信用社主任，后转渡村农行任副主任，2004年退休。 1994年建2层3间楼房，2016年建2层2间楼房。 注：石福寿户口不在本村。					

灵湖村第20村民小组　　自然村：吴舍164号

项目	姓名	与户主关系	出生年月	民族	已故家属	
					称呼	姓名
现有家庭人员	石和根	户主	1958-05-01	汉	父	石阿毛
	石晓兰	女	1990-05-27	汉	母	石梅香
家庭大事	注：妻子户口不在本村。					

灵湖村第20村民小组 自然村：吴舍165号

项目	姓名	与户主关系	出生年月	民族	已故家属	
					称呼	姓名
现有家庭人员	屠全根	户主	1936-01-29	汉	父	屠顺林
	盛如娟	妻	1937-02-07	汉	母	屠陆氏
	屠永忠	子	1969-03-07	汉		
	谢菊妹	儿媳	1968-06-28	汉		
	屠欣欣	孙子	1992-11-09	汉		
	屠时汐	曾孙	2019-07-26	汉		
家庭大事	屠欣欣毕业于上海大学（本科）。 2010年建3层3间楼房、3间平房。 购轿车2辆。					

灵湖村第20村民小组 自然村：吴舍220号

项目	姓名	与户主关系	出生年月	民族	已故家属	
					称呼	姓名
现有家庭人员	石桂生	户主	1963-05-17	汉	祖父	石阿根
	钟杏英	妻	1962-12-01	汉	祖母	顾根珠
	石官宝	父	1935-01-27	汉		
	石林妹	母	1936-10-27	汉		
家庭大事	1996年建2层3间楼房、3间平房。 购轿车1辆。 注：子女户口不在本村。					

灵湖村第20村民小组　　自然村：吴舍221号

项目	姓名	与户主关系	出生年月	民族	已故家属	
					称呼	姓名
现有家庭人员	柳水珍	户主	1946-05-12	汉	公爹	顾永生
	顾伏根	丈夫	1942-07-01	汉	公婆	席观仙
	顾向东	子	1971-02-07	汉		
	孔爱玲	儿媳	1971-01-31	汉		
	顾佳丽	孙女	1993-10-24	汉		
家庭大事	顾伏根1960年应征入伍，进空军部队，驻气象台，1966年5月入党，1968年退伍后进宁波公安局工作，1978~2002年在苏州供电局工作，2002年退休。 柳水珍1967年任大队妇女主任，1976年任大队党支部副书记，1976年7月入党，1987年进入乡计生办工作。 1986年建3层2大间楼房。 2015年购轿车1辆。					

灵湖村第20村民小组　　自然村：吴舍222号

项目	姓名	与户主关系	出生年月	民族	已故家属	
					称呼	姓名
现有家庭人员	陈建中	户主	1969-02-26	汉	岳父	顾水生
	顾向红	妻	1970-10-27	汉		
	顾琳琳	女	1992-03-04	汉		
	屠水仙	岳母	1946-04-04	汉		
家庭大事	顾琳琳毕业于中国医科大学（本科）。 2011年建3层2间楼房、2间平房。 2016年购轿车1辆，2019年购轿车1辆。					

灵湖村第20村民小组 自然村：吴舍223号

项目	姓名	与户主关系	出生年月	民族	已故家属	
					称呼	姓名
现有家庭人员	盛卫忠	户主	1968-06-22	汉	父	盛生华
	郭芳	妻	1968-01-08	汉		
	盛栋	子	1993-02-15	汉		
	翟佳敏	儿媳	1993-10-11	汉		
	盛宇航	孙子	2018-08-21	汉		
	沈菊仙	母	1943-09-26	汉		
家庭大事	2007年翻建3层3间楼房。 2011年购面包车1辆，2014年购轿车1辆。					

灵湖村第20村民小组 自然村：吴舍224号

项目	姓名	与户主关系	出生年月	民族	已故家属	
					称呼	姓名
现有家庭人员	石官宝	户主	1935-01-27	汉	父	石阿根
	石林妹	妻	1936-10-27	汉	母	顾根珠
	石桂荣	次子	1970-01-08	汉		
	孔彩萍	儿媳	1969-10-01	汉		
家庭大事	1998年建2层3间楼房、2间平房。 购轿车1辆。					

灵湖村第21村民小组　　　　自然村：吴舍1号

项目	姓名	与户主关系	出生年月	民族	已故家属	
					称呼	姓名
现有家庭人员	孔林云	户主	1941-04-24	汉		
家庭大事	注：并入浦福珍户。					

灵湖村第21村民小组　　　　自然村：吴舍1号

项目	姓名	与户主关系	出生年月	民族	已故家属	
					称呼	姓名
现有家庭人员	王银发	户主	1963-09-05	汉	父	赵金林
	陈凤英	妻	1973-08-20	汉	母	王永珍
	王泽明	子	1991-08-15	汉		
	胡莹莹	儿媳	1988-02-09	汉		
	王一臣	孙子	2020-07-03	汉		
家庭大事	2001年建2层5间楼房。 2019年购轿车1辆。					

灵湖村第21村民小组　　自然村：吴舍1-1号

项目	姓名	与户主关系	出生年月	民族	已故家属	
					称呼	姓名
现有家庭人员	沈根元	户主	1953-09-29	汉	父	沈和生
					母	梅来仙
家庭大事	1980年建2间平房。					

灵湖村第21村民小组　　自然村：吴舍30号

项目	姓名	与户主关系	出生年月	民族	已故家属	
					称呼	姓名
现有家庭人员	卞海明	户主	1963-12-03	汉	父	卞云香
	邱雪妹	妻	1963-10-27	汉	母	卞密宝
	卞程诚	女	1990-04-21	汉		
家庭大事	卞程诚本科学历。 1990年建2层3间楼房、4间平房。 购轿车1辆。 注：女婿及孙辈户口不在本村。					

灵湖村第21村民小组

自然村：吴舍51号

项目	姓名	与户主关系	出生年月	民族	已故家属	
					称呼	姓名
现有家庭人员	沈春林	户主	1950-09-14	汉	父	沈金官
	钱华珍	妻	1954-09-14	汉		
	沈勇	子	1977-08-06	汉		
	石凤华	儿媳	1976-04-28	汉		
	沈阿四	母	1928-12-28	汉		
家庭大事	孙子沈明昊2018年9月应征入伍，2021年考取无锡职业技术学院（大专）。 1993年建老房子，2017年翻建2层3间楼房。 2009年购轿车1辆，2019年购轿车1辆。					

灵湖村第21村民小组

自然村：吴舍170号

项目	姓名	与户主关系	出生年月	民族	已故家属	
					称呼	姓名
现有家庭人员	彭军嫒	户主	1967-01-18	汉	公爹	邹阿四
	邹金男	丈夫	1965-05-31	汉	公婆	屠水金
	邹翔	子	1990-12-09	汉		
家庭大事	2007年建2层2间楼房，1994年买原吴舍小学并翻建2间平房（总共7间平房），2013年建2间平房。 2013年购轿车1辆。					

灵湖村第21村民小组　　自然村：吴舍189号

项目	姓名	与户主关系	出生年月	民族	已故家属	
					称呼	姓名
现有家庭人员	沈雪芳	户主	1957-08-25	汉	父	沈阿六
	丁雪妹	妻	1957-11-03	汉		
	石阿四	母	1921-12-17	汉		
家庭大事	2006年建2层2间楼房。 注：女儿沈瑛为苏大附一院护士，户口不在本村。					

灵湖村第21村民小组　　自然村：吴舍192号

项目	姓名	与户主关系	出生年月	民族	已故家属	
					称呼	姓名
现有家庭人员	邹文学	户主	1971-01-06	汉	父	邹仁兴
	陈火仙	妻	1973-12-21	汉	母	丁密英
	邹君	子	1994-04-20	汉		
	刘倩倩	儿媳	1993-12-03	汉		
	邹亦赫	孙子	2020-04-04	汉		
	邹一诺	孙女	2017-08-03	汉		
家庭大事	1996年建2层2.5间楼房。 2019年购轿车1辆。					

灵湖村第21村民小组

自然村：吴舍195号

项目	姓名	与户主关系	出生年月	民族	已故家属	
					称呼	姓名
现有家庭人员	邹水兵	户主	1951-01-19	汉	父	邹阿美
	凌金仙	妻	1954-11-29	汉	母	石阿木
	邹伟	子	1979-05-25	汉		
	张梅	儿媳	1983-04-20	汉		
	邹睿	孙子	2008-03-01	汉		
家庭大事	邹水兵1971年1月应征入伍，1974年7月入党，1975年3月退伍。 1976年建4间平房，1993年建2层3间楼房，2014年建厢房。					

灵湖村第21村民小组

自然村：吴舍196号

项目	姓名	与户主关系	出生年月	民族	已故家属	
					称呼	姓名
现有家庭人员	邹文明	户主	1970-09-04	汉	父	邹泉兴
	李华	妻	1972-06-04	汉		
	邹丽娜	女	1993-12-23	汉		
	吴宝妹	母	1947-04-26	汉		
家庭大事	建2层2间楼房。 购轿车1辆。					

灵湖村第21村民小组　　自然村：吴舍197号

项目	姓名	与户主关系	出生年月	民族	已故家属	
					称呼	姓名
现有家庭人员	浦福珍	户主	1958-01-17	汉	丈夫	孔海军
	孔春花	女	1979-06-04	汉		
	陈俊	女婿	1977-08-07	汉		
	孔佳玮	孙子	1999-10-02	汉		
	孔林云	叔叔	1941-04-24	汉		
家庭大事	孔佳玮本科学历。 1992年建2层3间楼房。 2020年购轿车1辆。					

灵湖村第21村民小组　　自然村：吴舍198号

项目	姓名	与户主关系	出生年月	民族	已故家属	
					称呼	姓名
现有家庭人员	沈义方	户主	1957-08-09	汉	父	沈叙兴
	邹金妹	妻	1962-06-06	汉		
	沈华	子	1982-09-14	汉		
	张士梅	儿媳	1981-02-15	汉		
	沈梓晗	孙子	2005-06-15	汉		
	屠好妹	母	1936-01-30	汉		
家庭大事	1990年建2层3间楼房。 2015年购轿车1辆。					

灵湖村第21村民小组　　　　自然村：吴舍200号

项目	姓名	与户主关系	出生年月	民族	已故家属	
					称呼	姓名
现有家庭人员	孔雪华	户主	1973-01-02	汉	父	孔金根
	杨荣华	妻	1975-12-26	汉	母	张春娟
家庭大事	2010年建2层2间楼房，现在出租。 孔雪华现住在东山。 注：子女户口不在本村。					

灵湖村第21村民小组　　　　自然村：吴舍202号

项目	姓名	与户主关系	出生年月	民族	已故家属	
					称呼	姓名
现有家庭人员	邹志明	户主	1969-06-10	汉	父	邹荣坤
	李安永	妻	1966-03-04	汉		
	邹彩	二女	2002-12-16	汉		
	邹琴	长女	1989-04-26	汉		
	蒋永华	母	1942-05-16	汉		
家庭大事	邹彩江南影视艺术职业学院在读。 2010年建2层3间楼房、5间平房。					

灵湖村第21村民小组　　自然村：吴舍203号

项目	姓名	与户主关系	出生年月	民族	已故家属	
					称呼	姓名
现有家庭人员	沈华林	户主	1963-06-16	汉	父	沈金官
					母	孙阿四
家庭大事	2017年建2层3间楼房。					

灵湖村第21村民小组　　自然村：吴舍205号

项目	姓名	与户主关系	出生年月	民族	已故家属	
					称呼	姓名
现有家庭人员	沈汗宝	户主	1940-06-01	汉	祖父	沈水生
	沈洪元	子	1973-09-15	汉	祖母	沈姜氏
	夏芳	儿媳	1974-08-19	汉	妻	陈永妹
	沈伊婷	孙女	1999-11-23	汉		
家庭大事	沈洪元1992年12月应征入伍，1995年8月入党，2004年起于苏州金螳螂公司工作至今。 沈伊婷毕业于苏州评弹学校（五年制高职），并于苏州金螳螂公司工作。 2005年建2层半3间楼房、7间平房。 2010年于苏州城购商品房1套。 2011年购轿车1辆，2014年购轿车1辆，2015年购轿车1辆。					

灵湖村第21村民小组　　自然村：吴舍209号

项目	姓名	与户主关系	出生年月	民族	已故家属	
					称呼	姓名
现有家庭人员	沈春峰	户主	1978-03-03	汉	祖父	沈和生
	朱秀香	妻	1981-05-16	汉	祖母	梅来仙
	沈煜	子	2002-03-29	汉	父	沈永元
	侯龙凤	母	1951-09-20	汉		
家庭大事	1997年建2层3间楼房。 2015年购轿车1辆。					

灵湖村第21村民小组　　自然村：吴舍210号

项目	姓名	与户主关系	出生年月	民族	已故家属	
					称呼	姓名
现有家庭人员	沈和方	户主	1963-06-07	汉	父	沈阿六
	沈秋芳	妻	1965-03-11	汉		
	沈晓贤	子	1988-12-20	汉		
	沈逸辰	孙子	2014-12-14	汉		
	石阿四	母	1921-12-17	汉		
家庭大事	沈晓贤2007年12月应征入伍，2009年12月退伍。 2020年建2层3间楼房、3间平房、1间车库。 购轿车1辆。 注：儿媳户口不在本村。					

灵湖村第21村民小组　　自然村：吴舍211-73号

项目	姓名	与户主关系	出生年月	民族	已故家属	
					称呼	姓名
现有家庭人员	沈阿三	户主	1946-02-18	汉	妻	张福仙
	沈忠林	长子	1968-11-25	汉		
	孔培芳	儿媳	1969-10-01	汉		
	沈宏杰	孙子	1992-01-03	汉		
家庭大事	1989年建2层5间楼房。 沈宏杰购轿车1辆。					

灵湖村第21村民小组　　自然村：吴舍213号

项目	姓名	与户主关系	出生年月	民族	已故家属	
					称呼	姓名
现有家庭人员	卞海龙	户主	1954-05-25	汉	父	卞云香
	仇火金	妻	1958-11-11	汉	母	卞密宝
	卞英杰	子	1981-07-19	汉		
	马停菊	儿媳	1984-10-04	汉		
	卞宇罡	孙子	2008-04-17	汉		
	卞宇欣	孙女	2016-10-08	汉		
家庭大事	卞英杰2000年12月应征入伍，2002年12月退伍。 1988年建2层2间楼房。 2021年购商品房1套。 2010年购轿车1辆。					

灵湖村第21村民小组

自然村：吴舍214号

项目	姓名	与户主关系	出生年月	民族	已故家属	
					称呼	姓名
现有家庭人员	王银岳	户主	1958-05-20	汉	父	赵金林
					母	王永珍
家庭大事	2007年建3层3间楼房、1间平房。 注：妻子赵早仙、儿子王晓成、儿媳徐青男及孙子王梓容户口不在本村。					

灵湖村第21村民小组

自然村：吴舍215号

项目	姓名	与户主关系	出生年月	民族	已故家属	
					称呼	姓名
现有家庭人员	沈正元	户主	1945-11-29	汉	父	沈阿六
	金巧宝	妻	1950-10-25	汉		
	沈月英	二女	1971-12-14	汉		
	金美根	女婿	1966-12-26	汉		
	沈锦晓	孙子	1990-04-03	汉		
	沈博煜	曾孙	2018-04-12	汉		
	沈博雅	曾孙女	2018-04-12	汉		
	常李君	孙媳	1989-01-24	汉		
	石阿四	母	1921-12-27	汉		
家庭大事	1997年建2层3间楼房。 2021年购轿车1辆。					

灵湖村第21村民小组 自然村：吴舍216号

项目	姓名	与户主关系	出生年月	民族	已故家属	
					称呼	姓名
现有家庭人员	赵春龙	户主	1953-01-28	汉	父	赵传根
					母	卞早山
家庭大事	赵春龙1969年3月应征入伍，1973年1月退伍。 2014年建2层3间楼房。					

灵湖村第21村民小组 自然村：吴舍217号

项目	姓名	与户主关系	出生年月	民族	已故家属	
					称呼	姓名
现有家庭人员	赵春芳	户主	1962-06-01	汉	父	赵传根
	沈玉兰	妻	1968-10-29	汉	母	卞早山
	赵嘉敏	女	2000-07-17	汉		
家庭大事	赵嘉敏2018年就读于南京工业大学金融系（本科）。 1999年建2层2间楼房、3层阳光房（顶层）。					

灵湖村第21村民小组

自然村：吴舍218号

项目	姓名	与户主关系	出生年月	民族	已故家属	
					称呼	姓名
现有家庭人员	赵根龙	户主	1955-06-04	汉	父	赵传根
	孔凤鸣	妻	1956-11-09	汉	母	卞早山
	赵燕	女	1980-12-03	汉		
	赵戚淳	孙子	2001-11-27	汉		
家庭大事	2014年建3层3间楼房。 注：女婿朱卫刚户口不在本村。					

灵湖村第21村民小组

自然村：吴舍219号

项目	姓名	与户主关系	出生年月	民族	已故家属	
					称呼	姓名
现有家庭人员	赵泉龙	户主	1958-04-22	汉	父	赵传根
	范月芳	妻	1964-08-10	汉	母	卞早山
家庭大事	赵泉龙1983年1月入党。 2010年建2层3间楼房。 注：子女户口不在本村。					

灵湖村第21村民小组

自然村：吴舍230号

项目	姓名	与户主关系	出生年月	民族	已故家属	
					称呼	姓名
现有家庭人员	邹杏荣	户主	1949-09-09	汉	父	邹水根
	顾宝金	妻	1954-06-20	汉	母	沈阿妹
家庭大事	邹杏荣1969年3月应征入伍，1975年7月入党。 2012年购3层1间楼房。 2011年购轿车1辆。 注：儿子、儿媳、孙子户口不在本村。					

灵湖村第22村民小组

自然村：西塘2号

项目	姓名	与户主关系	出生年月	民族	已故家属	
					称呼	姓名
现有家庭人员	孙白男	户主	1949-10-30	汉	父	孙根宝
	黄桂珍	妻	1958-09-21	汉	母	孙凤仙
	孙浩民	子	1979-10-09	汉		
	孙天祺	孙子	2010-06-07	汉		
	孙盛静	孙女	2003-08-02	汉		
家庭大事	孙浩民1997年12月应征入伍，1999年12月退伍。 1998年建2层3间楼房。 注：儿媳户口不在本村。					

灵湖村第22村民小组

自然村：西塘3号

项目	姓名	与户主关系	出生年月	民族	已故家属	
					称呼	姓名
现有家庭人员	孙献明	户主	1963-12-23	汉	祖父	孙根宝
	陆爱英	妻	1963-09-11	汉	祖母	孙凤仙
	孙丹丹	女	1987-11-04	汉	父	孙立农
	孙雨熙	孙女	2018-02-15	汉		
	孙阿金	母	1938-05-07	汉		
家庭大事	孙丹丹毕业于苏州市广播电视大学（大专）。 1994年建2层3间楼房。 注：女婿户口不在本村。					

灵湖村第22村民小组

自然村：西塘7号

项目	姓名	与户主关系	出生年月	民族	已故家属	
					称呼	姓名
现有家庭人员	徐兴官	户主	1962-11-30	汉	祖父	徐阿狗
	詹玲仙	妻	1963-11-11	汉	祖母	金阿金
	徐耀华	子	1986-01-21	汉	父	徐阿二
	袁银	儿媳	1986-03-27	汉		
	徐文哲	孙子	2011-11-07	汉		
	徐文俊	孙子	2020-12-06	汉		
	徐美宝	母	1932-06-03	汉		
家庭大事	徐耀华大专学历。 1999年建2层3间楼房。					

灵湖村第22村民小组　　自然村：西塘13号

项目	姓名	与户主关系	出生年月	民族	已故家属	
					称呼	姓名
现有家庭人员	张亚明	户主	1965-08-26	汉	父	张阿二
	陆华芳	妻	1964-04-04	汉	母	施家珍
	张吉	子	1988-12-17	汉		
	曾媛飞	儿媳	1992-02-28	汉		
	张旻昊	孙子	2018-01-16	汉		
家庭大事	张吉2016年于常州机电职业技术学院（大专）毕业，2021年6月于南京大学工商管理（自学本科）毕业。 1995年建2层3间楼房。					

灵湖村第22村民小组　　自然村：西塘29号

项目	姓名	与户主关系	出生年月	民族	已故家属	
					称呼	姓名
现有家庭人员	孙寿林	户主	1943-05-23	汉	父	孙根生
	孙早英	妻	1944-01-16	汉	母	孙金凤
	孙玲芳	女	1967-02-11	汉		
	孙佳	孙子	1990-06-18	汉		
	孙蕊	曾孙女	2015-01-10	汉		
家庭大事	1994年建2层3间楼房。 注：女婿户口不在本村。					

灵湖村第22村民小组　　自然村：西塘30号

项目	姓名	与户主关系	出生年月	民族	已故家属	
					称呼	姓名
现有家庭人员	孙福林	户主	1941-01-17	汉	父	孙根生
	孙根妹	妻	1944-10-02	汉	母	孙金凤
	孙永忠	子	1971-08-16	汉		
	孔阿琴	儿媳	1974-12-04	汉		
	孙华	孙子	1996-01-20	汉		
家庭大事	孙福林担任过副业队长、副队长、民兵排长、生产队保管员，1970~2019年担任生产队队长（联队长），1979年9月入党。 孙华毕业于苏州市广播电视大学（大专）。 2000年建2层2间楼房、2层2间厢楼。					

灵湖村第22村民小组　　自然村：西塘31号

项目	姓名	与户主关系	出生年月	民族	已故家属	
					称呼	姓名
现有家庭人员	徐小凤	户主	1940-10-12	汉	公爹	徐阿美
	徐玲妹	长女	1963-05-09	汉	公婆	徐阿小
	徐小弟	女婿	1957-12-20	汉	丈夫	徐金根
	徐跃刚	孙子	1985-12-16	汉		
	徐易安	曾孙	2011-02-12	汉		
	庞一凡	孙媳	1983-11-26	汉		
家庭大事	1994年建2层3间楼房。					

灵湖村第22村民小组

自然村：西塘33号

项目	姓名	与户主关系	出生年月	民族	已故家属	
					称呼	姓名
现有家庭人员	徐龙官	户主	1952-07-11	汉	祖父	徐阿狗
	朱早仙	妻	1952-01-26	汉	祖母	金阿金
	徐跃锋	子	1978-04-16	汉	父	徐阿二
	徐美宝	母	1932-06-03	汉		
家庭大事	徐跃锋毕业于常州工学院（大专）。 2020年建3层3间别墅。 注：儿媳户口不在本村。					

灵湖村第22村民小组

自然村：西塘34号

项目	姓名	与户主关系	出生年月	民族	已故家属	
					称呼	姓名
现有家庭人员	孙平安	户主	1945-04-01	汉	父	孙佰林
	孙三妹	妻	1948-11-21	汉	母	孙美新
	孙新元	长子	1972-01-01	汉		
	孙新泉	次子	1974-02-16	汉		
家庭大事	孙平安1975年12月16日入党，1964年10月至1976年4月任东风大队团支部书记，1973年5月至1983年3月任东风大队会计，1983年4月至1984年12月任渡村乡政府会计，1985~1999年任吴县中联纺织装饰材料厂财务科长，2000~2020年任苏州万丽织造有限公司财务科长。 孙新元2000年入党，2016年11月起任吴中水务局局长。 孙新泉2018年8月入党，大专学历。 原有老屋3小间平房、2间夹厢。2012年建3层4间楼房（大、小儿子各2间）、5间平房（大儿3间、小儿2间）。 注：儿媳及孙辈户口不在本村。					

灵湖村第22村民小组

自然村: 西塘36号

项目	姓名	与户主关系	出生年月	民族	已故家属	
					称呼	姓名
现有家庭人员	朱红林	户主	1971-06-02	汉	父	朱金才
	邬晓芳	妻	1974-09-13	汉	母	朱仁妹
	朱卓	子	1999-06-19	汉		
家庭大事	朱卓就读于南京工业大学浦江学院(本科)。 1992年建2层2间楼房, 2006年建3层3间别墅。					

灵湖村第22村民小组

自然村: 西塘37号

项目	姓名	与户主关系	出生年月	民族	已故家属	
					称呼	姓名
现有家庭人员	徐德明	户主	1943-11-29	汉	父	徐寿宝
	施卫玉	妻	1947-12-17	汉	母	徐彩玲
	徐学峰	子	1970-01-14	汉		
	徐嘉昊	孙子	2006-06-24	汉		
	徐焕颖	孙女	1993-01-03	汉		
	王菊英	非亲属	1972-05-27	汉		
家庭大事	徐德明曾任西塘、吴舍小学教师, 生产队会计, 1963~1976年任团小组长, 1976年任赤脚验粮员, 1977年进入吴县工作队, 1986~1996年任蚕桑大组长。被评为1990年度吴县劳动模范。 徐焕颖本科学历。 1999年建2层2间楼房, 2014年建3层3间楼房。					

灵湖村第22村民小组

自然村：西塘38号

项目	姓名	与户主关系	出生年月	民族	已故家属	
					称呼	姓名
现有家庭人员	朱云福	户主	1956-10-07	汉	父	朱竹根
	沈玲凤	妻	1957-08-13	汉	母	朱阿宝
	朱继新	子	1982-05-24	汉		
	王晓	儿媳	1986-09-13	汉		
	朱凯悦	孙女	2007-04-12	汉		
家庭大事	1998年建2层3间楼房。					

灵湖村第22村民小组

自然村：西塘39号

项目	姓名	与户主关系	出生年月	民族	已故家属	
					称呼	姓名
现有家庭人员	朱金福	户主	1948-12-19	汉	父	朱竹根
	宋惠英	妻	1951-05-09	汉	母	朱阿宝
家庭大事	朱金福1969年3月应征入伍，1971年2月入党，1986年12月转业至吴县工商局。 2021年建3层2间楼房。 注：子女户口不在本村。					

灵湖村第22村民小组

自然村：西塘40号

项目	姓名	与户主关系	出生年月	民族	已故家属	
					称呼	姓名
现有家庭人员	黄培根	户主	1965-10-03	汉	父	黄和尚
	刘选灿	妻	1967-06-13	汉	母	蒋祖芳
	黄丹莉	女	1991-07-25	汉		
	倪青松	女婿	1989-03-16	汉		
	倪浩博	外孙	2015-05-07	汉		
	黄一博	外孙	2020-02-05	汉		
家庭大事	2008年建2层3间楼房。					

灵湖村第22村民小组

自然村：西塘41号

项目	姓名	与户主关系	出生年月	民族	已故家属	
					称呼	姓名
现有家庭人员	席火林	户主	1952-07-04	汉	父	席官根
	席霞琴	女	1980-03-15	汉	母	花兴宝
	付世林	女婿	1976-08-26	汉	妻	龚美娟
	付艺馨	孙女	2014-04-08	汉		
	席逸雯	孙女	2002-03-03	汉		
家庭大事	席官根1950年应征入伍，1952年复员，1952年任互助组组长，1955年1月入党。 1958~1969年任生产队队长。 席逸雯本科学历。 1992年建2层2间楼房，2008年建2层2间楼房。					

灵湖村第22村民小组　　自然村：西塘42号

项目	姓名	与户主关系	出生年月	民族	已故家属	
					称呼	姓名
现有家庭人员	孙生荣	户主	1946-12-08	汉	父	孙云元
	孙晓东	子	1972-12-13	汉	母	殷月林
					妻	倪登娣
家庭大事	2018年分得黄垆安置房1套。					

灵湖村第22村民小组　　自然村：西塘42-1号

项目	姓名	与户主关系	出生年月	民族	已故家属	
					称呼	姓名
现有家庭人员	孙晓华	户主	1976-05-25	汉	祖父	孙云元
	项留美	妻	1975-09-29	苗	祖母	殷月林
	孙静菲	女	2007-10-03	汉	母	倪登娣
	孙生荣	父	1946-12-08	汉		
	孙晓东	哥哥	1972-12-13	汉		
家庭大事	2006年建2层3间楼房。					

灵湖村第22村民小组

自然村：西塘43号

项目	姓名	与户主关系	出生年月	民族	已故家属	
					称呼	姓名
现有家庭人员	孙卫林	户主	1973-05-16	汉	祖父	孙云泉
	黄小弟	父	1936-02-02	汉	祖母	张阿来
					母	孙小白
家庭大事	2010年分得安置房1套（银藏一村）。					

灵湖村第22村民小组

自然村：西塘44号

项目	姓名	与户主关系	出生年月	民族	已故家属	
					称呼	姓名
现有家庭人员	徐春妹	户主	1952-03-03	汉	公爹	孙俊康
	孙菊生	丈夫	1948-09-25	汉	公婆	孔才林
家庭大事	孙菊生1968年至1970年10月任生产队会计。 2006年建3层3间楼房。 注：儿子户口不在本村。					

灵湖村第22村民小组 自然村：西塘45号

项目	姓名	与户主关系	出生年月	民族	已故家属	
					称呼	姓名
现有家庭人员	朱祖根	户主	1950-08-22	汉	父	朱根荣
	朱福仙	妻	1951-05-07	汉	母	孙小妹
	朱亚芳	女	1978-11-26	汉		
	石继华	女婿	1977-04-24	汉		
	朱旭杰	孙子	2000-12-26	汉		
家庭大事	石继华1995年12月应征入伍，1998年12月退伍。 朱旭杰就读于南京工程学院（本科）。 2014年建3层3间楼房。					

灵湖村第22村民小组 自然村：西塘46号

项目	姓名	与户主关系	出生年月	民族	已故家属	
					称呼	姓名
现有家庭人员	孙小明	户主	1966-12-10	汉	祖父	孙根宝
	朱红芳	妻	1968-10-15	汉	祖母	孙凤仙
	孙丹婷	女	1991-01-04	汉	父	孙立农
	孙一霖	孙子	2018-09-24	汉		
	孙阿金	母	1938-05-07	汉		
家庭大事	孙丹婷毕业于三江学院（本科）。 1996年建2层3间楼房。 注：女婿户口不在本村。					

灵湖村第22村民小组 自然村：西塘47号

项目	姓名	与户主关系	出生年月	民族	已故家属	
					称呼	姓名
现有家庭人员	孙建农	户主	1946-11-20	汉	父	孙根宝
	顾友妹	妻	1952-05-26	汉	母	孙凤仙
	孙萍	女	1978-03-06	汉		
家庭大事	1998年建2层2间楼房。 注：女婿户口不在本村。					

灵湖村第22村民小组 自然村：西塘48号

项目	姓名	与户主关系	出生年月	民族	已故家属	
					称呼	姓名
现有家庭人员	朱早大	户主	1947-02-12	汉	父	朱阿传
	沈小妹	妻	1947-09-08	汉	母	朱小妹
	朱洪生	长子	1970-02-04	汉		
家庭大事	有3间平房。					

灵湖村第22村民小组　　自然村：西塘48号

项目	姓名	与户主关系	出生年月	民族	已故家属	
					称呼	姓名
现有家庭人员	朱洪民	户主	1971-10-16	汉	祖父	朱阿传
	李永芳	妻	1976-01-05	汉	祖母	朱小妹
	朱忠良	子	1996-05-04	汉		
	朱早大	父	1947-02-12	汉		
	沈小妹	母	1947-09-08	汉		
	朱洪生	哥哥	1970-02-04	汉		
家庭大事	1996年建3层2间楼房。					

灵湖村第22村民小组　　自然村：西塘49号

项目	姓名	与户主关系	出生年月	民族	已故家属	
					称呼	姓名
现有家庭人员	沈建林	户主	1958-03-27	汉	公爹	朱根荣
	朱芳	女	1981-04-10	汉	公婆	孙小妹
					丈夫	朱卫根
					子	朱华忠
家庭大事	1982年建2层3间楼房。 注：女儿朱芳已出嫁，户口在本村。					

灵湖村第22村民小组　　自然村：西塘50号

项目	姓名	与户主关系	出生年月	民族	已故家属	
					称呼	姓名
现有家庭人员	施卫利	户主	1963-05-23	汉	祖父	施锦华
	朱林荣	丈夫	1963-09-13	汉	祖母	朱寒贞
	施寅	女	1986-05-31	汉	父	施袁
	施小白	母	1944-09-12	汉		
家庭大事	施卫利2016年任西塘村联组长。 施寅毕业于南京理工大学紫金学院（本科）。 1992年建2层3间楼房。 注：女婿户口不在本村。					

灵湖村第22村民小组　　自然村：西塘51号

项目	姓名	与户主关系	出生年月	民族	已故家属	
					称呼	姓名
现有家庭人员	施洪根	户主	1954-02-16	汉	父	施云初
	黄余英	妻	1957-10-07	汉	母	施小妹
家庭大事	1995年建2层2间1厢楼房。 注：女儿施丽萍户口不在本村。					

灵湖村第22村民小组

自然村：西塘52号

项目	姓名	与户主关系	出生年月	民族	已故家属	
					称呼	姓名
现有家庭人员	孙海荣	户主	1956-10-25	汉	父	孙根生
	徐水珍	妻	1956-11-28	汉	母	孙金凤
	孙芳	女	1983-05-06	汉		
家庭大事	1990年建2层2间楼房。 注：女婿户口不在本村。					

灵湖村第22村民小组

自然村：西塘53号

项目	姓名	与户主关系	出生年月	民族	已故家属	
					称呼	姓名
现有家庭人员	徐三元	户主	1955-05-07	汉	父	徐阿大
	徐月凤	妻	1957-06-01	汉	母	徐凤宝
	徐跃红	子	1979-03-11	汉		
	徐丽利	女	1984-11-14	汉		
	徐陶鑫	孙子	2007-07-23	汉		
家庭大事	2004年建2层3间楼房。 注：女婿户口不在本村。					

灵湖村第22村民小组

自然村：西塘64号

项目	姓名	与户主关系	出生年月	民族	已故家属	
					称呼	姓名
现有家庭人员	徐阿元	户主	1962-10-24	汉	父	徐阿大
	孙小方	妻	1967-01-14	汉	母	徐凤宝
	徐益华	子	1987-12-16	汉		
家庭大事	徐益华毕业于无锡工艺职业技术学院（大专）。 1996年建2层2间楼房，1999年再建2层2间楼房。 注：儿媳户口不在本村。					

灵湖村第22村民小组

自然村：西塘77号

项目	姓名	与户主关系	出生年月	民族	已故家属	
					称呼	姓名
现有家庭人员	沈韩良	户主	1938-08-24	汉	父	沈子庚
	沈小雪	妻	1936-03-20	汉	母	沈顾氏
					哥哥	沈大江
家庭大事	沈韩良1959年毕业于苏州建筑工程学校，分配于安徽淮南市城建局，从事城市规划与建筑设计工作，后入市规划设计研究院工作，历任工程师、高级工程师、总工程师，后获中华人民共和国一级注册建筑师资格证书。1955年参加安徽省国土资源遥感综合调查项目，获安徽省科学技术研究成果证书。1982年8月落实政策，家属4人（吴舍11队）全部迁入安徽省淮南市。 2004年建2层2间楼房。 注：沈韩良、沈小雪户口2021年迁入本村。儿子沈虹飞、沈卫飞及孙辈户口在淮南。					

灵湖村第23村民小组 自然村：陆步庄1号

项目	姓名	与户主关系	出生年月	民族	已故家属	
					称呼	姓名
现有家庭人员	凌金华	户主	1945-08-14	汉	父	凌阿大
	凌五仙	妻	1945-08-25	汉	母	凌金氏
	凌晓明	子	1966-08-16	汉		
	柏永芳	儿媳	1967-09-01	汉		
	凌芸霞	孙女	1996-06-15	汉		
	凌芸芸	孙女	1990-11-08	汉		
家庭大事	凌芸芸2014年11月入党，毕业于南京师范大学泰州学院（本科）。 凌芸霞毕业于山东大学（威海）（本科）。 2015年凌晓明开办苏州明裕鞋业有限公司。 在渡村购住房3间。 2005年购轿车1辆。					

灵湖村第23村民小组 自然村：陆步庄1号

项目	姓名	与户主关系	出生年月	民族	已故家属	
					称呼	姓名
现有家庭人员	凌益民	户主	1970-08-27	汉	祖父	凌阿大
	庄小奋	妻	1968-12-03	汉	祖母	凌金氏
	凌水华	父	1947-12-27	汉		
	沈凤珍	母	1951-03-07	汉		
家庭大事	凌益民，中共党员，1991年7月毕业于苏州铁道师范学院电子专业，参加教育工作，多次获评木渎高级中学先进工作者，1995年吴县市电化教育先进个人，1998年度吴县市优秀教育工作者，2002年吴中区青年教育能手，2004年吴中区师德先进个人，2005—2006年度优秀共产党员，2007年吴中区优秀科技教育先进工作者。 庄小奋为木渎三中教师。 2002年建3层3间楼房。 2000年在木渎购商品房1套。 2001年购轿车1辆。 注：子女户口不在本村。					

灵湖村第23村民小组

自然村：陆步庄2号

项目	姓名	与户主关系	出生年月	民族	已故家属	
					称呼	姓名
现有家庭人员	凌早兴	户主	1951-07-28	汉	父	凌根元
	张德妹	妻	1952-03-05	汉	母	凌杏仙
	凌华荣	子	1978-06-20	汉		
	康春芳	儿媳	1981-02-03	汉		
	凌康	孙子	2002-08-14	汉		
家庭大事	凌早兴1969年3月应征入伍，1973年1月入党，1978年退伍。 凌华荣、康春芳于2012年在渡村开房产中介公司至今。 2014年建3层3间别墅。 2000年购房1套。					

灵湖村第23村民小组

自然村：陆步庄4号

项目	姓名	与户主关系	出生年月	民族	已故家属	
					称呼	姓名
现有家庭人员	赵建明	户主	1969-10-01	汉	祖父	赵九高
	柳云芳	妻	1971-11-28	汉	祖母	柳全林
	赵晓兰	女	1992-06-11	汉		
	赵根林	父	1936-02-15	汉		
	赵阿妹	母	1936-03-26	汉		
家庭大事	赵根林1972年6月入党。 1999年建2层3间楼房。 2005年于苏州城购商品房1套，2008年于苏州城购商品房1套。 2001年购轿车1辆。 注：女婿户口不在本村。					

灵湖村第23村民小组 自然村：陆步庄5号

项目	姓名	与户主关系	出生年月	民族	已故家属	
					称呼	姓名
现有家庭人员	凌会宏	户主	1964-12-03	汉	祖父	凌水宝
	王建梅	妻	1968-06-12	汉	祖母	沈杏宝
	凌娟	女	1989-11-30	汉		
	许立楼	女婿	1986-06-12	汉		
	凌雨浩	孙子	2014-02-20	汉		
	凌雨欣	孙女	2010-09-01	汉		
	凌金海	父	1943-03-03	汉		
	陶美观	母	1944-04-27	汉		
家庭大事	1999年建2层2间楼房。 2017年购轿车1辆。					

灵湖村第23村民小组 自然村：陆步庄6号

项目	姓名	与户主关系	出生年月	民族	已故家属	
					称呼	姓名
现有家庭人员	凌金海	户主	1943-03-03	汉	父	凌水宝
	陶美观	妻	1944-04-27	汉	母	沈杏宝
	凌宏	三子	1968-12-27	汉		
	宋育红	儿媳	1970-12-17	汉		
	凌思豪	孙子	1996-06-07	汉		
家庭大事	凌金海曾任生产队队长2年。 1999年建3层2间楼房（大儿与小儿并建4间）。 2010年于苏州城购商品房1套。 2008年购轿车1辆。					

灵湖村第23村民小组　　自然村：陆步庄7号

项目	姓名	与户主关系	出生年月	民族	已故家属	
					称呼	姓名
现有家庭人员	凌峰	户主	1962-12-01	汉	祖父	凌阿大
	李火英	妻	1963-09-30	汉	祖母	凌金氏
	凌立群	女	1987-04-17	汉		
	凌俊凯	父	1936-12-17	汉		
	凌春仙	母	1934-10-12	汉		
家庭大事	凌峰1980年12月应征入伍，1986年退伍。 2000年建2层3间楼房。 1990年购轿车1辆，2015年购大巴车1辆。					

灵湖村第23村民小组　　自然村：陆步庄8号

项目	姓名	与户主关系	出生年月	民族	已故家属	
					称呼	姓名
现有家庭人员	凌文宏	户主	1966-11-11	汉	祖父	凌水宝
	贺宾	妻	1970-01-08	汉	祖母	沈杏宝
	凌敏	女	1995-01-12	汉		
	凌金海	父	1943-03-03	汉		
	陶美观	母	1944-04-27	汉		
家庭大事	2005年建2层3间楼房、2间平房。 2017年购轿车1辆。					

灵湖村第23村民小组 **自然村：陆步庄9号**

项目	姓名	与户主关系	出生年月	民族	已故家属	
					称呼	姓名
现有家庭人员	凌桂兴	户主	1964-09-07	汉	父	凌根元
	吴丽春	妻	1963-04-07	汉	母	凌杏仙
	凌望	子	1988-07-26	汉		
	凌以利亚	孙子	2019-02-24	白		
	凌心仪	孙女	2021-04-14	白		
家庭大事	凌桂兴1984年1月应征入伍，1987年退伍。 2004年建2层2间楼房。 2009年购轿车1辆。 注：儿媳户口不在本村。					

灵湖村第23村民小组 **自然村：陆步庄14号**

项目	姓名	与户主关系	出生年月	民族	已故家属	
					称呼	姓名
现有家庭人员	孙纪锋	户主	1970-09-13	汉	祖父	孙永祥
	邱剑丽	妻	1970-08-15	汉	祖母	孙云娣
	孙全官	父	1947-07-01	汉	母	谢三妹
家庭大事	孙纪锋2017年进入苏州金螳螂公司，现任部门经理。 2000年建3层3间楼房、4间平房。 2009年于苏州城购商品房1套、门面房2间。 2008年购轿车1辆，2015年购轿车1辆。					

灵湖村第23村民小组　　自然村：陆步庄17号

项目	姓名	与户主关系	出生年月	民族	已故家属	
					称呼	姓名
现有家庭人员	孙水官	户主	1950-09-06	汉	祖父	孙永祥
	孙卫珍	妻	1955-04-17	汉	祖母	孙云娣
	孙雪平	子	1980-04-29	汉		
	严代桃	儿媳	1983-05-25	汉		
	孙梦涵	孙女	2006-10-10	汉		
家庭大事	孙雪平为教师。 2000年建2层3间楼房。 2008年于渡村购商品房1套（禾盛花苑）。 2005年购轿车1辆。					

灵湖村第23村民小组　　自然村：陆步庄19号

项目	姓名	与户主关系	出生年月	民族	已故家属	
					称呼	姓名
现有家庭人员	凌阿二	户主	1951-12-21	汉	父	凌叙根
	江丽娟	妻	1966-08-28	汉	母	朱阿五
	凌江	子	1988-03-09	汉		
	焦小林	儿媳	1990-02-28	汉		
	凌希然	孙子	2016-11-11	汉		
家庭大事	凌江本科学历。 2003年建2层3间楼房。 2019年于苏州城购商品房1套。 2018年购轿车1辆。					

灵湖村第23村民小组　　自然村：陆步庄19号

项目	姓名	与户主关系	出生年月	民族	已故家属	
					称呼	姓名
现有家庭人员	凌阿五	户主	1952-01-30	汉	父	凌荣福
					母	凌阿云
家庭大事	现为五保户。					

灵湖村第23村民小组　　自然村：陆步庄24号

项目	姓名	与户主关系	出生年月	民族	已故家属	
					称呼	姓名
现有家庭人员	朱坚	户主	1968-10-19	汉	祖父	朱仁根
	陆素珍	妻	1968-08-14	汉	祖母	孔阿四
	朱音	女	1991-12-26	汉		
	朱夕瑶	孙女	2017-09-08	汉		
	朱才官	父	1947-11-26	汉		
	查杏仙	母	1948-12-16	汉		
家庭大事	朱音2021年就读于中国矿业大学人力资源管理专业（本科）。 2004年建2层3间楼房。 2015年购轿车1辆。 注：女婿户口不在本村。					

灵湖村第23村民小组　　自然村：陆步庄24号

项目	姓名	与户主关系	出生年月	民族	已故家属	
					称呼	姓名
现有家庭人员	朱才官	户主	1947-11-26	汉	父	朱仁根
	查杏仙	妻	1948-12-16	汉	母	孔阿四
家庭大事	现与次子朱强一起住在水路上村。					

灵湖村第23村民小组　　自然村：陆步庄25号

项目	姓名	与户主关系	出生年月	民族	已故家属	
					称呼	姓名
现有家庭人员	朱爱官	户主	1958-08-08	汉	父	朱阿二
	凌会仙	妻	1957-09-14	汉	母	朱阿三
	朱惠	子	1983-05-16	汉		
	祝艳	儿媳	1983-06-15	白		
	朱铭乐	孙女	2006-04-02	汉		
家庭大事	2001年建2层3间楼房。 2009年于渡村购商品房1套（花漫四季）。 2005年购轿车1辆。					

灵湖村第23村民小组　　自然村：陆步庄27号

项目	姓名	与户主关系	出生年月	民族	已故家属	
					称呼	姓名
现有家庭人员	孙文明	户主	1969-04-17	汉	父	凌三海
	朱菊明	丈夫	1966-03-09	汉		
	孙裕	子	1999-11-08	汉		
	孙燕	女	1990-08-27	汉		
	孙根仙	母	1949-12-25	汉		
家庭大事	孙裕毕业于扬州市职工大学（大专），2020年11月入党。 孙燕大专学历。 2003年建2层3间楼房。 2015年购轿车1辆。					

灵湖村第23村民小组　　自然村：陆步庄28号

项目	姓名	与户主关系	出生年月	民族	已故家属	
					称呼	姓名
现有家庭人员	凌阿三	户主	1955-01-10	汉	父	凌叙根
	江英	妻	1967-08-03	汉	母	朱阿五
	凌莉	女	1989-03-17	汉		
	许翔明	女婿	1989-09-05	汉		
	凌渊	孙子	2017-09-02	汉		
家庭大事	凌莉2010年5月入党，本科学历。 许翔明本科学历。 2005年建2层3间楼房。 2018年购商品房1套。 2009年购轿车1辆。					

灵湖村第23村民小组

自然村：陆步庄29号

项目	姓名	与户主关系	出生年月	民族	已故家属	
					称呼	姓名
现有家庭人员	凌云法	户主	1947-12-04	汉	父	凌叙根
	凌春兰	女	1978-03-10	汉	母	朱阿五
	王国勇	女婿	1976-05-25	汉	妻	凌玲娣
	凌杰	孙子	2004-11-29	汉		
家庭大事	2006年建2层3间楼房。 2010年于苏州城购商品房1套。 2000年购轿车1辆。					

灵湖村第23村民小组

自然村：陆步庄31号

项目	姓名	与户主关系	出生年月	民族	已故家属	
					称呼	姓名
现有家庭人员	凌季明	户主	1970-12-21	汉	父	凌林官
	凌晨	长子	1993-08-15	汉		
	凌全	次子	2000-01-09	汉		
	凌阿妹	母	1947-07-29	汉		
家庭大事	凌晨本科学历。 2000年于渡村新市街购门面房2间。2017年于西塘村购别墅1套。 2001年购轿车1辆，2015年购轿车1辆。 注：妻子户口不在本村。					

灵湖村第23村民小组　　自然村：陆步庄31号

项目	姓名	与户主关系	出生年月	民族	已故家属	
					称呼	姓名
现有家庭人员	凌早官	户主	1953-12-21	汉	父	凌金林
	何秀珍	妻	1954-05-12	汉	母	孙素珍
	凌华明	子	1981-11-20	汉		
	程燕	儿媳	1982-02-03	汉		
	凌晨阳	孙子	2004-11-25	汉		
	凌睿阳	孙子	2018-02-13	汉		
家庭大事	2003年建2层3间楼房。 2012年购轿车1辆。					

灵湖村第23村民小组　　自然村：陆步庄40号

项目	姓名	与户主关系	出生年月	民族	已故家属	
					称呼	姓名
现有家庭人员	凌福弟	户主	1944-10-13	汉	父	凌荣福
	凌桂芬	女	1974-09-02	汉	母	凌阿秀
	顾志高	女婿	1967-09-02	汉	妻	孙全英
	凌雪兰	孙女	1996-11-16	汉		
	凌顾雪	孙女	2003-01-27	汉		
家庭大事	2001年建2层3间楼房。 2016年购轿车1辆。					

灵湖村第23村民小组

自然村：陆步庄42号

项目	姓名	与户主关系	出生年月	民族	已故家属	
					称呼	姓名
现有家庭人员	凌秀洪	户主	1963-09-06	汉	祖父	凌宝康
	凌官妹	妻	1964-03-16	汉	祖母	凌沈氏
	凌华琴	女	1987-07-15	汉		
	凌骏希	孙子	2014-05-08	汉		
	凌海	父	1940-01-08	汉		
	凌叶才	母	1939-06-19	汉		
家庭大事	2003年建2层3间楼房。 2008年购轿车1辆。 注：女婿户口不在本村。					

灵湖村第23村民小组

自然村：陆步庄43号

项目	姓名	与户主关系	出生年月	民族	已故家属	
					称呼	姓名
现有家庭人员	凌文官	户主	1964-10-02	汉	父	凌金林
	杨金桥	妻	1972-11-21	汉	母	孙素珍
	凌跃	子	1987-11-26	汉		
	刘安华	儿媳	1986-02-22	汉		
	凌梓意	孙子	2017-02-16	汉		
	凌紫涵	孙女	2009-09-23	汉		
家庭大事	2001年建2层3间楼房。 2006年于渡村购商品房1套。 2012年购轿车1辆。					

灵湖村第23村民小组 自然村：陆步庄44号

项目	姓名	与户主关系	出生年月	民族	已故家属	
					称呼	姓名
现有家庭人员	杨正荣	户主	1963-04-24	汉	父	杨阿美
	赵和芳	妻	1964-07-21	汉	母	朱金珠
	杨虎斌	子	1986-11-15	汉		
	杨辰昊	孙子	2012-03-04	汉		
	杨辰琪	孙女	2020-06-16	汉		
家庭大事	2000年建2层3间楼房。 2016年于苏州城购商品房1套、于吴江购商品房1套。 2012年购轿车1辆。 注：儿媳户口不在本村。					

灵湖村第23村民小组 自然村：陆步庄53号

项目	姓名	与户主关系	出生年月	民族	已故家属	
					称呼	姓名
现有家庭人员	凌叙海	户主	1942-09-17	汉	父	凌龙宝
	凌云	子	1965-10-17	汉	母	盛阿云
	张月雅	儿媳	1968-01-26	汉	妻	凌秋凤
	凌永青	孙子	1988-04-18	汉		
	凌语凝	曾孙女	2016-03-26	汉		
	黄亚丽	孙媳	1991-08-08	汉		
家庭大事	凌叙海1980年3月入党，曾任生产队队长。 2001年建2层3间楼房。 2008年购轿车1辆，2017年购电动配送车1辆。					

灵湖村第23村民小组

自然村：陆步庄54号

项目	姓名	与户主关系	出生年月	民族	已故家属	
					称呼	姓名
现有家庭人员	凌进海	户主	1950-02-12	汉	父	凌水宝
	杨月英	妻	1950-10-05	汉	母	沈杏宝
	凌学忠	长子	1972-12-04	汉		
	陈月芳	儿媳	1970-02-23	汉		
	凌舒婷	孙女	1995-12-14	汉		
	徐浩然	曾孙	2019-08-08	汉		
	徐飞飞	孙女婿	1994-10-22	汉		
家庭大事	2002年建2层3间楼房，2015年翻建3间平房。 2018年于渡村购商品房1套。					

灵湖村第23村民小组

自然村：陆步庄55号

项目	姓名	与户主关系	出生年月	民族	已故家属	
					称呼	姓名
现有家庭人员	凌正华	户主	1959-01-20	汉	父	凌阿大
	石泉英	妻	1959-06-21	汉	母	凌金氏
	凌浩	子	1982-12-19	汉		
	曹淑丽	儿媳	1981-08-20	汉		
	凌佑程	孙子	2012-12-03	汉		
	凌禹程	孙女	2016-08-07	汉		
家庭大事	2020年建3层3间楼房。 2012年于苏州城购商品房1套。 2010年购轿车1辆。					

灵湖村第23村民小组　　自然村：陆步庄58号

项目	姓名	与户主关系	出生年月	民族	已故家属	
					称呼	姓名
现有家庭人员	杨阿大	户主	1946-07-14	汉	父	杨阿美
	顾凤珍	妻	1948-06-21	汉	母	朱金珠
	杨令	孙子	1991-12-14	汉	子	杨文华
	杨翊	曾孙	2019-08-27	汉		
家庭大事	2007年建2层3间楼房。 2017年购商品房1套。 2015年购轿车1辆。 注：儿媳户口不在本村。					

灵湖村第23村民小组　　自然村：陆步庄59号

项目	姓名	与户主关系	出生年月	民族	已故家属	
					称呼	姓名
现有家庭人员	凌仁海	户主	1947-04-17	汉	父	凌水宝
	凌彩仙	妻	1948-03-05	汉	母	沈杏宝
家庭大事	2006年于西塘村建2层3间楼房。 注：并入女儿凌会凤户。					

灵湖村第23村民小组

自然村：陆步庄59号

项目	姓名	与户主关系	出生年月	民族	已故家属	
					称呼	姓名
现有家庭人员	凌会凤	户主	1968-05-13	汉	丈夫	赵卫兴
	凌杰	子	1989-08-30	汉		
	崔秋蓉	儿媳	1991-08-24	汉		
	凌燕	女	1987-05-18	汉		
	凌奕扬	孙子	2012-07-07	汉		
	凌浩宇	孙子	2018-09-21	汉		
	凌仁海	父	1947-04-17	汉		
	凌彩仙	母	1948-03-05	汉		
家庭大事	2006年建2层3间楼房。 2015年购轿车1辆。					

灵湖村第23村民小组

自然村：陆步庄67号

项目	姓名	与户主关系	出生年月	民族	已故家属	
					称呼	姓名
现有家庭人员	凌义	户主	1981-03-06	汉	祖父	凌龙宝
	管向进	妻	1982-06-06	汉	祖母	盛阿云
	凌俊	子	2005-01-28	汉		
	朱爱芳	母	1956-06-14	汉		
	凌永海	父	1953-11-21	汉		
家庭大事	2019年建别墅1幢。 2009年购轿车1辆。					

灵湖村第23村民小组　　自然村：陆步庄68号

项目	姓名	与户主关系	出生年月	民族	已故家属	
					称呼	姓名
现有家庭人员	凌根海	户主	1947-12-26	汉	父	凌龙宝
	凌月英	妻	1947-01-03	汉	母	盛阿云
	凌文兵	子	1975-06-06	汉		
	彭兰香	儿媳	1978-05-14	汉		
	凌文兰	女	1971-07-30	汉		
	凌强	孙子	1999-08-10	汉		
家庭大事	凌文兵2001年应征入伍，2003年退伍。 凌强毕业于苏州科技大学（本科）。 2002年建2层3间楼房。 2015年于渡村购商品房1套。 2012年购轿车1辆。					

灵湖村第23村民小组　　自然村：陆步庄69号

项目	姓名	与户主关系	出生年月	民族	已故家属	
					称呼	姓名
现有家庭人员	凌俊凯	户主	1936-12-17	汉	父	凌阿大
	凌春仙	妻	1934-10-12	汉	母	凌金氏
家庭大事	注：并入儿子凌峰户。					

灵湖村第23村民小组　　　　自然村：陆步庄76号

项目	姓名	与户主关系	出生年月	民族	已故家属	
					称呼	姓名
现有家庭人员	凌阿七	户主	1957-02-02	汉	父	凌荣福
	凌雅兰	女	1991-05-02	汉	母	凌阿云
	韩正东	非亲属	1989-12-12	汉		
家庭大事	原址拆迁后被安置在银藏新村。					

灵湖村第23村民小组　　　　自然村：陆步庄78号

项目	姓名	与户主关系	出生年月	民族	已故家属	
					称呼	姓名
现有家庭人员	凌阿六	户主	1954-10-03	汉	父	凌荣福
	柳永妹	妻	1969-08-19	汉	母	凌阿云
	凌亚文	女	1987-11-14	汉		
	叶从帅	女婿	1984-10-22	汉		
	凌子豪	孙子	2014-09-03	汉		
	凌子叶	孙女	2011-03-11	汉		
家庭大事	2003年建2层3间楼房。 2012年购轿车1辆。					

灵湖村第23村民小组

自然村：陆步庄79号

项目	姓名	与户主关系	出生年月	民族	已故家属	
					称呼	姓名
现有家庭人员	孙全官	户主	1947-07-01	汉	父	孙永祥
					母	孙云娣
					妻	谢三妹
家庭大事	注：并入儿子孙纪锋户。					

灵湖村第23村民小组

自然村：陆步庄87号

项目	姓名	与户主关系	出生年月	民族	已故家属	
					称呼	姓名
现有家庭人员	凌水兴	户主	1957-03-18	汉	父	凌根元
	沈华英	妻	1960-10-02	汉	母	凌杏仙
	凌雅君	女	1985-10-26	汉		
	李世松	女婿	1981-08-01	汉		
	李凌晨	孙子	2016-10-17	汉		
	凌子焓	孙女	2009-11-25	汉		
家庭大事	2000年建2层3间楼房、3间平房。 2013年于苏州城购商品房1套，2018年于吴江购商品房1套。 2007年购轿车1辆。					

灵湖村第23村民小组

自然村：陆步庄88号

项目	姓名	与户主关系	出生年月	民族	已故家属	
					称呼	姓名
现有家庭人员	凌祥宏	户主	1965-12-04	汉	祖父	凌宝康
	朱林妹	妻	1965-07-06	汉	祖母	凌沈氏
	凌庆晨	子	1988-11-26	汉		
	凌若茵	孙女	2011-09-29	汉		
	俞松岚	孙女	2019-02-28	汉		
	凌叶才	母	1939-06-19	汉		
	凌海	父	1940-01-08	汉		
家庭大事	2017年建别墅1幢。 2007年购商品房1套（银藏一村）。 2005年购轿车1辆。 注：儿媳户口不在本村。					

灵湖村第24村民小组

自然村：陆步庄1号

项目	姓名	与户主关系	出生年月	民族	已故家属	
					称呼	姓名
现有家庭人员	陆才福	户主	1950-01-15	汉	父	陆毛男
	沈福娣	妻	1954-05-10	汉	母	陆官仙
	陆建良	子	1978-01-16	汉		
	汪艳梅	儿媳	1978-06-17	汉		
	陆程	孙子	2001-08-10	汉		
家庭大事	2004年建2层3间楼房。 2016年购商品房1套（禾盛花苑）。 2010年购轿车1辆。					

灵湖村第24村民小组 自然村：陆步庄12号

项目	姓名	与户主关系	出生年月	民族	已故家属	
					称呼	姓名
现有家庭人员	陆泉福	户主	1962-07-08	汉	父	陆福根
	王杏英	妻	1964-11-21	汉	母	陆官仙
	陆红峰	子	1987-11-01	汉		
	陆欣怡	孙女	2017-08-22	汉		
家庭大事	2002年建3层3间楼房。 2007年于越溪购商品房1套。 2005年购轿车1辆。 注：儿媳户口不在本村。					

灵湖村第24村民小组 自然村：陆步庄13号

项目	姓名	与户主关系	出生年月	民族	已故家属	
					称呼	姓名
现有家庭人员	凌才根	户主	1954-12-30	汉	父	凌丁元
	施会娟	妻	1957-01-20	汉	母	凌杏仙
	凌莲	女	1982-06-24	汉		
家庭大事	2017年建4层3间别墅。 2008年购轿车1辆，2012年购轿车1辆，2014年购轿车2辆。 注：女婿、孙子户口不在本村。					

灵湖村第24村民小组

自然村：陆步庄14号

项目	姓名	与户主关系	出生年月	民族	已故家属	
					称呼	姓名
现有家庭人员	陆兴福	户主	1947-04-08	汉	父	陆毛男
	柏云珍	妻	1949-04-14	汉	母	陆官仙
	陆美红	女	1971-03-11	汉		
	沈小平	女婿	1969-08-19	汉		

家庭大事：

1985年陆兴福任渡村建筑站工头，领有学徒8名，在苏州承建过多幢住宅大楼。
2000年建2层3间楼房、2间平房。
2015年于苏州城购商品房1套。
2008年购轿车1辆，2010年购轿车1辆。

灵湖村第24村民小组

自然村：陆步庄18号

项目	姓名	与户主关系	出生年月	民族	已故家属	
					称呼	姓名
现有家庭人员	赵卫官	户主	1958-02-01	汉	父	凌福林
	庄彩珍	妻	1963-12-03	汉	母	赵毛头
	凌虎明	子	1986-03-19	汉		
	曹培丽	儿媳	1990-08-24	汉		
	凌雨辰	孙子	2017-07-19	汉		
	凌雨柔	孙女	2014-06-06	汉		

家庭大事：

赵卫官为出租车驾驶员。
凌虎明本科学历。
2003年建2层3间楼房。
2005年购轿车1辆，2015年购轿车1辆。

灵湖村第24村民小组　　自然村：陆步庄20号

项目	姓名	与户主关系	出生年月	民族	已故家属	
					称呼	姓名
现有家庭人员	柏根法	户主	1965-03-07	汉	父	柏早大
	叶云宝	妻	1967-12-27	汉	母	高阿妹
	柏杰	子	1988-11-16	汉		
	王文欣	儿媳	1990-10-05	汉		
	柏雨宸	孙子	2016-03-08	汉		
家庭大事	柏早大曾任生产队队长2年。 2005年建2层3间楼房、3间平房。 2015年于苏州城购商品房1套。 2012年购轿车1辆。					

灵湖村第24村民小组　　自然村：陆步庄21号

项目	姓名	与户主关系	出生年月	民族	已故家属	
					称呼	姓名
现有家庭人员	柏春元	户主	1969-04-03	汉	祖父	朱晓峰
	孔月珍	妻	1968-03-24	汉	祖母	吴阿龙
	柏晓燕	女	1993-03-05	汉		
	柏林荣	父	1939-12-26	汉		
	陈宥勋	外孙	2021-06-17	汉		
	柏福仙	母	1942-03-30	汉		
家庭大事	柏春元于2000年创办苏州市金华美装饰工程有限公司，拥有员工100多名。 柏晓燕本科学历。 2000年建2层3间楼房。 2010年于苏州城购商品房1套。 2004年购轿车1辆。 注：女婿户口不在本村。					

灵湖村第24村民小组　　　　自然村：陆步庄22号

项目	姓名	与户主关系	出生年月	民族	已故家属	
					称呼	姓名
现有家庭人员	柏斌华	户主	1988-12-07	汉	父	柏永元
	杨雪妹	母	1966-10-20	汉		
	柏福仙	祖母	1942-03-30	汉		
家庭大事	2001年建2层3间楼房。 2011年于苏州城购商品房1套。 2013年购轿车1辆。					

灵湖村第24村民小组　　　　自然村：陆步庄23号

项目	姓名	与户主关系	出生年月	民族	已故家属	
					称呼	姓名
现有家庭人员	李阿四	户主	1950-01-05	汉	父	李福元
	李华	子	1975-08-15	汉	母	石金妹
	顾义平	儿媳	1976-04-12	汉	妻	孙水仙
	李莹亚	孙女	1998-06-11	汉		
家庭大事	李阿四为电工，后将技术传予长子李华。 2004年建2层3间楼房、5间平房。 2016年购轿车1辆。					

灵湖村第24村民小组　　自然村：陆步庄33号

项目	姓名	与户主关系	出生年月	民族	已故家属	
					称呼	姓名
现有家庭人员	陆通福	户主	1944-06-13	汉	父	陆毛男
	陆明	子	1968-11-04	汉	母	陆官仙
	柏永珍	儿媳	1969-10-25	汉	妻	谢美金
	陆林飞	孙子	1996-11-02	汉		
	陆玲玉	孙女	1993-09-26	汉		
家庭大事	陆明于2015年成立苏州柏永珍鞋业有限公司，拥有员工100多名。 2017年建3层3间别墅。 2015年于渡村新市街购商品房1套。 2007年购轿车1辆。					

灵湖村第24村民小组　　自然村：陆步庄35号

项目	姓名	与户主关系	出生年月	民族	已故家属	
					称呼	姓名
现有家庭人员	李阿大	户主	1937-08-08	汉	父	李福元
	李伟	子	1973-10-11	汉	母	石金妹
	郑碧珍	儿媳	1975-08-23	汉	妻	李友娣
	李俊珂	孙女	2003-11-20	汉		
家庭大事	2005年建2层3间楼房、2间平房。					

灵湖村第24村民小组　　自然村：陆步庄37号

项目	姓名	与户主关系	出生年月	民族	已故家属	
					称呼	姓名
现有家庭人员	柏月蕾	户主	2003-10-10	汉	父	柏根大
	严家香	母	1968-01-06	汉		
家庭大事	柏根大在50岁时与严家香重新组合家庭，5年后即病故。 拆迁后分得安置房1套（银藏小区）。					

灵湖村第24村民小组　　自然村：陆步庄38号

项目	姓名	与户主关系	出生年月	民族	已故家属	
					称呼	姓名
现有家庭人员	张阿妹	户主	1934-11-22	汉	丈夫	张阿六
	张文明	次子	1968-06-28	汉		
	张建凤	儿媳	1970-10-05	汉		
家庭大事	张文明于2001年从村里老房子搬出，在村口建2层3间楼房、7间平房。 注：子女户口不在本村。					

灵湖村第24村民小组 自然村：陆步庄39号

项目	姓名	与户主关系	出生年月	民族	已故家属	
					称呼	姓名
现有家庭人员	凌卫东	户主	1969-12-12	汉	祖父	凌丁元
	朱巾芳	妻	1970-12-17	汉	祖母	凌杏仙
	凌梦良	子	1997-09-07	汉		
	凌梦华	女	1993-11-22	汉		
	凌忠礼	父	1945-03-23	汉		
	张金妹	母	1949-07-13	汉		
家庭大事	凌忠礼1981年起任东风小学校长直至退休。 2016年建3层3间别墅。 2009年于渡村购商品房1套。 2008年购轿车1辆，2018年购轿车1辆。					

灵湖村第24村民小组 自然村：陆步庄45号

项目	姓名	与户主关系	出生年月	民族	已故家属	
					称呼	姓名
现有家庭人员	张月明	户主	1965-10-29	汉	父	张阿六
	孙爱玲	妻	1965-02-16	汉		
	张利刚	子	1989-06-09	汉		
	张阿妹	母	1934-11-22	汉		
家庭大事	张利刚本科学历。 2001年建2层3间楼房。 2016年购商品房1套。 2017年购轿车1辆。 注：子女户口不在本村。					

灵湖村第24村民小组 自然村：陆步庄47号

项目	姓名	与户主关系	出生年月	民族	已故家属	
					称呼	姓名
现有家庭人员	柳文忠	户主	1968-04-27	汉	父	柳宝根
	李雪梅	妻	1970-05-13	汉		
	柳晓康	子	1990-04-17	汉		
	徐诗琦	儿媳	1991-11-07	汉		
	柳怀瑾	孙子	2021-05-12	汉		
	柳金妹	母	1943-10-25	汉		
家庭大事	2002年原3间平房失火烧为灰烬，2003年建2层3间楼房。 2017年购轿车1辆。					

灵湖村第24村民小组 自然村：陆步庄48号

项目	姓名	与户主关系	出生年月	民族	已故家属	
					称呼	姓名
现有家庭人员	柳金妹	户主	1943-10-25	汉	丈夫	柳宝根
家庭大事	与儿子柳文忠一起生活。					

灵湖村第24村民小组　　　　自然村：陆步庄49号

项目	姓名	与户主关系	出生年月	民族	已故家属	
					称呼	姓名
现有家庭人员	柏忠良	户主	1939-06-17	汉	父	柏松祥
	柏寿仙	妻	1944-03-25	汉	母	张云仙
	柏永兴	子	1963-10-05	汉		
	徐云娣	儿媳	1964-12-26	汉		
	柏玉婷	孙女	1988-10-19	汉		
家庭大事	柏永兴从25岁开始创业，至今已资产上亿，1998年成立苏州恒创鞋业有限公司，拥有员工数百名。 2003年翻建老屋，建成3层3间豪华别墅，院内有亭台楼阁、荷花、奇石池塘。					

灵湖村第24村民小组　　　　自然村：陆步庄56号

项目	姓名	与户主关系	出生年月	民族	已故家属	
					称呼	姓名
现有家庭人员	盛阿妹	户主	1941-10-23	汉	丈夫	凌金根
	凌雪芳	女	1968-12-17	汉		
	柳仁林	女婿	1967-07-05	汉		
	凌月思	孙女	1995-09-10	汉		
	凌心茹	孙女	2005-01-20	汉		
家庭大事	柳仁林2016年任联组长至今。 凌月思本科学历。 1991年翻建2层3间楼房，2005年重建2层3间楼房，2009年翻建另一处平房。 2005年于苏州城购商品房1套，2018年更换苏州城住房1套。 2003年购面包车1辆，2005年购轿车1辆，2008年购轿车1辆。					

灵湖村第24村民小组　　自然村：陆步庄60号

<table>
<tr><th rowspan="2">项目</th><th rowspan="2">姓名</th><th rowspan="2">与户主关系</th><th rowspan="2">出生年月</th><th rowspan="2">民族</th><th colspan="2">已故家属</th></tr>
<tr><th>称呼</th><th>姓名</th></tr>
<tr><td rowspan="8">现有家庭人员</td><td>高早红</td><td>户主</td><td>1957-05-02</td><td>汉</td><td>父</td><td>高根元</td></tr>
<tr><td>夏美芳</td><td>妻</td><td>1964-04-10</td><td>汉</td><td>母</td><td>孙仁金</td></tr>
<tr><td>高华</td><td>子</td><td>1991-01-17</td><td>汉</td><td></td><td></td></tr>
<tr><td></td><td></td><td></td><td></td><td></td><td></td></tr>
<tr><td></td><td></td><td></td><td></td><td></td><td></td></tr>
<tr><td></td><td></td><td></td><td></td><td></td><td></td></tr>
<tr><td></td><td></td><td></td><td></td><td></td><td></td></tr>
<tr><td></td><td></td><td></td><td></td><td></td><td></td></tr>
<tr><td>家庭大事</td><td colspan="6">高早红曾任生产队队长2年。
2005年建2层2间楼房。
2016年购轿车1辆。</td></tr>
</table>

灵湖村第24村民小组　　自然村：陆步庄63号

<table>
<tr><th rowspan="2">项目</th><th rowspan="2">姓名</th><th rowspan="2">与户主关系</th><th rowspan="2">出生年月</th><th rowspan="2">民族</th><th colspan="2">已故家属</th></tr>
<tr><th>称呼</th><th>姓名</th></tr>
<tr><td rowspan="8">现有家庭人员</td><td>孙丙官</td><td>户主</td><td>1957-08-23</td><td>汉</td><td>父</td><td>凌金林</td></tr>
<tr><td>屠云妹</td><td>妻</td><td>1957-11-05</td><td>汉</td><td>母</td><td>孙素珍</td></tr>
<tr><td>孙春华</td><td>子</td><td>1983-03-17</td><td>汉</td><td></td><td></td></tr>
<tr><td>孙静</td><td>女</td><td>2010-06-25</td><td>汉</td><td></td><td></td></tr>
<tr><td></td><td></td><td></td><td></td><td></td><td></td></tr>
<tr><td></td><td></td><td></td><td></td><td></td><td></td></tr>
<tr><td></td><td></td><td></td><td></td><td></td><td></td></tr>
<tr><td></td><td></td><td></td><td></td><td></td><td></td></tr>
<tr><td>家庭大事</td><td colspan="6">2001年建2层3间楼房，2008年翻建2间平房。</td></tr>
</table>

灵湖村第24村民小组　　自然村：陆步庄64号

项目	姓名	与户主关系	出生年月	民族	已故家属	
					称呼	姓名
现有家庭人员	朱卫民	户主	1951-06-12	汉	父	朱阿三
	柳早玲	妻	1958-01-09	汉	母	陆美珍
	朱昌	子	1979-11-01	汉		
	彭绪池	儿媳	1978-11-11	汉		
	朱仁杰	孙子	2002-06-20	汉		
家庭大事	2016年建3层3间别墅。 2010年于渡村商业街购门面房3间。 2008年购轿车1辆。					

灵湖村第24村民小组　　自然村：陆步庄64号

项目	姓名	与户主关系	出生年月	民族	已故家属	
					称呼	姓名
现有家庭人员	朱冲	户主	1982-06-27	汉	祖父	朱阿三
	白雪	妻	1982-03-20	汉	祖母	陆美珍
	朱仁依	女	2005-03-12	汉		
	柳早玲	母	1958-01-09	汉		
	朱卫民	父	1951-06-12	汉		
家庭大事	朱冲2001年12月应征入伍，2003年12月退伍，2006年6月入党。 1998年建2层3间楼房、2间平房。 2017年购轿车1辆。					

灵湖村第24村民小组　　自然村：陆步庄72号

项目	姓名	与户主关系	出生年月	民族	已故家属	
					称呼	姓名
现有家庭人员	孙国强	户主	1971-09-15	汉	父	孙全兴
	顾九玲	妻	1969-05-04	汉		
	孙俊	子	1995-04-02	汉		
	张玲仙	母	1952-09-06	汉		
家庭大事	2015年建3层3间楼房。 2009年于苏州城购商品房1套，2010年于苏州城购商品房1套。 2008年购轿车1辆。					

灵湖村第24村民小组　　自然村：陆步庄72-1号

项目	姓名	与户主关系	出生年月	民族	已故家属	
					称呼	姓名
现有家庭人员	孙爱兴	户主	1957-08-09	汉	父	孙德元
					母	孙阿二
家庭大事	从小残疾，五保户。					

灵湖村第24村民小组　　自然村：陆步庄74号

项目	姓名	与户主关系	出生年月	民族	已故家属	
					称呼	姓名
现有家庭人员	柏根荣	户主	1963-01-30	汉	父	柏早大
	周惠娟	妻	1965-02-12	汉	母	高阿妹
	柏芳华	女	1987-05-07	汉		
	代益文	女婿	1982-12-07	汉		
	柏俊	孙子	2008-01-23	汉		
	柏代瑞	孙子	2015-02-23	汉		
家庭大事	2002年建2层3间楼房、4间平房。 2012年购轿车1辆，2016年购轿车1辆。					

灵湖村第24村民小组　　自然村：陆步庄80号

项目	姓名	与户主关系	出生年月	民族	已故家属	
					称呼	姓名
现有家庭人员	孙兴根	户主	1954-09-07	汉	父	孙德元
	柳菊英	妻	1954-06-23	汉	母	孙阿二
	孙利荣	子	1981-11-17	汉		
	常秀侠	儿媳	1982-06-05	汉		
	孙丽亚	女	1980-02-08	汉		
	孙晨逸	孙子	2011-04-06	汉		
家庭大事	2018年建3层3间别墅。 2013年于苏州城购商品房1套。 2012年购轿车1辆。					

灵湖村第24村民小组　　自然村：陆步庄84号

项目	姓名	与户主关系	出生年月	民族	已故家属	
					称呼	姓名
现有家庭人员	柳根泉	户主	1948-12-10	汉	父	柳全宝
	朱秀金	妻	1948-05-12	汉	母	柳云珠
	柳华平	子	1977-02-06	汉		
家庭大事	2005年建2层3间楼房。 2017年购轿车1辆。 注：孙子柳佳睦毕业于南京工业大学（本科）。					

灵湖村第25村民小组　　自然村：黄墅1号

项目	姓名	与户主关系	出生年月	民族	已故家属	
					称呼	姓名
现有家庭人员	张云明	户主	1986-04-17	汉	祖父	张福林
	张宸欢	女	2018-10-14	汉		
	张秋香	姐姐	1982-09-19	汉		
	陆火元	父	1959-12-09	汉		
	张美根	母	1960-03-09	汉		
	张兰英	祖母	1938-06-09	汉		
家庭大事	张云明毕业于宿迁学院（本科）。 2013年建2层3间楼房。 2018年购轿车1辆。 注：妻子户口不在本村。					

灵湖村第25村民小组 自然村：黄墅1号

项目	姓名	与户主关系	出生年月	民族	已故家属	
					称呼	姓名
现有家庭人员	沈英	户主	1971-12-02	汉	祖父	沈寿生
	周益杰	长子	1994-05-14	汉	祖母	沈氏
	周益俊	次子	1997-06-10	汉	母	殷凤仙
	沈雪元	父	1948-06-20	汉		
家庭大事	周益杰毕业于南京工业大学浦江学院（本科）。 周益俊毕业于东南大学成贤学院（本科）。					

灵湖村第25村民小组 自然村：黄墅7号

项目	姓名	与户主关系	出生年月	民族	已故家属	
					称呼	姓名
现有家庭人员	孔永林	户主	1965-12-07	汉	祖父	孔水泉
	沈令华	妻	1967-01-24	汉	祖母	朱才仙
	孔瑜婷	女	1990-04-29	汉	父	孔祥仁
	张梓瑜	外孙	2014-11-22	汉		
	孔奕菲	外孙女	2019-07-14	汉		
	沈招娣	母	1943-03-17	汉		
家庭大事	孔瑜婷大专学历。 2007年建3层3间楼房。 2020年购商品房1套。 2014年购轿车1辆，2015年购轿车1辆。 注：女婿户口不在本村。					

灵湖村第25村民小组

自然村：黄墅8号

项目	姓名	与户主关系	出生年月	民族	已故家属	
					称呼	姓名
现有家庭人员	朱小金	户主	1974-06-09	汉	祖父	朱水生
	王雪静	妻	1982-06-05	汉	祖母	朱彩凤
	朱亚宁	子	2002-04-07	汉	父	朱阿大
					母	张福英
家庭大事	朱小金1993年12月应征入伍，1995年5月入党，1996年12月退伍。 朱亚宁大专学历。 1997年建2层3间楼房。 2019年于渡村购商品房1套。 2014年购轿车1辆。					

灵湖村第25村民小组

自然村：黄墅9号

项目	姓名	与户主关系	出生年月	民族	已故家属	
					称呼	姓名
现有家庭人员	孔文林	户主	1970-10-12	汉	祖父	孔水泉
	周秀英	妻	1974-06-03	汉	祖母	朱才仙
	孔德瑜	子	1997-01-30	汉	父	孔祥仁
	沈招娣	母	1943-03-17	汉		
家庭大事	孔文林2002年起个体经营至今。 孔德瑜2015年考取苏州大学（本科），2019年考取研究生，2022年博士在读。 1995年建2层2间楼房，2007年建3层2间楼房。 2016年于渡村购商品房1套，2021年于苏州城购商品房1套。 2011年购轿车1辆，2015年购轿车1辆。					

灵湖村第25村民小组　　自然村：黄墅12号

项目	姓名	与户主关系	出生年月	民族	已故家属	
					称呼	姓名
现有家庭人员	孔祥德	户主	1949-03-03	汉	父	孔水泉
					母	朱才仙
家庭大事	孔祥德是中共党员。 2007年建3层2间楼房。 2014年于苏州城购商品房2套。 2015年购轿车1辆。 注：妻子、儿女户口不在本村。					

灵湖村第25村民小组　　自然村：黄墅13号

项目	姓名	与户主关系	出生年月	民族	已故家属	
					称呼	姓名
现有家庭人员	龚金宝	户主	1943-11-29	汉	父	龚炳良
	龚菊凤	妻	1954-10-05	汉	母	徐瑞金
	龚春妹	女	1977-03-23	汉	亡妻	龚惠英
	石兴红	女婿	1974-01-30	汉		
	龚石豪	孙子	1998-03-27	汉		
家庭大事	石兴红1993年应征入伍，1996年退伍。 龚石豪毕业于南京工业职业技术学院（大专）。 2017年建3层2间楼房。					

灵湖村第25村民小组　　自然村：黄墅14号

项目	姓名	与户主关系	出生年月	民族	已故家属	
					称呼	姓名
现有家庭人员	沈伟平	户主	1948-02-10	汉	父	沈福根
	张土林	妻	1950-01-15	汉	母	凌小妹
	沈宾	子	1977-08-06	汉		
	孔艳芳	儿媳	1979-02-12	汉		
	沈心	孙女	2004-09-28	汉		
家庭大事	2018年翻建4间平房，2008年建2层2间楼房。 2013年购轿车1辆。					

灵湖村第25村民小组　　自然村：黄墅14-1号

项目	姓名	与户主关系	出生年月	民族	已故家属	
					称呼	姓名
现有家庭人员	沈理	户主	1971-01-07	汉	祖父	沈福根
	孔小琴	妻	1971-03-27	汉	祖母	凌小妹
	沈伟平	父	1948-02-10	汉		
	张土林	母	1950-01-15	汉		
家庭大事	2018年翻建3层3间楼房。 2007年于苏州城购商品房1套。 2014年购轿车1辆。 注：儿子沈晓峰本科学历，户口不在本村。					

灵湖村第25村民小组　　自然村: 黄墅15号

项目	姓名	与户主关系	出生年月	民族	已故家属	
					称呼	姓名
现有家庭人员	潘金泉	户主	1955-03-01	汉	父	潘官生
					母	潘福仙
家庭大事	2007年建2层2间1厢楼房。					

灵湖村第25村民小组　　自然村: 黄墅16号

项目	姓名	与户主关系	出生年月	民族	已故家属	
					称呼	姓名
现有家庭人员	金福仙	户主	1967-09-07	汉	公爹	潘官生
	陆阿七	丈夫	1959-04-18	汉	公婆	潘福仙
	潘杰	子	1988-11-10	汉	亡夫	潘菊明
	潘欣瑶	孙女	2012-12-13	汉		
家庭大事	潘杰2006年12月应征入伍，2008年12月退伍。 2009年拆迁后分得镇上安置房。					

灵湖村第25村民小组　　　　自然村：黄墅19号

项目	姓名	与户主关系	出生年月	民族	已故家属	
					称呼	姓名
现有家庭人员	殷明	户主	1978-07-21	汉	祖父	殷玉生
	殷佳俊	子	2001-06-04	汉	祖母	殷彩娥
					母	赵美英
					父	殷志高
家庭大事	殷志高1960年应征入伍，1963年退伍。 殷佳俊大专学历。 1987年建2层2间楼房，2006年增建3层1间楼房。 2017年购轿车1辆。					

灵湖村第25村民小组　　　　自然村：黄墅20号

项目	姓名	与户主关系	出生年月	民族	已故家属	
					称呼	姓名
现有家庭人员	潘菊泉	户主	1962-09-07	汉	父	潘官生
	凌华芳	妻	1966-06-20	汉	母	潘福仙
	潘峰	子	1988-06-05	汉	哥哥	潘永泉
家庭大事	1992年建2层3间1厢楼房，2016年建3层3间楼房。					

灵湖村第25村民小组 **自然村：黄墅25号**

项目	姓名	与户主关系	出生年月	民族	已故家属	
					称呼	姓名
现有家庭人员	陈金龙	户主	1952-05-26	汉	父	陈来宝
	金美英	妻	1952-02-22	汉	母	陈心宝
	陈雪华	子	1979-02-01	汉		
	石敏芳	儿媳	1982-04-02	汉		
	陈雨菲	孙女	2003-05-17	汉		
家庭大事	陈雨菲江南大学工商管理专业（本科）在读。 2015年建3层3间楼房。 2019年购轿车1辆。					

灵湖村第25村民小组 **自然村：黄墅26号**

项目	姓名	与户主关系	出生年月	民族	已故家属	
					称呼	姓名
现有家庭人员	柳永平	户主	1964-03-28	汉	祖父	柳伯春
	叶惠珍	妻	1963-12-15	汉	祖母	柳氏
	柳小华	女	1986-05-22	汉	父	柳兆宏
	薛佳琦	外孙	2012-10-08	汉	母	孔秀娟
	柳佳怡	外孙女	2010-02-22	汉		
家庭大事	1989年建3间平房，2002年建2层3间楼房。 2021年购轿车1辆。 注：女婿户口不在本村。					

灵湖村第25村民小组 自然村：黄墅28号

项目	姓名	与户主关系	出生年月	民族	已故家属	
					称呼	姓名
现有家庭人员	张文忠	户主	1970-01-20	汉	祖父	张富康
	龚雪芳	妻	1968-03-07	汉	祖母	张阿福
	张梦皎	子	1992-03-27	汉	母	柳永珍
	张金福	父	1947-04-20	汉		
家庭大事	祖父张富康参加过抗美援朝战争。 2012年购轿车1辆，2018年购轿车1辆。					

灵湖村第25村民小组 自然村：黄墅30号

项目	姓名	与户主关系	出生年月	民族	已故家属	
					称呼	姓名
现有家庭人员	孙金荣	户主	1958-03-27	汉	祖父	孙学峰
	沈国珍	妻	1964-09-30	汉	祖母	屠氏
	孙亚兰	女	1988-07-16	汉	父	孙云元
					母	殷月林
家庭大事	1982年建2层2间楼房，2009年建3层2间楼房。					

灵湖村第25村民小组 自然村：黄墅31号

项目	姓名	与户主关系	出生年月	民族	已故家属	
					称呼	姓名
现有家庭人员	朱金娣	户主	1954-06-14	汉	公爹	吴才龙
					亡夫	吴阿兴
家庭大事	注：本人再婚，丈夫、子女户口不在本村。					

灵湖村第25村民小组 自然村：黄墅33号

项目	姓名	与户主关系	出生年月	民族	已故家属	
					称呼	姓名
现有家庭人员	孔卫弟	户主	1961-02-28	汉	父	孔水泉
	张文敏	妻	1965-03-17	汉	母	朱才仙
家庭大事	1982年翻建2层2间楼房。 2000年于苏州城购商品房1套。 2003年购轿车1辆。 注：儿子、儿媳、孙子、孙女户口不在本村。					

灵湖村第25村民小组

自然村：黄墅36号

项目	姓名	与户主关系	出生年月	民族	已故家属	
					称呼	姓名
现有家庭人员	沈秀英	户主	1956-10-12	汉	公爹	范毅
	范卫新	丈夫	1955-09-14	汉	公婆	范巧英
	范永福	子	1985-02-09	汉		
	胡容	儿媳	1989-02-16	汉		
	范振祥	孙子	2016-01-19	汉		
	范哲羿	孙子	2010-05-07	汉		
家庭大事	范永福2003年12月应征入伍，2005年12月退伍。 2018年建3层3间楼房。 2015年购轿车1辆。					

灵湖村第25村民小组

自然村：黄墅37号

项目	姓名	与户主关系	出生年月	民族	已故家属	
					称呼	姓名
现有家庭人员	范根新	户主	1962-11-21	汉	父	范毅
	聂祥飞	妻	1964-11-24	汉	母	范巧英
家庭大事	2010年建2层3间楼房。 2007年于苏州城购商品房1套。 2013年购轿车1辆。					

灵湖村第25村民小组　　自然村：黄墅39号

项目	姓名	与户主关系	出生年月	民族	已故家属	
					称呼	姓名
现有家庭人员	张雄	户主	1987-11-28	汉	祖父	张根寿
	张毅祥	子	2014-06-21	汉	祖母	曹阿宝
	张华	哥哥	1985-08-18	汉	父	张阿大
					母	张卫民
家庭大事	1998年建2层3间1厢楼房。					

灵湖村第25村民小组　　自然村：黄墅40号

项目	姓名	与户主关系	出生年月	民族	已故家属	
					称呼	姓名
现有家庭人员	柳永兴	户主	1955-02-28	汉	祖父	柳伯春
	邹水娟	妻	1957-03-16	汉	祖母	柳氏
	柳兵	子	1981-04-23	汉	父	柳兆宏
	徐金兰	儿媳	1986-01-08	汉	母	孔秀娟
	柳梓依	孙女	2010-06-04	汉		
家庭大事	2019年建3层3间楼房。 2018年购轿车1辆。					

灵湖村第25村民小组

自然村：黄墅43号

项目	姓名	与户主关系	出生年月	民族	已故家属	
					称呼	姓名
现有家庭人员	张金荣	户主	1954-10-20	汉	祖母	张阿招
	陈爱仙	妻	1955-09-20	汉	父	张富康
	张晓琴	女	1980-11-12	汉	母	张阿福
	吴刚	女婿	1979-12-15	汉		
	张依雯	孙女	2002-11-03	汉		
家庭大事	父亲张富康1951年7月应征入伍，参加抗美援朝战争。 张依雯大专在读。 1998年前建2层2间楼房，1998年翻建3层3间楼房。 于苏州城购商品房1套。 2013年购轿车1辆，2021年购轿车1辆。					

灵湖村第25村民小组

自然村：黄墅44号

项目	姓名	与户主关系	出生年月	民族	已故家属	
					称呼	姓名
现有家庭人员	张彩英	户主	1937-07-15	汉	丈夫	屠惠芳
	屠联华	子	1960-10-19	汉		
	查爱珍	儿媳	1964-08-14	汉		
	屠嫣	孙女	1993-04-07	汉		
家庭大事	屠联华1988年创办五金加工厂，经营至今；1996年8月入党。 屠嫣本科学历。 1984年建2层3间楼房，1997年翻建3层3间楼房。 1999年购轿车1辆，2017年购轿车1辆，2019年购轿车1辆。					

灵湖村第25村民小组　　自然村：黄墅45号

项目	姓名	与户主关系	出生年月	民族	已故家属	
					称呼	姓名
现有家庭人员	张文华	户主	1972-03-12	汉	祖父	张富康
	陆丽红	妻	1973-08-11	汉	祖母	张阿福
	张思雨	女	1995-09-27	汉	母	柳永珍
	张金福	父	1947-04-20	汉		
家庭大事	张文华1991年11月应征入伍，1994年8月入党，1995年1月退伍。 祖父张富康参加抗美援朝战争。 张思雨本科学历。 2007年建3层2间楼房。					

灵湖村第25村民小组　　自然村：黄墅47号

项目	姓名	与户主关系	出生年月	民族	已故家属	
					称呼	姓名
现有家庭人员	沈雪元	户主	1948-06-20	汉	父	沈寿生
	沈磊	子	1969-12-21	汉	母	沈氏
	袁哉妹	儿媳	1976-01-19	汉	妻	殷凤仙
	沈思慧	孙女	1995-02-08	汉		
家庭大事	1996年建2层2间楼房，2010年建4间平房。 2016年购面包车1辆。					

灵湖村第25村民小组

自然村：黄墅48号

项目	姓名	与户主关系	出生年月	民族	已故家属	
					称呼	姓名
现有家庭人员	孙坤荣	户主	1953-07-10	汉	父	孙云元
	柳永梅	妻	1957-08-26	汉	母	殷月林
	孙亚莉	女	1981-02-02	汉		
	秦建和	女婿	1977-03-07	汉		
	孙勤毅	孙子	2002-09-18	汉		
家庭大事	孙勤毅就读于苏州科技大学天平学院（本科）。 1991年建2层3间楼房，2001年重建3层3间楼房。 2009年购轿车1辆，2019年购轿车1辆。					

灵湖村第25村民小组

自然村：黄墅49号

项目	姓名	与户主关系	出生年月	民族	已故家属	
					称呼	姓名
现有家庭人员	孙林荣	户主	1949-10-05	汉	父	孙云元
					母	殷月林
家庭大事	2010年建3间平房。					

灵湖村第25村民小组

自然村：黄墅50号

项目	姓名	与户主关系	出生年月	民族	已故家属	
					称呼	姓名
现有家庭人员	柳文雄	户主	1972-09-24	汉	祖父	柳兆宏
	陈磊	妻	1982-10-28	汉	祖母	孔秀娟
	柳以勒	长女	2012-07-21	汉		
	柳以琳	二女	2016-12-28	汉		
	柳宝康	父	1942-12-09	汉		
	朱根仙	母	1941-04-13	汉		
家庭大事	1998年建2层3间楼房。 于渡村购商品房1套。					

灵湖村第25村民小组

自然村：黄墅50号

项目	姓名	与户主关系	出生年月	民族	已故家属	
					称呼	姓名
现有家庭人员	柳文生	户主	1967-12-07	汉	祖父	柳兆宏
	陆忠妹	妻	1970-10-20	汉	祖母	孔秀娟
	柳陆倩	女	1993-01-12	汉		
	季家伦	女婿	1987-03-24	汉		
	季煦涵	外孙	2016-02-14	汉		
	柳艺辰	外孙女	2021-05-24	汉		
	柳宝康	父	1942-12-09	汉		
	朱根仙	母	1941-04-13	汉		
家庭大事	柳陆倩大专学历。 季家伦本科学历。 2003年建2层3间楼房。 2009年购轿车1辆。					

灵湖村第25村民小组　　自然村: 黄墅50号

项目	姓名	与户主关系	出生年月	民族	已故家属	
					称呼	姓名
现有家庭人员	柳文明	户主	1970-03-23	汉	祖父	柳兆宏
	孙华芳	妻	1970-07-19	汉	祖母	孔秀娟
	柳俊宇	子	1996-01-26	汉		
	柳宝康	父	1942-12-09	汉		
	朱根仙	母	1941-04-13	汉		
家庭大事	柳俊宇本科学历。 2000年建2层2间楼房。 2010年购轿车1辆。					

灵湖村第25村民小组　　自然村: 黄墅51号

项目	姓名	与户主关系	出生年月	民族	已故家属	
					称呼	姓名
现有家庭人员	柳永泉	户主	1948-01-07	汉	祖父	柳伯春
	柳华芳	女	1973-07-06	汉	祖母	柳氏
	沈小忠	女婿	1971-08-12	汉	父	柳兆宏
	柳静	孙女	1993-10-06	汉	母	孔秀娟
	沈静	孙女	2000-07-29	汉	妻	张文英
	王沐辰	曾孙	2019-02-05	汉		
家庭大事	柳静大专学历。 沈静本科学历。 2015年建3层3间楼房。 2017年于苏州城购商品房1套。 2013年购轿车1辆。					

灵湖村第25村民小组

自然村：黄墅53号

项目	姓名	与户主关系	出生年月	民族	已故家属	
					称呼	姓名
现有家庭人员	马亚清	户主	1982-10-22	汉	祖父	马雨才
	刘爱华	妻	1981-07-05	汉	祖母	周才娣
	马佳奕	女	2005-04-15	汉	父	马进兴
					母	张桂英
家庭大事	1999年建2层4间楼房。 2021年于渡村购商品房1套。 2018年购轿车1辆。					

灵湖村第25村民小组

自然村：黄墅55号

项目	姓名	与户主关系	出生年月	民族	已故家属	
					称呼	姓名
现有家庭人员	张福明	户主	1963-04-16	汉	父	张狗宝
	龚建芳	妻	1966-04-22	汉	母	张阿五
	张晓岚	长女	1986-12-07	汉		
	张晓静	二女	1989-03-03	汉		
	张诗婷	孙女	2015-02-17	汉		
家庭大事	张晓静大专学历。 1980年建4间平房，2000年建2层3间楼房。 2014年购轿车1辆。 注：女婿户口不在本村。					

灵湖村第25村民小组

自然村：黄墅56号

项目	姓名	与户主关系	出生年月	民族	已故家属	
					称呼	姓名
现有家庭人员	沈根宝	户主	1956-09-15	汉	祖父	沈仲山
	吴云玉	妻	1960-07-15	汉	祖母	沈氏
	沈美华	女	1982-08-27	汉	父	沈天生
	吴沈军	女婿	1978-07-16	汉	母	沈杏宝
	沈亦吴	孙女	2006-01-09	汉		
家庭大事	吴沈军本科学历，2016年入党。 1990年建2层3间1厢楼房。 2004年于苏州城购商品房1套。 2014年购轿车1辆。					

灵湖村第25村民小组

自然村：黄墅57号

项目	姓名	与户主关系	出生年月	民族	已故家属	
					称呼	姓名
现有家庭人员	沈根大	户主	1945-03-26	汉	祖父	沈仲山
	吴妹	妻	1951-11-11	汉	祖母	沈氏
	沈丽华	子	1971-12-03	汉	父	沈天生
	钟雪珍	儿媳	1972-07-17	汉	母	沈杏宝
	沈勤	孙女	1996-01-28	汉		
家庭大事	沈根大1965年9月应征入伍，1969年12月退伍，1970年1月入党。 沈勤本科学历。 1989年建2层3间楼房。 于渡村购商品房1套。 2015年购轿车1辆。					

灵湖村第25村民小组　　自然村：黄墅60号

项目	姓名	与户主关系	出生年月	民族	已故家属	
					称呼	姓名
现有家庭人员	殷福兴	户主	1970-07-01	汉	父	邬金生
	殷小妹	母	1937-04-20	汉		
家庭大事	1998年建2层3间楼房。					

灵湖村第25村民小组　　自然村：黄墅61号

项目	姓名	与户主关系	出生年月	民族	已故家属	
					称呼	姓名
现有家庭人员	邬福康	户主	1965-06-10	汉	父	邬金生
	岳秀云	妻	1973-08-20	汉		
	邬思远	子	2000-11-07	汉		
	殷小妹	母	1937-04-20	汉		
家庭大事	邬思远就读于淮阴工学院（本科）。 2005年建3层3间楼房。					

灵湖村第25村民小组　　自然村：黄墅66号

项目	姓名	与户主关系	出生年月	民族	已故家属	
					称呼	姓名
现有家庭人员	陆阿宝	户主	1947-01-15	汉	父	陆阿布
	李小妹	妻	1948-08-13	汉	母	陆阿才
	陆培荣	长子	1970-04-06	汉		
	沈秀珍	儿媳	1969-12-17	汉		
	陆丽婷	孙女	1994-01-26	汉		
	杨苡清	曾孙女	2020-11-10	汉		
家庭大事	陆丽婷本科学历。 1990年建2层3间1厢楼房。 2017年于苏州城购商品房1套。 2001年购轿车1辆，2015年购轿车1辆。					

灵湖村第25村民小组　　自然村：黄墅67号

项目	姓名	与户主关系	出生年月	民族	已故家属	
					称呼	姓名
现有家庭人员	张水官	户主	1958-11-13	汉	父	张阿金
	周玉琴	妻	1957-07-03	汉	母	沈小妹
	张云峰	子	1982-05-14	汉		
	马运玲	儿媳	1982-01-28	汉		
	张雪娟	女	1988-07-23	汉		
	张灏宇	孙子	2005-10-24	汉		
家庭大事	张雪娟本科学历，2011年入党。 1995年建2层3间1厢楼房，2018年建3间平房。 张云峰2017年购轿车1辆。					

灵湖村第25村民小组 自然村：黄墅70号

项目	姓名	与户主关系	出生年月	民族	已故家属	
					称呼	姓名
现有家庭人员	殷志远	户主	1944-08-22	汉	父	殷玉生
					母	殷彩娥
家庭大事	2016年建3层1间楼房。 注：妻子、女儿户口不在本村。					

编纂始末

灵湖村的前身是塘桥村和吴舍村，2003年11月，2个行政村合并为灵湖村。鉴于村域范围的变迁，以及中华人民共和国成立以来，尤其是改革开放后村级经济、村民生活、新农村建设等方面的发展和变化，亟须用文字记述以留存于世，上承先祖，下传后代。为此，2020年4月，中共灵湖村委员会、灵湖村村民委员会启动《灵湖村志》编修工作，成立编纂委员会（2022年1月，增补编纂委员会副主任吴海亮），组成由金波、陆建新、孙平安、陆维鸣参与的编写班子。历时一年多搜集资料，于2021年5月开始编纂，翌年5月形成初稿，实现灵湖村首部村志问世的初衷。

在编修过程中，编纂成员不畏劳苦，四处奔波，实地踏勘，走访前辈，绘图制表，在掌握第一手资料后，去伪存真，去粗取精，按志书要求不厌其烦地修改、增删，形成书稿后打印数十册分送相关人员手中，征求意见。2022年7月7日，灵湖村村民委员会组织召开审稿座谈会，综合大家意见，修改后送予上级审核。12月16日，《灵湖村志》编纂委员会成员听取吴中区地方志编纂委员会办公室领导审核意见和要求，再次调整有关章节，增删相关内容，修改后最终定稿。

《灵湖村志》前设彩页、序、凡例、概述、大事记，后设编纂始末、有关资料提供者名单，正文共分12章40节，另有座谈记录2份，约100万字，并配以丰富图照，真实记录灵湖的历史，翔实展现东风大队（吴舍大队、吴舍村）、胜利大队（塘桥大队、塘桥村）不断发展的印迹，其内容涵盖建置区域、人口、经济、基层组织、新农村建设、村民生活等方面，比较系统地反映灵湖村主要自民国至2020年自然与社会的历史和现状。

编修志书有着深奥的学问，我们有幸参与其中，委实是一个学习的良好机会，但缘于我们学识浅陋，虽极尽努力，笔下文字难免谬误和疏漏，恳请大家多多指教。

《灵湖村志》编纂办公室

2022年10月

有关资料提供者名单

翁水根	陆佰生	翁培生	宋根水	陆金仙	柳林根	朱林元
吴洪兴	何关丁	徐根良	邬水根	顾阿五	顾金林	龚培根
孔根泉	沈火生	孔春根	孔阿二	韩招根	周全喜	孔寿根
孔金林	邱水泉	孔水根	孔根寿	陆和官	金祥文	张正邦
曹根林	曹继荣	石火寿	熊白男	陆金兴	陆刚云	陆金官
王亚明	陆金珠	金康云	邹文官	邹水炳	赵松涛	伏和妹
屠好妹	金银泉	沈狗大	周水龙	沈传生	石根林	邱顺达
沈根林	金雪珍	陆关根	石福寿	朱福根	柳金生	柳水珍
张巧玲	石根虎	孙福林	孔永宝	徐德明	石金林	张荣根
柳承永	柳承信	施卫利	邹凤娟	施胜根	凌俊凯	赵根林
赵福荣	柏忠良	柳仁林	凌忠礼	柳根兴	沈雪元	沈卫平
龚洪仁	柳永泉	张忠林	凌　海	柳林兴	陆桂根